판례로 본

미국의 변호사윤리

박 준 · 이상원 · 이효원 · 박준석 · 윤지현

| 서문 |

법학전문대학원 제도 도입과 더불어 법조윤리에 관한 기초자료 축적 작업의 일환으로 시작한 미국의 변호사윤리 관련 판례 정리 작업을 이번 연구학기 중에 마무리 짓고 법조윤리 총서 제3권으로 발간하게 되었다. 2009년 12월 본격적인 작업에 착수한 지 2년 반 만이다.

이 책에는 미국의 변호사윤리에 관한 판례 238개를 정리하여 수록하였다. 각 판례별로 사실관계 · 쟁점 · 판시사항을 나누어 정리하고, 우리나라의 변호사윤리 논의 체계에 맞추어 분류하였다. 또한 각 판례의 간략한 요지를 차례에도 적어 두어 차례만 보더라도 수록판례의 내용을 일목요연하게 파악할 수 있도록 하였다. 이렇게 정리한 판례들을 읽어 보면 미국의 변호사 윤리규범이 실제 사례에 어떻게 적용되는지를 살펴볼 수 있고, 미국의 변호사 윤리규범의 내용을 보다 생생하게 파악할 수 있을 것이다. 법학전문대학원 제도의 도입, 변호사 수의 증가, 외국변호사의 국내사무소 설치 등으로 인하여 변호사 윤리의 중요성이 더욱 강조되는 시기에 이 책이 변호사윤리의 법리와 실무의 발전에 도움을 줄 수 있을 것으로 믿는다.

이 책에 수록한 판례는 변호사윤리에 관한 미국의 주요 교과서에 인용된 판례들을 중심으로 미국변호사협회에서 발간한 『직무행위표준규칙주석서(Annotated Model Rules of Professional Conduct Sixth Edition 2007)』에 언급된 판례를 참고하여 선별하였다. 미국에서는 법관윤리와 검사윤리도 변호사윤리의 범주에 넣어 다루고 있으나, 이 책에서는 법관윤리와 검사윤리에 관한 판례는 제외하였다. 다음과 같이 분야를 나누어 판례의 선별과 요약정리를 분담하였고 박 준은 이 작업의 구상부터 원고의 검토 및 수정까지 전체를 총괄하였다.

이상원 : 자문인, 소송대리인, 공공서비스(직무행위표준규칙 2, 3, 6)
이효원 : 의뢰인 이외의 사람과의 관계, 로펌과 변호사회, 징계(직무행위표준규칙 4, 5, 8)
박준석 : 의뢰인과 변호사의 관계(직무행위표준규칙 1.1~1.5, 1.13~1.18)
윤지현 : 비밀유지의무, 이익충돌, 법률서비스에 관한 정보(직무행위표준규칙 1.6~1.12, 7)

판례의 분류는 우리나라에서 이용하기 편리하도록 가능한 한 법조윤리 총서 제1권 『판례 법조윤리』와 유사하게 하였다. 공동 작업에서 발생하기 쉬운 문제점을 해소하고 판례정리의 방법, 체제, 표현 등의 면에서 일관성을 기하기 위하여 애를 썼으나 다시 볼 때마다 부족한 점이 눈에 띈다. 이번 연구학기가 종료되면 이 책에 집중적으로 정성을 쏟을 기회가 곧 다시 오기 어려워 출간을 결정하였다.

이 책은 곽명덕 연구기금의 지원을 받아 출간한다. 작년에 곽명덕 연구기금의 지원으로 법조윤리 총서 제1권 『판례 법조윤리』와 제2권 『주요 국가의 변호사 윤리규범 – 영국 · 독일 · 프랑스 · EU · 일본』을 출간하였다. 제2권 『주요 국가의 변호사 윤리규범』은 2012년 대한민국 학술원 우수학술도서로 선정되는 영예를 얻었다. 기금을 출연해

주신 고 곽명덕 변호사 유족 분들(한자영 여사, 곽성현 교수와 곽성희 교수)께 깊이 감사드린다. 이 책을 준비하는 과정에서 많은 분이 도와주었다. 2009년 12월부터 2010년 봄에 이르는 겨울방학 중 판례의 정리와 초벌번역에 많은 도움을 준 당시 서울대학교 대학원 박사과정 김태열, 서울대학교 법학전문대학원 김수현 · 윤민아 · 윤세종 · 이민경 · 이지륜 · 이태윤 · 최지원 · 황경환, 서울대학교 법과대학 고유강 · 김기홍 · 유현식 · 이예하 · 홍성균 등 여러 학생과 이우주 법무관에게 감사한다. 이들 대부분은 이미 법률가의 길을 가고 있다. 이 작업에 참여한 경험이 법률가로 활동하는 데 좋은 참고가 될 것으로 믿는다. 또한 법조윤리 총서 제1권과 제2권에 이어 이번에도 많은 시간을 내어 원고 전체를 검토하고 서울대학교 법학전문대학원 졸업 후에도 마지막 교정까지 도와준 김정연 변호사에게 특히 감사한다. 끝으로 어려운 출판 여건하에서 이 책의 출판을 기꺼이 맡아 준 도서출판 小花의 여러분께도 감사드린다.

2012년 6월

박 준

| 차례 |

제1장 변호사 제도와 변호사 업무의 범위

제2장 변호사와 의뢰인의 관계

1.2.3 신속처리의무

1.2.4 적극적 설명 · 조언의무

1.2.5 수임사무 처리 시 변호사의 재량

1.3 민사소송에서 변호사의 의무

1.5 형사소송에서 변호사의 의무

2. 다른 자격으로 취급한 사건

2.1 공무원 등의 자격으로 취급하거나 취급하기로 한 사건

2.2 중재인으로 취급한 사건

3. 수임 이외의 변호사와 의뢰인의 관계에 따른 이익충돌

3.1 변호사와 의뢰인의 동업관계

3.2 변호사와 의뢰인 간의 금전대차거래

4. 로펌—법무법인과 공동사무소 등

2. 특정 사건 유치활동의 규제

2.2.4 형사 사건

2.3 기타 보수 관련 규제

2.3.1 보수분배약정

2. 변호사 조직과 조직 내의 변호사

2.1 로펌

2.2 사내 변호사

3.1.4 직무 외의 사유

3.2 징계절차

판례로 본

미국의 변호사윤리

| 일러두기 |

1. 판례의 표시

이 책에 수록된 주된 판례 238개는 '당사자명(선고법원, 선고일자, 판결문 출처)'으로 표기하였다. 판결문 출처 표시에 중점을 둔 통상의 미국 판례인용 방식과 달리 선고법원을 구체적으로 표기하고 선고일자도 명시한 것은 독자의 판례 이해를 돕기 위한 것이다.

예 : Unauthorized Practice of Law Committee v. Parsons Technology, Inc.(United States District Court, N.D. Texas, Dallas Division; January 22, 1999; 1999 WL 47235)

238개의 주된 수록판례 이외에 판결문 내에서 인용한 판례는 판결문에서 사용한 대로 표시하였다.

예 : Brady v. Maryland, 373 U.S. 83(U.S.Md. 1963)

2. 각주

각주는 저자들이 넣은 것, 판결문의 일부를 각주로 옮긴 것, 법령 또는 규칙의 조문을 표시한 것으로 나누어 볼 수 있다. 이 중 법령 또는 규칙의 조문은 큰따옴표로 표시하였다.

3. 법령과 규칙의 조문

독자의 이해를 돕기 위하여 가능한 한 판결문에서 언급된 법령 또는 규칙의 조문을 각주에 표시하였다. 미국은 각 주별로 변호사 윤리규칙을 제정 · 집행하므로 대체로 유사한 제도를 가지고 있지만 윤리규칙의 개별 조항은 주마다 조금씩 차이가 있다. 인용된 규칙 조문은 대부분 판결문에 기재된 사항과 각 주의 규칙 확인에 기초하였고, 각 주의 당시 규칙을 확인할 수 없는 일부의 경우에는 판결문의 내용에 비추어 미국변호사협회의 직무행위표준규칙(ABA Model Rules of Professional Conduct)과 1969년 직무책임준칙(ABA Model Code of Professional Responsibility)을 참조하였다.

4. 당사자

판결문에는 plaintiff · defendant · petitioner · complainant · respondent · appellant · appellee 등의 용어가 사용되고 있으나, 징계 대상인 변호사가 respondent인 경우가 있고 petitioner인 경우도 있으며, respondent는 사건에 따라 피신청인/징계 대상자/피항소인/피상고인 등 다른 의미를 가지게 된다. 신청인/피신청인/항소인/피항소인/상고인/피상고인 등의 용어를 사용하여 혼선을 초래할 우려가 있는 경우 원칙적으로 이와 같은 용어를 사용하지 않고 당사자의 이름을 표시하였다.

제1장

변호사 제도와 변호사 업무의 범위

【판례 1-1】 Unauthorized Practice of Law Committee v. Parsons Technology, Inc. (United States District Court, N.D. Texas, Dallas Division; January 22, 1999; 1999 WL 47235)
비변호사의 법률서식 판매가 무허가 법률사무취급에 해당하는지 여부

사실관계

원고 무허가 법률사무취급위원회(Unauthorized Practice of Law Committee, 이하 'UPLC')는 텍사스주 변호사 6명과 텍사스주 대법원에서 임명된 일반 시민 3명으로 구성되어 있다. UPLC는 텍사스주의 무허가 법률사무취급금지법의 집행을 담당하고 있다.[1]

1) Texas Government Code §81.101은 '법률사무취급(practice of law)'을 다음과 같이 정의하였다.
(a) 이 장에서 '법률사무취급'이라 함은, 소송 또는 특수절차에 부수하여 변론 기타 서면을 준비하거나 의뢰인을 위하여 법관 앞에서 소송 또는 절차를 수행하는 것과 아울러 관련 사실하에서 그 법적 효과와 결론을 주의 깊게 결정하여야만 하는 유언장 · 계약서 · 기타 증서를 작성하는 등 법률적 능력 및 지식을 필요로 하는 조언 또는 서비스의 제공을 포함한 법정 밖에서 제공되는 서비스를 의미한다.
(b) 본 조의 정의는 배타적인 것이 아니고 이 장 및 선고된 판례에 따라 위에 열거되지 않는 다른 서비스와 행위가 법률사무취급에 해당하는지 여부를 결정할 법원의 권한을 박탈하지 않는다.

피고 Parsons Technology, Inc.는 Quicken Financial Software · Turbo Tax · Webster's Talking Dictionary 같은 소프트웨어를 개발 · 출시 · 판매하는 캘리포니아주 회사로서, 주된 영업소는 아이오와주에 있다. 피고는 고용계약서 · 부동산임대계약서 · 혼전계약서 · 7개의 유언 서식 등을 포함하는 100개가 넘는 법률서식을 그 작성방법에 대한 설명과 함께 제공하는 'Quicken Family Lawyer(이하 'QFL')'라는 프로그램을 개발 · 출시하여 텍사스주 소매상들에게 공급하였다. QFL의 포장에는 "49개 주에서 유효하며", "전문적인 변호사들에 의해 개발되고 심사되며", "사용자와의 문답을 통해 맞춤 법률서식을 작성할 수 있도록 해준다"라고 쓰여 있다.

QFL의 최초 사용 시 또는 새로운 사용자 이름이 생성될 때마다 QFL은 사용자의 이름 및 거주지를 묻는다. 그리고 QFL이 사용자에게 문서를 제시해 주길 원하는지 묻는다. 'YES'라고 답하면 QFL의 'Document Advisor'가 나와서 사용자의 혼인 여부, 자녀의 수, 생전신탁에 친숙한지 여부 등과 관련된 간략한 질문을 한다. 그러면 QFL은 사용 가능한 모든 문서의 목록을 보여 주고, 사용자의 요구에 적합한 문서를 제시한다. 사용자가 문서에 접근하면 QFL은 몇 가지 질문과 함께, 사용자가 서식을 작성하면서 법률적으로 고려해야 할 사항들을 설명해 주는 박스가 화면에 나타나게 된다. QFL은 질문을 제시하고 사용자의 응답 내용에 따라 빈칸을 채우도록 하거나 특정 문구를 삭제하는 방식으로 서식을 완성하게 된다. 그외에도 사용자는 그 이상의 법률 정보를 얻기 위해서 특수기능을 이용할 수도 있다. 예를 들어 'Ask Arthur Miller'라는 기능이 있는데 이는 부동산계획 · 건강과 의료 · 위임장 · 고용 · 금융 등 자주 질문되는 내용을 모아둔 것으로서, 사용자가 "분쟁이 있는데 소송을 제기할 비용 및 시간이 없다면?", "공증이란 무엇인가?" 등과 같은 질문을 선택하면 화면에 구체적 상황에 대비한 상세한 대답이 제시되는 형식을 취하고 있다.

원고는 피고가 판매하는 것은 무허가 법률사무취급을 금지하는 텍사스주법(Texas Government Code §81.101) 위반이라고 주장하면서 이 사건 소를 제기하였다. 원고는 피고가 법률 문서와 관련된 자문을 제공하는 것은 '법률사무취급(practice of law)'에 해당하며 게다가 피고 측 문서에는 오류가 있어 위 조항에 저촉된다고 주장하였다. 피고는 위 조항은 문언해석상 출판자-소비자 관계를 넘어서는 개인적 접촉(personal contact)을 요구하고 있으며 단순한 책이나 소프트웨어의 판매는 위 조항의 위반이 아니라고 답변하였다. 피고는 예비적으로 만약 위 조항이 개인적 관계를 요구하지 않는다면, 위 조항의 적용은 연방 헌법 및 텍사스주 헌법이 보장하는 표현의 자유를 침해하는 것이라고 주장하였다. 또한 위 조항이 QFL의 판매 및 배포를 금지하는 데 활용된다면 위 조항은 명확성의 원칙에 반하므로 효력이 없다고 주장하였다.

▌쟁점

QFL이 텍사스의 무허가 법률사무취급금지법 위반인지 여부

▌법원의 판단

1. 법률사무취급이 정확히 무엇을 의미하는 것인지 분명하게 정의하는 것은 불가능하며 개별 사안에 따라 판단되어야 한다.

Palmer v. Unauthorized Practice of Law Committee, 438 S.W.2d 374, 376(Tex. App.-Houston 1969, no writ) 사건에서 사용자에 의해 채워질 수 있는 법률서식을 설명과 함께 판매하는 것은 무허가 법률사무취급에 해당한다고 판시한 바 있다. 게다가 QFL의 포장은 법률서식이 49개 주에서 유효하며 법률전문가들에 의해 검토되고 수시로 업데이트된다고 설명하고 있는데, 이는 사용자들이 그 법률서식을 믿도록 하여 그에 의해 오도될 가능성을 높인다.

피고는 무허가 법률사무취급금지법에 해당하려면 위 법률 문언에 따라 '개인적 접촉', 즉 '변호사–의뢰인 관계'가 전제되어야 한다고 주장하면서 그 근거로 조문에서 "의뢰인을 위하여(on behalf of)" 하는 행위만을 법률사무취급이라고 규정하고 있음을 들고 있다. 그렇지만 피고의 주장이 타당하다고 가정하더라도 의뢰인을 대신하는 행위만이 동법에서 금지하는 무허가 법률사무취급에 배타적으로 해당되는 것은 아니다. 오히려 동 조문의 (b)항에 따르면 법원은 특정 의뢰인이 아니라 일반 대중에게 제공된 법률서비스에 대해서도 금지된 무허가 법률사무취급에 해당한다고 판단할 수 있는 권한이 있다. 또한 피고의 주장과 반대로 QFL은 고정된 서식에 불과한 것이 아니라, 사용자의 응답에 따라 그의 상황에 적합한 서식을 선택하거나 서식의 빈칸을 채울 수 있도록 조력을 제공해 주는 것에 해당한다. 결국 피고는 텍사스주 무허가 법률사무취급금지법을 위반한 것이다.

2. 위 조문을 적용하는 것이 수정헌법 1조(표현의 자유) 위반인지 여부와 관련하여 적절한 심사 기준 및 그 위반 여부가 문제 된다.

먼저 심사 기준으로는 표현의 내용과 관련한 제한일 경우 '엄격심사 기준(strict scrutiny)'이 사용되어야 할 것이나, 위 조문은 그 목적이 표현을 금지하는 것과는 무관하기 때문에 내용 중립적이라고 할 수 있다. 따라서 중간심사 기준(intermediate scrutiny)이 채택되어야 한다. 중간심사 기준에 따를 때 과잉금지원칙 위반 여부와 관련하여 ① 제한이 헌법적 권한 범위 내에 있고, ② 중요하고 상당한 국가의 이익과 관련되고, ③ 국가의 이익이 표현의 자유 억압과는 관계가 없으며, ④ 사안의 표현의 자유 제한은 그러한 이익 달성을 위해 필수적이므로 헌법 위반이 아니라고 본다.

또한 명확성 원칙 위반이라는 주장도 이유 없다. 원고의 신청을 인용한다.

* 【판례 1-1】의 항소심판결 : Unauthorized Practice of Law Committee v. Parsons Technology, Inc., 179 F.3d 956[5th Cir.(Tex.) June 29, 1999](NO.99-10388)

이 사건이 항소된 후 텍사스주 의회는 컴퓨터 소프트웨어 또는 이와 유사한 상품의 설계·창작·발간·배포·전시, 또는 판매는 그 상품이 변호사의 조언을 대체하는 것이 아님을 분명하고 잘 보이게 밝히는 경우 법률사무취급에 포함되지 않도록 Texas Government Code §81.101을 개정하였고 개정법은 즉시 시행되었다. 항소심에서는 법 개정을 이유로 원심판결을 파기환송하였다.

【판례 1-2】 Benninghoff v. Superior Court of Orange County(Court of Appeal, Fourth District, Division 3, California; April 19, 2006; 136 Cal.App.4th 61, 38 Cal.Rptr.3d 759)
변호사회를 탈퇴한 변호사의 행정심의회에서의 대리행위가 허용되는지 여부

사실관계

Benninghoff는 1999년 미합중국을 상대로 한 사기 공모 및 3건의 연방 범죄 혐의가 유죄로 인정되었고 그에 따른 징계절차가 개시되자 캘리포니아주 변호사회에서 탈퇴하였다. 그럼에도 Benninghoff는 '비변호사 대리인(lay representative)'을 자처하면서 캘리포니아주 의료위원회(Medical Board) 등에서 당사자들을 대리하였고, 이송신청서를 작성하는 등 연방 교도소 수형자들을 대리하는 행위를 하였다. 이에 캘리포니아주 의료위원회는 주(州) 변호사회에 Benninghoff가 징계심의회에서 당사자들을 대리할 수 있는지 확인을 요청하였다. 주 변호사회는 법원이 Benninghoff의 행위에 대하여 관할권을 행사할 수 있는지 확인을 구하였고 법원은 이를 인용하는 결정을 하였다.

이에 대해 Benninghoff는 비변호사도 주 정부 행정심의회에서 당사자를 대리할 수 있고 이러한 대리는 (변호사만이 할 수 있는) 법률사무에 해당하지 않는다고 주장하면서 법원의 결정을 번복하는 임시직무집행영장을 신청하였고, 연방 교도소 수형자들의 대리행위를 계속할 수 있도록 요청하였다.

쟁점

1. Benninghoff와 같이 변호사회 회원 자격을 상실한 자의 비변호사 대리가 가능한지 여부

2. 주 행정심의회에서의 대리행위가 법률사무에 해당하는지 여부
3. 주 법원이 Benninghoff의 연방법상 행위에 대해서 관할권을 행사할 수 있는지 여부

▌법원의 판단

Benninghoff는 '비변호사 대리인'으로서 그의 법률 지식을 이용하여 법률 조언 및 상담을 제공하였고 서면 제출을 준비하였으며, 의뢰인의 법적 권리 보장을 위해 노력하였다. 만약 비변호사가 이러한 법률상 대리행위를 하는 것이 허용된다면, 현직 변호사만이 법률사무를 행할 수 있다는 일반적인 원칙에 대한 예외에 해당하게 될 것이다.

이 법원에서는 "비변호사의 대리행위가 가능한지"라는 일반적인 쟁점에 관해서는 판단하지 않겠다. 비변호사가 대리행위를 할 수 있다고 가정한 상태에서 이 사건의 구체적 쟁점, 즉 변호사회 회원 자격을 상실한 Benninghoff의 대리행위가 가능한지에 한해서 살펴본다. Benninghoff는 진정한 비변호사(true laypeople)가 아니라 전직 변호사였던 자이므로 달리 취급하여야 한다. 캘리포니아주의 사업 및 직무규범(Business and Professions Code) 6126조에 따르면, 진정한 비변호사는 법률규정이나 법원의 허가를 얻어 법률사무를 행할 수도 있지만 Benninghoff와 같이 변호사회 회원 자격을 상실한 자는 결코 법률사무를 행하여서는 안 된다.

'법률사무취급'의 의미를 해석한 과거 최고법원 판례들을 참고할 때, 법률사무가 행해지는 장소보다는 그 법률사무취급의 태양 및 성격을 기준으로 판단하고 있음을 알 수 있다. 따라서 행정부의 위원회나 심의회에서 행해지는 것이라 하더라도 법적 지식 및 법적 기술을 적용하는 것이라면 법률사무취급에 해당한다. 따라서 Benninghoff가 캘리포니아주 의료위원회 등에서 당사자들을 대리한 행위는 법률사무취급이고, Benninghoff는 그러한 행위를 할 수 없다.

그러나 Benninghoff의 주장 중 이 법원이 그의 연방법상 행위에 대해 관할권이 없다고 지적한 부분은 옳다고 판단된다. 연방법원 및 연방기관에서의 행위를 관장하는 연방법규는 무허가 법률사무취급을 금지하는 주(州)법보다 우선하기 때문이다. 그러므로 이 부분에 대해서는 Benninghoff의 주장을 인용한다.

【판례 1-3】 People v. Corbin(Office of the Presiding Disciplinary Judge of the Supreme Court of Colorado; November 20, 2003; 82 P.3d 373)
변호사 자격이 정지되어 있는 상태에서 사건을 수임하였다는 이유로 변호사 자격을 박탈한 사례

▮사실관계

콜로라도주는 2002년 5월 12일 Charles C. Corbin이 콜로라도주 변호사 자격이 정지되어 있는 상태임에도 불구하고 미국 특허청 관련 법률사무를 행해 왔다는 이유로 소를 제기하였다. 그러나 Corbin은 답변서를 제출하지 않았다. 그러자 2003년 1월 13일 콜로라도주는 수정 소장(Amended Complaint)을 일반우편으로 Corbin에게 송달하였으나, Corbin은 답변서를 제출하지 않고 출석도 하지 않았다.

Corbin은 1987년 1월 14일 콜로라도 변호사 자격을 취득하였으나 1997년 9월 18일 콜로라도주(추후 1998년 2월 20일 오하이오주에서도 자격정지 처분을 받음)에서 변호사 자격정지 처분을 받고 직무복귀 신청을 하지 않은 상태에서 미국 특허청에 제출하는 상표권 신청 업무를 최소 12건 대리하였다. 그는 위 법률사무를 처리할 당시 콜로라도주와 오하이오주에서 변호사 자격이 정지된 상태였음에도 불구하고 자신을 변호사라고 표시하고 자신의 주소를 기재함으로써, 자신이 적법하게 자격을 취득·보유하고 있는 변호사임을 표명하고 있었다.

▮쟁점

Corbin의 행위가 콜로라도주 직무행위규칙(Rules of Professional Conduct) 5.5(a),[2) 8.4(c),[3) 3.4(c)[4) 위반인지 여부

▮법원의 판단

1. 상표 관련 연방 법규와 판례를 보면 Corbin의 행위는 직무행위규칙 위반에 해당한다. 연방 법규는 "상표권 소유자를 대리할 수 있는 자는 변호사 또는 상표권 사건을 취급하도록 허가받은 개인이어야 한다"고 규정하고 있고 이때 변호사는 미국 연방법원 또는 각 주 최고법원의 변호사회의 우량회원을 의미하며, 비변호사로서 상표권 사건을

---

2) "(2) 변호사는 어느 관할에서의 법률사무취급이 그 관할의 법조 관련 규정을 위반하는 경우 그 관할 내에서 법률사무취급을 하여서는 안 된다."

3) "부정직·사기·기망, 또는 부실표시를 하는 행동을 하는 것은 변호사의 직무상 비행이다."

4) "변호사는 유효한 의무가 존재하지 않는다는 주장에 기초하여 공개적으로 의무의 이행을 거절하는 경우를 제외하고, 재판정의 규칙에 따른 의무의 이행을 알면서 불이행하여서는 안 된다."

취급하도록 허가받은 개인은 없다.

이 법규에 따르면 자격정지 처분을 받아 '비변호사'의 지위에 있는 Corbin은 상표권 사건에서는 법률사무를 할 수 없다. 그러므로 직무행위규칙 5.5(a) 위반이 인정된다.

2. Corbin은 자신이 콜로라도주와 오하이오주에서 자격정지 처분을 받아 법률사무를 취급할 수 없다는 사실을 의뢰인에게 고지하지 않았으므로 이는 부정직하고 기망적인 행위에 해당한다. 따라서 직무행위규칙 8.4(c) 위반이다.

3. Corbin이 상표권 신청을 위하여 법정에 출석하기 시작한 것은 오하이오주에서 자격정지 처분을 받은 날 이후이다. 그러므로 Corbin은 자신에게 유효한 자격이 없음을 알면서도 상표권 신청 사무를 수임한 것이므로 직무행위규칙 3.4(c) 위반이다.

4. 일반적으로 변호사가 자격정지 처분에 위배된다는 점을 알면서도 법률사무를 취급하고 의뢰인에게 손해 또는 잠재적 손해를 발생시킨 경우 변호사 자격박탈 처분이 적당하다. Corbin의 경우, 과거에 징계를 받았던 전력이 있으므로 이것은 징계 조치의 가중사유가 된다. Corbin의 변호사 자격을 박탈하며 이 사건 관련 소송비용은 Corbin의 부담으로 한다.

【판례 1-4】 Superadio Limited Partnership v. Winstar Radio Productions, LLC. (Supreme Judicial Court of Massachusetts; March 28, 2006; 844 N.E.2d 246)
다른 주 변호사의 중재절차 당사자 대리가 무허가 법률사무에 해당하는지 여부

사실관계

라디오 프로그램 배급회사인 Superadio Limited Partnership(이하 'Superadio사')과 프로그램 제작회사인 Walt Baby Love Productions(이하 'Baby Love사')는 Baby Love사가 제작한 프로그램의 광고판매를 Superadio사가 독점한다는 내용의 계약을 체결하였다. 위 계약에 따르면 광고판매로 인한 수익은 1대 1의 비율로 배분하고 계약의 해석은 매사추세츠주법에 의하며, 이 계약으로 발생한 분쟁은 미국중재협회의 상사중재규칙에 따라 매사추세츠주 보스턴에 설치된 중재인단의 중재로 해결하기로 하였다. 위 계약은 1995년 5월에 발효되고 1998년 12월 31일 종료되었다.

계약 종료 몇 달 뒤, Superadio사는 Baby Love사가 광고수입 중 약 15만 달러의 지급을 보류하고 있다고 주장하면서 중재신청을 하였다. 문제의 광고는 Superadio사가 이 계약 종료 전에 예약해 두었지만 계약 기간 종료 후에 방영된 것이었다. 이에 Baby

Love사는 오히려 Superadio사가 계약이 종료되기 이전에 방영된 광고에 대하여 Baby Love사를 대신하여 수령한 광고수입을 지급하지 않음으로써 합의를 위반하였다고 반대청구를 하였다. 중재절차가 개시되고 증거개시절차에 들어갔으나, Superadio사는 증거제출 명령에 응하지 않았고 중재신청을 철회하였다. 따라서 Baby Love사의 반대청구에 관한 중재절차만이 진행되었다.

중재인단은 Baby Love사의 반대청구를 인정하면서 Superadio사에게 증거제출 명령위반을 이유로 약 27만 달러의 제재를 부과하는 중재판정을 하였다. Superadio사는 ① Baby Love사의 변호사는 매사추세츠주가 아닌 뉴욕주 변호사이므로 무허가 법률사무취급에 해당하며, ② 이 사건 계약이나 중재규칙에서 중재인단이 증거제출 명령 위반에 대하여 금전배상을 명할 권한이 있음을 명시하지 않았다는 점을 들어 중재판정의 무효화를 신청하였다. 1심 법원은 중재판정을 유지하였으나 항소심은 이를 파기하였다. Baby Love사는 이에 상고하였다.

▌쟁점

1. 매사추세츠주 중재절차에서 다른 주 변호사가 당사자를 대리할 경우 무허가 법률사무취급에 해당하는지 여부

2. 중재인단이 증거개시절차와 관하여 금전 배상을 명할 권한이 있는지 여부

▌법원의 판단

1. 1998년 1월 1일자 매사추세츠주 직무행위규칙 5.5에서는 "변호사는 어느 관할에서의 법률사무취급이 그 관할의 법조 관련 규정을 위반하는 경우 그 관할 내에서 법률사무취급을 하여서는 안 된다"라고 규정하고 있지만, 이 사건 법원이 '중재절차에서의 다른 주 변호사의 대리행위가 무허가 법률사무취급'에 해당하는지 여부를 결정할 필요는 없다. 왜냐하면 현재 매사추세츠주 직무행위규칙 상설자문위원회에서는 "미국의 다른 관할에서 자격이 있는 변호사가 중재와 관련하여 일시적인 법률서비스를 제공할 수 있음"을 규정한 미국변호사협회 직무행위표준규칙 5.5(c)(3)[5]의 채택 여부를 긍정적으로 검토하고 있기 때문이다. 또한 설령 이것이 무허가 법률사무취급에 해당한다고 하더라도 "사

---

5) (c) 미국의 다른 관할에서 자격이 있고 자격이 박탈되거나 정지되지 않은 변호사는 이 관할에서 일시적으로 다음과 같은 법률서비스를 제공할 수 있다.

(1)~(2) (생략)

(3) 이 관할 또는 다른 관할에서 개시되었거나 개시될 가능성이 있는 중재·조정·기타의 대안적 분쟁해결절차와 합리적으로 관련된 서비스로서, 그 서비스가 해당 변호사가 자격을 취득한 관할에서 행한 법률사무로부터 발생했거나 합리적으로 관련되며 그 특정 건을 위한 법원의 별도의 자격허가가 요구되지 않는 법률서비스.

기, 부패, 기타의 부정한 수단이 없다면 법 또는 사실의 오류는 중재판정을 무효화하는 사유가 되지 않는다"라는 판례[Lynn v. Thompson, 435 Mass. 54, 61, 754 N.E.2d 54(2001)]에 따르면, 이 사건 대리행위는 중재판정을 무효화하는 사유가 될 수 없다.

2. 이 사건 계약상 포괄중재 조항과 미국중재협회의 중재규칙은 모두 중재인에게 사안 해결 방식에 대해 제한을 두지 않고 포괄적인 권한을 부여하고 있다. 그러므로 이 사건 중재인단은 증거제출 명령 위반에 대해 금전배상을 명할 수 있다.

제2장

변호사와 의뢰인의 관계

1. 변호사-의뢰인 관계의 성립

1.1 묵시적 변호사-의뢰인 관계의 성립

【판례 2-1】 Togstad v. Vesely, Otto, Miller & Keefe(Supreme Court of Minnesota; April 11, 1980; 291 N.W.2d 686)
변호사-의뢰인 관계의 성립 여부에 대한 판단

▮ 사실관계

원고 John Togstad는 1971년 8월 Methodist 병원에서 두통의 원인이 좌측 경동맥의 거대동맥류 때문이라는 진단을 받았다. 주치의인 신경외과의 Dr. Paul Blake는 내경동맥류치료법의 일종인 Selverstone clamp법을 사용하였다. 그런데 시술 이틀 후 겸자가 절반 정도 폐색되었을 때, Togstad가 말하거나 움직이지 못하는 것을 간호사가 발견하였고 1시간 후 Blake가 도착하여 겸자를 개통했으나 이미 오른쪽 팔과 다리가 심각하게 마비된 상태였으며, 전혀 말을 하지 못하였다.

John Togstad가 입원한 지 14주 후, 그의 아내인 원고 Joan Togstad는 남편 John의 직장상사였던 Ted Bucholz의 소개로 피고 Jerre Miller 변호사를 만났다. 원고 부부는 이전에 Miller 변호사와 그의 로펌에 대해 알지 못하였다.

원고가 병원에서 들은 간호사들의 진술 및 당시 상황에 대해 Miller 변호사에게 설명하였고, Miller 변호사는 약 45분에서 1시간 정도의 면담 후에 "소송 사건이 되지 않는다고 생각하지만, 파트너와 논의해 보겠다"라고 말하였다. 원고는 Miller 변호사가 로펌의 파트너와 논의하여 소송 사건이 된다고 판단하였다면 그녀에게 연락해 줄 것인바, Miller 변호사로부터 연락이 없는 것을 그들이 "소송 사건이 되지 않는다"라는 결론에 이르렀다고 생각하였다. 보수약정은 논의되지 않았고 의학적 인증도 요청되지 않았으며, 원고는 면담에 대한 대가를 청구받지도 않았다.

한편 미네소타주법상 의료과오소송의 시효는 2년인데 이를 도과하게 되었다. 원고는 Miller 변호사의 법적 조언 때문에 다른 변호사를 알아보지 못하여 시효가 도과하였다고 주장하면서, Miller 변호사가 그의 로펌은 의료소송전문로펌이 아니라서 다른 변호사를 만나 볼 것을 권유했으며 2년의 시효에 대하여 설명하였다는 주장을 부인하였다. 원고 부부는 Miller 변호사가 잘못된 조언을 한 것과 2년의 시효에 대해 설명하지 않은 것은 변호사의 직무과오에 해당한다는 이유로 손해배상을 청구하였다. 배심원은 Miller 변호사와 그의 로펌의 직무과오를 인정하고 남편 John과 부인 Joan에 대하여 각각 61만 500달러 및 3만 9,000달러의 손해를 배상하도록 평결하였다. Miller 변호사와 그의 로펌은 이에 항소하였다.

쟁점

변호사-의뢰인 관계에 수임계약 체결이 요구되는지 여부

법원의 판단

변호사의 직무과오에 기한 소송을 위해서는 ① 변호사-의뢰인 관계가 존재할 것, ② 피고가 주의의무를 위반하였거나 계약을 위반하였을 것, ③ 그러한 행위가 원고의 손해의 직접적 원인일 것, ④ 피고의 행위가 없었더라면 원고는 의료과오소송에서 승소하였을 것이라는 네 가지 요건이 필요하다.

첫 번째 요건인 변호사-의뢰인 관계의 존재를 검토해 보면, 불법행위 이론이나 계약법 이론 어느 것을 따르더라도 원고가 Miller 변호사에게 '법적 조언'을 부탁하고 피고가 그에 대해 전문적 견해를 표명하였다는 사실만으로 변호사와 의뢰인의 관계가 성립된다. 대상판결에서 Togstad 부인이 Miller 변호사를 찾고 그에게 법적 조언을 구했으므로 Miller 변호사로서는 원고가 자신의 조언을 따를 것이 합리적으로 기대 가능했고, 실제로 그들은 그렇게 하였다. 결과적으로 직무과오소송의 목적을 고려할 때 변호사-의뢰인 관계의 성립이 인정된다. 항소를 기각한다.

【판례 2-2】 Perez v. Kirk & Carrigan(Court of Appeals of Texas; December 19, 1991; 822 S.W.2d 261)
묵시적 변호사-의뢰인 관계가 성립하였다고 본 사례

사실관계

Ruben Perez는 Valley Coca-Cola Bottling Company의 트럭 운전사였다. 1989년 9월 21일 Perez는 트럭을 운행하던 중 정지 표지판을 보고 멈추려 했으나 브레이크를 밟았음에도 트럭이 멈추지 않아서 스쿨버스와 충돌하였다. 버스는 연못으로 추락했고 아이 21명이 사망하였다. Perez는 충돌로 인해 부상을 입었고 지역 병원으로 후송되어 치료를 받았다.

사고 다음 날 Valley Coca-Cola Bottling Company가 선임한 로펌 Kirk & Carrigan의 변호사들이 진술을 얻기 위해 병원에 있던 Perez를 방문하였다. Perez에 따르면 변호사들은 자신들이 Perez도 대리하는 것임을 밝혔으며 그의 진술이 비밀로 유지될 것이라고 이야기하였다. 그러한 전제하에 Perez는 변호사들에게 사고의 경위에 대해 알렸다. Perez의 진술을 확보한 이후 Kirk & Carrigan은 더 이상 연락하지 않았고 대신 Kirk & Carrigan은 다른 변호사(Joseph Connors)가 Perez를 대리하도록 하였다. Connors는 Valley Coca-Cola Bottling Company와 Perez의 사고와 관련한 책임을 부담하는 보험사인 National Union Fire Insurance Company가 선임하였다.

Kirk & Carrigan은 Perez로부터 확보한 진술을 검찰에 넘겼고, 그에 일부 기초하여 Perez는 과실치사(manslaughter)혐의로 기소되었다.

Perez는 자신 · 자신의 고용주 · 고용주의 책임보험자로부터 진술을 얻어 낸 변호사를 상대로 신인의무 위반, 과실 및 고의적인 정신적 손해의 가해, 소비자법 위반 등을 이유로 소를 제기하였다. Perez는 약식 재판(summary judgement)에서 패소하자 로펌 Kirk & Carrigan, 그 구성원인 Dana Kirk와 Steve Carrigan을 상대로 정식 재판을 청구하였다.

쟁점

1. 변호사 보수를 받지 않은 경우 변호사와 의뢰인 관계가 성립하는지 여부

2. 변호사의 신인의무의 발생시기 및 위반 여부

▮법원의 판단

1. 변호사들이 트럭 운전사에게 자신들이 고용주와 트럭 운전사 모두를 대리한다고 하면서 트럭 운전사를 돕겠다고 했으며, 그에 기해 트럭 운전사가 진술을 하였다는 점이 결합하여 변호사-의뢰인 관계가 형성되었다. 따라서 변호사들이 트럭 운전사로부터 보수를 받지 않은 경우에도 변호사-의뢰인 간의 신인의무가 발생할 수 있다.

변호사-의뢰인 관계를 형성하는 약정은 당사자의 행동으로부터 묵시적으로 추단될 수 있다. 그러한 관계는 보수의 지급이 있어야 하는 것이 아니고 호의적인 서비스 제공으로도 생겨날 수 있다.

2. 변호사의 신인의무는 변호사-의뢰인 관계가 형성되기 이전인 대리 여부를 논하는 과정과 같은 예비적 단계에서도 발생할 수 있다. 이 사건 변호사들의 행위는 변호사-의뢰인 간의 신인의무에 위반된다. 원심판결을 파기환송한다.

【판례 2-3】 In re Shay(District of Columbia Court of Appeals; July 27, 2000; 756 A.2d 465)

유언장 작성과 법률 문제 상담으로 변호사-의뢰인 관계가 성립되었고, 수임계약서의 존부나 수임료의 유무, 의뢰인과의 직접 대화가 제한적이었다는 사실에 의하여 영향 받지 않는다고 한 사례[1)]

▮사실관계

아래 【판례 4-30】의 사실관계 참조.

▮쟁점

별도의 수임계약 없이도 변호사-의뢰인 관계가 성립할 수 있는지 여부

▮법원의 판단

우선 Shay 변호사와 E.Y. 사이에 변호사-의뢰인 관계가 존재하느냐가 문제 된다. Shay 변호사가 E.Y.의 유언장을 작성하고 법률 문제에 관해 상담해 주면서 변호사-의뢰인 관계는 성립되었다고 할 것이다. 또 Shay 변호사는 E.Y.에게 법적 조언과 지시를

---

1) 이익충돌에 관한 판시는 【판례 4-30】 참조.

하였다. 나아가 Shay 변호사는 E.Y.의 예금 문제를 처리하면서 은행으로부터 의뢰인의 변호사가 아니면 얻을 수 없는 기밀 정보를 취득하였고, E.Y에게 이와 관련하여 세금환급서 등 서류를 수령하였다. 이러한 사실만으로도 Shay 변호사가 E.Y.의 대리인으로 활동하였다고 할 수 있으며, 이와 같이 성립하는 변호사-의뢰인의 관계는 수임계약서의 존부나 수임료의 유무, E.Y.와의 직접 대화가 제한적이었다는 사실에 영향 받지 않는다.

【판례 2-4】 Fickett v. Superior Court of the State of Arizona(Court of Appeals of Arizona, Division 2; December 23, 1976; 27 Ariz.App. 793, 558 P.2d 988)
후견인을 대리하는 변호사와 피후견인의 관계

사실관계

신청인 Fred Fickett 변호사와 로펌 Robertson & Fickett는 종전 후견인의 변호사로 행위무능력자의 현 재산관리인이 종전 후견인과 그의 변호사를 상대로 제기한 소송의 피고들이다. 그 소송에서 원고의 주장은 Fickett 변호사가 종전 후견인의 변호사로서 행위무능력자의 재산을 유용하여 사적 이익을 위해 부적절하게 투자하려던 종전 후견인의 계획을 발견하지 못한 과실이 있다는 것이다.

Fickett 변호사는 법적으로 사기 또는 종전 후견인과의 통모가 없었으므로 종전 후견인이 피후견인의 재산을 유용하여 부적절하게 투자한 데 대하여 변호사가 책임을 지지 않는다고 항변하며 약식판결을 신청하였다. 이에 대해 현 재산관리인은 사기나 통모가 없었던 것은 인정하나, 변호사가 피후견인에 대하여 아무런 의무도 지지 않는다고 할 수 없다고 주장하였다. 법원은 Fickett 변호사의 약식판결 신청을 기각했고, 이에 신청인들은 특별소송을 제기하였다.

한편 본안 소송의 원고들 역시 신청인을 상대로 특별소송을 교차청구하였다. 신청인들은 민사소송규칙(Rules of Civil Procedure) 36조에 따라 특정 사실을 인정하는지 부인하는지를 요구하는 서류(request for admissions)를 제출하였다. 그 내용은 후견인의 거래 내용 및 해당 항목, 후견인이 전환한 자금과 자산 액수, 부정한 자금지출내역, 후견인이 유용·횡령한 자금 및 자산 액수, 후견인이 장부에 기재하지 않은 자금 및 자산액 등으로 법원의 지시에 따라 회계사 Seby가 작성한 것이다.

▌쟁점

1. 변호사는 법적 의무와 책임을 계약 당사자에 대하여만 부담하는지 여부[2)]
2. 후견인을 대리하는 변호사의 의뢰인에 피후견인이 포함되는지 여부

▌법원의 판단

1. 현 재산관리인인 피신청인은 계약상 당사자가 아니므로 소송을 계속할 수 없다는 신청인들의 주장은 타당하지 않다. 구체적 사안에서 변호사가 계약의 직접 당사자가 아닌 제3자에 대하여 책임을 부담하도록 할 것인가는 정책적 판단의 문제이다. 이는 해당 계약이 원고에게 영향을 미치기 위한 목적으로 체결되었는지 여부, 원고에 대해서 손해를 미칠 가능성, 이로 인한 예상 가능한 피해의 정도, 해당 행위의 비난 가능성, 그리고 향후 손해를 막기 위한 조치 등 다양한 요소 사이에서 균형을 요하는 문제이다. 법원은 이 사건에서 신청인이 법적 의무를 부담하는 것이 공공질서에 부합한다고 본다.

2. 피후견인은 계약 당사자가 아니므로 후견인의 변호사가 피후견인에 대해 법적 의무를 지지 않는다는 신청인들의 주장은 타당하지 않다. 후견인을 대리하는 사무를 수임한 변호사는 후견인뿐만 아니라 피후견인과도 직무상 관계가 있는 것으로 생각해야 한다. 변호사가 후견인이 피후견인의 이익에 반하는 행동을 한다는 점을 알면, 후견의 전체 목적이 달성되지 않을 가능성이 예견된다. 피후견인의 이익이 후견인의 이익보다 더 중요하다.

3. 이 사건에서 신청인의 약식판결 신청을 기각한 것은 타당하다.

1.2 변호사-의뢰인 관계가 성립하지 않는 경우

【판례 2-5】 Fassihi v. Sommers, Schwartz, Silver, Schwartz & Tyler, P.C.(Court of Appeals of Michigan; July 7, 1981; 107 Mich.App. 509, 309 N.W.2d 645)
50대 50 합작투자기업의 고문 변호사와 기업의 임원·주주의 관계

▌사실관계

전문 의료기업인 Livonia Physicians X-Ray, P.C.의 50% 주주이자 임원인 원고는 1977년 2월 22일 당해 기업의 고문 변호사를 상대로 소를 제기하였다. 원고는 변호사-

2) 일반적으로 사기나 통모가 없는 상황에서 변호사는 의뢰인 이외의 타인에 대해 직무상 의무를 부담하지 않는 것으로 보아 왔다(7 Am. Jur. 2d, Attorneys at Law, s 167). 계약과 관련하여 이해관계 없는 사람에게 업무상 주의의무 위반 책임을 부정하기 위해 법원은 두 논점을 제시해 왔다. 첫째 그러한 책임은 합의 내용에 대한 계약 당사자 스스로의 통제를 방해할 뿐만 아니라, 둘째 일반인에 대한 의무는 계약 당사자에게 잠재적으로 지나친 부담을 줄 수 있다는 것이다.

의뢰인 관계 위반, 신인의무 위반 등 법률적 · 윤리적 의무 위반, 사기, 직무과오 등 다양한 주장을 제기하였다. 이에 피고는 약식판결을 신청하면서 변호사–의뢰인 관계가 존재하지 않았다고 주장했으나 1977년 8월 17일 해당 신청은 기각되었다.

원고가 주장한 사실관계는 다음과 같다. 오하이오주에서 방사선 전문의로 일하던 원고는 1973년 여름 Rudolfo Lopez 박사에게 미시간주에서 동업을 하자는 제안을 받고 각각 주식의 50%씩 보유하도록 하면서 전문 의료기업인 Livonia Physicians X-Ray를 설립하였다. 설립 직후 원고는 St. Mary's Hospital에 고용되어 Lopez 박사와 함께 방사선과에서 일하게 되었다. 그러나 1975년 6월 4일 Lopez 박사는 원고와 더 이상 동업관계를 유지하지 않기로 결정하고 피고인 변호사에 연락하여 어떻게 원고를 Livonia Physicians X-Ray에서 축출할 것인지를 논의하였다.

1975년 6월 6일 피고의 대리인인 Donald Epstein은 원고에게 1975년 6월 4일자 서한을 직접 전달하여 원고의 Livonia Physicians X-Ray에 대한 이해관계가 종료되었음을 알렸다. 또한 서한에는 이러한 종료 결정이 이사회 결의라고 명시되어 있으나 원고의 주장에 의하면 이사회는 열리지 않았다. 한편 1975년 6월 9일 원고는 방사선 전문의 업무를 수행하기 위해 St. Mary's Hospital에 출근했으나, 병원 직원은 Livonia Physicians X-Ray와 관계가 종료된 이상 원고는 위 병원에서 일할 수 없음을 알렸다. Lopez 박사는 Livonia Physicians X-Ray, P.C.의 동업을 시작하기 전부터 이미 St. Mary's Hospital과 방사선과 직원 채용에 유일한 권한을 갖는다는 계약관계에 있었던 것이다.

한편 피고는 동업관계에 관한 모든 계약서를 작성하는 책임을 갖고 있었다. 피고와 특히 Donald Epstein은 Lopez와 병원이 이러한 사실을 원고에게 알리지 않길 원한다는 것을 알고 있었다. 결국 원고의 주장에 의하면 피고는 Lopez 개인 및 기업을 이중으로 대리하면서 이러한 사실을 원고에게 알리지 않았다는 것이다.

▌쟁점

1. 원고와 피고가 변호사–의뢰인 관계에 있었는지 여부
2. 피고가 신인의무를 위반하였는지 여부
3. 피고의 행위가 중대한 허위진술로 인한 사기적 행위인지 여부
4. 피고가 회사의 축출 대상인 원고에게 해당 논의에 대한 답변을 거부할 권리가 있는지 여부

▌법원의 판단

1. 기업은 1인 주주 기업일지라도 주주로부터 독립하여 존재한다. 이러한 기업의 정

체성에 비추어 볼 때 기업 변호사의 의뢰인은 주주 개인이 아닌 기업 그 자체이다. 따라서 원고와 피고는 변호사-의뢰인 관계에 있었다고 볼 수 없다.

2. 변호사-의뢰인 관계가 성립하지 않는다고 해서 신인의무마저 부정되는 것은 아니다. 다른 상대방에 대해 신의 및 신뢰를 가지고 그의 판단이나 조언을 신임할 때 신인관계(fiduciary relationship)가 성립한다. 그러한 신뢰가 영향력을 행사하는 당사자에 의해 배반당했을 때 그러한 행위는 소송의 대상이 된다.

특히 명시적 신인관계가 아닌 묵시적 신인관계의 성립을 판단하기 위해서는 사실관계를 고려해야 할 것이다. 원고는 자신이 Livonia Physicians X-Ray의 50% 주주이므로 피고가 다른 주주인 Lopez 박사를 대하는 것과 마찬가지로 동일한 충실함과 공정함을 유지할 것으로 믿고 있었는데, 피고가 당해 기업뿐만 아니라 Lopez 박사 개인을 이중으로 대리하였고[3] Lopez 박사와 병원 간 고용권한에 대한 계약 체결 사실을 고지 받지 못했기 때문에, 피고의 원고에 대한 신인의무 위반이 인정될 수 있다.

3. 사기(fraud)에 의해 신뢰를 배신할 경우 소송사유가 될 것이다. 원고의 주장과 같이 피고가 당해 기업과 Lopez 박사 개인을 이중으로 대리하는 사실을 알리지 않은 점은 부작위에 의한 기망행위에 해당한다. 그러나 피고가 Lopez 박사와 병원 간 고용권한에 대한 계약 체결 사실을 알릴 의무는 없었다고 판단된다.

4. 피고와 회사 간에 변호사-의뢰인 특권이 존재한다고 해서 피고가 원고에게 원고의 축출 논의에 관한 답변을 거부할 권리가 인정되지는 않는다. 원고는 이사회의 구성원으로서 피고가 기업을 대리하면서 Lopez 박사와 나눈 논의 내용에 접근할 권리가 있다. 덧붙여 회사의 50% 주주이자 임원인 원고의 업무상 기회를 박탈하였다면 변호사-의뢰인 관계의 특권이 사기적 가해행위를 정당화해 주는 것은 아니다.

【판례 2-6】 Meehan v. Hopps(District Court of Appeal, First District, Division 1, California; September 4, 1956; 144 Cal.App.2d 284, 301 P.2d 10)
회사의 변호사와 이사회의장 사이에 변호사-의뢰인 관계가 성립하지 않는다고 한 사례

▌사실관계

원고가 Rhode Island Insurance Company의 보험계약자 · 주주 · 채권자 등을 위하여 회사의 전직 이사회의장(Hopps)이 신인의무에 위반하여 자신의 개인적 이득을 위해

3) 직무책임준칙(Code of Professional Responsibility)과 강령(Canons) 및 징계규칙(DR) 5-105에 의하면 관련 당사자에게 이중 대리 사실을 모두 알려야 하며 특정 상황에서 이중 대리는 금지된다.

회사를 경영했음을 이유로 소송을 제기하였다.

피고 Hopps는 원고를 대리하는 로펌 Edwards & Angell(이하 'E & A') 및 소속 변호사들이 더 이상 이 소송에 관여하지 않고 그와 관련된 정보를 누설하지 않도록 법원이 명령을 내려 줄 것을 청구하였다.

피고 Hopps는 E & A이 자신과 회사를 이중으로 대리하는 관계에 있다고 하였다. Hopps는 E & A을 자신의 변호사로 생각했기 때문에 각종 정보와 자료를 넘겨주었는데, 위 소송에서 이러한 정보를 원고들이 사용하였고 앞으로도 사용하겠다고 하므로 E & A가 이 소송에 관여하여서는 안 된다고 주장하였다.

쟁점

회사를 임원 1인이 지배하고 그 임원의 개인적 이해관계가 상당한 정도 회사의 이해관계와 동일한 경우, 그 회사를 대리하는 변호사와 그 임원 사이에도 변호사-의뢰인 관계가 있다고 볼 수 있는지, 나아가 그 변호사가 회사의 관리인이 그 임원을 상대로 소송을 제기할 때 회사의 관리인을 대리할 수 있는지 여부

법원의 판단

1. 회사를 위한 변호사는 회사 · 주주 · 임원(회사를 대표하는 자격으로서)을 대리하고 임원을 개인적으로 대리하지는 않는다. 이 사건에서 E & A는 Hopps 개인에게 서비스 제공 내역에 대해 일절 보수를 받은 사실이 없다. 증명된 사실들만으로는 변호사의 자격을 상실시키기에 충분하지 않다. 변호사와 Hopps 사이에 별도의 변호사-의뢰인 관계가 성립하였다고 볼 자료가 부족하다.

2. 회사의 임원으로서 Hopps의 의무는 회사의 목적을 위해 모든 필요한 정보를 공개하는 것이었다. 회사 임원이 회사의 변호사에게 정보를 제공한 경우, 회사의 변호사와 회사 임원 사이에 다소 가까운 관계가 형성되었다고 하여 회사의 변호사가 임원에 대한 회사의 소송에서 회사를 위해 그 정보를 사용할 수 없다고 하는 것은 회사와 주주들에게 부당하고, 변호사의 첫 번째 의무는 그의 의뢰인에 대한 것이라는 원칙에 위반된다.

1.3 법원의 지정에 의한 변호사-의뢰인 관계의 성립

【판례 2-7】 Mallard v. U.S. District Court for Southern District of Iowa(Supreme Court of the United States; May 1, 1989; 490 U.S. 296)
법원에 의하여 경제적으로 곤궁한 의뢰인을 대리하도록 선정된 변호사가 직무 수행을 원하지 않는 경우 수임을 거절할 수 있는지 여부

▌사실관계

원고 Mallard 변호사는 연방 지방법원에 의해 경제적으로 곤궁한 수형자가 교도소 공무원을 상대로 하는 소송을 대리하도록 선정되었다. 원고는 사임하려고 하였으나 치안판사(magistrate)는 원고의 신청을 기각하였다. 이에 원고는 연방 지방법원에 항고하였고 자신이 보유하지 않은 법정 기술을 요구하는 복잡한 소송에서 대리인이 되면 자신이 능숙하게 처리할 수 있는 사건들만 수임해야 한다는 윤리적 의무를 위반하게 된다고 하면서, 연방법원은 경제적으로 곤궁한 사람을 대리하도록 변호사에게 '요청'할 수 있을 뿐이므로 (원고의 소 취하 신청을 불허하는 것은) 법원의 권한을 일탈하였다고 주장하였다. 연방 지방법원은 28 USC 1915(d)는 특히 연방법원에 민사소송에서 의무적인 변호사 지정을 할 수 있는 권한을 주는 것이라고 규정하면서 치안판사의 결정을 유지하였다. 원고는 항고가 기각되자 이번에는 연방 항소법원에 연방 지방법원이 그의 소 취하를 허용하도록 강제할 것을 요청하는 직무집행영장(mandamus)을 신청하였는데, 이 또한 기각되었고 원고는 상고하였다.

▌쟁점

1. 연방법원이 민사소송에서 원하지 않는 변호사에게 대리할 것을 요구할 수 있는 권한이 있는지 여부
2. 원고가 직무집행영장을 청구할 자격이 있는지 여부

▌법원의 판단

1. 1915(d)는 연방법원이 원하지 않는 변호사에게 민사소송에서 경제적으로 곤궁한 당사자를 대리할 것을 요구할 수 있는 권한을 부여하지 않는다. 그 조항은 '요청(request)'이라는 용어를 사용하였고 이는 강제적인 대리인 지정권을 부여하지 않을 의도를 나타낸다. 1915(d)와 함께 채택된 1915(c)는 극빈 사건에서 법원 직원과 증인에게 강제적 의무를 부과하고 있다는 사실은, 의회가 의무적 서비스가 적정하다고 생각될 때 그러한 서비스를 요구하는 방법을 알고 있음을 보여 준다. 의회가 1982년 1915(d)를

통과시킬 때 극빈자의 소송절차에서 변호사를 '지정(appointment)'하거나 '배정(assignment)'하는 다양한 주(州)법들을 알고 있었음에도 이를 따르지 않기로 한 사실 등을 고려할 때, 1915(d)는 변호사가 개인적 · 직업적 · 윤리적 관점에 의하여 곤궁한 소송당사자의 대리를 거절할 때 이를 허용하고자 함을 명시한다는 결론에 이르게 된다.

2. Mallard 변호사는 지방법원이 그를 지정함에 있어 적법하게 직무를 수행하지 않았으므로 연방 항소법원은 지방법원에 그 지정을 취소하는 조치를 명령하여야 한다고 주장하였다. 비록 직무집행영장의 발령 요건을 엄격하게 해석하려는 것은 아니라고 하더라도, 비상적 구제수단으로서의 직무집행영장의 성격을 존중하기 위하여 청구인이 재량의 명백한 남용이나 사법권의 침해의 정도에 이르는 행위임을 증명할 것이 요구되어 왔다.

먼저 연방 지방법원은 단지 1915(d)만을 판단의 근거로 삼았기 때문에 — 전술한 바와 같이 이 조항은 강제적인 변호사 지정권을 부여하지 않으므로 — 명백하게 그 관할을 넘어 행동하였다. 또한 Mallard에게는 다른 가능한 대체적 구제절차가 없었다. 게다가 이 법원이 영장사용의 묵인을 꺼리는 주요한 이유(지방법원 판사를 당사자로 만드는 일과 단편적 항소의 비효율성)가 본 사안에는 존재하지 않는다. 따라서 Mallard 변호사는 과실 있음을 증명할 부담을 면하고 직무집행영장을 청구할 자격이 있다.

3. 원심을 파기한다.

【판례 2-8】 Bothwell v. Republic Tobacco Co.(United States District Court, D. Nebraska; December 15, 1995; 912 F.Supp. 1221)
법원이 민사소송에서 변호사에게 경제적으로 곤궁한 의뢰인을 대리하도록 강제할 수 있는지 여부

▌사실관계

헤이스팅스(Hastings) 교정시설의 수감자인 Bothwell은 국가가 담뱃갑에 경고 표시를 부착하도록 강제하는 법을 제정한 이후 경고 표시가 없는, 손수 말아 피우는 담배가 더 안전하다고 생각하여 바꾸었다. 그는 후에 자신이 폐기종, 심근경색, 기관지 질병에 걸렸음을 발견하였고 이와 같은 말아 피우는 담배가 공산품 담배보다 훨씬 독하다는 사실을 알게 되었다. Bothwell은 말아 피우는 담배회사를 상대로 제조물책임소송을 제기하면서 법원에 대하여 자신을 극빈자(in forma pauperis)로 인정하고 변호사를 지정해 주도록 신청하였다. 법원은 그의 변호사 신청을 받아들여 Metcalf 변호사를 지정하였다. Metcalf 변호사는 지정 취소를 청구하였다.

쟁점

연방법원이 원하지 않는 변호사에게 가난한 의뢰인을 민사 사건에서 대리하도록 할 고유한 권한을 갖는지 여부

법원의 판단

1. 극빈자를 대리할 변호사를 지정하는 성문법이 법원에게 민사 사건에서 극빈자 사건을 수임하고 싶어 하지 않는 변호사에게 수임의무를 부과할 권한을 부여하지는 않았다고 연방 대법원이 Mallard 판결[4]에서 판시하였다.

2. Mallard 판결에서 연방 대법원은 법원이 수임하고 싶어 하지 않는 변호사에게 수임의무를 부과할 수 있는 고유한 권한이 있는지의 문제는 남겨 두었다. 이 법원은 연방법원이 민사 사건에서 의뢰인이 경제적으로 곤궁하다는 이유로 소송대리인이 되기를 거부하는 변호사에게 가난한 의뢰인을 위해 대리하도록 할 고유한 권한을 가진다고 본다. Metcalf 변호사는 연방법원이 어떠한 고려도 없이 변호사에게 민사 사건을 대리하도록 요구할 권한이 없다고 주장한다. 그러나 이 사안과 관련된 연방법원의 권한에 대한 폭넓은 연구나 해석은 Metcalf 변호사의 주장과 반대되는 결과를 지지한다. 법원의 가난한 의뢰인에 대하여 대리를 강제할 수 있는 고유한 권한은 ① 공정하고 정의로운 판결, ② 민사사법시스템의 염결성(integrity)과 생존성(viability)을 유지하는 것, 이 두 가지 목적에 기초하고 있다. 역사적으로 변호사는 사법제도의 구성원(officers of the court)이라는 이론이 널리 받아들여져 왔으며, 실제로 지난 수세기 동안 법원은 경제적으로 곤궁한 이들을 위하여 변호사를 지정하는 제도를 운용해 왔다. 또 변호사는 법률사무처리를 독점하는 권한을 가졌기 때문에 법원의 지정에 의해 경제적으로 곤궁한 이들을 위하여 무료 변론할 의무가 있다거나 변호사는 전문직 종사자로서 공공 이익을 위해 복무할 의무가 있다는 논리 역시 변호사가 법원에 의해 지정되면 소송대리인 역할을 수행하여야 한다는 점을 뒷받침해 준다.

3. 이와 같이 법원은 변호사를 지정할 고유한 권한을 갖지만 이러한 권한은 재량권의 범위 내에서 한정적으로 행사되어야 한다. 이 사건에서 Bothwell은 경제적으로 곤궁하기 때문이 아니라 그가 제기하고자 하는 소송의 '시장성(marketability)'이 없기 때문에 사선변호사를 선임하지 못한 것으로 판단된다. 이러한 사정을 고려할 때 원고가 변호사를 선임하지 못하였다고 해서 공정성이 훼손되었다고 보기 어렵고, 따라서 법원이 Metcalf 변호사에게 원고의 대리인이 되도록 강제할 합리적인 필요성이 존재하지 않는다.

---

4) Mallard v. U.S. District Court for Southern District of Iowa, 위 【판례 2-7】.

4. 따라서 Metcalf 변호사의 선임취소청구를 인용하고, 원고는 다른 변호사를 선임하거나 본인소송을 진행하도록 한다.

【판례 2-9】 Burke v. Lewis(Supreme Court of Utah; July 12, 2005; 122 P.3d 533) 법원이 의료과오소송에서 결석 당사자를 위한 변호사를 지정할 권한이 있는지 여부

▌사실관계

Athan Montgomery는 유타주 솔트레이크시티의 의사 Gregory Drezga의 과실로 인하여 출생 시부터 심각한 장애를 겪어 왔다. Montgomery의 친권자인 Heidi Judd는 Drezga를 상대로 의료과오소송을 제기하였고 법원은 Drezga에게 손해배상금 100만 달러의 지급을 명하였다.

소가 제기되기 전 어느 날 Drezga가 유타주에서 사라졌기 때문에 그의 의료과오소송에 관한 보험사인 The Doctors' Company(이하 'TDC')는 Drezga를 위한 소송대리인을 선임하여 위 Judd의 소송에 대비하였다. 소송이 개시되기 전에 TDC는 Drezga가 계약상 의무를 불이행했으므로 위 소송에서 Drezga를 방어해 줄 의무가 없다는 법원의 결정을 구하였다. 이때 TDC는 Judd를 공동피신청인으로 기재하였다.

Drezga가 보험가입신청서 제출 시 필요한 정보를 누락했을 수 있다는 기록을 발견한 TDC는 보험계약의 소급적 무효를 주장하였다. 이후 Drezga의 의료과오소송대리인 Slagle이 사퇴하겠다고 지방법원에 밝혔고 TDC는 약식 재판을 청구하면서 지방법원이 법적 관점에서 보험계약의 무효를 선언해야 한다고 주장하였다.

Drezga의 보험계약이 소급하여 무효로 되면 자신의 의료과오소송에 영향을 줄 수 있음을 자각한 Judd는 TDC가 Drezga의 결석 재판을 신청하자, 법원에 이 사건에서 Drezga의 이익을 대변할 변호사를 지정할 것을 신청하였다. 이후 2년여간 Judd와 TDC는 Drezga를 위한 변호사 지정의 타당성에 관하여 상반되는 주장을 계속하였다.

TDC는 법원의 지정에 따라 Drezga를 대리하는 변호사는 반드시 유타주 변호사 직무규칙에 위반하게 된다고 하였는데, 부재중인 자와는 변호사-의뢰인 관계가 형성될 수 없으며 변호사가 의뢰인과 의사소통할 의무도 이행할 수 없기 때문이라고 주장하였다. TDC는 부재중인 의뢰인을 대리하는 것과 관련된 윤리적 문제 때문에 Drezga를 위한 대리인을 지정하는 그 어떠한 시도도 부적절하다고 주장하였다. Judd와 TDC는 4명의 법조윤리전문가로부터 Drezga를 대리하는 것과 관련된 윤리적 문제에 대한 의견서를 받아 법원에 제출하였다. 그중 2명은 대리를 하는 것이 윤리적이라고 결론지었고,

2명은 반대의 결론은 내렸다.

면밀한 검토 끝에 지방법원은 Paul C. Burke 변호사를 Drezga의 소송대리인으로 지정하였다. Burke 변호사는 위 지정 명령의 재검토를 구하였으나 기각되었다. 그러자 Burke는 이 사건 임시구제청구(Petition for Extraordinary Relief)를 제기하여 대리인 지정 명령을 재심사해 주도록 요청하였다.

▌쟁점

법원이 의료과오소송에서 궁핍하지 않은 결석 당사자를 위해서도 소송대리인을 지정할 수 있는 재량권을 보유하는지 여부

▌법원의 판단

1. 법원은 궁핍하지 않은 민사소송당사자를 위하여 변호인을 지정할 고유 권한이 있다. 이러한 재량은 지정의 대상을 궁핍한 당사자만으로 제한하지 않는다. 이러한 절차에 따라 지정된 변호사가 선의로 법원의 지정 명령에 따를 경우에는 윤리규칙 위반으로 인하여 징계의 대상이 될 위험을 부담하지 않는다.

2. 부재중인 의사는 묵시적으로 법원의 지정에 따른 변호사의 대리행위에 동의한 것이라고 볼 수 있으며, 의료과오소송의 부담을 고려할 때 의사는 당해 소송에서 방어하기를 원한다고 판단된다.

3. 따라서 Burke 변호사의 지정 명령 재심사 신청을 기각한다.

【판례 2-10】 In Matter of Philip M. Kleinsmith(Court of Appeals of New Mexico; September 9, 2005; 124 P.3d 579)
법원에 의하여 시설 수용 아동의 변호사로 지정된 변호사가 법원의 명령에 불응한 경우 법정모욕죄에 해당한다고 한 사례

▌사실관계

2002년 10월 뉴멕시코주 지방법원은 맥킨리카운티 지역 내 무료 변론(pro bono) 변호사 지정에 있어서 효율적이고 공정한 체계를 정립할 목적으로 행정 명령을 발하였다. 위 명령에 따라 맥킨리카운티 지역의 변호사는 순번제로 무료 변론 순서를 지정받게 되었다.

2002년 12월 16일 「아동 정신건강 및 발달장애법」에 근거하여 정신과 시설에 수용된 아동의 변호사를 선임해 주도록 하는 신청이 위 지방법원에 접수되었다. 법원 직원은 위 행정 명령에 따라 변호사 명부를 검토한 결과, Philip M. Kleinsmith 변호사를

이 사건의 무료 변론 담당 변호사로 지정하였다. 12월 18일자로 지방법원 판사가 서명한 명령서에는 Kleinsmith 변호사가 이 사건 아동의 대리인으로 지정되었다고 적혀 있다. 팩스로 위 명령서와 소장을 전달받은 Kleinsmith 변호사는 법원 직원에게 전화하여 자신이 다음 날인 12월 19일부터 26일까지 휴가를 가기 때문에 사건을 맡을 수 없다고 알렸다. 법원 직원은 Kleinsmith 변호사에게 정신과 시설에 연락하여 아동과 전화로 이야기할 수 있다고 제안했고, 이에 Kleinsmith 변호사는 "보수를 받는 의뢰인에 대해서도 그렇게 신속히 서비스를 제공하지 않는다"라고 답하였다. Kleinsmith 변호사가 무료 변론의무를 면제해 주기를 요청하자 법원 직원은 자신은 그럴 권한이 없으니 지방법원에 사임을 신청하라고 하였다. 2002년 12월 18일 Kleinsmith 변호사는 지방법원에 '대리인 지정에 대한 답변서'를 제출하여 휴가 및 다른 업무로 해당 사건을 맡을 수 없으니 다른 사람을 지정하여 달라고 하였다.

Kleinsmith 변호사는 아동과 연락을 취할 의무를 면제해 주는 명령을 받지 않은 상태로 예정된 휴가를 떠났고, 아동의 사건담당자 Bitsilly는 지방법원에 전화하여 아동이 변호사와 상의하기를 원한다고 하였다. 법원 직원이 Kleinsmith 변호사의 이름과 연락처를 주었고 Bitsilly는 Kleinsmith 변호사에게 수차례 연락을 시도하였으나 실패하였다. 2003년 1월 13일 Bitsilly는 지방법원에 전화하여 Kleinsmith 변호사가 아동에게 연락을 하지 않았다고 알렸으며, 법원 직원은 Kleinsmith 변호사가 2002년 12월 18일자로 담당 변호사에 지정되었음에도 연락을 취하지 않았다는 내용을 포함하여 다른 변호사를 대신해서 지정하는 명령을 준비하였다. 2003년 1월 13일 지방법원 판사가 서명했고 1월 22일 Kleinsmith 변호사에게 12월 18일자 명령에 불응한 것이 법정모욕죄가 되지 않는다는 이유를 진술하라는 명령을 하였다.

2003년 1월 29일 Kleinsmith 변호사는 소를 제기하여 지방법원의 명령은 주 대법원의 승인을 받지 않았고 주 대법원의 권위를 침해하므로 무효라고 주장하였다. 또한 지방법원이 그에게 비자발적 서비스 제공을 강요하여 수정헌법 13조를 위반하였다고 주장하였다. Kleinsmith 변호사는 주 대법원에 행정 명령과 이유진술 명령의 무효를 선언해 주도록 요청했으나, 주 대법원은 2003년 2월 10일 소를 기각하였다. 2003년 3월 19일 지방법원이 이유진술절차심리를 열어 Kleinsmith 변호사의 법정모욕죄를 인정하고 500달러의 벌금을 부과하였다.

쟁점

1. 지방법원이 지역규범을 근거로 변호사에게 대리인 지정을 하는 것이 위법한지 여부
2. Kleinsmith 변호사의 행위가 법정모욕죄에 해당하는지 여부

▌법원의 판단

1. 법원의 명령에 불응한 당사자는 해당 명령의 유효성을 문제 삼을 수 없다. 변호사가 자신의 법원 명령 불응이 법정모욕죄가 된다는 결정에 항소한 이 사건에서 지방법원은 적법한 관할하에서 Kleinsmith 변호사를 아동의 대리인으로 지정하였음이 명백하므로, Kleinsmith 변호사가 지정 명령의 유효성을 문제 삼는 것을 배제한다.

2. 아동의 대리인 지정 명령에 위반한 변호사를 상대로 한 법정모욕죄심리절차를 개시한 지방법원 판사는 이유진술심리에서 제척될 필요는 없다. 판사는 법정의 권위 회복을 목적으로 법정모욕죄심리를 진행하며, 변호사가 법원의 명령에 불응하였다고 하여 판사가 침착하고 중립적이며 위엄 있게 심리를 진행할 수 없는 것은 아니다.

3. 증거에 따르면 아동의 대리인 지정 명령에 불응한 변호사에게 법정모욕죄가 성립된다. 변호사는 휴가 등 사정을 들어 대리인이 될 수 없다고 주장하나 그는 아동과 전화로 상담함으로써 법적 의무를 이행할 수 있었으며, 적어도 그의 사임요청이 인용되기까지는 명령의 이행의무에 구속되는 것이었고 아동의 사건담당자의 전화를 무시한 점이 인정된다.

시간이 촉박하게 연락을 취해야 하거나 변호사가 아동의 수용시설에서 상당히 먼 거리에 거주하는 경우, 아동과 협의할 변호사의 의무를 이행하기 위한 합리적 수단으로 전화통화가 인정된다.

4. 항소를 기각하여 Kleinsmith 변호사에게 법정모욕죄를 인정하고 500달러의 벌금을 부과한 지방법원의 결정을 확정한다.

【판례 2-11】 DeLisio v. Alaska Superior Court(Supreme Court of Alaska; July 21, 1987; 740 P.2d 437)

개업 변호사가 정당한 보상 없이 궁핍한 형사피고인을 대리하도록 하는 것이 주헌법의 수용 조항에 반한다고 한 사례

▌사실관계

알래스카주 앵커리지에서 변호사 활동을 하고 있던 Stephen DeLisio는 1984년 법원으로부터 경제적으로 궁핍한 성범죄자 Stephen Ningeok를 변호하도록 지정되었다. 이익충돌의 상황이 존재하였기 때문에 국선변호인이 피고인을 대리할 수 없는 상황이었다. 하지만 DeLisio 변호사는 정당한 경제적 보상 없이는 궁핍한 피고인을 대리하지 않겠다며 법원의 지정 명령을 이행하지 않겠다고 하였다.

지방법원의 Mark C. Rowland 판사는 배심원 없는 청문절차(non-jury hearing)에서 DeLisio의 선임이 확정되었음을 확인하였다. 따라서 DeLisio 변호사가 정해진 일자에

Ningeok를 대리해야 하며 이에 따르지 않을 경우 명령 불복종으로 인한 법정모욕으로 구속될 것이라고 하였다. DeLisio 변호사는 변호인 지정 명령의 재고를 요청했고, 그 결과 그동안 Nigeok을 대리할 변호사가 다시 선임되었다. 재고요청을 심리하는 재판에서 DeLisio 변호사의 법정모욕 관련 혐의에 대해 유죄를 선고하였고 DeLisio 변호사는 항소하였다.

먼저 DeLisio 변호사는 형사피고인을 대리할 능력이 부족하다고 주장했으나 받아들여지지 않았다. 그는 15년간 형사 사건을 담당한 적이 없다고 주장했으나 1962년과 1963년 법정 지정 형사 사건에서 변호인으로 활동했고 1년 반 동안 검사로 근무했으며, 1965년과 1967년 및 1968년 일시적으로 형사 사건을 담당하기도 하였다. 이러한 실무 경험에 비추어 볼 때 형사피고인을 적절히 대리할 수 없다는 DeLisio 변호사의 주장은 솔직하지 못한 것으로 판단되었다.

다음으로 DeLisio 변호사는 배심원 재판(jury trial)을 요청했는데 이 역시 받아들여지지 않았다. 법원의 구금조치는 법정절차 및 질서 등을 교란하는 행위(criminal contempt)를 벌하기 위한 것이 아니라 법원이 내린 명령을 이행하지 않은 것(civil contempt)에 대한 강제조치였다. 이러한 이유로 DeLisio 변호사는 배심원 재판을 받을 자격이 없다고 판단되었다.

마지막으로 DeLisio 변호사는 개업 변호사에게 정당한 보상 없이 궁핍한 형사피고인을 대리하도록 하는 것은 공공 사용을 위해 사적 재산을 수용하는 조치로 이는 미국 수정헌법 5조 및 14조와 알래스카주 헌법(Alaska Constitution) 1조 18항에 반한다고 주장하였다. 이에 대해 알래스카주 대법원은 연방 헌법상 권리 침해를 인정하지 않고 알래스카주 헌법 1조 18항에 반하는지 여부만 검토하였다.

쟁점

1. 개업 변호사가 정당한 보상 없이 궁핍한 형사피고인을 대리하는 것이 알래스카주 헌법 1조 18항[5] 수용 조항(takings clause)에 반하는지 여부
2. 적절한 보상규정의 기준

법원의 판단

1. 알래스카주 헌법의 수용 조항은 공공의 이익을 위해 개인이 불공평하게 불이익을 받아서는 안 된다는 목적을 가지고 있다. 변호사에게 정당한 보수 없이 궁핍한 형사피

---

5) "사적 재산은 정당한 보상 없이 공공 사용을 위해 수용되거나(taken) 손상될(damaged) 수 없다."

고인을 대리하게 하는 것은 다음과 같은 이유로 수용 조항에 반한다.

첫째, 수용의 대상인 '자산(property)'에 변호사가 제공하는 서비스가 포함된다. 둘째, 이러한 자산을 마음대로 이용(appropriation)하는 것이 수용(taking)에 해당하며 이는 소유자로부터 경제적 이익을 박탈함으로써 이루어진다. 법원이 변호사의 노동력을 전용하는 것은 공개된 시장에서 같은 노동력을 판매해 얻을 수익을 수용하는 것에 해당한다. 셋째, 수용은 공공 사용을 통해 성취된다. 법정 변호는 특정 피고인 개인의 이익을 위한 것이 아니라 모든 피고인이 법 앞에 동등하게 다루어지고 공정한 재판을 받아야 한다는 공공 이익을 위한 것이다.

2. 전용된 자산의 공정한 시장가치(fair market value)가 대가로 지급되어야 한다. 이때 해당 변호사의 보수가 아니라 평균적 능력을 갖춘 변호사의 보수를 기준으로 보상방법이 마련되어야 할 것이다.

3. 따라서 정당한 보상 없이 DeLisio 변호사가 궁핍한 형사피고인을 대리하도록 강제할 수 없다.

【판례 2-12】 Stern v. The County Court in and for the County of Grand(Supreme Court of Colorado; May 22, 1989; 773 P.2d 1074)
법원에 의하여 경제적으로 곤궁한 피고인의 변호인으로 지정된 변호사가 변호능력 부족을 이유로 사임신청하였으나 기각된 사례

▌사실관계

1986년 12월 Ronald S. Stern 변호사는 카운티법원의 Krob 판사에 의해 2급 폭행, 4급 중죄 등의 혐의로 기소된 궁핍한 형사피고인을 대리하도록 지정되었다. 원래 콜로라도주 정부가 다른 변호인을 선임하였으나, 이익충돌 상황으로 인하여 변호할 수 없는 사정이 있어 법원이 Stern 변호사를 지정하였다.

그러나 Stern 변호사는 곧 사임신청을 제출하면서 자신은 지난 11년간 자발적으로 형사피고인을 대리한 경험이 없었을 뿐만 아니라 형사법이나 형사절차에 관한 판례, 관련 규정, 또는 다른 자료 들을 읽은 적도 없기 때문에 피고인을 변호할 능력이 없다고 주장하였다.

또 그는 자신이 필요한 능력을 갖추지 못하였기 때문에 피고인을 대리한다면 직무상 비행을 구성할 것이고, 수정헌법 6조에 규정된 피고인을 위한 효과적인 법적 조력을 하지 못할 것이라고 하였다. 카운티법원은 필요하다면 공동변호인을 지정하겠다며 그의 사임신청을 받아들이지 않았다. 이에 그는 지방법원에 다시 같은 이유로 사임을 신청하

였고 지방법원에서도 신청을 불허하는 결정을 하자 이에 항고하였다.

▌쟁점

사실심법원에서 형사 사건 경험이 많지 않은 변호사에게 피고인을 변호하도록 지정한 것이 재량권의 일탈에 해당하는지 여부

▌법원의 판단

1. 형사피고인의 변호인으로 지정된 변호사가 자신이 그 사건을 맡기에 무능력하다고 믿는다면, 그는 스스로의 무능력을 법원에 대해 증명할 책임을 부담한다. 법원은 변호사가 유능하게 해당 사건을 처리할 수 있는지 또는 그가 유능해질 때까지 필요한 경우 공동변호인의 지정이 필요한지 여부를 판단해야 한다.

2. 이 사건에서는 궁핍한 형사피고인의 변호인이 될 자격을 갖춘 변호사가 적절하게 지정되었다. Stern 변호사가 11년 동안 형사피고인을 변호한 적이 없더라도 그가 자신이 무능력하다고 주장하는 것을 넘어서 실제로 그가 무능력한지를 입증하지는 못하였으므로, 지방법원은 그가 충분히 변호할 능력이 있다고 판단한 것이다. 연방 헌법 및 주헌법에서 요구하는 적절한 법적 조력을 제공할 수 없으리라는 가정만으로는 궁핍한 형사피고인의 대리인으로 선임된 변호인의 사임을 허락할 사유가 되지 아니한다. 결국 사건에서 지방법원은 대리인 지정에 있어 재량권을 일탈하지 않았다.

2. 변호사－의뢰인 관계의 해소

【판례 2-13】 Ruskin v. Rodgers(Appellate Court of Illinois; December 17, 1979; 79 Ill.App.3d 941, 399 N.E.2d 623)
의뢰인이 소송절차가 진행되는 도중 변호사를 교체할 권리의 한계

▌사실관계

1977년 5월 Rodgers는 부동산 중개 · 개발전문가인 Ruskin에게 아파트 건물을 구입하여 콘도미니엄으로 전환하는 적절한 방식에 관하여 문의하였다. 그후 Rodgers는 Ruskin에게 시카고의 황금지역에서 건물을 획득 · 개발할 기회가 있다고 알렸다. Rodgers는 Ruskin에게 건물 구매 자금을 구할 수 있는지 물었고 Ruskin은 그렇게 하겠다고 하였다. Rodgers는 Ruskin에게 수임료를 받는 컨설턴트가 되어 줄 수 있는지 물었고 Ruskin은

그런 프로젝트에서는 투자자 지위를 원한다고 하였다.

그들은 1977년 6월 다시 만났고 Rodgers는 Ruskin에게 자신이 구입하기로 한 건물의 위치와 개발계획을 알렸다. Rodgers와 Ruskin은 공동으로 건물을 구매하여 개발하기로 구두로 합의하였고, Rodgers는 Ruskin에게 프로젝트에서 발생하는 수익의 50%를 지급하기로 합의하였다. 1977년 6월 16일 Rodgers의 변호사 Edward Joyce가 이러한 내용의 양해각서를 작성하였다. Rodgers와 Edward Joyce는 자금 조달을 전적으로 Ruskin이 담당하는 것으로 이해했으나 각서에는 그러한 내용이 명시되지는 않았다.

그후 Rodgers는 Sheridan이라는 사람을 만나 그와 공동으로 프로젝트를 진행하고 싶다고 하였다. Rodgers는 수익의 20%와 콘도미니엄 분양가의 1%를 받고, 대신 아파트의 마케팅을 담당하기로 구두 합의하였다. Rodgers는 Sheridan에게 자신이 다른 사람과 사업을 추진하고 있었으나 그 관계는 이미 종료되었다고 하였다. 그후 Rodgers와 Sheridan의 관계에서도 합의 내용이 그대로 이행되지는 않았다.

Ruskin은 Rodgers를 상대로 Sheridan과 거래하였다는 이유를 들어 위 동업약정에 따라 수익의 절반을 이전해 줄 것을 청구하였다. 1978년 8월 25일 Ruskin은 약식 재판을 청구했으나 1978년 11월 13일에 기각되었고 정식 재판이 계속되었다. 1978년 11월 25일 Rodgers의 변호사는 자신이 다른 사건에 관여하고 있다는 이유를 들어 재판 연기를 신청하였다. 위 신청은 거부되었고 Rodgers의 변호사는 재판 당일 법정에서 만성 우울증을 이유로 재판 연기를 재차 신청하였다. 첫 번째 증인 반대신문 때 Rodgers는 자신의 변호사를 해임하고 싶다고 밝혔다. 변호사도 사임을 요청했으나 법원은 이를 받아들이지 않았다.

원심법원은 Rodgers와 Ruskin 간의 이 사건 동업계약을 유효한 것으로 인정하였고 Rodgers는 항소하였다.

▮쟁점

원심법원이 재판 연기 신청 및 변호사 사임·해임 신청을 기각하여 공정한 재판을 받을 권리가 침해되었는지 여부

▮법원의 판단

1. 재판 연기 신청의 인용 여부를 결정함에 있어서 법원은 상당한 재량을 갖는다. 재판 연기 신청을 기각하는 것이 항소사유가 되기 위해서는 명백한 재량권의 남용이나 실질적 불공정성이 존재하여야 한다. 절차 개시 이틀 전에 이루어진 재판 연기 신청에 대한 기각 결정은 명백한 재량권의 남용이나 실질적 불공정성에 해당하지 않는다.

2. 당사자는 특별한 이유가 없어도 언제든 변호사를 교체할 수 있는 절대적 권리가 있다고 주장하나, 관련 판례에 따르면 변호사 교체에 관한 권리는 절대적 권리가 아니며 법원은 변호사 교체 신청의 인용 여부를 결정할 재량을 갖는다. 법관은 변호사 교체가 상대방에게 해가 되거나 재판 진행에 방해가 될 경우 변호사 교체 신청을 기각할 수 있다. 이 사건에서 피고는 절차가 개시된 이후, 그것도 첫 번째 증인에 대한 변호인의 반대신문 중에 변호사 교체 신청을 하였다. 피고의 변호사 교체 신청이 인용되었을 경우, 재판의 진행에 막대한 지장을 초래했을 것이며 상당히 유해한 지연을 야기했을 것이다. 또한 법원이 판단하기에 당사자의 변호사 교체 요구는 건전한 사고에서 비롯된 것이 아니라 단지 감정적 변덕에서 비롯된 것이다. 따라서 법원의 교체 불허 결정은 재량권 남용이라고 볼 수 없다.

제3장

변호사의 기본 의무

1. 수임사무 관련 변호사의 의무

1.1 수임단계에서의 의무

【판례 3-1】 In re Application for Disciplinary Action Against Giese(Supreme Court of North Dakota; January 31, 2006; 709 N.W.2d 717)
자격정지 처분을 받은 변호사가 의뢰인에게 그와 같은 사실을 알리지 않아 징계 받은 사례

▮ 사실관계

2003년 6월 3일 Bryan L. Giese 변호사는 노스다코타주 대법원으로부터 2003년 8월 1일부터 90일의 자격정지 결정을 받았다. Giese 변호사는 2003년 6~7월 의뢰인 Ronald Getsman과 Nancy Getsman을 위해 법률문서를 준비하고 있었으며, 2003년 8월 12일 Giese 변호사의 사무실에서 이 법률문서에 대해 논의하기로 약속을 잡은 상태였다. 노스다코타주 변호사 징계규칙 6.3에 따르면, Giese 변호사는 자격정지 결정을 받은 후

10일 이내에 의뢰인에게 자신의 자격정지 사실을 통지할 의무가 있으나 이를 이행하지 않았다. 의뢰인은 Giese 변호사가 2003년 8월 1일부터 자격정지되었다는 사실을 나중에 알게 되었고, 8월 12일자 면담 약속을 취소하였다. 징계위원회는 Giese 변호사가 노스다코타주 변호사 직무행위규칙을 위반하였다고 보고하면서 노스다코타 변호사 제재부과 기준 7.3에 따라 60일 자격정지 처분을 하고 징계절차비용을 부담하게 할 것을 권고하였다.

쟁점

Giese 변호사의 행위가 노스다코타주 변호사 직무행위규칙(Rules of Professional Conduct) 3.3,[1] 5.5,[2] 8.1[3]의 위반인지 여부

법원의 판단

1. Giese 변호사는 2003년 8월 의뢰인에게 자신이 자격정지될 예정이라는 사실을 알리지 않음으로써 의뢰인으로 하여금 그가 평소와 같은 업무를 계속할 수 있다고 오신하게 하였다. 이는 무허가 법률업무에 해당하는 것으로 노스다코타주 변호사 직무행위규칙 5.5 위반에 해당한다.

2. Giese 변호사는 이 법원에 제출한 진술서에서 10일 이내 자격정지 처분을 의뢰인에게 고지해야 할 의무를 규정한 노스다코타주 변호사 징계규칙 6.3을 실질적으로 준수하였으며 2003년 8월 동안 법률업무에 관여한 바가 없다고 진술하였다.

그러나 노스다코타주 변호사 징계규칙 6.3(F)는 '실질적 준수(substantial compliance)'가 아니라 '완전한 준수(full compliance)'를 요구하고 있다. 또한 Giese 변호사는 의뢰인에게 자신이 자격정지 결정을 받았다는 사실을 고지한 바 없으므로 이는 동 규칙을 '실질적으로 준수'한 것도 아니다.

또한 위에서 보았듯이 무허가 법률업무를 한 사실이 인정되므로 이 법원에 대하여 '법률사무에 관여한 바 없다'고 진술한 내용은 진실이 아니다. 따라서 징계 사안과 관련

---

1) "변호사는 알면서 법원에 대해 사실과 법에 대한 허위의 진술을 하여서는 안 되고, 변호사가 이전에 법원에 대하여 행한 중요한 사실 또는 법에 대한 허위진술을 교정하여야 한다."

2) "무허가 법률사무 :

(a) 변호사는 어느 관할에서의 법률사무취급이 그 관할의 법조 관련 규정을 위반하는 경우 그 관할 내에서 법률사무취급을 하여서는 안 된다.

(d) 그 관할에서 법률사무를 취급하도록 허용되지 않은 변호사는 대리행위를 하거나 그 변호사가 그 관할에서 법률사무취급을 허용 받았다고 표명해서는 안 된다."

3) "변호사회 입회승인과 징계 :

변호사회에 대한 입회승인신청자 또는 변호사회의 입회신청과 관련하거나 징계 문제에 관련한 변호사는 (a) 알면서 중요한 사실에 대한 허위진술을 해서는 안 된다."

하여 중요 사실에 대해 허위진술하였으므로 노스다코타주 변호사 징계규칙 3.3과 8.1 위반에 해당한다.

3. 따라서 법원은 징계위원회의 권고를 채택하여 Giese 변호사가 노스다코타주 변호사 직무행위규칙 3.3, 5.5, 8.1을 위반했음을 인정한다. Giese 변호사는 노스다코타주 변호사 제재부과 기준 7.3에 따라 60일 자격정지되며, 징계절차비용을 부담한다.

1.2 성실 · 신속한 수임사무 처리

1.2.1 성실한 수임사무 처리의무의 판단 기준

【판례 3-2】 Cook, Flanagan and Berst v. Clausing(Supreme Court of Washington, Department 2; March 21, 1968; 73 Wash.2d 393, 438 P.2d 865)
변호사가 수임사무 처리 시 갖추어야 할 지식과 기량에 대한 판단 기준

▮ 사실관계

변호사 수임료와 관련된 소송에서 피고들은 원고들(변호사)의 직무과오 및 주의의무 위반 등으로 인한 손해를 주장하며 반소를 제기하였다. 이에 대해 항소심법원은 원고 승소 판결을 하여 변호사 보수 4,500달러를 지급할 것을 명하고 직무과오 등에 관한 반소청구를 기각하였다. 이에 피고들은 사실심에서 적용된 지침 12, 13, 16 모두에 대해 이의를 제기하였다.

피고들은 먼저 지침 16에 이의를 제기하였다. 지침 16에 의하면 변호사가 선의(good faith)로 정직한 신념(honest belief)을 기초로 의뢰인에게 최선의 이익이 되도록 판단하였다면 단순한 오류에 대해서는 책임을 지지 않는다. 명시적 합의가 없다면 변호사는 자신의 의견이 옳음을 보증하거나 소송의 성공적 결과 및 채택한 수단의 타당성을 보장하는 사람이 아니기 때문이다.

반면 원고들은 사실심이 적용한 지침 12 및 13을 고려할 때 전체 법체계상 지침 16에 수긍할 수 있다고 주장하였다. 지침 12에 의하면 변호사는 타인에 선임될 때 변호사로서 적정한 기량과 지식을 보유해야 하며 수임관계에 있는 동안 그러한 기량을 합리적으로 사용할 수 있어야 한다. 한편 통상적으로 변호사는 결과를 보장하는 사람이 아니다. 따라서 변호사는 필요한 지식과 기량을 보유하지 못하였거나 주의의무를 위반하거나 필요한 지식 및 기량을 적절히 사용하지 못한 경우를 제외하고는 소송의 결과에 대해 책임을 지지 않는다. 따라서 지침 12를 전제할 때 단순한 판단상 오류에 대한 면책을 제시하는 지침 16을 이해할 수 있다는 것이다. 이에 피고들은 지침 12 역시 의뢰인을

대리하기 위해 필요한 변호사의 기량이나 지식의 정도에 대한 적절한 기준을 제시하지 못한 오류가 있다고 반박하였다.

마지막으로 피고들은 변호사가 특정 법적 문제에 대한 복수의 해결방법이 있을 경우에 관한 지침 13에 대해서도 옳은 법적용이 아니라고 주장하였다. 지침 13에 의하면, 숙련된 변호사 집단에서 비록 만장일치의 해결방안으로 인정된 것이 아닐지라도 승인된 소수의견의 방법을 따를 경우 주의의무 위반으로 인한 책임을 지지 않는다고 하였다.

▌쟁점

1. 변호사의 단순한 판단상 오류에 대한 면책규정의 법적 타당성
2. 의뢰인을 위한 변호사의 업무 수행을 위해 제시하는 자격 기준의 적정성
3. 복수의 해결방안에 대한 변호인의 선택권

▌법원의 판단

1. 지침 16에 의하면 변호사가 의뢰인을 위해 선의로 정직한 신념을 기초로 판단하였다면 이때 발생하는 단순한 판단상 오류에 대한 책임을 지지 않는다. 다른 지침을 고려하지 않고 지침 16만을 독립적으로 고려할 때 명백히 오해의 소지가 있으며 옳은 법적용이 아니라 할 것이다.

2. 지침 12에 의하면 변호사는 적정한 기량과 지식을 보유해야 하며 그러한 기량을 합리적으로 사용할 수 있어야 하나, 그렇지 않은 경우의 실패에 대한 책임까지 지는 것은 아니다. 그런데 합리적이고 사려 깊으며 신중한 변호사가 보유한 기량 · 성실함 · 지식 등 변호사가 의뢰인을 대리하기 위해 갖추어야 할 자격 기준은 보편적인 것으로, 해당 지침으로 구체화되는 것이 아니다. 따라서 업무상 주의의무 위반 등이 문제 되는 구체적 사안에서 법원 및 배심원의 판단이 필요하다.

3. 지침 13 역시 지침 16 및 12의 오류를 시정할 수 없다. 지침 13에 의하면 변호사가 특정 법적 문제에 대한 복수의 해결방법이 있을 경우, 다수의견에 따른 방법이 아닐지라도 법조인 집단에서 승인된 소수의견의 방법을 따른다면 업무상 주의의무 위반으로 인한 책임을 지지 않는다. 지침 13은 원칙적으로 타당하지만 실제 업무 수행에서 필요한 기준을 제시하지 못한다는 문제점이 있다.

4. 따라서 해당 지침들은 의뢰인을 위한 업무 수행을 하는 변호사가 갖추어야 할 기술 및 지식의 수준에 대한 기준을 제시하지 못한다는 점에서 오류가 있다. 그러므로 원고 승소 판결을 한 사실심은 파기되어야 하고 모든 사안에 대한 새로운 재판을 위해 파기환송한다.

【판례 3-3】 Olfe v. Gordon(Supreme Court of Wisconsin; January 8, 1980; 93 Wis.2d 173, 286 N.W.2d 573)
변호사가 의뢰인의 명시적 지시를 어겨 의뢰인의 손실을 야기한 사례

▌사실관계

1971년 초 62세의 미망인 Olfe는 Elmer J. Demman으로부터 자신의 주택을 매입하여 사무용 건물을 짓겠다는 제의를 받고 8만 7,000달러에 매매하기로 구두 합의하였다. Olfe는 Gordon 변호사에게 주택 매매거래를 대리하도록 위임하였다. Olfe는 Gordon 변호사에게 1번 저당권을 설정받도록 요청하였으나 Gordon 변호사는 사실상 1번 저당권이라 주장하며 거래가 성사되도록 하여, 결국 Olfe는 자신의 의사에 반해 2번 저당권자가 되었다. 계약 당시 Olfe는 계약서를 꼼꼼히 읽어 보지 않았는데, Olfe의 증언에 따르면 자신이 법률용어에 익숙하지 않은 점 등을 감안하여 변호사를 선임하였기 때문이다.

Olfe는 1971년 11월 4일에 매매대금 중 2만 2,500달러를 받았고 잔금 6만 4,500달러는 향후 2년간 분할 상환받기로 하였다. 그후 매수인이 파산했고 1번 저당권자인 Continental Savings and Loan이 담보권을 실행하여 Olfe의 2번 저당권은 말소되었다. Olfe는 Gordon 변호사를 상대로 주의의무 위반으로 인하여 입은 2만 5,000달러의 손해배상을 청구하였다. 피고 Gordon 변호사는 증거부족을 이유로 원고 청구 기각 신청을 하였고 사실심법원은 이 신청을 받아들였다. 사실심법원은 증거가 부족하다고 보았고 또한 유사한 상황에서 변호사에게 요구되는 주의의무의 기준에 관한 전문가 증언이 없어서 배심원이 Gordon 변호사의 과실에 대하여 판단할 수 없다고 판시하였다.

▌쟁점

1. 변호사가 의뢰인의 지시를 어겨 의뢰인에게 손해를 야기한 경우, 의뢰인이 배상받기 위해 전문가 증언이 요구되는지 여부
2. 변호사가 의뢰인에 대해 책임을 지는지 여부
3. 배심원이 변호사의 주의의무 위반에 대해 스스로 판단할 수 있는지 여부

▌법원의 판단

1. 일반적으로 전문가 증언은 변호사의 주의의무 위반을 판단하기 위한 기준을 정하기 위해 필요하다. 그러나 변호사가 명시적인 의뢰인의 지시를 어겨 의뢰인에게 손실을 초래한 경우, 의뢰인이 손해배상을 받기 위해 전문가 증언이 필요하다고 볼 수 없다. 의뢰인의 명시적 지시에 대해 합리적인 신속함과 주의를 기울이지 않아 발생한 모든 손

해에 대해 변호사에게 책임이 있다는 것은 일반적으로 인정된다.

2. 의뢰인의 지시를 따르지 않는 것이 의뢰인에게 최선의 이익이 된다는 변호사의 항변은 인정될 수 없다. 변호사가 의뢰인의 지시를 어기는 경우 기본적으로 충실의무 위반이나 계약책임이 문제 되지만 불법행위가 성립할 수도 있다. 변호사-의뢰인 관계는 대리인과 본인의 관계이며 대리인은 지시를 따르지 않은 데 대해 본인에게 책임을 부담한다.

3. 배심원은 변호사가 주의의무를 위반했는지 여부를 판단함에 있어 특별한 지식이나 기량을 필요로 하지 않는다. 이 사건처럼 누구나 쉽게 주의의무 위반 사실을 알 수 있고 이를 적발해 내기 위해 특별한 법적 전문성 등이 요구되지 않는 경우, 일반인으로 구성된 배심원이 스스로 판단할 수 있다. 원심판결을 파기환송한다.

【판례 3-4】 In re Weinberg(Supreme Court of Illinois; January 19, 1988; 119 Ill.2d 309)
민사소송과 형사소송에서 변호사가 부담하는 주의의무의 차이

▌사실관계

John Gilbert는 강간죄로 1심법원에서 1981년 10월 유죄판결을 받고 12월 28년의 형을 선고받았다. Gilbert의 신청에 의하여 1심 판사는 Weinberg 변호사를 항소심에서의 변호인으로 지정하였다. Weinberg 변호사는 1981년 12월 24일 항소장을 제출하였다. Weinberg 변호사는 자신의 사무실을 임대하고 있던 Triwush 변호사와 항소심 보수 1,000달러의 절반 금액으로 Triwush 변호사가 항소이유서를 작성하기로 합의하였고, Triwush 변호사는 1982년 1월 소송요지진술서(docketing statement)를 제출하였다. 때때로 Weinberg 변호사는 Gilbert의 항소심과 관련된 서신을 받았고 그는 이를 Triwush 변호사에게 전달하였다. Triwush 변호사는 항소심절차의 연기를 몇 차례 신청하였고, Weinberg 변호사는 Triwush 변호사에게 항소이유서가 언제쯤 마무리될지 주기적으로 물었다. 마지막으로 연장된 기일인 1983년 1월 5일까지 Triwush 변호사는 준비서면을 제출하지 않았고 1983년 6월 29일 항소는 기각되었다. 항소기각 사실을 알게 된 Weinberg 변호사는 Triwush 변호사에게 법원의 기각결정을 제시하자 Triwush 변호사는 항소이유서는 제출되었으나 항소심법원이 실수로 놓쳤다고 변명하였다. Weinberg 변호사는 나중에 항소심법원으로부터 항소이유서가 제출된 적이 없다는 확인을 받았다. 1983년 11월 Gilbert의 가족은 다른 변호사를 선임하여 항소심절차를 다시 진행시켜 항소이유서를 제출하였다.

Gilbert의 어머니인 Dorothy Gilbert는 심문위원회에서 Weinberg 변호사가 1982년

3월 Triwush 변호사가 그 항소심 사건을 맡을 것이라 말하였다고 증언하였다. Dorothy Gilbert는 주기적으로 Triwush 변호사에게 사건의 진행을 확인하였는데, Triwush 변호사는 1983년 2월 그녀에게 항소이유서를 제출하였고 이제 주검찰에서 항소이유서를 제출하기를 기다려야 한다고 말하였다고 한다. Dorothy Gilbert는 1983년 9월과 11월 사이 매주 Triwush 변호사를 만나고자 하였으나 그는 그녀의 방문에 응하지 않았고, 그 기간 동안 Weinberg 변호사를 한 번도 만나지 못하였다. Dorothy Gilbert는 다른 변호사를 선임하였고 1주일 후 아들의 항소가 기각되었다는 것을 알게 되었다.

변호사 등록 및 징계위원회(Attorney Registration and Disciplinary Commission)는 Weinberg 변호사와 Triwush 변호사에 대하여 항소이유서를 작성 · 제출하지 않음으로써 수임사무 처리에 있어 주의의무를 위반하고 위임계약상의 의무를 불이행하였으며, 열성적 의뢰인의 대리인 역할을 다하지 못하고 의뢰인에게 손해를 입혔다는 혐의로 징계절차에 회부하였다. 징계위원회는 또한 Triwush 변호사가 Dorothy Gilbert에게 자신은 항소이유서를 제출하였고 주검찰 측 사정 때문에 재판이 지연되고 있다고 말한 것에 대하여 부정직 · 사기 · 기망 · 부실표시 혐의로 징계절차에 회부하였다. 청문위원회와 심의위원회는 혐의가 입증된다고 결정하였다. Weinberg 변호사는 비공개 문책(private reprimand)이 이 사안에 적절한 징계라고 주장한다. 징계담당관은 심의위원회의 권고대로 그가 비공개 문책보다는 무거운 견책(censure)이 되어야 한다고 주장한다.

▮ 쟁점

1. 변호사 징계절차에서 일관성이 요구되는지 여부
2. 징계사안에서 대법원은 심문위원회의 권고를 고려하여야 하는지 여부
3. 형사 사건에서 민사 사건에 비해 변호사에 대한 더 엄격한 징계가 적절한지 여부
4. 형사 사건 항소심에서 항소이유서 제출에 실패한 변호사에 대해 견책이 적절한 징계인지 여부

▮ 법원의 판단

1. 변호사에 대한 징계는 공익을 수호하고 법조 직역의 청렴성을 유지하며 사법부를 공공의 비난으로부터 보호하는 것을 목적으로 한다. 비록 개별 사안의 구체적 사실관계를 바탕으로 판단해야 하나 예측 가능성과 공정성이 요구되기 때문에 변호사에 대한 징계는 일관성을 지켜야 한다. 비록 징계사안에서 적정한 제재수단을 결정하는 최종적 책임은 대법원에 있다 하더라도 심문위원회의 권고를 고려하여야 한다.

2. 법원은 견책이 지나치게 가혹한 제재라는 Weinberg 변호사의 주장에 동의하지

않는다. 물론 Weinberg 변호사가 언급한 대로 Winn[4] · Kink[5] · Ahern 사건[6]에서 변호사들은 (이 사건에서와 달리) 복수의 사건을 처리함에 있어서 주의의무를 위반하였다. 그러나 이러한 선례가 견책(censure)과 문책(reprimand)을 판단하는 경계를 설정하지는 않는다. 오히려 위의 선례는 이 사안과 같이 형사 사건이 아니라 민사 사건을 수임하여 법률사무를 처리함에 있어서 주의의무를 위반한 사안이었다. 형사 사건을 다룬 본 사안에서는 Weinberg 변호사의 비행이 유죄판결에 대한 항소기각으로 이어졌고, 결국 의뢰인에 대한 회복 불가능한 손해의 가능성이 증대되었다. 형사 사건에서 항소기각이나 패소는 민사상 손해배상청구소송의 경우보다 금전배상으로 손해가 전보되기 힘들다는 점을 고려한다면, 변호사는 형사 사건에서 민사 사건보다 높은 수준의 주의의무를 부담한다고 하겠다.

3. 변호사는 단순히 업무를 다른 자에게 대리시킴으로써 의뢰인에 대한 직업적 의무를 회피할 수 없다. 비록 많은 부분은 Triwush 변호사에게 책임이 있지만, 그는 Gilbert의 항소심에서 항소이유서 작성의 책임을 맡기로 하기 직전인 1981년 11월에 변호사 자격이 부여된 비교적 경험이 적은 변호사였다. 따라서 Weinberg 변호사가 항소심절차를 좀 더 엄격하게 감독하지 못한 데 대해서는 변명의 여지가 없다. 그러한 비행에 부정직한 동기가 개입되지 않았다고 하더라도 견책의 징계는 적정한 것으로 판단된다.

【판례 3-5】 State v. Mayes(Supreme Court of Kansas; January 25, 1975; 216 Kan. 38)
특허 관련 법률사무 처리 시 주의의무를 위반하는 등의 사유로 변호사 자격박탈의 징계를 받은 사례

▌사실관계

1. Mayes 변호사는 주로 특허 관련 법률사무를 처리하였다. 의뢰인 Boyd는 특허출원을 Mayes 변호사에게 위임하였는데, Mayes 변호사는 출원을 신청한 후 그가 청구한 616.74달러의 보수를 수령할 때까지—30일 내에 회신을 하지 않으면 특허출원을 포기한 것으로 간주되어 Boyd가 수년에 걸쳐 개발한 아이디어가 완전히 사장되는 데도 불구하고—특허청의 사전확인서신에 대한 회신 준비를 하지 않았다. Boyd와 그의 직원들은 이미 Mayes 변호사에게 보수와 비용으로 2,185달러를 지불한 상태였다. 또한 Mayes 변호사는 Boyd와 사안에 대하여 논의하기로 한 약속을 지키지 않았고 Boyd와

4) Winn, 103 Ill.2d 334, 82 Ill.Dec. 664, 469 N.E.2d 198.
5) In re Kink(1982), 92 Ill.2d 293, 65 Ill.Dec. 895, 442 N.E.2d 206.
6) In re Ahern(1961), 23 Ill.2d 69, 177 N.E.2d 197.

더 이상의 면담을 거부하였다. 결국 Boyd는 특허청의 요구사항을 충족시키기 위하여 다른 변호사를 선임할 수밖에 없었다.

2. Mayes 변호사는 Honn과의 관계에서도 보수를 지급받기 전에는 업무에 착수하지 않는다는 원칙을 고수하여 1,000달러를 먼저 지급받았다. 그중 400달러는 특허 가능성 조사를 위한 비용으로 Mayes 변호사는 이 업무를 실제로 수행하였다. Mayes 변호사는 그후 1년 동안 나머지 600달러에 상응하는 어떠한 특허출원 준비 사무도 처리하지 않았다. 그러는 동안 Honn은 지속적으로 Mayes 변호사에게 초안 작성을 요구하였지만 그는 이를 계속 회피하였다. Mayes 변호사는 Honn과의 계약을 갱신한 이후에도 면담 요구에 응하지 않고 업무 처리 결과를 보여 주지도 않으면서 1,700달러 및 그에 대한 연 12%의 이자에 해당하는 금액을 보수로 요구하기만 하였다. 그후 Mayes 변호사는 4건의 특허출원 업무를 처리하면서 Honn을 상대로 1,700달러의 보수를 청구하는 소를 제기하였다. 이어 조사위원회가 Mayes 변호사에 대한 징계절차를 개시하였다.

▮ 쟁점

1. 특허 변호사는 일반적인 변호사와 다른 행위규범에 의하여 구속되는지 여부

2. 징계절차의 대상이 된 특허 변호사의 징계절차에서 특허 변호사가 아닌 변호사가 판단할 수 있는지 여부

3. Mayes 변호사에 대한 자격박탈 징계 처분의 적정성

▮ 법원의 판단

1. Mayes 변호사가 위임된 법률사무 처리 시 주의의무를 위반하였고[징계규칙 6-101 A(3)], 그의 의뢰인의 권리를 위태롭게 하였다[징계규칙 7-101 A(3)]는 조사위원회의 결정에 동의한다. Mayes 변호사의 행위는 사법제도에 해를 끼치고[징계규칙 1-102 A(5)] 법률가로서 업무 수행의 적정성이 없음을 보여 주는 것이다[징계규칙 1-102 A(6)].

2. Mayes 변호사가 Honn으로부터 수임한 법률사무 처리를 1년 이상 지체한 점[징계규칙 6-101 A(3)], 합리적인 시간 내에 위임계약의 내용에 따른 사무 처리를 하지 못한 점[징계규칙 7-101 A(2)]은 용인될 수 없다. 또한 Mayes 변호사는 의뢰인과 정한 약속을 계속 어겼고 9개월 이상 의뢰인의 연락을 거부하였으며, 업무의 진행 상황에 대해 의뢰인을 기망한 점 또한 용인될 수 없다. 이와 같은 행태는 이 법원의 변호사회의 일원이 될 가치가 없다[징계규칙 1-102 A(6)].

3. 특허 변호사는 일반 변호사와 다른 행위규범에 의하여 구속되지 않는다.

4. 징계절차의 대상이 된 특허 변호사의 징계절차에서 특허 변호사가 아닌 변호사가

판단할 수 있다.

5. 지나치게 열성적으로 보수를 추구하고 법률사무 처리 시 주의의무를 위반하였으며, 수임계약의 내용에 따라 사무 처리를 완성하지 못하고 의뢰인과의 의사소통에서 기만적 행태를 보인 피고인에 대해서는 자격박탈의 징계가 정당화될 수 있다.

【판례 3-6】 Horne v. Peckham(Court of Appeal, Third District, California; September 28, 1979; 97 Cal.App.3d 404)
일반 변호사가 주의의무의 기준을 맞추기 위하여 의뢰인을 전문변호사에게 보낼 의무가 있다고 본 사례

▮사실관계

Peckham 변호사는 의뢰인(Roy C. Horne과 Doris G. Horne)의 아들 3명을 위한 취소 불가능한 신탁을 설정하였다. 그 신탁재산은 의뢰인이 의뢰인의 회사와 체결한 상품라이선스계약에 따른 로열티에 대한 권리로 구성되었다. 그 라이선스는 배타적인 것은 아니었다. 국세청이 그 신탁이 라이선스권리자의 수입에 대한 납세의무를 신탁의 수익자에게 부담시키지 않았다고 하여 세금과소신고를 결정할 때까지 라이선스 로열티는 신탁에 지급되었다. 행정절차 차원에서 위 결정에 대하여 이의하였으나 받아들여지지 않았다. 의뢰인은 피고 변호사에게 직무과오로 인한 손해배상을 청구하였고, 피고 변호사는 그 신탁과 관련하여 조언을 구했던 McIntosh 변호사에게 손해배상을 별소(別訴)로 청구하였다. Peckham 변호사는 본소 · 별소 모두 패소하였고, 이에 Peckham 변호사는 항소하였다.

▮쟁점

1. 신탁문서가 절세수단으로서 유효하였는지, 그리고 그 유효 여부가 명백한지 여부

2. 일반 변호사는 특정한 상황에서 또는 전문변호사의 주의의무의 기준을 만족시키기 위하여 그의 의뢰인을 전문변호사에게 보낼 의무가 있는지 여부

3. 법에 관한 논란이 있는 분야의 경우 변호사는 그의 직무과오에 대하여 책임을 지지 않는지 여부

▮법원의 판단

1. 피고 Peckham 변호사는 신탁문서가 절세수단으로서 사실 유효하였고, 만약 유효하지 않더라도 그러한 무효는 논란의 여지가 있는 것이어서 피고가 합리적인 변호사라

도 의견이 일치하지 않을 문제에 관해 실수를 저지른 데 대하여 책임이 없다고 주장한다. 이에 대한 판례로 Helvering v. Clifford(1940) 309 U.S. 331, 84 L.Ed. 788, 60 S.Ct. 554 판결이 있다. 연방 대법원은 창의적인 천재가 부가세(surtax)를 면세받을 수 있는 신탁이나 양도 또는 법적 소유권에 대한 법에도 불구하고 신탁자는 신탁의 설립과 운영에 관한 신탁조항의 분석과 제반사항에 따라 소유자와 같이 과세될 수 있다고 하였다. 세금납세자가 자신을 수탁자로, 자신의 아내를 수익자로 정한 이 판례에서 법원은 "그의 지배와 통제를 고려하였을 때 그러한 신탁이 심대한 변화를 가져오지 않은 것이 명백하다"라고 판단하였다. 본 사안에서도 원고들은 특허 그리고 라이선스계약을 맺은 회사에 대한 지배를 통하여 라이선스를 통제하였다. 따라서 신탁문서가 절세수단으로서는 무효였으며 이는 대체로 명백하게 드러난 것으로 보인다.

2. 비록 당시 캘리포니아주에서 전문변호사 제도가 공식적으로 인정되지 않았다고 할지라도 사실상의 전문변호사가 존재하였고, 세금 관련 분야는 가장 일반적으로 전문분야로 인식되고 있었으며, 피고 스스로 의뢰인에게 자신은 세금전문가가 아니고 그러한 전문가가 따로 존재한다고 조언한 경우, 일반 변호사는 특정한 상황에서 또는 전문변호사의 주의의무의 기준을 만족시키기 위하여 그의 의뢰인을 전문변호사에게 보낼 의무가 있다고 한 것은 타당하다.

3. 법리적 의심이나 불확실성이 존재하는 부분이라 하더라도, 변호사는 그의 의뢰인에 대하여 문제에 대한 이성적 평가에 근거한 일련의 행위로서 관련된 법원칙을 확인하고 정보에 근거한 결정을 위해 노력하여 합리적인 조사를 할 의무를 부담한다.

4. 원심판결을 유지한다.

【판례 3-7】 Smith v. Lewis(Supreme Court of California; January 20, 1975; 13 Cal.3d 349, 118 Cal.Rptr. 621 Cal.)
법리가 확립되지 않은 사안에 대한 변호사의 조사의무를 소홀히 한 것으로 인정된 사례

▌사실관계

원고는 Clarence D. Smith 장군과 1943년 결혼하였다. Smith 장군은 1966년에 은퇴하기까지 1945년부터 캘리포니아주 방위군에서 복무하였다. 그 기간 중 처음 16년간 그는 분담제[7]인 주 고용연금제도에 속하여 있었다. 연방 방위군 예비역으로 편성된 이

7) 분담제(contributory system)는 정기적으로 임금공제를 하여 스스로 퇴직연금을 조성해 나가는 제도이다.

후에는 비분담제인 별도의 연금수당을 받게 되었다. 1967년 1월 캘리포니아주는 매월 Smith 장군에게 796.26달러의 연금을 지급하기 시작하였다.

1967년 2월 원고는 Smith 장군을 상대로 이혼소송을 제기하기 위해 피고 Lewis 변호사를 선임하였다. 원고의 증언에 따르면 Lewis 변호사는 그녀에게 남편의 퇴직금은 부부공유재산이 아니라고 조언하였다. 이에 따라 이혼소송 및 재산분할비율을 결정함에 있어서 퇴직금은 고려되지 않았다. Lewis 변호사는 뒤늦게 재산분할비율을 재조정하는 신청을 하였으나 기간이 도과하였다는 이유로 거부되었다.

원고는 다른 변호사와 상담한 후 Lewis 변호사를 상대로 직무과오소송을 제기하였다. 피고 Lewis 변호사는 원고의 공유재산에 대한 권리를 평가함에 있어서 남편 Smith 장군의 퇴직금이 남편의 개별재산이라고 추정했음을 인정했지만, 원고를 대리하던 당시 퇴직금을 규율하는 법이 불명확하였기 때문에 그녀의 몫으로 주장하지 않은 데 대해 책임을 질 수 없다고 항변하였다. 배심원은 원고의 편을 들어주었고, 피고 Lewis 변호사는 항소하였다.

▮ 쟁점

1. 퇴직금이 이혼 시 재산분할의 대상이 되는 부부공유재산에 해당하는지 여부

2. 의심스러운 사안에 있어서도 변호사는 의뢰인을 대리하여 정확하고 유능한 판결을 이끌어 내기 위해 충분한 조사를 할 것이 기대되는지 여부

▮ 법원의 판단

1. 현행 캘리포니아주법은 "고용관계로부터 나온 퇴직금은 이혼 시 배우자에게 동등하게 분배되어야 할 부부공유재산이다"라고 규정하고 있다. 퇴직금은 피고용자의 보수의 일부이기 때문에 그것이 주, 연방, 또는 사기업에서 나온 것인지 여부와 상관없이 공유재산에 포함되어야 한다.

2. Lewis 변호사는 과거에 변호사가 제공한 서비스의 질을 그후 변경된 법률적 상황에 근거하여 판단하여서는 안 된다고 주장하나, 법리가 명확하지 않은 사안에 대하여도 변호사는 의뢰인을 대리하여 정확하고 유능한 판결을 이끌어 내기 위해 충분한 조사를 할 의무를 진다. 평균적인 기량과 능력을 가진 변호사라면 보통 가지고 있는 실력, 청렴성, 근면성을 반드시 지녀야 한다. 따라서 그가 문제의 법률서비스를 제공할 당시의 법률 상황을 검토해 보아야 한다.

3. 비록 법원이 당시 모든 견해대립에 대해 입장을 정리한 바 없었지만, 퇴직금의 부부공유재산적 성격에 대해서는 Lewis 변호사가 쉽게 접근할 수 있고, 문헌에도 종종 인

용되었던 수많은 항소의견에서 주장된 바 있었다. 원고가 Lewis 변호사와 수임계약을 체결하기 4년 전 Benson v. City of Los Angeles(1963) 60 Cal.2d 355, 33 Cal.Rptr. 257, 384 P.2d 649 판결에서 "혼인 중에 취득한 연금의 소유권은 부부공동재산에 속한다"라고 판시한 바 있다. 원고의 이혼소송 당시 이와 반대되는 중요한 판례는 없었으므로 피고 Lewis는 가능한 판례를 조사하지 않은 채 의뢰인의 최선의 이익에 배치되는 잘못된 조언을 한 것이다.

만일 특정 사안에 대한 법률이 의심스럽거나 논란이 있을 경우, 변호사는 불확실성을 제거할 방법을 예측하지 못한 것에 대해 책임 지지 않는다. 그러나 법적 불확실성을 고려하더라도 변호사는 의뢰인에 대하여 관련 법원칙을 확인하고 합리적인 조사를 다해야 할 의무를 부담한다.

4. 법률과오소송에 있어 손해의 적정한 평가방법의 일반원칙은, 승소할 수 있는 소송을 패소한 데 대해 변호사의 과실이 있는 경우 상실한 청구의 가치를 평가하는 것이다. 배심원이 인정한 바와 같이, 피고가 원심에서 Smith 장군의 퇴직금을 부부공유재산으로 주장했더라면 법원은 Smith 장군에 대해 원고에게 매월 퇴직금을 분할하여 지급할 것을 명했을 것이다. 원심판결을 유지한다.

【판례 3-8】 The Florida Bar v. Neale(Supreme Court of Florida; June 5, 1980; 384 So.2d 1264)
징계의 대상이 되는 주의의무 위반에 해당하지 않는다고 본 사례

▌사실관계

William J. Neale 변호사는 플로리다주 변호사회 회원이다. 이 사건은 Neale 변호사가 1970년 개에 물려 상해를 입은 Mitchell을 대리하던 중 발생한 문제에서 비롯되었다. 화해로 분쟁을 종결시키려던 노력이 실패로 돌아가자 Neale 변호사는 1973년 Mitchell을 대리하여 소를 제기하였다.

재판 며칠 전 Neale 변호사는 그 개가 여러 번 사람을 물었던 기록이 있었고 따라서 징벌적 손해배상이 가능할 수 있다는 것을 알게 되었다. 곧이어 징벌적 손해배상을 주장하기 위해 원래의 청구를 변경하는 신청이 받아들여지지 않자, 4년의 시효가 적용된다고 생각하여 의뢰인의 동의를 얻어 소를 취하하였다.

하지만 1973년도 플로리다주법 95조 11항에 의하면, 해당 법에 구체적으로 규정되지 않은 사항에 대한 손해배상청구의 경우 4년의 시효가 적용되나 그 밖의 경우에는 3년의 시효가 적용된다. 개에게 물린 상해에 대한 책임은 3년의 시효가 적용되는 사안이었

기 때문에 이어지는 소송에서 개의 주인은 성공적으로 방어할 수 있었다. 이어진 상고에서도 지방법원은 Mitchell에게 패소 판결을 내렸다. 결국 Neale 변호사가 재판절차에서 중요한 사항을 뒤늦게 알고 시효를 간과하여 다음 소송마저 불가능하게 하였다.

1978년 제18사법 순회고충위원회(Eighteenth Judicial Circuit Grievance Committee)는 Neale 변호사가 징계규칙 6-101(A)(2) 및 6-101(A)(3)[8)]을 위반했음을 확인하고, 89일의 자격정지 및 2년 조건부 집행유예를 권고하였다.

1979년 9월 플로리다주 변호사회 이사회는 Neale 변호사에 대해 회복증명을 필수 요건으로 하는 1년 자격정지가 보다 적절할 것으로 결정하였다. 이에 Neale 변호사는 위원회의 의견을 재검토하여 줄 것을 플로리다주 대법원에 신청하였다.

▌쟁점

1. 징계사유가 되는 강령 6 위반과 직무과오소송의 대상이 되는 주의의무 위반의 차이
2. Neale 변호사의 과실이 징계의 대상에 해당하는지 여부

▌법원의 판단

1. 변호사의 자격박탈 또는 자격정지는 가볍게 행사할 자의적인 것은 아니다. 그 권한은 비중 있는 이유와 명백한 증거가 있는 명백한 사건에서만 행사되어야 한다. 변호사의 단순한 과실과 징계의 원인이 되는 강령 6 위반 사이에는 차이가 있다. 의뢰인의 권리는 변호사회에 의해 강도 높게 보호되어야 하지만, 강령 6에 따른 징계 조치를 직무과오소송의 대체물로 이용하는 것은 피하도록 유의하여야 한다.

2. Neale 변호사는 재판에서 주장할 원래의 청구를 준비했었다. 재판절차 중에 의뢰인이 보다 많은 손해배상을 받을 수 있다고 생각하게 되었지만 그 과정에서 실수하게 된 것이다. 이러한 행동에 대해 과실이 인정되나 징계를 하기에는 불충분하다. 덧붙여 Neale 변호사는 자신의 주의의무 위반으로 인한 의뢰인의 손해를 보상하기 위해 노력했고 이러한 노력은 계속될 것으로 생각된다.

3. 따라서 Neale 변호사가 강령 6의 윤리적 위반을 한 것으로 인정되지 않는 이상, 심판관과 변호사회의 의견을 배척하고 징계청구를 기각한다.

---

8) "변호사는 다음 사항을 하여서는 안 된다.
(2) 특정 상황에서 적절한 준비 없이 법적 사안을 다루는 것
(3) 신탁된 법적 문제에 대한 의무 태만."

1.2.2 불성실한 수임사무 처리 사례

【판례 3-9】 S.E.C v. Mcnulty(United States Court of Appeals, Second Circuit; March 3, 1998; 137 F.3d 732, 40 Fed.R.Serv.3d 764)
지식과 경험이 있는 의뢰인과의 관계—변호사의 고의에 의한 주의의무 위반을 의뢰인에게 전가할 수 있는지 여부

▌사실관계

미국증권거래위원회(Securities and Exchange Commission, 이하 'SEC')는 Mcnulty 계열사의 회계장부 관리 책임을 맡은 Shanklin이 전문지식을 갖춘 사업가로서 Mcnulty의 증권 사기에 관여하였다는 이유로 소를 제기하였다. SEC는 Shanklin에게 회계장부상 일부 거래가 누락되거나 오기된 사실을 알고 있었다는 이유로 민사상의 손해배상을 부과하고 위반행위의 금지 명령을 내려 줄 것을 청구하였다.

Shanklin에 따르면 Rucker 변호사는 수차례 관련 내용을 전달받고도 답변서 제출을 게을리 하였고, 결국 1995년 9월 11일 Shankin에 대해 궐석판결이 내려졌다. Shanklin은 1994년 10월부터 1995년 9월까지 Rucker 변호사와 연락이 닿지 않았다고 하면서 1996년 5월 새로운 변호사를 선임하여 궐석판결의 무효를 주장하였다. Shanklin에 따르면 불출석 판결이 이루어진 이후 Rucker 변호사는 궐석판결을 무효화하겠다고 하면서 관련 보수를 청구하였다.

지방법원은 1996년 7월 26일 Rucker 변호사의 행동이 심했고 단순한 경과실(merely negligent)을 넘어서며 심지어 중과실(grossly negligent)을 넘어섰다는 Shanklin의 주장에도 불구하고, 궐석판결이 이루어지게 한 것이 고의에 의한 것이 아님을 입증하는 데에 실패하였다고 판단하였다. Shanklin은 Rucker 변호사의 행위가 자신에게 전가되어서는 안 된다고 항소하였다.

▌쟁점

의뢰인이 변호사를 감시하는 데에 실패했을 경우, 변호사의 고의적 의무 불이행으로 인한 결과가 의뢰인에게 전가되는지 여부

▌법원의 판단

1. 고의적이라고 하는 것은 단순한 부주의나 과실을 넘어서는 것이다. 기록에 따르면 Rucker 변호사의 행동이 심했고(egregious) 이는 단순한 경과실과 중과실을 넘어서므로 고의(willful)에 해당한다는 지방법원의 결정은 타당하다.

2. 이때의 고의가 Shanklin에게 전가될 수 있는가 하는 점이 문제 된다. 의뢰인이 자신의 이익을 위해 변호사를 감시하려고 했음을 입증하지 못하는 경우, 변호사의 고의적 의무 불이행으로 인한 결과는 의뢰인에게 전가된다. 변호사가 당사자를 대리하는 소송제도에서 변호사의 행위는 통상적으로 그의 의뢰인의 행위로 전가된다. 의뢰인이 자유롭게 선택한 대리인인 변호사의 사무 처리 결과를 의뢰인이 회피하도록 허용하는 것은 변호사가 당사자를 대리하는 소송제도와 일관성이 없어질 것이기 때문이다.

Shankilin의 비망록에 그가 Rucker 변호사의 "심각한 무능(outrageous incompetence)"의 결과를 뒤집기 위하여 모든 힘을 기울였다고 적었으나, 그가 의무 불이행의 발생을 방지하기 위하여 무엇인가를 했다는 점은 나타나 있지 않다. 기록을 보면 스스로 전문지식을 갖춘 사업가라고 하는 Shanklin은 SEC에 의하여 제소된 지 1년이 되도록 그의 변호사에게 이야기하지 않았고, 그동안 그의 사건에 주의를 기울였다는 점을 보여 주는 변호사 보수청구서를 전혀 받지 않았다. Rucker 변호사의 고의적 의무 불이행은 Shankin에게 전가되어야 한다는 지방법원의 판단을 번복할 근거가 없다.

【판례 3-10】 In re Zeitler(Supreme Court of New Jersey; February 10, 2005; 182 N.J. 389, 866 A.2d 171)
여러 의뢰인에 대한 주의의무 및 정보제공의무 등을 위반한 변호사가 자격박탈의 징계를 받은 사례

▮ 사실관계

1. 1998년 의뢰인 Morffiz는 산업재해보상청구소송의 항소심을 Zeitler 변호사에게 맡겼으나 Zeitler 변호사가 기간 내 필요한 절차를 취하지 않아 1999년 1월 항소가 기각되었다. 사건 진행에 관해 Zeitler 변호사와 연락이 닿지 않자 의뢰인 Morffiz는 2000년 12월 직접 Zeitler 변호사를 찾아갔고, Zeitler 변호사는 법원에서 심리 날짜를 지정해 주기를 기다리고 있다고 허위로 답변하였다. 항소가 기각된 지 3년에 가까운 시간이 지난 2001년 10월, Zeitler 변호사는 다시 항소를 제기하였으나 법원은 이를 받아들이지 않았다.

2. 1991년과 1992년 두 차례 의뢰인 Lavin은 Zeitler 변호사를 선임하여 2건의 산업재해보상청구소송을 진행하였다. 1993년에 두 사건의 소가 모두 제기되었으나 Zeitler 변호사가 수년간 이를 방치함으로써 기각되었다. Zeitler 변호사는 의뢰인 Lavin에게 사건 진행에 관해 정보를 제공하지 않았고, 결국 의뢰인은 아무런 보상을 받지 못하였다.

3. 1994년 의뢰인 Cipolla는 고등학교 공작 시간에 전동톱을 사용하다가 손에 심한 부상을 입었다. 의뢰인은 1997년 학교와 전동톱 제조회사를 상대로 한 소송의 대리인

으로 Zeitler 변호사를 선임하였다. 의뢰인을 대리하는 동안 Zeitler 변호사는 윤리규칙에 심각하게 위반되는 행위를 하였고, 징계를 받게 되자 법원에서 이를 다투었다. 변론절차가 진행되는 동안 Zeitler 변호사는 12회에 걸쳐 출석요구를 무시하고 아내가 아파서 병원에 가야 하므로 출석할 수 없다는 등의 허위진술을 여러 차례 한 결과 패소하였으며, 이 과정에서 의뢰인에게 적정한 의사소통 및 사건 진행 경과에 대한 정보를 제공하지 않았다.

▮ 쟁점

Zeitler 변호사에게 자격박탈의 징계를 하는 것이 적절한지 여부

▮ 법원의 판단

1. 징계심사위원회(Disciplinary Review Board)는 Zeitler 변호사가 첫째, 의뢰인 Morffiz에 대해서 뉴저지주 직무행위규칙 1.1(a)[9]와 1.3[10]의 위반을 인정하고, 의뢰인 Morffiz와 의사소통하지 않고 항소에 관해 정보에 근거한 결정을 내릴 기회를 제공하지 않았음을 들어 1.4(a)와 (b)[11]의 위반 사실을 추가로 인정하였다. 둘째, 의뢰인 Lavin에 대해서 여러 해 동안 청구를 방치하여 무의미하게 만든 행위는 규칙 1.4(a)와 (b)를 위반한 것이라고 인정하였다. 셋째, 의뢰인 Cipolla에 대해서는 Zeitler 변호사가 의뢰인이 패소하도록 하였으므로 규칙 1.1(a)를, 또 의뢰인 Cipolla가 정보에 근거한 결정을 내리는데 필요한 정보를 제공하지 않았으므로 1.4(b)를 위반하였다고 인정하였다.

2. 징계심사위원회의 강경한 소수의견과 법원 변호사윤리실(Office of Attorney Ethics)은 징계심사위원회의 3년 자격정지가 지나치게 경미하여 변호사 자격박탈을 부과하는 것이 마땅하다고 주장한다. Zeitler 변호사는 주요 위반 사실이 20년 전에 일어난 것이고, 최근의 위반 사실은 그 정도가 자격박탈에 이르지 않는 것이므로 3년 자격정지가 과중할지언정 경미하지는 않다고 항변한다.

변호사의 비윤리적 행위에 대한 징계로 자격정지가 일반적인 것은 사실이다. 그러나 이 사건에서 Zeitler 변호사는 30년이 넘는 기간 동안 방대한 양의 규칙 위반행위를 저질러 왔고, 여러 차례 징계를 받아 반성의 기회를 가졌음에도 불구하고 개선되지 않음

9) "변호사는 자신에게 맡겨진 사건에 대해 중과실을 구성할 만한 자세로 대하거나 이를 무시하여서는 안된다."

10) "변호사는 의뢰인을 대리함에 있어 합리적인 수준에서 근면하고 신속하게 행동해야 한다."

11) "(a) 변호사는 언제, 어떻게, 어디서 의뢰인이 변호사와 연락할 수 있는지에 대해 완전한 정보를 제공해야 한다.
(b) 변호사는 의뢰인에게 사건의 상황에 대해 합리적으로 정보를 제공해야 하며, 합리적 정보 요청에 신속히 응해야 한다."

으로써 징계규칙과 윤리체계에 대하여 무관심할 뿐 아니라 이를 모독하고 있음을 알 수 있다. 법원이 변호사가 자신의 직무행위를 개선할 것이라는 결론을 내릴 수 없을 경우에는 자격박탈만이 적정한 제재수단이 될 수 있다.

변호사의 행위를 규율하는 궁극적인 목표는 공중이 변호사에게 갖는 신뢰를 보호하고, 무능력 또는 직무태만으로 자신에게 맡겨진 법적 문제를 제대로 처리하지 못하여 의뢰인에게 손해를 끼치는 변호사들로부터 공중을 보호하려는 데 있다. 변호사의 비행에 대한 징계는 제반의 사정을 고려하여 그 비행의 심각성을 고려하는 수준에서 결정되어야 한다. 이 사건에서 확정된 사실관계를 고려할 때 Zeitler 변호사는 새로운 기회를 가질 자격이 없고 공중에게 그러한 위험을 부담시켜서는 안 될 것이므로, 법률가로서 활동할 권리와 특권을 박탈당함이 마땅하다.

【판례 3-11】 Matter of O'Conner(Supreme Court of Indiana; May 3, 1990; 553 N.E.2d 481)
변호사가 의뢰인에 대한 의무 위반을 비롯한 여러 비행을 저질러 자격박탈의 징계를 받은 사례

사실관계

인디애나주의 Timothy P. O'Conner 변호사는 의뢰인에 대한 주의의무 위반, 발생하지 않은 보수의 반환 불이행, 의뢰인에 대한 정보제공 불이행, 의뢰인과 협의 없이 화해체결, 화해로 수령한 금액을 의뢰인에게 즉시 교부하지 않고 사용, 솔직한 조언을 하지 못함 등 8건의 혐의로 징계에 회부되었다. 그중 한 예를 살펴본다. 1988년 6월 24일 Scarborough는 그의 아들이 인디애나주 스테이트팜에서 석방될 수 있도록 하는 법률사무를 O'Conner 변호사에게 위임하고 2,000달러를 지급하였다. O'Conner 변호사는 Scarborough의 아들이 감옥에서 "걸어 나올" 수 있도록 하겠다고 약속하였다.

1988년 10월 18일 O'Conner 변호사는 조기석방 신청을 제출하였고, 이 신청이 받아들여져 Scarborough의 아들은 "자격이 주어진 때에" 외부 통근(work release)을 할 수 있도록 권고받았다. 하지만 Scarborough의 아들은 아직 외부 통근을 할 수 있는 자격이 주어지지 않았으므로 계속 구금된 상태로 남았다.

Scarborough는 20회에서 50회에 걸쳐 O'Conner 변호사의 사무실에 전화를 하였으나 O'Conner 변호사가 응답하지 않자, 1988년 10월 20일 편지를 보내 O'Conner 변호사를 해임하고 이미 지급한 보수와 아들의 석방과 관련된 서류를 돌려줄 것을 요구하였다. 그러나 이 편지는 발송인에게 반송되었다.

▌쟁점

O'Conner 변호사가 의뢰인에게 수임사무 처리 현황을 알려 주지 않아 직무책임규칙 1.4(a)[12] 등을 위반하였는지 여부

▌법원의 판단

O'Conner 변호사가 의뢰인에게 수임사무 처리 경과를 충분히 알려 주지 않았고, 의뢰인의 정보 제공 요구에 신속히 응하지 못하였으므로 직무책임규칙 1.4(a)를 위반하였다. 또 O'Conner 변호사는 Scarborough에게 아들의 석방을 약속함으로써 솔직한 조언을 제공하지 못하였으므로 이는 위 규칙 2.1 위반이고, 또한 서류(transcripts)를 돌려주고 부당한 임금을 반환할 의무를 다하지 않았으므로 위 규칙 1.16(d)를 위반하였다. O'Conner 변호사의 변호사 자격박탈을 명한다.

【판례 3-12】 In re Steele(District of Columbia Court of Appeals; February 17, 2005; 868 A.2d 146)
고의로 수임사무 처리를 방치하고 주의의무를 위반한 변호사가 자격정지 3년의 징계를 받은 사례

▌사실관계

1. 청문위원회 No.1

1) 1993년 9월 Iris Richard는 자신의 고용주를 상대로 한 차별소송에 Eric Steele 변호사를 선임하였다. 1994년 1월 Richard는 Steele 변호사와 9,000달러의 보수약정을 하고 착수금 4,500달러를 지급하였다. Steele 변호사는 Richard에게 1994년 4월 1일까지 평등고용기회위원회(Equal Employment Opportunity Commission, 이하 'EEOC')에 심판을 청구할 필요가 있다고 조언하였음에도 불구하고, 실제로는 심판청구를 하지 않았고 그런 사실을 Richard에게 알리지도 않았다.

1994년 6월 Richard는 Steele 변호사에게 보수의 잔금을 지불할 수 없음을 알렸고

---

12) 변호사는 다음과 같이 해야 한다.
(1) 변호사는 이 규칙에 의하여 규칙 1.0(e)에서 정의된 바와 같은 의뢰인의 설명 있는 동의가 요구되는 결정이나 상황에 대해서는 의뢰인에게 즉시 통보해야 한다.
(2) 변호사는 의뢰인의 목적에 도달하기 위한 수단에 관하여 의뢰인과 합리적으로 협의해야 한다.
(3) 변호사는 사안의 현황에 대하여 의뢰인이 합리적 수준에서 지속적으로 통보받도록 해야 한다.
(4) 변호사는 정보에 대한 합리적인 요구에 신속히 응해야 한다.
(5) 의뢰인이 전문직 직무규칙이나 다른 법에서 허용되지 않는 조력을 기대하는 것을 변호사가 알게 된 때, 변호사는 변호사 행동의 합당한 한계에 관하여 의뢰인과 의논해야 한다.

Steele 변호사는 이에 응답하지 않았다. 이후 Richard는 몇 차례 Steele 변호사와 연락하는 데 실패했는데, 1995년 1월이 되어서야 Steele 변호사는 자신이 아팠던 데다가 잔금을 지급받지 않았기 때문에 그녀의 사건에 대한 조치를 연기하였다고 알렸다. 1995년 여름 Richard는 Steele 변호사에게 EEOC에 제기한 것으로 알고 있었던 심판청구서의 사본 제공을 요청했는데 Steele은 이에 불응하였다. 1995년 8월 4일 Richard는 Steele 변호사에게 메릴랜드 지방법원에 그녀의 이름으로 제출된 소송 서류의 사본을 요청하는 편지를 보냈다. Steele 변호사는 "보수 잔금을 지급받지 못하였기 때문에 그녀의 사건을 진행하지 않았다"라고 답신하였다. 문제의 원만한 해결을 원한 Steele은 계약금의 절반인 2,250달러를 동봉하였다.

1995년 9월 Richard는 그녀의 불만을 표시하며 계약금 전부의 환불을 요구하는 편지를 보냈는데 Steele 변호사는 응답하지 않았다. 1995년 10월 3일 Richard는 변호사회 징계담당관과 함께 Steele 변호사에 대하여 소를 제기하였다.

청문위원회는 Steele 변호사가 Richard와 의사소통하지 않은 것은 의뢰인을 열성적으로 근면하게 대리하지 못한 것이고 의뢰인의 청구를 유효하게 하기 위한 필요한 조치를 취하는 데 실패하였으므로 규칙 1.3(a)[13]를 위반한 것이며, 보수금 잔금 지급불능을 이유로 수임사무 처리를 그만두었기 때문에 의뢰인의 법적 목적달성을 고의적으로 좌절시켜 규칙 1.3(b)(1)[14]을 위반하였고, 기한 내에 EEOC에 심판청구를 하지 않음으로써 신속한 수임사무 처리를 하지 않아 규칙 1.3(c)[15]를 위반하였으며, Richard에게 사건의 진행 상황을 충분히 알리지 않아 규칙 1.4(a)[16]를 위반하였다고 판단하였다.

2) 1994년 3월 Janice Bean은 그녀의 고용주에 대한 차별소송의 대리인으로 Steele 변호사를 선임했고 1994년 6월 Steele 변호사는 고등법원에 고용주를 상대로 민사소송을 제기하였다. 1994년 8월 14일 고용주는 Bean의 사건을 고등법원에서 워싱턴 D.C. 지방법원으로 이송하여 달라고 청구하고, Bean의 소송에 대한 답변서 제출과 함께 반소를 제기하였다. 고용주는 이와 동시에 Bean의 청구 중 일부에 대한 기각을 청구하였는데 Steele 변호사는 이에 대응하지 못하였다. 1994년 9월 2일 지방법원은 고용주의 청구를 받아들여 Bean의 청구 중 워싱턴 D.C. 인권법(Human Rights Act)에 근거한 청구 이외의 청구를 모두 기각하였다. Steele 변호사는 이를 Bean에게 알리지 않았다.

---

13) "변호사는 법이 허용하는 범위 내에서 열심히 성실하게 의뢰인을 대리하여야 한다."

14) "변호사는 의도적으로 다음을 행하여서는 안 된다.
(1) 법과 직무규칙에 의하여 합리적으로 허용되는 수단을 통해 의뢰인의 적법한 목표를 추구하지 않는 것."

15) "변호사는 의뢰인을 대리함에 있어 합리적 신속성을 가지고 행동해야 한다."

16) "변호사는 의뢰인에게 사건의 상황에 대해 합리적으로 정보를 제공해야 하며, 합리적인 정보 요청에 신속히 응해야 한다."

1994년 9월 2일 고용주는 반소의 약식재판을 청구하면서 Bean에 대해 최대한 제시할 수 있는 합의금액은 3,424달러라고 법원에 알렸다. Steele 변호사는 이 제안을 Bean에게 알리지 않았고 9월 12일 화해절차에서 증언을 위해 Bean을 출석시키기로 하였음에도 그 일정을 Bean에게 알리지 않았으며, 9월 22일까지 증거제출 기일도 지키지 못하였다. 이후에도 Steele 변호사가 수차례 증거제출 관련 의무를 불이행하자 고용주는 증거제출의무 위반을 근거로 기각청구를 하였다.

Bean은 1994년 9월 내내 Steele 변호사와 연락을 시도했으나 실패했으며, 10월 3일에 연락하여 잠재적 증인을 찾았다고 면담을 요청하였으나 10월 31일까지 응답을 받지 못하였다. 1994년 11월 23일 고용주는 지방법원과 Steele 변호사에게 Bean이 기한에 맞추어 약식재판과 고용주의 반소에 대응하지 못하였음을 알렸다.

1994년 후반부 내내 Bean은 Steele 변호사와 연락하지 못했고, 12월 26일 Steele 변호사는 팩스로 그가 지난 수개월간 병원을 다니느라 연락을 못하였다면서 처음으로 Bean에게 그녀의 사건이 지방법원으로 이송되었고 고용주가 반소를 제기하였다는 사정을 알리면서, 고용주의 화해제안을 받아들일 것을 권하였다. Bean은 화해를 받아들이고 싶지 않으며 직접 만나 이야기하기 전에는 사건을 더 이상 진행하지 말라고 팩스로 알렸다. Steele 변호사는 이후 연락이 없었다.

1994년 12월 30일 고용주는 법원 명령 불이행을 근거로 Bean의 소송을 기각하라는 청구를 내고 반소 및 본소의 약식재판으로 나아갔다. Steele 변호사가 심리에 불출석하자 지방법원은 1월 4일 고용주의 청구를 인용하여 Bean의 나머지 청구를 기각하였고, 이에 Bean은 변호사회 징계담당관과 함께 1995년 3월 6일 Steele 변호사에 대해 제소하였다.

청문위원회는 Steele 변호사가 규칙 1.3(a)(c)를 위반하여 Bean을 대리함에 있어서 열성적으로 근면하고 신속하게 행동하지 못하였고 Bean의 소송의 이전과 고용주의 반소제기 등을 제때 알리지 않아 규칙 1.3(b)(1)을 위반하였으며, 사건의 진행을 Bean에게 적절히 알리지 않아 규칙 1.4(a)[17](b)[18]를 위반하였고 화해제안을 고지하지 않아 규칙 1.4(c)[19]를 위반했으며, 시기적절한 조치를 취하지 않아 규칙 1.16(d)[20]를 위반했고

17) "변호사는 의뢰인에게 사건의 상황에 대해 합리적으로 정보를 제공해야 하며, 합리적인 정보 요청에 신속히 응해야 한다."

18) "변호사는 의뢰인이 위임사무에 관하여 충분한 정보를 가지고 결정할 수 있도록 합리적으로 필요한 정도로 사건에 대하여 설명해야 한다."

19) "변호사가 민사소송에서 화해제안을 받거나 형사소송에서 유죄협상(plea bargain) 제안을 받은 경우에는 신속하게 의뢰인에게 그 내용을 알려야 한다."

20) "대리의 종료와 관련하여 변호사는 의뢰인의 이익을 보호하는 데 합리적으로 실천 가능한 시기적절한 조치를 취해야 하는데, 예컨대 의뢰인에게 합리적으로 고지하거나 다른 변호사의 선임에 필요한 시간을 주거나

법원 명령 및 일정에 따르지 않아 규칙 8.4(d)[21]에 위반하였다고 판단하였다.

3) Robert Adams는 그의 고용주를 상대로 차별소송을 제기하면서 Steele 변호사를 변호사로 선임하여 7,500달러 보수금약정을 체결하고 5회에 걸쳐 분납하기로 하였다. 그런데 Adams가 마지막 2회분 지급을 불이행하자 Steele 변호사는 사임할 권리를 주장하는 내용의 편지를 보냈으나 Adams는 받지 못하였다. 1995년 4월 4일 Steele 변호사는 메릴랜드 지방법원에 고용주를 상대로 소를 제기하였다. Adams가 사건의 진행 경과를 묻자 Steele 변호사는 고용주의 약식청구에 반대한 적이 없었음에도 반대하였다고 잘못 알렸으며, 1996년 4월 24일 법원이 고용주의 청구를 인용하였음에도 Steele 변호사는 이 사실을 Adams에게 알리지 않았다. 1996년 8월 중 Adams는 자신의 청구가 기각되었고 Steele 변호사가 고용주의 청구에 반박하지도 않았음을 알게 되었으나 Steele 변호사는 계속 이를 부인하였다. 결국 Adams는 사건이 기각되었음을 확인하고 1996년 9월 4일 변호사회 징계담당관과 함께 Steele 변호사에 대해 소를 제기하였다.

청문위원회는 Steele 변호사가 규칙 1.3(a)(c), 1.3(b)(1), 1.4(a)(b), 1.16(d), 3.4(c),[22] 8.4(c)[23]를 위반하였다고 판단하였다. 결국 청문위원회 No.1에서는 Steele에게 6개월의 자격정지를 하되 1년간 집행유예하여 감독하에 직무를 수행하도록 권고하였다.

2. 청문위원회 No.10

Dr. Tepper Gill은 계약 위반에 관하여 그의 고용주를 상대로 소를 제기하면서 Steele 변호사를 대리인으로 선임하였다. 고용주가 Gill의 위법행위에 대해 반소를 제기하여 사건이 진행되던 중 Steele 변호사가 2000년 6월 6일 사전심리절차에 불출석하였고, 자신이 그날 볼티모어에서 다른 사건에 증인으로 소환되느라 불출석하였으므로 일정을 다시 잡아 달라는 신청을 하였다.

Steele 변호사는 2000년 8월 Gill의 청구기각을 무효화해 달라는 청구를 제기하면서 2000년 6월 6일자 소환장을 첨부하였다. 고용주가 소환장의 진정성을 반박하였고 법원은 고용주의 반소를 인용한 뒤 Steele 변호사를 변호사회 자문위원회에 회부하였다. 위원회의 추궁에 Steele 변호사는 볼티모어에서 소환장을 받은 적은 없지만 그가 받았어야 할 소환장이므로 법원을 속일 의도 없이 직접 그 대체물을 만들어 제출하였다고 증

의뢰인이 권리자인 서류나 재산을 포기하거나 취득하거나 발생하지 않은 비용과 지출을 반환하는 것을 포함한다. 변호사는 규칙 1.8(i)에서 허용하는 정도로 의뢰인에 관련된 서류를 보유할 수 있다."

21) "변호사의 다음 행위는 직무상 비행이다.
(d) 사법의 운영을 심각하게 방해하는 행위를 하는 것."

22) "변호사는 의무가 존재하지 않는다는 주장에 근거한 공개적 거부의 경우를 제외하고는 법원규칙에 따른 의무를 고의로 위반하여서는 아니 된다."

23) "변호사의 다음 행위는 직무상 비행이다.
(c) 부정직, 사기, 기망, 허위표시를 수반하는 행위를 하는 것."

언하였다.

Steele 변호사가 소환장 위조 사실을 시인하였으므로, 위원회는 그가 규칙 1.3(b), 3.3(a)(1),[24] 3.4(c), 8.1(a),[25] 8.4(c)(d)를 위반하였다고 판단하였다. 청문위원회는 Steele 변호사에게 자격정지 2년 및 직무 수행 적격성에 대한 증거 제출을 조건으로 직무 복귀될 수 있다는 내용의 징계를 권고하였다.

3. 청문위원회 No.7

Lisa Hinton은 그녀의 고용주를 상대로 차별소송을 제기하기 위해 Steele 변호사를 선임했는데, Steele 변호사는 그녀에게 법원에 소를 제기하기 전에 먼저 EEOC나 인권국에 청원을 낼 수 있다고 조언하였다.

EEOC는 그녀가 차별받았음을 증명할 수 없다는 이유로 사건을 기각하였다. EEOC의 통지를 받고 90일 이내에 법원에 소를 제기해야 하는데, Steele 변호사는 이 기간을 도과하고 말았다. 1996년 10월 인권국도 EEOC의 기각을 이유로 역시 기각결정을 내리자, Steele 변호사는 이 결정을 다툴 것이라고 Hinton에게 알리고 이후 한동안 연락하지 않았다. Steele 변호사는 뒤늦게 법원에 제출할 소장을 보냈고, Hinton은 대리인 선임계약을 해지하겠다고 하면서 관련된 모든 서류를 반환할 것과 청구서 상세내역을 요청하였으나 Steele 변호사는 응하지 않았다.

청문위원회는 Steele이 Hinton의 사건을 경시하여 패소하게 하였다는 이유로 규칙 1.1(a)(b), 1.3(a), 1.4(b)(c), 1.16(d)를 위반하였다고 판단하고, 그에게 60일의 자격정지 및 Hinton에게 손해배상을 명할 것을 권고하였다.

쟁점

의뢰인의 사건에 대한 고의적 방치 및 불성실한 사무 처리 등 규칙 위반이 어떠한 징계사유를 구성하는지 여부

법원의 판단

1. 사건에서 변호사의 직무상 비행은 고의적 방치 및 부정직으로 의뢰인 5명이 각각 고용주로부터 패소하고 그중 2명은 궐석재판을 받게 된 것, 위조한 소환장을 법정 불출

24) "변호사는 고의로 다음을 하여서는 아니 된다.
(1) 법정에서 사실이나 법에 관하여 허위진술을 하거나 그 정정이 규칙 1.6에서 금지하는 정보의 공개를 요하는 경우를 제외하고 이미 변호사가 행한 허위진술을 정정하지 아니하는 경우."

25) "변호사회에 대한 입회승인신청자 또는 변호사회의 입회신청과 관련하거나 징계 문제에 관련한 변호사는 다음을 행하여서는 안 된다.
(a) 알면서 사실에 대한 허위의 진술을 하는 행위."

석의 정당화 사유로 제출한 것 등이며, 이는 자격정지 3년의 징계사유를 구성한다.

2. 규칙의 다수 조항 위반으로 인하여 청문위원회가 3회 소집되었으며 직무책임위원회(Board on Professional Responsibility)도 소집되었는데, 법원은 위원회의 권고를 채택한다. Eric Steele 변호사에게 자격정지 3년의 징계를 부과하며, 직무복귀의 조건으로 변호사 직무 수행을 재개할 수 있다는 명백하고 설득력 있는 증거를 제시하여야 한다.

【판례 3-13】 In re Cantrell(Supreme Court of South Carolina; August 29, 2005; 619 S.E.2d 434)
변호사가 의뢰인에게 정보를 알려 주지 않거나 그릇된 정보를 알려 주는 등 여러 주의의무를 위반하여 자격정지 2년의 징계를 받은 사례

▌사실관계

1. Cantrell 변호사는 2001년부터 의뢰인 A와 B를 대리하고 있었는데, 2003년 3월 A와 B가 어떤 서류에 서명을 하기 위하여 Cantrell 변호사와 약속을 잡았다. 그러나 그 날 Cantrell 변호사는 개인적 사정으로 서명할 준비가 되지 않았다며 다음 날 다시 오라고 하였다. 다음 날 A와 B는 서명을 하였는데, 그후 A와 B는 오랫동안 Cantrell 변호사로부터 정보를 얻지 못하거나 그릇된 정보를 수령하였다. 2003년 4월 3일 징계담당관은 Cantrell 변호사에게 15일 안에 A와 B에게 응답할 것을 요구하였다. 그 기간 내에 응답이 없자 징계위원회는 판례에 따라 다시 편지를 보냈고, 결국 Cantrell 변호사는 응답을 하였다. Cantrell 변호사는 자기가 시간을 어긴 것을 인정하였으며 그 기간 동안 전처와의 양육권 분쟁으로 인해 스트레스를 받고 있었고 이를 극복하기 위해 알코올을 남용하고 있었음을 인정하였다.

2. Cantrell 변호사는 가정법원 사건에서 원고 C 측을 대리하고 있었다. 법원은 원고 측과 피고 측에 약물검사를 위한 머리카락을 10일 안에 제출할 것을 요구하였으나, Cantrell 변호사는 이를 그 기간 내에 제출하지 아니하였다. 법원은 후에 Cantrell 변호사의 법정모욕 혐의를 인정하였다.

3. 2002년 10월 31일경 Cantrell 변호사는 그의 의뢰인 D를 대리하여 파산신청을 하였고, 그후 의뢰인의 피용자의 산재보상금청구 사건을 수임하였다. 2003년 1월 27일경 Cantrell 변호사는 의뢰인이 산재보상금으로 상환할 것을 예정하고 위 사건의 상대방에게 채무를 부담할 수 있도록 조력하였다. Cantrell 변호사는 위 상대방에게 의뢰인의 파산신청 사실 등 의뢰인의 재무 상태에 관한 완전한 정보를 제공하지 아니하였다.

4. 2003년 9월 3일경 Cantrell 변호사는 그의 의붓딸의 집에 가서 의붓딸이 나가라고

함에도 불구하고 약에 취한 상태로 이를 거절하다가 결국 주거침입(trespass) 혐의로 체포되어 유죄를 선고받고 벌금을 납부하였다.

5. Cantrell 변호사는 E의 파산 사건을 수임하였는데, 최종 변론이 끝나자 의뢰인은 파산관재인에게 돈을 지급하기 시작하였다. 관재인이 채무이행계획(Chapter 13 Plan)을 일부 변경하여야 한다고 권고했음에도 불구하고, Cantrell 변호사는 의뢰인들에게 모든 것이 잘되고 있다고 확신시켰다. Cantrell 변호사는 자신과 의뢰인 사이의 의사소통에 문제가 있었고 그에 따라 의뢰인이 사건을 정확하게 이해하지 못하고 있었음을 인정하였다.

6. Cantrell 변호사는 2001년경 노스캐롤라이나주에서 변호사 자격을 갖고 있지 못했음에도 불구하고 노스캐롤라이나주에서 열린 심리에 참여하였다.

7. Cantrell 변호사는 자신에 대한 조사가 이루어진다는 사실을 알고 관련 서류들을 사무실에서 집으로 옮겼다. 후에 의뢰인 보호 전담 변호사가 이 서류들을 제출할 것을 요구하였는데, 처음에는 그런 것이 없다고 하다가 나중에 제출하였다.

8. Cantrell 변호사는 이러한 사건들이 그가 그의 전처와의 이혼 사건에 휘말려 있을 때 벌어진 것이라고 주장하였다. 그리고 이때 피상소인은 변호사보조원을 고용하여 그로 하여금 Cantrell 변호사의 사무실의 모든 부분을 관장하도록 하였다고 진술하였다. Cantrell 변호사와 징계담당관은 자격정지 2년의 징계에 합의하였다.

▌법원의 판단

Cantrell 변호사가 징계담당관과 합의한 2년간의 자격정지는 합당하다. 이 기간 동안 Cantrell 변호사는 심리학자가 추천하는 상담 또는 치료에 참여해야 하고, Cantrell 변호사를 담당하는 심리학자는 그의 상태에 관한 보고서를 징계담당관에게 제출해야 한다. Cantrell 변호사가 직무복귀를 원한다면 그가 앞으로 변호사 직무를 행할 수 있다는 심리학자의 보고서를 첨부해야 하고, 이 보고서는 직무복귀 60일 전에 제출되어야 한다.

【판례 3-14】 In re Cater(District of Columbia Court of Appeals; November 23, 2005; 887 A.2d 1)
변호사가 자신의 비서에 대한 감독을 소홀히 하여 의뢰인에게 손해를 끼쳐 자격정지 180일의 징계를 받은 사례[26)]

▌사실관계

1. 법원은 Rozan E. Cater 변호사를 행위무능력자 2명의 후견인으로 임명하였다.

26) 징계절차에 협조하지 않은 데 대한 판시는 아래 【판례 8-33】 참조.

1995년 9월부터 1996년 6월까지 9개월 동안, Cater 변호사의 비서였던 Lena Summers는 Cater 변호사의 서명을 위조하여 Cater 변호사가 관리하고 있던 행위무능력자 2명의 계좌로부터 4만 2,000달러를 횡령하였다. Summers가 횡령을 하고 있던 동안 은행은 Cater 변호사에게 계좌 상태에 관한 보고서를 보냈고, Cater 변호사가 그 보고서를 제대로 읽어 보았다면 Summers가 지속적으로 횡령을 하고 있었다는 사실을 알 수도 있었을 것이다. 그러나 Cater 변호사는 오히려 이 보고서를 검토하는 일을 Summers에게 맡겨버렸다. 결국 Summers는 잠적하였고 Cater 변호사가 후견하고 있던 행위무능력자들은 손해를 입게 되었다.

2. 변호사회 징계담당관(Bar Counsel)은 Cater 변호사를 징계절차에 회부하고 Cater 변호사에게 변호사 명부에 있는 주소로 징계 관련 서류를 보냈는데, Cater 변호사는 팩스를 통하여 새로운 주소를 알려 주면서 30일의 여유를 달라고 하였다. 그러나 정해진 기간이 되어도 변호사회 자문위원회는 피상소인에게 답신을 받지 못하였고 다시 편지를 보냈으나 역시 이번에도 답신이 없었으며 그렇다고 편지가 반송되지도 아니하였다. 그후에도 징계절차가 진행되는 동안 Cater 변호사는 거의 답신을 하지 아니하였다.

▌쟁점

1. Cater 변호사가 Summers의 횡령을 방치한 것이 워싱턴 D.C. 직무행위규칙(Rules of Professional Conduct) 5.3(b),[27] 1.1(a)[28] 위반에 해당하는지 여부

2. Cater 변호사가 징계절차에 협조하지 아니한 것이 동 규칙 8.1(b)[29]와 8.4(d)[30] 위반인지 여부

▌법원의 판단

1. Cater 변호사가 비변호사인 직원 Summers를 제대로 감시·감독하지 아니하고 그의 횡령을 방치하여 의뢰인들에게 손해를 입힌 행위는 워싱턴 D.C. 직무행위규칙 5.3

---

27) "변호사 아닌 고용인에 대하여 직접적인 감시·감독을 할 지위에 있는 변호사는 그 사람의 행위가 변호사의 직무상의 의무와 합치할 수 있도록 보장하기 위한 합리적인 노력을 하여야 한다."

28) "변호사는 의뢰인에게 적격의 수임사무 처리를 하여야 한다. 적격의 수임사무 처리는 법적 지식, 기량, 철저성 그리고 수임사무 처리를 위해 합리적으로 필요한 준비를 요구한다."

29) "변호사회에 대한 입회승인신청자 또는 변호사회의 입회신청과 관련하거나 징계 문제에 관련한 변호사는 다음을 행하여서는 안 된다.
(b) 오해가 발생하였음을 그가 알면서도 이를 교정하기에 필요한 사실을 알리지 않는 행위 또는 입회승인당국이나 징계당국에 의한 합법적인 정보요구에 대해 의도적으로 응답하지 않는 행위. 다만 이 규칙은 규칙 1.6이 보호하는 정보의 공개를 요구하지는 않는다."

30) "변호사의 다음 행위는 직무상 비행이다.
(d) 사법의 운영을 심각하게 방해하는 행위를 하는 것."

(b)와 1.1(a) 위반에 해당한다.

2. 피상소인이 직무책임위원회(Board on Professional Responsibility)의 서신에 여러 번에 걸쳐서 제대로 답신하지 아니하여 징계절차에 협조하지 않은 것은 규칙 8.1(b)와 8.4(d) 위반에 해당한다.

3. 직무책임위원회는 90일의 자격정지를 권고하였는데 이는 지나치게 가볍다. Cater 변호사에게 자격정지 180일의 징계를 명한다. Cater 변호사의 직무복귀는, ① 변호사회 징계담당관의 정보공개 요구에 응해야 하고 ② 변호사 직무를 수행하기에 필요한 적격 상태를 회복하였음을 보여 주어야 하며 ③ 피후견인들의 재산에 대한 충분한 보상이 이루어졌다는 점을 증명할 것을 조건으로 한다.

【판례 3-15】 Lewis v. State Bar(Supreme Court of California; January 12, 1981; 28 Cal.3d 683)
변호사가 무지와 태만으로 불성실하게 유산을 관리하여 자격정지 30일의 징계를 받은 사례

사실관계

Lewis 변호사는 1973년 11월 캘리포니아주 교도소에 수감된 Edwad Vacha에 의하여 그의 사망한 아내의 유산관리인으로 선임되었다. 유산은 대략 10만 달러의 가치가 있었고 주로 유가증권과 신탁증서에 의하여 담보된 어음으로 이루어져 있었다. 1974년 1월 Lewis 변호사는 유산관리인으로 지정되었고 자신은 유언검인 관련 경험이 없기 때문에 유언검인 업무에 경험이 많은 Thomas Middleton을 유산 관련 업무를 수행할 변호사로 선택하였다. Middleton은 유언검인법원(probate court)에 Lewis 변호사를 관리인으로 지정할 것을 신청하는 신청서를 작성하였고 유산의 채권자에게 필요한 통지가 행해지도록 하였다. 그러나 그후 Lewis 변호사는 더 이상 Middleton에게 자문을 구하지 않았고 Middleton 변호사는 더 이상 유산에 대하여 어떠한 업무도 수행하지 않았다.

이후 6개월 동안 Lewis 변호사는 Vacha의 가석방을 이끌어 내는 데 성공했고, 이들은 가석방 관련 법률사무 처리에 대한 보수로 2만 달러를 지급할 것을 합의하였다. Vacha는 자신에게 수수료를 지불할 만한 충분한 자산이 없다며 유산에서 2만 달러를 인출하여도 좋다고 하였다. 1974년 9월 Lewis 변호사는 유산관리인으로서 유언법원으로부터 대략 3만 8,000달러의 가치를 가지는 유가증권을 매도할 것을 허락하는 명령을 받았다. 유언법원에 제출한 신청서에는 그 내용을 명시하지 않았지만, Lewis 변호사의 유가증권 매도의 목적 중 하나는 자신에게 지불할 보수를 위해 충분한 자금을 마련하는

것이었다. 위 유가증권을 매도한 이후 Lewis 변호사는 그 대금을 의뢰인의 신탁재산당좌계좌에 입금하였다. 그후 2개월 동안 Lewis 변호사는 위 계좌로부터 자신에게 2만 달러를 지불하였고, 이후 7개월 동안 Vacha에게 생활비와 자동차 구입비 명목으로 1만 4,000달러를 지출하였다. Lewis 변호사는 이 지출에 대해서 유언법원에 승인을 구하지 않았다.

1974년 11월 Vacha는 Lewis 변호사에게 유산을 10%의 이자율로 1만 달러까지 대여해 줄 수 있다고 구두로 승인하였다. 같은 달 Lewis 변호사는 실제로 신탁계좌에서 4,000달러를 차용하였고 이에 대한 담보는 제공하지 않았다. Vacha는 위 소비대차계약에 대해 서면으로 승낙한 것은 아니었고 Lewis 변호사가 이 문제에 대하여 Vacha에게 독립적인 변호사로부터 법적 조언을 구하도록 하지도 않았다. Lewis 변호사는 한 달이 지나서야 4,000달러에 대한 약속어음을 발행하였고 그나마도 Vacha에게 양도하지 않고 자신이 보관하고 있었다.

Lewis 변호사는 또 그가 의뢰인신탁계좌에 가지고 있던 유산의 잔액내역을 정확히 기록하지 못하였다. 1975년 4월 Lewis 변호사는 Vacha에게 생활비 명목으로 500달러 수표를 발행해 주었으나 신탁계좌의 잔고가 부족하여 은행에서 지급거절되었다.

1975년 8월 Vacha는 Lewis 변호사를 유산관리인에서 해임하도록 하는 유언법원의 명령을 구하여 이를 받아 냈다. 그후 Lewis 변호사가 유산관리인으로 있었던 18개월 동안 유산의 목록을 작성하거나 주 또는 연방에 대하여 소득세, 재산세, 상속세 신고서를 제출하지 않았음이 밝혀졌다. Lewis 변호사는 유언검인법원으로부터 유가증권을 판매하기 위한 승인을 얻은 이후 어떠한 업무도 수행하지 않았다.

징계위원회는 Lewis 변호사가 스스로 유언검인 업무에 충분한 지식을 갖고 있지 않음을 알았으면서도 필요한 지식과 기량을 가진 변호사와 협력하거나 자문을 구하지 않았으므로, 그는 고의로 수임사무 처리를 하지 않아 규칙 6-101[31)]을 위반하였다고 보았다. 징계위원회는 나아가 Lewis 변호사가 개인적으로 의뢰인의 유산에서 자금을 차용한 행위가 규칙 5-101[32)]을 위반하였고, 유산 잔액내역의 정확한 기록을 유지하지 못

---

31) "주 변호사회의 회원은 고의적 또는 습관적으로 다음을 하여서는 안 된다.

(1) 만약 그가 유사한 지역 또는 유사한 환경에서 유사한 서비스를 수행하는 평판 좋은 변호사가 일반적으로 가지는 지식과 기량을 가지지 못한다는 사실을 알거나 합리적으로 알아야 할 경우, 그가 필요한 지식과 기량을 갖추었다고 합리적으로 신뢰하는 변호사와 협조하거나 자문하지 않은 채 의뢰인을 위하여 법률서비스를 수행하는 것

(2) 그가 선임된 목적을 이루기 위하여 합리적인 속도로 수행하는 노력의 과정에서 기량의 사용과 학식의 적용에 있어 합리적인 성실성과 그의 최선의 판단을 사용하지 않는 것."

32) "주 변호사회 회원은 다음의 요건을 갖춘 경우를 제외하고는 의뢰인과 상거래를 하거나 의뢰인에게 대립되는 소유권, 점유, 담보, 또는 다른 금전적 이익을 알면서 취득하여서는 안 된다.

(1) 주 변호사회 회원이 이익을 얻는 그 거래와 조건이 의뢰인에게 공정하고 합리적이며 완전히 공개되고

하여 규칙 8-101(B)(3)[33]을 위반하였다고 결론지었다.

▌쟁점

변호사가 유언검인 업무에 대한 경험이 없음에도 충분히 경험 있는 변호사와 협조하거나 자문을 구하지 않고 주의의무를 위반하여 유산관리인 역할을 부적절하게 수행한 행위가 30일의 자격정지(집행유예 1년)를 명할 사유에 해당하는지 여부

▌법원의 판단

Lewis 변호사가 규정을 위반하였다는 사실에 대하여는 부인하지 않았으므로[34] 이 청구의 유일한 쟁점은 변호사회에서 제안한 징계의 적절성이다. 본원은 변호사를 과실, 판단의 실수 또는 경험이나 법 지식의 부족으로 징계하는 절차의 문제점을 오랫동안 인식해 왔다. 본 사안에서 Lewis 변호사의 행위가 악의에 기한 것이라거나 의뢰인에게 손해를 입히고 그로부터 자신의 이득을 취하려는 욕망에 의한 것이라는 정황은 없다. Lewis 변호사의 문제의 대부분은 유언검인법에 대한 철저한 무지로부터 직접적 또는 간접적으로 발생하였다. Lewis 변호사의 정직성이 증명되었고 위 규칙 6-101은 유언검인 업무를 취급하도록 선임된 지 13개월 후에야 시행된 것이라는 점을 고려하면, 30일의 자격정지(집행유예 1년)를 명한다는 징계위원회의 권고를 채택하는 것이 적절하다.

서면의 방식으로 의뢰인이 합리적으로 이해할 수 있는 용어와 방법을 통해 전달되었고
(2) 그 거래에 관한 의뢰인의 선택에 대하여 독립적인 변호사의 조언을 구할 합리적인 기회가 주어졌으며
(3) 의뢰인이 이에 대하여 서면으로 동의한 경우."
규정 5-101은 1975년 1월 1일 다음과 같은 종전의 규칙 4를 대체하여 시행되었다. "주 변호사회 회원은 의뢰인에게 대립되는 어떠한 이익도 취득하여서는 안 된다."

33) "주 변호사회 회원은
(3) 주 변호사회 회원의 소유로 되는 의뢰인의 모든 자산, 유가증권, 그리고 다른 소유권의 완전한 기록을 유지하여야 하고 관련된 의뢰인에게 적절한 계좌를 제공하여야 한다."

34) 규칙 6-101은 1975년 1월 1일부터 시행되었다. Lewis 변호사는 유산검인관리인으로서 규칙 시행 전인 1973년 11월 선임되었고 그의 관리는 규칙시행 후 8개월간 계속되었다. 이 규칙시행 전에 변호사의 무능력이나 법지식의 부족에 대한 징계의 근거가 될 수 있는 것은 일반적인 법령, 즉 모든 변호사로 하여금 "그의 지식과 능력을 다하여 충실히 의무를 수행할 것"을 요구하는 사업과 전문직 법률(Business and Profession Code) 6067이었다. 판결문에는 이 사건에서 위의 법률조항만으로 Lewis 변호사의 행위에 대한 징계 조치를 정당화할 수 있는지는 확실하지 않다고 언급되어 있다.

1.2.3 신속처리의무

【판례 3-16】 In re Wenger(Supreme Court of Kansas; June 3, 2005; 279 Kan. 895, 112 P.3d 199)
다수의 의뢰인에 대한 신속처리의무를 위반한 변호사가 자격박탈의 징계를 받은 사례

▮ 사실관계

1. James D. Wenger는 캔자스주 변호사이다. 2002년 4월 의뢰인 Green은 이혼을 위해 Wenger 변호사를 선임하고 보수 1,100달러를 지급하였다. 군인으로서 해외파견을 예상하고 있던 의뢰인으로서는 조속히 이혼소송을 진행하여 절차를 마무리하는 것이 중요한 상황이었다. Wenger 변호사는 의뢰인이 몇 번에 걸쳐 전화했으나 응답하지 않았고, 2002년 10월 이혼소송을 제기하지 않은 상태에서 의뢰인에게 소를 제기하였다고 말하였다. 얼마 후 Wenger 변호사는 의뢰인에게 심리 일정을 서면 통지하면서 다음 날 전화를 할 것이며 자신에게 문제가 있다면 사임하겠다고 밝혔지만, 그 다음 날 전화를 하지 않았다.

Wenger 변호사는 2003년 2월 25일부터 3월 5일 사이 몇 번에 걸쳐 의뢰인의 사건 진행에 관한 문의에 대해 곧 답해 주겠다는 약속만 하고 의뢰인에게 연락을 취하지 않았다. 3월 5일에는 의뢰인의 전화를 받자 휴대전화라서 잘 안 들린다고 말하였고, Green이 네 차례 공중전화를 비롯한 다른 전화기로 전화를 걸자 자신의 아들에게 받게 한 후 전화를 끊도록 지시하였다. Green은 이를 수화기 너머로 들었다.

2003년 3월 10일 Green은 Wenger 변호사와의 위임계약을 해지하였고 보수금의 반환을 청구하는 한편, 법원 징계담당관(Disciplinary Administrator)에게 Wenger 변호사에 대한 징계를 청구하였다.

2. 다른 의뢰인인 Marcia Samples는 1999년 근무 중에 무릎 부상을 입고 Wenger 변호사에게 산업재해보상청구를 위임하였다. 2001년 9월 Wenger 변호사는 의뢰인의 동의 없이 상대방 변호사에게 화해를 제안하였다. 2002년 1월경부터 의뢰인은 Wenger 변호사와 접촉하는 데 어려움을 겪기 시작하였다. Samples는 Wenger 변호사에게 보수의 반환을 요구하였으나 Wenger 변호사는 응답하지 않았고 2002년 5월에 이르러 일부를 반환하였으나 맞지 않는 액수였다. 2002년 7월 Wenger 변호사는 의뢰인에게 소속 로펌을 떠나게 되었으나 사건을 이미 자세히 알고 있으니 계속해서 대리를 하겠다는 제안을 하였고, 의뢰인과 새로운 수임계약을 체결하였다. Wenger 변호사는 자신의 새로운 사무소의 주소를 의뢰인에게 알리지 않았고 의뢰인은 전화번호부를 검색한 끝에 연

락에 성공하였다. 의뢰인은 Wenger 변호사에게 전문가 감정을 제안하였고 의사 2명을 추천하였다. 2003년 1월 의뢰인은 Wenger 변호사에게 전화를 걸어 전문가 감정의 진행 상황을 물었고, Wenger 변호사는 하나는 예약이 확정되어 보험회사의 승인을 받았고 다른 하나는 예약 대기 중이라고 답하였으나, 실제로는 하나는 보험회사가 승인을 거절하였고 다른 하나는 예약을 한 적이 없었다.

2003년 1월 29일 의뢰인 Samples는 법원 징계담당관에게 Wenger 변호사에 대한 징계를 청구하였다. 3월 6일부터는 수차례 Wenger 변호사에게 사임할 것을 요구하였으나 Wenger 변호사는 이에 따르지 않았다. 의뢰인은 2003년 4월 9일 법원절차를 통해서 Wenger 변호사의 대리인 지위를 소멸시켰다.

쟁점

재판의 신속한 진행을 요구하는 변호사 직무행위규칙의 위반 기준

법원의 판단

1. Wenger 변호사는 Green과 Samples를 대리하면서 적절한 준비와 치밀한 대리를 하지 못하였음이 인정되므로 Wenger 변호사는 의뢰인들에 대한 적격의 수임사무 처리를 하지 못하여 캔자스주 변호사 직무행위규칙 1.1[35]을 위반하였다.

2. 의뢰인 Samples에게 미리 상의하지 않고 화해를 제안한 것은 규칙 1.2[36]에 위반된다.

3. Wenger 변호사는 장기간 사건의 처리를 전혀 진행시키지 않음으로써 의뢰인 Green과 Samples에게 근면한 대리를 제공하지 못하여 규칙 1.3[37]을 위반하였다.

4. Wenger 변호사는 Green과 Samples의 편지 및 전화에 응답하지 않음으로써 직무행위규칙 1.4(a)[38]를 위반하였다.

5. Wenger 변호사는 Samples의 수임 철회 요구에 응하지 않음으로써 "의뢰인을 보호하기 위해 합리적으로 실행 가능한 정도의" 조치를 취하지 않아 규칙 1.16(d)[39]

---

35) "적격의 수임사무 처리를 위하여 법률지식, 기량, 치밀함 및 대리를 위해 합리적으로 필요한 준비가 요구된다."

36) "(a) 변호사는 대리의 목적에 관해 의뢰인의 결정을 따르고, 목적을 추구하는 데 쓰이는 수단들에 대해 의뢰인과 상의해야 한다. 변호사는 상대방의 화해 제의를 받아들일 것인가에 대해 의뢰인의 결정에 따라야 한다. 형사 사건의 경우, 변호사는 어떤 답변을 할지 배심 재판을 포기할 것인지 의뢰인이 증언을 할지에 관하여 변호사와 상의한 후에 내린 의뢰인의 결정에 따라야 한다."

37) "변호사는 의뢰인을 대리함에 있어서 합리적인 근면성과 신속성을 가지고 행동해야 한다."

38) "(a) 변호사는 의뢰인에게 사건의 상황에 대해 합리적으로 정보를 제공해야 하며, 합리적인 정보 요청에 신속히 응해야 한다."

39) "대리의 종료에 있어 변호사는 의뢰인의 이익을 보호하기 위해 합리적으로 실행 가능한 정도의 조치를 취

를 위반하였다.

6. Wenger 변호사는 Samples의 산업재해보상청구를 신속하게 진행하려는 합리적인 노력을 기울이지 않음으로써 규칙 3.2[40]를 위반하였다.

7. 미국변호사협회의 징계 기준(Standards for Imposing Lawyer Sanctions)에 따라 이 사건을 평가할 때 ①Wenger 변호사는 근면한 적격의 수임사무 처리를 할 의무와 적정한 의사소통의 의무 등을 위반하였고 ②고의로 의무를 위반하였으며, ③Wenger 변호사의 위반행위로 인해 의뢰인 Green은 12개월간 이혼하지 못하여 불필요하게 결근해야 했고 의뢰인 Samples는 자신의 의료비를 스스로 부담해야 하는 결과에 이르렀으며, ④Wenger 변호사는 1991년 5월 15일 직무행위규칙 위반과 위증으로 무기한 자격정지 처분을 받은 바 있고 ⑤의뢰인들은 법률지식이 없어 Wenger 변호사에게 전적으로 의존하고 있는 상황이었으며, ⑥Wenger 변호사는 20년 넘게 변호사 생활을 해왔다는 점에 비추어 변호사 자격박탈 처분을 부과한다.

【판례 3-17】 Attorney Grievance Commission of Maryland v. Fezell(Court of Appeals of Maryland; October 13, 2000; 361 Md. 234, 760 A.2d 1108)
다툼 없는 이혼소송의 판결을 받아 내는 데 4년이 걸린 변호사가 신속처리의무를 위반하였다고 본 사례

▌사실관계

1994년 5월 Mary Szarvas는 합의별거 중인 남편과 이혼하기 위하여 Fezell 변호사를 선임하여 보수금 600달러를 지불하였다. Fezell 변호사는 1995년 4월 26일부터 1995년 12월 6일 사이에 4회에 걸쳐 이혼소송을 제기하였다. 소장의 부본이 의뢰인의 남편에게 우편으로 송달되었으나 남편은 응답을 하지 않았고 1996년 4월 5일 남편에 대한 소환장이 발부되었다. 12월 6일 Fezell 변호사는 송달업자를 통한 소환장 재발부를 요청하여 12월 22일 마침내 소환장이 송달되었다. 의뢰인의 남편은 답변서를 제출하지 않았고 법원은 궐석재판절차를 진행하였다.

1997년 6월 20일 Fezell 변호사의 사무실에서 증언절차가 진행되었고 녹취록이 법원에 제출되었다. 그러나 의뢰인은 같은 해 11월 4일 Fezell 변호사가 녹취록의 제출기한

해야 한다. 이 조치에는 의뢰인에게 합리적인 통지를 함으로써 다른 변호사를 선임할 시간을 주는 것, 의뢰인 소유의 서류 및 재산을 반환하는 것, 잉여의 선불금을 반환하는 것 등이 포함된다. 변호사는 다른 법률이 허용하는 범위에서 의뢰인과 관련된 서류를 보유할 수 있다."

40) "변호사는 의뢰인의 이익에 부합하도록 소송촉진을 위하여 합리적인 노력을 하여야 한다."

인 90일을 지키지 못하여 증언이 효력을 잃었음을 알게 되었다. 이후 의뢰인은 계속해서 Fezell 변호사의 사무실에 전화로 메시지를 남겼으나 Fezell 변호사는 증언절차 일정을 두 번 알려 준 것 외에는 응답을 하지 않았다. 1998년 1월 30일 Fezell 변호사의 지시에 따라 의뢰인은 증언절차에 참여하기 위해 Fezell 변호사의 사무실을 방문하였으나 Fezell 변호사는 나타나지 않았다.

1998년 2월 10일 의뢰인은 변호사고충처리위원회에 Fezell 변호사에 대한 민원을 제기하였고, 위원회는 Fezell 변호사에게 의뢰인의 민원을 전달하였지만 Fezell 변호사는 응답기한인 15일이 도과할 때까지도 답변하지 않았다. 1998년 3월 2일 의뢰인의 이혼청구에 관한 증언절차가 이루어졌고 Fezell 변호사는 3월 5일 법원에 녹취록을 제출하여 3월 30일 이혼 판결이 선고되었다.

위원회는 1998년 3월 12일부터 등기우편, 전화 메시지 및 위원회 소속 조사관에 의한 면담 요청 등 지속적인 접촉을 시도하였으나 Fezell 변호사는 판결 사본을 제출한 것 외에는 응답하지 않았다. 1998년 9월 10일 Fezell 변호사는 위원회 조사관과 한 전화통화에서 녹취록 제출 기간을 지키지 못한 사실을 인정하면서 의뢰인의 이혼 판결을 받아 내는 데 4년이나 걸린 이유는 남편의 잦은 이사로 송달이 제대로 이루어질 수 없었기 때문이라고 변명하였다.

▮ 쟁점

다툼 없는 이혼소송의 판결을 받는 데 4년을 소비한 변호사가 신속한 재판을 위한 노력의무를 규정한 메릴랜드주 변호사 직무행위규칙를 위반하였는지 여부

▮ 법원의 판단

1. Fezell 변호사는 메릴랜드주 변호사 직무행위규칙 1.3[41])을 위반하였다. Fezell 변호사는 수차에 걸쳐 적시에 녹취록을 법원에 제출하지 않음으로써 "합리적 수준의 성실한 업무 수행" 노력을 보이지 않았다. Fezell 변호사는 이혼소송 상대방의 잦은 주소이전을 그 이유로 제시하고 있으나 의뢰인이 대리기간 전부에 걸쳐 상대방의 주소를 알고 있었다는 사실에 비추어 볼 때 Fezell 변호사의 설명은 설득력이 없다.

2. Fezell 변호사는 의뢰인에게 사건의 진행 상황을 알려 주지 않음으로써 메릴랜드주 변호사 직무행위규칙 1.4[42])를 위반하였다. Fezell 변호사가 의뢰인을 대리한 4년 동

---

41) "변호사는 의뢰인을 대리함에 있어 합리적 근면성과 신속성을 가지고 행동해야 한다."

42) "(a) 변호사는 의뢰인에게 사건의 상황에 대해 합리적으로 정보를 제공해야 하며, 합리적인 정보 요청에 신속히 응해야 한다.

안 의뢰인은 Fezell 변호사로부터 증언절차의 일시에 대한 통지 외에 아무런 서면 통지를 받지 못하여 사건의 진행 상황을 알아보기 위해 직접 법원에 문의하였다.

3. Fezell 변호사는 4년간 여러 차례 송달에 실패하여 비합리적으로 의뢰인의 이혼을 지연시켰고, Fezell 변호사의 잘못으로 인해 증언절차도 세 번에 걸쳐 이루어져야 했음이 인정되므로 메릴랜드주 변호사 직무행위규칙 3.2[43)]를 위반하였다.

4. Fezell 변호사의 규칙 위반은 심각하고 60일의 자격정지가 적정하다.

【판례 3-18】 Lopez v. Larson(Court of Appeal, Fourth District, Division 2, California; March 30, 1979; 91 Cal.App.3d 383)
변호사의 업무과다를 이유로 제소기간이 도과하여 제기된 소송을 법원이 각하한 사례

사실관계

한 농장근로자가 포도 재배 농장주인 고용주를 상대로 제기한 부당해고소송에서 피고 고용주는 원고가 제소기간인 2년 동안 소를 제기하지 않았다는 점을 주장하며 소 각하 판결을 구하였다. 원고는 그가 가입한 노동조합 소속 변호사가 처리해야 할 다른 업무가 너무 많았기 때문에 소 제기가 지체된 데에는 정당한 사유가 있다고 주장하였다. 1심법원은 원고가 소 제기를 지체한 이유를 충분히 설명하지 못하였다고 판단하여 소를 각하하였다.

쟁점

원고 측 변호사나 로펌이 예외적으로 과다한 업무를 수행하고 있다는 이유로 법원이 피고의 소 각하 신청에 대한 판단 시 재량을 행사할 수 있는지 여부

법원의 판단

1. 원고의 변호사나 로펌이 예외적으로 과다한 여타 업무를 수행해야 하는 관계로 적시에 소를 제기하지 못하였다는 주장을 법원이 고려할 수는 있겠으나, 법원은 단지 그 이유 때문에 피고의 각하 신청을 거부할 수 없다.

2. 원고 측 사유로 송달이 지체되었기 때문에 피고가 그 기간 동안 소가 제기된 사실

(b) 변호사는 의뢰인이 위임사무에 관하여 충분한 정보를 가지고 결정할 수 있도록 합리적으로 필요한 정도로 사건에 대하여 설명해야 한다."

43) "변호사는 의뢰인의 이익과 양립하는 소송의 신속한 진행을 위한 합리적인 노력을 해야 한다."

을 알지 못하여 증거개시(discovery) · 증인 면담 · 증거의 보호와 같은 조치를 취하지 못하였고, 따라서 피고의 권익이 침해되었다.

3. 소를 각하한다고 해도 만약 원고에게 승소 가능성이 있다면 그는 변호사에 대한 손해배상을 청구할 수 있다.

4. 따라서 원고의 항소를 기각한다.

1.2.4 적극적 설명 · 조언의무

【판례 3-19】 Nichols v. Keller(Court of Appeal, Fifth District, California; May 24, 1993; 15 Cal.App.4th 1672, 19 Cal.Rptr.2d 601, 58 Cal.Comp.Cases 251)
변호사가 의뢰인을 대리하는 범위 밖의 법적 해결책도 수임 업무와 관련이 있으므로 의뢰인에게 알려 줄 의무가 있다고 본 사례

▌사실관계

1987년 12월 Zurn Industries는 24년 이상 보일러 만드는 일을 해온 46세의 Nichols를 공장 건설을 위해 고용하였다. 12월 7일 Nichols는 커다란 보일러의 바깥 부분 작업을 시작하였다. 그는 땅에서 약 50피트 떨어진 건축공사장의 비계 위에서 작업하였다. Nichols는 자신이 가장 높은 곳에서 작업을 하였다고 주장하지만, 다른 직장동료에 따르면 더 높은 곳의 보행자용 통로에서 작업하던 근로자들도 있었다고 한다.

정오를 앞두고 용접을 끝낸 Nichols는 헝겊으로 된 모자만을 쓰고 있었다. Nichols가 단단한 안전모를 쓰려고 할 때 무엇인가가 그의 머리 위에 부딪혔다. Nichols는 비계 위에서 무릎을 꿇은 자세로 쓰러졌으나 의식을 잃지는 않았다. 그는 자신을 내리친 물건을 보지 못하였다. 다른 이가 그에게 알려 준 바에 따르면 가로와 세로 길이가 각각 4인치에 이르고 두께는 0.25인치인 강철덩어리였다고 한다.

직장동료가 Nichols를 응급실로 후송하였다. 응급실 의사는 엑스레이 촬영을 한 후 머리의 찢어진 부위를 16바늘 꿰맸다. 응급실 의사는 Nichols를 퇴원시키면서 1주일 동안은 가벼운 일만 하라고 하였다. 그로부터 약 1주일 후부터 Nichols는 다시 용접공으로서 본연의 업무를 수행하였다.

1988년 2월 24일 Nichols는 아내와 함께 E. Paul Fulfer 변호사를 만나 그가 당한 사고와 법적 권리 및 구제책에 관해 논의하였다. Nichols는 Fulfer 변호사와 Keller 변호사가 근로자 보상금 신청절차에서 자신을 대리하도록 하였다.

1989년 보일러 만드는 사람들의 조합을 방문한 Nichols와 그의 아내는 다른 변호사에게 상담을 받아 보는 것이 어떻겠느냐는 제안을 받아 변호사 James Butler와 면담하

였다. 그때서야 Nichols는 민사소송으로 배상금을 청구하는 것이 가능했음에도 Fulfer 변호사와 Keller 변호사가 그러한 사실 및 시효에 관해 자신에게 알려 주지 않았다는 것을 알게 되었다.

Nichols는 Fulfer 변호사와 Keller 변호사 및 소속 로펌을 상대로 직무과오로 인한 손해배상청구소송을 제기하면서 변호사들이 자신에게 민사소송을 제기하여 권리를 구제받을 수 있다는 조언을 제공할 의무를 지고 있었다고 주장하였다. 원심법원은 Fulfer 변호사와 Keller 변호사가 Nichols를 대리함에 있어 그러한 의무를 부담하지 않음을 이유로 약식재판을 통해 Nichols의 청구를 기각하였다.

쟁점

변호사가 의뢰인 대리의 직접적인 범위 밖의 법적 문제에 대해서도 의뢰인에게 주의를 환기시킬 의무가 있는지 여부

법원의 판단

1. 변호사는 의뢰인 대리의 직접적인 범위 밖의 법적 문제에 대해서도 의뢰인의 주의를 환기시킬 의무가 있다. 변호사의 의뢰인에 대한 의무는 변호사-의뢰인 관계에서 비롯된다. 변호사-의뢰인 관계가 성립되지 않은 경우 변호사의 의뢰인에 대한 신인의무는 발생하지 않는다. 법원에 의해 변호사가 선임되는 경우를 제외하고 변호사-의뢰인 관계는 명시적 또는 묵시적·형식적 또는 비형식적 계약으로부터 발생한다.

2. 변호사의 기본적인 역할의 하나는 법적 조언을 해주는 것이다. 모든 가능한 대안에 대한 법적 조언을 해주어야 하는 것은 아니지만, 모든 예상 가능한 부정적인 결과를 예측하고 대응할 수 있어야 한다. 변호사의 주의의무 위반을 판단함에 있어서도 여타의 주의의무 위반의 경우와 마찬가지로 의무의 존재, 의무 위반, 인과관계, 손해의 발생을 요건으로 한다. 전문가의 주의의무 위반을 구성하는 요소로는 ①같은 직업 종사자들이 통상 가지고 있고 실시하는 것과 같은 정도의 기량을 가지고 신중하고 성실하게 직무를 수행할 의무, ②그 의무의 위반, ③주의의무를 위반한 행위와 손해의 결과 사이의 인과관계, ④전문가의 주의의무 위반으로 인한 실제 손해의 발생이다. 이러한 요건들이 충족될 때 소로서 청구할 수 있는 전문가의 주의의무 위반에 의한 불법행위가 성립된다. 변호사는 수임계약을 체결하면서 자신이 수행하는 업무와 관련하여 통상의 판단, 주의, 능력, 근면함을 갖출 것을 묵시적으로 약정한다.

3. 만약 그러한 결과가 변호사의 대리 범위 밖에 있더라도 예상 가능하다면 변호사는 그 위험에 대해 알려 줄 의무가 있다. 의뢰인과 변호사 중에서 변호사는 의뢰인의 법적

필요를 더 잘 파악할 수 있는 지위에 있다. 변호사가 수임계약에서 정한 범위 밖의 문제들에 대해서까지 의뢰인을 대리해야 하는 것은 아니다. 하지만 변호사는 의뢰인에게 그것이 그의 전문분야나 대리 범위 밖에 있음을 알려서 의뢰인이 다른 변호인을 찾을 수 있도록 도와주어야 하며, 그러한 경우에는 자신의 권리를 보호할 책임은 의뢰인에게 이전한다. 그전까지는 그러한 권리들에 대해 의뢰인에게 알려 주는 것이 변호사의 책임이다.

4. Fulfer 변호사와 Keller 변호사는 근로자 보상금 신청절차에 있어서만 Nichols를 대리했지만 민사소송청구는 그들이 수임한 업무와 충분한 관련이 있으므로 Nichols는 최소한 다른 구제책이 존재한다는 사실에 대해 자문을 받을 수 있었어야 한다.

5. 따라서 원심판결을 파기한다.

1.2.5 수임사무 처리 시 변호사의 재량

【판례 3-20】 Jonathan Luethke, Appellee v. Ronald Suhr et al., Appellants(Supreme Court of Nebraska; August 9, 2002; 264 Neb. 505)
변호사에게 소송을 화해로 종결할 결정권이 부여되었는지 여부

▌사실관계

오토바이 운전자가 자신의 오토바이를 후방에서 추돌한 트럭의 운전자와 차량 소유자에 대하여 상해에 대한 손해배상을 청구하였다. 원고 측 변호사는 피고 측 변호사로부터 1만 6,000달러에 화해할 것을 요청받았다. 원고 측 변호사는 피고 측 변호사에게 자신의 의뢰인이 아마도 그러한 요청을 받아들일 것이라는 팩스를 보냈다. 그후 1998년 7월 21일 지방법원 판사가 작성한 조서에는 "화해, 문서 작업 예정"이라는 문구가 기입되어 있다. 그후에 원고 측 변호사는 위임계약을 해지하고 사임하였다. 피고들은 답변서를 제출하고 화해합의를 강제할 것을 구하는 교차청구를 하였다. 지방법원은 피고들이 화해합의를 강제할 수 없다는 무배심 재판(bench trial)의 판결을 유지하였다. 피고들은 상고하였다.

▌쟁점

1. 소송을 화해로 종결할 결정권이 의뢰인과 변호사 중 누구에게 있는지 여부

2. 변호사가 의뢰인에게 통지하거나 동의를 받지 않고 화해계약을 체결하는 것이 의뢰인에 대한 의무의 위반에 해당하는지 여부

▌법원의 판단

1. 소송을 화해로 해결하는 결정권은 의뢰인에게 있다. 왜냐하면 의뢰인은 화해를 체결하는 것 또는 분쟁을 화해로 종결하는 것에 대한 위험을 부담하기 때문에 의뢰인이 그러한 위험을 용인할 수 있는지에 대한 판단을 내려야 한다. 따라서 일반적으로 우리 주(네브래스카주) 그리고 다른 대부분의 관할에서 변호사는 오직 의뢰인으로부터 명백하게 권한을 부여받았을 때에만 상대방과 화해를 할 수 있다. 변호사가 소송에서 의뢰인을 대리하도록 하는 수임계약을 체결하였다고 하여, 화해 또는 조정으로 의뢰인을 구속할 수 있는 명시적 또는 묵시적 권한이 그 변호사에게 부여된 것은 아니다.

2. 변호사가 의뢰인에게 통지하지 않거나 동의를 얻지 않고 상대방과 화해한 경우 의뢰인에 대한 주의의무 위반에 해당한다. 비록 변호사가 변호사-의뢰인 관계의 존재를 통하여 절차적 · 전략적 결정을 내릴 수 있는 명백한 권한을 보유하기는 하지만, 변호사는 의뢰인의 명시적 수권 없이 화해할 수 없기 때문이다.

3. 변호사가 의뢰인으로부터 소송 수행만을 위임받고 (법정에서의 추인과 같이) 화해에 관한 별도의 수권을 받지 못한 경우, 만약 상대방의 변호사가 화해를 시도한다면 다른 상대방은 그 변호사가 화해를 구할 실질적인 권한을 부여받았는지 확인하여야 한다.

4. 변호사에게 소송을 화해로 해결할 권한이 부여되었는지 여부는 사실 확정의 문제로 사실심법원에서 판단할 사안이다. 기록에 의하면 원고가 그의 상해소송을 1만 6,000달러의 금액으로 화해할 권한을 피고에게 부여하지 않았다는 원심법원의 판단에 오류가 없었다고 인정된다. 따라서 우리는 원고 변호사가 의뢰인인 원고의 명시적 수권 없이 법정외에서 화해계약을 체결하여 의뢰인을 그 계약에 구속시킬 수 없다는 지방법원의 판결을 유지한다.

1.3 민사소송에서 변호사의 의무

【판례 3-21】 U.S. v. Gellene(United States Court of Appeals; July 20, 1999; 182 F.3d 578, 52 Fed.R.Evid.Serv. 741)
파산절차에서 변호사가 허위진술하여 형사처벌 받은 사례

▌사실관계

1. 위스콘신주 사우스밀워키에 본사가 있는 Bucyrus사는 광업용품 제조업체인데 1988년에서 1992년 사이 기업담보 차입매수(leveraged buy-out) 등으로 재정 상태가 악화되었다. 1980년대 Bucyrus사의 법무 업무 전반은 로펌 Milbank Tweed Hadley & McCloy(이하 'Milbank')가 수행하고 있었는데, 1993년 Milbank의 기업인수합병 부서(Mergers and

Acquisitions Department)의 책임자 Lawrence Lederman은 Bucyrus사의 금융구조조정 업무를 위해 Milbank의 파트너 변호사이자 파산전문가인 피고 John G. Gellene을 담당 변호사로 지정하였다.

2. 당시 Bucyrus사의 최대주주는 Goldman Sachs & Co.이고 최대 채권자는 Jackson National Life Insurance Company였다. 또한 전(前) Goldman Sachs사 직원인 Mikael Salovaara와 Alfred Eckert로 구성된 Greycliff Partners가 운영하는 South Street Funds 역시 채권자였다.

3. 1994년 2월 18일 Bucyrus사는 위스콘신주 동부 지방법원에 미국 연방파산법 11장(Chapter 11)의 파산신청을 하였다. Bucyrus사는 Milbank를 파산절차의 대리인으로 법원에 신청하였다. 연방파산절차규칙(Federal Rules of Bankruptcy Procedure) 2014[44]에 따라 Milbank는 채무자, 채권자 및 기타 이해관계인과의 관계를 모두 밝혀야 했다. 피고인은 법정에서 선서를 하고 이 파산신청과는 "관계없는(unrelated)" 사건에서 Milbank가 Bucyrus의 채권자인 Goldman Sachs & Co. 및 Jackson National Life Insurance Company를 대리한 적이 있음을 밝히고, 앞으로도 계속해서 Bucyrus사와 관계없는 사안에 대해서는 Goldman Sachs사를 대리할 것임을 알렸다. 하지만 피고는 Milbank가 South Street Funds, Greycliff Partners나 Salovaara를 대리한 사실은 밝히지 않았다.

4. Milbank의 파트너 변호사인 Toni Lichstein은 자신이 대리하는 Salovaara의 사건과 Gellene이 Bucyrus사의 파산절차를 대리하는 사안 간에 이익충돌이 존재할 수 있다는 점을 알게 되었다. Lichstein 변호사는 1993년 12월 22일 회의에서 이를 알렸으나 Lederman과 피고인은 문제가 되지 않는다고 보았다. 이후 Lichstein은 다시 이 문제를 제기하였으나 피고인은 Salovaara가 더 이상 Bucyrus사의 채권자가 아니라고 대답했으며 이후 Salovaara의 사건은 종료되었다.

5. Milbank가 파산절차의 수임료로 200만 달러를 청구했고 이에 따라 1995년 11월 진상 조사절차가 개시되었다. 연방관재인과 Jackson National Life Insurance Company는 해당 청구에 반대하였다. 이 절차에서도 피고인이 주도적인 변호사였는데, 이때 역시 Milbank가 South Street과 Greycliff Partners를 대리했고 현재에도 계속해서 대리하고 있다는 사실을 알리지 않았다. 연방관재인은 이러한 사실을 알 수 없었고 법원은 약 180만 달러의 수임료 및 비용지급 명령을 내렸다.

---

44) "전문직 종사자의 고용(Employment of Professional Persons)
(a) 고용명령신청(Application for an Order of Employment)
변호사, 회계사, 감정인, 경매집행자, 대리인 등 전문직 종사자의 고용은 신탁관리자나 위원회에 신청하여 승인을 받은 후에 가능하고… 고용될 이와 채무자, 채권자 및 기타 이해관계인과의 모든 관계를 최대한 알려야 한다. (이하 생략)"

6. 1996년 말 Jackson National Life Insurance Company는 Milbank가 Bucyrus사를 대리하던 시점에 Salovaara의 사건도 수임하고 있었다는 사실을 발견하였다. 곧이어 1996년 12월 Jackson National Life Insurance Company는 파산법원에 Milbank가 수임료를 반환할 것을 신청하였다. 1997년 2월 파트너 변호사들이 해당 신청에 대해 알게 되었을 때 피고인은 답변기일을 거짓으로 알렸으나 추후에 모두 자백하였다. 1997년 3월 피고인은 파산법원에 "순전히 개인적인 책임으로" Milbank가 South Street 및 Salovaara를 대리하고 있었음을 밝히지 않은 법적 판단의 오류가 있었음을 밝혔다.

7. 1998년 3월 위스콘신주 동부지방법원 배심원은 피고인이 의뢰인의 파산절차에서 고의로 부정하게 중요 진술(material declaration)을 거짓으로 한 행위 및 거짓 진술이 포함된 내용의 문서를 법정선서하에 고의로 사용한 행위에 대해 유죄를 인정하였다. 피고인에게는 각 죄목당 징역 15개월 및 벌금 1만 5,000달러가 선고되었고, 이에 피고인은 항소하였다.

▌쟁점

연방파산법상 사취(defraud)를 목적으로 하지 않더라도 기망의 의도로 한 진술은 부정한(fraudulent) 것인지 여부

▌법원의 판단

1. 파산 사건에서 "고의로 부정하게(knowingly and fraudulently)" 중요 진술을 거짓으로 하는 행위에 있어 '부정하게(fraudulently)'의 요건을 충족하기 위해 정부는 피고인에게 기망의 의도가 있었음을 증명하기만 하면 된다. 이 법원은 파산절차에서 사기행위(fraud)를 구성하기 위해 채무자의 자산 분포를 변경하거나 이에 영향을 미치려는 구체적인 의도가 있어야 한다는 피고인의 주장을 받아들일 수 없다. 법의 문언에 의하면 "고의로 부정하게" 거짓 진술한 행위에 대해 처벌이 가해지며, 통상 '부정하게'의 의미에는 기망의 의도 역시 포함된다. 따라서 본원은 '사취 의도(intent to defraud)'나 '부정하게'에 대한 피고의 제한적 정의를 인정할 수 없다. 동법의 적용범위는 채무자 자산의 부정은닉뿐만 아니라 파산재판절차에서 고의로 부정하게 선서하거나 진술하는 것을 포함하는 것으로 보아야 한다.

그러므로 변호사가 채무자의 파산절차에 관련된 다른 당사자와 맺은 수임관계를 허위진술(misstatement)한 것은 파산 사건에서 고의로 부정하게 중요 진술을 거짓으로 한 것에 해당한다. 피고인 역시 파산절차에서 선서한 진술 내용이 거짓이었고 고의로 만들어졌음을 부정하지 않는다. 게다가 피고인은 수임료청구를 위한 파산법정의 진상 조사

절차에서 증언할 때에도 거짓 진술을 한 바 있다.

동법의 사기 조항(fraud provision)은 파산 사건에서 집행의 온전함을 보호하기 위한 것으로, 기망은 파산법정이나 이해관계 당사자의 절차 진행을 좌절시킨다는 점에서 문제가 된다. 그러므로 서류제출에서 주요 정보를 누락한 것 역시 명백히 거짓인 진술을 한 것과 마찬가지로 파산법정이 책무를 수행하는 것을 방해하는 행위이다.

2. 피고인이 채무자의 주요 채권자를 대리했거나 현재 대리하고 있다는 사실은 매우 중요한 사항이며 법에 규정된 의무로써 피고인이 이를 밝혀야 한다는 것은 확립된 바이다. 따라서 피고인의 주장과 달리 사취를 목적으로 하지 않더라도 기망을 목적으로 한 거짓 진술은 연방파산법상 부정한 것으로 항소를 기각한다.

【판례 3-22】 In re Geoghan(Supreme Court, Appellate Division, Second Department, New York; March 22, 1999; 686 N.Y.S.2d 839)
민사소송을 수임한 변호사가 손해배상 합의 시 관련 형사 사건에서 의뢰인의 위증을 약속하는 행위를 하여 자격박탈의 징계를 받은 사례

사실관계

1996년 7월 24일 뉴욕시 경찰서에 근무 중이던 Thomas Fursa 경사는 프로농구선수 Anthony Mason의 체포 과정 중 Mason의 폭행으로 인해 부상을 입었다고 주장하면서 Mason에 대한 고발장을 제출하였고, 이에 따라 Mason의 2급 폭행과 D급 중범죄에 관한 배심 재판이 예정되었다. 7월 29일 Sean Geoghan 변호사는 Fursa 경사로부터 Mason에 대한 손해배상청구 사건을 수임하고 형사 사건에서 Mason의 혐의들이 민사소송을 해결하는 데에 유리한 협상 카드가 될 수 있음을 암시하였다. Fursa는 손해배상금의 1/3을 Geoghan 변호사의 보수로 지급하기로 약속했고, 8월 1일 이러한 내용의 합의서를 작성하였다. 그러나 Geoghan 변호사는 제때에 상기 합의서를 법원행정사무실에 접수하지 못하여 뉴욕주 법원규칙[22 NYCRR 691.20(a)]을 위반하였다.

Fursa 경사는 Geoghan 변호사에게 자신의 상해 정도를 설명하면서 어깨의 통증이 심하고 운동범위가 매우 제한적이며, 부상 치료를 위해 물리치료를 받고 있고 7~10일간 병가를 냈다는 사실을 알렸다. 7월 31일 Geoghan 변호사는 민사소송절차의 개시를 알리는 편지를 송달하여 Mason 측과 접촉을 시도했는데, 이 편지가 반송되자 8월 16일 재차 Mason의 변호사 Thomas J. Sinnickson에게 연락하여 자신이 이 사건 소송 대리를 맡은 사실을 고지하였다. 9월 4일 Geoghan 변호사는 Sinnickson 변호사와 전화통화하여 10만 달러의 배상금 지급 시 합의하겠다는 제안을 하였다. 9월 5일과 9월 6일

Geoghan 변호사는 Mason 측 변호사들(Sinnickson과 Rothman)과 가진 전화회의에서 Mason 측이 위 제안을 받아들일 경우, Mason의 혐의에 관한 형사 배심 재판에서 의뢰인 Fursa 경사가 배심원의 오해를 불러일으키는 내용의 허위 증언을 할 용의가 있다는 의사를 밝혔다.

Mason 측 Rothman 변호사는 위 통화 내용을 녹음하여 뉴욕시 검찰청에 넘겼다. 담당 검사는 Mason 사건이 녹음테이프에 담긴 내용에 의해 훼손되었다고 판단하여 Mason에 대한 배심 재판을 진행하지 않기로 하였으며, Mason은 풍기문란이라는 경감된 법 위반 혐의에 대해서만 유죄변론을 할 수 있게 되었다.

특별심판관은 청문 후 Geoghan 변호사가 징계규칙(Disciplinary Rule) 1-102(A)(4) · (5) · (8)에 반하여 부정직 · 사기 · 기망 · 부실표시를 내포하는 행위, 사법부에 대한 편견을 심어 줄 수 있는 행위, 법률 업무 적격에 반하는 행위와 징계규칙 7-102(A)(7)에 반하여 행위의 불법성 또는 부정의를 알면서도 의뢰인에게 동 행위를 권고 또는 조력한 행위, 징계규칙 7-105(A)에 반하여 민사소송에서 이득을 획득하려는 목적만으로 형사 혐의를 청구하겠다는 의사를 밝히거나 밝히는 데에 동참하거나 청구 위협을 한 행위 모두에 대하여 혐의를 인정하였다.

쟁점

민사소송에서 원고를 대리한 변호사가 상대방이 손해배상에 합의할 경우, 상대방을 피고인으로 하는 형사 배심 재판에서 자신의 의뢰인이 거짓 증언할 것을 약속하는 행위가 직무책임준칙의 징계규칙을 위반하였는지 여부와 적절한 징계수준

법원의 판단

법원은 Geoghan 변호사의 직무상 비행에 관한 일곱 개의 혐의를 모두 인정한 특별심판관의 판단을 받아들였다. Geoghan 변호사는 자신의 깨끗한 전과 기록과 상대적으로 짧은 법조경력 및 무경험, 이미 무거운 감정적 대가를 치른 점, 심리 중 제출된 인성평가서, 반성적 태도 등을 고려하여 징계수위를 공개 견책(public censure)으로 경감해 줄 것을 요청하였다. 법원은 이러한 참작 사유에도 불구하고 Geoghan 변호사의 직무상 비행이 사법제도의 본질에 반하는 것이라는 이유를 들어 변호사 자격박탈을 명하였다. Geoghan 변호사는 즉시 ① 사용자 · 대리인 · 서기 · 피고용인 등 형태를 불문하고 법률사무 처리를 중단하여야 하고, ② 법원 및 각종 공공기관 등의 절차에 변호사 또는 대리인 자격으로 관여할 수 없으며, ③ 타인에게 법조문이나 그 해석에 관한 일체의 의견이나 조언을 제공할 수 없고, ④ 어떠한 방식으로든 스스로를 변호사 또는 대리인이

라고 소개할 수 없다.

【판례 3-23】 Matter of Neitlich(Supreme Judicial Court of Massachusetts; August 14, 1992; 597 N.E.2d 425)
민사소송에서 허위진술 등 기망행위를 한 변호사가 자격정지 1년의 징계를 받은 사례

▌사실관계

1986년 1월 David E. Neitlich 변호사의 의뢰인은 전 부인이 제기한 이혼 후속절차를 대리하도록 Neitlich 변호사를 선임하였다. 의뢰인의 전 부인은 위자료에 대한 담보로 의뢰인 소유의 콘도에 40만 달러의 압류를 신청하였고, 1986년 7월 법원은 이를 인용하였으며 나아가 법원의 승인 없는 콘도의 처분 및 담보설정을 금지하였다.

1987년 1월 의뢰인은 콘도를 39만 5,000달러에 구입하겠다는 매매계약의 청약을 받았고 제시된 금액 중 1만 5,000달러는 가구 등의 구입비용으로 지정되었다. Neitlich 변호사는 두 개의 매매계약서를 작성하였는데, 하나는 매매가가 37만 달러로 작성된 '콘도매매계약서'였고 또 하나는 매매가가 2만 5,000달러로 명시된 '동산매매계약서'였다. 콘도매매계약서상에는 동산매각 관련 내용은 누락되어 있었고, 콘도에 설정된 압류가 1987년 3월 26일까지 해제되지 않을 경우 매수인에게 해약권을 부여하는 내용이 포함되었다.

1987년 2월 Neitlich 변호사는 법원에 압류해제를 신청하는 동시에 위 매매계약에 대한 승인을 구하였으며 이에 따라 상대방의 대리인은 매매계약서 사본과 콘도에 대한 감정평가를 요청하였다. Neitlich 변호사는 이 요청을 거절하였고 이에 대하여 상대방 대리인은 추가 정보제공 없이는 매매계약에 동의할 수 없음을 통보하였다. 1987년 3월 25일 심리에서 법원은 Neitlich 변호사에게 의뢰인의 전 부인과 매매에 관해 협의했는지 여부에 대해 물었으며, Neitlich 변호사는 "전 부인 또한 이 계약을 반대하지는 않으며" 그녀가 단지 콘도의 감정평가를 요구하고 있으나 전 부인에게는 그런 자격이 없다고 답변하였다. Neitlich 변호사는 판사에게 두 번에 걸쳐 매매가가 37만 달러라고 밝혔고, 법원은 매매계약을 승인함과 동시에 매각대금은 별도의 계좌(escrow account)에 예치해 두도록 결정하였다. 이후 의뢰인의 전 부인은 결정의 취소를 구하는 소를 제기하면서 자신의 전 남편에게 콘도 내부의 동산에 대한 매매계약 서류를 포함한 콘도매매계약 서류를 제공할 것을 요청하였다. 1987년 5월 12일 심리에서 상대방 대리인은 전 부인이 매매계약의 조건에 대해 통보를 받은 적이 없음을 주장하였다. 이에 Neitlich 변

호사가 콘도매매계약서의 사본을 제공하겠다고 제의하자 법원은 전 부인에게 그보다 더 많은 정보를 제공할 것을 권고하였고, Neitlich 변호사는 "콘도매매계약서가 전부이다"라고 주장하며 상대방 대리인에게 매매가격이 37만 달러로 표시된 콘도매매계약서 사본만을 넘겨주었다. 추후 상대방 대리인이 별도의 동산매매계약서의 존재에 대해 알게 되었고, 이에 따라 전 부인은 동산목록과 위 별도계좌 예치금에 대한 압류신청을 하기에 이르렀다.

변호사회 징계담당관은 Neitlich 변호사의 법원 및 상대방 대리인에 대한 적극적 허위진술과 사실은폐행위에 대해 징계신청서를 제출하였다. 대법원 단독재판부는 변호사감시위원회가 제출한 자료에 기하여 Neitlich 변호사의 행동이 직무책임준칙 강령 1(Canon 1), 징계규칙(DR, Discplinary Rules) 1-102(A)의(4)(부정직, 사기, 기망, 허위표시), (5)(사법의 운영에 해를 끼치는 행위), (6)(변호사의 법률실무 적격성을 부정적으로 되돌아보게 하는 행위)와 위 준칙 강령 7(Canon 7), DR 7-102(A)의(5)(법 또는 사실의 허위진술), (7)(의뢰인이 위법하거나 사기적인 행위를 하는 것을 알면서 조언하거나 돕는 것)을 위반하였다고 인정, Neitlich 변호사에게 자격정지 1년을 선고하였다.

▌쟁점

단독재판부가 Neitlich 변호사에 대한 적정수준의 징계를 선고하였는지 여부

▌법원의 판단

Neitlich 변호사는 본인이 표명한 37만 달러의 매매가는 콘도매매의 압류해제를 위한 소송절차 중에 나온 진술이므로 당해 재판에서 문제 되는 콘도매매가만을 기술적으로 올바르게 표명하였다고 주장하나, Neitlich 변호사가 동산매매계약서를 숨긴 사실은 순수한 비공개를 넘어 의도적 사실은폐에 의한 법정 및 상대방 대리인에 대한 적극적 기망행위에 해당한다.

Neitlich 변호사는 "콘도매매계약서가 전부이다"라고 진술한 부분만이 허위진술에 해당되며 그 또한 의뢰인과 법원에 대한 Neitlich 변호사의 의무가 상호 충돌하는 상황에 직면하여 이루어진 행위이므로 그 위법성이 감소된다고 주장한다. 법원의 이익과 의뢰인의 이익이 대치되는 경우, 변호사는 사법체계를 수호해야 할 핵심 주체로서 의뢰인의 이익을 포기해야 함이 마땅하므로 Neitlich 변호사의 주장은 근거 없다.

Neitlich 변호사에 대한 1년 자격정지 처분은 다른 비슷한 사건의 판결에 비추어 적절하다.

【판례 3-24】 In re Porter(Supreme Court of Louisiana; March 10, 2006; 930 So.2d 875)
의뢰인에 대한 정보제공의무 및 주의의무를 위반하고 허위로 공증한 변호사가 자격정지 1년의 징계를 받은 사례

▌사실관계

1. Winnfield 공동묘지 사건

1994년 2월 Mamie Williams를 비롯한 원고들은 Joel G. Porter 변호사를 대리인으로 하여 Winnfield 공동묘지를 상대로 소를 제기하였다. 원고들은 Winnfield가 배수문제를 해결하기 위해 묘지의 묘비들을 모두 제거하였다가 다시 놓는 과정에서 잘못된 묘에 묘비를 배치하였다고 주장한다. 1994년 4월 Porter 변호사는 원고들을 대리하여 Winnfield 및 보험자를 상대로 소를 제기했고 1995년 6월 원고 20명을 추가하였으나, 이후 의뢰인들과 접촉하지는 않았다.

1998년 10월 상대방 대리인 David Lefeve 변호사는 답변서를 제출하였고, 1999년 2월 내용증명우편으로 Porter 변호사에게 증거제출을 요청하였다. Porter 변호사는 요청된 정보를 제공하지 않았고, 이에 Lefeve 변호사는 강제절차를 신청하였으나 Porter 변호사는 1999년 10월 심리에 불출석하였다. 1999년 11월 법원은 Porter 변호사에게 증거제출 요청에 응하라고 명령하였으나 Porter 변호사는 이에 응하지 않았고, 2000년 2월 Lefeve 변호사는 원고 측이 제기한 소송에 대한 기각을 청구하였다. Porter 변호사는 기각청구 심리에도 불출석하였고, 2000년 3월 원고들의 청구를 기각하는 결정이 내려졌다. 2000년 10월 Williams는 자신의 청구가 기각된 사실을 알게 되었고, 징계담당관과 함께 Porter 변호사에 대한 징계를 청구하였다.

2. West 사건

1997년 2월 Porter 변호사는 의뢰인 West 부부를 대리하여 Yolanda Hill을 상대로 명예훼손에 관한 소송을 제기하였다. 소장에 첨부된 선서진술서는 Porter 변호사의 입회하에 West 부부가 서명한 것이어야 하고 소장에 포함된 사실에 관한 진술들이 진실임을 증명하는 것이어야 했다. Porter 변호사는 이 선서진술서를 공증하였지만, 실제로는 West 부인이 부재한 상태에서 남편 West가 부인의 서명을 한 것이었다. 이 증서가 법원에 제출되었고 피고 Hill 측에 송달되었다. Hill은 징계담당관과 함께 Porter 변호사에 대한 징계를 청구하였다.

3. 징계절차에서 Porter 변호사는 변호사 직무규칙 위반 혐의를 부인하였다. 그러나 청문위원회에서는 Porter 변호사가 Winnfield 사건에 관하여 의뢰인들에게 사건의 진

행을 고지하지 아니하였고 사무를 태만히 처리하여 원고들의 청구가 기각되는 결과를 초래하였다고 판단하였으며, 이에 대해 1년 1일의 자격정지라는 징계를 권고하였다. 위원회는 West 사건에 관하여는 공개 견책의 징계가 적절하다고 판단하였다.

징계위원회는 Porter 변호사가 Winnfield 사건과 관련하여 직무행위규칙 1.3,[45)]1.4[46)]을 위반했고, West 사건과 관련하여 직무행위규칙 3.3(a),[47)] 4.1(a),[48)] 8.4(a)(c)(d)[49)]를 위반하였다고 판단하고 Porter에게 자격정지 18개월의 징계를 권고하였다.

▌쟁점

변호사가 의뢰인에게 알리지 않고 수임사무 처리를 방기하였고, 다른 의뢰인에 관하여는 선서진술서를 허위로 공증하는 행위를 한 경우 적절한 징계의 정도

---

45) "변호사는 의뢰인을 대리함에 있어서 합리적 근면성과 신속성을 가지고 행동해야 한다."

46) "(a) 변호사는

(1) 이 법에 의하여 의뢰인의 동의가 요구되는 경우 이를 고려하여 어떠한 결정 또는 상황에 대해서든 신속히 의뢰인에게 알려야 한다.

(2) 의뢰인의 목적을 성취하기 위한 수단에 관하여 합리적으로 의뢰인과 의논해야 한다.

(3) 사건의 진행에 관하여 의뢰인에게 계속 알려야 한다.

(4) 합리적인 정보 요청에 신속하게 응하여야 한다.

(5) 의뢰인이 이 법 또는 다른 법에서 불허하는 조력을 기대함을 변호사가 아는 경우, 변호사의 행위의 적절한 제약에 관하여 의뢰인과 의논해야 한다.

(b) 변호사는 대리의 목적에 관련된 결정 및 그 이행수단에 관하여 지능적으로 참여할 수 있도록 의뢰인에게 충분한 정보를 제공하여야 한다."

47) "(a) 변호사는 고의로 다음을 하여서는 아니 된다. (1) 법정에서 사실 또는 법에 관하여 허위진술을 하거나 이전에 변호사가 법정에 행한 사실이나 법에 관한 허위진술을 정정하지 않는 경우 (2) 의뢰인의 입장에 직접적으로 반대되고 상대방 변호사가 제출하지 아니하였으나 변호사가 알고 있는, 해당 관할에서 출간된 법적 전거를 법정에 공개하지 아니한 경우 (3) 변호사가 거짓임을 알고 있는 증거를 제시하는 경우. 만일 변호사·의뢰인·변호사가 신청한 증인이 물적 증거를 제시하였는데 변호사가 그 허위를 알 경우, 그 변호사는 합리적인 시정조치를 취해야 하는데 여기에는 필요하다면 법정에의 공개도 포함된다. 변호사는 피고의 형사와 관련된 증언을 제외하고, 그가 허위라고 합리적으로 믿는 증거의 제출을 거부할 수 있다.

(b) 판결절차에서 의뢰인을 대리하고 어떠한 자가 그 절차에 관하여 형사 또는 사기행위에 관여하였거나 관여하고자 함을 알고 있는 변호사는 합리적인 시정조치를 취해야 하는데, 여기에는 필요하다면 법정에의 공개도 포함된다.

(c) (a)와 (b)에 기술된 의무는 절차의 종결까지 지속되며, 달리 법 1.6에서 보호하지 않는 이상 이행이 정보의 공개를 요구할 경우에도 적용된다.

(d) 일방적(ex parte) 절차에서 변호사는 법정에 불리한지 여부를 불문하고 자신이 알고 있으며 법정이 결정을 내리는 데 도움이 되는 모든 물적 사실을 알려야 한다."

48) "의뢰인을 대리하는 과정에서 변호사는 고의로 다음을 하여서는 아니 된다.

(a) 중요 사실 또는 법에 대해 제3자에게 허위진술을 하는 경우."

49) "변호사에게 다음은 직무상 비행이다.

(a) 변호사 직무규칙을 위반하거나 위반하려고 시도하거나 고의로 다른 자에게 그렇게 하도록 돕는 것, 또는 다른 자의 행위를 통해 그렇게 하는 것

(c) 부정직, 사기, 기망, 허위표시가 수반된 행위를 하는 것

(d) 사법의 운영에 해를 끼치는 행위를 하는 것."

▌법원의 판단

1. 변호사의 징계 문제는 법원의 고유한 관할이므로, 법원은 독립된 입장에서 징계위원회의 권고나 심리 내용에 구속되지 아니하고 변호사의 직무 위반이 명백한 증거에 의하여 뒷받침되는지 판단한다.

2. 사실관계를 고려할 때 두 사건 모두에서 직무상 비행이 입증되므로, Porter 변호사에 대해서는 1년의 자격정지 처분이 합당한 징계라고 판단된다.

【판례 3-25】 In re Zeiger(District of Columbia Court of Appeals; April 24, 1997; 692 A.2d 1351)
증거를 위조·훼손하고 허위진술을 한 변호사가 자격정지 60일의 징계를 받은 사례

▌사실관계

David Zeiger 변호사의 의뢰인 Jose Vasquez는 워싱턴 D.C.에서 횡단보도를 건너다 적색신호를 무시한 가해자 차량에 치이는 교통사고를 당하였다. 가해자의 보험회사인 Aetna Insurance Company(이하 'Aetna사')는 Zeiger 변호사에게 피해자의 다리부상 등을 치료했던 George Washington 대학병원의 기록을 송부해 달라고 부탁하였다.

Zeiger 변호사는 원본 기록의 페이지를 접거나 내용을 가리고 의뢰인의 의료 기록을 복사하는 등의 방식으로 의뢰인의 알코올중독 등에 관한 증상과 종전 치료 기록 등을 은폐하였다. Zeiger 변호사는 Aetna사에게 이러한 변조행위에 대해 알리지 않았다.

이러한 행동에 대한 징계절차가 개시되었고 Zeiger 변호사는 청문위원회에서 오로지 의뢰인의 이익을 위한 목적으로 그러한 행동을 하였으며 변조된 부분은 중요성이 떨어지는 내용으로서 의뢰인에 대한 극단적 편견만을 불러일으킬 수 있는 것에 불과하다고 항변하였다. 그러나 법원 내 직무책임위원회는 비록 Zeiger 변호사가 1차적으로는 의뢰인을 도울 목적을 가지고 이 사건 의료 기록을 변조였다고 하더라도, 자신이 의뢰인을 위하여 지출한 비용을 회수하려는 경제적인 동기도 포함되어 있다고 판단하였다. 또한 위원회는 Zeiger 변호사가 삭제한 기록 부분은 양측의 화해 시도가 실패하고 소송이 개시될 경우 증거개시나 소환장 발부의 대상이 될 수 있는 중요한 내용을 담고 있다고 인정하였다.

위원회는 Zeiger 변호사의 항변을 받아들이지 않고, 그의 행위가 직무행위규칙 3.4(a), 4.1(a), 8.4(c) 위반이라고 판단하여 60일의 자격정지를 결정하였다.

▌쟁점

Zeiger 변호사가 직무행위규칙 3.4(a)[50](증거의 변조 · 파괴 · 은폐), 4.1(a)[51](제3자에게 사실에 관한 허위진술을 하는 것), 8.4(c)(부정 · 사기 · 기망 · 허위표시를 수반하는 행위를 한 경우)를 위반하였는지 여부 및 그에 대한 적절한 징계수위

▌법원의 판단

위원회의 사실인정과 징계에 관한 판단을 받아들이고, Zeiger 변호사의 증거 변조 · 파괴 · 은폐에 관한 직무행위규칙 3.4(a) 위반, 제3자에게의 허위진술을 규정한 위 규칙 4.1(a) 위반, 부정 · 사기 · 기망 · 허위진술이 연루된 행위에 위 규칙 8.4(c) 위반을 인정하며, 60일의 자격정지는 적절한 징계이다.

【판례 3-26】 Golden Door Jewelry v. Lloyds(United States District Court, S.D. Florida; October 17, 1994; 865 F.Supp. 1516)
민사소송에서 당사자가 변호사의 조언에 따라 증인에게 금품을 제공한 경우 변호사의 법원 및 상대방에 대한 정직의무 위반 여부

▌사실관계

원래의 소송은 Golden Door 귀금속회사 등이 Lloyds 보험회사에 대해 금 도난사고에 관하여 보험금을 청구한 민사 사건이었다. 이 소송절차에서 Lloyds 보험회사 측은 변호사의 조언에 따라 사실증인인 Ed Hollock과 Abraham Lupovitz에게 증언하도록 부탁하면서 12만 달러 상당의 금품을 제공하였다.

Llodys 보험회사 측은 ① 진실한 증언만을 요구하였고 ② 연방 · 지역 규제기관들이 금전의 지급 사실을 알고 협력이 있었으며 ③ 증언은 진실한 내용이었으므로 뇌물에 해당하지 않고 ④ 결국 증언에 따라서 범죄자들이 체포되고 유죄판결을 받게 되었다는 점을 주장하였다.

원고 측은 증인인 Hollock과 Lupovitz에게 증언을 대가로 금품을 지급한 것은 플로

---

50) "상대방과 상대방 변호사에 대한 공정 :
변호사는 다음을 하면 안 된다.
(a) 변호사가 그 증거가 계류 중이거나 곧 계류될 절차에서 증거개시 또는 제출 명령의 대상이 되거나 될 수 있음을 아는 경우, 다른 당사자가 증거에 접근하는 것을 방해하거나 또는 잠재적으로 증거의 가치가 있는 문서나 다른 자료를 변경, 파괴, 은폐하는 것. (이하 생략)"

51) "다른 사람에게 말할 때의 진실성 :
변호사는 의뢰인을 대리할 때, 알면서 다음의 행위를 하여서는 안 된다.
(a) 제3자에게 중요한 사실이나 법에 대해서 허위의 진술을 하는 것."

리다주 변호사 직무행위규칙 3.4(b)[52]의 위반이라고 주장하였다. 이에 대해 Lloyds 보험회사 측의 변호사는 Lloyds 보험회사는 변호사가 아니기 때문에 변호사에게만 적용되는 직무행위규칙의 적용 대상이 아니라고 반론하였다.

▮쟁점

민사 사건에서 사실증인들에게 증언을 부탁하면서 금품을 제공하였고 이를 변호사가 알고 조언한 경우, 플로리다주 변호사 직무행위규칙 3.4(b) 상대방과 상대방 변호사에 대한 공정의무에 위배되는지 여부

▮법원의 판단

증인들에게 금품을 제공하는 행위는 The Florida Bar v. Jackson, 490 So.2d 935 (Fla. 1986) 판결에 의해서 명시적으로 금지된 행위이다. 인용된 판결에서 직무행위규칙 3.4(b)는 사실증인의 증언에 대한 대가로 금품이 제공되는 모든 경우에 적용되며, 증언이 진실인지 허위인지의 여부는 가리지 않는다고 하였다. 또한 인용된 판결에서는 "일반적으로 통용되는 판례법은 증언에 관해 사실증인에게 금전을 제공해서는 안 된다는 것이고, 전문증인에게 성공보수를 지급해서는 안 된다는 것이다"라고 지적하였다.

Lloyds 보험회사가 금품을 실제로 출연한 주체라는 점만으로는 위 규칙 3.4(b)의 적용이 부인되지 않는다. 그리고 Lloyds 보험회사 측 변호사가 사안에서 금품제공 사실을 인지하고 있었으며, 심지어 금품제공에 대한 조언을 하면서 비전문가 증인 · 정보원 · 중개인 들에게 지급할 액수의 협상까지 관여한 사실이 인정된다.

증인들에게 계속적으로 금품이 지급됨에 따라 민사 사건에서 증언의 내용에 영향을 미쳤다고 판단되고, 이러한 Lloyds 보험회사와 그 변호사의 행위는 사법제도의 근간을 침해하는 행위이다. 이전 민사소송에서 Lloyds 보험회사 측의 방어에 도움이 되는 경우 증언에 대한 금품을 지급하려 했던 사정도 이러한 판단에 영향을 미쳤다.

결론적으로 Lloyds 보험회사가 변호사의 인지와 조언하에 사실증인에게 증언을 대가로 금품을 지급한 행위는 위 규칙 3.4(b)의 명백한 위반이다.

Lloyds 보험회사와 변호사의 윤리 위반 결과, Lloyds 보험회사에 대한 제재가 필요하다. 윤리 위반으로 오염된 증거를 배제하는 것이 합당하다. 따라서 Lloyds 보험회사는 금품을 받은 사실증인의 증언을 이 민사소송에서 증거로 제출할 수 없다.

---

52) "변호사는 다음을 하면 안 된다.
(b) 증거를 조작하는 것, 허위의 증언을 하도록 증인을 자문하거나 돕는 것 또는 법으로 금지된 유인책을 증인에게 제안하는 것."

【판례 3-27】 In re Smith(Supreme Court of South Carolina; February 7, 2000; 527 S.E.2d 758)
평결 후 배심원과 접촉한 변호사에 대한 징계 사례

▌사실관계

1998년 8월 Smith 변호사는 배심 재판에서 의뢰인을 대리하였다. 배심원단은 Smith 변호사의 의뢰인에게 유리한 평결을 하였으나, Smith 변호사의 생각으로는 손해배상금 액수가 충분하지 않았다. 재판 직후 Smith 변호사는 배심원들에게 다가가 손해배상금액을 그렇게 결정하게 된 이유를 물었다. Smith 변호사는 손해배상금이 기대보다 적어서 좌절하였고 실망하는 기색을 띠고 배심원들을 접촉하였다. 그런데 Smith 변호사가 접촉한 배심원들은 곧 동 법정에서 열리게 될 다른 사건에 관한 재판에서도 배심원 후보자 명단에 속해 있던 사람들이었다.

▌쟁점

평결 이후 변호사가 배심원을 접촉하는 것이 징계사유에 해당하는지 여부

▌법원의 판단

Smith 변호사의 행위는 변호사에게 사법제도에 해가 되는 행동을 하지 못하도록 하는 사우스캐롤라이나주 변호사 직무행위규칙 8.4(e)[53]를 위반한 것으로, 변호사 징계규칙 7(a)(5)상 사법제도를 오염시키고 법원 또는 법률가 직역의 명성에 해를 끼치는 행위에 해당한다. 법원은 사법제도의 일원인 변호사가 평결이 이루어진 이후 배심원에게 접근하는 행위를 용인할 수 없으며 따라서 Smith 변호사에게 공개 문책(public reprimand)의 징계를 내린다.

【판례 3-28】 Qualcomm v. Broadcom(United States District Court, S.D. California; January 7, 2008; 2008 WL 66932)
증거개시절차를 위반하고 법원에 허위진술을 한 변호사에 대한 제재

▌사실관계

2005년 10월 14일 Qualcomm사는 H.264 규격 제품의 제조 · 판매 등에 관한 '104번'

---

53) "변호사의 다음 행위는 직무상 비행이다.
(e) 사법의 운영에 해를 끼치는 행위를 하는 것."

및 '767번' 특허의 침해를 주장하며 Broadcom사를 상대로 유지 명령 및 손해배상과 소송비용을 청구하였다. Broadcom사는 Qualcomm사가 2002년과 2003년 사이에 영상부호화 표준제정기구인 합동비디오팀(JVT, Joint Vedeo Team)에 참여하였기 때문에 특허 침해를 주장할 수 없다고 항변하였다. 증거개시(discovery)절차에서 Broadcom사는 Qualcomm사에게 표준제정기구와 주고받은 모든 문서, 영상부호화 표준제정에 가입·참가 및 관여한 사실 등에 관련된 모든 문서 등의 제출을 요구하였고, Qualcomm사 측 변호사는 합리적인 조사를 통해 발견된 모든 관련 문서를 공개하겠다고 답하였다.

JVT 참여 시점에 관한 질의에 대해 Qualcomm사는 처음에는 2003년 12월 회의에 참가한 적이 있고 2006년 1월 제안서를 1회 제출하였다고 답하였다가, 이후에는 2006년 4건의 제안서를 제출한 이외에는 접촉이 없었다고 답하였다. 한편 Broadcom사가 요구한 법정외 증언절차(deposition)를 위해 Qualcomm사가 지정한 직원인 Christine Irvine은 Qualcomm사가 JVT에 관여한 적이 없다고 허위로 대답하였다. Broadcom사의 요구에 따라 Qualcomm사 측은 Scott Ludwin을 증인으로 제시하였고, Ludwin은 Qualcomm사가 H.264 표준이 발표된 이후인 2003년 말부터 JVT에 참여하였다고 허위로 진술하였다. Qualcomm사 측 변호사는 두 증인의 컴퓨터를 조사하거나 증언에 앞서 정보를 제공하는 등의 준비를 전혀 하지 않았다.

소송이 진행됨에 따라 Qualcomm사가 2002년과 2003년 초 사이에 JVT에 참여하였는지가 핵심 쟁점으로 부각되었다. Qualcomm사는 증인 Viji Raveendran의 증언을 준비하는 과정에서 JVT에 관련된 2002년 11월 전후의 전자우편 21건을 발견하였다. Qualcomm사는 증거개시절차 때 상대방에게 제공되지 않은 이 전자우편이 Broadcom의 증거개시청구 대상에 해당하지 않는다는 이유로 공개하지 않기로 결정하였다. Raveendran의 증인 신문 과정에서 Qualcomm사 측은 JVT 관련 전자우편 수령 사실을 피해 가려 하였으나 Broadcom사의 반대신문을 통해 Raveendran이 전자우편을 수령한 사실이 밝혀졌고, Qualcomm사 측은 결국 문제의 전자우편을 상대방에게 전달하였다.

2007년 1월 26일 배심원은 만장일치로 Broadcom사의 주장을 받아들였으며, Qualcomm사는 소송비용과 이자를 포함하여 약 930만 달러를 배상하라는 취지의 평결을 하였다. Qualcomm사 측 변호사는 판결 이후에도 Raveendran의 전자우편이 Broadcom사의 증거개시청구와 관련성이 없다는 주장을 유지하였으나, 2007년 4월 9일 Qualcomm 사내 법무책임자인 변호사가 소송 전후의 주장 사실과 배치되는 수천 건의 문서가 발견되었다는 사실을 인정하고 사과하는 서면을 법원에 제출하였다.

Broadcom사는 Qualcomm사가 증거개시절차를 위반하여 부당하게 수만 건의 문서를 숨긴 것에 대해 구두 및 서면의 제재를 청구하였다.

▌쟁점

법원이 민사소송에서 증거개시절차상의 의무를 위반한 당사자를 조력한 변호사에 대한 제재를 가할 수 있는지 여부

▌법원의 판단

1. 연방 민사소송규칙에 의거하여 연방법원은 증거개시절차상의 의무를 이행하지 않은 당사자와 변호사에게 제재를 가할 수 있다. 또한 연방법원은 사법절차의 남용을 방지하기 위해 소송 당사자에게 제재를 가할 수 있는 고유한 권한을 보유한다.

2. 사실관계를 살펴보건대, Qualcomm사가 소송에서 승리하고 사업전략적 우위를 점하기 위해 수만 건의 문서를 고의로 숨긴 사실이 인정되고, 이 행위는 Qualcomm사의 변호사의 조력 또는 고의적 묵과 없이는 불가능했을 것이므로 제재는 Qualcomm사와 그 변호사 모두에게 부과되어야 한다.

3. Qualcomm사 변호사들의 뛰어난 학력과 경력에 비추어 볼 때, 이들이 문제의 문서의 존재를 몰랐을 가능성은 없다. 오히려 Qualcomm사 변호사 가운데 몇몇이 고의로 조사를 해태하거나 문서의 존재를 묵과하고, Qualcomm사 직원들로부터 충분한 정보를 얻지 않은 채 소송을 진행하여 허위의 또는 오해를 불러일으키는(false or misleading) 법적 주장을 하도록 하였다고 보는 것이 합당하다.

4. 연방 민사소송규칙은 변호사가 책임 있는 자세로 증거개시절차가 충분하고 정당한지에 대한 '합리적인 조사(reasonable inquiry)'를 행할 것을 요구하고 있다. Qualcomm사의 변호사들이 증인 Irvine과 Ludwin의 증언을 준비하는 과정에서 이들의 컴퓨터를 조사하지 아니한 점, Raveendran의 컴퓨터에서 21건의 전자우편이 발견되었을 때 이 문서가 Qualcomm사의 소송상 주장과 배치됨을 알고 증거개시에 포함되는지를 확인하여야 했다는 점, 법원에 약식재판을 청구하기 전에 Qualcomm사의 증거자료에 대한 합리적인 조사를 하였어야 한다는 점에서 증거개시절차 위반이 인정된다. 증거개시에 관여하지 않은 변호사들은 허위의 증거자료에 기초한 소송행위에 관여하였더라도 제재의 대상이 되지 아니한다.

5. 제재 대상 변호사들은 증거개시절차상 의무뿐 아니라 캘리포니아주 변호사회의 직무행위규칙 5-200,[54] 5-220[55] 등을 위반하였으므로 캘리포니아주 변호사회로 하여금

---

54) "법원에 사안을 제시할 때, 회원(변호사)은
(b) 법 또는 사실에 대한 허위의 진술 또는 기교로 판사, 사법공무원 또는 배심원을 오도하려고 하여서는 안 된다."

55) "회원(변호사)은 변호사 또는 의뢰인이 제출 또는 공개할 법적 의무가 있는 증거를 은폐하여서는 안 된다."

합당한 조사와 제재를 부과하도록 한다.

【판례 3-29】 Iowa Supreme Court Board of Professional Ethics and Conduct v. Ronwin(Supreme Court of Iowa; December 18, 1996; 557 N.W.2d 515)
무익한 소를 제기하고 판사들을 근거 없이 비방한 변호사가 자격박탈의 징계를 받은 사례

▌사실관계

1. 대상 사건의 기반이 된 민사소송의 사실관계

1988년 1월 19일 Ronwin 변호사는 National Child Care, Inc.(이하 'National사')를 대리하여 Janet Dickinson과 Susan Hill에 대하여 각각 200만 달러의 손해배상과 추가적인 징벌적 손해배상을 청구하는 소송을 아이오와주 법원에 제기하였다.

Ronwin 변호사에 따르면 원래 Ronwin과 Dickinson은 National사의 동업자였는데, 1987년 말 National사가 어린이 보호시설 설립을 위한 토지 재측량을 정부에 신청하는 과정에서 Dickinson이 운영하던 어린이 보호시설에 고용된 Hill이 개입하여 Dickinson으로 하여금 National사와 관계를 끊고 자신과 함께 어린이 보호시설사업을 할 것을 제안하였다는 것이다. Ronwin 변호사는 이러한 Hill의 행위는 National사가 사업기회 및 장래 수익을 놓치도록 하는 불법행위라고 주장하였다.

1심법원(판사 Hutchinson)은 Ronwin의 주장이 입증되지 않았다고 하여 청구를 기각하였다. 나아가 Ronwin이 National사의 유일한 주주이자 이사이며 변호사로서 단순히 적대감에서 Hill을 피고로 소송을 제기하였다는 판단 아래, 아이오와주 민사소송규칙(Iowa Rule of Civil Procedure) 80조에 근거하여 Ronwin에게 Hill의 변호사 보수 상당의 비용을 배상하라고 판결하였다. Ronwin은 이 모두에 대해 항소·상고하였으나 모두 기각되었다.

아이오와주 대법원은 Hill이 클라이브(Clive)시 위원회의 위원으로 일하면서 토지 측량에 대한 지식을 보유하고 있는 반면 어린이 보호시설사업에 관하여는 지식과 관심 모두 없었으며, 다만 토지 측량회의에 수차례 참석하여 자신을 Dickinson의 피고용인이라 밝히고 Dickinson의 시설이 잘 운영되고 있으며 계속 유지할 필요가 있는 시설이라는 취지의 발언을 한 것에 불과하다는 점을 명확한 사실관계로 인정하였다.

2. 이후 연방법원에 한 제소

아이오와주 항소법원에서 항소가 기각된 후, Ronwin과 National사는 위 사건의 소송을 담당한 1심법원 판사 Hutchinson과 아이오와주 항소법원의 판사 Donielson, 주 대

법원장 McGiverin을 비난하는 내용의 소장을 첨부하여 Dickinson과 Hill 및 그들의 변호사들을 피고로 하여 연방법원에 새로운 소를 제기하였다.

이 소송에서 Ronwin은 위 판사들로 인하여 수정헌법 1조·5조·14조에 규정된 표현의 자유와 같은 헌법적 권리가 침해되었으며, 1심법원 판사 Hutchinson은 Dickinson과 Hill이 Ronwin으로부터 3만 달러를 가로채도록 도와주기 위해 의도적으로 잘못된 판결을 한 것이라고 주장하였다. 1심 연방법원이 이를 기각하자 Ronwin은 항소를 제기하면서 Hutchinson은 사건의 내용을 조작하여 사기적 판결을 한 것이고, 1심 연방법원의 판결은 그러한 Hutchinson의 범죄행위를 도와주는 것이라고 주장하였다. 아울러 Ronwin은 Hutchinson의 변호사 보수비용을 배상하라는 판결은 적법절차와 평등권을 침해하는 것이며 재판절차는 조작된 음모라고 주장하였다. 연방 항소심법원(The Eighth Circuit)은 항소를 기각하였다.

3. 이후에 열린 징계절차에서 아이오와주 대법원 직무윤리위원회(Iowa Supreme Court Board of Professional Ethics and Conduct)는 Ronwin의 위와 같은 행위가 징계규칙 1-102(A), 7-102, 8-102(B)[56] 위반이며, 아이오와주법 602.10112[57] 위반이라는 이유에서 Ronwin의 변호사 자격을 박탈하고 최소 1년 동안 자격 재취득을 금지할 것을 권고하였고, Ronwin은 징계절차무효소송을 제기하였다.

쟁점

1. 변호사 징계에 관한 소송에서 요구되는 증명의 정도

2. 변호사의 발언과 제소행위에 근거하여 그 변호사를 제재하는 것이 기본권인 표현의 자유를 침해하는지 여부

3. 무익한(frivolous) 소송을 제기하고 판사에 대하여 허위의 비난을 하였다고 인정된 사례

4. 변호사에 대한 징계수준을 결정할 때 고려되어야 할 요소 및 변호사에 대한 징계로 변호사 자격박탈(disbarment)이 허용되는 경우

법원의 판단

1. 변호사의 징계에 관한 소송에서는 '증명의 설득력 있는 정도의 우세(convincing preponderance of evidence)' 기준이 적용된다는 것이 확립된 선례이다. 이는 민사소송

56) "변호사는 판사 또는 기타 판관에 대하여 고의적으로 허위의 사실로써 고소·고발하여서는 안 된다."

57) "변호사는 다음과 같은 의무를 진다.

(1) 법관과 사법 관리에 대하여 적합한 존중을 갖출 것

(2) 변호사나 자문인에게 적법하고 정당하다고 여겨지는 절차에서만 변호 내지 자문을 제공할 것. 다만….
(이하 생략)"

의 일반원칙인 '증명의 우세(preponderance of evidence)' 기준과 '명백하고 설득력 있는 증명(clear and convincing)' 기준 사이의 것이다.

2. 변호사의 발언이나 제소행위에 근거하여 제재하는 것이 그 변호사의 표현의 자유를 침해하는 것은 아니다. 고의적으로 허위 사실을 말하는 것은 헌법적 보호를 받을 수 없으며, 변호사는 전문직으로서 특수한 도덕적 기준이 요구되기 때문에 일반 개인과 비교하여 더 좁은 범위의 표현의 자유만이 인정된다.

3. 사실관계를 보면 이 사건에서 Hill의 참여로 인해 Ronwin의 토지 재측량 신청이 기각된 것으로 볼 수 없음이 명백하다. 그리고 Ronwin 자신도 Hill의 행위가 계약의 파기를 불러온 것으로 볼 수 없다는 점을 알았을 것으로 보인다. 따라서 Hill을 피고로 하여 제기한 첫 번째 소송은 근거 없고 무익한 것임이 인정된다. 또한 판사를 인격적으로 비난한 Ronwin의 행동은 정의의 실현을 방해하는 것이며 그가 변호사 자격을 영위할 역량이 없음을 보여 준다. 그는 법원을 존중하지 아니하였고 공격적인 태도를 드러냈으며 단순히 감정적 동기에서 제소 및 항소를 하였음이 인정된다.

4. 변호사 징계의 수준을 결정함에 있어서는 그 변호사가 법률실무를 지속할 적격성(fitness)이 있는지의 관점, 비슷한 행동을 한 다른 사람에 대한 일반 예방의 관점, 법원이 지속적으로 변호사 직역의 도덕성을 지킬 것임을 대중에게 확신시키는 관점 등을 고려하여야 한다. 이 사건에서 Ronwin은 72세의 변호사로 단순히 자신의 청구가 받아들여지지 않았다는 이유로 판사를 음해하고 Hill에 대하여 무익한 소송을 제기하였다. 이는 징계규칙에서 명백하게 금지하는 것으로서 Ronwin에게는 중한 징계가 내려져야 한다.

징계로서 변호사 자격박탈을 결정하는 것은 특정한 판사가 범죄행위를 숨기기 위해 음모를 꾸미고 있다는 등의 주장을 하거나 변호사의 주장이 순전히 근거 없고 윤리강령(Canons of Professional Ethics)을 위반한 경우와 같이, 그 변호사의 행위가 중대한 잘못으로 인정되는 경우에 정당화된다. Ronwin에 대해서는 변호사 자격을 박탈함이 마땅하다.

【판례 3-30】 In re Zohdy(Supreme Court of Louisiana; January 19, 2005; 892 So.2d 1277)
손해배상소송에서 무익한 주장을 계속하고 허위 사실을 주장한 변호사가 자격정지 3년의 징계를 받은 사례

▌사실관계

대상 사건은 Hany A. Zohdy라는 이집트 국적의 루이지애나주 변호사가 집단소송

(손해배상소송) 두 개를 진행하면서 무익한 주장을 계속하고 허위 사실을 주장하는 등의 행위를 하여 징계 대상이 된 경우이다. 징계절차에서 문제가 된 Zhody의 여섯 가지 행위는 다음과 같다.

1. Hurley Henson, et al. v. Ciba-Geigy Corp., et al.소송과 관련한 행위

1) 이 소송은 1993년 Ciba-Geigy Corp.의 공장에서 그 직원들이 농약에 포함된 화학성분에 지속적으로 노출되어 손해를 입었다는 이유로 손해배상을 청구하는 집단소송이었다. Zohdy 변호사 등은 이 소송의 원고들을 대리하여 연방법원에 소가 계속 중이던 Russell Price, et al. v. Ciba-Geigy Corp., et al.에 참가하기로 결정하였고, 이에 수소법원인 루이지애나주 법원은 소송 중지(stay)를 결정하였다. 위 Price소송은 1994년 당사자 간의 합의로 종결되었는데, 위 합의를 승낙하는 때부터 Henson 사건의 피고에 대한 '모든(any and all)' 청구를 취하하기로 하는 조건이 부가되어 있었다.

1998년 루이지애나주 법원은 위 합의조건에 의하여 Henson소송이 각하되어야 하는지 여부를 판단하기 위한 기일을 열었는데, 여기서 Zohdy 변호사는 위 합의가 Henson 사건에서의 청구 가운데 일부만을 취하하기로 한 것이라고 주장하였다. 이는 물론 틀린 주장이었지만 루이지애나주 법원은 이 주장에 따라 절차를 속행하였다. 이에 위 소송의 피고들은 연방법원으로 이송을 신청하였고, 이후 위 합의사항의 이행을 청구하는 소송을 제기하였다. 결국 연방법원에서 Henson소송은 각하되었다. 또한 법원은 Zohdy 변호사에 대하여 피고들이 합의사항을 관철하는 데 든 소송비용인 약 2만 7,000달러의 손해를 배상할 것을 명하였다.

2) 위 Price 사건의 합의는 방광암에 관한 손해만을 다루고 있었는데, Zohdy는 자신의 의뢰인인 Lionel Millet가 방광암에 의하여 사망하였다는 이유로 그 합의에 의거하여 배상을 신청하였다. 그런데 부검보고서에는 Mr. Millet가 위암으로 사망한 것으로 기재되어 있고, 따라서 그는 손해배상청구권자에 해당하지 아니하였다. 그러나 Zohdy 변호사는 부검의가 다른 변호사에게 Mr. Millet가 방광암에 걸렸다고 말하였다는 전문증거를 거론하였고, Mr. Millet의 방광을 부검하지 않은 만큼 부검보고서가 정확하지 않다고 주장하였다. 1998년 11월 16일 치안판사 William E. Cassady는 Zohdy 변호사의 주장에 부합하는 의학적 증거가 없다고 판단하였다.

2. Jack H. Woodward, et al. v. NOR-AM Chemical Co.소송과 관련한 행위

1) 이 소송 역시 농약에 포함된 화학성분과 관련된 집단소송으로서 연방법원에 계속 중인 소송이었다. 1995년 12월 4일 Zohdy 변호사는 다른 루이지애나주 변호사와 함께 Robin Millet 등(이하 'Millet Group')을 대리하여 소송참가를 신청하였고, 합의에 대한 반대의 의사표시를 법원에 하였다. Millet Group은 지속적으로 화학성분에 노출된 가족

들과 접촉함으로써 자신들도 노출되었다고 주장하였다. 그러나 치안판사 Cassady는 Millet Group은 당사자적격이 없다고 판단하였다(이 집단소송의 원고는 화학성분에 '지속적으로' 노출된 자로 한정되었기 때문이다). 1996년 5월 16일 연방법원은 이를 받아들여 소송참가 신청을 기각하였고, 4,200만 달러를 배상액으로 하는 합의를 승인하였다.

1996년 6월 21일 Millet Group은 항소하였고, 이 과정에서 극빈자를 위한 소송비용 면제제도(in forma pauperis)의 적용을 받고자 하였다. 그러나 사실 Millet Group의 대표당사자인 Robin Millet만이 그 요건에 해당하였으며, 그 집단의 나머지 당사자들은 직장이 있고 수입도 있었다. 그럼에도 Zohdy 변호사는 나머지 당사자들의 재정 상태를 공개하지 않았다. 1996년 9월 30일 이 항소는 항소기간(30일) 도과 후 항소로서 각하되었다.

2) 이와 같이 비록 소송참가 신청은 각하되었지만, Zohdy 변호사는 상대방으로부터 수임료를 받아 내고자 하였다. 1996년 7월 11일에 치안판사 Cassady는 위 소송의 변호사 보수비용 문제를 처리하기 위한 기일을 열었는데, 여기서 Zohdy 변호사는 자신의 변호사 보수청구를 모두 취하하였고, 이에 따라 Cassady 판사는 Zohdy 변호사의 수임료 청구는 모두 각하되어야 한다는 내용의 보고서를 제출하였다. 그런데 Zohdy 변호사는 막상 법원에서는 Cassady의 보고서에 반대의사를 제출하면서, 자신은 Millet Group의 대리인으로서 변호사 보수를 받을 자격이 있다고 주장하였다. 법원은 1996년 12월 5일 Millet Group은 이 소송의 당사자가 아니었으므로 치안판사의 보고서에 이의를 제기할 자격이 없다고 판단하였다. 이에 Millet Group은 항소하였으나 항소법원은 이 항소가 명백하게 무익한 것이라며 기각하였고 2,000달러의 소송비용을 배상할 것을 명하였다.

3) 1996년 11월 위 집단소송의 대리인들은 Zohdy 변호사와 공동대리인이 수많은 무익한 신청을 함으로써 합의를 방해하였고 당사자들의 이익을 해하였다는 이유로 변호사 징계를 신청하였다. 1997년 8월 치안판사 Cassady는 Zohdy의 행위가 악의적인 것이었으며 Millet Group을 위한 소송참가 신청은 부합되는 증거가 없음이 명백하였기 때문에 절대 인용될 수 없는 것이라 판단하였다. 또한 Woodward 사건의 합의를 방해함으로써 수임료를 챙기기 위하여 무익한 주장들을 계속하였다고 판단하였다. 특히 Cassady 판사는 Zohdy 변호사가 계속해서 사건에 관하여 조사의무를 해태하였다고 강조하였다. 결국 Cassady는 Zohdy 변호사에게 1만 4,400달러의 배상을 명할 것을 권고하였고, 이는 법원에서 채택되었다.

4) 위 Woodward소송의 원고 측 대리인이었던 Linda Harang 변호사는 Zohdy 변호사의 의뢰인이었던 Robin Millet의 증언을 얻기 위하여 앨라배마주 남부지역 연방법원으로부터 구인영장(subpeona)을 받아 냈다. 이에 Zohdy 변호사는 영장을 철회할 것을 루이지애나주 중부지역 연방법원과 앨라배마주 남부지역 연방법원 모두에 신청하였다.

1997년 3월 11일 치안판사 Cassady는 루이지애나주 중부지역 연방법원의 판단에 따르도록 명하였다.

중부지역 연방법원의 치안판사 Christine Noland는 Zohdy 변호사의 신청을 기각하였다. 이에 Millet이 구인되고 1997년 4월 18일 증언이 이루어졌는데, Zohdy 변호사는 치안판사 Cassady에 의하여 증언시간이 두 시간으로 제한되었다고 주장하며 신문을 종료시켰다. 그래서 상대방 측 Harang 변호사는 신문을 다시 속행하기 위하여 별도의 신청을 할 수밖에 없었다. 1997년 5월 22일 치안판사 Noland는 그 신청을 받아들이면서, Zohdy 변호사에 대하여 1,000달러를 납부하도록 하는 제재를 명하였다. 그는 Zohdy 변호사의 행동이 '분노할 만한(outrageous)' 것이라고 표현하였다.

3. 이러한 Zohdy 변호사의 행동에 관하여 Harang 변호사 등이 징계를 신청하였고, 이에 청문위원회에서는 자격정지 1년의 징계를 결정하였다. 이후 징계위원회에서는 자격정지 3년의 징계를 결정하였다.

쟁점

무익한 주장을 계속 행하고 허위 사실을 주장하였지만 그것이 주로 변호사로서의 무능력에서 비롯된 것으로 보이는 경우 적절한 징계의 수준

법원의 판단

1. 루이지애나주 변호사에 대한 징계 사건에 관하여는 1심으로서의 관할권(original jurisdiction)이 주 대법원에 있다. 따라서 이때 대법원은 사실심으로서 역할을 하나 징계위원회의 사실판단을 대체로 존중한다.

2. Zohdy 변호사의 행위는 위원회의 판단대로 직무행위규칙 위반으로 인정된다. 구체적으로

1) Price 사건에서의 합의조건을 무시하고 절차를 속행하도록 한 행위는 직무행위규칙 3.1(실익이 있는 청구와 주장을 할 의무)과 3.3(법원에 대한 정직의무) 위반이다.

2) Zohdy 변호사는 자신이 집단소송에 대해 경험이 전혀 없어서 소송을 대리할 역량이 없었으므로 위 규칙 1.1(a)(의뢰인에 대한 적격의 법률사무 처리 제공의무) 위반이다.

3) Woodward 사건에서 아무런 근거 없이 소송참가 신청을 하고 재정 상태를 속여 소송비용 면제를 받으려 한 것은 위 규칙 1.1(a), 3.1, 3.3, 3.4(e)(사실심에서 변호사가 관련 있다고 합리적으로 믿지 않거나 허용된 증거로 뒷받침되지 않는 사항을 언급하지 않을 의무) 위반이다.

4) 근거 없고 무익한 각종의 신청 · 항소 등을 제기함으로써 위 규칙 3.2(소송촉진을 위하여 합리적으로 노력할 의무), 3.5(c)(배심원과의 의사소통의 금지), 8.4(c)(부정직 · 사

기 · 기망 · 부실표시를 하지 않을 의무), 8.4(d)(사법의 운영에 해를 끼치는 행위를 하지 않을 의무)를 위반하였다.

5) Millet의 증언과 관련한 비협조적인 행위는 위 규칙 1.1(a), 3.1, 3.2, 3.3, 3.5(c), 8.4(a), 8.4(d) 위반이다.

3. 적절한 징계수준을 결정함에 있어서는 변호사에 대한 징계의 목적이 그 변호사를 처벌하는 데 있는 것이 아니라 전문직으로서 행위의 표준을 세우고 법조 직역의 염결성을 보전하며 다른 변호사들이 그러한 표준을 위반하는 것을 방지하고자 하는 데 있다는 점을 고려하여야 한다.

4. 이 사건에서 Zohdy 변호사에게 불리한 형량요소는 다음과 같다.

Zohdy 변호사는 이기적이고 부정직한 동기에서 위와 같은 행동을 한 것이고 여러 개의 위반행위를 하였으며 자신의 행동이 잘못된 것임을 인정하지 않으려 하고 있다.

반면 이 사건에서는 Zohdy 변호사에게 유리한 형량요소도 존재한다. 징계 기록이 없는 점, 징계절차에서 모든 것을 공개하고 협력하였다는 점, 실무 경력이 일천하다는 점, 지역사회에서 많은 무료 변론으로 명성을 얻고 있던 점 등이 그러하다. 이러한 점들을 종합하면 3년의 변호사 자격정지가 적절한 징계로 판단된다.

5. Zohdy의 변호사 자격을 3년간 정지하고 그중 1년의 기간에 관해서는 집행을 유예한다. 그러나 위 변호사가 장래에 직무상 과오를 범할 경우에는 유예된 1년의 자격정지 징계를 집행하거나 추가적 징계를 가할 것이다. 여기에 대하여는 1년의 자격정지만이 적절하다는 4명의 소수의견이 있다.

【판례 3-31】 Castillo v. St. Paul Fire & Marine Insurance Company(United States District Court; November 2, 1992; 828 F.Supp. 594)
법원의 명령에 불응하고 절차를 지연시킨 변호사가 자격정지 1년의 징계를 받은 사례

사실관계

일리노이주 Burnham City Hospital에 근무하던 Dr. Castillo는 병원의 요구에 따라 의료과오에 대한 보험보장범위를 넓히지 않음으로써 병원으로부터 직원특권을 정지당하자, 피고 St. Paul 보험회사와 병원이 일리노이주 독점규제법(Illinois Antitrust Act) 등을 위반하였다는 이유로 제소하였다. 1심법원은 Dr. Castillo의 대리인이었던 Walker 변호사의 다음과 같은 행위를 근거로 비용부담 명령을 내렸다.

1. Dr. Castillo에 대한 첫 번째 신문과 관련된 행위

1989년 7월 Dr. Castillo는 Walker의 동료 변호사였던 Dean Engelbrecht를 대리인으로 선임하여 소송을 진행하고 있었다. 이 소송에서 피고였던 병원 측은 Dr. Castillo에 대하여 신문을 하고자 하였다. 신문 과정에서 Engelbrecht 변호사는 반복해서 이의(objection)를 제기하였는데, 그것들은 대부분 이유 없거나 무익한 것들로 평가된다. 가령 상대방이 Dr. Castillo에게 그가 쓴 편지의 의미 등에 관하여 질문하면, 위 변호사는 Dr. Castillo는 변호사가 아니므로 법적 의미를 물어보아서는 안 되고 그러한 질문은 변호사-의뢰인 특권을 침해하는 것이라고 주장하였다. 또 위 변호사는 Dr. Castillo로 하여금 상당수의 질문에 대하여 아예 대답하지 않도록 교사하였다. 판사는 이러한 행위들을 대리인의 권리남용이라고 판단하였고, Dr. Castillo와 위 변호사에게 소송비용 6,317.66달러를 절반씩 지급하도록 명하였다.

2. Dr. Castillo에 대한 두 번째 신문과 관련된 행위

그후 대리인이 Walker 변호사로 교체되었지만 상황은 나아지지 않았다. 판사는 Dr. Castillo에 대한 두 번째 신문에서 피고 측 대리인의 질문에 이의 없이 대답하도록 명하였지만, 이러한 명령에도 불구하고 Walker는 반복해서 이의를 제기하고 신문 과정에 개입하여 Dr. Castillo가 대답하지 않도록 지시하였다.

특히 Walker 변호사의 사무실에서 이루어졌던 증거개시절차에서 피고 측 대리인이었던 Stanko 변호사는 Walker 변호사와의 의견 차이를 해결하기 위하여 판사 Baker와 통화를 하자고 제안하였다. 이에 Walker 변호사는 협박에 가까운 발언으로써 통화 시도를 제지하였다.[58] 판사는 이러한 행위에 관하여 Walker 변호사가 실제로 위협을 주고 물리력을 행사하려 했는지 알 수 없었지만, Walker 변호사의 행동은 전문직으로서의 품위를 상실한 것이라고 판단하였다.

판사는 Walker 변호사의 행동은 증거개시절차에서 사건에 대한 정보를 알아내려는 피고 측의 정당한 행위를 방해하는 것이라고 보았으며, 나아가 첫 번째 신문에서의 방해행위가 반복되지 않도록 하려는 의도에서 내려졌던 법원의 명령에도 응하지 아니한 것이라고 판단하였다. 판사는 Walker 변호사에 의해 절차가 부당하게 지연되었고, 이는 28 USC 1927[59] 위반이라고 인정하였다. 나아가 연방 민사소송규칙 16(f)[60]와

58) Walker : 이 사무실에 있는 전화는 내가 쓰라고 하지 않는 한 쓸 수 없다는 점을 경고합니다.
Stanko : 지금 전화를 쓸 수 없다고 말하는 겁니까?
Walker : 당신은 내게 협박편지를 쓸 수는 있습니다. 그러나 만약 이 방에서 나가 전화기에 손을 대는 순간, 나는 소유권을 가진 사람으로서 걸맞은 행동을 할 것입니다.

59) "미국 내에 있는 법정에서 사건을 대리하는 변호사가 사건절차를 비합리적으로 남용하여 절차를 지연시키는 경우에는 그 지연으로 인하여 발생한 합리적 범위의 초과비용과 변호사비용을 지급할 의무가 있다."

60) "(f) 제재
(1) 일반원칙. 당사자나 그 대리인이 아래와 같은 행위를 하는 경우에 법원은 37(b)(2)(A)(ii) 내지 (vii)에서

37(b)[61]에 의한 제재의 대상으로 보았다.

3. 판사는 Walker 변호사의 행위는 전문직으로서의 품위를 떨어뜨린 정도가 중대하기 때문에 비용부담에 더하여 중한 징계가 필요하다고 보고, 이를 위하여 합의부로 사건을 이송하여 이 사건 징계소송이 계속되었다.

쟁점

법원의 명령에 불응하고 절차를 지연시키고 무익한 주장을 남발한 변호사에 대한 적절한 징계수준

법원의 판단

1. 민사소송에서의 법정모욕 사건이나 증거개시절차와 관련된 제재와는 달리, 이 사

규정하는 사항을 포함하는 적당한 명령을 내릴 수 있다.

(A) 공판 전 준비기일에 출석하지 아니한 경우

(B) 위 기일에 실질적으로 참여할 준비가 되어 있지 아니하거나 신의성실하게 참여하지 아니하는 경우

(C) 기일지정 명령에 따르지 아니하거나 기타 공판 전 준비절차와 관련된 명령에 따르지 아니하는 경우

(2) 비용부담 명령. 법원은 당사자나 그 소송대리인이 이 규칙에 따르지 아니함으로써 발생한 비용을 부담할 것을 다른 제재에 대신하여(또는 추가하여) 명하여야('must') 한다. 다만 규칙 위반이 실질적으로 정당화되거나 비용을 부담시키는 것이 다른 상황에 의하여 부적당하다고 인정되는 경우에는 그렇지 아니하다."

61) "(b) 법원 명령에 따르지 아니한 경우

(1) (생략)

(2) 소송이 계속 중인 지방법원에서의 제재

(A) 증거개시절차 명령에 따르지 아니한 경우 : 당사자나 그의 직원[또는 30(b)(6)이나 31(a)(4)에 의하여 지정된 증인] 등이 법원의 증거를 개시하라는 명령[또는 26(f), 35, 37(a)에 의한 명령]에 따르지 아니한 경우, 소가 계속 중인 법원은 아래와 같은 추가적인 명령을 할 수 있다.

(i) 명령에서 문제 된 사실관계나 기타 지정된 사실들을 그 소송의 목적과 관련하여 반대 당사자가 주장하는 대로 사실로 인정하는 것

(ii) 불응한 당사자로 하여금 지정된 청구나 방어를 하는 것 내지 지정된 문제를 증거에 의하여 주장하는 것을 금지하는 것

(iii) 변론의 전체 내지 일부를 인정하지 아니하는 것

(iv) 명령에 따를 때까지 절차를 중지(stay)시키는 것

(v) 제소 자체의 전부나 일부를 기각하는 것

(vi) 불응한 당사자에 대하여 결석재판(default judgment)을 선고하는 것

(vii) 명령에 대한 불응을 법정모욕으로 간주하는 것. 다만 그 명령이 신체나 정신에 대한 신문에 응할 것을 내용으로 하는 경우는 제외한다.

(B) 신문 대상자를 출석시키지 아니한 경우 : 만약 당사자가 35(a)에 따라 신문의 대상이 될 대체적인 사람을 출석시키지 아니한 경우, 법원은 위 (i) 내지 (vi)의 명령을 내릴 수 있다. 다만 그 대체적인 사람이 출석할 수 없음을 입증한 경우에는 그러하지 아니하다.

(C) 비용의 부담 : 위 명령들에 대신하여(또는 추가하여), 법원은 불응한 당사자 내지 그의 대리인에 대하여 불응함으로써 발생한 비용(변호사 보수비용을 포함한다)을 지급하라는 명령을 내려야 한다. 다만 그 불응이 실질적으로 정당화되거나 다른 상황에 의하여 그러한 비용을 부담시키는 것이 부적당하다고 여겨지는 경우에는 그러하지 아니하다.

건과 같은 변호사 징계 사건의 목적은 단순히 증거개시절차규정 위반행위를 처벌하는 데 있는 것이 아니라, 전문직으로서의 품위를 상실한 그의 행위로 인하여 위 변호사가 사법제도의 구성원으로서 임무를 수행하기에 부적격한지 여부를 판단하는 데 있는 것이다.

2. Walker 변호사는 자신의 위와 같은 행위에 대해 사죄하고 재발방지를 약속하기는 커녕 오히려 이를 정당화하고 변명하려 하였다. Walker 변호사는 다른 변호사들도 다 그렇게 한다는 식으로 주장하였는데, 법원은 이와 같은 인식에 큰 우려를 표하는 바이다.

3. 따라서 Walker 변호사에 대하여 1년간 변호사 자격정지를 결정한다.

【판례 3-32】 Zurich Insurance Company v. Knotts(Supreme Court of Kentucky; August 23, 2001; 52 S.W.3d 555)
소송에서 피고가 원고 측 대리인을 증인으로 신청하는 경우 그 대리인의 자격을 부인할 사유가 되는지 여부

▌사실관계

1. 피고 Knotts와 그의 부인은 1992년 11월 10일 그가 다니던 회사 Lawson Mardon Flexible Packaging Company, Inc.(이하 'Lawson Mardon사')에서 발생한 사고로 인한 손해에 대하여 Lawson Mardon사가 가입한 보험회사인 원고 Zurich 보험회사를 상대로 민사소송(이하 '제1소송')을 제기하였다. 제1소송에서 Knotts 부부는 Larry Franklin 변호사를 소송대리인으로 선임하여 관련된 모든 협상을 Franklin 변호사가 담당하게 되었다. 1994년 8월경 1심법원의 배심원단은 약 120만 달러를 손해액으로 결정하였다.

2. 1997년 8월 Knotts 부부는 Lawson Mardon사와 Zurich 보험회사를 피고로 하여 이들이 악의적으로 화해를 방해하였다는 이유로 새로운 민사소송(a bad faith action, 이하 '제2소송')을 제기하였다. 그들은 Lawson Mardon사와 Zurich 보험회사가 ① 협상을 할 때 비합리적으로 행동한 점, ② 증거 조사에서 합리적인 기준을 채택하지 아니한 점, ③ 합리적인 증거조사 없이 함부로 손해배상을 거부한 점, ④ 책임이 있음이 분명한 이 사건에서 공정하고 신속한 협상을 악의적으로 방해한 점 등이 화해에서의 불공정행위에 관한 법률(Unfair Claims Settlement Practices Act)과 소비자보호법(Consumer Protection Act) 규정들을 위반한 것이라고 주장하였다.[62)]

3. 제2소송에서도 Knotts 부부는 Franklin 변호사를 소송대리인으로 선임하면서 Lee

---

62) Knotts 부부가 제출한 선서진술서에 의하면 Zurich사 등은 처음에는 어떠한 손해액 제안도 하지 않다가 1심 소송의 막바지에 이르러서야 약 100만 달러의 손해액만을 제시하였으며(1심평결은 약 120만 달러인 점과 비교), 항소심에서는 어떠한 근거도 대지 않고 25%의 감액을 주장하였다는 것이다.

Sitlinger 변호사도 공동대리인으로 선임하였다. 제2소송이 1심에 계속 중인 때 Zurich 보험회사는 약식판결을 신청하였고, 이에 반대하여 Franklin 변호사는 자신이 지닌 정보 중에 다툼이 될 만한 사실관계가 있다는 내용의 진술서를 제출하였다. 그러자 Zurich 보험회사는 Franklin 변호사가 위와 같은 진술서를 제출함으로써 자신을 이 사건에 필수적인 증인으로 만들었다는 이유에서 켄터키주 직무행위규칙 3.7(대법원규칙 3.130조)[63]에 근거하여 Franklin 변호사에 대한 대리인 자격부인을 신청하였다.

4. 1심법원에서는 Zurich 보험회사의 신청을 받아들여 Franklin 변호사의 대리인 결격 결정을 하였다. 이에 대하여 Knotts 부부가 항소하였고 항소법원에서는 Franklin 변호사의 대리인 자격을 부인할 경우 Knotts 부부의 변호사를 선택할 권리를 박탈함으로써 그들에게 중대한 피해를 줄 수 있으며, 나아가 1심법원의 결정은 Zurich 보험회사가 Franklin 변호사를 증인으로 신청할 것이라는 단순한 추측에 근거한 것에 불과하다는 이유를 들어 1심판결을 파기하였다. 이에 대하여 Zurich 보험회사가 상고를 하였다.

▌쟁점

소송에서 피고가 원고 측 대리인을 증인으로 신청할 것이라는 사정이 있는 경우, 그 대리인에 대하여 캔자스주 변호사 직무행위규칙 3.7에 의거하여 대리인 자격부인 결정을 하여야 하는지 여부

▌법원의 판단

1. Franklin 변호사가 단순히 약식판결 신청에 반대하는 진술서를 제출하였다는 사정만으로는 자격부인의 사유가 인정되지 않는다. 변호사가 진술서를 제한되고 특정된 용도로 사용하는 이상 그가 진술서를 제출하였다는 사정만으로는 당사자의 변호사 선택권을 박탈할 사유가 되지 못한다. 물론 진술서는 전문증거라는 특징을 띠기 때문에 증거 능력이 일반적으로 부정된다. 그러나 사실심에서는 진술서가 약식판결 여부를 결정함에 있어 중요한 역할을 하게 되고, 약식판결 신청에 반대하는 진술서를 제출한 경우 진술서에 포함된 정보가 다른 방법으로는 얻을 수 없는 것임을 입증하지 못한 이상, 그

---

63) "(a) 변호사는 그가 필요한 증인으로 될 가능성이 있는 사실심에서 소송대리인으로 활동하여서는 안 된다. 다만 다음의 경우에는 그러하지 아니하다.
(1) 증언이 다툼 없는 쟁점에 관한 경우
(2) 증언이 그 사건에서 제공되는 법률서비스의 성격과 가치에 관한 경우
(3) 변호사의 자격부인이 의뢰인에게 상당한 장애로 작용하는 경우
(b) 규칙 1.7 또는 규칙 1.9에서 금지되지 않는 한, 변호사는 소속 로펌의 다른 변호사가 증인으로 소환될 가능성이 있는 사실심에서 소송대리인으로 활동할 수 있다."

제출자가 꼭 증인으로 출석하여 증언을 하여야만 하는 것은 아니다.

2. Zurich 보험회사는 캔자스주 직무행위규칙 3.7과 비슷한 규정을 가진 다른 주 대법원의 선례를 들어 자격부인을 주장하고 있는데, 이들은 이 사건과는 구별되거나 그 법적 견해가 타당하지 않다고 판단된다. 우선 대리인의 자격부인이 인정된 155 North High, Limited v. Cincinnati Insurance Co.(72 Ohio St.3d 423) 사건은 악의적 화해 방해를 이유로 하는 민사소송이 제기되었다는 점에서는 일치하지만, 대리인이 자신을 직접 증인으로 신청하였다는 점에서 상대방 당사자가 자신을 증인으로 신청한 이 사건과 구별된다.

한편 Warrilow v. Norrell(791 S.W.2d 515) 사건의 경우는 악의적 화해 방해를 이유로 하는 민사소송에서 원고 측 대리인이었던 Allan King이 증인이자 전문가 증인(expert witness)으로 신청되었다는 이유로 자격부인이 결정된 판결이다. 여기서 텍사스주 항소법원은 변호사가 자신의 신빙성을 보장하게 되어 반대 당사자에게 불공평할 수 있다는 점을 근거로 들었는데, 이러한 근거는 본원이 인정할 수 없다. 왜냐하면 반대 당사자도 숙련된 변호사를 대리인으로 선임하고 있으며, 그러한 숙련된 변호사라면 반대신문을 통해 충분히 '변호사인 증인'의 증언의 신빙성을 탄핵할 수 있기 때문이다. 오히려 그러한 경우에 신빙성은 더 쉽게 탄핵될 수 있다고 보인다.

3. 자격부인 결정에서는 의뢰인 측이 직접 자신을 증인으로 신청한 경우와 반대 당사자가 대리인을 증인으로 신청한 경우를 구별하여야 한다. 자격부인을 결정함에 있어서는 의뢰인의 변호사 선택권이라는 이익과 배심원이 대리인으로서의 진술과 증인으로서의 진술을 구별하게 한다는 이익을 형량할 필요가 있다. 그런데 반대 당사자 측이 대리인을 증인으로 신청한 경우에는 그것이 단순히 소송전략의 차원에서 이루어진 경우가 있을 수 있고, 의뢰인 자신의 행위가 개입된 것이 아닌 만큼 자격부인의 사유가 더 엄격하게 심사되어야 한다.

대상 사건에서 Franklin은 이미 제1소송을 대리함으로써 사건에 관한 많은 정보를 얻은 자이며 다른 대리인은 그만큼 정보를 얻기 어렵다는 점이 인정된다. 또한 Knotts 부부와 Franklin 변호사 사이에 이미 깊은 신뢰가 쌓인 만큼 이것이 다른 능력 있는 변호사와의 관계에서 유지되기는 어렵다. 나아가 Franklin 변호사는 자신이 증인으로서 증언하지는 않을 것임을 밝힌 상태이고, 실제로도 그가 증인으로 출석하여야 할 충분한 근거가 제시된 것도 아니다.

결국 Zurich 보험회사 측은 ①Franklin 변호사의 증언이 공판에서 필수적이라는 점, ② Franklin 변호사의 증언이 대상 사건의 다른 증인들의 증언과 배치될 가능성이 있다는 점, ③Franklin 변호사의 진술서에 포함된 정보를 Franklin 변호사의 증언 이외의 다른 방법에 의해 얻을 수 없다는 점 모두에서 입증에 실패하였다.

4. 따라서 자격부인 신청을 기각한다.

▌소수의견

이 사건의 사실관계를 보건대 Knotts 부부가 제1소송에서 Franklin에게 합의에 관한 전권을 위임한 것이 분명하고 실제로 Knotts 부부는 자신들은 법적 문제에 관하여는 아무것도 모른다고 주장하고 있는 만큼, 제2소송에 있어서 Franklin 변호사의 증언이 필수적인 점이 명백하다는 근거에서 자격부인 신청을 인용하여야 한다.

* 【판례 3-32】와 관련하여, 원고 측 대리인 소속 로펌의 대표 변호사가 당해 소송에서 증인이 되었다면 그 대리인과 로펌 전체의 자격을 부인할 수 있는지에 대하여 판시한 아래 【판례 4-54】 Brown v. Daniel(United States District Court, D. South Carolina, Columbia Division; July 20, 1998; 180 F.R.D. 298) 참조.

【판례 3-33】 Spaulding v. Zimmerman(Supreme Court of Minnesota; August 3, 1962; 263 Minn. 346, 116 N.W.2d 704)
의료감정에서 피고대리인이 피고 측 감정인들이 밝혀낸 사실을 상대방에게 알릴 의무가 없다고 한 사례

▌사실관계

1. 원고 David Spaulding은 피고 John Zimmerman이 운전하던 차량에 동승하던 중 1956년 8월 24일 발생한 교통사고로 상해를 입었다. 당시 미성년자이던 원고를 대신하여 그의 아버지 Theodore Spaulding은 혈연관계에 기한 후견인으로서 명목상 원고가 되어 소를 제기하였다.

2. 원고 측과 피고 측이 각각 의뢰한 서로 다른 의료진이 David Spaulding을 진단하였는데, 피고 측 의료진은 대동맥류[64] 증상을 발견하고 피고 측 변호사들에게 이를 전달하였으나 원고 측 의료진은 대동맥류를 발견하지 못하였다.[65] 그 결과 피고 측 변호사들만이 원고의 대동맥류 증상에 대하여 알고 원고와 원고의 아버지, 원고 측 변호사 및 법원은 이를 알지 못하는 상태에서 6,500달러를 배상하는 것으로 화해가 이루어졌

64) 피고 측 의료진의 진단소견에 의하면 원고의 동맥류 증상은 대동맥(aorta)과 대동맥활(arch of the aorta)이 팽창하는 것으로 원고의 연령대에서 이러한 증상이 있을 경우 생명에 심각한 문제가 될 수 있으며, 더욱 팽창하여 대동맥파열에 이를 시에는 사망을 초래할 수 있는 것이었다.

65) 원고 측 의료진은 심각한 흉부 압착과 다발성 늑골 골절, 심한 뇌진탕, 점상 뇌출혈, 양측 쇄골 골절만을 진단하였다.

고, 법원은 1957년 5월 8일 이를 승인하였다.

3. 한편 원고를 진단한 원고 측 의료진은 원고에게 뇌진탕후증후군이 있으며 이러한 증상이 점차 호전되는데 6~12개월이 소요될 것으로 보이므로 예상치 못한 합병증에 대비하여 1년 이내에는 화해하지 말 것을 권고하는 서신을 1957년 3월 1일 원고 측 변호사에게 전달한 바 있는데, 원고 측 변호사는 화해 시 이 서신을 법원에 제출하지 아니하였다.

4. 법원이 화해를 승인한 이후 원고는 예비군 신체검사에서 대동맥류가 발견되어 1959년 3월 10일 수술을 받았는데, 사고 당시의 엑스레이를 확인한 결과 원고의 대동맥류는 사고 직후 시작된 것임이 확인되었다. 성년이 된 원고가 추가로 손해배상을 청구하는 소를 제기하였고, 원심은 위 1.의 화해가 무효라는 결정을 내렸다. 원심의 화해 무효결정에 대하여 피고가 항소하였다.

쟁점[66]

1. 미성년자를 대리하여 이루어진 화해가 공동의 사실 착오에 의한 것일 때에만 법원이 무효결정을 내릴 수 있는지 여부

2. 변호사가 미성년자인 상대방이나 상대방 측 변호사 및 법원이 알지 못하는 사실을 고지할 의무가 있는지, 만약 없다면 법원의 화해무효결정은 재량권의 남용에 해당하는지 여부

3. 원고 측 변호사가 위 사실관계 3.과 같은 서신을 법원에 공개하지 아니한 사실로 인하여 원고가 신의칙상(in good conscience) 화해의 취소를 구할 수 있는지 여부

법원의 판단

1. 법원은 화해가 승인될 당시에는 알지 못하였거나 고려되지 않은 별개의 상해가 있었다면 화해를 무효로 할 수 있다. 이때 화해가 무효로 되기 위해서는 반드시 사기(fraud)나 부정직(bad faith)에 의한 것임이 입증되어야 할 필요는 없고, 상해의 성질과 범위에 대하여 양 당사자 모두가 착오를 범한 공동의 사실 착오인 경우에만 국한되는 것도 아니다. 화해를 승인할 당시 별개의 상해에 관하여 상대방과 법원은 알지 못하는 정보를 일방이 인지하고 있었고 또한 그 일방이 상대방과 법원의 부지(不知)를 알았다는 사실이 입증되는 것만으로 족하다.

2. 이 사건에서 피고 측 변호사가 원고나 원고 측 변호사 또는 법원에게 자신만이

66) 변호사윤리와 무관한 일부 쟁점에 관한 내용(insurance limitation)은 생략한다.

알고 있는 사실을 고지할 윤리적·법적 의무는 존재하지 아니한다. 그러나 화해가 이루어질 당시에는 대동맥류가 고려되지 않았던 점이 분명하므로 법원은 미네소타주 민사소송법 60.02(6)[67]에 의하여 화해를 무효로 할 수 있으며, 따라서 화해무효결정은 재량권 남용에 해당하지 아니한다.

3. 원고 측 변호사가 의료진으로부터 받은 서신을 법원에 제출하지 아니한 사실은 인정되나, 법원에 제출된 원고 측 의사의 진술서를 통해 원고의 뇌진탕 증세와 그로 인한 뇌 일부의 영구적 손상 가능성에 대한 기본적이고 핵심적인 정보가 법원에 모두 전달되었음이 명백하므로, 이들 사실관계만으로 화해 당시 알지 못했던 대동맥류를 이유로 한 화해무효결정을 구하는 원고의 청구가 금반언으로 허용되지 않는다고 할 수는 없다. 따라서 피고의 항소를 기각한다.

1.4 가사소송에서 변호사의 의무

【판례 3-34】 Richardson v. State Bar of Cal.(Supreme Court of California; March 3, 1942; 19 Cal.2d 707, 122 P.2d 889)
변호사가 피후견인의 재산 관리 및 상속과 관련한 여러 주의의무를 위반하여 자격박탈의 징계를 받은 사례

▌사실관계

Richardson 변호사는 1901년부터 캔자스주에서 변호사로 활동하다 1913년부터는 캘리포니아주에서 직무를 수행하였다.

Richardson 변호사는 1919년부터 1922년까지 무능력자 Anna Baxter의 재산에 대한 후견인이었던 Chandler의 변호사로 활동하였다. 1922년 Anna Baxter가 사망한 때부터 1935년까지 Richardson 변호사는 망인의 재산관리인으로 임명된 Chandler의 변호사로 계속 활동하였다. 1935년 Chandler가 사망하자 Richardson 변호사는 자신을 무능력자 Anna Baxter의 재산관리인으로 임명하고, Smith라는 사람을 Chandler의 재산관리인으로 임명되도록 하였다.

Richardson 변호사는 후견 및 유산 관리 업무와 관련하여 거짓정보를 담고 있는 기망적인 내용의 장부를 법원에 제출하였다. 또한 망인의 유산과 자신 사이의 과거 및 현재의 관련성을 알리지 않고 망인의 상속인들에게 자신을 선임할 것을 간청하였다. 그리고 변호사 자신이 이해관계를 가진 유산의 상속권을 결정하는 데 있어서 허위의 신청서

67) "신청(motion)이 있을 때에는 법원은 다음의 이유로 당사자를 최종 명령이나 절차로부터 구제할 수 있다. …
(6) 판결의 시행으로부터 구제하는 것을 정당화하는 기타 사유가 있을 때."

와 진술서를 제출하였다. 위의 후견 및 유산에서 비롯되는 이해상반행위의 소송대리를 맡았다.

1940년 12월 23일 캘리포니아주 변호사회 이사회는 Richardson 변호사에게 변호사로서의 선서 및 의무 위반과 관련한 네 개의 혐의점에 대한 이유를 밝힐 것을 명령하는 내용의 통지를 하고 청문절차를 거쳐 Richardson의 변호사 자격을 박탈하도록 권고하였다.

▌쟁점

변호사 자격박탈이 적정한 징계수준인지 여부

▌법원의 판단

Richardson 변호사의 증언과 인정되는 사실로부터 유추할 수 있는 내용으로 미루어 볼 때 위원회의 권고는 타당하다. Richardson 변호사는 15년에 걸쳐 부적절한 행동을 하였다. 위 변호사는 반복적으로 법원에 사실을 왜곡하여 전달했고 Anne Baxter 재산의 상속인들에게 사실을 전달하지 않았으며, 자신의 이익을 위하여 그들의 정보를 악용하였고 이익충돌 상황에서 계속 대리인 역할을 수행했던 점 등에 비추어 볼 때 권고대로 자격박탈의 징계를 부과하는 것이 타당하다.

【판례 3-35】 Daniels v. Alander(Supreme Court of Connecticut; April 6, 2004; 268 Conn. 320)
일방적 절차(ex parte proceeding)에서 변호사가 법원에 중요한 사실을 알리지 않아 징계 받은 사례

▌사실관계

Douglas R. Daniels 변호사와 Denis Driscoll 변호사는 코네티컷주에 있는 Daniels 변호사의 로펌에서 일하고 있었는데, 코네티컷주 법원에서 Ines Montalvo가 Felipe Nieves의 두 자녀를 임시로 데리고 와서 Nieves의 학대로부터 자녀들을 보호하고자 하는 내용의 임시양육권소송을 담당하고 있었다.

한편 그 당시에 Nieves가 살고 있던 뉴저지주에서도 그 자녀들에 대한 양육권 및 면접교섭권소송이 이미 계속 중이었다. 코네티컷주 법원에서 2001년 1월 16일 진행된 심리에서는 Montalvo가 어떠한 이유로 사건이 계속 중이던 뉴저지 법원에 소를 제기하지 않았는지 의문이 제기되었다. 이에 대해 Daniels 변호사는 Driscoll 변호사가 Montalvo

의 뉴저지주 소송을 담당하고 있던 Veronica Davis 변호사의 의견을 수용한 것이라고 진술하였다.

Davis 변호사는 위 진술에 관한 사건 기록을 보고 법원에 편지를 보내 Daniels의 진술에 틀린 부분이 있다고 하였으며, 법원은 이에 대해 심리를 진행하였다. 심리 결과 Davis 변호사는 Driscoll 변호사에게 뉴저지주에서 절차를 진행할 준비가 되어 있다고 말하였으나, 코네티컷주 법원에 관할권이 있고 Davis 변호사가 조치를 취하기를 주저하고 있어서 Driscoll 변호사가 뉴저지주에서 절차를 진행하지 않은 사실이 밝혀졌다. 즉 Daniels 변호사가 Davis 변호사의 의견이라고 말한, "몇 가지 이유 때문에 뉴저지주에서 절차를 진행하기 어렵다"라는 내용의 진술은 Davis 변호사의 실제 견해를 제대로 반영한 것이 아니었다. Daniels 변호사는 Davis 변호사가 뉴저지주에만 관할권이 있지 코네티컷주에는 관할권이 없다고 생각하였다는 사실을 법원에 진술하지 아니하였다.

이러한 행위에 관하여 코네티컷주 법원은 변호사 직무행위규칙 3.3(a)(1)[68] 및 3.3(d)[69] 위반을 이유로 Daniels 변호사와 Driscoll 변호사에게 문책(reprimand)하였고, 이들은 항소하였으나 기각되었다. 그러자 Driscoll 변호사는 코네티컷주 대법원에 상고하였다.

▌쟁점

1. 적극적으로 진술을 한 것이 아니라 동료 변호사의 허위진술을 시정하지 않은 경우에도 3.3(a)(1) 위반에 해당하는지 여부

2. Daniels 변호사와 Driscoll 변호사가 법원에 알리지 않은 사실들이 중요성(materiality)을 띠는 사실들인지 여부

▌법원의 판단

1. 직무행위규칙 3.3(a)(1)은 변호사가 적극적으로 허위진술을 한 경우뿐만 아니라 변호사가 법정에 있는 경우에는 동료 변호사가 적극적으로 행한 허위진술을 시정하지 않은 경우에도 적용된다. 그러므로 비록 허위진술을 적극적으로 한 사람은 Daniels 변호사이지만 법정에 함께 있으면서 그 사실을 알고도 Daniels 변호사의 허위진술을 시정하지 않았으므로, Driscoll 변호사도 규칙 3.3(a)(1)을 위반한 것이다.

2. 일방적 절차에서는 쌍방 당사자의 대립 구도가 존재하지 않을뿐더러, 실체관계에 부합하는 결론을 내리는 것이 목적이므로 변호사들은 그들이 알고 있는 모든 중요한 사

68) "변호사는 법원에 대하여 중요한 사실 또는 법에 관하여 알면서 허위의 진술을 하여서는 안 된다."

69) "일방적 절차(ex parte proceeding)에서는 변호사는 법원이 충분한 정보를 가지고 결정할 수 있도록 그 변호사가 알고 있는 모든 중요한 사실(그 사실이 불리한지 여부를 불문)을 법원에 알려야 한다."

실을 법원에 알려야 한다. 중요한 사실이란 법원에서 문제가 되고 있는 쟁점에 대해 그 결정에 영향을 미칠 수 있는 것을 뜻한다.

사건에서 Daniels 변호사와 Driscoll 변호사가 법원에 밝히지 않은 사실, 즉 뉴저지주에서 사건의 진행 상황과 그에 대한 Davis 변호사의 입장은 코네티컷주에 관할권이 있는지 여부에 관한 진술들로 법원의 결정에 영향을 줄 수 있는 것으로 중요성을 띤다. 그러므로 이들을 이야기하지 않은 Daniels 변호사와 Driscoll 변호사의 부작위는 규칙 3.3(d) 위반이다.

【판례 3-36】 In re Winthrop(Supreme Court of Illinois; May 23, 2006; 848 N.E.2d 961)
유언 관련 소송에서 허위진술 등을 한 변호사가 자격정지 2년의 징계를 받은 사례

사실관계

Peter Deforest Winthrop 변호사는 교통사고 사건을 담당하면서 알게 된 Nobani의 소개로 92세의 독신 여성 Corrine Rice의 유언장 및 위임장을 작성하는 업무를 대리하게 되었다. Winthrop 변호사는 유언장 초안을 작성하여 Rice를 찾아갔고, Rice는 자신의 재산관리를 맡길 사람이 필요하다고 하였다. Rice는 Winthrop 변호사에게 Nobani를 자신의 재정적 문제를 관리해 줄 대리인으로 정하고 싶다고 하였고, Winthrop 변호사는 그녀의 요구에 따라 위임장을 작성하였다.

Winthrop 변호사는 Nobani에게 Rice의 재정적 문제를 관리해 줄 대리인으로 지정되었다는 사실을 알렸고, Nobani의 요구에 따라 위임장에 Nobani 자신은 최선을 다할 뿐 결과를 보장하지는 않는다는 면책조항을 삽입하였다. Rice는 이러한 위임장 내용에 동의하였고 이후 Winthrop 변호사는 Rice 및 Nobani와 함께 Rice의 주거래은행인 헴록은행을 방문하여 여러 차례 Rice의 계좌 관련 업무를 처리해 온 직원 Paluch에게 유언장과 위임장을 공증받았다. 이후 Paluch는 공증 당시 Rice의 정신 상태가 예전에 비해서 비정상적으로 보였고, Winthrop 변호사와 Nobani가 즉시 예금을 인출하려 했던 점 등을 들어 위임장과 유언장의 적법성에 의심이 가는 상황이었다고 증언하였다.

Paluch는 Nobani와 Winthrop 변호사가 Rice의 통장을 가져오지 않았기 때문에 즉시 예금을 인출할 수 없다고 했고, 며칠 뒤 두 사람은 헴록은행의 지점장을 찾아가 Rice의 미납 대금을 납부하고자 한다며 위임장을 제시하였다. 지점장은 이들이 제시한 위임장이 일리노이주의 법정 위임장 양식이 아니라는 이유로 계좌에 대한 접근을 거부하였다.

Winthrop 변호사와 Nobani는 헴록은행을 나와 Rice의 다른 거래은행인 어드밴스은행으로 가서 Nobani는 대리권을 행사하여 만기가 되지 않은 Rice의 양도성 예금증서 계좌를 폐쇄하였으며 1,800달러의 수수료를 내고 남은 계좌의 잔액인 8만 7,000달러의 수표를 본인 앞으로 발행하였다. Winthrop 변호사는 은행에 자신을 Nobani의 변호사라고 소개하고 Nobani가 은행 직원과 대화할 당시 내용을 다 듣고 있었다. Nobani는 이 수표를 가지고 다른 은행에 자기 명의의 계좌를 만들어 개인 용도로 사용하였다.

그후 Rice의 상속인으로 지정된 이웃에 사는 Hassan이 헴록은행에 찾아가 위 지점장과 이야기를 나누었고, 지점장은 경찰 및 노인복지단체인 PLOWS[70]에 연락을 취하였다. 경찰이 다녀간 지 며칠 뒤, PLOWS 직원 O'Leary가 건강 상태를 체크하기 위해 Rice의 집을 방문하여 위임장 작성에 관해 이야기를 건네자 Rice가 처음에는 기억이 나지 않는다고 하였다가 나중에는 실수로 서명하였다고 하면서 자신의 재정적 문제를 스스로 해결하고 싶다고 이야기하였다. O'Leary는 위임취소증서를 작성하여 주었고 Rice는 여기에 서명하였다. O'Leary는 Rice가 치매를 앓고 있으나 위 증서를 서명했던 당시에는 그 내용을 알고 있었다고 했다.

그사이 며칠간 휴가를 다녀온 Winthrop 변호사는 Nobani로부터 PLOWS가 Rice의 계좌를 동결시키려 한다는 이야기를 듣고 13일 유언법원의 심리 전에 PLOWS 측 변호사 Dutton과 접촉하였다. Dutton 변호사는 PLOWS로부터 Nobani가 부적절하게 Rice의 예금을 인출하였기 때문에 PlOWS가 Rice와 접촉할 수 있도록 허가 명령을 법원에 신청해 달라는 부탁을 받았다고 하였다. 심리가 이루어지기 전 Winthrop 변호사는 Dutton 변호사에게 전화를 걸어 자신이 Nobani의 대리인이라고 하면서 Nobani가 이미 은행에서 돈을 인출한 사실을 밝히지 않은 채, 어차피 은행에서 우리에게 돈을 주지 않았기 때문에 계좌를 정지하는 소를 제기할 필요가 없다고 주장하였다.

유언법원의 심리에서 Winthrop 변호사는 자신이 Rice의 변호사이지만 Nobani의 대리인은 아니라고 하였다. PLOWS 측 Dutton 변호사는 자신이 이해하기로 Winthrop 변호사가 Nobani와 이해관계가 있다고 주장한 데 따라, 법원은 PLOWS에 Rice를 돕고 그녀의 계좌를 동결하도록 명령하였다. 유언법원은 Rice가 스스로 판단할 능력이 없다고 결정하여 Murphy를 후견인으로 선임하였다.

변호사 등록 및 징계위원회(Attorney Registration and Disciplinary Commission)는 Winthrop 변호사가 다수의 일리노이주 변호사 직무행위규칙을 위반하였다는 이유로 징계절차를 개시하였다. 청문위원회(Hearing Board)는 Winthrop 변호사가 위 규칙을

70) PLOWS는 Palos, Lemont, OakLawn, Worth와 Stickney 지역에 거주하는 노인에게 서비스를 제공하는 사회복지기관이다.

위반하지 않았다고 판단하여 징계청구를 기각할 것을 권고하였다. 그러나 심의위원회(Review Board)는 Winthrop 변호사가 직무행위규칙을 위반한 사실을 인정하고 2년간의 변호사 자격정지 처분을 권고하였다.

심의위원회에 따르면 첫째, Winthrop 변호사는 Rice에 대한 신인의무를 위반하였다. 이는 Rice의 정신적 상태에도 불구하고 Nobani에게 광범위한 권한의 위임장을 써주어 Nobani가 Rice의 재산을 마음대로 처분할 수 있도록 해주었기 때문이다. 또한 Nobani가 Rice의 예금에서 큰 액수를 인출할 때에도 Rice의 이익을 보호하지 않은 것 역시 신인의무 위반에 해당한다. 둘째, Winthrop 변호사는 Rice의 대리인이었지만 자신의 이익과 Nobani에 대한 책임으로 인하여 대리행위에 상당한 제약을 받게 되었고, 이는 이익충돌에 관한 일리노이주 변호사 직무행위규칙 1.7 위반에 해당한다. Winthrop 변호사가 자신을 Nobani의 대리인으로 칭하였다는 증언들과 Winthrop 변호사가 Rice의 이익보다 Nobani의 이익을 우선하였다는 증거 등이 이를 뒷받침한다. 셋째, Winthrop 변호사는 Nobani가 Advanced Bank로부터 Rice의 예금을 출금 · 유용하였다는 사실을 알고 있었음에도 유언법원에 대하여 이러한 사실을 알리지 않았고, 동 법원과 상대방측 변호사 Dutton에 대한 허위진술은 직무과오를 구성한다.

이에 Winthrop 변호사는 일리노이주 대법원에 징계청구의 기각 또는 보다 가벼운 수준의 징계를 구하였고, 징계담당관은 Winthrop 변호사에 대해 자격박탈 또는 3년의 자격정지를 구하는 청구를 하였다.

▮ 쟁점

Winthrop 변호사의 행위가 신인의무 위반, 이익충돌, 법정에 중요한 사실 진술 해태, 제3자에게 중요한 사실에 대한 허위표시 · 부정직 · 사기 · 기망 · 허위표시를 수반하는 행위에 해당하여 징계사유를 구성하는지 여부

▮ 법원의 판단

1. Winthrop 변호사가 Nobani에게 광범위한 권한을 부여하는 위임장을 작성하였고, 그 위임장이 일리노이주 법정위임장의 양식을 갖추지 않았다고 해서 의뢰인에 대한 변호사의 신인의무를 위반한 행위는 아니다. 또한 위 변호사가 이익충돌 상황에서 대리행위를 한 것은 아니라는 청문위원회의 판단은 중요한 증거에 반하지 아니한다. Rice는 자신의 판단에 의하여 Winthrop 변호사에게 위임장을 작성하여 Nobani에게 권한을 부여하도록 하였으며, Nobani가 Rice의 자금을 인출 · 유용하였다고 해서 Winthrop 변호사가 개인적으로 이득을 본 것도 아니다. 또한 Winthrop 변호사는 법정에 중요한 사실

을 공개해야 한다는 직무규칙을 위반하지는 않았다.

2. 그러나 Winthrop 변호사는 Dutton 변호사에게 허위진술을 함으로써, 변호사는 직무상 비행을 하여서는 아니 된다는 일리노이주 변호사 직무규칙 8.4(a)(4)[71)]를 위반하였다.

3. Winthrop 변호사에 대하여 2년의 자격정지가 적정하다.

【판례 3-37】 In re Anonymous(Supreme Court of Indiana; June 9, 2000; 729 N.E.2d 566)
양육권소송에서 긴급한 사정이 있다고 하여 상대방에게 알리지 않고 법원과 일방적으로 대화한 변호사에 대한 징계 사례

▌사실관계

A 변호사는 어린이의 친부모를 상대로 한 양육권소송에서 친조부모를 대리하고 있었다. 위 소송절차에서는 부모를 대리하는 변호사가 있었고 A 변호사도 이를 알고 있었다. 1998년 5월 11일 친조부모의 요청에 따른 심리에서 법원은 당시 부모의 법적 후견인이었던 자를 당해 소송에서 어린이의 임시후견인으로 선임하였다.

1998년 6월 8일 임시후견인은 친조부모의 양육권을 인정하도록 권고하는 내용의 보고서를 법원에 제출하였다. 법원은 6월 23일로 심리기일을 잡았고, 6월 9일 A 변호사는 긴급 양육권 신청을 하였다. 이 신청은 아이를 친조부모에게 데려오도록 하는 내용의 긴급 명령을 구하는 것이었는데, A 변호사는 6월 9일 우편으로 부모의 소송대리인에게 신청서 사본을 송부하는 것 이외에 적절한 고지를 위한 어떠한 노력도 하지 않았다. A 변호사는 법원을 방문하여 판사에게 위 임시후견인의 보고서를 읽도록 요청하면서도 상대방 변호사에게 연락을 취하지는 않았다. A 변호사는 당일 오후 판사가 서명한 긴급 양육권 신청을 인용하는 결정문을 받은 이후에야 부모의 대리인에게 전화하여 위 긴급 절차가 진행되었고 법원이 친조부모에게 긴급 양육권을 허용하는 명령을 하였다는 사실을 알렸다.

▌쟁점

양육권소송에서 긴급한 사정이 존재할 때, 변호사가 상대방에 대한 적절한 고지 없이 일방적으로 법원으로부터 긴급 구제 명령을 받은 경우 변호사의 징계사유에 해당하는지 여부

---

71) "변호사는 다음의 행위를 하여서는 아니 된다.
(4) 부정직, 사기, 기망, 또는 허위진술이 수반되는 행위를 하는 것."

▌법원의 판단

1. 인디애나주 변호사 직무행위규칙 3.5(b)[72]에 비추어 볼 때, A 변호사가 절차를 주재하는 판사와 일방적으로 대화한 것은 허용될 수 없다. 따라서 A 변호사가 상대방에게 고지하거나 고지하지 못하였을 경우 최소한 상대방에게 고지하기 위한 노력을 했거나 아니면 그러한 고지가 불필요한 이유를 판사에게 증명하지 않고 긴급구제절차를 신청한 것은 규칙 3.5(b)를 위반하고 법원과 허용되지 않는 일방적 대화를 한 것이다.

2. 사법의 당사자주의는 분쟁의 양 당사자 모두에게 공평한 진술 기회를 보장함을 핵심으로 한다. 사건에서 A 변호사가 상대방에게 적절한 고지를 하지 아니한 채 구제를 받은 것은 일방적 대화를 금지하는 취지에 어긋난다. 이때 A 변호사가 어린이의 이익을 최우선으로 삼았고 실제로 긴급한 상황이었다는 사정은 상대방 당사자를 보호하기 위해 마련된 이러한 강제절차의 위반을 정당화하지 못한다. 상대방 당사자에 대한 고지의무를 명백하게 위반한 A 변호사에게 비공개 문책의 징계를 부과한다.

【판례 3-38】 The Florida Bar v. Martocci(Supreme Court of Florida; April 26, 2001; 791 So.2d 1074)
이혼 및 양육권소송절차 진행 중 상대방 당사자 및 대리인을 비방·모욕한 변호사에 대한 징계 사례

▌사실관계

플로리다주 변호사회는 1999년 4월 14일 Henry John Martocci 변호사가 이혼 및 양육권소송에서 Francis Berger를 대리함에 있어서 다음 두 가지 잘못을 범하였다는 점을 근거로 징계절차를 개시하였다.

첫째, Martocci 변호사는 Berger 사건의 절차진행 중 여러 차례에 걸쳐 상대방 당사자인 Florence Berger 및 그녀의 변호사 Figueroa에게 비윤리적이고 불경하며 비난적인 언사를 행하여 굴욕감을 주었다.

둘째, 1998년 5월 8일 Martocci 변호사는 Florence Berger의 아버지인 Paton과 Figueroa 변호사에게 모욕적인 언사를 행하였다.

심판관은 Martocci 변호사에 대한 징계로 공개 문책과 조건부 보호관찰 2년(Martocci 변호사의 분노조절 및 정신건강 상태에 대한 플로리다주 변호사지원기구의 평가를 포함)을 권고하였다. 심판관은 Martocci 변호사가 대리인으로서 좋은 평판을 가지고 있고 이전에

---

72) "변호사는 법에서 허용하는 경우를 제외하고 판사, 배심원, 장래의 배심원 또는 그 밖의 관리와 일방적으로 의사소통하여서는 아니 된다."

징계를 받은 적이 없지만, 상당한 법조 경력에도 불구하고 자신의 비윤리적 행위에 대한 잘못을 인정하지 못하는 점에서 징계를 가중할 사유가 존재한다고 밝혔다.

Martocci 변호사는 재심을 요청하면서 자신의 행위가 플로리다주 변호사회 규칙 4-8.4(d)[73]의 위반에 해당하지 않으며 공개 문책의 징계는 과중하다고 주장하였다.

▌쟁점

이혼절차에서 변호사가 상대방 당사자 및 대리인에게 수차례에 걸쳐 비난적이고 모욕적인 언사를 행한 것이 변호사의 징계사유에 해당하는지 여부

▌법원의 판단

1. 변호사 직무규칙 위반에 관한 심판관의 사실인정은 명백히 잘못되거나 기록에 의해 뒷받침되지 않는 경우가 아니라면 타당한 것으로 추정된다. 심판관의 징계절차에서의 사실인정이 타당하고 상당한 증거에 의하여 뒷받침된다면, 법원은 이 증거와 판단에 대해 다시 심리하지 아니한다. 이 사건에서 Martocci 변호사가 이혼절차에서 상대방 당사자와 대리인에게 비윤리적이고 비난적이며 불경한 언사를 한 행위는 플로리다주 변호사회 규칙 4-8.4(d) 위반에 해당한다.

2. 심판관이 권고한 징계를 받아들여 Martocci 변호사에게 공개 문책 및 조건부 보호관찰 2년의 징계를 선고한다.

1.5 형사소송에서 변호사의 의무

【판례 3-39】 Ferri v. Ackerman(Supreme Court of the United States; December 4, 1979; 444 U.S. 193, 100 S.Ct. 402, 62 L.Ed.2d 355)
법원에 의하여 경제적으로 곤궁한 피고인의 변호인으로 지정된 변호사는 해당 피고인을 위한 형사소송에서 주의의무 위반으로부터 면책되지 않는다고 한 사례

▌사실관계

1974년 8월 28일 펜실베이니아주 서부지방법원 연방 대배심은 1971년 폭발물 제작

73) "변호사는 다음을 하여서는 아니 된다.
(d) 고의로 또는 무관심하게 당사자, 배심원, 증인, 법원관계자 또는 다른 변호사를 인종·민족성·성별·종교·국적·장애·혼인 여부·성적 기호·나이·사회경제적 지위·고용 여부·외모를 포함하여 어떠한 사유로든 비난하거나 굴욕감을 주거나 차별하는, 사법에 불리한 변호사 업무와 관련된 행위에 관여하는 경우."

및 사용 등에 관한 연방법 위반 혐의로 원고를 기소하였다. 이어 지방법원은 1964년도 형사사법법(Criminal Justice Act)[74]에 따라 피고 Daniel Ackerman 변호사를 원고의 변호인으로 지정했고, 피고는 재판 전 절차와 재판 개시 후 12일 동안 원고를 변호하였다. 배심 재판에서 원고에게 폭발물 제조 및 사용 혐의로 징역 20년, 내국세법 위반 혐의로 징역 10년이 선고되었고 항소법원에서도 동일한 형이 확정되었다.

한편 상소가 진행되고 있던 1976년 원고는 피고가 주의의무를 위반하였다는 이유로 펜실베이니아주 지방법원에 민사소송을 제기하였다. 원고는 연방 형사 재판에서 피고가 67개 사항에 이르는 다양한 직무상 주의의무 위반 및 직무과오를 범하였으며, 이는 원고의 형사 재판 결과에 불리하게 작용하였다고 주장하였다. 피고는 자신이 원고를 변호하는 과정에서 생기는 민사상 책임으로부터 면책된다고 항변하였다. 이에 원고는 피고의 직무상 주의의무 위반을 뒷받침할 근거조항이 펜실베이니아주 민사소송규칙(Pennsylvania Rules of Civil Procedure) 및 펜실베이니아주 헌법(Pennsylvania Constitution)에 마련되어 있다고 주장하였다. 또한 원고는 피고가 내국세법 위반 혐의에 대해 적절히 변론하지 않았다고 주장하였다.

그러나 1심법원은 변호사가 공익을 목적으로 궁핍한 피고인을 대리하도록 지정된 경우 손해배상책임으로부터 면책되어야 한다는 근거를 들어 원고의 주장을 배척하였다. 원고는 주 고등법원과 대법원에 항소 및 상고를 제기하였으나 모두 기각되었다. 주 대법원은 관련 연방 판례를 검토하여 피고에 대한 면책특권은 절대적인 것으로서 주의의무를 심각하게 위반한 경우에도 적용된다고 판단하였다. 이 사건은 연방 대법원으로 이송되었다.

쟁점

1. 연방 재판에서 궁핍한 피고인을 대리하도록 형사변호인으로 지정된 변호사의 의뢰인인 피고인에 대한 주의의무 위반 여부를 판단함에 있어 1964년도 형사사법법에 따라 절대적 면책권이 인정되는지 여부

2. 이러한 변호사들에게도 다른 연방 공무원(연방 판사 등)과 마찬가지로 그 업무 성과에 대한 이의가 제기되었을 때 면책권이 인정되는지 여부

법원의 판단

1. 1964년도 형사사법법의 문언이나 입법연혁 및 입법목적을 고려할 때, 연방법원이 지정한 변호사에게 연방의 재원으로 보수를 지급한다고 해서 변호사의 직무상 주의의

74) 형사사법법은 연방 형사 재판에서 경제적으로 궁핍한 피고인을 대리하는 변호사에게 보상을 지급하기 위해 1964년 제정되었다.

무 위반에 대한 면책권을 인정하였다고 볼 수 없다. 의회는 법에 의해 지정된 변호사에게 보수가 지급되지 않을 경우 사선/유료 변호인보다 의뢰인에 대한 성실성이 떨어진다는 문제가 제기되자 법원이 지정한 변호사에게도 합리적 수준의 보수를 제공함으로써 궁핍한 이들에게 제공되는 법률적 조력의 질이 향상될 것으로 생각한 것이다. 그러나 동법에 의거하여 연방의 재원으로부터 보수를 지급받는다는 사실이 직무과오소송에서 면책특권을 부여받았다는 근거가 될 수는 없다.

2. 판사, 검사 및 다른 공공 업무 담당자에게는 과감하게 업무를 수행하고 공공 전반을 위해 공평함을 유지하도록 하는 사회적 이익을 고려하여 면책특권이 부여되었다. 그러나 이러한 면책특권은 법원에 의하여 지정된 변호사의 의뢰인이 직무과오소송을 제기한 경우에는 적용되지 않는다. 법원이 궁핍한 자를 위해 변호사를 지정해 주는 제도는 다른 공적인 법조 직역들과는 달리 사적으로 법적 조력을 제공하는 행위(사선변호인)와 같은 맥락으로 이해해야 한다. 이러한 제도에 의해 지정된 변호사는 의뢰인의 이익을 위해 일하는 것을 가장 기본적인 책무로 하고, 정부로부터 독립하여 의뢰인에게 부정적인 결과가 나오지 않도록 효과적인 대리 업무를 수행하여야 할 것이다.

3. 따라서 연방 형사 재판에서 궁핍한 피고인을 대리하도록 연방 판사가 지정한 변호인이 해당 피고인으로부터 직무과오소송을 제기당한 경우 주의의무 위반에 대한 절대적 면책권이 인정되는 것은 아니다. 그러므로 펜실베이니아주 대법원의 판결을 파기환송한다.

【판례 3-40】 Strickland v. Washington(Supreme Court of the United States; May 14, 1984; 466 U.S. 668, 104 S.Ct. 2052)
형사변호인의 변호전략의 합리성 판단

▌사실관계

1976년 9월 피고인 Washington은 열흘 동안 살인, 고문, 유괴, 심각한 폭행, 살인미수, 강도미수, 절도 등을 포함하는 3건의 죄를 범하였다. 공범자들이 체포된 후 피고인은 경찰에 자수하여 세 번째 살인 등 범죄 일부를 자백하였다. 플로리다주 검찰은 유괴 및 살인으로 그를 기소하였고 경험이 많은 변호사를 그의 변호인으로 선임하였다.

변호인은 재판준비절차 및 증거개시절차에서 적극적으로 대응하였다. 그러나 그는 피고인이 자신의 조언에 반하여 최초의 2건의 살인에 대해서도 자백을 하였다는 사실을 알고 희망이 없음을 느꼈다. 공판기일까지 피고인에 대하여 3건의 1급 살인 · 여러 건의 강도 · 절도 살인미수 · 강도 음모 등 공소사실이 추가되었는데, Washington은 심지어 변호인의 조언에 반하여 배심 재판을 받을 권리조차 포기하였으며 3건의 1급 살인 혐의에 대해 자신의 유죄를 인정하였다.

Washington은 유죄인정 후 판사에게 자신이 저지른 범죄에 대해 책임을 지겠다고 하면서, 자신은 전과가 없으며 가족을 제대로 부양하지 못하는 데 대해 극심한 스트레스를 받고 있었다는 사정을 참작해 달라고 진술하였다. 변호인은 피고인에게 비구속적 배심 재판이라도 신청하자고 조언했으나 피고인은 이 역시 거부하였다.

변호인은 담당 법관이 스스로 유죄를 인정한 피고인에 호의적인 태도를 보인다는 평판을 근거로 사형선고만은 막도록 하자는 전략을 택하기로 하였다. 이에 따라 변호인은 피고인의 정신병과 관련된 증거들을 제시하여 무죄 여부를 다투는 대신 피고인이 경찰에서 자백한 점, 전과가 없는 점, 극심한 스트레스에 처해 있었던 점, 유죄를 스스로 인정한 점 등을 감안하여 사형은 지나치게 과중한 형벌이라고 변론하는 데 집중하였다.

이와 같은 전략은 실패로 돌아갔고 결국 사형이 선고되었다. Washington은 선고기일에 변호인의 비효과적 조력을 이유로 구제절차를 신청하였다. 지방법원은 변호인에게 어떠한 잘못도 인정할 수 없다고 판단하였으나, 항소심법원은 1심을 파기하였다.

쟁점

변호인의 조력을 효과적으로 받지 못하였다는 주장을 하는 피고인에 대하여 유죄 및 사형선고를 내리지 않기 위한 판단 기준

법원의 판단

변호인의 비효과적 조력을 이유로 피고인에 대해 유죄판결이나 사형선고를 내리지 않기 위해서는 변호인의 변론에 결함이 있었고 그러한 결함이 피고인의 방어권 행사에 불이익을 미쳤는지가 입증되어야 한다. 이를 판단하기 위해 법원은 '합리적이고 효과적인 조력'이라는 기준에 따라 당해 사건에서 변호인의 직무수행을 평가해야 할 것이다.

Washington의 공판과 관련하여 변호인의 변론이 비합리적이었다고 판단할 수는 없다. 비록 변호인은 사형을 피하고자 하는 목표를 달성하지는 못하였지만, 그의 변호전략은 전문가로서의 합리적 판단의 범위 내에 있었던 것이며, 의뢰인의 정신병과 관련된 증거를 수집하지 않았다고 해서 비합리적인 전략을 택하였다고 평가하기는 어렵다. 따라서 항소심판결을 파기한다.

소수의견

만약 변호인이 정상참작증거의 가능성에 대해 더 조사했더라면 심리에서 그러한 증

거들을 제시하기로 결심했을 수도 있다. 그렇게 했더라면 Washington은 무죄판결을 받을 수 있는 중요한 기회가 있었을 것이다. 그러한 사실들은 수정헌법 6조의 위반을 인정하고 Washington에게 다시 재판을 받을 권리를 부여하는 근거로서 충분하다.

【판례 3-41】 Jones v. Barnes(Supreme Court of the United State; July 5, 1983; 463 U.S. 745)
형사변호인이 항소심에서 피고인의 요청에 따른 모든 주장을 법정에 제출할 의무가 있는지 여부

사실관계

피고인 David Barnes가 뉴욕주 1심법원으로부터 강도와 폭행 혐의에 관하여 유죄를 선고받았을 때 Michael Melinger 변호사가 항소심 변호인으로 선임되었다. 피고인은 자신이 생각한 항소심에서 제기되어야 할 몇 가지 주장에 대하여 변호사에게 알려 주었지만, 변호사는 그것들이 새로운 판결을 얻는 데 도움이 되지 않고 기록상의 증거에 기초하고 있지 않아 항소심에서 제기될 수 없다고 하면서 제안된 주장의 대부분을 거절하였다. 변호사는 그후 자신이 변론서류에 적으려고 생각하고 있던 일곱 가지의 오심 가능성 있는 목록을 피고인에게 주고, 검토 후 필요한 제안을 해주도록 요청하였다. 변호사가 제출한 항소이유서는 세 가지 쟁점을 담고 있었고, 그중 두 가지는 본래 피고가 주장한 것이었다. 피고인은 자신이 스스로 작성한 항소이유서를 제출한 바 있다. 변호사는 공판기일에 그의 항소이유서에 명시된 쟁점에 관하여만 변론하였고, 피고인 스스로 작성한 서면에서 제기한 주장은 언급하지 않았다. 항소심법원은 피고인의 유죄를 인정하였다. 피고인은 이후 연방 지방법원에 그의 항소심 변호인이 필요 없는 조언을 하였다는 주장을 하면서 인신보호영장의 발부를 신청하였다. 연방 지방법원은 동 영장의 발부를 거부하였지만, 연방 항소법원은 변호사는 그의 의뢰인을 열성적으로 변호하여야 하고, 남소가 아닌 항소 사건 수임을 거절하여서는 안 된다고 설시한 Anders v. California, 386 U.S. 738, 87 S.Ct. 1396, 18 L.Ed.2d 493 판결에 따라 연방 지방법원의 판결을 파기하였다. 연방 항소법원은 위 변호사가 피고인이 제기한 주장에 관해 변론하지 않았으므로 이 기준을 만족시키지 못하였다고 하였다.

쟁점

1. 피고인이 유죄 인정, 배심 재판의 포기, 스스로의 증언 및 항소 여부 같은 근본적인 결정을 할 궁극적 권한을 가지는지 여부

2. 1심에서 유죄판결을 받은 피고인의 항소심 재판을 위해 선임된 변호인은 피고인이 요구한 모든 사소하지 않은 주장을 제기할 헌법적 의무를 부담하는지 여부

법원의 판단

1심에서 유죄판결을 받은 피고인의 항소심 재판을 위해 선임된 변호인은 피고인이 요구한 모든 사소하지 않은 주장을 제기할 헌법적 의무를 부담하지는 않는다. 피고인은 유죄 인정, 배심 재판의 포기, 스스로의 증언이나 항소 여부와 같은 근본적인 결정을 할 궁극적 권한을 가진다. 또한 피고인은 스스로가 자신의 변호인(advocate) 역할을 하겠다고 결정할 수도 있다. 그러나 경제적으로 궁핍한 피고인을 위하여 변호인으로 선임된 변호사가 전문가적 판단에 따라 결정하였다면, 피고인은 그 변호사로 하여금 의뢰인이 요청한 사소하지 않은 사안을 재판에서 제기하도록 강요할 헌법적 권리는 없다.

이 사건의 항소심은 의뢰인인 피고인이 자신의 재판에서 주장할 쟁점들을 스스로 결정할 수 있어야 한다는 스스로 정한 규정(per se rule)을 공포함으로써 변호사가 그의 전문가적 견해에 따라 의뢰인의 사안과 관련하여 변론할 능력을 심각하게 손상시켰다. 숙련된 변호사들은 항소심에서 받아들여지기 어려운 주장들은 제거하고 소수의 주요한 쟁점에 집중하여 변론하는 전략의 중요성을 강조해 왔다. 가장 유력한 쟁점을 선택하는 것은 대부분의 법정에서 구두변론의 시간이 엄격하게 제한되고, 준비서면의 양이 제한되는 시대에 있어 더 중요해졌다. 항소심의 판결을 지지하는 근거로 위 Anders 판결을 거론하는 것은 적절하지 않다. Anders 판결은 "변호사가 그의 능력에 따라 최선을 다하여 의뢰인의 항소심 수행을 조력할 것"을 변호사의 역할로 인정하였다.

이 법원은 1심에서 유죄판결을 받은 피고인의 항소심 재판을 위해 변호인으로 선임된 변호사가 피고인이 요구한 모든 사소하지 않은 주장을 제기할 헌법적 의무를 부담하는지 여부에 관하여 재고하도록 항소심판결을 파기환송한다.

【판례 3-42】 Taylor v. Illinois(Supreme Court of the United States; January 25, 1988; 484 U.S. 400, 98 L.Ed.2d 798)
형사 사건에서 변호인의 공판절차상 의무 위반으로 발생한 불이익을 피고인이 감수해야 하는지 여부

사실관계

1984년 Talyor는 Jack Bridges에 대한 살인미수 혐의에 관하여 일리노이주 쿡카운티 순회법원에서 배심원으로부터 유죄평결을 받았다. 배심원들은 Bridges와 그의 형, 그리

고 다른 증인 3명의 증언에 근거하여 유죄평결을 하였는데, 이들의 증언에 따르면 Bridges와 Travis가 20분간 길에서 언쟁을 벌이고 있었는데 Talyor를 포함한 Travis 측 사람들과 Bridges와 뒤늦게 도착한 그의 형 사이에서 결국 패싸움이 벌어지게 되었다고 한다. 증인들은 Travis와 Talyor가 파이프와 몽둥이로 Bridges를 폭행하였다는 점에 대해서는 일치되는 증언을 하였다. 한편 검사 측 증인은 Talyor가 도망가는 Bridges의 머리에 총을 겨누고 쏘려 했으나 총이 제대로 발사되지 않았다고 증언하였던 반면, Talyor의 친구인 두 자매는 총기를 사용한 것은 Talyor가 아니라 Bridges의 형이었다고 상반되는 증언을 하였다.

재판에 앞서 검사는 증거개시청구를 하면서 증인 목록 제출을 요청하였다. 최초의 답변에서 Talyor의 변호인은 위 두 자매와 다른 2명의 남자만을 증인 명단에 포함하여 제출하였다. 그런데 두 번째 변론기일에서 검사 측 증인의 증언이 이루어진 이후 피고인 측 변호인은 이를 번복하여, 전체 사건을 전부 목격하였다는 Alfred Wormley와 Pam Berkhalter라는 증인 2명을 추가하겠다고 하였다. 판사가 이 두 증인을 최초의 명단에 포함시키지 않았던 이유를 묻자, 변호인은 그렇게 하려 했으나 Wormley의 소재를 파악할 수 없었다고 답변하였다.

다음 날 증거개시규칙 위반 여부를 심문한 끝에 변호인은 배심원이 없는 상태에서 행해진 Wormley의 증언을 증거로 제출할 수 있도록 허락받았다. Wormley는 Bridges와 그의 형이 총을 소지한 것을 보고 Talyor에게 그들이 무기를 갖고 있다고 경고하였다는 진술을 하였다.

그런데 반대신문에서 Wormley는 Talyor를 4개월 전(사건 발생 2년 후)에 처음 만났으며 Talyor 측 변호인이 재판 시작 전인 그 주 수요일에 그의 집에 방문하였다고 진술하였다. 이에 Wormley의 증언이 Talyor 측 변호인의 진술과 모순되는 것임이 밝혀짐에 따라 판사는 Talyor 측의 증거개시절차 위반을 제재하기로 하고 Wormley의 증언을 증거로 채택하지 않기로 결정하였다.

항소심법원은 "1심법원이 증거개시절차 위반에 대한 제재로서 피고인 측에 유리한 증인의 증언을 배제한 것은 재량권을 일탈하지 않았다"라고 판단하였고, Talyor의 항소는 기각되었다. 일리노이주 대법원은 Talyor에게 상고할 권리가 없다고 판단하였고, Talyor는 연방 대법원에 상고하였다.

쟁점

1. 법원이 증거개시절차 위반에 대한 제재로서 피고인이 신청한 증인을 배제할 경우 미국 수정헌법 6조를 위반하는 것인지 여부

2. 변호인이 반대신문을 생략하거나 특정 증인을 증언대에 세우지 않거나 특정 증인을 재판에 앞서 공개하지 않는 등과 같은 직무수행상의 과오를 범한 경우, 의뢰인이 그로 인한 불이익을 감수해야 하는지 여부

▌법원의 판단

1. 법원이 증거개시절차 위반에 관한 제재로서 판결 결과에 영향을 주는 피고인 측 증인의 증언을 완전히 배제한다면, 피고인에게 모든 형사절차에서 자신에게 유리한 증거를 획득할 권리를 보장하는 미국 수정헌법 6조 의무절차조항을 위반하게 될 가능성도 존재한다.

그렇다고 해서 이러한 의무절차조항이 법원의 재량에 따라 증거개시절차 위반에 대한 제재의 일환으로 피고인 측 증인의 증언을 배제하는 것을 절대적으로 금지하지는 않는다. 피고인에게 증거 능력이 없거나 증거법상의 원칙에 위반한 증인의 증언을 증거로 제출할 절대적인 자유까지 보장되는 것은 아니기 때문이다.

사안에서 Talyor 측은 고의적·노골적으로 (진실에 부합하지 않는 증언을 할) Wormley를 증인으로 채택하고자 하였다. 이러한 행위는 사법제도의 염결성을 해하는 것으로서 가능한 가장 엄중한 제재를 가하여야 마땅할 것이다.

2. Talyor는 Wormely를 증인으로 채택하기 위한 변호인의 직무상 과오에 관하여 자신이 개입한 바 없기 때문에 그에 따른 책임을 질 이유가 없다고 주장하나 이러한 주장은 받아들이기 어렵다. 변호사는 의뢰인을 위하여 소송행위를 할 전적인 권한을 부여받은 자이고, 의뢰인은 변호사의 소송행위의 결과를 받아들여야만 하기 때문이다. 따라서 Talyor의 상고를 기각한다.

【판례 3-43】 Lucas v. State(Supreme Court of South Carolina; October 28, 2002; 572 S.E.2d 274)
형사 사건에서 피고인 측 증인의 위증을 의심한 변호인이 사임을 요청하였으나 법원이 기각한 경우 피고인이 공정한 재판을 받을 권리를 침해당하지 않았다고 본 사례

▌사실관계

Johnny Lee Lucas는 1996년 4월 15일 노스찰스턴(North Charleston) 지역에서 발생한 1급 강도, 절도, 총기 휴대 등의 혐의로 유죄를 선고받았다. 그는 강도 재범으로 가석방 없는 종신형을 선고받고 나머지 혐의에 관하여 각 5년형을 선고받았다.

사건 당시 집주인 Lindenburg 부부는 산책에서 돌아오는 길에 강도 현장을 발견하였고 총을 소지하고 있던 Lindenburg는 Lucas의 공범 Robert Brown을 죽이고 Lucas에게도 총을 쏘았다. Lucas의 재판 중 그의 변호인 William Thrower 변호사는 의뢰인이 요청한 증인 Rose Brown이 위증을 계획하고 있다는 이유를 들며 사임을 신청하였다. Rose Brown의 증언을 녹화하기로 결정되었는데 Thrower 변호사가 Rose Brown과 대화해 본 결과 그녀의 진술이 허위일 것으로 판단하게 되었다는 것이다. 그러나 법원은 위 변호사의 사임신청을 기각하였다.

증거심리가 종결되고 나자 Lucas는 그의 변호인이 사건을 담당 · 처리하기를 원하지 않았다면서 비효율적 조력을 받았음을 이유로 그때까지 이루어진 심리를 무효로 해줄 것을 신청하였다. 법원은 Lucas가 원하지 않으면 변호인을 선임하지 않을 수 있었음에도 불구하고, 심리 당시 여전히 위 변호사를 변호인으로 선임한 상태였다는 점을 근거로 신청을 기각하였다. 이에 Lucas는 변호사가 실제로 사임을 신청하였다는 이유를 들어 재차 심리무효신청을 하였다.

쟁점

변호사가 의뢰인인 피고인 측 증인이 위증을 할 것으로 믿고 이러한 사정을 법원에 밝힌 뒤 사임을 신청하였으나 법원이 사임 불허 결정을 한 경우 피고인의 공정한 재판을 받을 권리가 침해되었는지 여부

법원의 판단

1. 변호사는 의뢰인이 원하는 목적을 달성하기 위하여 합법적으로 가능한 모든 수단을 동원하여 최선을 다하여야 하지만, 위증과 같은 의뢰인의 불법에 조력하여서는 안 된다. 이 사건에서 Thrower 변호사가 의뢰인 측 증인의 위증이 의심되는 상황에서 사임을 한 것은 사우스캐롤라이나주 변호사 직무행위규칙에 따른 것이다. 위 규칙 3.3에 의하면 변호사는 합리적인 판단에 따라 허위라고 생각되는 증거를 제출할 수 없고 규칙 1.6(b)에 따라 변호사는 범죄를 예방하기 위하여 의뢰인의 비밀을 공개할 수 있으며, 1.16(a)에 따르면 변호사는 이러한 경우 정당하게 사임할 권리를 갖기 때문이다.

2. 따라서 위 변호사의 행위는 사우스캐롤라이나주 변호사 직무행위규칙에 위반하였다고 볼 수 없으며, 이로 인하여 의뢰인이 변호사로부터 효과적인 조력을 받지 못하였다거나 공정한 재판을 받을 권리를 침해당하였다고 평가하기는 어렵다.

【판례 3-44】 Smith v. Robbins(Supreme Court of the United States; January 19, 2000; 528 U.S. 259, 120 S.Ct. 746)
형사 사건에서 변호인이 피고인의 항소가 무의미하다고 판단할 경우, 따라야 하는 캘리포니아주 Wende 절차의 위헌 여부

사실관계

캘리포니아주 법원의 배심원은 Robbins에 대하여 2급 살인죄와 절도죄를 인정하였다. 그의 국선변호인은 유죄판결에 대해 항소를 하는 것은 무익한 것(frivolous)이 될 뿐이라고 판단하였다. 캘리포니아주의 절차에 따라 국선변호인은 항소심법원에 사건의 개요(소위 Wende brief)를 작성하여 제출하였고, 항소심법원은 변호인의 의견에 동의하여 항소를 기각하였다. 캘리포니아주 대법원에서도 상고를 기각하자 Robbins는 연방법원에 인신보호를 위한 구제절차를 신청하였다.

Robbins는 그의 국선변호인이 제출한 사건의 개요(위 Wende brief)는 연방 대법원이 설시한 Anders 요건(사건의 개요에는 문제 될 만한 기록은 무엇이든지 모두 담아야 된다는 요건)을 충족시키지 못하여 국선변호를 받을 권리를 침해당하였다고 주장하였다.

연방 지방법원은 Robbins의 사건에서 최소한 두 개 정도 문제 삼을 만한 사항이 존재한다는 점을 들어 Robbins의 신청을 받아들였다. 항소심(The Ninth Circuit)도 1심의 판단에 동의하였으며 다만 Robbins가 제기한 다른 판단오류를 재심사하도록 파기환송하였다.

쟁점

변호인이 피고인의 항소가 무의미하다고 판단한 경우 따르도록 한 캘리포니아주의 Wende 절차가 연방 헌법에 부합하는지 여부[75]

법원의 판단

1. Anders 판결의 의의

Anders v. California, 386 U.S. 738, 87 S.Ct. 1396, 18 L.Ed.2d 493(1967) 판결에서 연방 대법원은 변호인이 피고인의 항소를 무익하다고 판단했을 경우와 관련된 캘리포니아주의 형사절차가 위헌이라고 판단하였다. 당시 캘리포니아주법에 의하면 국선변

---

75) 미국변호사협회 직무행위표준규칙 3.1 본문은 변호사가 무익한 제소 내지 상소임을 알면서도 이를 행하는 것을 금지한다. 그러나 단서에서는 피고인의 구금으로 이어질 수 있는 경우와 형사소송의 경우에 대하여는 예외를 두고 있다. 이와 관련된 쟁점이다.

호인이 판단하기에 항소가 무익한 것이면 아예 변호인의 지위에서 사임하면서 항소심 법원에 항소가 무익하다(with "no merit")는 내용의 의견서를 제출할 수 있도록 하고 있었다. 연방 대법원은 이러한 조항이 미국 수정헌법 14조[76]에서 규정하는 공정한 절차와 평등의 원칙을 위반하였다고 본 것이다.

위 판결의 마지막 부분에서 연방 대법원은 별도로 합헌성의 기준을 충족시킬 수 있는 절차에 관하여 설시하였다. 이에 따르면 국선변호인은 항소가 무익함을 법원에 알리고 사임을 신청할 수 있어야 하겠지만, 동시에 변호사는 문제가 될 수 있는 여지를 모두 포함한 사건의 개요를 동시에 제출하여야 할 것이라고 하였다. 그후 항소가 무익한 것인지 여부는 (당시 캘리포니아주법에서 변호사가 이를 결정하도록 한 것과 달리) 항소심 재판부가 직접 이를 살펴보고 결정하여야 한다는 것이다.

그러나 연방 대법원은 이것이 유일한 합헌적 절차라는 취지로 이를 설시한 것은 아니었다. 이 사건에서 항소심의 판단에는 이를 간과한 잘못이 있다. 연방 대법원은 사법부라는 지위 자체에서 오는 한계(특히 연방 체제에서 연방법원이라는 한계) 때문에 개개의 사건에 대해서만 판단할 수 있고 일반적인 정책을 결정하는 더 어려운 임무는 각 주에 맡기고 있는 것이다.

2. Anders 사건과의 차이점

이 사건에서 문제 되는 Wende 절차와 Anders 사건에서 문제 된 절차(이하 '종전 절차')에는 다음과 같은 차이점이 있다. ① 종전 절차에서는 항소가 무익한지 여부를 국선변호인만이 판단하도록 하고 있었지만, Wende 절차에서는 변호인과 항소심법원 모두가 판단하도록 하고 있다. ② 종전 절차에서는 항소가 무익하다는 의견서가 제출되면 항소심법원이 이를 승인하기도 전에 그 국선변호인이 사임할 수 있도록 하였고, 이는 국선변호를 받을 권리를 침해하는 것이었다. 그러나 Wende 절차에는 그러한 흠이 없다. ③ 종전 절차에서는 국선변호인으로 하여금 한 문단 정도의 단순한 결론만 제출해도 무방하도록 하고 있었으나 Wende 절차에서는 사건의 경과와 사실관계에 관한 요약 및 참조된 기록을 모두 표시하도록 하여 항소심 재판부의 '훈련된 법적 눈'으로 항소가 무익한지 여부를 다시 판단할 수 있게 하고 있다.

3. 이 제도의 구현에 있어서 문제 되는 형량 요소와 위헌성 판단의 문제

변호인이 무익하다고 판단하면서도 항소를 제기하는 것은 사법제도의 일원으로서 국선변호인의 의무를 저버리는 것이고, 반면 변호인이 항소 제기를 무익하다고 인정하는 것은 의뢰인에 대한 변호인의 의무를 저버리는 것이 될 수 있다. 캘리포니아주의 현행

---

76) "(전략)…또 주 정부는 정당한 법절차를 따르지 않고 개인의 생명, 자유, 또는 재산을 박탈할 수 없으며, 주 정부의 관할권 안에 있는 모든 사람에 대해 법률에 따라 평등하게 보호할 의무를 진다."

Wende 절차는 이를 합리적으로 형량한 것으로 위헌이라고 볼 수 없다.

4. 따라서 이 사건은 Robbins의 항소가 무익하지 않다는 청구를 재심사하도록 항소심법원에 환송하기로 한다. 항소심법원과 1심법원 모두 Robbins의 항소에 최소한 두 가지 정도 문제 삼을 사항이 있다고 판단하였는바, 이를 평가할 필요가 있다. 여기에는 Strickland v. Washington, 466 U.S. 668, 104 S.Ct. 2052, 80 L.Ed.2d 674 판결에서 설시된 요건이 적용되며, 이에 따르면 Robbins의 경우 항소가 무익하다는 변호인의 판단이 맞았다는 점이 추정된다. 따라서 Robbins는 그러한 추정을 깨기 위한 입증을 하여야 한다.

【판례 3-45】 McMann v. Richardson(Supreme Court of the United States; May 4, 1970; 397 U.S. 759)
형사변호인의 조력에 따라서 한 피고인 자백의 구속력

사실관계

피고인 3명은 각각 자신의 혐의에 관하여 뉴욕주 법원에서 유죄를 인정하는 진술을 하였고 그로 인하여 유죄판결을 받았다. 이후 이들은 유죄진술이 위법하게 강요된 자백에 의한 것이라고 주장하면서 형의 감경을 청구하였다. 주법원이 이들의 청구를 기각하자 피고들은 연방 지방법원에 인신보호영장을 청구하였으나 이 또한 기각되었다. 피고들은 연방 항소법원에 항소하였고 연방 항소법원은 그러한 자백이 없었더라면 유죄진술도 이루어지지 않았을 경우, 그러한 유죄진술은 최소한 뉴욕주에서 Jackson v. Denno (378 U.S. 368) 판결 전의 경우에는 무효가 될 수 있다고 보고 원심을 파기하면서, 연방 대법원에 상고할 권리를 인정하였다.

쟁점

1. 변호인의 조력을 받는 피고인이 유죄진술을 하기로 결정한 경우 유죄판결 후 그 피고인에게 인신보호구제청구를 할 자격이 있는지 여부

2. 변호인이 피고인의 자백을 증거로 인정할 가능성에 대하여 오판하였을 수도 있다는 이유로 그 자백이 탄핵될 수 있는지 여부

3. 유죄진술이 Jackson v. Denno, 378 U.S. 368, 84 S.Ct. 1774, 12 L.Ed.2d 908 (1964) 판결 이전에 이루어졌는지 여부에 따라 판결의 결과가 달라지는지 여부

법원의 판단(다수의견)

1. 본 사안에서는 자백이 강요되었다고 하더라도 형의 감경사유가 되기에는 충분하

지 않다. 피고인이 변호인의 조력을 받을 수 없었던 것도 아니고, 자백을 강요당한 상황이 유죄진술을 번복할 만큼 영향력을 갖는 것도 아니다. 변호사의 조력을 받는 피고인이 재판비용을 경감하고, 형기를 감축하기 위하여 유죄진술을 하기로 결정한 경우, 그 피고인은 인신보호영장을 청구할 자격이 없다.

2. 이성적으로 능력 있는 변호사의 조언에 기초한 피고인의 유죄진술은 이성적인 유죄진술이고, 이는 그 변호사가 피고인의 자백을 증거로 인정할 가능성에 대하여 오판하였을지도 모른다는 이유로 탄핵될 수 없다. 변호인의 오판에 기한 자백이기 때문에 그 자백이 무효가 될 수 있는지 판단함에 있어서 법원은 소급하여 변호사의 조언이 옳았는지 검토할 것이 아니라, 그 조언이 형사변호인에게 요구되는 능력의 범위 내에 있었는지를 고려하여야 한다. 헌법에 의하여 보장되는, 변호인의 조력을 받을 권리를 보장하기 위해서 법원은 해당 사건에서 피고인을 변호하는 변호사의 업무 수행이 적정한 수준을 유지하고, 피고인의 운명이 무능력한 변호사에게 내맡겨지지 않게 하면 된다.

3. 또한 피고인의 유죄진술이 Jackson v. Denno 판결 이전이라고 하여 크게 다른 상황은 아니라고 본다. 유죄진술이 Jackson v. Denno 판결 이전이든 이후이든 유죄진술의 유효성은 그것이 자발적이고 합리적인 행동이었는지의 여부에 따라 결정된다. 전술한 바와 같이 주 법원에서의 유죄진술은 피고인이 변호인의 잘못된 조언을 받아 강요된 자백에 의한 것이라는 이유로 연방법원에서 무효로 되지 않는다. 피고인들이 Jackson v. Denno 판결에 근거하여 형의 감경조치를 청구하기 위하여는 각자가 변호인의 조력에 따라 유죄진술을 하게 되었을 때에 그 변호사에게 중대한 과실이 있었음을 증명하여야 한다.

피고인이 변호인의 심각한 주의의무 위반을 충분히 증명하여 그의 유죄진술이 결국 이성적 행위가 아니었다는 것을 입증하지 못한다면, 그는 그의 유죄진술과 자백에 구속된다.

【판례 3-46】 U.S. v. Kaczynski (United States Court of Appeals, Ninth Circuit; October 3, 2000; 239 F.3d 1108)
사형선고가 가능한 사건에서 피고인이 변호인에게 자신의 정신이상 주장을 하지 못하도록 요구할 헌법상 권리가 있는지 여부

▮ 사실관계

피고인 Theodore John Kaczynski는 이른바 'Unabomber' 사건의 범인으로 폭발물을 우편배달하는 방식으로 3명을 살해하고 9명에게 상해를 가하였다. Quin Denvir 변호사와 Judy Clarke 변호사가 Kaczynski의 변호인으로 지정되었고 이후 Gary Sowards

변호사가 변호인단에 합류하였다.

이들은 매우 뛰어난 변호사들로서 Kaczynski의 사형을 피하기 위한 유일한 변론전략은 그의 정신이상을 주장하는 방법밖에는 없다고 생각하였다. 그러나 Kaczynski는 자신의 정신 상태를 문제 삼는 데 반대하였고, 이런 이유로 Kaczynski과 변호인들 사이에 갈등이 발생하였다. Kaczynski는 11월 25일 비로소 변호인들이 자신을 심각한 정신 질환인 정신분열증을 앓고 있는 것으로 주장하려 한다는 사실을 알았지만, 당시 변호인들이 정부와 유죄협상(plea negotiation) 중이어서 변호인들과의 갈등을 법원에 알릴 수 없었다고 하였다.

12월 18일 변호인들은 피고인이 변호인들과 갈등을 겪고 있음을 진술하는 피고인의 편지를 법원에 전달하였고, 법원의 조정 끝에 피고인과 변호인들은 유무죄 판단단계에서는 피고인의 정신적 상태에 관한 증거를 제출하지 않고, 형량단계에서는 제출할 수 있도록 하는 것에 합의하였다. 또한 Kaczynski는 자기변호를 하지 않겠다고 진술하였다.

1998년 1월 5일 Kaczynski는 변호인들이 유무죄 판단단계에서 자신의 정신적 상태에 대한 증거를 제시하려 한다면서 변호인들과의 관계에 대한 문제를 다시 제기하였다. 변호인들은 Kaczynski의 건강 상태, 주거 환경, 삶의 방식 및 그의 글을 보여 줌으로써 그의 악화된 정신 상태를 제시하려는 의도였다고 해명하였다. 1월 8일 Kaczynski는 자기변호를 하겠다는 의사를 변호인을 통해 법원에 전달하였다. Kaczynski는 자신의 정신이상을 주장하는 것은 "도저히 감내할 수 없는" 성질의 것으로 스스로를 변호하는 것만이 유일한 대안이라고 해명하였다. 1월 22일 법원은 이미 중요한 절차가 개시된 상태에서 Kaczynski의 자기변호를 허용하는 것은 재판절차의 지연을 가져올 뿐만 아니라 그는 처음부터 변호인들이 어떤 주장을 할 것인지에 대한 충분한 사전지식이 있었기 때문에 그의 주장이 선의(in good faith)라고 인정할 수 없고, 그에게 자기변호를 허락한다면 그에게 유일한 무기인 정신이상의 주장을 금지하는 결과를 가져오므로 이를 받아들일 수 없다고 판단하였다.

자기변호 신청이 받아들여지지 않자 Kaczynski는 검사 측이 사형 구형 의사를 철회한다면 조건 없이 유죄를 인정하겠다고 법원에 통보하였고 법원은 이를 받아들였다. 1998년 5월 4일 Kaczynski는 4건의 종신형, 30년의 유기징역 및 피해자에 대한 1,502만 6,000달러의 배상을 선고받았으며 유죄협상에 따라 항소하지 않았다.

1999년 4월 23일 Kaczynski는 28 USC 2255에 따른 선고의 무효 및 정정을 청구하였다.

▌쟁점

1. 피고인의 유죄인정의 임의성이 인정되는지 여부
2. 피고인의 자기변호 신청이 정당하게 기각되었는지 여부
3. 사형선고가 가능한 사건에서 피고인이 자신의 변호인에게 정신이상에 대한 주장을 하지 못하도록 요구할 헌법상 권리가 존재하는지 여부

▌법원의 판단

1. 피고인이 임의로 자신의 유죄를 인정한 경우에만 합헌적인 것으로 받아들여질 수 있다. 유죄인정의 임의성 여부는 제반 상황을 종합하여 판단하며 "유죄인정이 피고인에게 주어진 여러 대안 가운데 자발적이고 판단력을 갖춘 선택"이라고 평가될 때 임의성이 인정될 수 있다. 사안에서 구두 및 서면의 유죄인정을 살펴보건대, 피고인은 유죄인정으로 인해 제한되는 자신의 권리에 대한 충분한 설명을 변호인을 통해 제공받았고 법정에서 유죄를 인정하는 진술을 할 당시 어떠한 위협, 약속이나 기망을 당했다는 사정을 찾아볼 수 없었으므로 피고인의 유죄인정은 임의성을 띤 것으로 판단된다.

2. 자기변호 신청이 부당하게 기각된 경우, 피고인은 유죄인정과 공정한 재판이라는 헌법이 보장하는 선택권을 박탈당하는 결과에 이르게 되므로 피고인의 유죄인정의 임의성은 부정될 수 있다. 그러나 이 사건에서 피고인은 1998년 1월 8일에 이르러서야 비로소 자기변호를 신청하였고, 그 이유로 거론한 정신이상 주장에 관한 변호인들과의 갈등은 이전의 절차가 진행되는 과정부터 존재하여 왔으며 피고인도 잘 알고 있는 사정이었다. 피고인의 자기변호 신청은 오직 재판절차를 지연하기 위한 전략으로 사용된 것으로서 정당한 이유를 결여하였으므로 피고인의 자기변호 신청을 기각한 것은 정당하다.

3. 피고인은 변호인들이 정신이상을 주장하기 위해 피고인을 기망한 결과 어쩔 수 없이 유죄를 인정하기에 이르렀다고 주장한다. 피고인은 "피고인은 유죄인정, 배심원 재판 여부, 항소 여부 등 재판에 관한 근본적인 결정을 내릴 궁극적 권한을 갖는다"라는 Hernandez 판결을 인용하며 정신이상의 주장도 이에 속하는 중대 사항이라고 주장한다.

그러나 피고인은 유무죄 판단단계에서는 정신이상을 주장하는 것에 반대하면서도 형량단계에서는 이에 수긍하였다는 점을 볼 때, 피고인의 의사는 자신의 정신 상태가 공중에 공개되는 시점을 늦추려고 하였던 것에 불과한 것으로 보이며 유죄인정의 임의성은 충분히 인정된다.

【판례 3-47】 Branch v. State(Supreme Court of Mississippi; May 27, 2004; 882 So.2d 36)
형사 사건에서 피고인의 주장에 부합하는 증거와 관련하여 변호인이 그 신빙성을 보장하는 증인으로 출석하여 증언한 이후 검사가 그 증거를 제출한 경우 변호인의 자격이 부인되지 않는다고 한 사례

▌사실관계

피고인 Branch의 강도살인행위와 관련하여 그에게 사형이 선고된 항소심법원의 판결에 대한 상고심판결이다.[77]

피고인은 피해자 Jorden을 살인한 혐의로 기소되었는데, 다툼 없는 사실로 인정되는 것은 다음과 같다. 2001년 1월 20일 피고인과 Deondray Johnson은 일을 마친 후 피해자의 집 근처 술집에서 피해자와 함께 술을 마셨다. 다음 날 오전 1시 30분경에 피고인과 Johnson은 다른 동료들을 집에 데려다 주기로 하였고, 피고인은 동료들을 데려다 준 후 Johnson의 어머니도 데려다 주기로 약속하였다. 그런데 피고인은 Johnson의 어머니를 태우러 다시 술집에 오지 않았다.

1월 21일 오후 4시경 피해자의 집에서 그의 시체가 피에 뒤범벅이 된 상태로 발견되었고 집 밖의 땅바닥에서 피가 묻어 있는 사람 머리 크기의 함몰이 발견된 점에 비추어 보아 피해자는 밖에서 머리에 타격을 받아 살해당한 후 이동되었음이 인정된다. 또한 그 땅바닥의 함몰 부분에서 피해자의 귀고리와 나무막대기의 부러진 부분이 발견되었다.

그후 경찰은 피고인과 Johnson에 대하여 수사하기 시작하였는데 Johnson의 집에서 위 나무막대기의 나머지 부분이 발견되었다. 그런데 피고인이 피의자 신문 과정에서 Johnson의 진술과 모순되는 진술을 하자 경찰은 피고인을 구속하였다.

한편 피고인이 구속된 지 며칠 후 그의 아버지가 Johnson의 소유지에서 흰색 플라스틱 가방을 발견하였고, 이에 피고인의 변호인인 Crawford 변호사와 Osborne 변호사는 경찰에게 연락하여 다음 날 아침에 만나기로 약속하였다. 그들은 함께 경찰을 만나 그 가방을 전달하였고 가방에는 총과 돈, 식권, 동전지갑이 들어 있었다.

이후 이어진 소송에서 피고인 측은 피고인이 아닌 Johnson이 피해자를 살해한 것이라고 주장하였다. 한편 흰색 플라스틱 가방은 검사 측 증거로 제출되었는데, 변호인인

77) 대상 사건에서 문제 된 쟁점은 매우 많은데(사형선고가 위헌적인 것이 되는 경우로서 피고인이 정신이상 상태에 있었는지 여부, 변호인의 조력을 충분히 받았는지 여부 등), 미시시피주 변호사 직무행위규칙 3.7과 관련되는 것에 한하여 살펴본다.

Crawford 변호사가 그 증거의 신빙성을 보장하는 증인으로서 증언을 한 바 있다.

▮ 쟁점

형사 사건에서 피고인의 주장에 부합하는 증거와 관련하여 피고인의 변호인이 그 신빙성을 보장하는 증인으로 출석하여 증언을 한 경우 미시시피주 변호사 직무행위규칙 3.7(a)[78]에 의하여 그 변호인의 자격이 부인되어야 하는지 여부

▮ 법원의 판단

피고인은 변호인이 위 증거의 신빙성을 보장하는 증언을 하였으므로 변호인의 자격이 부인되었어야 한다면서, 자신은 헌법상 보장된 변호인의 조력을 받을 권리를 침해당했다고 주장한다. 피고인은 특히 자신의 변호인이 증거 제출에 개입하게 됨으로써 변호인이 위 증거의 신빙성을 탄핵하기 위한 제대로 된 반대신문을 하지 못하였다고 주장하고 있으며, 나아가 변호인이 실제로 위에서 증거를 제출받은 경찰관을 반대신문하였다는 점에서 문제가 심각하다고 주장한다. 법원은 피고인의 주장이 다음과 같은 이유에서 이유 없다고 판단한다.

Simmons v. State, 805 So.2d 452 판결은 변호인이 작성한 비디오테이프가 피고인에게 불리한 증거로 제출된 경우 그 비디오테이프에 증거 능력이 있는지 여부가 문제된 사건이었다. 이 판결은 변호인이 그러한 증거를 작성한 이후에 변호를 중단했어야 하는지 여부에 대하여 직접적인 판단을 내리고 있지는 않지만, 변호인으로서는 자신이 작성한 증거라고 하더라도 그 신빙성을 탄핵하기 위한 신문이 금지되는 것은 아니라고 판시한 바 있다.

더군다나 이 사건에서는 문제 된 증거(흰색 플라스틱 가방)의 신빙성을 탄핵할 필요가 없었다는 점이 인정된다. 어차피 그 증거가 Johnson의 소유지에서 발견된 이상, 그 증거는 Johnson이 살해한 것이라는 피고인의 주장을 뒷받침하는 것일 뿐이기 때문이다.

결국 이 사건에 대하여는 미시시피주 변호사 직무행위규칙 3.7(a)의 예외가 인정된다. 따라서 위와 같은 근거에서 변호인의 조력을 받을 권리가 침해되었다는 피고인의 주장은 받아들이지 아니한다.

---

78) "(a) 변호사는 그가 필요한 증인으로 될 가능성이 있는 사실심에서 소송대리인으로 활동하여서는 아니 된다. 다만 다음의 경우에는 그러하지 아니하다.
(1) 증언이 다툼 없는 쟁점에 관한 경우
(2) 증언이 그 사건에서 제공되는 법률서비스의 성격과 가치에 관한 경우
(3) 변호사의 자격부인이 의뢰인에게 상당한 장애로 작용하는 경우."

【판례 3-48】 In re Litz(Supreme Court of Indiana; December 30, 1999; 721 N.E.2d 258)
의뢰인의 무죄를 주장하기 위하여 신문에 재판의 경과를 기고한 형사 사건의 변호인에 대한 징계 사례

▌사실관계

형사 사건의 변호인인 Steven C. Litz 변호사가 의뢰인인 피고인이 무죄임을 알리고 나아가 검사가 공소를 유지하는 것은 불합리하다고 비난하는 내용의 편지를 몇몇 신문사에 보내 이를 보도되게 한 점을 이유로 징계가 청구된 사건이다.

Litz 변호사는 딸을 방치하여 심각한 폭행을 당하게 한 혐의로 기소된 어머니를 변호한 바 있다. 1심에서 배심원은 피고인의 유죄를 인정하였으나, 1997년 7월 2일 항소심에서 파기환송하였다. 항소심은 1심이 피고인의 '매 맞는 아내 증후군'을 드러내는 증거가 사건과 관련 없다고 보고 채택하지 않은 잘못이 있다고 보았다.

이후 1심 재판부는 1997년 11월 3일을 새로운 공판기일로 정하였다. 그런데 1997년 7월 25일 Litz 변호사가 작성한 「편집장에게 보내는 편지」라는 글이 『Indiana Herold-Times』와 『Indiana Times』에 실렸고, 7월 26일 『Indianapolis Star』에도 같은 글이 실렸다. 그 글에서 Litz 변호사는 지난 18개월 동안 의뢰인은 자신이 저지르지 않은 죄로 인하여 투옥되어 있었다고 주장하면서 그녀가 거짓말 탐지기 검사 결과도 통과했음을 밝혔다. 또한 자신의 의뢰인에 대하여 검사가 공소를 유지하는 것에 대하여 "혐오스럽다(abominable)"라는 표현을 동원하여 비난하였다.

그 글에서 Litz 변호사는 사건의 경과를 매우 자세히 묘사하였다. 즉 자신의 의뢰인이 어머니로서 딸을 자신의 남자 친구와 함께 놓아두고 떠나는 것이 딸에게 위험하리라는 것을 인식하고 있었다는 근거에서 기소되었다는 점, 그녀가 매 맞는 아내 증후군을 겪고 있다는 주장이 1심법원에서 받아들여지지 않아 공정한 재판을 받지 못하였다는 점, 그녀가 고의가 있었는지 여부를 알아보기 위하여 거짓말 탐지기 검사를 하였는데 통과하였다는 점, 남자 친구가 딸을 폭행하고 피고인(의뢰인)을 강간한 후 피고인은 두려움 때문에 단지 1주일 동안 다른 곳에 가 있었을 뿐이라는 점, 그녀는 남자 친구가 더 이상 딸을 때리지 않겠다는 약속을 믿은 것에 불과하다는 점(피고인이 떠난 동안 딸은 결국 남자 친구에게 살해당하였다), 매 맞는 아내 증후군을 겪는 아내들은 폭행 직후 다시는 안 그러겠다는 남편의 말을 믿는 경향이 있다는 점에서 피고인이 남자 친구의 약속을 믿은 것이 꼭 이상한 행동은 아니라는 점 등을 그 글에서 자세히 제시한 바 있다.

▌쟁점

형사 사건의 변호인이 의뢰인의 무죄를 주장하기 위하여 신문에 재판의 경과를 자세히 적은 글을 실은 경우 징계의 대상이 되는지 여부

▌법원의 판단

1. 인디애나주 변호사 직무행위규칙 3.6(a),[79] 3.6(b)[80]가 이 사건과 관련이 있으므로 이에 대하여 살펴본다. 공정한 재판이 이루어지기 위해서는 공판 전에 (특히 배심원 재판의 경우) 관련 정보를 유출시키지 않아야 한다.[81] 그런데 Litz 변호사가 신문사에 보낸 편지는 곧 열릴 배심 재판의 공판절차에 실질적인 영향을 미칠 상당한 가능성이 인정된다. 특히 공판에서 제시될 수 없을 가능성도 있었던 증거(가령 피고인의 거짓말 탐지기 조사 결과)를 묘사한 것이나 자신의 의뢰인은 죄가 없다고 주장한 것, 검사의 공소유지 결정은 검사의 재량 범위 내에 있는 것임에도 "혐오스럽다"라고 표현한 것 등이 언론에 실림으로써 배심원은 영향을 받을 수밖에 없고, 종합적으로 공정한 재판에 해가 되는 것이다. 따라서 이는 규칙 3.6(a) 위반으로 인정된다.

2. 이 사건의 당사자들은 이러한 행위에 대한 적절한 징계가 문책(reprimand)이라는 점에 합의하고 있다. 이것이 적절한지 살펴본다. 변호사 징계수준을 결정할 때에는 양형 가중요소와 참작요소를 살펴보아야 한다. 이 사건에서 Litz 변호사는 징계를 받았던 기록이 없는 점, 절차 와중에 징계위원회에 협조한 점이 참작요소로 인정되는 반면, 가중요소는 발견되지 않는다.

판단컨대 Litz 변호사의 행위는 다가오는 공판절차에서 의뢰인의 이익을 위하여 의도적으로 행한 것이다. 물론 그에게 어떤 이기적인 동기가 있었던 것은 아니고 오히려 의뢰인을 위한다는 열정에서 비롯된 것으로 보이지만 윤리규범의 범위 안에서 그러한 행위를 하여야 하는 것이다. 그가 언론을 통해 표출한 발언은 공정한 재판에 심각한 영향을 줄 수 있기 때문에 위 변호사의 행위는 윤리규범의 중대한 위반에 해당한다.

다만 법원 밖에서의 발언에 대하여 문책이 적당한지 자격정지가 적당한지는 개별적인 사실에 따라 달라지는 문제이다. 이 사건에서는 Litz 변호사 자신이 아닌 의뢰인을

---

79) "합리적인 사람이라면 공공 매체에 의하여 퍼뜨려질 것이라고 예견되는 내용의 발언이고 그것이 재판절차를 중대하게 왜곡시킬 상당한 우려가 있다는 점을 변호사 자신이 알거나 합리적으로 알았어야 하는 경우라면, 변호사는 그러한 법정외 발언을 하여서는 안 된다."

80) "위 (a)항 소정의 발언이 배심 재판을 받을 민사 사건, 형사 사건 기타 투옥을 가져올 수 있는 절차를 언급하는 내용이거나 아래의 사항과 관련되어 있는 것이라면, 그 발언은 (a)항에서 규정된 영향을 통상 지닌다고 본다. (이하 생략)"

81) 인디애나주 직무행위규칙 3.6에 관한 주석의 내용이다.

위하여 이러한 행동을 하였다는 점, 그리고 징계절차에서 합의된 징계수준을 존중하는 것이 정책적으로 필요하다는 점을 고려하여야 한다.

3. Litz 변호사에 대하여 공개 문책의 징계를 결정한다.

【판례 3-49】 Gentile v. State Bar of Nevada(Supreme Court of the United States; June 27, 1991; 501 U.S. 1030, 111 S.Ct. 2720)
형사 사건의 변호인이 기자회견을 통해 사건에 대해 발언한 사례 — 변호사의 표현의 자유를 제한하는 주 대법원 규칙의 위헌 여부

▌사실관계

1987년 1월 31일 라스베이거스 경찰서 정보국이 위장수사 목적으로 웨스턴 금고회사의 개인금고에 보관 중이던 코카인 4킬로그램과 현금 30만 달러가 사라졌다. 시 보안관 John Moran은 금고에 접근할 권한이 있는 형사 Steve Scholl과 경사 Ed Schaub, 그리고 웨스턴 금고회사 직원을 용의자로 지목하였다.

보안관 Moran을 비롯한 경찰 고위간부들이 언론을 통해서 경찰관들에 대한 신뢰를 표하고, 웨스턴 금고회사의 고객 가운데 보관품을 분실하였다는 사람이 몇 명 더 등장하자 웨스턴 금고회사의 소유자인 Grady Sanders가 유력한 용의자라는 여론이 형성되었다. 곧이어 경찰은 용의자로 지목되었던 두 경찰관이 거짓말 탐지기 검사를 통과하였다고 발표하였다. 그러나 FBI의 수사 결과, 이 거짓말 탐지기 검사를 수행한 Ray Slaughter가 FBI 정보원에게 코카인을 공급하고 있었다는 사실이 언론을 통해서 알려졌다.

Dominic Gentile 변호사는 피고인 Sanders의 기소 직후 그의 변호인으로서 공식 기자회견을 열어 피고인의 결백을 주장하는 한편, 경찰 용의자인 Scholl 형사의 범죄를 입증할 증거가 있다고 밝히고 기자들과 질의응답을 하였다. 6개월 후 공판이 열렸고 배심원은 피고인에게 무죄평결을 내렸다.

네바다주 변호사회 징계위원회는 청구인이 사건의 공개(Trial Publicity)에 관한 네바다주 대법원 규칙 177조[82]를 위반하였다는 이유로 비공개 문책을 권고하였다. Gentile

---

82) 네바다주 대법원 규칙 177조(1991년 1월 5일)

1. 변호사는 재판절차에 중대한 해를 끼칠 수 있는 상당한 가능성이 있음을 알거나 마땅히 알아야 할 사항에 대해서 법정 밖에서 언론을 통해 전파될 가능성이 있는 발언을 하여서는 아니 된다.

2. 변호사의 발언은 배심원 재판을 받을 수 있는 민사 사건, 형사 사건, 기타 신체의 구속을 초래할 수 있는 모든 절차, 그리고 다음의 사항과 관련된 것일 때 1항의 발언에 해당한다.

(a) 당사자, 형사 사건의 용의자 또는 증인의 성격, 신빙성, 평판 또는 전과, 증인의 신원, 당사자 또는 증인의 예상되는 증언 내용에 관한 사항

(b) 형사 사건이나 신체의 구속을 초래할 수 있는 절차에서 유죄인정의 가능성, 자백, 인정, 또는 용의자

변호사는 네바다주 법원에 이의를 제기하였으나 네바다주 법원은 징계위원회의 결정을 유지하였다.

▌쟁점

형사 사건의 변호인이 공개 기자회견을 통해서 한 사건에 대한 발언이 변호사 직무행위규칙을 위반하는지 여부

▌법원의 판단(다수의견)

1. 변호사의 표현의 자유는 법정 내에서 보장되나, 사건이 진행 중인 경우 법정 밖에서는 제한이 가해질 수 있다. 대법원 규칙 177조가 제시하는 "재판절차에 중대한 해를 끼칠 수 있는 상당한 가능성"이라는 기준에 따라 변호사의 표현의 자유에 제한을 가하는 것은 수정헌법 1조상의 표현의 자유와 공정한 재판이라는 양자의 가치 사이에서 적정한 균형을 이루고 있는 것으로 판단된다. 변호인은 증거개시절차상 정보에 접근할 수 있고 의뢰인과의 소통이 가능하다는 특수한 지위에 있기 때문에, 그의 법정 바깥에서의 진술은 진행 중인 사건의 공정성을 위협할 수 있다. 공평무사한 배심원에 의한 공정한 판결은 헌법이 보장하고자 하는 가장 중요한 가치 가운데 하나임을 고려할 때, 위 규칙

및 피고인의 진술 또는 진술의 거부에 관한 사항
(c) 검사 및 분석의 결과 또는 그 거부, 물리적 증거의 성격 또는 정체에 관한 사항
(d) 형사 사건 또는 신체 구속을 초래할 수 있는 절차에서 피고인 또는 용의자의 유무죄에 관한 의견
(e) 법정에서 증거로 받아들일 수 없음을 알았거나 마땅히 알았어야 할 정보 가운데 공개되었을 때 선입견을 형성하거나 재판의 불공정을 야기할 상당한 위험이 있는 사항
(f) 피고인이 특정 범죄로 기소되었다는 사실을 범죄가 혐의에 불과하며 유죄판결 때까지 무죄가 추정된다는 진술 없이 밝힌 경우

3. 전 2항에도 불구하고 수사 및 소송에 관여하는 변호사는 다음의 사항에 대해서는 상세설명 없는 발언을 할 수 있다.
(a) 법정 주장 또는 변론의 일반적인 성격
(b) 공적 기록에 포함되어 있는 정보
(c) 수사의 일반적 범위를 포함하여 수사가 진행 중이라는 사실 및 이와 관련한 법적 주장, 법률로써 금지된 때를 제외하고는 이에 관련된 자들의 신원
(d) 소송의 각 단계의 일정 및 결과
(e) 필요한 정보 및 증거를 얻는 데 필요한 조력의 요청
(f) 개인 또는 공익에 대한 상당한 해악의 우려가 있다고 믿을 합리적인 이유가 있을 때 관련된 자의 행동으로 인해 야기될 위험에 대한 경고
(g) 형사 사건에서
(i) 피고인의 신원, 주소, 직업 및 가족관계
(ii) 피고인의 신병이 확보되지 않은 경우 신병확보에 도움이 될 수 있는 정보
(iii) 체포의 시간, 장소 및 정황
(iv) 수사 및 체포에 관여한 수사당국과 수사의 기간

177조가 제시하는 기준은 주 사법체계의 공정성을 보호하는 한편 변호사의 표현의 자유에는 필요최소한의 제한을 가할 뿐이다.

2. 그러나 네바다주 대법원 규칙 177조는 명확성의 원칙에 위배되어 무효이다. 위 규칙의 문법적 구조의 문제와 주법원이 규칙의 명확한 해석 기준을 제시하지 못한 문제로 인해 위 규칙은 수범자에게 공정한 규범을 제시하지 못하고 있으며, 이로 인해 차별적인 적용의 위험이 상존한다. 면제조항인 177조 3항의 "~에도 불구하고"라는 표현으로 인해 변호사는 변론의 "일반적인" 내용에 대해서는 "상세설명"이 없는 한 재판절차에 해를 끼칠 가능성이 있는지 여부와 관계없이 발언을 할 수 있게 되어 있다. "일반적인"과 "상세설명"이라는 단어는 확립된 용법과 해석이 없는 것으로서, 이 규칙의 맥락에서는 변호사가 어떤 말을 할 수 있고 어떤 말을 하여서는 안 되는지에 대해 결국 아무런 기준을 제시해 주지 못한다. 청구인이 기자회견 전에 신중하게 위 규칙위반 여부에 대해 검토를 하였고 기자들의 질문 가운데 몇 개에는 윤리규칙을 이유로 답변하지 않았음에도 불구하고 규칙 위반으로 제소되었다는 사실은 위 규칙의 불명확성 문제를 잘 보여준다.

3. 네바다주 대법원의 결정을 파기한다.

【판례 3-50】 U.S. v. Cueto(United States Court of Appeals, Seventh Circuit; July 31, 1998; 151 F.3d 620)
불법 도박사업에 연루된 형사변호인이 자신의 이익을 위해 위법한 변론활동을 한 경우 별도의 범죄를 구성한다고 본 사례

▌사실관계

Thomas Venezia는 자판기 및 오락기 사업체인 B & H사를 소유한 자로 불법 도박 비디오게임사업을 운영하였다. 피고인 Amiel Cueto는 Venezia의 변호사로 Venezia 및 관련자가 불법 도박 비디오 게임과 관련하여 체포되거나 기소될 경우 법적 조력을 제공하였다. Venezia와 Cueto는 변호사-의뢰인일 뿐 아니라 다양한 거래와 사업을 함께하여 부동산 투자, 나이트클럽 운영 및 불법 도박 게임사업에도 공동으로 관여하고 있었다.

1994년 8월 FBI의 수사를 통해 Venezia와 B & H사에 대해 수집된 증거를 검토하기 위한 대배심(grand jury)이 소집되었고 Venezia는 불법 도박사업 등의 범죄에 대해 유죄평결을 받았다.

1996년 7월 또 다른 대배심 재판이 열렸고, Cueto와 Venezia는 9건의 범죄 혐의로 기소되었다. 특히 Cueto에 대해서는 변호사의 지위를 불법적인 방법으로 남용하여

Venezia 등과 공모한 후에 Venezia와 B & H사에 대한 FBI 및 대배심과 연방 지방법원의 수사, 기소 및 처벌이라는 정당한 기능을 방해한 혐의가 부각되었다. Cueto에 대한 기소의 제1점은 국가를 상대로 한 사기의 공모 혐의(conspiracy to defraud)로, 첫째 정부의 위장수사 요원인 Robinson이 강요죄를 저질렀다고 주장하여 Robinson에 대한 수사 및 기소를 종용하고, 둘째 수사를 방해하고 절차를 지연할 목적으로 법원에 잘못된 신청을 함으로써 대배심의 기능을 방해하였으며, 셋째 Venezia 및 공동피고인들의 변호인들에게 여러 신청을 하게 함으로써 공갈죄 사건 재판절차를 방해하였다는 것이다. 기소 제2 · 6 · 7점은 사법방해의 혐의로서, Cueto가 변호사의 지위를 이용하여 법원에 서면 등을 제출함으로써 Venezia와 B & H사 관련 형사 사건의 정당한 사법기능을 방해하거나 손상하였다는 것이다.

배심원 재판에서 Cueto는 기소 제1 · 2 · 6 · 7점에 대해 유죄평결을 받고 총 7년 3개월의 징역과 2년의 보호관찰 및 금전 배상을 선고받았다. Cueto는 기소 대상 행위에 '사기의 공모' 혐의를 적용하기에는 해당 법규정의 의미가 불분명하여 명확성 원칙에 반하고 대상 행위는 모두 공적으로 이루어진 합법적 행위이며, 사법방해의 일반조항인 §1503[83]에 법원에 서면을 제출하는 행위나 지방 검사에게 다른 공무원의 비리를 수사하도록 독려하는 행위는 포함되지 않는다고 주장하며 항소하였다.

쟁점

변호인이 의뢰인을 위하여 변론하는 행위가 별도로 범죄를 구성하는 경우에 해당하기 위한 기준

법원의 판단

1. 피고인은 사법방해에 관한 일반조항인 18 USC 1503은 명확성의 원칙에 반하고 기본적으로 변호사의 직무가 사법체계에 '영향력을 행사하려는 것'이므로 기소 대상 행위에는 위 법 조항이 적용되어서는 안 된다고 주장한다. 변호사가 업무로서 행하는 소송 관련 행위가 어떤 경우에 사법방해에 해당하여 §1503에 따라 처벌 대상이 되는지에 관한 명확한 판례는 찾아보기 어렵다. 물론 변호사가 의뢰인을 변호하기 위해 합법적인 수단을 동원한 경우 처벌할 수 없다는 점에는 이견이 없다.

그런데 §1503이 처벌하고자 하는 것은 피고인이 어떤 목적을 달성하기 위해 취한 행

83) "누구든지… 부정한 방법, 강박, 위력, 또는 협박을 통하여 정당한 법집행에 영향력을 행사하거나 방해한 자 또는 이를 시도하는 자는 징역에… 처한다."

위가 아니라 그 행위의 동기가 되는 부정한 의도 그 자체라는 점이 중시된다. 따라서 의뢰인을 변호하는 과정에서 변호사가 취한 행위라도 법률규정이 금지하고자 하는 부정한 의도를 달성하기 위한 목적으로 행한 것이라면 처벌의 대상이 된다. 이 사건에서 피고인 행위의 이면에 있는 동기는 불법 도박사업을 보호하여 자신의 경제적 이득을 지키기 위한 것이므로 더 이상 합법적인 것이라고 볼 수 없다.

전국형사변호사협회(National Association of Criminal Defense Lawyers)는 의견서를 제출하여 "피고인에 대한 유죄판결이 유지될 경우, 형사변호인들은 앞으로 고의뿐만이 아닌 과실에 의한 행위에 대해서도 형사책임을 지게 될 가능성이 있어 형사변론을 크게 위축시켜 형사절차의 균형을 해치게 될 것"이라고 지적한 바 있다. 그러나 변호사의 직무비행 또는 범죄는 형사처벌의 면제 대상이 될 수 없으며 피고인이 부정한 의도를 갖고 형법을 위반하여 사법기능을 저해한 행위를 도저히 묵과할 수는 없다.

2. 기소 제2점은 Venezia v. Robinson 사건에서 피고인이 연방 지방법원에 계속하여 이의와 항소를 제기하고 대법원에 상고를 신청하는 방법을 동원하여 정당한 사법집행을 방해한 혐의이다.

증거를 종합해 볼 때 피고인은 이러한 행위를 통해 FBI의 위장수사를 폭로하고 수사를 통해 수집한 증거를 노출시켰으며, 위장요원 Robinson에 대한 금지 명령(injunction)을 받기 위해 다수의 무의미한 신청을 한 것으로 인정된다. 피고인의 행위는 외형상 전통적인 의미에서 소송 관련 업무행위에 해당할 것이나, 그 실질에 있어서는 의뢰인의 형사처벌을 막음으로써 불법 도박사업에 연관된 자신의 이익을 보호할 부정한 목적으로 사법집행을 방해하려는 노력이었음이 인정된다.

3. 피고인은 국가 상대 사기죄를 규정한 18 USC 371[84)]의 해석상 자신의 행위에 동조항이 적용될 수 없다고 주장한다. 또한 자신의 행위는 변호사로서의 합법적 업무행위이므로 합법적 행위가 '범죄의 공모'를 구성할 수 없다고 주장한다. 그러나 증거를 종합하여 볼 때 피고인의 행위는 전형적인 변호사로서의 합법적 행위라고 평가할 수 없으며, 변호사로서의 지위를 국가를 상대로 한 사기의 도구로 이용하여 수사·기소 및 처벌의 정당한 사법기능을 저해 및 방해하였으므로 피고인의 항소는 이유 없다.

84) "2인 이상이 공모하여 미합중국 또는 국가기관을 대상으로 방법과 목적을 막론하고 사기 등 범죄를 행한 경우 1만 달러 이상의 벌금 또는 5년 이상의 징역에 처하며 이는 병과할 수 있다."

1.6 수임사무의 처리 관련 기타 의무

【판례 3-51】 Jackson v. State Bar(Supreme Court of California; October 4, 1979; 25 Cal.3d 398)
의뢰인의 신탁계좌에서 횡령하는 등 비행을 저지른 변호사가 자격박탈의 징계를 받은 사례

사실관계

1. Sillard 사건

1967년 Joseph Jackson 변호사는 망인의 유산에 관한 소송에서 미성년자인 Harry J. Sillard와 Rodney Sillard를 대리하도록 선임되었다. Jackson 변호사는 의뢰인들로부터 자산을 수탁 받은 후 이를 횡령하였고, 의뢰인의 후견인 Rose의 수차례에 걸친 요청에도 불구하고 수탁 받은 자산의 상환을 거절하는 비행을 저질렀다. Rose는 Jackson 변호사로부터 신탁자금을 상환받기 위하여 소를 제기하였고 소송은 3년 이상 계속되었다. 그뿐 아니라 Jackson 변호사는 Harry J. Sillard와 Rodney Sillard에게 4,039.97달러의 채무를 지고 있었으므로 4,039.97달러 이상을 그의 신탁계좌에 유지해야 할 의무가 있었다. 그러나 Jackson 변호사는 의뢰인의 신탁계좌로부터 한도를 초과하여 출금하였고, 위 계좌에는 9개월 넘게 의뢰인이 소유한 금액에 못 미치는 액수만이 예치되어 있었다.

2. Layton 사건

Jackson 변호사는 Layton 부인의 사건을 화해로 해결한 후, Layton 부인을 대리하여 1975년 5월 21일 2,500달러를 수령한 후 이를 자신의 의뢰인 신탁계좌에 보관하였다. Jackson 변호사는 서면으로 1975년 8월과 1976년 2월 두 차례에 걸쳐 의뢰인에게 2,500달러를 신탁계좌에 보관하고 있다고 통지하였다. Jackson 변호사는 이 기간에 걸쳐 항상 그 계좌에 2,500달러 이상을 보유하고 있어야 했다. 그러나 1975년 10월 10일 그 계좌의 잔고는 59.16달러로 감소하였다. 게다가 그 기간 중 53일은 2,500달러에 못 미치는 잔고만이 존재하였다.

Layton 부인은 그 신탁자산의 어떠한 지출에 대하여도 Jackson 변호사에게 권한을 부여한 적이 없고, Jackson 변호사에게 금전을 대여해 주기로 동의한 적도 없다고 증언하였다.

Jackson 변호사는 Layton 부인이 추가보수를 지불할 것을 거절하였기 때문에 그녀의 금전을 지급하지 않고 있었다. Jackson 변호사는 보증보험회사로부터 1,500달러의 추가보수를 수령하였음에도 불구하고 추가적인 보수를 요구하며 1,750달러의 수표와 함

께 그가 자금을 수탁자로서 보관하고 있지만 750달러의 추가보수를 공제할 권리가 있다고 주장하는 편지를 Layton 부인에게 보냈다.

즉 신탁계좌에 2,500달러를 예치하고 있었던 Jackson 변호사는 750달러의 추가보수를 자의적으로 지급받은 것이다. Layton 부인이 이미 추가보수 지불 거부 의사를 밝혔던 사실에도 불구하고, Jackson 변호사는 "정신적으로(mentally)" 스스로에게 750달러를 지불하였다고 증언하였다. Layton 부인은 750달러를 돌려받고자 했지만 Jackson 변호사를 접촉하는 데 실패하였다.

▌쟁점

유사행위로 징계를 받은 전력이 있는 변호사가 의뢰인의 신탁계좌에서 반복적으로 횡령을 함으로써 의뢰인에게 상당한 손해를 가하는 비행을 계속 행할 경우, 공익을 보호하고 법원과 법조 직역에 대한 공공의 신뢰를 유지하기 위하여 변호사 자격박탈의 징계가 필요한지 여부

▌법원의 판단

Jackson 변호사가 반복적으로 의뢰인에게서 수탁 받은 자산을 횡령하고 법조 직역의 윤리를 위반하였음이 명백히 입증되었다. Jackson 변호사는 의뢰인의 신탁계좌에 충분한 금액을 보관하고 있어야 할 기간 동안 의뢰인의 자산에 못 미치는 액수의 잔고를 유지하고 있었다는 사실, 그리고 수차례에 걸쳐 그 계좌로부터 과도하게 출금한 사실에 대하여는 논란의 여지가 없다.

Jackson 변호사는 의뢰인의 신탁계좌 관리를 태만히 함으로써 의뢰인에 대한 신인의무를 위반하였을 뿐만 아니라, 추가적인 보수와 비용을 요구하면서 의뢰인의 반복된 상환 요구를 거부하였다. 또한 Jackson 변호사는 경제적 이익을 위하여 자신의 자산을 의뢰인의 신탁계좌에 입금하는 행위를 하였다는 사실도 입증되었다. 이러한 행위는 명백하게 직무행위규칙 8-101(A)(2)를 위반한 것이다.

Jackson 변호사에 대한 이전의 징계 사례를 보면 그가 징계의 전과가 없고 의뢰인에 대한 손해를 배상하였으며, 나이가 비교적 어렸다는 점 등 징계수위를 자격박탈이 아닌 자격정지로 경감시킬 만한 사정이 존재하였다. 그러나 이 사건에서는 그러한 사유가 전혀 없다. Jackson의 캘리포니아주에서의 변호사 자격을 박탈한다.

【판례 3-52】 In re Farley's Case(Supreme Court of New Hampshire; March 8, 2002; 794 A.2d 116)
의뢰인의 자산을 개인 용도로 사용한 변호사가 자격박탈의 징계를 받은 사례

▮ 사실관계

1996년 12월 법원은 Michael J. Farley 변호사에 대하여 의뢰인들의 부동산 및 일체의 자산에 관한 양도, 위탁, 보증 기타 모든 방식의 처분행위를 금지하도록 명하였다. 그러나 법원의 명령이 있고 2주가 지나지 않아 Farley 변호사는 의뢰인의 신탁계좌에서 총 1,310달러를 본인에게 지불하도록 하는 6장의 수표를 발행하였다.

1997년 2월 법원은 Farley 변호사의 의뢰인 신탁계좌를 정지시키고 의뢰인들의 모든 계좌를 감사할 공인회계사를 선임하였다. 그러나 Farley 변호사가 필요한 기록을 제공하지 않았기 때문에 감사가 제대로 이루어지지 못하였다.

법원이 Farley 변호사에게 의뢰인 자산의 처분행위를 금지하기 바로 직전, Farley 변호사는 의뢰인을 대리하여 9,000달러 상당의 손해배상청구소송에서 합의하고 합의금을 의뢰인 신탁계좌에 예치해 두었다. 그후 Farley 변호사는 수임료의 명목으로 그 계좌에서 3,000달러를 인출했으나 그의 의뢰인에게 잔액을 지불하지는 않았다. Farley 변호사의 이 같은 예금인출과 위 수표 발행 등으로 인하여 의뢰인의 계좌에는 의뢰인에게 지급할 금액을 변제할 만큼의 충분한 잔액이 없었고, 그 계좌가 법원에 의해 동결되었을 당시 계좌 잔액은 이미 3,000달러 이상 부족한 상태였다.

뉴햄프셔주 대법원 직무윤리위원회는 Farley 변호사에 대하여 자격박탈의 징계를 하도록 청원하였다. 징계심리절차에서 Farley 변호사가 뉴햄프셔주 변호사 직무행위규칙 1.15(a)(1),[85] 1.15(a)(2), 1.15(b),[86] 3.4(a),[87] 3.4(c),[88] 8.4(a), 8.4(c)를 위반하였다는 명백한 증거가 발견되었다. Farley 변호사는 부정직했거나 경제적 이익을 위한다는

85) "대리와 관련하여 변호사의 소유로 되어 있는 의뢰인이나 제3자 재산은 변호사 자신의 재산과 분리하여 보관해야 한다. 기금은 변호사 사무소가 소재한 주에서 운영되는 분리된 계좌로 또는 의뢰인이나 제3자의 동의하에 다른 곳에 보관되어야 한다. (기금 외에) 다른 재산은 그 재산으로서 구분되도록 해야 하고 적절한 방식으로 안전하게 보관되어야 한다. 그러한 계좌기금과 다른 재산의 완전한 기록은 변호사에 의해서 보관되어야 하며 수임 종료 후 5년간 보존되어야 한다."

86) "변호사는 은행의 서비스비용을 지불하려는 목적으로만 의뢰인의 신탁계좌에 변호사 자신의 기금을 예치할 수 있고 그 목적에 필요한 만큼만 해야 한다."

87) "다른 당사자가 증거에 접근하는 것을 불법적으로 막는 것 또는 잠재적으로 증거의 가치가 있는 문서나 다른 자료를 불법적으로 변경하거나 파괴하거나 은폐하는 것. 변호사는 다른 사람이 그러한 행동을 하도록 조언하거나 조력해서는 안 된다."

88) "유효한 의무가 존재하지 않는다는 주장에 기초하여 공개적으로 의무의 이행을 거절하는 경우를 제외하고, 재판 규칙에 따른 의무의 이행을 의도적으로 회피하는 것을 하지 않는다."

목적이 없었고 당시 그가 신병치료로 인하여 재정적으로 궁핍한 상황이었으며, 의뢰인 신탁계좌로부터 자금을 유용하였다는 사실을 알지 못하였다는 사정을 들어 징계수위를 경감해 줄 것을 요청하였다.

▌쟁점

변호사가 법원으로부터 의뢰인 자산의 양도 · 처분을 금지하는 명령을 받은 후 그 의뢰인의 자산을 변호사의 개인 용도로 사용한 행위에 대하여 자격박탈의 징계가 적절한지 여부

▌법원의 판단

변호사에 대한 적정한 징계수위를 결정하는 데 있어서 법원은 범법자를 처벌하는 것이 아니라 공중(public)을 보호하고 법정에서 공중의 신뢰를 유지하며 미래에 비슷한 사건이 발생하는 것을 예방하는 데 목적이 있다. Farley 변호사가 주장하는 요소들을 고려하더라도 이 사건에서는 자격박탈이 적절한 징계이다. "변호사가 아무리 큰 개인적 또는 경제적 압박을 받고 있더라도 의뢰인의 자금을 혼장하거나 전용하는 행위를 정당화하지 못한다." 무지에 의한 경감사유는 이유 없다. 만약 위 직무행위규칙 1.15(b)에 따라 그가 의뢰인에게 즉시 정산을 했더라면, 또 규칙 1.15(a)에 따라 예금을 보호하고 충분한 금융거래 기록을 유지했더라면 그는 그 자산이 의뢰인의 소유임을 충분히 알 수 있었을 것이다. 따라서 Farley 변호사에 대한 자격박탈을 명한다.

2. 비밀유지의무와 변호사-의뢰인 특권(Attorney-Client Privilege)

2.1 비밀유지의무

2.1.1 다른 의뢰인과의 관계

【판례 3-53】 People v. Belge(Court of Appeals of New York; December 20, 1976; 41 N.Y.2d 60, 359 N.E.2d 377 N.Y.)
살인 피의자인 의뢰인으로부터 듣고 사체를 발견하고도 비밀로 한 변호사 행동의 당부

▌사실관계

1973년 여름 Robert Garrow가 살인 혐의로 기소되었다. Garrow의 변호인으로 Frank

Armani 변호사와 Francis Belge 변호사가 선임되었고 변호인들은 Garrow가 정신이상이라고 항변하였다. Garrow를 변호인들이 면담하던 중 Garrow는 3건의 살인 사건을 더 저질렀음을 시인하였고 그중 한 건은 오논데이가카운티에서 일어났다. 1973년 9월경 Belge 변호사는 Garrow의 진술을 토대로 친구의 도움을 받아 Alicia Hauck의 사체가 있는 곳을 발견하였다. Belge 변호사는 직접 사체를 검사하였고 Garrow가 죽였다고 이야기했던 Alicia Hauck임을 확인하였다. 그러나 그는 사체 발견 사실을 수사기관에 알리지 않았다.

1974년 6월 Garrow의 사실심 중 Garrow의 정신이상을 입증하기 위하여 배심원들에게 3건의 추가 살인 사실을 공개하면서 사체의 발견 사실이 공개되었다. 오논데이가카운티의 대배심은 Armani는 불기소하였으나 Belge 변호사는 공중보건법(Public Health Law) 위반으로 기소하였다. 공중보건법은 누구든지 의사의 참여 없는 사람의 죽음을 알게 된 경우 관련 당국에 보고할 의무를 부과한다. Belge 변호사는 의뢰인과 변호사 사이에서 비밀이자 특권으로 보호되는 의사소통을 하였음을 이유로 기소를 기각할 것을 신청하였다.

▮ 쟁점

1. 변호사가 피해자 사체의 위치를 국가에 알리지 않은 것이 변호사-의뢰인 특권에 따라 보호받는 행위인지 여부
2. 의뢰인의 비밀유지의 이익과 존엄한 장례를 치를 사회적 이익 내지 피해자 측이 사망 여부를 알 이익 중 어느 것이 우선하는지 여부

▮ 법원의 판단

형사피고인은 자신이 잘못했음을 인정하지 않을 헌법상의 권리를 가진다. 피고인이 가지는 수정헌법 5조상의 권리를 변호인이 침해할 수는 없다. Alicia Hauck의 사체 발견은 '유죄를 증명할 일련의 증거의 중요한 연결점'을 제시하기 때문에 헌법상 Garrow는 사체의 위치를 밝힐 법적 의무가 면제된다. Belge 변호사는 변호인으로서 그러한 의무가 면제될 뿐 아니라 정보 누설을 하지 않을 적극적인 의무를 진다. 변호인을 통하여 강제적인 정보공개를 하게 된다면 형사피고인의 자기부책금지의 권리는 의미가 없게 된다.

또한 이 사건에서는 변호인의 비밀유지 특권의 중요성을 그러한 특권이 공정한 형사사법에 미치는 영향, 피해자의 가족이 피해자의 소재불명 때문에 입는 고통과 비교할 필요가 있다. 이 법원은 Belge 변호사가 의뢰인의 헌법상의 권리를 보호하기 위해 모든

열성을 쏟아 사법제도의 수행자로서 행동하였다고 판단한다. 특권이 부여된 의사소통에 근거하고 사법제도의 이익을 위하여 기소를 기각한다.

이 판결에 대하여 항소[89) · 상고[90)되었으나 상급심에서도 1심판결을 유지하였다.

【판례 3-54】 Banner v. City of Flint(United States District Court, E.D. Michigan; December 18, 2000; 136 F.Supp.2d 678)
의뢰인의 동의 없이 정보를 다른 유사 사건에 사용하여 징계를 받은 사례

▌사실관계

Vickie Rose는 플린트(Flint)시 소속 건강클리닉 코디네이터이다. Rose는 직장에서 인종적 역차별(reverse discrimination)을 당하자 이에 관한 소송 가능성을 타진하기 위해 Michael Freifeld 변호사와 상담을 하였다. 상담 내용에 따르면 Rose의 상사는 "백인 직원의 불만 제기는 허용하지 않겠다"라고 하였고 그 이유는 플린트시의 시장이 선거 전에 흑인 직원을 자극하는 행동을 하기를 원하지 않았기 때문이었다.

이러한 내용은 Elizabeth Banner가 역차별에 관해 플린트시를 피고로 하여 이미 진행 중이던 이 사건 소송과 관련이 있는 정보에 해당하였다. Freifeld 변호사는 Rose가 별도의 소송을 제기하기는 힘들 것이라 조언하였고, Freifeld 변호사가 소속된 Lenhoff 로펌이 플린트시를 상대로 진행 중인 역차별소송 및 Banner의 소송에서 Rose가 증언할 것을 제안하였다. Freifeld 변호사는 Rose가 선서진술서를 제출하는 것보다는 증언을 하는 것이 더 비자발적으로 보일 것이라고 말하면서 증언에 동의하였다고 주장하였으나, Rose는 자신이 결코 증언에 동의한 적이 없으며 단지 그와 같은 내용의 선서진술서에 서명하는 것을 고려해 보겠다고 하며 사무실을 떠났다고 주장하였다.

이후 이 사건 소송절차에서 Rose에 대한 두 차례의 증인신문이 이루어졌다. 플린트시의 변호사는 Rose에 대한 Freifeld 변호사의 신문 내용이 매우 적확하여 Rose와 Freifeld 변호사의 접촉사실을 의심하게 되었다. Rose는 처음에는 Freifeld 변호사와 면담한 사실을 숨겼지만 결국 그러한 사실을 털어놓게 되었다. 플린트시와 Rose는 Freifeld 변호사가 변호사-의뢰인 특권을 위반하였고 Rose는 그러한 특권을 포기한 적이 없다는 이유를 들어, Rose의 증언을 무효로 하고 Freifeld 변호사가 속한 로펌의 소송대리인 자격을 부인해 달라는 보호 명령을 신청하였다. 이들은 또한 위 신청에서

---

89) Supreme Court, Appellate Division, Fourth Department, New York; December 17, 1975; 50 A.D.2d 1088, 376 N.Y.S.2d 771.

90) Court of Appeals of New York; December 20, 1976; 41 N.Y.2d 60, 359 N.E.2d 377.

Rose의 증언이 이 사건에서 사용되거나 더 이상 누군가에게 공개되는 것을 막아 달라고 요구하였다.

반면 Banner를 비롯한 이 사건의 원고 측은 Rose가 이의 없이 증인신문절차를 위해 법정외 증언절차(deposition)에 출석하였고 자발적으로 신문에 관하여 답변하였기 때문에, 변호사-의뢰인 특권을 포기한 것으로 볼 수 있다고 주장하였다.

1심법원은 보호 명령을 발령하였지만 Rose의 증언을 무효로 하고 Freifel 변호사 소속 로펌의 대리인 자격을 부인해 달라는 Rose 및 플린트시의 요청은 받아들이지 않았다. Rose와 플린트시는 이와 같은 1심법원의 신청 일부 불허 결정에 관하여 항고하였다.

▮ 쟁점

잠재적 의뢰인과의 첫 번째 상담에서 비밀정보를 얻은 변호사가 의뢰인에게 변호사-의뢰인 특권의 적용 가능성에 대해 설명해 주지 않고 다른 사건에서 그 비밀정보를 공개하는 것이 위법한지 여부

▮ 법원의 판단

2심법원은 Rose의 증언을 무효로 하지 않기로 한 1심법원의 판단을 번복하였다.

Rose는 자신이 Freifeld 변호사에게 공개한 내용은 스스로 진술서에 서명하여 동의하지 않는 한 비밀로 유지될 것이라고 믿었으며, 증언 여부에 관해 위 변호사와 논의한 적도 없다는 진술이 믿을 만하다. 또한 Freifeld 변호사가 Rose에게 변호사-의뢰인 특권의 의미가 무엇인지 설명하지 않았으므로, Rose 자신은 그 의미를 몰랐고 따라서 특권의 포기는 인정될 수 없다. Rose의 증언이 Freifeld의 증언보다 더 믿을 만하다.

또한 Freifeld 변호사는 Banner 사건을 유리하게 이끌기 위해 Rose가 그에게 전한 정보를 공개하도록 압박하였다. 미시간주 변호사 직무행위규칙 1.6은 변호사가 제3자의 이익을 위해 의뢰인에게 해가 될 수 있는 비밀을 공개하는 것을 금지하고 있다. Freifeld 변호사는 Rose의 정보공개로 발생할 수 있는 해악을 방지하기 위한 충분한 주의를 기울이지 않았으므로 위 규칙 1.6을 위반하였다.

따라서 위법하게 수집한 증거 배제의 원칙에 따라 Rose의 증언 부분을 기록에서 삭제한다. 또한 Rose의 추가적 피해를 방지하기 위해 원고의 변호사가 다른 사람에게 Rose의 증언을 전달·공표하는 것을 금지한다. Rose의 증언을 어떠한 변호사가 어떠한 절차에서도 사용하는 것을 금지한다. Freifeld 변호사와 소속 로펌에 5,000달러의 벌금을 부과하고 플린트시와 Rose가 지불한 소송비용 중 일정액을 지급할 것을 명한다.

【판례 3-55】 A v. B(Supreme Court of New Jersey; April 15, 1999; 726 A.2d 924)
공동대리 시 비밀유지의무와 정보공개의무의 충돌

▌사실관계

로펌 Hill Wallack은 재산관리와 관련하여 남편과 아내를 함께 대리하였다. 수임계약을 공동으로 체결할 때 남편과 아내는 각각 '이익충돌 상황에서의 권리 포기'를 내용으로 하는 서류에 서명하였다. 또한 이 서류는 각자의 유언에 의하여 각자의 재산이 상대방 배우자에게 이전되는 효과가 있음을 자세히 기술하고, 조언 과정에서 어느 한 배우자에게서 얻은 정보는 다른 배우자에게도 제공될 수 있음에 관하여 설명하였다.

그런데 남편에게는 아내가 모르는 혼외자(婚外子)가 있었고 그 아이의 어머니가 Hill Wallack에 친자확인소송을 의뢰하였다. 원래 이 로펌의 전산체계는 수임계약을 체결하기 전에 새로운 의뢰인의 이름을 입력하여 기존 의뢰인의 데이터와 비교한 후, 이익충돌 상황이 있으면 이를 자동으로 감지하여 알려 주게 되어 있었다. 그런데 이 사건에서는 입력 과정에서 관련 당사자들 이름의 철자를 잘못 쓰는 바람에 위 로펌이 남편을 상대로 아이의 어머니를 대리하는 것이 이익충돌 상황을 야기함을 컴퓨터가 감지하지 못하였고, 결국 위 로펌은 남편을 상대로 하는 친자확인소송을 수행하게 되었다.

소송 계속 중 남편과 아내는 Hill Wallack 사무소에서 각각 유언을 하였는데, 그 내용은 각자의 재산을 상대방에게 유증하며 상대방이 사망한 경우 그 자녀에게 재산을 유증한다는 내용이었다. 이 유언에 따르면 혼인관계에서 출생한 자녀와 혼외자가 모두 유증을 받을 수 있는데, 당시 아내는 남편에게 혼외자가 있음을 알지 못하고 있었다.

위 로펌은 소송 사건이 어느 정도 진행되던 중에야 위와 같은 이익충돌 상황의 존재에 관하여 알게 되었고, 즉시 친자확인소송에서 대리인 지위로부터 사임하였다. 한편 위 로펌은 남편에게 서신을 보냈는데, 그 서신에는 아내에게 혼외자의 존재를 공개할 윤리적 의무가 있으며 만약 스스로 알리지 않으면 로펌에서 공개할 수밖에 없다는 내용이 포함되어 있었다. 로펌은 실제로는 그 사실을 아내에게 공개하지 않았으나, 친자확인소송의 과정에서 법원에 이러한 정보의 공개를 허가하여 줄 것을 신청하였다. 남편은 Hill Wallack의 이러한 정보공개를 막기 위해 친자확인소송에 당사자로서 참가하였다.

▌쟁점

1. 로펌이 2명의 의뢰인을 공동대리하고 있는 경우 한 의뢰인의 비밀정보를 다른 의뢰인에게 공개할 수 있는지 여부

2. 비밀유지의무와 정보공개의무가 충돌하는 상황에서는 어떻게 해야 하는지

▌법원의 판단

이 사건에서 뉴저지주 대법원은 로펌이 혼외자의 존재를 공개할 수는 있으나 혼외자의 이름은 공개할 수 없다고 판단하였다. 가장 중요한 논거는 이 상황은 뉴저지주 변호사 직무행위규칙 1.6(c)가 적용되는 상황이라는 것이었다. 규칙 1.6(c)는 변호사가 의뢰인의 범죄적·불법적, 또는 사기적 행위의 결과를 고치기 위해 필요한 한도에서 비밀정보를 노출할 수 있다고 규정하고 있다. 규칙 1.6(c)상의 '사기적 행위'를 넓게 해석한다면 남편이 고의적으로 혼외자의 존재를 은폐한 것은 아내에 대한 사기(fraud)라 볼 수 있다. 아내는 재산 분배에 관하여 중요한 정보를 요구할 수 있으며, 만약 진실을 알았다면 유언에 영향을 미쳤을 수 있으므로 이 조항이 적용된다.[91)]

둘째로 로펌은 혼외자의 존재를 남편에게 들은 것이 아니라 다른 사건을 대리하는 과정에서 알게 되었다는 점이 논거가 되었다. 남편의 정보비공개에 대한 기대는 그가 비밀리에 로펌에 정보를 전해 준 경우에 비해 낮다고 볼 수 있기 때문이다.

마지막으로 부부는 이익충돌 상황에서의 권리 포기 각서에 서명했으므로 로펌은 상대 배우자의 비밀정보를 제공해 줄 수 있는 정당한 근거를 갖게 된다.

결론적으로 Hill Wallack은 남편의 혼외자 존재를 아내에게 알려도 된다. 그러나 아이의 동일성을 식별할 수 있는 정보는 공개할 수 없다.

【판례 3-56】 State ex rel. Okla. Bar Ass'n. v. McGee(Supreme Court of Oklahoma; April 23, 2002; 48 P.3d 787)
다른 사건의 상대방인 의뢰인의 사건을 해당 사건 관련 정보를 공개하지 않는다는 조건하에 수임하였으나, 비서의 실수로 정보가 노출된 데 대하여 변호사가 징계 받은 사례

▌사실관계

1. 첫 번째 위반 사실(Tabitha Lee 사건)

Tabitha Lee는 Orven McGee 변호사를 이혼소송에서 대리인으로 선임하였다. Lee는 처음에 수임료로 800달러를 지불했고 McGee 변호사로부터 서면계약서는 받지 않았다.

---

91) Hill Wallack은 규칙 1.6에 따라 아내에게 혼외자의 존재를 공개하는 것이 의무이거나 적어도 허용된다고 주장하였다. 규칙 1.6(b)는 의뢰인의 범죄 또는 불법적·사기적 행동으로서 사망·중상해 또는 재정적 이익이나 재산의 중대한 침해를 초래할 것으로 예상되는 행위를 막기 위해 필요하다고 생각되는 경우, 변호사는 '의뢰인의 위임과 관련된 정보'를 당국에 공개해야 한다고 규정하고 있다. 그러나 아내의 재산이 남편의 혼외자에게 상속될지도 모른다는 점은 재정적 이익이나 재산의 중대한 침해라고 보기는 어려워 이 조항이 적용되기는 힘들다.

이혼이 승인된 후 McGee 변호사는 추가 수임료를 주지 않으면 법원으로부터 수령한 이혼판결문을 주지 않겠다고 하였다. Lee는 처음에 이미 모든 보수를 지급하였으므로 추가적 지급의무가 없다고 주장하였다. 27개월이 지나 Lee가 그를 오클라호마주 변호사회에 신고하겠다고 하자 비로소 McGee 변호사는 판결문을 교부하였다. 그런데 판결문에는 양육비 지급과 관련하여 잘못 기재된 부분이 있었고, Lee는 이를 바로잡기 위해 또 다른 변호사를 선임하였다. Lee는 이 문제에 관해 다시 주 변호사회에 신고하였다.

2. 두 번째 위반 사실(Ortega 사건)

Juanita Ortega는 범죄 혐의로 직장에서 체포되었다. 그 회사 사장은 McGee 변호사에게 직원들이 관련된 형사 사건을 맡아 줄 것을 요청하였다. 첫 번째 공판에서 McGee 변호사는 자신이 이전에 Ortega의 양육권과 관련하여 Ortega의 반대편에서 Ortega의 어머니와 오빠를 대리했다는 사실을 알게 되었다. McGee 변호사는 Ortega에게 이 점을 알리면서, 이익충돌에도 불구하고 Ortega와 그녀의 어머니를 둘 다 대리하는 것에 관해 어떤 이의도 제기하지 않겠다는 서면에 서명하도록 하였다. Ortega는 양육권과 관련하여 자신과 이해관계가 상반되는 어머니에게는 형사 고발이나 체포 사실에 관해 알리지 말라고 McGee 변호사에게 말하였다. 그러나 McGee가 사무실에 없는 동안 비서가 실수로 Ortega의 범죄 사실이 담긴 편지를 그녀의 어머니에게 보내고 말았다.

3. 오클라호마주 직무책임위원회(Professional Responsibility Tribunal)는 McGee 변호사의 오클라호마주 직무책임규칙 1.1 · 1.2 · 1.3 · 1.6 · 1.7 위반 혐의와 관련하여 청문회를 열어 McGee 변호사에 대한 6개월의 직무정지를 권고했고, 오클라호마주 변호사회는 공개 견책(public censure)의 징계를 권고하였다.

쟁점

1. 합리적으로 변호사에게 요구되는 신속성과 근면성 없이 의뢰인을 대리하는 것은 위법한지 여부

2. 비변호사인 직원이 의뢰인의 비밀을 누설한 것에 대해 변호사가 책임을 지는지 여부

법원의 판단

1. 첫 번째 위반 사실에 관하여

신속하고 근면하게 사건을 해결하는 것, 즉 직무수행 능력을 갖추는 것은 변호사가 부담할 의무의 내용이다. 사건에서 McGee 변호사는 합리적인 능력, 근면성과 신속성을 가지고 Lee를 대리하지 않았으므로 오클라호마주 직무행위규칙 1.1(능력), 1.3(근면)과 오클라호마주 변호사 징계규칙 1.3(규정된 행위 기준에 어긋나는 행동)을 위반하였다.

또한 변호사는 직무행위규칙 1.2(대리의 범위)에 따라 대리행위의 최종적 목적에 관한 의뢰인의 결정을 따라야 할 의무가 있다. 사안에서 변호사의 대리의 범위는 이혼 결정을 얻어 그 판결문을 의뢰인에게 교부하는 것에까지 미친다. Lee는 계속해서 판결문의 교부를 요구했으나 변호사는 거절하였으므로, 그는 직무행위규칙 1.2를 위반하였다.

2. 두 번째 위반 사실에 관하여

변호사는 비밀유지의무를 부담하고 이러한 의무는 비밀리에 의뢰인과 상담한 내용에 대해서 뿐만 아니라 사건 대리와 관련된 모든 정보에 대하여 부과된다. 변호사는 의뢰인의 동의가 없는 한 비밀을 유지할 의무가 있다. 또한 변호사는 비변호사 직원의 업무를 감독할 의무가 있다. 변호사의 직원이 의뢰인의 정보를 누설한 것은 주 직무책임규칙 1.6(비밀정보)과 주 변호사 징계규칙 1.3 위반에 해당한다. 또한 McGee 변호사는 위 징계규칙 1.7(이익충돌)을 위반하였다. 그가 Ortega를 대리하면서 얻는 정보는 그의 어머니에게 유리하게 작용할 수밖에 없는 것이었고, 그가 정보를 누설하지 않겠다고 약속함으로써 어머니를 효과적으로 대리할 수 없게 되었기 때문이다.

3. 이 사건에서 징계를 하는 이유는 변호사를 벌하기 위한 것이 아니라 공익의 견지에서 그에게 변호사 자격을 주는 것이 타당한가를 판단하기 위한 것이다. 그의 행동으로 의뢰인들이 큰 피해를 입지 않았다 하더라도 그의 위법은 정의 수호에 심각하고 해로운 영향을 끼치는 것이다. 특히 이익충돌 상황에 있는 양 당사자를 대리한 점이 문제된다. 이에 그에게 4개월간 직무정지를 명한다.

2.1.2 공익을 위한 정보공개

【판례 3-57】 Akron Bar Association v. Holder(Supreme Court of Ohio; June 16, 2004; 810 N.E.2d 426)

변호사가 지역사회 학교프로젝트를 위하여 의뢰인의 정보를 누설한 것이 공익을 위한 정보공개로 인정되지 않아 자격정지 2년의 징계를 받은 사례

▌사실관계

1. Marcus Wright는 오하이오주의 비영리법인인 Child First에 관여하였고 1997년 대표가 되었다. Child First는 지역사회의 어린이나 차터스쿨(공적 자금을 받아 교사·부모·지역 단체 등이 설립한 학교)에 공공서비스를 제공하는 법인이었다.

2000년 Wright와 그의 동업자 사이가 멀어지고 동업자는 Wright가 법인의 공금을 잘못 사용하였다는 주장을 제기하였다. 2001년 2월 1일 동업자가 Wright를 상대로 소송을 제기하였고 Wright는 William Holder 변호사를 대리인으로 선임하였다. 법원은

Wright의 동업자에게 최고경영자로서 법인의 사업을 계속 영위하도록 명하고 Wright는 현상유지적 행위만을 할 수 있도록 명령하였다.

2001년 4월 24일 소송의 상대방 변호사가 Wright에 대하여 증언을 청취하였다. Wright의 증언 중에는 그가 중범죄(felony)로 유죄를 받은 사실과 다른 좋지 않은 행동을 한 사실이 나타났다. 2001년 5월 30일 위 소송이 기각되어 Wright와 Holder 변호사 간의 수임관계는 종료되어 Holder 변호사는 Wright에게 2만 4,543달러의 변호사 보수를 청구하였고 이를 지급받기 위하여 소송을 제기하였다.

2. Holder 변호사의 부인의 친구인 A는 Holder 변호사의 의뢰인이자 다른 비영리법인인 East Cleveland Academy(이하 'ECA')의 이사였다. ECA에서 지역사회 학교를 여는 프로젝트를 진행하면서 Wright가 참여하게 되었고 Wright의 몇몇 지인도 참여하였다. Wright는 관련된 기금으로부터 자신의 보수를 지급받기를 원했으나 A는 학교가 개원한 이후에 보수를 지급하고자 하였고, 결국 Wright와 그 지인들은 ECA프로젝트에서 어떤 보수도 받지 못하였다.

2001년 4월 24일 Wright의 증언 후 소송이 계속되던 중, Holder 변호사는 Wright가 아직도 ECA에 관여하고 있다는 점을 우려하여 그가 지역사회 학교프로젝트에 관여하지 않기를 원하였다. 당시 A는 나름대로 Wright에 대한 우려를 가지고 있었다. Holder 변호사는 A에게 Wright가 이미 중죄로 유죄판결을 받은 점을 알려 주었고, A는 Wright가 ECA에서 손을 떼도록 하였다. 또한 2001년 7월 19일 Holder 변호사는 Wright의 중죄로 유죄판결을 받은 사실과 보수금 미지급 및 기망에 관한 소장 사본을 ECA의 직원 및 이사회, 오하이오주 교육부 및 교회 목사, 합의서에 서명했던 Child First의 이사에게 보냈다. 이후 Wright는 Child First로부터도 면직당하였다.

▌쟁점

공익사업의 원활한 진행을 위해 변호사가 의뢰인의 범죄 이력 및 비밀정보를 공개한 것이 위법한지 여부

▌법원의 판단

Holder 변호사는 Wright의 과거 비밀과 범죄 사실을 부적절하게 공개하였다. 이는 징계규칙 4-101(C)에서 규정된 의뢰인의 비밀정보공개 금지에 대한 예외 사유에서 비롯된 것이 아니라, A와 다른 사람들에게 Wright를 경계하도록 하기 위한 것이었다. Wright의 범죄 전과가 이미 공적 기록에 남겨진 것이라고 하더라도 이는 의뢰인에게 해로운 영향을 미칠 수 있는 것으로 변호사가 공개해서는 안 되는 비밀의 범주에 포함된다.

물론 Holder 변호사는 ECA프로젝트를 보호하기 위해 이러한 행동을 하였고 그것이 그 자신과 학교의 이익에 합치하는 것이라 믿었다고 주장한다. 그러나 Holder 변호사가 보수금을 지급받기 위하여 의뢰인에게 겁을 주고자 Wright의 기망행위에 관하여 소를 제기하였다고 판단된다. 또한 그의 정보공개는 Wright에게 불이익한 방향으로 작용했음이 명백하므로 Holder는 징계규칙 4-101(B)(1)(의뢰인의 비밀을 권한 없이 노출하는 것을 금지하는 조항), 4-101(B)(2)(의뢰인의 비밀을 권한 없이 의뢰인에게 불리하게 사용하는 것을 금지하는 조항), 4-101(B)(3)(의뢰인의 비밀을 변호사나 다른 사람의 이익으로 사용하는 것을 금지하는 조항)을 위반하였다.

변호사가 의뢰인의 과거를 부적절하게 노출하였고 부정직 · 사기 · 기망, 또는 부실표시를 함으로써 부적절하게 행동했음을 인정하고 이에 대해 2년간 자격정지 하되, 최초 6개월을 제외한 나중의 1년 6개월의 기간에 대해서는 집행을 유예한다.

【판례 3-58】 U.S. v. Legal Services for New York City (United States Court of Appeals, District of Columbia Circuit; May 25, 2001; 249 F.3d 1077)
비영리 법률서비스 단체에 대한 감사 시 의뢰인에 대한 일부 정보를 공개하여도 비밀유지의무 위반이 아니라고 본 사례

사실관계

항소인 Legal Services for New York City는 저소득층에게 법률서비스를 제공하고, 법률구조회사(Legal Services Corporation)를 통해 연방정부로부터 수백만 달러의 보조금을 수령하고 있다. 1998년 시작한 일련의 감사에서 법률구조회사의 감사관은 항소인이 제출한 보고서가 사건의 숫자를 부풀리는 등 부적절한 내용을 담고 있음을 발견하였다. 회계감사원은 항소인을 포함하여 5명의 보조금 수령인에 대해 감사를 실시하였고, 그 결과 보고된 22만 1,000개의 사건 중 대략 7만 5,000개의 사건에 의문이 있다고 결론을 내렸다. 이에 의회는 감사관에게 보조금 수령인들이 담당한 사건 정보를 평가하고 보고하라고 요청하였다.

감사관은 항소인을 포함한 30명의 보조금 수령인에게 두 가지 정보(data)를 요구하였다. 첫째는 사건번호만으로 식별할 수 있도록 각 사건의 주제를 52개의 코드(예 : 친권종료, 진폐증, 교육, 계약/하자담보)로 표시하도록 하였다. 둘째는 역시 사건번호로 식별할 수 있도록 하되 보조금 수령자의 의뢰인 이름을 표시하도록 한 것이었다. 항소인은 첫째 정보는 제공하였으나, 첫째 정보와 둘째 정보를 비추어 보면 의뢰인의 사건 내용을 알 수 있게 된다는 이유로 둘째 정보의 제공을 거절하였다. 이에 감사관은 정보공개

를 강제해 달라는 소를 제기하였다. 1심법원은 감사관의 청구를 인용하였다.

▌쟁점

감사 목적으로 제출을 요구받았을 때, 변호사는 의뢰인의 이름이 포함된 정보를 제공할 수 있는지 여부

▌법원의 판단

뉴욕주 변호사 직무행위준칙 DR 4-101(A)(2000)은 변호사가 특권이 부여된 것이든 아니든 상관없이 정보제공에 동의하지 않은 의뢰인의 위임에 관한 정보를 누설하는 행위(특히 정보가 의뢰인을 곤란하게 하거나 의뢰인에게 불이익을 초래할 수 있는 경우)를 금지하고 있다.

법률구조회사법상 법률구조회사는 보조금 수령 변호사의 직무상 의무를 존중하여야 하고 변호사가 그의 의뢰인에 대하여 직무상 의무를 수행하는 것을 방해하여서는 안 된다. 그런데 법률구조회사의 감사관은 보조금 수령자를 감사하고 조사할 의무를 지고 있으므로 넓은 범위의 정보제공 요구 권한을 부여받았다. 즉 관련 법령은 보조금 수령자의 회계 기록, 시간 기록, 수임계약서, 의뢰인 신탁자금 기록, 의뢰인의 성명이 감사관에게 제공되어야 한다고 규정하고 있다. 따라서 보조금 수령자가 윤리적 의무를 부담한다고 하여 감사관이 보조금 수령자에게 사건의 주제와 함께 의뢰인의 성명을 제공할 것을 요구하는 것을 방해하지 않는다. 감사관이 의뢰인 정보 보호 조치로 설치하겠다고 한 내부정보차단벽(chinese wall)이 충분한지 여부를 검토할 필요가 없다. 정보차단벽 때문에 정보가 누출되지 않을 것으로 보이나 정보가 누출된다고 하더라도 그 정보는 넓게 분류한 사건의 주제일 뿐이다. 의뢰인의 이름과 사건 주제코드의 결합이 항소인의 법률서비스 제공을 부당하게 훼손하거나 심각하게 방해한다고 말할 수 없다. 따라서 원심의 결정을 유지한다.

【판례 3-59】 McClure v. Thompson(United States Court of Appeals, Ninth Circuit; April 2, 2003; 323 F.3d 1233)
의뢰인으로부터 들은 피해자의 소재에 관한 정보를 익명으로 수사기관에 알린 변호사의 행동이 비밀유지의무의 예외에 해당한다고 본 사례

▌사실관계

Robert McClure는 친구인 Carol Jones의 사망과 Jones의 두 자녀의 실종에 대한 범

죄 혐의로 체포되었고, McClure의 어머니는 Chrostopher Mecca 변호사를 McClure의 변호인으로 선임하였다. McClure는 Mecca 변호사와 접견할 때, 두 아이가 각각 어디에 있는지를 알려 주었고 두 아이가 죽었다고 명백히 말하지는 않았다. Mecca 변호사는 만약 두 아이가 살아 있다면 자신은 이를 당국에 알릴 의무가 있다고 McClure에게 말하였다.

Mecca 변호사는 경찰에 전화를 걸어 두 아이의 위치를 익명으로 제보하였다. 다음 날 경찰은 제보 받은 장소에서 두 아이의 시체를 발견하였고, Mecca 변호사는 McClure의 변호인 지위에서 사임하였다. McClure는 Jones와 두 자녀에 대한 살인 혐의로 기소되었고, 익명의 제보 내용과 두 아이의 사체가 강력한 증거가 되어 McClure는 오리건주 법원에서 유죄를 선고받았다.

McClure는 Mecca 변호사가 변호사로서의 의무를 위반하여 두 아이의 위치를 알려 주었기 때문에 자신이 유죄를 선고받은 것이어서 미국 수정헌법 6조에 규정된 변호사로부터 효과적인 조력을 얻지 못하였다고 주장하면서, 연방 지방법원에 '인신보호를 위한 구제'를 신청하였다. 그러나 Mecca 변호사는 McClure가 두 아이의 위치를 말한 것을 듣고 두 아이가 아직 살아 있는 것으로 생각했기 때문에 추가적인 범죄를 예방하기 위해 변호사-의뢰인 특권을 위반할 수밖에 없었다고 주장하였다.

연방 지방법원은 McClure의 신청을 받아들이지 않았고, McClure는 항소하였다.

▌쟁점

1. Mecca 변호사가 비밀유지의무를 위반하여 의뢰인 정보를 공개함으로써 McClure가 변호인의 효과적인 조력을 받지 못하게 되었는지 여부

2. 변호사가 의뢰인의 비밀정보를 공개하는 것이 허용되는 경우

▌법원의 판단(다수의견)

1. 미국변호사협회 직무행위표준규칙 1.6(A)에 따르면 의뢰인이 동의하면 비밀정보를 공개할 수 있다. 이 법원은 McClure의 동의가 있었다는 주장은 인정하지 않는다. 동의는 오로지 '충분한 설명을 받은 다음의 동의(informed consent)'이어야 한다. 그런데 Mecca 변호사는 정보공개의 결과와 세부적 내용에 관하여 McClure에게 설명해 주지 않았고, 따라서 설사 McClure가 공개에 동의하였다 하더라도 이 동의는 '충분한 설명을 받은 다음의' 것으로 볼 수 없다. 이러한 설명의무는 의뢰인이 설명을 요청했는지 여부와 관계없이 변호사가 부담한다.

2. 위 표준규칙 1.6(B)(1)에 따르면 의뢰인이 급박히 사망 또는 중상해의 결과를 초

래할 범죄를 저지를 것을 방기하기 위하여 필요하다고 합리적으로 생각하는 범위 내에서는 비밀유지의무에 대한 예외가 인정된다. 만약 Mecca 변호사가 아이들이 이미 죽었다고 생각하였다면 장래의 범죄를 막을 필요성이 인정되지 않기 때문에 정보공개가 허용되지 않을 것이다. 그러나 Mecca 변호사가 아이들이 살아 있다고 합리적으로 믿었을 경우 정보공개가 허용된다.

이 사건에서는 Mecca 변호사가 실제로 아이들이 살아 있다고 믿었는지가 쟁점이 된다. 이 법원은 이에 관한 위 변호사의 주장을 인정하고 따라서 추가적 범죄를 막기 위해 정보를 공개할 필요가 있었다고 본 데에서 이루어진 그의 행동이 적절하였다는 내용의 원심판결을 그대로 유지한다. 한편 McClure는 Mecca 변호사가 자신보다 아이들에게 더 관심을 두었던 것이기 때문에, 이 상황에서는 이익충돌이 있었다고 주장했으나 이 법원은 이러한 상황은 이익충돌의 문제와는 무관하다고 본다.

3. 위 표준규칙 1.6(B)(1)의 적용 여부를 판단하기 위하여는 Mecca 변호사가 막으려고 했던 것이 위 표준규칙에서 말하는 '장래'의 범죄행위인지 여부가 문제 된다. Mecca 변호사는 아이들이 있는 장소를 알리는 것이 납치가 살인으로 될 것을 방지하기 위하여 필요하다고 합리적으로 믿었다. 이는 전통적인 추가적 범행을 방지하기 위한 행위는 아니다. McClure는 이미 적극적인 범행은 완료하였기 때문에 설사 당시 아이들이 아직 살아 있었다 하더라도 이는 과거 발생한 범행이 시간의 경과에 따라 더욱 심각한 범죄행위로 변형되는 것을 막기 위한 것일 뿐이었다. 그러나 이 법원은 변호사 또는 의뢰인의 부작위가 이미 행한 범행과 구별되고 더 중한 범죄를 구성하는 급박한 사망 또는 중상해의 결과를 가져올 수 있는 경우에는 비밀유지의무의 예외가 인정된다고 본다.

4. 따라서 Mecca 변호사는 변호사의 비밀유지의무를 위반하였다고 볼 수 없고, 변호사로부터 효과적인 조력을 받지 못하였다는 McClure의 주장을 기각한다.

2.1.3 변호사의 자기방어를 위한 정보공개

【판례 3-60】 Alexander v. Tandem Staffing Solutions, Inc.(District Court of Appeal of Florida, Fourth District; July 7, 2004; 881 So.2d 607)
회사의 내부 변호사가 회사와의 분쟁에서 자기방어를 위하여 회사에 관한 정보를 자신의 변호사에게 제공하는 것이 허용된다고 한 사례

▌사실관계

Judith Alexander는 Tandem Staffing Solutions, Inc.의 법무책임자(general counsel)였다. 2002년 7월 같은 회사 직원인 Carolyn Noonan과 Nicholas Halliday가 Alexander에

게 회사 임원 한 사람이 인터넷으로 음란 사이트에 접속하고 있다는 사실을 보고하였다. Alexander는 이에 관한 조사에 착수하였으나 이로 인하여 회사로부터 해고되었다.

해고되기 전에 Alexander는 Stuart Rosenfeldt 변호사와 이 문제에 대해 상의하였고 그의 조언에 따라 회사 이사회 앞으로 편지를 썼다. 편지에는 회사 임원이 연방법을 위반하였다는 사실, 보복과 은폐 공작에 대한 상세한 기술, 회사의 잠재적 책임에 대한 내용이 들어 있었다.

해고된 후 Alexander는 회사를 상대로 내부고발자법 위반을 이유로 소송을 제기하였다. 회사 측은 Alexander의 대리인 Stuart Rosenfeldt 변호사가 공개가 금지되어 있는 회사 측의 비밀정보를 Alexander로부터 제공받았다는 이유로 대리인의 자격이 부인되어야 한다고 주장하였다.

쟁점

변호사와 의뢰인 사이에 충돌이 있을 경우 변호사가 자신을 위하여 방어하거나 청구를 하기 위해서 자신의 대리인에게 의뢰인의 정보를 제공할 수 있는지 여부

법원의 판단

플로리다주 변호사 직무행위규칙 4-1.6(a)에 따르면 변호사는 의뢰인을 대리하는 것과 관련된 정보를 누구에게도 누설해서는 안 되지만, 위 규칙 4-1.6(c)(2)는 변호사와 의뢰인 간의 분쟁에서는 변호사가 자신을 위하여 방어하거나 청구를 하기 위해서는 자신의 대리인인 변호사에게 정보를 제공할 수 있다는 예외규정을 두고 있다. 법무책임자 Alexander가 회사에 대한 내부고발자로서 소송을 제기한 사안은 '변호사와 의뢰인이 충돌'하는 상황이므로 위 규칙 4-1.6(c)(2)를 적용할 수 있다. 따라서 Alexander의 대리인 변호사가 Alexander를 대리하기 위하여 사건과 관련한 정보를 제공받은 것은 허용되는 적법한 행위이며, 그의 자격을 부인할 사유가 없다.

【판례 3-61】 Meyerhopfer v. Empire Fire and Marine Ins.(United States Court of Appeals, Second Circuit; July 7, 2004; 497 F.2d 1190)
집단소송의 피고인 변호사가 자기방어를 위하여 의뢰인의 정보를 공개한 행위의 당부

사실관계

1. 본 판례는 증권 관련 집단소송(class action)으로 피소된 회사의 주식공모에 관여한

변호사가 자기를 방어(피고에서 제외)할 목적으로 집단소송 원고들이 주장하는 특정 사실(행위)에 자신은 반대하였음을 비롯하여, 피고 회사의 주식공모를 위한 변호사 직무를 통해 알게 된 사실을 원고 측 변호인단에 공개한 행위가 동 변호사의 집단소송에서의 지위, 해당 사실을 지득(知得)한 변호인단의 지위 및 원고들의 집단소송에 미치는 효과에 관한 것이다.

2. 이 사건 피고 Empire Fire and Marine Insurance Company(이하 'Empire 보험회사')는 1972년 3월 28일 미국 증권거래위원회에 증권신고서를 제출하고 1972년 5월 31일 50만 주의 주식을 주당 16달러에 공모하였다. Empire 보험회사의 주식에 투자하였다가 주가가 폭락하여[92] 손실을 입은 Meyerhopfer 등 원고들은 동 사의 증권신고서 및 투자설명서에 있는 중대한 허위기재와 오해를 불러일으킬 수 있는 기재(false and misleading) 때문에 손해가 발생하였다며 1973년 5월 2일 집단소송을 제기하였다. 특히 원고들은 증권신고서에 Empire 보험회사가 로펌 Sitomer에 20만 달러라는 과도한 금액을 중개료(finder's fee)로 지급하기로 약정한 사실이 기재되어 있지 않았음을 지적하며 Sitomer와 그 파트너 변호사들을 피고에 포함시켰다.

3. 위 Sitomer의 파트너였던 Stuart Charles Goldberg 변호사는 1966년 로스쿨을 졸업하고 1971년 11월부터 Sitomer에서 일한 증권전문변호사로 Empire 보험회사의 주식공모 업무에 관여하였는데, 위 중개료의 공개 문제에 대하여 1973년 1월 18일부터 완전한 공개(full and complete disclosure)를 주장하였으나 다른 파트너들이 반대하자 1973년 1월 22일 사직하고 증권거래위원회에 자신이 아는 정보를 담은 진술서를 제출하였다.

4. 사직 후 1973년 5월 2일 집단소송이 제기되고 자신이 피고에 포함되었음[93]을 안 Goldberg 변호사는 원고 측 로펌 Bernson에 Empire 보험회사와 Sitomer가 중개료 약정을 비공개하기로 한 것에 자신은 관여하지 않았음을 밝힐 기회를 요청하였고, 자신의 변호사 및 증권거래위원회의 변호사와 상담한 후 위 3.의 진술서를 원고 측 변호사에게 전달하였다. Goldberg의 진술서가 전달된 후 Bernson은 소장에 보다 구체적인 사실을 추가하였으나, 본래 주장의 요지와 논리에는 변함이 없었다. 또한 Bernson은 Goldberg 변호사를 피고에서 제외할 것을 신청하였고 이 신청은 인용되었다.

5. 이에 나머지 피고들[94]은 직무책임준칙(Code of Professional Responsibility) 4조,[95]

---

92) 1973년 6월 5일에는 주가가 6달러까지 하락하였다.

93) Goldberg 변호사가 피고에 포함됨으로써 패소 시 배상해야 할 금액은 400만 달러를 초과할 수 있는 상황이었다.

94) Empire 보험회사 외에도 동 사의 이사 및 간부진, 로펌 Sitomer와 그 파트너들, 공모주간사(증권회사) 등이 피고에 포함되어 있었다.

95) "변호사는 의뢰인의 비밀을 유지하여야 한다."

9조[96)]와 징계규칙(Disciplinary Rules, 이하 'DR') 및 적용 가능한 윤리적 고려사항(Ethical Considerations, 이하 'EC')과 법원의 감독권한을 근거로 ① 소의 각하, ② Bernson 등 원고 측 변호사에 대한 자격부인 명령, ③ Goldberg 변호사에 대한 자격부인 명령, ④ 원고 측 변호사 및 Goldberg 변호사에 대한 Empire 보험회사 관련 비밀유지 명령, ⑤ 원고들에 대한 증권 관련 집단소송 원고 자격부인 명령, ⑥ 원고에 대한 원고 측 변호사 및 Goldberg 변호사로부터 지득한 Empire 보험회사 관련 비밀유지 명령을 신청하였고, 원심은 ①~④는 인용[97)]하였으나, ⑤와 ⑥은 기각하였다.

6. 그러자 피고들은 ⑤와 ⑥의 기각결정에 대하여 항소하였고, 원고들과 참가인(intervenor) Goldberg 변호사는 ①~④에 대하여 항소하였다. 본 판례는 이와 같은 양측의 항소에 대한 것이다.

쟁점

1. Goldberg 변호사가 증권거래위원회에 제출한 자신의 진술서를 원고 측 변호사에게 공개한 행위에 대한 평가

2. Goldberg 변호사의 직무책임준칙 4조 위반 여부

3. Goldberg 변호사의 직무책임준칙 9조 위반 여부

4. 원심의 결정들 중 Goldberg 변호사에 대한 결격 명령과 Empire 보험회사 관련 비밀정보 누설금지 명령의 적법성

5. 원심의 결정들 중 소 각하 및 Bernson 등 원고 측 변호인단에 대한 결격 명령의 적법성, 원고 결격 신청을 기각한 결정의 적법성

법원의 판단

1. EC 4-4[98)]와 DR 4-101(B)[99)]가 변호사의 비밀유지의무를 폭넓게 규율하고 있지만,

---

96) "변호사는 직업적으로 부적절한 행위를 한 것 같은 외관조차도 보이지 않게 하여야 한다."
EC 9-6 : "모든 변호사는 다음과 같이 함으로써 자신의 직업이 갖는 고결함과 명예를 지킬 신성한 의무를 진다. (중략) 직업적으로 부적절한 행위를 하지 않을 뿐만 아니라 그렇게 보이지도 않도록 노력하여야 한다."

97) 소 각하는 다시 소 제기 가능한 각하(dismissal without prejudice)로 이루어졌다.

98) "변호사-의뢰인 관계로 인한 특권은 의뢰인의 비밀을 유지할 윤리적 의무보다 제한적인 것이다. 증거상의 면책특권과 달리, 윤리적 의무는 어떠한 정보나 사실을 타인 또한 알고 있을 때에도 존재한다. 변호사는 증거상의 면책특권을 준수하는 방법으로 행동하도록 노력하여야 한다."

99) "(B) 다음 (C)항의 예외를 제외하고는 변호사는 다음과 같은 행위를 하여서는 아니 된다.
(1) 의뢰인의 비밀 누설
(2) 의뢰인의 비밀을 그에게 불리하도록 사용하는 행위
(3) 의뢰인이 모든 사항을 알고 동의함이 없이 변호사 자신이나 제3자의 이익을 위하여 의뢰인을 비밀을 사용하는 행위."

DR 4-101(C)에 의하여 변호사는 자신의 부당행위(wrongful conduct)로 고소당했을 때 방어에 필요한 비밀을 공개할 수 있다. Goldberg 변호사의 상황은 이에 해당하며, 증권거래위원회에 제출한 진술서를 원고 측 변호인단에 공개한 행위는 적절하다.

Goldberg 변호사가 공개한 사실에는 자신의 전(前) 소속 로펌인 Sitomer에 관한 중대한 내용들도 포함되어 있으나, 이를 공개하기 전에 자신의 변호사 및 증권거래위원회의 변호사와 의논하였고 급박한 상황이었음이 인정되며, 진술서의 공개는 자신을 방어하기 위한 가장 효과적인 수단이었다고 할 수 있다.

2. 원심은 Goldberg 변호사가 직무책임준칙 4조를 위반하였다고 판시하였으나, 이 사건에서 위 준칙 4조가 Empire 보험회사로부터 획득한 정보 이외의 것들에도 당연히 적용된다고 할 수는 없다. 원심 결정은 이에 대하여 Emle Industries, Inc. v. Patentex, Inc., 478 F.2d 562(2d Cir. 1973) 판결을 인용하여 "변호사-의뢰인 관계에 있는 동안 이 사건과 관련된 정보들에 접근하였음이 입증되는 것으로 족하다"라고 하지만, Goldberg 변호사는 소송을 수행하거나 일방 당사자가 되거나 원고 측 변호사가 된 것이 아니므로 이는 선례를 잘못 적용한 것이다.

3. 또한 원심은 Goldberg 변호사와 원고 측 로펌 Bernson 간의 관계는 직무책임준칙 9조를 위반한 것이라고 판시하면서 양측의 부정직(bad faith)의 증거는 없지만 사실을 조금만 살펴보아도 양자 간의 공모가 있었다는 결론을 내릴 수 있다고 보았으나, DR 4-101(C)(4)[100)]에 따른 자기방어권을 도외시하고 위 조항을 그와 같이 확대해석하는 것은 타당하지 아니하다.

4. 그러나 앞의 Emle 판례는 과거의 의뢰인을 상대로 한 소송을 대리함으로써 비밀이 누설될 가능성이 있는 것으로 여겨질 수 있는 경우에 변호사가 이를 대리하지 않도록 엄격한 예방조항이 적용되어야 함을 요구하고 있고, 이러한 점에서 Goldberg 변호사가 본 소송 또는 이 사건과 관련된 유사한 소송에서 본 소송의 원고들 및 새로운 원고들을 대리하는 행위를 금지한 원심의 명령은 타당하며, Goldberg 변호사가 변론의 준비절차나 변론 이외에는 중요한 정보를 공개하지 못하도록 한 명령 또한 타당하다.

5. 원심의 결정들 중 가장 강한 효과를 미치는 것은 원고 측 변호사에 대한 자격 부인 명령이라 할 것인데, 원심은 이와 관련하여 Goldberg 변호사가 진술서를 전달함으로써 직무책임준칙 4조와 9조를 의도치 않게 위반하였고, 그 결과 원고 측 변호사가 Goldberg 변호사와 오염된 관계(tainted association)를 형성하게 되었다는 논리를 펴고

---

100) "(C) 변호사는 다음의 경우 의뢰인의 비밀을 공개할 수 있다.
(4) 자신의 보수를 입증하거나 추심하기 위한 경우 또는 부당행위를 이유로 변호사 자신이나 그의 동료, 피고용인이 고소되어 이를 방어하기 위한 경우."

있다. 그러나 앞서 살핀 바와 같이 Goldberg 변호사는 이들 조항을 위반하지 않았기 때문에 원고 측 변호사의 자격을 부인할 타당한 근거는 없으며, 당연히 원고를 결격하거나 소를 각하할 근거 또한 없다 할 것이다.

결론적으로 원심의 각하 판결과 원고 측 변호사에 대한 자격부인 명령을 파기한다. Goldberg 변호사에 대한 자격부인 명령(동 소송 및 관련 사건의 수임금지) 및 비밀유지 명령에 관한 항소를 기각한다. 피고의 항소를 모두 기각한다.

【판례 3-62】 In re Goebel(Supreme Court of Indiana; December 30, 1998; 703 N.E.2d 1045)
범죄를 저지르고자 하는 의뢰인에게 협박당하여 부정확한 정보를 제공한 변호사 행동의 당부

▌사실관계

인디애나주의 로펌 Crawfordsville의 한 파트너 변호사는 후견 관련 업무를 담당하고 있었다. 그는 인디애나주 한 도시에 살고 있는 자신의 의뢰인에게 “3813 East 300 South [Street]”라는 주소로 편지를 보냈는데, 위 편지는 “해당 주소 부존재(No Such Street)”라는 도장이 찍힌 채로 반송되었다.

William Goebel 변호사 역시 위 로펌의 파트너 변호사였는데 형사 사건에서 어떤 피고인을 변호하고 있었다. 마침 위 후견 관련 사건의 의뢰인의 남편이 이 형사 사건의 증인이 되었는데, 피고인은 위 로펌이 증인의 부인을 대리하고 있다는 사실을 알게 되자 Goebel 변호사에게 이들 부부의 소재를 알아내서 살해하겠다는 의도를 밝힌 바 있다.

Goebel 변호사는 피고인의 의도를 저지하려고 노력했지만 피고인은 Goebel 변호사와 그의 가족을 위협하였고 이에 Goebel 변호사는 공포심을 느꼈다. 1993년 12월 16일 피고인이 로펌에 찾아와 Goebel 변호사에게 증인의 부인인 의뢰인의 주소를 알려 달라고 하였고, Goebel 변호사는 “해당 주소 부존재” 도장이 찍힌 위 편지봉투를 보여 주었으며, 그 사실을 경찰이나 위 의뢰인에게 알리지 않았다. 이틀 후 피고인은 위 의뢰인의 실거주 주소가 반송된 “3813 East 300 South”가 아니라 “3813 South 300 East”라는 사실을 찾아내어 그 남편을 살해하였다. 위 피고인은 살인죄로 기소되어 가석방 없는 종신형을 선고받았다.

쟁점

1. 변호사가 의뢰인의 부정확한 주소를 공개하는 행위가 인디애나주 변호사 직무행위규칙 1.6(A)를 위반한 것인지 여부

2. 변호사가 의뢰인의 부정확한 주소를 제공하는 행위를 장래의 범죄를 막기 위한 행동[규칙 1.6(B)(1)]으로 인정할 수 있는지 여부

법원의 판단

1. 청문담당관의 보고서

(인디애나주) 대법원이 지정한 청문담당관은 Goebel 변호사가 부정확한 주소를 제공했기 때문에 규칙 1.6(A)를 위반하지 않았다고 판단하였다. 또한 Goebel 변호사는 의뢰인의 실제 주소를 몰랐으므로 규칙 1.6(B)(1)에 규정된 '사망 또는 중상해의 범죄를 막기 위해 필요하다는 합리적 믿음'하에 그 같은 행위를 하였으므로 규칙 1.6(B)(1)에 의해 보호받는 행동이라고 결론 내렸다.

2. 징계위원회의 이의신청

징계위원회는 청문담당관의 보고서에 오류가 있다고 보아 이의를 신청하였다. 규칙 1.6(A)에서 누설을 금지하는 정보란 '의뢰인의 대리와 관련된 정보'인데 여기에는 실제 주소뿐만 아니라 실제로 거주할 가능성이 있는 주소까지 포함되므로 Goebel 변호사의 행위는 명백한 규칙 1.6(A) 위반이라는 것이다. 또한 Goebel 변호사가 범죄를 막기 위해 부정확한 주소를 제공하였다는 것은 논리적으로 맞지 않으며, 자신과 가족의 안전에 대한 공포심 때문에 주소를 제공하였다고 보이므로 규칙 1.6(B)(1)에도 해당하지 않는다고 하였다.

3. 대법원의 판단

Goebel 변호사는 주소를 공개한 사실을 경찰에 알리지 않았기 때문에, 그의 행동이 범죄를 막기 위한 것이라기보다는 범인의 강압에 의한 것으로 보인다. 따라서 규칙 1.6(B)(1)의 예외 사항에 해당하지 않기 때문에 그는 규칙 1.6(A)를 위반하였다. 그가 부정확한 주소를 제공하였다고 해도 마찬가지다. 그가 범인으로부터 위협을 받았다는 점은 강력한 감경사유이기는 하지만 그렇다고 하여 규칙 1.6을 위반한 사실로부터 완전히 면책되는 것은 아니다. Goebel 변호사에게는 공개 문책의 징계가 적정하다.

2.2 변호사-의뢰인 특권(Attorney-Client Privilege)

2.2.1 변호사-의뢰인 특권의 적용범위

【판례 3-63】 Rico v. Mitsubishi Motors Corporation (Supreme Court of California; December 13, 2007; 42 Cal.4th 807, 171 P.3d 1092, 68 Cal.Rptr.3d 758, 07 Cal. Daily Op. Serv. 14, 234, 2007 Daily Journal D.A.R. 18, 307)
변호사-의뢰인 특권의 보호 대상이 되는 상대방의 문서를 우연히 입수한 변호사가 이를 이용하여 대리인 자격이 부인된 사례

▌사실관계

고속도로에서 운전 중이던 Mitsubishi Montero 차량이 전복하여 사상사고가 발생한 이후 여러 명의 원고가 Mitsubishi 계열사 두 개와 캘리포니아 교통국(California Department of Transportation)을 상대로 소송을 제기하였다. 그후 Mitsubishi 대표단은 소송전략과 취약점을 논의하기 위해 Mitsubishi사의 변호사인 James Yukevich와 Alexander Calfo, 그리고 전문가 2명을 만났다. Mitsubishi의 사건담당자(case manager)인 Jerome Rowley도 참석하였다.

Rowley와 Yukevich 변호사는 몇 년간 같이 일한 적이 있다. Yukevich 변호사는 Rowley에게 회의 내용을 메모하고 특정 부분을 요약하도록 하였다. 법원에서 나중에 발견한 바에 따르면 Yukevich 변호사의 컴퓨터에 내용을 메모한 Rowley는 Yukevich 변호사의 법률보조원 역할을 한 것이었다. 6시간 동안의 회의가 끝나고 Rowley는 자신이 작성한 노트의 인쇄본을 보지 못한 채로 컴퓨터를 돌려주었다. Yukevich 변호사는 노트 파일을 한 부만 출력하여 추후 수정하고 주석을 달았다. Yukevich 변호사는 고의적으로 노트 내용을 누군가에게 보여 준 사실이 없으며, 이 노트는 오로지 Yukevich 변호사가 이 사건의 의뢰인을 방어하기 위할 목적으로만 작성되었다.

노트는 대화체로 쓰여 있고 Yukevich 변호사와 캘리포니아 교통국의 변호사, 전문가들 사이의 대화를 요약한 것으로 날짜가 쓰여 있으나 '비밀정보(confidential)' 또는 '작성물(work-product)'과 같은 문구를 담고 있지 않았다.

위 전략회의일로부터 2주가 안 되어서 Yukevich 변호사는 원고의 변호사 Raymond Johnson의 사무실에서 원고 측 전문가 증인인 Anthony Sances의 증언을 듣게 되었다. Yukevich 변호사, 법원속기사, 캘리포니아 교통국 변호사 Darin Flagg는 Johnson 변호사와 증인 Sances가 늦는다는 이야기를 들었다. 회의실에서 기다리던 Yukevich 변

호사는 서류가방, 컴퓨터, 사건파일을 사무실에 남겨 둔 채 화장실에 갔다. 전략회의 결과물은 사건파일에 포함되어 있었다. Yukevich 변호사가 화장실에 간 사이 Johnson 변호사와 증인 Sances가 도착하였다. Johnson 변호사는 법원속기사와 캘리포니아 교통국 변호사에게 회의실을 떠나 주기를 요청하였다. 그들이 떠나자 원고 대표단과 소송대리인만 회의실에 남았다. Yukevich 변호사가 화장실에서 돌아오자 법원속기사와 캘리포니아 교통국 변호사가 회의실 밖에 서 있었다. Yukevich 변호사는 약 5분을 기다린 후 노크를 하고 자신의 서류가방, 컴퓨터, 사건파일을 찾아가겠다고 하였다. 잠시 기다린 후 그는 그렇게 할 수 있도록 허가받았다.

그후 Johnson 변호사가 Yukevich 변호사의 노트를 확보하였다는 사실이 알려졌다. Yukevich 변호사는 자신이 자리를 비운 사이에 가져간 것이라고 주장했으나, Johnson 변호사는 법원속기사가 실수로 자신에게 전달하였다고 주장하였다. Johnson 변호사는 이 노트를 복사하였고, 그 내용을 자세히 읽어 보고 그 위에 자신이 추가로 기록을 하기도 하였다. 또한 Johson 변호사는 이 사본들을 원고 측 공동 소송대리인과 전문가들에게 나눠 주어 자세히 읽어 보도록 하였고, 노트의 세부적인 내용들을 놓고 전문가들과 논의하기도 하였다. 나아가 이후 소송 과정에서 Johnson 변호사는 이 내용을 적극 활용하였다.

Mitsubishi는 원고의 소송대리인과 전문가들의 자격을 부인해야 한다고 주장하였다. 사실심법원은 피고 측의 이와 같은 자격부인 신청을 인용하였고, 원고들은 이에 항소하였으나 항소는 기각되었다.

▌쟁점

1. 이 사건의 노트가 변호사-의뢰인 특권에 의하여 보호되는 작성물에 해당하는지 여부

2. 변호사가 특권에 의하여 보호되는 상대방 측의 문서를 우연히 입수하게 된 경우 어떤 조치를 취해야 하는지

3. 변호사가 특권에 의하여 보호되는 상대방 측 문서를 우연히 입수하고 이를 이용한 경우 소송대리인과 증인의 자격이 부인되어야 하는지 여부

▌법원의 판단

1. 캘리포니아 민사소송법(California Code of Civil Procedure) 2018.030[101]에 따르면

---

101) "(a) 변호사의 인상, 결론, 의견, 법률 리서치, 이론을 적은 것은 어떤 경우에도 증거개시의 대상이 되지 않는다.

(b) (a)에 언급된 것 이외의 변호사 작성물은 그 증거개시 부인이 당사자의 요청이나 방어를 준비함에 있

사안에서의 노트는 보호받는 작성물에 포함된다. 이 노트는 단순히 전략회의의 내용을 축어적으로 기술한 결과라고 보기 어렵고, Yukevich 변호사의 지시에 의하여 그 법률 보조원이 회의의 내용을 요약한 것을 위 변호사가 편집하고 해석을 덧붙인 것이기 때문이다. 따라서 이 노트는 변호사의 생각이 담긴 것으로서 위 법조항에 의하여 보호되는 작성물의 범주에 해당하는 것이다.

2. 이러한 노트가 위 법상 작성물 원칙에 따른 보호 대상이 되는지 여부를 판정하기 곤란한 시점까지 열람하는 것은 무방하나 작성물에 해당한다는 사실이 확실해진 이후부터는 상대방 변호사에게 이 사실을 알리고 적절한 조치를 취해야 한다. 비록 그 노트에 '비밀정보'라고 명시적으로 표시되어 있지 않다 하더라도 보호되는 비밀의 범주에서 제외되는 것은 아니다.

3. 원고 측은 Johnson 변호사가 의도하지 않게 위 노트를 입수하였으므로 자신의 의뢰인을 옹호하기 위하여 그로부터 습득한 정보를 이용할 수 있다고 주장하나 이 주장은 받아들이기 어렵다. 물론 의도하지 않게 비밀 노트를 접하였다는 사실만으로 변호사의 자격부인이 정당화될 수는 없다. 하지만 이 사건에서 Johnson 변호사는 노트를 입수한 지 1~2분 만에 그 노트가 사건과 관계된 내용을 담고 있다는 점 및 Yukevich 변호사가 위 노트의 내용을 공개할 의도가 없었다는 점을 알게 되었고, 나아가 여러 복사본을 만들어 내부적으로 배포하고 이를 소송 수행을 위하여 적극적으로 활용하였기 때문에 변호사 자격을 부인한 것이 타당하다. 이 사건에서 변호사 자격부인이 재량권의 범위를 일탈하였다고 볼 수 없다.

【판례 3-64】 Upjohn v. U.S.(Supreme Court of the United States; January 13, 1981; 101 S.Ct. 677; 449 U.S. 383, 66 L.Ed.2d 584)
회사가 의뢰인인 경우 변호사-의뢰인 특권의 보호범위 및 국세청의 제출 명령 발부 대상 문서도 변호사-의뢰인 특권의 보호 대상이 되는지 여부

사실관계

1976년 1월 제약회사인 Upjohn의 해외사업부 감사는 외국 자회사 중 하나가 국가사업을 수주하기 위해 외국 정부 인사에게 돈을 건넨 사실을 확인하고 이를 법무책임자 Gerrad Thomas 변호사에게 알렸다. 회사는 내부 조사에 착수하였고 사내 변호사들은 해당 지출에 대해 자세한 정보를 얻기 위해 모든 해외 경영진에게 설문지를 보냈으며

어 매우 불공정하여 정의에 반하는 결과를 가져온다고 법원이 판단하지 않는 한 증거개시의 대상이 되지 않는다."

법무책임자에게 회신하도록 하였다. 법무책임자 및 외부 변호사는 설문지의 수령인들, Upjohn사의 경영진, 직원들과 면담도 하였다. 경영자들은 이 조사를 '고도의 비밀'로 다룰 것을 지시받았고, 필요한 정보를 제공할 Upjohn사의 직원들 외에는 누구에게도 발설하지 않았다.

1976년 3월 회사는 자발적으로 미국증권거래위원회에 예비보고서를 제출하였고, 이는 동시에 미국 연방 국세청에도 제출되었다. 국세청은 독자적인 조사에 착수하였고 설문지와 면담 기록의 제시를 요구하였다. Upjohn사는 변호사-의뢰인 특권 및 작성물 특권(work-product privilege)에 근거하여 해당 서류의 제출을 거부하였다. 미국 정부가 문서제출 명령을 신청하자 1심법원은 Upjohn사가 변호사-의뢰인 특권을 포기하였으며, 국세청이 작성물 특권을 배제하고 문서를 제출받을 필요성을 충분히 입증하였다고 판단하여 제출 명령을 내렸다. 항소심은 Upjohn사가 변호사-의뢰인 특권을 자발적으로 포기한 것은 아니지만 위 특권은 Upjohn사의 지배그룹(control group)에 속하는 임직원에 의한 의사소통만을 보호 대상으로 한다고 하면서 제출 명령을 유지하였다. 또한 항소심법원은 국세청의 소환장에 대해서는 작성물 이론이 적용되지 않는다고 하였다.

▮ 쟁점

1. 변호사-의뢰인 특권은 의뢰인이 법인인 경우에도 적용될 수 있는지 여부
2. 조세징수절차에서도 작성물 이론(work-product doctrine)이 적용될 수 있는지 여부

▮ 법원의 판단

항소심에서는 중간 관리자가 '의뢰인'에 해당하지 않는다고 보아 변호사-의뢰인 특권은 Upjohn사의 중간 관리자와 회사 변호사 간의 의사소통에 대해서는 적용되지 않는다고 판시하였다. 항소심은 또한 작성물 이론이 국세청의 자료 제출 요구에는 적용되지 않는다고 판시하였다.

그러나 낮은 직책의 직원이라도 소송에서 방어를 위해 보호할 필요가 있는 경우, 변호사-의뢰인 특권에 따라 의사소통의 내용을 보호받을 수 있다. 즉 회사는 '회사 변호사'와 '지배그룹에 속하지 경영진이 아닌 회사 직원' 간의 커뮤니케이션을 보호하기 위해 변호사-의뢰인 특권에 호소할 수 있다. 예전 판례에서 적용되었던 지배그룹 기준에 의하면 회사의 경영 판단을 직접적으로 통제하는 지배그룹에 속하는 사람이 회사 변호사와 의사소통한 내용만이 위 특권에 의해 보호받을 수 있었으나, 이는 기업 변호사가 경영자에게 제공할 법률적 조언의 내용을 형성하는 데 있어서 필요한 '지배그룹에 속하지 않는 직원'과의 의사소통을 저해하는 효과를 낳게 된다. 따라서 기업 변호사와 '지배

그룹에 속하지 않는 직원' 사이에서 이루어진 의사소통 역시 변호사-의뢰인 특권에 의하여 보호받아야 한다.

또한 세금징수에 대한 원심의 판단도 타당하지 않다. 연방정부는 작성물 이론에 따라 보호해야 할 이익보다 자료를 강제로 제출받아야 할 이익이 더 크다고 주장하였다. 그러나 이 사건의 상황에서는 이와 같이 자료를 제출받아야 할 필요성이 충분히 입증되지 않았고, 또한 조세와 관련된 자료 제출에서도 작성물 이론이 적용된다는 점에는 차이가 없다. 원심판결을 파기환송한다.

【판례 3-65】 Samaritan Foundation v. Goodfarb(Supreme Court of Arizona, En Banc. November 16, 1993. Reconsideration Denied January 11, 1994; 176 Ariz. 497, 862 P.2d 870)
회사가 의뢰인인 경우 변호사-의뢰인 특권의 보호범위

사실관계

1988년 Good Samaritan 지역 의료 센터 내의 Phoenix 어린이 병원에서 수술을 받던 아이의 심장이 멈추었다. Good Samaritan 재단의 변호사는 사건을 조사하고 법률보조원(nurse paralegal)으로 하여금 수술을 담당했던 간호사 등 병원 직원 4명을 면담하도록 하였다. 위 직원 4명은 Samaritan 재단의 법무실이 이들을 법적으로 대리한다는 내용의 서식에 서명하였다. 법률보조원은 면담 내용을 정리하여 변호사에게 제출하였다.

아이와 그녀의 부모는 심장마비 및 손상이 병원 측의 의료 과실로 인한 것이라고 주장하며 Phoenix 어린이 병원과 수술에 참여했던 외과의사들을 피고로 하여 소송을 제기하였다. 법률보조원이 면담했던 병원 직원 4명은 위 소송에서 증언하였으나, 이미 2년이 지난 뒤라서 수술실에서 일어났던 일을 기억할 수 없었다. 원고들은 증거개시절차를 통해 면담 요록의 존재를 알게 되었고, 이를 공개하도록 병원 측에 요구하였다. Samaritan 재단과 Phoenix 어린이 병원 측은 이 요록은 변호사-의뢰인 특권 및 작성물 이론에 의해 보호 대상이 된다고 주장하면서 공개를 거부하였다.

사실심법원은 위 면담 요록이 변호사-의뢰인 특권의 보호 대상은 아니라고 하더라도 '작성물'에는 해당한다고 판단하고, 비공개 조사를 위하여 병원 측에 요록의 제출을 명하였다. Samaritan 재단과 어린이 병원은 Upjohn v. United States, 449 U.S. 383, 101 S.Ct. 677, 66 L.Ed.2d 584(1981) 판례에서 제시한 기준인 직무 관련성 기준(subject matter test)을 근거로 항소심법원에 특별구제절차를 신청하였으나 기각되었다. 항소심법원은 Upjohn v. United States에서 설시된 법리를 이 사안에는 적용할 수 없다고 하면서, 변호사와 소속 직원 간의 의사소통이 변호사-의뢰인 특권의 절대적인 보호 대상이 되기 위해서는 그 소속 직원이 지배그룹(control group)에 속하여야 한다는 기준을 제시하였다. 항소심법원은 이 기준에 따라 사안에서 법률보조원이 면담했던 직원 4명은 지배그룹에 속하지 않는다는 이유로 이들과 변호사의 대화는 변호사-의뢰인 특권의 보호 대상이 되지 않는다고 판시하였다. 이에 위 병원과 재단은 애리조나주 대법원에 재항고하였다.

쟁점

1. 변호사-의뢰인 특권의 본질 및 범위

2. 회사가 의뢰인인 경우 변호사와 회사의 의사소통만이 면책특권의 범위에 포함되는지, 회사 임직원과의 의사소통까지 포함되는지 여부

3. 만약 임직원까지 포함된다면 그 범위의 기준

법원의 판단

1. 변호사-의뢰인 특권이란, 변호사는 의뢰인의 동의가 없는 한 의뢰인과의 의사소통 내용 및 의뢰인에 대한 법적 조언 내용을 공개할 의무를 지지 않는다는 원칙이다. 이 원칙을 위해서는 일단 변호사-의뢰인 관계가 성립하여야 하며 변호사와의 의사소통이 반드시 비밀로 행해졌어야 하고 비밀이라고 여겨져야만 한다.

한편 회사가 의뢰인인 경우 회사는 독립적 법인격을 가지지만 대리인을 통해서만 행위할 수 있기 때문에 변호사-의뢰인 특권의 범위와 관련하여 복잡한 문제가 발생한다. 이와 관련하여 두 가지 원칙이 확립되어 있다. 즉 ① 지배그룹 기준(control group test)은 의사결정자나 실질적으로 회사의 결정에 영향을 미칠 수 있는 자와의 의사소통만을 보호한다는 것이고, ② 직무 관련성 기준(subject matter test)은 의사소통을 한 직원이 지배그룹에 속하는지 여부와 상관없이 의사소통이 상급자의 지시에 따라 이루어지고 법적 조언을 구하는 주제가 해당 직원의 직무수행에 해당하기만 하면 보호된다는 것이다. 그런데 전자의 기준을 따르면 보호 대상이 지나치게 협소해진다는 문제가 있고, 후자의 기준을 따르면 보호 대상이 지나치게 광범위해진다는 문제가 있다.

2. 이 법원은 위의 두 기준을 모두 따르지 않고 기능적 접근을 하고자 한다.[102)]

우리의 결론은 의사소통하는 사람의 지위보다는 의사소통의 본질에 보다 초점을 맞춘 것이다. 의뢰인과의 의사소통은 두 범주로 구분될 수 있다. 첫째는 법적 조언을 구

102) 이러한 대상판결의 기준을 중간심사 기준(middle-view)이라고 부르기도 한다.

하려는 직원들에 의해 촉발된 의사소통이고, 둘째는 사내의 다른 누군가의 제안에 의해 촉발된 의사소통이다. 회사 직원이 직접적으로 법적 조언을 구하려는 사내 변호사와 행한 비밀의 의사소통은 변호사-의뢰인 특권의 대상이 된다.

3. 그러나 이 사건과 같이 회사가 조사절차를 주도하였다면, 사내 변호사에 대한 직원의 사실관계에 관한 진술은 그것이 그 직원의 직무와 관련이 있고 회사의 법적 책임과 관련하여 변호사를 돕기 위해 행해진 경우에만 특권의 대상이 된다. 법률보조원에 대한 병원 직원 4명의 진술은 환자의 상해를 초래한 과실이 있다고 주장되는 외과의사들의 행위와 관련된 것이고, 위 직원 4명은 수술실 현장에 있었다고 하더라도 이들의 직무행위는 병원 및 의사들의 책임과는 관련이 없다. 따라서 이들은 사실관계를 밝히기 위한 증인에 불과하고, 그들의 진술은 변호사-의뢰인 특권에 의하여 보호되지 않는다.

4. 이 법원은 사실심법원의 증거제출 명령을 유지한다. 다만 항소심법원에서 변호사-의뢰인 특권의 보호 대상을 판단하는 기준에 관하여 잘못된 법리를 적용하였다는 점을 밝힌다.

【판례 3-66】 Chaudhry v. Gallerizzo(United States Court of Appeals, Fourth Circuit; April 5, 1999; 174 F.3d 394)
법률비용청구서의 기재 내용과 변호사-의뢰인 특권의 보호범위

▌사실관계

Chaudhry 부부는 네이션즈은행으로부터 대출을 받아 새로 살 집을 짓게 되었다. Chaudhry 부부가 매월 갚기로 한 돈을 변제하지 못하자 네이션즈 은행은 그들의 융자를 특별관리자산부문으로 이관시키고 Michael Gallerizzo 변호사와 그의 로펌에 채권추심을 의뢰하였다. Chaudhry 부부와 그들 변호사인 James Kiley, 네이션즈 은행의 특별관리자산부문 관리자 Michael Fodel과 Gallerizzo 변호사가 모여 회의를 하였으나 합의에 이르지 못하였다. Gallerizzo 변호사는 당사자들 간 합의에 이르지 못할 경우, 네이션즈 은행은 Chaudhry 부부에게 전체 대출금의 상환을 요구한다고 말하였다.

회의 후 Fodel의 요청으로 Gallerizzo 변호사는 Chaudhry 부부에게 30일 안에 원금 · 이자 · 조사비용을 상환하라는 독촉장을 보내면서 위 부부는 네이션즈 은행이 이 사건에 관해 지불한 모든 비용과 변호사 보수를 변상할 의무가 있다는 내용을 덧붙였다.

Kiley 변호사는 Gallerizzo 변호사에게 공정채무징수법(Fair Debt Collection Practices Act)에 따라 위 부부의 은행에 대한 채무 액수를 확인해 줄 것을 요청하였고 Gallerizzo 변호사는 이를 확인해 주었다. Kiley 변호사는 다른 모든 채무내역에 대해서는 확인받

았음을 인정한 뒤, 변호사 비용과 조사비용도 확인해 달라고 요구하였다. Gallerizzo 변호사는 변호사 보수청구서 및 조사 기록에는 변호사윤리에 따라 보호되어야 할 의뢰인 네이션즈 은행에 대한 정보가 포함되어 있다고 믿고, 검은색 마커로 그 부분을 수정하여 Kiley에게 보냈다. 그러자 Chaudhry 부부는 수정되지 않은 법률비용청구서와 조사 기록을 요구하며 Gallerizzo 변호사와 그의 로펌을 공정채무징수법 위반 혐의로 제소하였다.

▌쟁점

변호사-의뢰인 특권이 보호하는 비밀에 변호사 보수청구서의 내용이 포함되는지 여부

▌법원의 판단

일반적으로 변호사-의뢰인 특권은 변호사 비용청구서의 내용까지 비밀로 보호하지는 않는다. 그러나 그 청구서에 의뢰인의 소송대리 목적, 소송전략, 특정 법분야를 연구한 내용물과 같은 제공된 서비스의 본질적 내용이 포함되어 있는 경우, 변호사-의뢰인 특권은 변호사 비용청구서에까지 미친다.

【판례 3-67】 Commonwealth v. Stenhach(Superior Court of Pennsylvania; July 31, 1986; C356 Pa.Super. 5, 514 A.2d 114, 55 USLW 2151)
형사변호인이 범죄의 물적 증거를 확보했을 때 변호사-의뢰인 특권이 적용되지 않는다고 한 사례

▌사실관계

1982년 3월 Theodore Young이 펜실베이니아주 Potter County에서 숨진 채 발견되었고 다음 날 Richard Buchanan이 1급 살인 혐의로 구속되었다. Potter County의 시간제 국선변호인으로 활동하던 George Stenhach 변호사는 Buchanan을 변호하도록 지정되었다. Stenhach 변호사는 Buchanan을 변호하기 위하여 조사관을 선임해 주도록 요청했고 전직 경찰관 Daniel Weidner가 조사관으로 지정되었다. Buchanan은 항소인 및 Wieder과 면담하면서 사건의 정황을 설명하였고 이들에게 피해자를 쏜 소총을 버린 장소를 지도상에 표시하여 알려 주었다.

한편 George Stenhach의 동생이자 동업자인 Walter Stenhach 변호사도 Buchanan의 변론을 도왔다. Stenhach 변호사는 정당방위를 주장하기로 결정하고, Weidner에게 Buchanan의 진술에 따라 직접 가능한 많은 물증을 찾도록 요청하였다.

같은 날 Weidner는 살인에 사용된 소총 일부를 현장에서 발견하여 이를 Stenhach

변호사 형제에게 가져왔고, Stenhach 변호사 형제는 이를 종이가방에 담아 사무실 책상 서랍에 숨겼다. Weidner는 Stenhach 형제에게 증거를 숨기는 것은 위법이라고 20번도 더 이야기 했지만, Stenhach 변호사 형제는 판례 등을 조사한 후 여러 차례 Weidner에게 무기도 변호사–의뢰인 특권에 의해서 보호될 수 있고 Weidner와 Stenhach 변호사 형제는 무기를 발견하는 단서가 된 Buchanan과 한 대화를 비밀로 유지할 법적 의무가 있다고 이야기하였다.

이후 진행된 공판절차에서 검사가 Weidner에게 소총에 관하여 질문하였고 Stenhach 변호사 형제는 변호사–의뢰인 특권을 주장하며 이의를 제기하였지만, 법원은 물증에 관해서는 위 특권이 적용되지 않는다는 이유로 이의를 기각하였다. Weidner는 소총의 존재에 관하여 답변하였고, 결국 사무실에서 소총을 가져와 증거로 제출하였다. 이후 Buchanan에게 3급 살인죄가 확정된 다음, Stenhach 변호사 형제에 대해 기소방해[펜실베이니아주법 18 Pa.C.S. §5105(a)(3)], 물리적 증거조작[펜실베이니아주법 18 Pa.C.S. §4910(1)], 범죄공모 및 교사 혐의로 공소가 제기되었다. 1심에서 유죄가 인정되었고, 이에 Stenhach 변호사 형제는 항소를 제기하였다.

▮ 쟁점

1. 형사변호인이 범죄의 물적 증거를 확보했을 때 변호사–의뢰인 관계의 특권이 적용되는지 여부

2. 기소방해 및 증거조작을 금지하는 규정이 형사피고인에게 변호인의 조력을 받을 권리를 보장하는 헌법상 권리를 침해할 정도로 불분명하고 광범위한지 여부

▮ 법원의 판단

1. 수정헌법 6조는 법률적 조력을 받을 권리를 보장하면서 '적법절차(due process of law)'에 따라 법률전문가가 피고인을 대리하여 법률적 조력을 제공하도록 한다. 또한 펜실베이니아주 변호사 직무행위규칙(Pennsylvania Code of Professional Responsibility)에 의하면 변호사는 "법의 테두리 안에서 열성적으로(zealously within the bounds of the law)" 의뢰인을 변호하고 의뢰인의 비밀을 유지해야 한다.[103] 그러나 변호인이 공식적으로 금지된 증거조작을 자유로이 할 수 있다면 변호사가 사법정의를 위해 일하는 것이 아니라 범죄의 부속물에 불과하다는 평가가 불가피할 것이다. 또한 진실을 찾고 발견하는 것이 형사사법체계의 이상이라는 점을 고려할 때, 형사 재판에서는 배심원의 유죄평

103) "기소인을 대리하는 변호사가 법의 범위 내에서 열정적으로 옹호하고 의뢰인의 기밀을 유지하는 윤리적 의무는 형사재판절차에서 실질적 법일 뿐만 아니라 법조 업무에서 규제적 기준과 징계행위의 기초가 된다."

결이 내려지기 전까지 피고인은 형벌을 받지 않는다는 자유와 권리가 인정될 따름이다. 따라서 형사변호인이 범죄의 물적 증거를 확보했을 경우에는 변호사-의뢰인 특권이 적용되지 않으며 해당 증거는 반드시 검사에게 전달되어야 한다.

2. 상기 원칙에도 불구하고 지나치게 광범위하거나 불분명한 규정은 일반인에게 특정 행동이 법적으로 금지된다는 사실을 적절하게 고지하는 수단으로 작용하지 못하는 한편, 법을 실행하는 공무원이나 법정에 명확한 지침을 제공할 수 없어 자의와 차별의 원인이 된다는 점에서 적법절차에 부합하지 않는다.

피고인을 변호하는 변호인에게 기소방해 및 증거조작을 금지하는 규정은 지나치게 광범위한 규정에 해당한다. 펜실베이니아주법 18 Pa.C.S. §5105(a)(3)[104] 및 §4910 (1)[105] 모두 문언상으로는 명확하나 특정 상황에서 변호인이 의뢰인을 변호하기 위하여 취한 행동이 범죄행위의 선을 넘었는지를 판단할 수 있는 명확한 지침을 제공하지는 못한다.

3. 따라서 사안과 같이 형사변호인이 범죄의 물리적 증거를 확보했을 때 변호사-의뢰인 관계의 특권이 적용되는 것은 아니라 할지라도, 기소방해 및 증거조작을 금지하는 규정이 형사피고인을 대리하는 변호인의 조력을 구하는 헌법상 권리를 침해할 정도로 불분명하고 광범위하므로 항소인들은 면책되어야 한다.

2.2.2 변호사-의뢰인 특권의 포기

【판례 3-68】 Maldonado v. New Jersey ex rel. Administrative Office of Courts-Probation Division (United States District Court, D. New Jersey; December 15, 2004; 225 F.R.D. 120)

자신에게 불리한 편지를 작성한 후 분실하여 상대방 변호사가 입수한 경우 작성자가 변호사-의뢰인 특권을 포기한 것으로 볼 수 없고, 편지의 반환을 거부하는 상대방 변호사의 소송대리인 자격을 부인한 사례

▌사실관계

보호관찰관리인 Lionel Maldonado는 2003년 10월 7일 차별, 적대적인 근무환경, 그리고 경찰서장(superintendent) 및 상급자(senior officer)의 보복 등을 이유로 경철청장 Aman, 부서장 Mason, 상사 Costello에 대해 소를 제기하였다.

---

104) "…타인의 기소를 방해하려는 의도로… 증거 능력에 상관없이… 범죄의 증거를 은닉하거나…."

105) 물리적 증거를 조작하는 행위 : "…공식적 절차가 진행되거나… 미해결의 상태라는 예상하에… 어떠한 기록, 문서, 또는 물건을 숨기거나 제거하여 그러한 절차의 진행을 어렵게 하는 행위…."

한편 이미 그전에 뉴저지주 민권국(New Jersey Division on Civil Rights, 이하 'NJDCR')에 Maldonado가 청원을 넣어 이 사건에 대한 조사가 진행 중이었다. NJDCR에서 진행 중이던 사건과 관련하여 2001년 10월 7일 Mason은 자기 집 컴퓨터에서 편지 한 장을 썼고 Costello가 이를 보고 조금 수정하였으며, 이를 네 장 출력하여 Mason과 Costello가 서명하였다(이하 '10월 7일자 편지'). 이 편지는 당시 조사에서 Maldonado에게 유리한 내용으로 되어 있었다. Mason은 두 장을 자기가 갖고, 두 장을 Costello에게 주면서 한 장을 Griffin 변호사에게 보내라고 하였다. 10월 12일 Griffin 변호사는 그 편지를 수령하였다.

Costello는 편지를 그가 일반적으로 사용하는 마닐라지 폴더와는 다른 오렌지색 폴더 안에 넣어 두었다. 그런데 어느 날 그 편지가 사라졌는데, 그 편지는 Maldonado의 사무실 편지함에 넣어져 있었다. Maldonado는 이를 발견하였고 그 내용이 그에게 유리하다는 것을 알게 된 후 편지를 자신의 변호사에게 보냈다. 편지가 어떻게 사라져서 어떻게 Maldonado의 편지함에 들어갔는지 그 과정은 밝혀지지 않았다.

2004년 4월 15일 Gonzales 주 법무차관은 Maldonado의 변호사 David Hodulik가 그 편지를 가지고 있다는 사실을 알아냈다. Gonzales 차관은 Hodulik 변호사에게 변호사-의뢰인 특권을 주장하면서 편지를 돌려줄 것을 요구하였으나, Hodulik 변호사는 이를 거부하고 법원에서 비공개 조사(in camera review)를 할 것을 요구하였다.

그러자 피고들은 보호 명령(motion for protective order)을 신청하였고 나아가 ① 원고 측의 청구를 기각할 것과 ② 그것이 받아들여지지 않는다면 원고 측의 변호사 자격을 부인할 것을 청구하였다.

▮ 쟁점

1. Maldonado 및 그의 변호사가 10월 7일자 편지를 취득하고 공개한 것이 변호사-의뢰인 특권 및 변호사 작성물 특권(work-product privilege)을 포기한 상태에서 이루어진 것으로 볼 수 있는지 여부

2. 10월 7일자 편지를 취득하고 공개한 것이 위법하다면 그로 인하여 원고의 청구를 기각하여야 하는지 여부

3. 원고 측 변호사의 자격을 부인시킬 수 있는지 여부

▮ 법원의 판단

1. 변호사-의뢰인 특권은 그들 간 의사소통의 비밀을 보장함으로써 보다 자유로운 의사소통을 가능하게 하기 위한 목적에서 인정된다. 그러나 이는 진실 발견을 저해할

수 있으므로 ① 문서를 작성한 시점에서 부주의하게 문서가 공개되는 것을 방지하기 위하여 합리적으로 대비했는지 여부, ② 부주의하게 공개되었다면 회수하기 위하여 노력했는지 여부, ③ 공개의 범위, ④ 공개를 없었던 일로 하기 위해 당사자가 취한 수단, ⑤ 당사자에 대한 구제와 실체적 진실 발견 간의 이익형량 등 다섯 가지 요소를 고려하여 제한된 요건하에서 인정되어야 한다.

Mason과 Costello가 10월 7일자 편지를 의도적으로 또는 현저한 부주의에 의하여 공개한 것은 아니고 이 편지를 공개하지 않기 위하여 충분한 조치를 취한 점 등 여러 상황을 고려하면, 그들이 변호사-의뢰인 특권을 포기한 것이라고 볼 수 없다.

또한 작성물 특권은 소송의 쌍방 당사자 사이에서만 적용되는 것으로, 일방의 변호사가 상대방 변호사가 작성한 결과물을 자기에게 유리하게 이용하는 것을 막기 위한 목적에서만 인정된다. 그리고 연속한 일련의 사건들 간에 밀접한 관련성이 있다면 작성물 특권이 인정될 수 있는데, 10월 7일 편지는 뉴저지주 민권국의 조사절차와 직접 관련된 것이었지만, 이는 현재 진행 중인 소송과도 밀접한 관련이 있다고 판단된다. 그리고 특별히 당사자가 이를 포기하였다고 볼 수 있는 정황도 없으므로 피고 측은 작성물 특권을 주장할 수 있다.

따라서 Maldonado 및 그의 변호사가 10월 7일 편지를 획득하고 보유한 후에 공개한 것은 위법하다.

2. 당사자 및 그 변호사의 직무상 비행을 이유로 패소결정을 할 것인지 여부를 결정할 때에는 ① 통상적이지 않은 상황의 존재, ② 나쁜 신념 · 의도 그리고 과오의 존재, ③ 잘못을 시정하고 추후의 비슷한 행위를 막기 위한 보다 가벼운 제재의 고려, ④ 패소의 결과를 초래하는 비행과 사건의 쟁점 간의 관련성, ⑤ 공익과 손해, ⑥ 잘못한 사람에 대한 비난 가능성 정도 등의 요인을 종합적으로 고려하여 제한적으로 인정되어야 한다.

Maldonado는 나쁜 목적 또는 신념이 있었다기보다는 그가 편지를 취득한 후에 자기가 할 수 있는 유일하면서도 가장 좋은 조치는 이를 변호사에게 넘기는 것이라고 생각했던 것이다. 따라서 다른 요건들을 자세히 살펴보지 않더라도 원고 측의 패소를 결정할 수는 없다.

3. 변호사 자격을 부인하기 위해서는 ① 그 자료가 특권에 의해 보호된다는 사실을 변호사가 알았거나 알 수 있었는지, ② 변호사가 상대방에게 그 사실을 얼마나 신속하게 알렸는지, ③ 변호사가 그 정보를 검토하고 습득한 정도, ④ 특권에 의해 보호되는 정보의 중요성, ⑤ 자료가 공개되게끔 상대방이 실수한 정도, ⑥ 자격이 부인됨으로써 당사자가 손해를 입는 정도 등을 고려하여야 한다.

Maldonado 측 변호사들은 그 자료가 특권에 의해 보호된다는 것을 알았음에도 이를 상대방에게 알리지 아니한 점, 오히려 비공개절차를 통해 조사하자고 하는 등 반환하지 않으려고 한 점, 그 자료는 Maldonado 측에 유리한 중요한 자료이고 Mason과 Costello는 10월 7일자 편지를 잃어버린 데 큰 과실은 없다는 점을 고려할 때, Maldonado 측 변호사들의 자격을 부인함이 타당하다.

【판례 3-69】 In re Columbia/HCA Healthcare Corp. Billing Practices Litigation(United States Court of Appeals, Sixth Circuit; June 10, 2002; 293 F.3d 289)
변호사-의뢰인 특권의 일부 포기 — 행정부에 제출한 자료에 관하여 소송에서 제시를 거부할 수 있는지 여부

▌사실관계

법무부는 1990년대 중반 Columbia / HCA사를 노인의료보험과 국민건강보험(Medicare and Medicaid) 사기 혐의로 조사하였다. Columbia / HCA사는 자체적으로 내사를 병행하여 노인의료보험 프로그램에서 환자들에게 할당한 청구서 코드를 조사하였다. 법무부가 Columbia / HCA사에 그 감사 내역을 요구하자, Columbia / HCA사는 처음에는 변호사-의뢰인 특권과 작성물 이론(work-product doctrine)에 근거하여 거절하였다. 이후 Columbia / HCA사의 경영진이 교체되었고, 교체된 경영진은 사기 혐의와 관련하여 정부와 합의를 하기 위하여 일부 감사 자료를 전달하기로 하고 대신 법무부에 엄격한 비밀유지를 요구하였다. 양자 간 합의서에는 "Columbia / HCA사가 모든 기록과 정보를 제공하였다고 해서 어떠한 특권이나 작성물 이론에 근거한 청구를 포기하는 것은 아니다"라는 내용이 포함되어 있었다.

정부와 Columbia/HCA사는 Columbia/HCA사가 노인건강보험 환자 기록을 잘못 입력하여 과도한 요금을 부과한 데 대해서 민·형사상 책임을 지고, 8억 4,000만 달러의 벌금을 납부하기로 하는 내용의 합의를 하였다.

이에 수많은 개인과 보험 기금이 Columbia/HCA사가 자신들에게도 과도한 요금을 부과하여 부당하게 이를 납부하였다고 주장하며 소송을 제기하였다. 이들은 Columbia/HCA사가 연방 정부에 제출했던 감사 결과의 공개를 요구하면서, Columbia/HCA사는 정부에 이미 정보를 제공함으로써 보호 특권을 포기한 것이라고 주장하였다. 그러나 Columbia/HCA사는 정부에 정보를 제공한 것은 특권의 포기가 아니며, 정부에 자료를 제출할 당시의 합의서에 따르더라도 특권을 그대로 보유하고 있다고 하면서, 변호사-의뢰인 특권 및 작성물 이론에 따라 감사 결과 공개를 거절하였다.

쟁점

1. 변호사-의뢰인 특권을 선택적으로 포기할 수 있는지 여부

2. 변호사-의뢰인 특권의 포기와 작성물 이론에 근거한 청구의 포기 여부를 판단하는 데에 다른 기준이 적용되어야 하는지 여부

법원의 판단

1. 변호사-의뢰인 특권의 선택적 포기에 관하여

개인 또는 기관이 제3자에게 자발적으로 개인 정보를 공개한 경우 일반적으로 변호사-의뢰인 특권을 포기한 것으로 인정된다. 즉 의뢰인이 어느 한 상대방에 대해서 특권을 포기하면 이는 곧 모든 사람에 대해서 특권을 포기한 것이 된다는 것이고, 특정인에 대하여만 선별적으로 특권을 포기하는 것은 인정되지 않는다. 이 법원이 선별적 포기를 인정하지 않는 이유는 다음과 같다.

첫째, 변호사-의뢰인 특권은 변호사와 의뢰인 간의 진실된 의사소통을 장려하여 공익을 증진하고 법과 절차적 정의를 발견하기 위한 것일 뿐, 변호사와 의뢰인이 아닌 특정인 간의 의사소통을 보호하기 위한 것이 아니다.

둘째, 어느 상대방과의 사이에서 특권을 포기하였음에도 또 다른 당사자에 대한 소송에서는 여전히 그러한 특권을 소송에서 사용할 수 있는 무기로서 보유할 수 있다거나 또는 특권을 주장할 수 있는 상대방을 선택할 수 있다는 결론은 타당하지 않다.

2. 작성물 이론에 관하여

작성물 이론은 변호사-의뢰인 특권보다 넓은 개념으로서 비밀정보뿐만 아니라 소송에 사용할 것으로 기대되는 모든 자료에 적용되는 원칙이다. 그러나 작성물 이론의 포기와 변호사-의뢰인 특권의 포기를 달리 보아야 할 합리적 이유는 없다고 본다. 작성물 이론은 특히 소송전략과 깊은 관계가 있는데, 소송의 어느 상대방에 대하여 이러한 비밀을 공개하기로 한 이상 다른 상대방에 대하여 이러한 비밀을 공개하지 않을 수 있는 무기를 선별적으로 인정할 이유는 없기 때문이다. 따라서 변호사-의뢰인 특권을 포기한 경우 작성물 이론도 포기한 것으로 본다.

【판례 3-70】 Pappas v. Holloway(Supreme Court of Washington, En Banc.; March 1, 1990; 787 P.2d 30)
의뢰인과 변호사 사이에 종전 사건에 관한 보수지급청구소송과 이에 대한 반소가 제기되어 변호사가 종전 사건의 공동대리인에게 종전 사건 관련 자료의 제출을 요구하였을 때, 종전 사건의 공동대리인은 변호사-의뢰인 특권을 주장하며 제출을 거절할 수 없다고 판시한 사례

사실관계

1970년대 후반 Harold Holloway와 Rosemarie Holloway 부부는 브루셀라병에 감염된 소를 중개인을 통해 팔았다. 소를 산 사람들이 Holloway 부부를 상대로 몇 개의 소송을 제기했고, Holloway 부부는 여러 변호사들을 선임하여 소송을 대리하도록 하였다. 몇 년 후 그 소송들이 하나로 병합되었고 John Pappas 변호사와 James Thompson 변호사가 이들 부부를 공동으로 대리하게 되었다. 그런데 변론이 진행되기 1개월 전에 Pappas 변호사는 법원의 허가를 얻어 Holloway 부부의 대리인 지위에서 사임하였다. 그 직후 Pappas 변호사는 Holloway 부부에 대하여 미지급 보수금청구소송을 제기하였고, Holloway 부부도 Pappas 변호사의 부적절한 직무수행을 주장하며 반소를 제기하였다. 위 부부는 Pappas 변호사가 사건의 사실관계에 관해 충분한 조사를 하지 못했고 전문가 증인들을 충분히 면담하지 못했으며, 증거개시절차에서 필요한 충분한 증거 조사를 하지 못했고 중요한 보험 문제를 적절히 분석하여 보험회사를 상대로 시의적절한 대응을 하지 못했으며, 변론 직전에 사임하여 손해를 끼쳤다는 내용의 주장을 하였다.

Pappas 변호사는 브루셀라병 관련 소송을 공동으로 대리했던 Holloway 부부의 다른 변호사들 및 부부의 보험회사를 제3의 피고로 한 소송을 제기하면서, 특히 이들에게 브루셀라병 관련 소송에 관한 자료를 제출하도록 명할 것을 신청하였다. 제3의 피고들은 변호사-의뢰인 특권을 이유로 하여 Holloway 부부와 변호사들 간의 의사소통 및 Holloway 부부와 보험회사 간의 의사소통과 관련된 자료를 제출할 수 없다고 하면서, 이러한 자료들은 작성물 이론에 의해 보호받는 것이라고 주장하였다. Holloway 부부는 자신들이 반소를 제기함으로써 변호사-의뢰인 특권을 포기하기는 했지만, 이 포기가 자동적으로 제3의 피고들에게도 적용되는 것은 아니라고 주장하였다. 또 Pappas 변호사가 원하는 정보는 그의 방어권 행사를 위해서도 불필요한 것이라 주장하였다.

항소심법원은 Pappas 변호사의 자료제출 신청을 인용하였고, Holloway 부부 및 제3의 피고들은 워싱턴주 대법원에 항고하였다.

▌쟁점

1. 의뢰인이 변호사를 상대로 소를 제기한 경우 변호사-의뢰인 특권을 포기한 것으로 간주되는지 여부

2. 의뢰인이 공동대리인 중 한 사람에 대해 변호사-의뢰인 특권을 포기한 것이라면 다른 공동대리인에 대해서도 특권을 포기한 것으로 볼 수 있는지 여부

3. 작성물 이론의 적용 여부에 관한 판단 기준

▌법원의 판단

1. 변호사-의뢰인 특권은 변호사와 의뢰인 간의 자유롭고 공개적인 의사소통을 위한 것이다. 이 특권은 때때로 "정의의 추구는 온전한 사실 공개로부터만 가능하다"는 철학과 상충된다. 따라서 이 특권은 절대적인 것이 아니고, 그 목적을 위해 제한적으로만 적용되는 것이라 보아야 한다.

변호사가 의뢰인으로부터 부적절한 직무수행을 이유로 제소당하는 상황은 변호사-의뢰인 특권의 예외가 적용되는 상황 중 하나이다. 의뢰인이 그러한 특권을 이용하여 정보를 독점함으로써 소송상 이로운 위치에 서는 것은 정의에 합당하지 않기 때문이다.

문제는 변호사-의뢰인 특권의 포기가 제3의 피고들에게까지 적용되는지 여부이다. 변호사-의뢰인 특권의 포기가 제3의 피고들에게는 적용되지 않는다고 한 판례들이 있었지만, 이 사건에 그러한 선례들을 적용하기는 어렵다. 선례에서 변호사가 요구하였던 정보는 변호사 자신이 직접 관여했던 사건이 아니었으나, 이 사건에서 공개를 요구하고 있는 자료는 Pappas 변호사가 대리인으로서 직접 관여했던 소송 사건의 자료이기 때문이다. Pappas 변호사의 부적절한 직무수행 행위가 있었는지 여부를 판단하고 Pappas 변호사가 자신을 방어하기 위하여 그러한 자료는 필수적인 것이다.

과거 의뢰인이 변호사를 상대로 부적절한 직무수행 행위를 하였음을 이유로 소송을 제기하는 것은 변호사-의뢰인 특권의 포기를 의미한다. 이 사건에서 이러한 특권의 포기는 근거되는 소송에 관여한 모든 변호사들에 대해서도 적용된다. 따라서 Pappas 변호사의 자료제출 신청을 인용한 원심판결을 유지한다.

2. 원심은 브루셀라병 관련 소송이 이미 종결되었다는 이유로 작성물 이론은 정보공개를 막는 근거가 될 수 없다고 하였다. 그러나 이 법원은 소송 종결 후에도 작성물 이론은 유효할 수 있으므로 원심의 이유 설시에 있어 잘못이 있다고 본다.

다만 작성물 이론의 적용 여부는 Pappas 변호사가 요청한 자료에 관하여 '실질적인 필요성(substantial need)'을 입증하였는지 여부이다. 그리고 이 사건에서 Pappas 변호사가 요청한 자료는 소송에서 실질적으로 필요한 것이므로 작성물 이론은 정보공개를

막는 근거가 될 수 없다.

2.2.3 변호사-의뢰인 특권의 배제

【판례 3-71】 U.S. v. Goldberger & Dubin, P.C. (United States Court of Appeals, Second Circuit; June 7, 1991; 935 F.2d 501)
세법에 규정된 현금 지급자의 개인 정보 신고의무와 변호사-의뢰인 특권

▌사실관계

내국세법(Internal Revenue Code) 6050-I에 따르면, "거래나 사업을 하는 사람이 하나의 거래(또는 2개 이상의 관련된 거래)에서 1만 달러 이상을 현금으로 지급받은 경우" Form 8300에 따라 신고서를 제출하도록 되어 있다. Form 8300은 현금 지급인의 이름과 그에 관한 다른 정보를 포함하여 제출하도록 규정하고 있다.

국세청은 일단의 변호사들에게 1만 달러 이상을 현금으로 지불한 의뢰인의 명단을 공개하라고 요구하였다. 그러나 일부 의뢰인들이 변호사에게 자신의 이름을 공개하지 말 것을 요구하였고, 변호사들은 국세청의 요구를 거절하였다. 그러자 미국 연방정부는 변호사들의 정보공개 강제를 요구하는 소송을 제기하였고, 관련 의뢰인들이 소송에 참가하였다.

연방 지방법원은 해당 변호사들과 소속 로펌에게 국세청이 요구한 정보, 즉 현금으로 1만 달러 이상을 지불한 의뢰인들의 이름을 제공하라고 판결하였다. 변호사들과 참가인들은 항소하였다.

▌쟁점

세법상 규정된 현금 거래자의 개인 정보를 제공할 의무가 헌법상 변호사의 조력을 받을 권리 또는 변호사-의뢰인 특권과 충돌하는지 여부

▌법원의 판단

1. 변호사들은 이번 조치가 미국 수정헌법 4조와 5조에 위반된다고 주장하나, 이와 같은 주장은 판례상 계속적으로 배척되어 온 것으로 이유 없다.

2. 변호사들은 내국세법 6050-I가 수정헌법 6조에 규정된 '변호사의 조력을 받을 권리'를 침해한다고 주장하나, 판례에 의하면 수정헌법 6조는 형사피고인이 공정한 재판을 받을 권리를 보장하기 위한 것으로 해석되므로 이 주장도 이유 없다. 또한 6050-I의 적용 대상이 되지 않기 위해 의뢰인들은 현금 이외의 수단으로 수임료를 지불할 수 있

었음에도 불구하고 스스로 현금을 지급수단으로 선택하였으므로 그 책임은 의뢰인 스스로에게 있다.

3. 내국세법 6050-I가 변호사-의뢰인 특권과 충돌한다는 주장도 이유 없다. 변호사-의뢰인 특권은 이 특권을 배제하는 법령이나 강한 공공정책적 이유가 존재할 경우에는 적용되지 않는다. 또한 변호사-의뢰인 특권은 그것이 보호하고자 하는 목적에 부합하는 상황에만 제한적으로 적용될 수 있다. 따라서 의뢰인의 이름과 수임료 정보를 공개하는 것이 설사 그 의뢰인의 범죄행위를 들추어내는 결과를 가져온다 하더라도, 이는 위 특권에 의하여 보호될 수 없는 것이다. 의회는 세입이 모자란 이유 중 80%는 수입을 보고하지 않는 방법을 동원하여 탈세를 하기 때문이라고 하였는데, 그중에서도 현금거래를 하는 탈세자를 적발하기 위해 의뢰인에 관한 정보는 필수적이다.

내국세법 6050-I의 입법 목적은 지하경제를 양성화하는 것이다. 당시 의회의 입법 과정에서 변호사를 이 조항의 적용 대상에서 제외해 달라는 강력한 로비가 있었으나, 그럼에도 불구하고 세무 관련 신고의 법제화가 국가 경제에 미치는 영향력이 크다고 판단했기 때문에 변호사도 적용 대상에 포함하여 규율하게 되었다. 따라서 변호사가 이 조항을 위반할 경우 그에 따른 벌금이 부과된다.

이 사건에서 정보공개를 거절한 형식적 주체는 변호사들이었지만 실질적 주체는 의뢰인들이었다. 그러나 변호사는 의뢰인이 부당한 정보비공개 요청을 하였을 때 그에 관하여 상담하고 설득할 의무가 있으며 정보비공개를 장려해서는 안 된다. 이상과 같은 이유로 원심판결을 그대로 유지한다.

【판례 3-72】 Fisher v. U.S.(Supreme Court of the United States; April 21, 1976; 425 U.S. 391)
변호사가 의뢰인인 납세자의 회계장부에 대한 과세관청의 제출 명령에 응하여야 하는지 여부

▮ 사실관계

납세자들이 연방 소득세법에 따라 납세의무 또는 형사상 책임이 있는지에 관한 조사를 받게 되었다. 납세자들은 세금 신고를 위해 자신들의 회계사가 작업한 자료를 취득한 후 그 자료를 변호사에게 주었고, 국세청 조사와 관련한 법적 조력을 요청하였다. 이어서 국세청은 각 변호사에게 소환장을 보내 그 자료를 제출하라고 하였으나 변호사들은 이를 거절하였다. 그러자 정부는 회계사들이 작성하고 변호사들이 보유하고 있는 장부를 강제로 제출받기 위해 두 개의 소송을 제기하였다.

두 사건 모두 1심에서는 정부 측 청구에 따라 자료 제출 강제가 허가되었다. 그러나 항소심은 두 개의 사건에서 각기 다른 결론을 내렸다. 첫 번째 사건의 항소심은 납세자들이 자료의 소유권을 취득한 적이 없으며, 납세자 본인이 아니라 변호사가 자료를 가지고 있을 때는 더구나 제출을 거부하지 못한다고 하면서 원심을 지지하였다. 그러나 두 번째 사건에서 항소심은 원심을 파기하고 수정헌법 5조[106]에 따라 납세자들이 자료에 대한 소유권을 가지고 있는 경우 납세자는 제출을 강제당하지 않을 권리가 있으며, 변호사-의뢰인 관계의 면에서 납세자가 변호사에게 자료를 넘겨준 후에도 납세자는 그와 같은 권리를 계속 보유한다고 설시하였다.

▌쟁점

국세청이 납세자에 대한 세무 조사 과정에서 납세자의 변호사에게 납세자의 회계 장부 제출을 명할 경우, 이 명령이 수정헌법 5조 또는 변호사-의뢰인 특권에 위반되는지 여부

▌법원의 판단

1. 국세청의 조사와 관련하여 회계사의 장부가 변호사에게 전달된 경우, 변호사에게 직접 자료 제출을 강제하는 것은 납세자의 수정헌법 5조상의 권리를 침해하는 것은 아니다.

1) 납세자에게 그가 가지고 있는 서류를 제출하라는 명령이 수정헌법상 금지되어 있든 아니든, 변호사에게 서류 제출을 명하는 것은 납세자에게 어떠한 행위를 강요하는 것이 아니고 납세자가 자신에게 불리한 증언을 할 것을 강요하는 것은 분명히 아니므로 납세자의 수정헌법상의 권리를 침해하지 않는다. 변호사가 납세자의 대리인이라 하더라도 이 결과는 달라지지 않는다.

2) 납세자는 변호사에게 장부를 전달하였다는 이유로 수정헌법 5조상의 특권, 즉 자기 자신에게 불이익한 진술을 하지 않을 권리와 소유하고 있는 개인적 서류의 제출을 강제받지 않을 권리를 상실하지는 않는다. 이 개인적 특권은 서류의 전달로 소멸되는 것이 아니다.

3) 납세자가 장부를 변호사에게 준 후, 서류가 비밀리에 보관될 것이라는 합리적 기대를 가졌다 하더라도 수정헌법 5조는 '스스로 유죄를 인정하는 증언(self-incriminating testimony)' 없이 취득한 사적 정보를 보호해 주지 않는다.

2. 변호사가 보유한 서류에 대해서는 변호사-의뢰인 특권이 적용되고 의뢰인이 보유한 서류에 대해서는 수정헌법 5조가 적용된다. 그러나 납세자인 의뢰인들은 수정헌

106) "누구든지 형사 사건에 있어서 자기에게 불리한 증인이 되는 것을 강요받지 아니한다"와 관련된 쟁점이다.

법 5조에 따라 서류를 제출하지 않을 수 있는 권리를 보호받는 것은 아니다. 서류를 제출하는 것은 스스로의 유죄를 인정하는 증언과 관계가 없기 때문이다.

1) 수정헌법 5조는 모든 종류의 범죄를 뒷받침하는 증거의 강제 제출을 금지하는 것은 아니며, 피고소인이 자신의 범죄 사실을 드러내는 '증언(testimony)'을 강제당할 때 적용되는 것이다.

2) 그러나 회계사의 업무서류 내용은 그것이 아무리 범죄를 뒷받침하는 내용을 포함하고 있다고 하더라도 그것이 자기 스스로 범죄를 들추어내는 증언에 해당한다고 볼 수는 없다.

3. 이 사건과 같이 회계 장부가 변호사에게 전달되었고 의뢰인이 변호사로부터 법적인 조력을 구하고 있는 경우, 의뢰인에 대한 문서제출 명령이 의뢰인의 수정헌법 5조상의 권리를 침해하는 것이라면 변호사는 '변호사-의뢰인 특권'을 근거로 국세청의 명령을 거부할 수 있을 것이다. 그러나 위에서 본 바와 같이 국세청의 문서제출 명령이 수정헌법 5조상의 권리를 침해하지 않는다면 의뢰인으로부터 자료를 넘겨받은 변호사는 '변호사-의뢰인 특권'을 주장할 수 없으므로, 법원은 변호사가 가지고 있는 장부를 국세청 조사를 위해 제출하도록 명할 수 있다.

【판례 3-73】 Bersani v. Bersani(Superior Court of Connecticut, Judicial District of New Haven; August 24, 1989; 41 Conn.Supp. 252)
범죄 또는 사기의 예외에 해당하여 변호사-의뢰인 특권에도 불구하고 변호사가 정보를 공개하여야 하는 것으로 본 사례

사실관계

1988년 10월 3일 원고인 아내가 남편을 상대로 이혼소송을 제기하였다. 1988년 11월 11일 법원은 소송 계속 중에는 원고가 미성년자인 두 자녀의 양육권을 갖도록 하고 남편에게는 접견권을 인정하였다. 1989년 3월 두 당사자는 원고가 출국하려면 30일 전에 사전 통지를 피고에게 하여야 하는 것으로 합의하고 법원의 승인을 받았다. 아내는 아이들과 함께 스페인으로 돌아가게 해달라고 신청하였으나 1989년 5월 9일 법원은 이 신청을 불허하였다. 1989년 6월 초 남편은 아내가 아이들과 함께 거주하던 집에서 사라졌다는 것을 알게 되었다. 남편은 아내의 변호사에게 아내와 두 아이의 행방을 물었으나 변호사는 변호사-의뢰인 특권을 이유로 정보공개를 거부하였다. 1989년 6월 7일 남편은 아내의 변호사를 상대로 아내와 아이들의 행방에 관한 강제 정보공개 신청을 하였다. 1989년 6월 8일 법원은 원고가 고의로 법정모욕을 행하였다고 보고 코네티컷으로 돌아올 것을 명하고 두 아이에 대한 임시 양육을 피고(남편)에게 맡겼다. 남편은 이미

법원이 자신의 양육권을 인정하였고 이러한 결정은 아이들의 이익을 극대화하기 위해 존중되어야 하므로 변호사-의뢰인 특권은 배제되어야 한다고 주장하였다. 반면 원고 측은 아이들의 이익을 극대화한다는 것은 변호사-의뢰인 특권의 예외 사유가 될 수 없다고 주장하였다.

1989년 7월 14일 심리절차에 원고인 아내는 참석하지 않고 그 변호사만이 참석한 가운데, 두 사람의 이혼 판결이 내려졌고 남편이 두 자녀의 양육권을 갖게 되었다.

쟁점

'범죄 · 사기의 예외(crime-fraud exception)'에 해당하여 변호사-의뢰인 특권에도 불구하고 비밀정보의 공개를 강제할 수 있는 경우에 해당하는지 여부

법원의 판단

코네티컷주 변호사 직무행위규칙 1.6(c)(2)에 따르면, 변호사는 자신이 위임받은 범위에서 의뢰인의 범죄나 사기행위를 방지하기 위해 필요하다고 믿는 한도에서는 의뢰인의 대리와 관련된 정보를 누설할 수 있다. 또한 규칙 3.3(a)(2)에 따르면, 의뢰인의 범죄나 사기행위를 방조하지 않기 위해 정보공개가 필요할 때 변호사가 그 사실을 알고서도 그 정보를 법정에 공개하지 않는 것은 금지되어 있다.

이 사건에서 원고가 계획적으로 출국하려는 것은 법원 명령 위반이며 규칙 1.6(c)(2)에 규정된 법원에 대한 기망행위이다. 원고의 변호사가 의뢰인에게 법원의 명령을 위반하라고 조언한 것은 아니지만, 의뢰인의 행방을 공개하지 않는 것은 의뢰인이 법원의 명령을 계속적으로 위반하는 것을 방조하는 행위에 해당한다. 원고가 법원이 자녀들의 이익을 극대화하기 위해 내린 양육권 판결에 반하는 행위를 하는 것은 '사기'의 개념에 포함된다. 따라서 이 사건에는 '범죄 · 사기의 예외'가 적용되어 변호사-의뢰인 특권을 주장할 수 없고, 피고가 요청하는 아내의 소재지에 관한 정보는 이 특권이 적용되는 정보라고 할 수 없다.

법원은 변호사가 의뢰인이 부당한 행동을 계속하도록 돕는 침묵의 특권을 인정할 수 없다. 이 사건 정보공개를 청구하는 첫 번째 목적은 의뢰인인 원고가 계속해서 부당한 행동을 할 경우 발생할 피해로부터 자녀들을 보호하는 데 있다.

물론 법원은 당사자주의하에서 변호사-의뢰인 특권이 중요한 기능을 한다는 점을 알고 있다. 그러나 이 사건과 같이 의뢰인인 원고가 법원을 기망하기 위해 변호사에게 준 정보에는 변호사-의뢰인 특권이 적용되지 않는다. 또한 어떤 특권에 관한 주장도 아이들의 이익에 우선할 수는 없다. 이와 같은 이유로 남편의 강제 정보공개 신청을 허가한다.

【판례 3-74】 In re Sealed Case(Lewinsky)(United States Court of Appeals, District of Columbia Circuit; May 26, 1998; 162 F.3d 670)
범죄 · 사기의 예외가 인정되어 변호사-의뢰인 특권으로 보호될 수 없는 사례

사실관계

1997년 백악관의 인턴이던 Monica Lewinsky는 Paula Jones v. William Jefferson Clinton 사건에 관해 자료를 제출하고 증언을 하라는 소환장을 받았다. 소환장은 특히 클린턴 대통령과 Lewinsky의 관계에 관한 자료나 대통령으로부터 받은 선물을 제출할 것을 요구하고 있었다. Lewinsky는 소환에 응하기 위해 먼저 Francis Carter 변호사를 선임하였다.

Carter 변호사는 Lewinsky를 위해 진술서 초안을 작성해 주었고, Lewinsky는 진술서의 "위증 시 죄를 받겠다"라는 문구 아래에 서명하였다. Lewinsky의 진술서는 자신이 대통령과 성적 관계를 가진 적이 없으며 백악관에서 오로지 공적인 목적을 위해서만 대통령을 만났다는 내용으로 이루어졌다.

법원의 대배심은 Carter 변호사에게 소환장을 발부하여 관련된 자료 제출과 증언을 요구하였다. 그러나 Carter 변호사는 법원이 요청한 자료와 증언은 변호사-의뢰인 특권, 작성물 특권 및 수정헌법 5조상의 자기부책금지조항에 따라 보호받는 것이라고 주장하며 이를 거부하고, 소환 명령의 무효화를 신청하였다. 또 Lewinsky는 이해관계 있는 당사자로서 Carter의 변호사에 대한 소환 명령을 무효화해 달라는 별도의 신청을 하였다. 이에 정부는 이 사건에서는 범죄 · 사기의 예외(crime-fraud exception)가 적용되고, 이는 변호사-의뢰인 특권이나 작성물 특권 및 수정헌법 5조에 우선하여 적용된다고 주장하였다.

워싱턴 D.C. 연방 지방법원은 Carter 변호사의 신청에 대하여 "수정헌법 5조에 따른 Lewinsky의 기본권을 침해하지 않는 한도"에서 대배심의 소환 명령에 따라야 한다는 취지의 결정을 하였다. Carter 변호사와 Lewinsky 및 연방 정부 모두 항고하였다.

쟁점

의뢰인이 변호사에게 사기나 기망행위를 해주도록 위임한 경우, 의뢰인은 변호사-의뢰인 특권 등 비밀을 유지하기 위한 법적 보호를 받을 수 있는지 여부

법원의 판단

1. 이 사건에서 Carter 변호사는 항고할 이익이 없으나 당사자인 Lewinsky는 Carter

변호사가 증언을 할 수 없도록 요구할 법적 이익을 가지고 있다.

1심은 Lewinsky가 위증 목적 및 진실 발견을 방해할 목적으로 Carter 변호사를 선임하였다고 보고, 비밀유지의무에 대한 범죄 · 사기의 예외가 적용된다고 보았다. Lewinsky는 스스로 성적 관계가 없었다고 진술하기는 했으나, 이는 사건에 있어서 중요한 부분이 아니었고 법원의 판단에 영향을 끼치지도 않았으므로 위증죄를 구성하지 않는다고 주장하였다.

그러나 판단컨대 Lewinsky의 진술 내용이 사건의 중요한 일부로서 법원 판단에 영향을 끼칠 수 있었다는 점은 명백하므로 그녀의 주장은 이유 없다. 또한 Lewinsky가 위증을 통해 법원의 정당한 결정을 방해하려 하였다는 점도 인정된다. 따라서 이 사건에서는 변호사-의뢰인 특권에 관한 범죄 · 사기의 예외가 적용된다.

2. 이 사건과 같이 변호사-의뢰인 특권에 의해 보호를 받을 수 없는 경우에는 의뢰인이 수정헌법 5조상의 자기부책금지원칙을 주장하는지 여부와 상관없이 당사자의 신청을 기각하여야 하고, 1심법원과 같이 '수정헌법 5조상의 권리를 침해하는 범위 안에서'라는 제한을 두어 일부 인용 결정을 하여서는 안 된다. Lewinsky의 신청을 기각한다.

3. 의뢰인 이외의 제3자에 대한 의무와 책임

3.1 의뢰인이 아닌 사건관계자에 대한 의무와 책임

【판례 3-75】 Lucas v. Hamm(Supreme Court of California; September 5, 1961; 56 Cal.2d 583)
유언장 작성을 담당한 변호사가 상속인에 대하여 주의의무 위반으로 인한 손해배상책임을 지는지 여부

사실관계

원고들은 망인 Eugene Emmik의 유언에 따른 신탁의 수익자들이고, 피고 Hamm 변호사는 Emmik의 위임에 따라 그의 유언장 작성을 조력하였다. Hamm 변호사는 유언장 작성 시 주의의무를 위반하여 유언장 문안을 캘리포니아주 민법에 위반되게 작성하였고, 그 결과 원고들을 수익자로 지정하는 유언장 조항이 무효가 되었다. 원고들은 유언검인절차에서 신탁이 유효하였더라면 수령하게 되었을 액수보다 7만 5,000달러 가량 정도 적은 금액으로 피상속인의 친족들과 합의할 수밖에 없었다. 원고들이 피고를 상대로 손해배상의 소를 제기하였다.

▌쟁점

1. 유언장을 작성한 변호사와 계약당사자 관계가 없는 유언장상의 수익자들이 변호사의 유언장 작성 시의 주의의무 위반으로 인하여 손해를 입었음을 이유로 변호사에게 불법행위에 따른 손해배상청구를 할 수 있는지 여부

2. 변호사는 그의 직무수행의 모든 과오에 대하여 책임을 져야 하는지 여부

▌법원의 판단

1. 직무수행상의 주의의무 및 계약상 의무를 위반한 변호사가 계약상대방이 아닌 제3자가 입은 손해에 대해서까지 책임을 져야 하는지를 판단하는 것은 정책적 문제이다. 이를 판단하기 위해서는 그 계약이 원고들에게 미치는 영향, 원고들에 대한 손해의 예측 가능성, 원고가 손해를 입을 가능성, 피고의 행위와 원고들 손해 간의 인과관계, 사후 손해 방지 여부와 같은 다양한 요소들을 이익형량 해야 한다. 이러한 법 원칙은 유언에 따른 신탁재산의 유언장 작성 시 주의의무를 위반한 변호사에 대하여 소송을 제기할 권리를 가지는지를 결정하는 데에도 적용되어야 한다(변호사가 유언장 초안 작성 시 과실 또는 계약을 위반한 경우, 그는 그 잘못으로 인하여 불이익을 받게 된 유언장에 기재된 사람에 대하여 책임을 지지 않는다고 판시한 Buckley v. Gray, 110 Cal. 339 판례를 변경).

2. 피고와 피상속인 간의 계약에서 달성하고자 하였던 중요한 목적 중 하나가 원고들에게 소유권을 이전하려는 것이었고, 유언의 일부 무효로 인한 원고들의 손해 발생이 예측 가능하였으며 이 사건에서 주장된 변호사의 실수가 없었다면, 피상속인의 사망 시 원고들이 권리를 보유하게 될 것이 확실할 경우, 원고들과 유언을 작성한 피고 사이에 계약당사자 관계가 존재하지 않는다고 해서 원고들이 피고에 대하여 불법행위에 따른 청구를 할 수 없는 것은 아니다. 장래에 발생할 수 있는 손해를 예방하고자 하는 정책적인 면을 고려하더라도, 원고들이 변호사의 주의의무 위반으로 인하여 발생한 손해를 회복할 수 있도록 허용되어야 할 것이다.

3. 유언장을 작성한 변호사가 그의 피상속인과 계약상 의무를 적절히 이행하지 못하여 유언에 따른 권리를 상실한 원고들은 제3수익자로서 손해배상을 받을 수 있다. 그렇다고 해서 변호사가 직무수행상의 모든 실수에 대하여 책임을 지는 것은 아니다. 이 사건에서 원고들은 피고가 민법 조항을 위반하는 내용으로 유언장을 작성하여 신탁이 무효가 되었다고 주장하나, 이와 유사한 문제들에 대해서 오랫동안 법리상 매우 복잡한 논란이 존재해 왔던 점을 감안해야 한다. 이 사건 유언 조항과 관련된 법리, 피고의 주의의무 위반의 양태 등을 살펴보면 피고가 통상적인 변호사의 일반적인 직무수행 능력이나 신중함 · 성실성 · 기술 등을 사용하지 않았다고 판결하는 것은 타당하지 않다. 원

고의 청구를 기각한 원심판결을 유지한다.

【판례 3-76】 Greycas, Inc. v. Proud (United States Court of Appeals, Seventh Circuit; August 3, 1987; 826 F.2d 1560, 56 USLW 2145, 23 Fed.R.Evid.Serv. 888)
의뢰인이 대출을 받기 위하여 금융기관에 변호사의 의견서를 제출하였는데 의견서에 허위 사실이 기재된 경우, 의견서 발급 변호사가 금융기관에 대하여 책임을 진다고 본 사례

▌사실관계

피고 Theodore S. Proud, Jr.는 시카고 근교에서 활동하는 일리노이주 변호사이다. 피고의 처남인 Wayne Crawford 역시 변호사이나 일리노이주 남부의 농장 경영에 더 큰 관심을 갖고 있었다. 1981년경 Crawford는 대부분의 농장 기계를 대출기관에 담보로 제공하는 등 농장 경영에 재정적 어려움을 겪고 있었다. 그는 애리조나주에 본사를 둔 금융회사인 원고 Greycas, Inc.에게 재정적 어려움이나 농장 기계에 대한 선순위 담보권의 설정 사실을 알리지 않은 채 급히 대출을 신청하였다.

원고는 Crawford의 농장 기계에 대한 다른 금융기관의 담보권 설정 여부 및 Crawford의 재정 상태에 대해 조사를 하지 않고, 다만 대출 조건으로 Crawford의 농장 기계에 선순위 담보권이 설정되어 있지 않음을 확인하는 변호사 의견서를 제출할 것을 요구하였다. Crawford는 이를 피고에게 부탁했고 피고는 의견서를 작성하여 원고 앞으로 보냈다. 이에 원고는 Crawford에게 136만 7,966.50달러를 대출하였다.

1년 후, Crawford의 자살로 채무 불이행 사태가 발생했고 원고는 그제야 농장 기계에 이미 다른 채권자가 선순위 담보권을 설정해 놓았다는 사실을 알게 되었다. 해당 농장 기계는 경매되었고 일리노이주 법원은 원고에게 경매대금에 대한 우선권이 없음을 확인하였다. 피고 변호사 의견서의 내용대로라면 원고가 대출금을 모두 회수할 수 있었을 것이나, 실제로 원고는 대출금의 일부만 회수할 수 있었을 뿐이었다.

피고의 회사명이 찍힌 용지에 작성되어 원고에게 보내진 의견서에는 피고가 자신을 Crawford의 변호사라고 밝히고 Crawford에 대한 대출을 승인해 주도록 하는 내용이 들어 있었다. 또한 피고는 의견서에서 Crawford가 대출계약서상의 요건을 충족하였으며, 1981년 3월 19일자 미국 통일상법전 및 세법에 따른 조사절차, Crawford의 농장에 대한 심사 등을 거쳐 첨부문서A에 기재된 농장 기계에는 다른 담보권이나 부담이 설정되어 있지 않다는 사실을 확인한다고 밝혔다.

피고는 Crawford의 진술을 확인하기 위해 첨부문서A상의 농기계 목록에 대해 선순위 담보권이 설정되어 있는지 조사하지 않은 것으로 드러났고, 이에 대해 원고는 과실에 의한 부실기재를 주장하였다. 반면 피고는 의뢰인의 상대방인 원고에 대해 주의의무를 부담하지는 않는다면서 해당 사안이 직무과오에 해당될 수 있을 뿐 주의의무(duty of due care) 위반으로 인한 부실기재에는 해당하지 않는다고 주장하였다. 이에 일리노이주 남부 연방 지방법원은 원고 승소 판결을 했고 피고는 항소하였다.

쟁점

1. 변호사가 의뢰인의 요청에 의하여 의견서를 발급하면서 허위 내용을 기재한 경우 의뢰인이 아닌 의견서 수신인에 대해 책임을 지는지 여부

2. 의견서 수신인이 의견서의 내용을 별도로 확인하지 않은 것을 이유로 의견서에 허위 내용을 기재한 변호사의 책임을 경감하는 과실상계 사유가 되는지 여부

법원의 판단

1. Proud 변호사의 주장과 같이 직무과오가 변호사의 의뢰인에 대한 부주의나 다른 위규에만 적용되는 개념이라면 원고는 Proud 변호사에게 주의의무 위반으로 인한 책임을 물을 수 없을 것이다. 하지만 일리노이주 대법원은 Pelham v. Griesheimer, 92 Ill.2d 13, 64 Ill.Dec. 544, 440 N.E.2d 96(1982) 판결로 전문직의 직무과오에 대하여 계약관계를 요구하는 종전의 보통법 원칙을 폐기하였고, 변호사(또는 다른 전문직)의 의뢰인이 아닌 사람도 변호사에 대하여 직무과오에 따른 소송을 제기할 수 있게 되었다. 다만 변호사가 무한하고 알 수 없는 숫자의 잠재적 원고들에게 책임을 지게 될 가능성을 우려하여 의뢰인이 아닌 사람이 변호사에 대한 주의의무 위반소송에서 승소하기 위해서는 변호사-의뢰인 관계의 주된 목적과 의도가 제3자에게 이익 또는 영향을 주는 것이었음을 입증해야 한다. 이 사건에서 Greycas가 Crawford에게 대출하는 데 영향을 주는 것이 Crawford가 Proud 변호사를 선임한 주된 목적이었을 뿐 아니라 유일한 목적이었다.

주의의무를 위반한 부실기재에 따른 청구는 명백하다. 의견서를 Greycas 앞으로 작성하였으므로 Proud 변호사는 의견서의 중요한 부실기재에 대하여 그것이 고의로 인한 것이든 과실로 인한 것이든, Proud 변호사가 Crawford의 변호사였든 다른 사람의 변호사였든 일단 책임을 져야 한다. 이 사건에서 Proud는 Greycas에게 Greycas가 Crawford와 상거래를 하도록 인도할 것을 의도한 정보(또는 부정확한 정보)를 제공하였다. Proud 변호사는 그 정보가 정확한지 여부를 확인할, 주의를 다할 의무를 진다. 또한 Proud 변호사가 의견서를 보내지 않았거나 담보물에 설정된 선순위 담보권의 존재 사

실을 알렸다면 원고가 대출을 실행하지 않았을 것이므로 부실기재와 대출실행에 의한 손해 간 인과관계를 인정할 수 있다. 따라서 담보물에 선순위 담보권이 설정되어 있는지 여부를 조사하지 않은 것은 주의의무 위반이고, 이에 따라 대출기관이 대출을 실행하여 손해를 입었다면 Proud 변호사는 과실에 의한 부실기재의 책임이 있다.

2. Proud 변호사는 Greycas도 과실이 있으므로 과실상계 해야 한다고 주장한다. 적정한 주의의무는 상대방이 주의의무를 다한다는 전제하에 최적의 주의의무를 말하는 것이고, 잠재적 불법행위의 피해자가 세상의 다른 사람들은 주의를 태만히 한다고 전제하여야 하는 경우 최적의 주의와 같은 높은 수준의 주의는 아니다. 선순위 담보권 설정 여부는 한번 조사하면 확인할 수 있으므로 Greycas가 Proud 변호사의 조사를 믿은 것은 합리적인 행동이다.

3. 의뢰인의 재산에 대해 조사를 수행하였다고 하면서 담보물에 선순위 담보권이 설정되어 있지 않다고 거짓으로 진술한 Proud 변호사는 주의의무 위반에 해당하며, 이로 인한 원고의 손해에 대해 부실기재로 인한 책임을 부담한다. 따라서 원심판결을 인용하고 항소를 기각한다. 이 사건의 기록이 일리노이주 변호사의 심각한 위규를 드러냈으므로 일리노이주 대법원의 변호사 등록 및 징계위원회가 적절한 징계 조치를 취할 수 있도록 이 판결을 위원회에 보낸다.

4. (보충의견) Proud 변호사는 직무과오나 과실 있는 부실기재에 의거하지 않고도 책임을 부담한다. 이 사건에서 각종 증거는 Proud 변호사가 사기 또는 고의적인 부실기재를 범했음을 보여 준다. Proud 변호사는 원고 Greycas가 Crawford에게 대출할 것을 유도하기 위하여 고의로 부실기재한 것이며, Greycas가 대출 시 부실기재를 믿은 것은 정당하고 그로 인하여 손해를 입었으므로 Proud 변호사의 부실기재는 방어할 수 없다.

【판례 3-77】 Paradigm Ins. Co. v. Langerman Law Offices (Supreme Court of Arizona; June 13, 2001; P.A. 200 Ariz. 146, 24 P.3d 593, 349 Ariz. Adv.Rep. 11)
보험회사가 피보험자를 대리할 변호사를 지정한 경우, 변호사가 보험회사에 대하여 의무를 부담한다고 본 사례[107)]

사실관계

Paradigm Insurance Company(이하 'Paradigm 보험회사')는 의사 Benjamin Vander-

107) 보험회사의 요청으로 피보험자를 대리한 법률사무소의 변호사가 그 보험회사를 상대로 한 피보험자의 청구를 대리하여 대리인 자격이 부인된 【판례 4-13】 참조.

werf와 의료과오로 인한 책임을 부보하는 보험계약을 체결하였다. Renee Taylor는 Dr. Vanderwerf가 카데터를 제거하는 과정에서 자신에게 상해를 입혔다는 이유로 소송을 제기하였다. Paradigm 보험회사는 이 사건에서 Dr. Vanderwerf를 조력하기 위해 로펌 Langerman을 소송대리인으로 선임하였다.

이후 Paradigm 보험회사는 Langerman이 Paradigm 보험회사에 가입한 의사를 상대로 하는 소송에서 원고 측 소송대리인으로 선임되었다는 사실을 알게 되었다. 이것은 Paradigm 보험회사와 Langerman 사이의 계약 위반이어서 Paradigm 보험회사는 Langerman을 해임하고 Taylor 사건에서 Dr. Vanderwerf를 위해 다른 변호사를 선임하였다. Taylor와 Dr. Vanderwerf 간의 소송은 Paradigm 보험회사의 보험금 한도 범위 내에서 화해로 종결되었다.

Langerman이 Paradigm 보험회사를 상대로 보수금 지급소송을 제기하였고, Paradigm 보험회사는 Langerman의 계약 위반을 주장하며 자신이 입은 손해를 배상하라는 내용의 반소를 제기하였다. 1심법원은 Langerman과 Paradigm 보험회사 사이에 변호사-의뢰인 관계가 없으므로 Langerman이 Paradigm 보험회사에 대하여 주의의무를 부담하지 않는다고 판시하였다. Paradigm 보험회사가 항소하였고 항소심은 보험회사가 피보험자를 대리할 변호사를 지정한 경우, 그 변호사는 이익충돌이 없는 한 피보험자와 보험회사 양쪽을 대리할 수 있고 이 사건에서는 실제로 양쪽을 대리한 것으로 보아야 한다고 하여 1심판결을 파기하였다.

쟁점

1. 변호사-의뢰인 관계가 성립하기 위해 명시적 합의가 필수적 전제요건인지 여부
2. 현재의 또는 잠재적 이해상반행위가 있는지 여부
3. 의뢰인이 아닌 자에 대한 의무

법원의 판단

1. 변호사-의뢰인 관계 정립에 있어 명시적 합의는 필수적 전제요건이 아니다. 오히려 반대로 변호사-의뢰인 관계는 누군가가 변호사에게 그 변호사의 법률서비스를 제공받을 것을 의도함을 표시하고 변호사가 이에 동의하는 표시를 할 때 발생한다. 의뢰인이 객관적 근거에 기초하여 변호사가 자신의 대리인이라는 믿음을 갖는 것은 변호사-의뢰인 관계가 성립하기 위한 중요한 요소이다.

2. 선례들에 비추어 볼 때 보험자가 피보험자를 대리할 변호사를 지정한 경우, 그 변호사의 서비스는 보험자와 피보험자의 이해관계가 일치한다면 양자에게 이익이 되도록 할 의도로 제공된다고 이해되며, 그러한 이해에 바탕을 두고 그 변호사는 보험자에게도

의무를 진다. 이 의무는 보험자가 의뢰인이 아닌 경우에도 존재한다. 변호사는 의뢰인이 아닌 사람에 대하여도 판례법과 Restatement[108]에서 정한 조건이 성취되는 경우 주의의무 위반에 따른 책임을 부담할 수 있다. 따라서 의무가 없다고 한 1심판결은 타당하지 않다. 이 사건에서 변호사가 의무를 위반했는지를 다시 심리하도록 1심법원으로 환송한다.

【판례 3-78】 McIntosh County Bank v. Dorsey & Whitney, LLP(Supreme Court of Minnesota; March 6, 2008; 745 N.W.2d 538)
의뢰인 이외의 제3자가 변호사에 대한 손해배상책임을 묻기 위한 조건

▌사실관계

Miller & Schroeder(이하 'M & S')는 카지노프로젝트와 관련하여 차입자 President와 Tribe에 대한 대출을 주선하였고 로펌 Dorsey & Whitney는 M & S의 변호사였다. 원고 McIntosh County Bank 등 은행들은 대출채권의 일정 지분(participation interest)을 M & S로부터 매수하였다. 대출금 상환이 연체되자 원고들은 M & S를 위하여 대출계약 관련 법률조언을 제공한 Dorsey에 대하여 직무과오, 계약 위반 등을 주장하며 소송을 제기하였다. 1심에서는 원고 패소 판결을 하였고, 항소심법원은 1심판결을 일부 파기하였다. 이에 대하여 미네소타주 대법원은 상고 신청을 받아들여 원고 패소한 1심판결을 유지하였다.

▌쟁점

1. 변호사-의뢰인 관계의 당사자가 아닌 제3자가 변호사에 대한 손해배상책임을 묻기 위한 요건

2. 대출 주선인의 변호사와 대출채권 지분 매입은행(participant) 간에 묵시적 계약관계가 존재하였는지 여부

---

108) Restatement §121 : 대리와 관련하여 영향을 받는 의뢰인과 다른 이들의 동의가 없는 한 변호사는 이익충돌행위에 있어 의뢰인을 대리할 수 없다. 이익충돌행위는 의뢰인에 대한 변호사의 대리가 실질적으로 변호사 자신의 이익 또는 변호사의 다른 의뢰인, 과거의 의뢰인, 제3자에 대한 의무에 영향을 줄 상당한 우려가 있는 경우를 의미한다.
Restatement §51(3) : 다음의 경우에 해당할 때 변호사는 의뢰인이 아닌 자에게도 주의의무를 부담한다.
(a) 의뢰인이 소송대리를 의뢰하는 주요 목적 중의 하나가 변호사의 서비스가 의뢰인이 아닌 자를 위한 것임을 변호사가 알고,
(b) 그러한 의무가 변호사의 의뢰인에 대한 채무 이행에 중대한 장애를 일으키지 않으며, 그리고
(c) 그러한 의무가 없다면 의뢰인에 대한 채무를 강제하는 것이 곤란한 때.

법원의 판단

1. Marker v. Greenberg, 313 N.W.2d 4(Minn. 1981) 판결에서 명백한 사기 등 다른 부적절한 동기가 없는 경우, 변호사는 오직 그의 의뢰인에 대하여만 직무과오에 대한 책임을 진다는 법리가 확인되었다. 그리고 의뢰인이 아닌 제3자가 변호사를 상대로 직무과오소송을 제기하려면 그 제3자는 변호사의 법률서비스의 직접적이고 의도된 수혜자여야 한다.

2. 직무과오소송에서 변호사가 그의 법률서비스의 직접적이고 의도된 수혜자인 제3자에 대해 부담하는 의무의 수준을 판단하기 위해서는 계약 체결의 의도, 원고에 대한 손해의 예견 가능성, 원고가 손해를 입을 확신의 정도, 피고의 행위와 손해의 관계의 밀접성, 그리고 미래의 손해를 방지하는 정책을 포함하는 소위 Lucas 요소[109)]를 고려하여야 한다.

3. 제3자를 직접적이고 의도적인 수혜자로 인정하기 위해서는, 그 계약이 제3자에 대한 효과를 발생시키려는 목적으로 체결되었고 의뢰인이 그러한 효과를 해당 계약의 목적으로 의도하였으며 변호사가 이와 같은 의뢰인의 의도를 알고 있어야 한다.

4. 이 사건에서 원고들은 M & S와 Dorsey 간에 형성된 변호사-의뢰인 관계의 직접적이고 의도된 수혜자라고 볼 수 없다. 이 사건은 제3수익자 이론이 처음 개발된 유언장 작성의 맥락과는 아주 다르다. 원고들은 M & S와 Dorsey 간의 변호사-의뢰인 관계의 중심적 목적이 원고들에게 영향을 주고자 한 것이거나 거래의 목적이 원고들에게 이익을 주기 위한 것이라는 점을 입증하지 못하였다. 거래는 차입자들에 대한 대출을 마무리하는 것이었고 원고들은 Dorsey와 직접 의사소통하지 않았다. 원고들은 대출채권의 지분을 매입하면서 작성한 대출채권참가계약서(participation agreement)에 M & S에게 의존하지 않고 원고들의 독자적인 대출채권평가에 의존하여 대출채권을 매입한다고 확인하였다. M & S가 원고들의 이익을 위하여 Dorsey에게 위임하고자 하는 의도를 가지고 있었음을 Dorsey가 알았다는 점이 입증되지 않았다.

5. 계약법 이론에 따른 변호사-의뢰인 관계는 명시적 또는 묵시적 합의가 있어야 한다. 묵시적 합의에 의한 변호사-의뢰인 관계의 성립 여부는 당시의 상황, 당사자들의 관계 및 당사자들의 행위로부터 추론될 수 있는데 한 당사자가 다른 당사자의 서비스로부터 수혜를 받았다는 단순한 사실이 계약상의 책임을 부과하지는 않는다.

이 사건에서는 대출이 실행되기(closing) 전까지는 원고들과 Dorsey 사이에 의사소통이 없었고 Dorsey가 원고들을 대리할 것으로 기대된다는 통지도 없었으며, 대출실행

---

109) 앞 【판례 3-75】 Lucas v. Hamm(Supreme Court of California; September 5, 1961; 56 Cal.2d 583).

전까지 Dorsey는 원고들의 정체를 알지도 못하였다. 따라서 원고들과 Dorsey 사이에는 법률서비스 제공에 관한 묵시적 계약관계가 존재한다고 판단할 수 없다.

항소심판결을 파기하고 1심판결을 유지한다.

【판례 3-79】 Geaslen v. Berkson, Gorov & Levin, Ltd.(Supreme Court of Illinois; March 18, 1993; 613 N.E.2d 702)
매수인을 대리하는 변호사는 매도인에 대한 수임인으로서의 의무를 부담하지 않지만 의견서를 작성하여 매도인에게 제출한 경우에는 매도인에 대하여 주의의무를 부담한다고 본 사례

▮ 사실관계

원고들은 자신들이 소유하고 경영하는 Triad Sales Corporation의 주식을 Stern과 Nationwide Trust(이하 'Nationwide사')에게 매도하는 주식매매계약을 체결하였다. 피고들은 계약 체결을 위한 협상 과정에서 매수인 측에 법적 조력을 제공한 변호사들로서, 원고들에게 매매계약서에 기재된 매수인과 관련된 사항들이 진실에 부합한다는 내용의 변호사 의견서를 제출하였다.

원고들의 주장에 따르면 Stern은 Triad 주식에 대해서 선취특권을 설정하는 방법으로 계약금을 지불하였는데, 이는 Triad 주식에 대한 선취특권은 매도인이 갖는다는 매매계약서의 내용에 위반되는 행위였다. 또한 원고들은 Stern이 사기 전력이 있으며 Nationwide사는 매수인으로서 매매계약을 이행하기에는 불충분한 자본을 가지고 있다고 주장하였다. 매매계약 체결 후 2주 내에 Stern은 파산신청을 하였다. 파산법원이 확정한 사실관계에 따르면 Nationwide사는 Stern이 독점적으로 영향력을 행사하는 회사였고, 파산법원은 Stern과 Nationwide사에게 이전된 Triad 주식을 원고에게 반환하라는 명령을 하였다.

원고들은 피고 변호사들을 상대로 소를 제기하였고 피고들이 매매계약의 매수인에 관련된 사항에 관한 변호사 의견서를 작성·제출하는 과정에서 매수인에 대해서 충분히 조사하여 해당 사실을 원고 측에 제공하지 않음으로써, 업무상 주의의무(duty of care) 및 원고들에 대한 신인의무를 위반하였다고 주장하였다. 1심법원은 원고의 청구를 기각하였고 2심도 이를 유지하였다.

▮ 쟁점

주식매매거래에서 매수인을 대리하는 변호사가 매도인에 대한 신인의무 또는 주의의무를 부담하는지 여부

▌법원의 판단

1. 원고들은 자신들의 변호사의 조력하에 매매계약을 체결하였고 피고들이 매수인을 위해 사무를 처리한다는 사실을 알고 있었다. 따라서 피고들이 원고들에게 부담하는 의무는 피고들이 제출한 의견서에 기재된 사항으로 제한된다. 피고들은 자신의 의뢰인인 매수인들에게만 신인의무를 지는 것이고 원고들에 대해서는 그렇지 아니하다. 따라서 피고들이 원고들에게 지는 의무는 매수인들을 위해서 제3자에게 지는 의무에 불과하다. 해당 사건에서 피고들과 원고들 사이에는 수임인과 위임인 관계가 설정되었을 만한 별도의 사정이 보이지 않으므로, 피고들이 원고들에게 수임인으로서의 의무를 지지 않는다는 원심의 판단은 타당하다.

2. 항소심은 피고들이 원고들에게 의견서 작성에 관하여는 주의의무를 부담한다고 판시하였고, 피고들도 주의의무를 진다는 점에 대하여 다투지 않는다. 그렇다면 원고들은 그 의무의 위반 여부에 대하여 주장할 기회가 부여되어야 하므로 사실심법원으로 환송한다.

3.2 상대방 당사자와의 의사소통

【판례 3-80】 Niesig v. Team I (Court of Appeals of New York; July 5, 1990; 76 N.Y.2d 363, 558 N.E.2d 1030, 559 N.Y.S.2d 493, 59 USLW 2041)
상대방이 법인일 경우 의사소통이 금지되는 '다른 변호사가 대리하는 상대방'의 범위

▌사실관계

Niesig는 건축공사장의 비계에서 떨어지면서 다쳤다. 사고 당시 그는 Detrae Enterprises, Inc.(이하 'Detrae사') 소속이었다. J. M. Frederik은 시공사 대표였고 Team I.는 공사장 시설물의 소유자였다. Niesig는 이들을 상대로 손해배상청구소송을 제기했고, 이들은 Detrae사를 상대로 소송(third-party action)을 제기하였다.

Niesig는 그의 변호사가 사고 당시 현장에 있었던 모든 Detrae사 직원들을 면담할 수 있도록 하는 일방적(ex parte) 절차를 신청하였다.

▌쟁점

변호사 직무행위준칙의 징계규칙 7-104(A)(1)[110] 준수 여부

110) "의뢰인을 대리함에 있어 변호사는 대리의 대상이 되는 주제에 관하여 다른 변호사가 대리하는 당사자와 의사소통할 수 없다. 다만 그 다른 변호사의 동의가 있거나 법에 의해 허용되는 경우에는 그러하지 아니하다."

▌법원의 판단

1. 징계규칙 7-104(A)(1)을 자연인을 당사자로 하는 일반적인 민사 사건에 적용함에는 어려움이 거의 없다. 그러나 당사자가 법인일 때는 그들의 대리인이나 직원의 포함 여부가 문제 된다. 즉 그 구성원의 어디까지를 상대방의 변호사가 직접 접촉할 수 없는 당사자(party)의 범위에 포함시킬 것인가 하는 점이 문제이다.

2. 이 사건에서 Niesig 측은 대상 직원들이 지배인 또는 관리인의 지위에 있지 않기 때문에, Detrae사와 동일인으로 볼 수 없으므로 면담을 하더라도 징계규칙 7-104(A)(1) 위반이 아니라고 주장한다. 반면 Detrae사는 회사가 당사자일 경우, 상대방 변호사는 그 직원들을 접촉할 수 없다고 주장한다. 판단컨대 법인의 경우 일방적 절차에 의한 면담은 회사의 직원이긴 하지만 경영진이 아닌 증인의 경우에 대해서는 허용될 수 있다. 다만 변호사는 면담을 함에 있어 자신의 신분과 관심사를 알리고 윤리적으로 행동해야 한다.

【판례 3-81】 Palmer v. Pioneer Hotel & Casino [United States District Court; August 28, 1998; 19 F.Supp.2d 1157, 86 Fair Empl.Prac.Cas.(BNA) 897]
의사소통이 금지되는 '다른 변호사가 대리하는 상대방'에 상대방 법인의 직원도 포함되는지 여부

▌사실관계

1997년 1월 임신 6개월이던 Palmer는 Pioneer Hotel & Casino(이하 'Pioneer 호텔')의 식음료 담당자였던 Greg Zamora를 만나 Pioneer 호텔의 음식 준비와 손님 접대 업무를 담당하기로 하는 고용계약을 체결하였다. 그런데 그 일을 시작하기에 앞서 Greg Zamora는 Palmer에게 커피숍 지배인 업무를 제안했고 Palmer는 이 제안을 승낙하였다. 1997년 2월 3일 막상 Palmer가 Pioneer 호텔에 출근하였더니 Greg Zamora는 그녀에게 호텔 공동지배인인 Guy Archer가 그녀의 임신을 이유로 Zamora의 위 결정을 번복하였다고 알려 주었다. Palmer는 직장에서의 고용불평등에 대한 소송을 제기하였다.

1997년 2월 27일 Palmer의 변호사 Ian Silverberg는 서면으로 수임 사실 및 고용불평등소송 제기 사실을 Pioneer 호텔 측에 통지하였다. Pioneer 호텔은 Palmer의 변호사 Ian Silverberg가 Pioneer 호텔의 직원들과 부당하게 접촉하였다고 하면서 Silverberg 변호사의 소송대리인 자격을 부인하여야 한다고 주장하였다.

▮쟁점

1. 네바다주 대법원 규칙 182조[111] 위반 여부
2. 위 규칙상 당사자가 법인인 경우 그 대표가 아닌 구성원과 의사소통하는 것도 금지되는 것인지 여부

▮법원의 판단

1. 미국변호사협회 직무행위표준규칙 4.2에 기초하여 만든 네바다주 대법원 규칙 182조의 목적은 ① 변호사와 일반인의 법적 능력의 차이를 악용하지 않도록 하고, ② 변호사-의뢰인 간 신뢰관계의 염결성(integrity)을 유지하고, ③ 직업상 지득한 정보의 예기치 않은 발설을 예방하고, ④ 협상에 익숙한 변호사를 통해 분쟁을 걸러서 합의를 용이하게 하는 데 있다.

2. 미국변호사협회 직무행위표준규칙 4.2에 대한 공식적인 주석 2[112]에 따르면, 다음 세 가지 경우가 상대방 변호사에 의해 접촉이 금지되는 당사자에 포함된다. ① 단체(organization)의 관리책임(managerial responsibility)을 지고 있는 직원, ② 민·형사상 책임과 관련하여 사건과 관련된 작위 또는 부작위가 단체의 것으로 전가될 수 있는 직원, ③ 그의 진술이 단체가 한 것으로 인정될 수 있는 직원이다.

3. 이러한 기준에 따라 판단할 때, 원고 측 변호사가 호텔 식음료부 운영을 책임지고 있는 호텔 부주방장 Kapetanakis를 면담한 것은 네바다주 대법원 규칙 182조 위반이다. 다만 법원이 판단하기에 Silverberg 변호사의 대리인 자격을 부인하기는 어렵다. Silverberg 변호사가 규칙을 위반하여 호텔 직원을 접촉하였으나 세 문장의 짧은 진술밖에 얻어 내지 못하였고, 또한 Silverberg 변호사의 비윤리적 행위가 소송절차의 염결성을 훼손하긴 했지만 자격부인을 정당화할 정도로 큰 피해를 초래하였다고 보기 어렵다. 결론적으로 Silverberg 변호사의 자격을 부인할 이익보다 원고 Palmer가 자신이 선택한 변호사로부터 조력을 받을 권리가 더 우월한 것으로 인정할 수 있다.

4. Silverberg 변호사에 대한 자격부인 신청은 윤리 위반의 범위에서만 인정한다. Kapetanakis의 선서진술서와 증언 기록 중 선서진술서와 일방적 의사소통에 관한 부분은 증거에서 제외한다. Silverberg 변호사에게는 그의 일방적 소통에 근거하여 Pioneer 호텔 측이 제기한 자격부인청구로 인하여 Pioneer 호텔이 지출한 비용에 상당한 금전

---

111) "의뢰인을 대리함에 있어 변호사는 대리의 대상이 되는 주제에 관하여 다른 변호사가 대리하는 당사자와 의사소통할 수 없다. 다만 그 다른 변호사의 동의가 있거나 법에 의해 허용되는 경우에는 그러하지 아니하다."

112) 1995년 주석이 개정되어 판결문에서 언급한 주석 2가 판결 선고 당시에는 주석 4로 옮겨졌고 현재는 다시 주석 7로 옮겨졌으며 내용도 변경되었다.

적 징벌을 부과한다. 또한 가능한 징계 조치를 취하도록 네바다주 변호사회 윤리부에게 판결문 사본을 송부한다.

【판례 3-82】 Messing, Rudavsky & Weliky, P.C. v. President and Fellows of Harvard College(Supreme Judicial Court of Massachusetts, Suffolk; March 19, 2002; 436 Mass. 347, 764 N.E.2d 825)
상대방 단체의 직원 중 의사소통이 금지되는 '다른 변호사가 대리하는 상대방'의 범위

▌사실관계

1997년 8월 로펌 Messing, Rudavsky & Weliky(이하 'MR & W')는 하버드대학 경찰서(Harvard University Police Department) 소속의 경찰관인 Kathleen Standford 경사를 대리하여 하버드대학 및 경찰서장 Francis Riley가 성별을 이유로 차별대우 및 보복조치를 하였다고 주장하며 하버드대학을 상대로 소를 제기하였다. 피고 하버드대학은 내부 변호사에게 소송대리를 담당하도록 하다가 나중에 보스턴 소재 로펌을 선임하였다.

MR & W는 소송을 제기한 후 독자적으로 원고의 근무지인 경찰서 소속 경위 2명, 순경 2명, 무선통제실 직원 1명 등 5명을 면담하였다. MR & W는 면담 결과 경위들이 Standford 경사를 지휘·감독할 권한을 보유하고 있다는 사실을 알게 되었지만, 위 직원 5명이 문제의 차별 및 보복에 관여한 사실은 알아내지 못하였다.

피고는 MR & W가 독자적으로 피고 측 직원들과 접촉한 것은 매사추세츠주 변호사 직무행위규칙 4.2에 위반된다는 이유로 로펌에 대한 징계를 청구하였다.

▌쟁점

의뢰인의 상대방(단체) 측 변호사의 동의 없이 상대방 단체의 직원과 접촉하는 행위가 매사추세츠주 변호사 직무행위규칙 4.2의 위반에 해당하는지 여부

▌법원의 판단

1. 매사추세츠주 변호사 직무행위규칙 4.2[113)]는 미국변호사협회의 직무행위표준규칙을 그대로 도입한 것으로, 그 문언만으로는 상대방이 개인이 아닌 단체일 때 언제 규칙에 위반되는지 알기 어렵다. 단체는 필수적으로 그 직원에 의하여 운영되기 때문에 단

113) "의뢰인을 대리함에 있어 변호사는 대리하는 사건의 주제에 관하여, 그 사안에서 다른 변호사가 대리하고 있음을 알고 있는 사람과 소통하여서는 안 된다. 다만 그 다른 변호사의 동의가 있거나 법 또는 법원의 명령에 의해 허용되는 경우에는 그러하지 아니하다."

체의 직원에 대해 본 규칙이 적용되어야 함에는 의문이 없다. 그러나 법원은 대체로 단체의 모든 직원에게 이 규칙을 적용하는 것은 아니라고 판단하여 왔다. 미국변호사협회 직무행위표준규칙 4.2의 주석 4에 따르면 변호사는 다음 세 범주의 상대방 직원들과 일방적으로 이야기해서는 안 된다. ① 사건의 주제와 관련하여 단체의 관리책임(managerial responsibility)을 지고 있는 자, ② 민·형사상 책임과 관련하여 사건과 관련된 작위 또는 부작위가 단체의 것으로 전가될 수 있는 자, ③ 그의 진술이 단체가 한 것으로 인정될 수 있는 자.

그러나 주석의 해석은 단체를 지나치게 보호하는 것으로 상대방 측 직원을 접촉하고 면담할 변호인의 능력을 지나치게 제한한다. 이 법원은 규칙 4.2가 "사건의 주제에 관하여 단체의 입장을 정할 권한"이 있는 자에 대해서 적용되어야 한다고 해석한다. 즉 규칙 4.2는 일방 당사자의 변호인이 상대방 단체의 관리책임을 맡고 있는 자, 이 소송의 대상이 되는 사건의 위법행위를 한 것으로 주장되는 자, 또는 소송의 향방에 대해서 단체를 대신하여 의사결정을 내릴 권한이 있는 자와 접촉하는 것을 금지한다고 해석한다.

2. 이 사건에서 MR & W가 접촉한 피고 측 직원 5명은 위의 세 범주 가운데 어떤 것에도 속하지 않는다. 먼저 이들 중 누구도 소송 진행에 관여하거나 구속력 있는 사실 인정을 할 권한을 가지고 있지 않다. 또한 원고의 진술에 따를 때 이들 5명은 사건의 목격자일지언정 당사자는 아니다. 마지막으로 관리직책 여부를 볼 때, 경위 2명은 원고 Stanford에 대해 어느 정도 감독 권한이 있었던 것으로 인정된다. 그러나 감독 권한이 있는 모든 직원이 관리책임을 맡고 있다고 볼 수는 없다.

3. MR & W가 피고 측 직원 5명과 접촉한 것은 직무행위규칙 4.2를 위반한 것이 아니므로 징계청구를 기각한다.

【판례 3-83】 Shoney's, Inc. v. Lewis(Supreme Court of Kenturky; January 31, 1994; 875 S.W.2d 514)
성희롱 사건의 피해자를 대리하는 변호사가 가해자 소속 회사의 임직원들과 변호사를 통하지 않고 직접 접촉한 행위가 변호사 직무행위규칙 위반으로 인정된 사례

사실관계

Roxanne Herr는 Shoney's Inc., Lee's Famous Recipe Chicken 및 Shoney's Inc. 직원 Mohammed Boka를 피고로 하여 성희롱에 관한 소송을 제기하고자 하였다. 소송이 시작되기 전인 1992년 9월 21일 Herr의 변호사는 Lee's의 인사담당 선임 부회장과

접촉하여 성희롱 문제에 관하여 논의하였고, Lee's 측은 자신들이 변호사를 선임하였다는 사실 및 그 변호사의 이름을 알려 주었다. 1992년 10월 1일 Herr의 변호사는 Lee's의 변호사와 접촉하여 제소 전 조정 가능성에 대해 논의하였다. 그후 Herr의 변호사는 Lee's의 변호사에 대해 알리지 않고 Lee's의 관리직 직원 2명을 만나 성희롱 사건의 사실관계와 정황에 관한 진술을 확보하였다.

1992년 10월 26일 Herr는 법원에 소장을 접수하였고, Lee's는 켄터키주 변호사 직무행위규칙 4.2[114] 위반을 근거로 Herr의 변호사와 소속 로펌의 자격부인을 신청하였다. Warren 순회법원은 피고 측의 자격부인 신청 및 피고 측 직원들의 진술을 증거에서 배제시켜 달라는 신청을 기각하였다. 이에 Lee's는 Herr 측이 자신들에게 변호사가 선임되어 있다는 사실을 알면서도 일방적으로 Lee's의 직원들과 접촉하였다는 이유를 들어 항소법원에 직무이행 명령(writ of mandamus)을 신청하였다.

1심법원의 자격부인 신청에 관한 심리에서 Herr의 변호사는 ① 제소 전에 Lee's로부터 Greenbaum 로펌을 대리인으로 선임하였다는 고지를 받았고 ② Greenbaum에 알리지 않고 Lee's의 고위 관리직 직원 2명으로부터 서면 진술을 얻었으며, ③ 그 진술들은 Herr의 사건과 관련하여 '매우 중요'한 것이었고 ④ 다른 Lee's의 직원들로부터도 서면 진술을 받아 냈다는 사실을 자백하였다.

▌쟁점

1. Lee's의 고위 관리직 직원들이 켄터키주 변호사 직무행위규칙 4.2의 '변호사에 의해 대리되는 당사자'인지 여부

2. 규칙 4.2가 제소 이전과 이후에 모두 적용되는지 여부

▌법원의 판단(다수의견)

1. 위 규칙은 일방 당사자를 대리하는 변호사가 상대방 조직의 경영 책임자들(managerial responsibility)과 의사소통하는 것을 금지한다. 이 사건에서 고위 관리직 직원들은 고위 경영자 지위에 있었으므로 이 규칙이 적용됨에 이견이 없다.

2. 변호사가 특정 사건에서 일방 당사자를 대리할 때, 다른 당사자의 변호사의 동의 없이 다른 당사자와 의사소통할 수 없다. U.S. v. Jamil, 546 F.Supp. 646(E.D.N.Y. 1982) rev'd on other grounds, 707 F.2d 638(2d Cir. 1983) 사건에서 법원은 연방 정

---

114) "의뢰인을 대리하는 동안 변호사는 대리에 관련되는 주제에 관하여 그 사안에서 다른 변호사에 의해서 대리되고 있다고 변호사가 알고 있는 사람과 의사소통해서는 안 된다. 다만 그 다른 변호사의 동의를 얻었거나 법이나 법정 명령에 의해서 그렇게 하도록 허용된 경우에는 그러하지 아니하다."

부가 정보원을 보내어 대배심절차에서 기소되기 직전의 피의자를 접촉하였고, 그 피의자에게 변호사가 선임되어 있었을 경우 아직 수사절차가 진행 중이라고 하더라도 그 피의자는 '변호사에 의해 대리되는 당사자'에 해당한다고 판시한 바 있다. 또 켄터키주 변호사회에서는 공식적인 윤리의견을 채택했는데, "변호사는 변호사에 의해 대리되는 상대방 당사자와 논란이 되는 대상에 대해 어떠한 방식으로든 의사소통해서는 안 되며, 그의 변호사와만 그 문제를 논의하여야 한다"라고 하였다. 미국변호사협회는 "강령 9는 문언대로 해석되어야 하고 상대방 당사자의 변호사의 동의 없이 행한 상대방 당사자와의 의사소통은 그 목적이 사실을 조사하기 위한 것이라고 하더라도 허용되지 않는다"라는 의견을 제시하였다.

따라서 이 사건에서 원고 측 변호사가 피고 회사의 고위 관리직 직원 2명으로부터 진술을 확보하는 데 있어서 피고 측 변호사로부터 동의를 받거나 통지하지 않은 것은 위 규칙을 위반한 것으로 판단된다.

3. Herr의 변호사가 접촉한 대상은 Greenbaum 로펌을 대리인으로 선임한 상대방 당사자의 고위 관리직 직원들이었다. 따라서 지방법원이 Herr의 변호사의 자격부인 신청을 기각하거나 항소심법원에서 직무이행 명령을 발령하지 않은 것은 잘못이다.

또한 진술들이 부정하게 획득되었으므로 그 증거 능력을 배제하지 않는다면, 중요한 판단 근거가 될 것이고, 회복할 수 없는 손해를 낳을 것으로 판단된다.

따라서 원고 측 변호사의 자격을 부인하고 확보한 진술의 증거 능력을 배제하는 것이 피고를 위한 적절한 구제수단이 될 것이다.

4. 원심판결을 파기환송한다.

【판례 3-84】 Apple Corps Ltd. vs. International Collectors Society(United States District Court, D. New Jersey; June 26, 1998; 15 F.Supp.2d 456)
상대방 법인의 직원에게 연락하여 그 법인이 법원의 명령을 위반하여 판매하는 물건을 구매한 행위가 직무행위규칙에 위반되지 않는다고 판시한 사례

사실관계

이 사건의 원고는 비틀즈의 성명 및 초상권을 소유한 Apple사, 존 레논의 성명 및 초상권을 소유한 존 레논의 상속재산관리인이자 자신의 성명 및 초상권을 소유한 요코 오노 레논인데, 이들은 1996년 4월 수집가용 우표를 판매하는 회사인 피고 International Collectors Society(이하 'ICS사')가 원고들의 동의 없이 불법으로 비틀즈의 형상과 상표 및 저작권이 등록된 사진을 수록한 우표를 제조·판매하였다는 이유로 소를 제기하였다.

1996년 11월 법원은 피고가 더 이상 비틀즈, 존 레논 및 요코 오노 레논의 형상 등을 수록한 우표 등 제품의 판매 및 유통을 영구적으로 할 수 없도록 하는 내용을 포함하는 명령을 발하였다.

위 명령에 따르면 피고는 존 레논 상속재단(Lennon Estate)의 사전 동의를 전제로 존 레논의 성명 및 초상 등을 수록한 관련 제품을 판매할 수 있었다. 또한 피고는 소송대상이 된 우표(이하 '매각용 우표')에 관해서도 최대 2,000장까지 여타 상품과의 패키지를 전제로 과거 비틀즈/존 레논 우표를 구매한 적이 있거나 신제품 수령명단에 포함되어 있는 소비자인 소위 '비틀즈/레논 클럽' 회원들에게 판매할 수 있었다.

위 명령 발령 후 원고 측 대리인인 Weber 변호사는 우편으로 배달되는 피고 회사의 신제품 카탈로그를 보고 비틀즈 관련 우표가 '비틀즈/레논 클럽' 회원뿐 아니라 비회원에게도 조금 더 높은 가격으로 판매되고 있다는 사실을 알게 되었다. 1997년 8월 11일 Weber 변호사는 피고 회사의 수신자 부담 전화주문 서비스를 이용하여 자신이 '비틀즈/레논 클럽' 회원이 아님에도 불구하고 매각용 우표를 주문하여 수령하였다. Weber는 '비틀즈/레논 클럽'의 회원이 아닌 자신의 비서, 동료 직원 및 사립탐정 등으로 하여금 같은 방법으로 피고 회사로부터 매각용 우표를 구입하도록 하였고 8명 중 6명이 매각용 우표를 주문하여 수령하였다.

원고는 피고가 '비틀즈/레논 클럽'의 회원에게만 우표를 판매하도록 제한한 법원의 위 명령을 위반하여 법정모욕하였다는 이유로 제소하였다. 피고는 원고 측에게도 위 명령 위반에 책임이 있다는 이유로 위 명령의 취소를 구하는 한편, 원고 측 Weber 변호사의 뉴저지주 변호사 직무행위규칙 위반을 주장하며 제재를 청구하였다.

▮ 쟁점

원고 측 변호사가 전화로 매각용 우표를 구매한 행위가 뉴저지주 변호사 직무행위규칙을 위반하는지 여부

▮ 법원의 판단

1. 피고는 원고 측 변호사가 피고 측 변호사의 동의 없이 ① 피고 회사의 직원과 접촉한 사실과 ② 피고 회사의 직원과 접촉할 당시 자신이 원고의 변호사이거나 그 지시에 따라 행동하는 자임을 밝히지 않은 것이 직무행위규칙 가운데 (i) 기망행위를 금지하는 규칙 8.4(c),[115] (ii) 상대방 측 변호사의 동의 없이 상대방 당사자와 소통하는 것을 금

115) "변호사의 다음과 같은 행위는 직무상 비행이다.
(c) 부정직, 사기, 기망, 또는 부실표시를 수반하는 행위를 하는 것."

지하는 규칙 4.2,[116)] (iii) 대리되지 않은 사람과의 사무 처리를 정하는 규칙 4.3[117)]을 위반한 것이라고 주장한다.

2. 이 사건에 적용되는 뉴저지주 변호사 직무행위규칙 4.2는 법인의 변호사가 대리하는 사람의 범위를 소송지배그룹(litigation control group)으로 명백하게 한정시키고 있다. 피고 회사의 판매원들은 규칙 1.13이 정하는 "소송과 관련된 문제에 대한 단체의 법적 입장을 결정할 책임이 있거나 중대하게 관여하는" 직원의 범주에 속하지 않을 뿐 아니라, 위 규칙 후단에서 규정하는 바와 같이 "사실에 관한 정보 또는 데이터를 공급하는 이상의 역할", 즉 '중대한 관여'자도 아니었다. 또한 원고 측 변호사들은 피고 회사의 판매원들에게 매각용 우표의 판매에 관해서 어떤 업무지침을 받았는지 질의한 것이 아니라 단순히 매각용 우표를 구매할 수 있는지 여부를 물은 것에 불과하고, 자신의 신분을 속인 것이 아니라 일반 구매자로서 행위한 것이므로 규칙 4.2를 위반한 것이 아니다.

3. 이 사건에 적용되는 뉴저지주 직무행위규칙 8.4(c)는 대리행위에 관련한 행동뿐 아니라 변호사로서 행하는 일반적 행위에 적용된다. 형사 사건의 위장수사요원이나 민사 사건에서 변호사의 지시를 받는 차별대우 검사자는 종종 증거 수집을 위해 자신의 신분을 숨기며, 법원이나 윤리위원회는 이러한 행위를 윤리적으로 문제 삼지 않는다. 진행 중인 부당행위를 조사하기 위해 제한적으로 사용되는 기망행위는 특히 다른 수단을 찾기 어려운 경우에는 윤리적으로 수용할 수 있는 것으로 보는 것이 지배적인 견해이다. 이 사건의 사실관계에 비추어 볼 때 원고 측 조사원들이 자신의 신분을 밝혔더라면 피고의 일상적 영업형태를 알 수 없었을 것으로 판단되므로 원고 측 변호사의 행위는 규칙 위반에 해당하지 않는다.

4. 이 사건에 적용되는 뉴저지주 직무행위규칙 4.3의 문언상 이 규칙은 의뢰인을 위하여 변호사로서 직무를 수행하는 때에만 적용되는 것이 명백하다.

---

116) "의뢰인을 대리함에 있어, 대리하는 동안 변호사는 대리하는 사건의 주제에 관하여 그 사안에서 다른 변호사가 대리하고 있음을 알고 있는 사람(직무행위규칙 1.13이 정하는 단체의 소송지배그룹의 구성원을 포함)과 소통해서는 아니 된다. 다만 그 다른 변호사의 동의가 있거나 법 또는 법원의 명령에 의해서 허용되는 경우에는 그러하지 아니하다."

규칙 1.13의 관련 부분은 다음과 같다.

"직무행위규칙 4.2와 관련하여 단체의 변호사는 단체뿐 아니라 단체의 소송지배그룹 구성원을 대리하는 것으로 간주된다. 소송 내외의 문제에 대한 단체의 법적 입장을 결정할 책임이 있거나 중대하게 관여하는 현직의 대리인 및 직원은 소송지배그룹의 구성원으로 간주되며, 중대한 관여란 사실에 관한 정보 또는 데이터를 공급하는 이상의 역할을 의미한다."

117) "의뢰인을 위하여 변호사에 의해서 대리되지 않은 사람과 일처리할 때, 변호사는 자신이 이해관계가 없다고 말하거나 암시해서는 안 된다. 대리되지 않은 사람이 그 사안에서 변호사의 역할에 대해 오해하고 있음을 알거나 마땅히 알아야 할 때는, 변호사는 오해를 교정하기 위하여 합리적인 노력을 해야 한다."

따라서 변호사의 직무를 수행한 것이 아니라 일반인으로서 우표를 구매한 행위는 본 규칙의 적용 대상이 될 수 없고, 원고 측 변호사의 행위는 규칙 위반에 해당하지 않는다.

【판례 3-85】 In re Gatti(Supreme Court of Oregon, En Banc.; August 17, 2000; 330 Or. 517, 8 P.3d 966)
변호사가 신원을 위장하고 자료를 수집한 것이 부실표시에 해당되어 징계 받은 사례

▌사실관계

1994년 4월 Gatti 변호사는 알고 지내던 척추교정사인 Saboe의 제보를 통해 보험청구를 심사하는 Comprehensive Medical Review(이하 'CMR')가 그 고객인 보험회사 State Farm의 보험청구를 심사하는 과정에서 보험금 지급을 최소화하기 위해 편파적인 판정을 하고 있으며 심사관들이 정식 의사가 아니라는 믿음을 갖게 되었다.

1994년 5월 17일 Gatti 변호사는 자신의 의뢰인 중 1명이 State Farm 보험회사에 청구한 보험금 지급신청에 대한 CMR의 심사보고서 사본을 입수하였다. 심사보고서에 Dr. Becker의 서명이 있는 것을 본 Gatti 변호사는 Becker가 보험금 지급 거절의 원인이라고 믿고 화가 난 나머지 CMR 직원들에게 전화를 걸었다.

먼저 Becker에게 전화를 건 Gatti 변호사는 자신을 척추교정사로 소개하고 Becker의 자격 여부에 대한 질의를 하였고 Becker는 곧 통화를 종료하였다. Gatti 변호사는 이 전화통화를 녹음하였다. 두 번째로 CMR의 부사장인 Adams에게 전화를 건 Gatti 변호사는 자신을 보험청구 심사 경험을 갖고 있는 의사라고 소개하고 CMR의 보험청구 조정에 관한 연수 프로그램에 참여하고 싶다고 밝혔다. Adams는 Gatti 변호사를 척추교정과 의사라고 믿고 CMR이 Gatti 변호사를 고용할 가능성을 고려하여 Gatti 변호사를 Householder에게 연결시켰고, 두 사람은 전화통화를 하였다.

Becker, Adams, Householder와의 전화 대화를 통해 수집한 정보를 기초로 Gatti 변호사는 1994년 6월 오리건주 연방 지방법원에 CMR과 State Farm 보험회사 등을 사기 등의 이유로 제소하였다.

1994년 7월 Adams는 Gatti 변호사의 전화통화에 대해 변호사회에 Gatti 변호사를 신고하였고, 변호사회는 이 법원에 Gatti 변호사의 직무행위규칙 위반에 대한 징계절차를 신청하였다.

▌쟁점

신원을 속이고 전화통화를 통하여 자료를 수집하는 것이 직무행위규칙 위반을 구성하는지 여부

▌법원의 판단

1. Gatti 변호사는 오직 정보를 수집하기 위한 목적으로 자신의 신원에 대한 부실표시를 했을 뿐이므로 상대에게 손해가 가해지지 않은 한 직무행위규칙이나 관련 법규를 위반한 것이 아니라고 주장한다.

2. 오리건주 직무책임징계규칙 1-102(A)(3)[118]의 "부정직(dishonesty)"이란 신뢰와 정직을 결여한 상태를 의미하며, "부실표시(misrepresentation)"란 거짓말 · 절반의 진실 · 침묵을 통한 중요 사실의 비공개를 포괄한다. 부실표시가 발각되지 않을 목적으로 행하여진 때는 기망(deceit)이 된다. 이 조항은 의뢰인을 위한 사무 처리에 관련된 행위에만 한정되지 않으며, 변호사회는 최소한 변호사가 고의로 중요 사실에 대해 부실표시를 했음을 증명해야 한다. Gatti 변호사는 재차 Becker와 Adams에게 전화를 걸어 중요 사실을 언급하지 않음으로써 부실표시를 하였고 이들을 기망했음을 인정하고 있으므로 1-102(A)(3) 위반이 인정된다.

3. 징계규칙 7-102(A)(5)[119]가 규율하고자 하는 것은 진술의 허위성이고, 허위진술로 인해 상대방이 착오에 빠졌는지 여부는 중요하지 않다. 이 사건에서 Gatti 변호사는 Becker와 Adams에게 자신이 척추교정과 의사라는 등의 허위의 진술을 하였음을 시인하고 있으므로 7-102(A)(5) 위반이 인정된다.

4. Gatti 변호사는, 1992년 척추교정사들의 부정행위를 수사하기 위해 오리건주 법무부와 SAIF사가 수행한 비밀 조사에 관여한 변호사들이 수사관들로 하여금 업무상 재해로 부상을 입은 노동자 등으로 위장하여 척추교정사들에게 진료를 받게 한 행위에 대해서 변호사회가 직무행위규칙에 위반하지 않는다고 판단한 점을 들어, 자신을 징계하는 것은 금반언의 원칙에 반한다고 주장한다. 그러나 그 사건에서 변호사회의 판단은 공적 수사에 동원되는 기망행위에 관한 것이지 사적인 변호사 업무에 대한 기준을 제시하는 것이 아니며, 변호사가 그 업무에서 자신의 변호사 신분에 대한 부실표시를 하는 것은 징계규칙 7-102(A)(5)의 위반에 해당한다고 보는 것이 이 법원의 일관된 입장이므로 Gatti 변호사의 항변은 이유 없다. Gatti 변호사를 공개 문책에 처한다.

---

118) "변호사의 다음과 같은 행위는 직무상 비행이다.
(3) 부정직, 사기, 기망, 또는 부실표시를 수반하는 행위를 하는 것."

119) "변호사는 고의로 법률 또는 사실에 대하여 허위의 진술을 하여서는 안 된다."

【판례 3-86】 Barrett v. Virginia State Bar(Supreme Court of Virginia; April 22, 2005; 611 S.E.2d 375, 269 Va. 583)
변호사가 자신의 이혼소송과 관련하여 부인에게 이메일을 보낸 것이 아직 변호사를 선임하지 않은 상대방에게 법적 조언을 한 것으로 볼 수 없다고 한 사례

사실관계

1. Timothy M. Barrett은 1990년 Valerie Jill Rhudy와 결혼하였다. Timothy Barrett은 1996년 변호사 자격을 취득한 후 버지니아주에서 개업하였고, Rhudy는 Barrett의 비서로 근무하였다.

2001년 여름 Barrett 변호사와 Rhudy는 별거하게 되었다. 그후 Barrett 변호사는 이혼소송과 관련하여 재판관할 · 부양료의 지급 및 자녀양육권 등에서 자신이 우위에 있으며, 그러므로 재결합하는 것이 바람직하다는 취지를 담은 이메일을 두 차례 Rhudy에게 발송하였다.

이어진 이혼소송에서 법원은 Barrett 변호사에 대하여 양육비와 부양료 조로 각각 매달 1,704달러와 1,000달러를 지급할 것을 명하였다. 위 변호사는 지급 명령을 받은 2001년 11월부터 2004년 7월까지 열 번이나 지급을 하지 않았고, 여섯 번은 명령에 따른 금액에 미달하는 액수만을 지급하였다. 그리하여 Barrett은 한 번은 양육비를 지급하지 아니한 것에 대하여, 다른 한 번은 부인에 대한 부양료를 지급하지 아니한 것에 관하여 각각 법정모욕죄로 구금되었다가 연체된 금액을 지급하여 풀려났다.

버지니아주 변호사 징계위원회는 이와 같은 Barrett 변호사의 행위가 버지니아주 변호사 직무행위규칙 4.3(b),[120] 8.4(b)[121] 등을 위반하였다면서 자격정지 3년의 징계를 명하였다.

쟁점

1. Barrett 변호사가 이메일을 보낸 행위가 변호사에 의해 대리되지 않은 Rhudy에 대해 법적 조언을 한 것으로 버지니아주 변호사 직무행위규칙 4.3(b) 위반인지 여부

2. 위 변호사가 양육비 및 부양료의 지급을 연체하여 법정모욕죄로 기소되었다는 사실이 고의적인 직무상 비행에 해당하여 위 규칙 8.4(b)를 위반하였는지 여부

---

120) "변호사에 의해 대리되고 있지 않은 어떤 사람의 이익이 변호사의 의뢰인의 이익과 충돌하거나 충돌할 합리적 가능성이 있는 때에는, 그 변호사는 그 사람에 대하여 변호사의 선임과 관련된 것 이외의 조언을 하여서는 안 된다."

121) "변호사가 변호사로서의 정직성, 신뢰성 및 업무집행의 적합성에 반하는 형사상의 범죄행위 또는 고의적으로 부정행위를 하는 것은 변호사로서의 직무상 비행이다."

▮법원의 판단

1. Rhudy는 남편 Barrett이 변호사라는 사실 및 남편의 이익과 자기의 이익이 서로 충돌한다는 사정을 알고 있었고, 또한 Barrett 변호사의 이메일은 순전히 자기가 법적으로 Rhudy에 대해 우위에 있다는 의견을 표명한 것일 뿐이므로 위협적일지는 몰라도 Rhudy에게 법적 조언을 하려는 취지에서 작성·송부된 것은 아니었다. 따라서 위 변호사가 이메일을 보낸 행위는 변호사 직무행위규칙 4.3(b) 위반에 해당하지 아니한다.

2. 양육비 또는 부양료를 지급하지 아니하였다는 사실 자체가 형사상의 범죄는 아니므로 위 변호사가 이로 인하여 '고의적 부정행위'를 한 것인지 여부를 살펴보아야 한다.

징계위원회는 Barrett 변호사가 신형 차량의 구입대금으로 매월 900달러의 돈을 지급하고 있고 매월 1,400달러의 수입이 있다고 진술한 바 있으므로 이 사실들에 비추어 위 변호사는 양육비 및 부양료의 지급을 고의로 지체한 것으로 판단되므로, 이는 고의적 부정행위에 해당한다고 판단하였다. 그러나 위 변호사의 증언에 의하면, 신형 차량은 그가 최초로 부양료의 지급 명령을 받기 전에 구입한 것이고 후에 매각하려 하였으나 실패한 것이라고 한다. 또한 위 변호사가 매월 1,400달러의 수입이 있다는 사실은 현실적이라고 볼 수 없으며, 오히려 부정기적인 수입에 의존하고 있다는 사정이 인정된다. 그리고 위 변호사가 부양료와 양육비 지급의무를 해태하고 차량대금을 먼저 지급한 적은 없으며, 부양료와 양육비 지급을 위해 그의 할머니로부터 돈을 빌렸고, 결국 파산까지 한 사실을 알 수 있다.

따라서 Barrett 변호사가 고의적으로 부양료와 양육비 지급을 지체한 것이라고 볼 수 없고, 위 변호사가 '고의적 부정행위'를 한 것이 아니므로 결국 버지니아주 변호사 직무행위규칙 8.4(b) 위반에 해당하지 않는다.

3.3 다른 변호사를 선임한 사람과의 의사소통

【판례 3-87】 In re Anonymous(Supreme Court of Indiana; December 23, 2004; 819 N.E.2d 376)

고용주의 변호사가 의뢰인인 고용주로 하여금 다른 변호사를 선임한 직원으로부터 진술서를 받도록 한 행위가 다른 변호사를 선임한 사람과의 의사소통 금지에 위반된다고 본 사례

▮사실관계

어떤 기업의 소유주와 직원 1명이 사기공모, 탈세, 식량배급권 밀매 등의 혐의로 기소되었다. 피신청인은 소유주를 변호하고 있었고 직원은 다른 변호사가 변호하고 있었다. 피신청인은 의뢰인을 위해 의뢰인의 소송절차와 직원의 소송절차를 분리하여야 한다는

결론에 이르렀다. 이를 위해 직원이 진술거부권 행사를 포기하고 사용자를 위해 증언을 해줄 필요가 있었으므로, 피신청인은 직원의 서명이 있는 선서진술서를 얻고자 하였다.

피신청인은 직원의 변호인에게 소송절차의 분리와 선서진술서에의 서명에 관하여 문의하였으나, 직원의 변호인은 그에 대하여 어떠한 명확한 의사도 표명하지 아니하였다.

2000년 8월 24일 피신청인은 의뢰인의 가게에서 의뢰인과 면담하게 되었다. 마침 그 날 직원이 그 가게에서 일하고 있었다. 피신청인은 의뢰인에게 선서진술서에 대하여 이야기하면서 그 직원의 서명이 필요하다고 하였다. 그러자 의뢰인이 그 직원을 데려왔고 의뢰인이 직원에게 선서진술서를 제시하였다. 그 직원이 피신청인에게 질문하려 하자 피신청인은 직원의 변호인 없이는 대답하지 않는다고 하였다. 그리고 의뢰인과 직원이 이런저런 대화를 한 끝에, 결국 직원은 선서진술서에 서명하였다. 같은 날 소송 전 절차가 예정되어 있어 피신청인은 직원의 서명을 받자마자 곧바로 법원을 향해 이동하였다. 이동 중에 피신청인은 직원의 변호인에게 전화를 걸어 소송절차의 분리와 선서진술서에 대해 문의하려 하였으나 직원의 변호인이 전화를 받지 않았다. 다음 날 피신청인은 소송절차의 분리를 신청하였는데 이때에도 직원의 변호인의 의사는 모르고 있었다.

소송절차에서 직원의 변호인은 직원이 자신과 상의 없이 선서진술서에 서명하였다면서 선서진술서의 사용금지를 요청하였다. 그리고 선서진술서에 적힌 대로 진술하지 않겠다고 하였다. 그러자 피신청인은 곧바로 소송절차의 분리신청을 철회하였다.

징계위원회는 피신청인의 행위가 인디애나주 변호사 직무행위규칙 4.2[122]와 4.4[123]에 위반되었다고 하여 피신청인에게 비공개 문책의 징계를 내렸다.

▮ 쟁점

의뢰인이 직원으로부터 서명을 받는 일련의 과정에서 피신청인이 의뢰인의 행위를 추인하였고, 나아가 교사한 것으로 되어 각 조항 위반을 구성하는지 여부

▮ 법원의 판단

1. 피신청인은 의뢰인이 선서진술서를 직원에게 제시할 때 이를 제지하지 아니하였고, 서명을 받을 때 직원의 변호인에게 연락을 취하지 아니하였으며, 서명을 받은 후

---

122) "의뢰인을 대리함에 있어서 변호사는 그가 대리하는 사건에 관하여 그에게 다른 변호사에 의하여 대리되고 있다는 사실이 알려진 사람과 의사소통을 하여서는 아니 된다. 다만 그가 다른 변호사의 동의를 얻거나 법에 그리할 수 있다고 규정되어 있는 경우는 그러하지 아니하다."

123) "의뢰인을 대리함에 있어서 변호사는 제3자를 당황하게 하거나 제3자의 행동을 지연시키거나 제3자에게 부담을 주거나 제3자의 법적 권리를 해치는 방법으로 증거를 획득하려는 것 이외의 다른 실질적인 목적이 없는 수단을 사용해서는 안 된다."

선서진술서를 소지하여 법원에 이를 제출하였다. 따라서 피신청인은 의뢰인이 직원에게 직접 접근하여 서명을 받은 행위를 추인한 것이다.

2. 의뢰인이 독립적으로 한 행위를 변호사가 단지 추인한 것만으로는 규정 위반에 해당하지 않지만, 이 사건에서 피신청인이 직원의 서명에 이르는 일련의 사건에 관여한 것은 단순한 추인을 넘어서는 것이다. 오히려 8월 24일 일어난 일련의 사건은 피신청인이 직원의 변호인으로부터 선서진술서에 관한 확답을 얻지 못했음에도 불구하고, 직원의 서명을 얻으려는 일련의 계산된 행동을 피신청인이 교사한 결과에 가깝다고 보인다. 결국 이러한 피신청인의 행위는 인디애나주 변호사 직무행위규칙 4.2 위반에 해당한다.

3. 나아가 피신청인은 소송절차에서 우위를 점하기 위해서 직원의 법적 권리를 침해하는 방법으로 선서진술서에 서명을 얻은 것이므로 이는 규칙 4.4 위반에 해당한다.

【판례 3-88】 State ex rel. Oklahoma Bar Association v. Harper(Supreme Court of Oklahoma; February 1, 2000; 995 P.2d 1143)
변호사가 자신이 의사소통한 사람이 다른 변호사에 의해 대리되고 있음을 알지 못한 경우에는 직무행위규칙 위반이 아니라고 한 사례

사실관계

Tenequer와 그녀의 남자친구 John McIntosh, 그리고 그들의 아이인 Marxus는 정부근로자보험회사(Government Employees Insurance Company, 이하 'GEICO사')에 부보된 Tenequer 아버지 소유의 자동차를 타고 가던 중 길에 서 있던 소와 충돌하였다. 사고 당시 자동차 운전자는 판명되지 아니하였지만, 경찰의 보고서에 의하면 Tenequer가 사고 당시 자동차를 운전한 것으로 되어 있어 보험금을 받게 되었다. 이 사고로 McIntosh와 Tenequer 그리고 Marxus는 치료를 받았다. 변호사 Kenny Jean은 처음에 McIntosh와 Tenequer를 대리하여 GEICO사에 보험금 지급을 청구하는 서한을 보냈으나, 후에는 McIntosh와 아들인 Marxus만을 대리하여 보험금 지급청구를 하였다.한편 GEICO사는 규정에 따라 Tenequer에게 치료비에 대한 보험금을 지급하였다. 그러자 Jean 변호사는 Tenequer가 소의 소유자에 대한 손해배상청구권과 무보험 운전자에 대한 청구권이 있음을 주장하였다.

GEICO사의 대표인 Carl Wimberly는 McIntosh를 면담하였는데, 이때 Jean 변호사는 Tenequer가 이사하였고 그 새로운 주소지와 전화번호를 모른다고 하였다. 그리고 그 당시 Jean 변호사가 여전히 Tenequer를 대리하고 있는지 여부에 관하여 언급하지 않았다. 그리고 이후에 Tenequer는 Jean 변호사를 해임하였다는 말을 하였다.

한편 Tenequer는 Wimberly에게 그녀의 이전 진술과는 다르게 McIntosh가 자동차를 운전하였다고 하였다. 그리하여 Wimberly는 GEICO사의 변호사이던 Harper에게 선서하에서 Tenequer의 진술을 취득하도록 명하였다. Tenequer와 면담하기 전 Harper 변호사가 받은 자료에는 Tenequer가 1998년 8월 21일부로 변호사에 의해 대리되지 않는다고 되어 있었다. 그리고 Harper 변호사는 면담을 시작할 때 Tenequer에게 변호사를 원하는지 물었고 Tenequer는 아니라고 대답하였다. 그리고 Tenequer는 Jean 변호사가 그녀를 대리하는지 여부에 대해 언급하지 아니하였다.

이후에 원고 오클라호마주 변호사회는 Harper 변호사가 오클라호마주 변호사 직무행위규칙 4.2[124)]를 위반하였다고 주장하였다. 그러나 직무책임위원회는 Harper 변호사가 이를 위반하지 아니하였다고 결정하였다.

쟁점

1. 변호사가 그가 의사소통한 사람이 다른 변호사에 의해 대리되고 있음을 알지 못하였으나 알지 못한 데 과실이 있는 경우에도 규칙 4.2 위반인지 여부

2. Harper 변호사와 Tenequer의 의사소통이 Jean이 Tenequer를 대리하고 있는 사건에 관한 것인지 여부

법원의 판단

1. 변호사가 그가 의사소통한 사람이 다른 변호사에 의해 대리되고 있음을 현실적으로 안 경우에만 규칙 4.2 위반이 되고, 단지 알았어야 하는 상황이었으나 알지 못한 경우에는 이에 해당하지 않는다.

2. Harper 변호사가 Tenequer와 대화를 나눈 사건은 McIntosh에 대한 Tenequer의 책임과 McIntosh에 대한 GEICO사의 보험금 지급 책임에 관한 것이었고, Jean 변호사가 Tenequer를 대리하던 사건은 그녀의 소 소유자에 대한 청구와 무보험 운전자에 대한 청구였으므로 Harper 변호사가 Tenequer와 대화를 나눈 사건은 Jean 변호사가 Tenequer를 대리하던 사건과 동일한 사건이 아니다.

3. 설령 사건의 동일성이 인정된다고 하더라도 여러 정황을 살펴보았을 때, Harper 변호사는 Jean이 Tenequer를 대리하고 있다는 사실을 알고 있었다고 볼 수 없다.

4. 신청인은 피신청인(Harper 변호사)이 규칙 4.2를 위반하였다는 명백하고도 설득력 있는 증명을 하지 못하였으므로, 피신청인이 이를 위반하였다고 볼 수 없다.

---

124) "의뢰인을 대리함에 있어서 변호사는 그가 대리하는 사건에 관하여 그에게 다른 변호사에 의하여 대리되고 있다는 사실이 알려진 사람과 의사소통을 하여서는 안 된다. 다만 그가 다른 변호사의 동의를 얻거나 법에 그리할 수 있다고 규정되어 있는 경우는 그러하지 아니하다."

제4장

이익충돌

1. 의뢰인 간의 이익충돌

1.1 현재의 의뢰인 간의 이익충돌

【판례 4-1】 Worldspan, L.P. v. Sabre Group Holdings, Inc.(United States District Court, N.D. Georgia, Atlanta Division; May 1, 1998; 5 F.Supp.2d 1356)
현재의 의뢰인을 상대로 소송을 제기한 당사자를 대리하기 위한 요건

▮ 사실관계

원고는 피고를 상대로 불법행위를 이유로 한 손해배상청구의 소를 제기하였다. 피고의 소송대리인이 된 로펌은 최근 몇 년 동안 조지아주 및 테네시주에서 원고의 주법상 세금 문제와 관련하여 대리인으로 활동하였다. 이 사건 소송 및 원고의 주법상 세금 문제는 원고의 컴퓨터 항공예약사업과 다방면으로 깊은 관련이 있었고, 조지아주 애틀랜타에 위치한 메인컴퓨터는 원고의 전 사업에 있어 핵심적인 자료를 담고 있었다. 원고는 해당 로펌이 상기 손해배상청구소송에서 피고를 대리한다는 사실을 알게 되자 이에

강력히 반대하였고, 소송절차 중 위 로펌이 원고의 세금 문제에 관해 대리한 사실이 있다는 이유로 대리인 자격부인을 신청하였다.

이에 대하여 해당 로펌은 자신들이 처음으로 원고를 대리하게 된 1992년 9월 16일 장래에 '다수 의뢰인을 동시 대리(multiple representation)'할 수 있으며 원고는 이에 동의한다는 내용의 표준위임계약서(standard engagement letter)를 발송하였으므로, 그로부터 5년이 지난 현재 이 사건 소송에서 피고를 대리하는 것은 법적으로 문제가 없다고 주장하였다. 로펌이 보낸 표준위임계약서에는 "우리는 Worldspan(원고)과 반대되는 이해관계를 가질 수도 있는 의뢰인을 대리하는 문제에 있어서 ① 해당 문제가 우리가 Worldspan과 처리하고 있는 문제와 실질적으로 관련이 되어 있지 않거나 ② 우리가 다른 의뢰인을 대리하는 것이 Worldspan을 대리하는 과정에서 알게 되는 기밀을 사용하는 것과 관계가 없는 한, 이를 미리 배제하지 않을 것이다"라고 기재되어 있었다.[1)]

▌쟁점

장래의 이익충돌에 해당되는 소송 수임에 대한 의뢰인의 동의가 유효하기 위한 조건

▌법원의 판단

미국변호사협회 직무책임준칙에 따르면 "변호사는 현재의 의뢰인과 반대되는 이해관계를 가진 사람이 있는 경우, 위 두 사람을 대리하는 문제가 서로 연관이 없다고 할지라도 현재 의뢰인이 동의를 하고 변호사가 두 사람에게 서로 영향을 주지 않고 대리할 수 있다고 확신할 수 있는 경우를 제외하고는 사건을 수임하여서는 안 된다"라고 규정하고 있고, 조지아주 변호사회 직무책임준칙에서는 위 문구를 그대로 수용하고 있다. 법원은 일반적으로 위와 같은 사유로 인한 사건 수임 제한을 폭넓게 적용해 왔다. 한 변호사 내지 로펌이 2명의 의뢰인을 대리하고 서로 관계없는 문제에 관해 대리하더라도 각 의뢰인이 잠재적으로 이익충돌의 가능성이 있다는 점만 보인다면 위 조항이 적용될 수 있다.

Florida Ins. Guaranty Ass'n., Inc. v. Carey Canada, 749 F.Supp. 255, 260(S.D.Fla. 1990) 판결에도 나와 있듯이, 현재 의뢰인의 동의는 반드시 명시적이어야 한다. 그리고 각 의뢰인이 진정으로 동의를 하는 데에 필요한 모든 정보를 제공해야 하는 것이 변호사의 의무이다.

그런데 위 로펌이 보낸 표준위임계약서는 그 내용이 불명확하다. 위 표준위임계약서

---

1) 표준위임계약서에 대해 원고가 즉시 거부의 의사표시를 하였다는 것에 대한 당사자 사이의 다툼이 있었으나, 법원은 이는 중요한 요소가 아니라고 보고 표준약정서의 내용만을 가지고 아래와 같은 결정을 하였다.

에는 장래 직접적으로 이해가 상반되는 소송이 무엇인지를 암시하는 내용이 명시적·묵시적으로 포함되어 있지 않다. 현재의 의뢰인을 상대로 한, 장래의 직접적으로 이해가 상반되는 소송은 일반적으로 다른 의뢰인을 대리하는 것과는 현격히 다른 문제이다. 따라서 이러한 상황에서 변호사가 자신의 의뢰인을 상대로 소송을 하는 것에 대해 서면동의를 받으려면 해당 서면에 반드시 그러한 가능성이 존재할 수 있다는 내용이 담겨있어야 하고, 적어도 구체적으로 누가 상대방 당사자가 될 수 있으며 어떠한 상황하에서 이해가 상반되는 대리행위를 할 수 있는지 등 구체적이고 예측 가능한 모든 관련 정보가 포함되어 있어야 한다.

나아가 위 직무책임준칙의 취지에 따르면 이익충돌의 상황이 이미 초래된 이상 관련된 당사자의 명시적 동의 없이는 로펌이 종전의 대리를 철회하더라도 문제가 해결되지 않는다. 이에 법원은 위 로펌이 피고를 대리하는 것은 원고에 대한 신뢰 및 윤리적 의무에 반하는 행동이라는 이유로 원고의 대리인 자격부인 신청을 인용한다.

【판례 4-2】 Visa U.S.A., Inc. v. First Data Corp.(United States District Court, N.D. California; January 29, 2003; 241 F.Supp.2d 1100)
다른 의뢰인과 소송이 개시되면 그 다른 의뢰인을 대리할 수밖에 없다는 점에 관한 동의를 받은 후 실제로 다른 의뢰인의 사건을 수임할 때 다시 동의를 받아야 하는지 여부

▌사실관계

2002년 원고 Visa사는 피고 First Data사에 대하여 상표권 침해 및 계약 위반을 이유로 소를 제기하였다. First Data사는 Visa사와 계약하에 Visa사의 금융거래 업무를 처리하고 있었으나, First Data사가 2001년 Visa사의 금융거래 업무 처리 시 Visa사의 통제를 받지 않겠다는 내용의 새로운 사업계획을 발표하자 Visa사는 이에 반발하였다.

Visa사는 이 소송에서 로펌 Heller Ehrman White & McAuliffe(이하 'HEW & M')의 샌프란시스코 사무소의 조력을 받고 있었다. 그러나 이 소송이 제기되기 전 First Data사는 HEW & M의 실리콘밸리 사무소에 연락하여 델라웨어주에서 First Data사를 상대로 제기된 별도의 특허침해소송에 관하여 소송대리를 맡아 줄 것을 요청하였다. HEW & M이 오랫동안 Visa사를 대리해 온 사실이 있다고 알리자 First Data사는 HEW & M이 앞으로 First Data사를 상대방으로 하는 소송일지라도 Visa사를 대리하는 것을 승인한다는 조건에 서면 동의하고 HEW & M을 선임하였다. 이 동의서에서 HEW & M은 First Data사를 상대방으로 하는 소송이 있을 경우 First Data사의 정보를 전혀 모르는 변호

사로 하여금 Visa사를 대리하게 할 것이며 비밀유지를 위한 차단벽을 설치할 것이라고 기재하였다.

이 사건 소장이 제출된 지 4개월이 지나 Visa사와 First Data사 사이에 화해가 성립하지 않자 First Data사는 2002년 8월 HEW & M의 Visa사 측 대리인 자격부인 신청을 하였다.

쟁점

1. HEW & M이 다른 건에서 First Data사를 대리하면서 동시에 본건에서 Visa사를 대리하는 것이 자동으로 대리인 자격부인 사유가 되는지 여부

2. HEW & M은 Visa사와 First Data사 사이에 실제로 소송이 진행됨을 알았을 때 First Data사로부터 다시 한 번 Visa사의 소송대리 업무를 수임하는 데에 관하여 동의를 받았어야 하는지 여부

3. 동의를 받는 과정에서 First Data사가 HEW & M으로부터 관련 정보를 충분히 제공받았는지 여부

4. HEW & M이 First Data사에 대해 비밀유지의무를 위반했는지 여부

법원의 판단

1. 캘리포니아주 변호사 직무행위규칙 3-310(C)(3)[2)]에 따라 로펌이 어느 소송에서 한 의뢰인을 대리하면서 동시에 그 상대방을 위하여 별개 소송의 소송대리를 수임할 경우에는 자동으로 대리인 자격부인 사유가 발생하지만, 당사자들이 이에 동의하였을 경우에는 그러하지 아니하다. First Data사는 명백히 로펌 HEW & M의 Visa사 측 대리와 관련하여 이익충돌에 관한 권리를 포기한다고 동의하였다. 따라서 이 사건 소송에서 HEW & M의 Visa사 대리인 자격을 부인할 사유가 자동으로 발생한다고 볼 수 없다.

2. First Data사는 Visa사와의 소송에 있어서 HEW & M이 First Data사에게 최소한 현실적으로 계속한 소송의 내용 등 구체적 사항에 대해 알리고 다시 한 번 권리포기에 관한 동의를 받았어야 한다고 주장한다. 그러나 캘리포니아주 법은 권리포기에 관한 동의를 받으면서 이익충돌이 예상되는 소송의 내용과 성격에 대해 상세하고 구체적으로 명시하여야 한다고 정하지 않는다. 따라서 이 사건에서 HEW & M은 First Data사에게 다시 한 번 소송대리 사실을 고지하고 동의를 받아야 할 의무가 없다.

---

2) "캘리포니아주 변호사는 각 의뢰인이 설명을 들은 후에 서면동의를 하지 않으면, 한 사건의 의뢰인을 대리하면서 동시에 위 사건에서 의뢰인과 상반되는 이익을 가진 다른 사람을 의뢰인으로 하여 다른 사건을 수임하여서는 아니 된다."

3. HEW & M은 First Data사에게 자신들은 오랫동안 Visa사를 대리해 왔음을 알리면서 이익충돌의 가능성을 명백히 제시하였기 때문에 First Data사는 권리포기에 동의할 때 Visa사와의 소송 발생 가능성을 충분히 알 수 있었다. 또한 First Data사가 소송 등 법률적 사무에 경험이 많고 이 분야에 상당히 능통함에 비추어 보아 관련된 충분한 정보를 제공받지 못한 채 동의하였다는 주장은 받아들일 수 없다.

4. 동의서에 기재된 것과 같이 HEW & M은 Visa사와 First Data사 사이에 소송이 제기되자마자 Visa사 담당 변호사와 First Data사 담당 변호사 간 정보 공유를 금지하였다. 이러한 사실은 정보 공유의 추정을 깨뜨리는 것으로 볼 수 있고, 따라서 HEW & M은 First Data사에 대해 비밀유지의무를 위반하지 아니하였다고 판단된다.

5. 따라서 First Data사의 신청을 기각한다.

【판례 4-3】 Anderson v. Nassau County Dept. of Corrections(United States District Court, E.D. New York; July 6, 2005; 376 F.Supp.2d 294)
한 사건에서 원고를 대리하는 변호사가 원고가 공동피고로 되어 있는 다른 사건에서 그의 상대방을 대리할 수 있는지 여부

사실관계

2004년 6월 7일 Nassau County 교정국에 근무하던 Donna Anderson은 자신의 장애 수당의 지급이 불법적으로 거부되었다는 이유로 로펌 Leeds Morelli & Brown(이하 'LM & B')을 대리인으로 선임하고(Rick Ostrove가 담당 변호사), Nassau County 교정국과 교정국 의료조사부의 몇몇 간부를 상대로 소를 제기하였다(이하 'Anderson 사건').

2004년 10월 19일 Mary Washington은 Nassau County와 County의 보안당국 및 Anderson을 비롯한 교정국의 일부 간부를 상대로 Anderson이 의료조사부 책임자이던 시기에 장애 수당의 지급이 거부되었다는 이유로 소송을 제기하면서 LM & B에 소송대리를 위임하였다(Robert J. Valli가 담당 변호사, 이하 'Washington 사건').

Anderson 사건의 피고들은 LM & B가 Anderson 사건에서 원고 측 대리인으로 선임된 사실과 Washington 사건에서 Anderson이 피고로 되어 있는 사정을 함께 고려할 때 이익충돌의 문제가 발생한다는 것을 2004년 11월 12일에 LM & B 측에 통보하였고, 이어 2004년 11월 29일 법원에 LM & B의 소송대리인 자격부인을 신청하였다. 이에 대해 LM & B는 ① Washington 사건에서 Anderson에 대한 소를 일단 취하하고 ② Anderson과 Washington으로부터 어떠한 종류의 이익충돌이 있다고 하더라도 이를 양해한다는 각서를 받았으며, ③ 각각 다른 변호사가 각 사건을 처리할 것을 법원에 제안하였다. 그

러나 Anderson을 제외한 두 사건의 피고들은 2005년 2월 2일 Anderson 사건과 Washington 사건 모두에서 변호사 직무책임준칙에 근거하여 즉각적인 대리인 자격부인을 신청하였고, Washington 사건 담당 판사는 이 신청을 인용하였다.

▌쟁점

Washington이 Anderson에 대한 소를 취하하고 각자가 이익충돌에 관해 주장할 수 있는 권리를 포기하였음에도 불구하고, 이 두 사건의 다른 피고들은 LM & B가 계속해서 Anderson과 Washington 모두를 대리하는 것이 부적법하다는 이유로 자격부인을 신청할 수 있는지 여부

▌법원의 판단

1. Anderson의 소장은 2004년 6월 7일에 접수되었고 Washington의 소장은 2004년 10월 19일에 접수되었기 때문에, LM & B가 위 2004년 10월 19일부터 Washington 사건에서 대리인 자격을 부인당하였던 2005년 4월 8일까지는 두 당사자를 동시에 대리하고 있었고 이것이 이익충돌에 해당한다는 것은 논란의 여지가 없다. 동시에 이익이 상반되는 당사자를 대리하는 것(concurrent adverse representation)은 온당치 않고, 양자를 대리하기 전에 의뢰인에게 이익충돌 상황을 완전히 공개하고 이에 대해 동의를 받는 경우(full disclosure and consent)에만 그 하자가 치유된다고 할 것이다. 변호사들은 대리에 있어 문제가 될 여지가 있는 이익충돌 상황에 대해 가능한 한 빨리 의뢰인들에게 이를 설명해야 할 윤리적 의무를 지게 되며, 나아가 변호사는 의뢰인이 이익충돌 상황에 대해 동의할 때까지는 대리행위를 해서는 안 된다.

2. Anderson은 Washington이 소를 제기한 지 거의 석 달이 되어 가는 시점인 2004년 12월 9일에야 이익충돌에 대한 권리포기각서를 제출하였다. 그러나 그러한 동의는 반드시 LM & B가 이익이 충돌되는 두 당사자를 대리하기 전에 이루어져야 했던 것이고, 사안에서와 같이 대리인 자격부인 심사에 이르러서야 이루어진 것으로는 충분하지 않다. 나아가 2명의 변호사가 소속 변호사들을 관리하고 있는 LM & B와 같은 소규모 로펌의 경우에는 효과적으로 차단벽을 설치하기가 용이하지 않고 이익충돌 문제를 해결하기 위한 LM & B의 노력이 충분하지 않았다는 점을 감안할 때, Anderson 대리인으로서의 LM & B의 자격을 부인하는 신청을 인용한다.

【판례 4-4】 Yablonski v. United Mine Workers of America(United States Court of Appeals, District of Columbia Circuit; July 21, 1971; 448 F.2d 1175, 145 U.S.App.D.C. 252)
노동조합과 조합간부를 모두 대리하던 변호사가 조합간부 개인의 대리인 지위에서 사임한 경우 조합을 계속해서 대리할 수 있는지 여부

▌사실관계

Yablonski와 미국광산노동자연합(United Mine Workers of America, 이하 'UMWA')의 다른 근로자들은 노조운영 보고 및 공개법(Labor-Management Reporting and Disclosure Act of 1959) 501조에 근거하여 UMWA와 간부 3명(회장, 부회장, 재무담당자)을 상대로, 그들이 부당하게 지출한 기금의 회계 내역 제출 및 그들이 유용한 기금의 배상을 요구하는 소를 제기하였다. UMWA의 외부 변호사는 UMWA와 간부들을 모두 대리하고 있었다. 한 달 후 UMWA의 변호사는 피고 개인들의 대리인 지위에서 사임하였으나, 여전히 UMWA의 대리인 자격을 유지하고 있었다.

원고들은, ① UMWA의 변호사 보수는 계속하여서 UMWA로부터 지급되고 있고 ② UMWA와 피고 간부 개인들 사이에는 이익충돌이 존재한다는 이유로 변호사의 대리인 자격부인(disqualify)을 신청하였다. 연방 지방법원은 위 신청을 받아들이지 않았고, 이에 원고들은 항고하였다.

▌쟁점

노동조합과 소속 간부 사이에서 장래에 이익충돌이 발생할 수 있다면 그들을 공동으로 대리한 적이 있었던 변호사의 대리인 자격이 부인되어야 하는지 여부

▌법원의 판단

피고 UMWA와 소속 간부인 피고 개인들 사이에서 장래에 이익충돌이 발생할 수 있다면 그들을 공동으로 대리한 적이 있었던 변호사의 대리인 자격은 부인되어야 한다. UMWA와 간부들은 현재 상호 간에 어떠한 이익의 충돌도 없다고 분명히 주장하나, 장래에도 그러할지는 장담할 수 없다. 단지 이 사건 소송과 관련하여 UMWA의 외부 변호사가 UMWA와 간부 개인들 모두를 위하여 처음 6개월간 대응전략을 준비하였다는 사정만으로는 변호사의 대리인 자격을 부인하기 어렵다. 또한 변호사가 다른 4건의 다른 소송에서 조합장 개인의 소송대리인 역할을 하였다는 점도 이 사건 소송에서 UMWA를 위한 변호사의 자격을 부인하기 위한 결정적인 요소는 아니다.

오히려 이 사건 소송이 대표소송으로서의 성격을 띤다는 점이 대리인 자격부인 여부를 판단하기 위한 결정적인 요소이다. 주주대표소송의 경우와 비교해 보면 이러한 점이 더욱 부각된다. 주주대표소송에서는 회사가 명목상 피고이지만, 사내 변호사나 회사를 위해 조력하는 외부 변호사는 모두 회사의 이익(institutional interests)을 위하여 역할을 수행하여야 하며, 회사에 해가 되는 행위를 한 것으로 주장되는 경영진을 위해 법적 조력을 제공하여서는 안 될 것이다. 마찬가지로 이 사건 소송은 조합 내부의 권력 투쟁의 성격이라기보다는 노조운영 보고 및 공개법에 따른 조합 자체의 이익을 위한 것으로서 대표소송의 성격을 띤다. 따라서 다른 4건의 소송에서 조합장의 소송대리인이 되었고, 이 사건 소송 초기 단계에 조합장 및 다른 간부들을 위한 법적 조력을 제공하였던 변호사는 이 사건 소송에서 피고 조합의 소송대리인 자격이 부인되어야 할 것이다.

이 법원은 UMWA를 대리할 변호사를 조합장이 선택하면 그 변호사 역시 어느 정도 조합장의 통제하에 있을 것이라는 사실을 잘 알고 있다. 그러나 그러한 변호사는 조합의 업무에서 발생하는 문제들에 있어 오직 UMWA라는 하나의 의뢰인만을 대리할 것이고, 조합장 개인의 사적인 이익을 고려해야 할 직무수행상의 의무는 존재하지 않는다. 이러한 사정을 고려할 때, 사안에서는 완전히 독립적인 새 변호사를 대리인으로 선임하여야 할 것이다. 따라서 원심을 파기환송한다.

【판례 4-5】 In re Key(Supreme Court of South Carolina; June 2, 2003; 582 S.E.2d 400)
쌍방 대리에 관하여 설명한 후 동의를 받지 않고 매도인과 매수인 양측을 대리한 변호사가 징계 받은 사례

사실관계

변호사가 부동산매매거래에서 매도인과 매수인을 모두 대리하였다. 하지만 변호사는 당사자들에게 쌍방 대리의 위험에 대해서 명확히 고지해 주지 않았으며, 쌍방 대리에 대해 관련 사항을 알려 준 후에 작성하는 권리포기(informed waiver)를 받지 않았다.

변호사는 매도인이 과거 배우자와의 재산 문제 때문에 가정법원의 명령이 있던 터라 시일이 촉박하였다고 하였다. 협상 중간에 계약 내용이 수정되었으나 양측이 결국 합의하였고 매수인과 매도인 양 당사자는 변호사 사무실에 모여 거래 관련 서류를 처리하였다.

계약 체결 후 이행기에 매수인이 매매대금을 지급하지 않아 매도인과 매수인 사이에 분쟁이 일어났다. 이 분쟁에서 변호사가 양측을 대리하지는 않았고 변호사 자신도 이 분쟁에서 권리포기서류를 받아 두지 않고 쌍방을 대리할 경우 이익충돌의 문제가 발생

한다는 사실을 인지하고 있었다.

이런 분쟁이 발생하자 매수인은 매매대금을 매도인에게 직접 전달하지 않고 변호사를 통해서 전달하는 방식을 취하였다. 분쟁은 결국 민사소송으로 해결하게 되었는데, 소송에서는 매도인과 매수인 각자가 변호사를 선임하여 소송을 진행하였고 결국 매도인 측에 유리한 판결이 내려졌다.

▌쟁점

부동산매매에서 매도인과 매수인 모두 대리하며 쌍방 대리의 위험 고지를 하지 않고 당사자들의 명시적인 권리포기를 받지 않은 행위가 징계 대상인지 여부

▌법원의 판단

이 사건에서는 많은 남캘리포니아 직무행위규칙 위반이 문제 되었는데, 법원은 규칙 1.7(a),[3] 1.16(a),[4] 2.1,[5] 2.2(a)(1),[6] 2.2(a)(2),[7] 2.2(a)(3),[8] 2.2(b),[9] 2.2(c),[10] 외 여러 조항의 위반을 인정하여 변호사에게 공개 문책의 징계를 선고하였다.

---

3) "일정한 경우를 제외하고는 변호사는 한 의뢰인의 대리가 직접적으로 다른 의뢰인과 대립하게 되는 경우 또는 그 대리가 다른 의뢰인에 대한 변호사의 의무수행을 중대하게 제한하는 경우에는 그 의뢰인을 대리하지 못한다."

4) "일정한 경우를 제외하고는 변호사는 대리가 직무행위규칙 위반을 초래하는 경우, 변호사의 육체적·정신적 상태가 의뢰인을 대리하는 변호사의 능력에 중대한 손상을 가져오는 경우, 또는 해임된 경우에는 의뢰인을 대리해서는 안 되며, 대리가 개시된 경우는 사임하여야 한다."

5) "의뢰인을 대리할 때 변호사는 독립적인 전문적 판단을 하고 솔직한 조언을 해야 한다. 변호사는 조언함에 있어서 법뿐만 아니라 의뢰인의 상황에 관련 있는 도덕, 경제, 사회, 정치적인 요소 같은 점을 고려할 것을 언급할 수 있다."

6) "변호사는 공동대리의 의미에 대하여 각 의뢰인과 협의하고 각 의뢰인으로부터 공동대리에 대한 동의를 얻은 경우 의뢰인 간의 중개인으로 행동할 수 있다."

7) "변호사는 사안이 의뢰인의 최선의 이익이 되도록 해결될 수 있고, 각 의뢰인이 사안에 관하여 충분히 정보를 받은 후에 결정할 수 있으며, 의도한 해결방안이 성사되지 않을 때 어느 의뢰인의 이익도 중대하게 침해할 위험이 거의 없다고 변호사가 합리적으로 믿는 경우에는 의뢰인들 간의 중개인으로 행동할 수 있다."

8) "변호사는 공동대리를 공평하게 행할 수 있고 또한 그가 각 의뢰인에 대하여 지는 다른 책임에 부당한 영향을 미치지 않고 행할 수 있다고 합리적으로 믿는 경우에는 의뢰인 간의 중개인으로 행동할 수 있다."

9) "중개인으로 행동하는 경우, 변호사는 각 의뢰인이 충분히 정보를 제공받은 후에 결정할 수 있도록 그가 행하여야 할 결정과 결정 시 고려하여야 할 사항들에 대하여 각 의뢰인과 협의하여야 한다."

10) "변호사는 2.2(a)에 규정된 조건 중 어느 하나라도 더 이상 충족되지 않는 경우에는 중개인의 지위를 사임하여야 한다."

【판례 4-6】 State v. Callahan(Supreme Court of Kansas; October 22, 1982; 232 Kan. 136, 652 P.2d 708)
상대방과 긴밀한 관계가 있음을 알리지 않고 의뢰인의 동의를 받아 그를 대리하면서 기망과 부정직의 수준에 이를 정도로 수임사무를 처리한 변호사가 무기한 자격정지의 징계를 받은 사례

▌사실관계

1. John Callahan 변호사는 1974년을 전후하여 수년에 걸쳐 Lowell Lygrisse와 다음과 같은 관계에 있었다. ① Lygrisse의 개인 변호사, ② 농장 및 부동산 매매회사의 지분을 Lygrisse와 각각 50대 50으로 나누어 갖는 공동소유주, ③ 위 회사의 채무를 개인적으로 보증하여 한때 Callahan의 보증채무는 50만 달러를 상회하였다.

2. Ruth Fulton은 캘리포니아주에 60년 이상 거주하며 캔자스주에 토지를 소유하고 있다가 토지를 Lygrisse에게 매도하고자 가계약 교섭을 하던 중, Callahan 변호사로 하여금 양측을 위해 계약을 처리하도록 하자는 상대방의 제안에 동의하여 Callahan 변호사를 계약을 담당할 변호사로 선임하였다.

3. 부동산 매매계약을 위하여 양 당사자가 선임한 Callahan 변호사와 의뢰인 Fulton의 관계는 다음과 같았다.

1) Callahan 변호사는 위 사실관계 1.에 언급된 Lygrisse와의 관계를 Fulton에게 말하지 않았다.[11]

2) 캘리포니아주에서 장기간 거주했던 Fulton은 Callahan 변호사가 위 주의 에스크로(escrow) 중개인과 같은 역할을 하여 양 당사자 모두의 이익을 보호할 것이라고 믿었으나, 이에 대하여 Callahan 변호사는 계약조건의 협상은 양 당사자의 몫이고 자신은 단지 계약서를 작성하여 거래가 완료될 수 있도록 하는 대서인(scrivener)[12]의 지위에서 양측을 대리하는 것으로 여겼다고 증언하였다.

3) Callahan 변호사는 두 개의 계약을 마련하였는데, 그 내용은 Lygrisse로부터 받은 계약조건에 따른 것이었으며 Fulton과는 협의를 거치지 않았다.

4) 이 중 매매대금을 계약금과 중도금 3회로 균분하여 지급하기로 하는 '부동산매매

---

11) 그러나 이 사건 토지는 Lygrisse가 아닌 Callahan과 Lygrisse의 공동 소유 회사의 계산으로 매수한 것은 아니었으며, 토지에 대한 Callahan의 개인적인 이해관계가 개입되었다는 주장 또한 제기되지는 않았다.

12) 변호사가 법률 자문을 제공하지 않고 단지 의뢰인이 요구하는 계약 조건 그대로 서류를 작성하는 역할만 하였을 경우에는 대서인(scrivener)의 지위에 지나지 않는다고 보고, 계약에 관하여 명백하게 보증하는 언동을 하는 등의 사정이 없는 한 계약에 대한 법적 책임을 묻지 않는 것이 일반적이다. Callahan의 주장은 이러한 맥락에서 나온 것이다.

계약'은 ① 계약체결시점에 매도인이 증서를 작성하여 매수인에게 전달하여야 하고 ② 다른 토지와 더불어 매매 대상인 토지에 연방 토지은행의 저당권이 설정된다는 특이사항이 있었으나, Fulton은 계약 내용에 대해 완전히 이해하지 못한 상태에서 Callahan 변호사를 믿고 1974년 11월 14일 서명하였다.

5) 한편 두 개의 계약 중 다른 하나인 '입질, 에스크로 및 합의(Pledge, Escrow, and Agreement)'는 ① 대금지급 일정을 자세히 기술하고 ② 첫 번째 중도금이 1976년 4월 1일까지 지급되도록 예금증서를 에스크로하는 것이었다. 그런데 이 계약은 앞의 '부동산매매계약'에서 미지급대금이 신속하게 지급될 수 있도록 "대금 미지급 시에는 본 토지에 대하여 Fulton이 연방 토지은행의 저당권 바로 다음 순위의 선취특권(specific lien)을 갖는다(제7항)"라고 한 것과는 상이한 것이었으나, Fulton은 독립된 변호사의 자문을 받지 못한 상태에서 Callahan 변호사를 신뢰하여 전(前) 계약의 7항에 의하여 자신이 2순위 저당권자가 되는 줄로만 알고 1975년 5월 21일 두 번째 계약에도 서명하였다.

6) 1978년 4월 1일을 기한으로 하는 마지막 잔금을 Lygrisse가 연체하여 Fulton이 자문을 구하자, Callahan 변호사는 ① Lygrisse가 대금을 지급할 것이니 굳이 강제경매에 들어가지는 않는 것이 좋겠다고 조언하는 한편, ② 자신을 '2순위 저당권자'라고 여긴 Fulton이 경매절차 준비를 요청하자 이익충돌을 이유로 거절하고 다른 변호사를 소개해 주겠다고 하였으며, ③ 이때도 Fulton에게 문제의 토지에 대한 담보물권(secured interest)이 없음을 알려 주지 않다가 ④ 1980년 3월 1일에 Fulton이 재차 경매절차를 위한 변호사를 소개해 달라고 하자 그제야 의뢰인에게는 저당권이 없고 약속어음(promissory note)이 있을 뿐임을 말해 주었다. ⑤ 문제의 토지는 같은 해 봄에 연방 토지은행의 저당권 행사로 강제경매되었고, 경매절차의 당사자가 되지 못한 Fulton은 독자적으로 수소문하여 경매에 대하여 알게 되었는데, 알고 보니 토지에는 계약금이 지급될 무렵 다른 은행에 설정된 2순위 저당권이 존재하였으며 Fulton은 끝까지 잔금을 받지 못하였다.

4. 이에 Fulton은 다른 변호사를 선임하여 Callahan 변호사의 직무과오책임소송을 제기하였는데, 그 직후 Callahan 변호사는 자진해서 파산신청을 하여 면책 판결을 받았다.

5. 이후 Callahan 변호사에 대한 징계절차가 개시되었고, 청문절차에서 그가 징계규칙 5-105(B),[13] 6-101(A)(3),[14] 1-102(A)(4)[15]를 위반하였다는 결론을 내리고 무기한

13) 징계규칙 5-105(B)와 그 예외를 규정한 징계규칙 5-105(C)의 내용은 각각 다음과 같다.
징계규칙 5-105(B) : "의뢰인을 대리하는 자신의 독립적이고 전문적인 판단 능력의 발휘가 다른 의뢰인을 대리함으로 인하여 불리한 영향을 받거나 받을 가능성이 있을 때 변호사는 5-105(C)의 예외를 제외하고는 복수의 의뢰인들에게 선임된 상태를 중단하여야 한다."

자격정지를 권고하였다. Callahan 변호사는 이에 불복하였다.

쟁점

상대방과 긴밀한 관계가 있음을 알리지 않고 의뢰인의 동의를 받아 그를 대리하면서 기망과 부정직의 수준에 이를 정도로 수임사무를 처리한 변호사의 징계

법원의 판단

1. 규칙 위반 여부에 대한 판단

1) 징계규칙 5-105(B) 위반 : Lygrisse로부터 받은 계약조건만을 따르고 Fulton과는 협의를 거치지 않은 것이나 매매대금채권을 담보하는 저당권을 설정하지 않는 것에 내재된 위험에 대해 조언하는 문제에 있어서 변호사 자신이 독립적이고 전문적인 판단력을 발휘하지 못하고 있음을 인지하지 못하였다는 것은 수긍할 수 없다.

2) 징계규칙 1-102(A)(4) 위반 : 변호사의 성실의무(duty of good faith)는 위임계약이 종료되었다고 하여 곧바로 없어지는 것이 아니라 의뢰인과의 관계가 지속되는 한 계속 존재한다. 의뢰인이 (위임계약 종료 후) 수차례 조력을 구하였음에도 채권을 담보할 저당권이 설정되어 있지 않았다는 사실을 말하지 않은 것은 명백히 기망과 부정직의 수준에 이른 것이다.

3) 징계규칙 6-101(A)(3) 위반 : 이 조항의 위반 여부는 이 사건에서 변호사가 단순히 대서인으로서의 의무를 질 뿐인지, 또는 매수인과의 관계를 의뢰인에게 모두 밝힌 때부터는 독립적이고 전문적인 판단력을 발휘할 좀 더 광범위한 의무를 지는지에 달려 있다고 할 것인데, 후자에 해당함이 기록상 명백하고 충분한 증거에 의하여 뒷받침되고 있다.

2. 의뢰인의 손해가 매수인을 상대로 한 민사소송을 통해 보전될 가능성이 있다고 해서 직무수행상의 위규가 용서되는 것은 아니며, 다른 구제절차가 존재할 가능성이 있다고 해서 징계 처분을 내리지 못할 것은 아니다. 징계절차는 일반인을 보호하고 공익을 최대화하기 위한 것이기 때문이다.

3. 윤리 위반으로 인한 제재는 그 위반의 정도에 상응하는 것이어야 하는데, 이 사건에서 의뢰인은 Callahan 변호사를 단순한 대서인이 아닌 변호사로서 신뢰한 것이고 Callahan 변호사가 의뢰인의 거래 상대방과 사업상 긴밀한 관계가 있음을 의뢰인에게

징계규칙 5-105(C) : "전(前) 2항의 경우 변호사는 각 의뢰인들의 입장에서 독립적이고 전문적으로 판단하였을 때, 각 의뢰인의 이해를 적절하게 대변하는 것이 가능하고 또한 그들 모두를 대리할 경우 발생할 수 있는 효과에 대하여 각 의뢰인이 모든 내용을 알고 동의하였다면 복수의 의뢰인을 대리할 수 있다."

14) "변호사는 자신에게 의뢰된 법적 문제에 대해 태만하여서는(neglect) 안 된다."

15) "변호사는 부정직, 사기, 기망, 부실표시를 수반하는 행위를 하여서는 안 된다."

알리지 않았으며, 독립적이고 전문적인 판단력을 발휘하지도 않았고 강제경매할 권리가 없음을 뒤늦게 통지하여 정직하지 못한 직무수행을 하였음을 종합해 보면, 무기한 자격정지는 적절한 처분이라고 판단된다.

【판례 4-7】 In re Coggs(Supreme Court of Kansas; December 8, 2000; 270 Kan. 381, 14 P.3d 112)
변호사가 피상속인의 유언에 따라 신탁을 설정하면서 자신의 다른 의뢰인을 수탁자로 정하고 신탁재산으로부터 스스로 돈을 차용하여 무기한 자격정지의 징계를 받은 사례

사실관계

1. Gregory Coggs 변호사는 1992년 4월 Frances Cunningham의 대리인으로서 유언을 작성하였고, 유언장에 유언의 집행자로 지정되어 있었다. 또 Coggs 변호사는 유언의 작성뿐 아니라 Cunningham을 대리하여 그의 여생 동안 연금을 지급하고 그후에는 친척들에게 이를 지급할 목적의 신탁을 설정하는 사무를 처리하였다.

위 과정에서 Coggs 변호사는 Cunningham에게 자신의 다른 의뢰인인 Michelle Holland를 위 신탁의 수탁자로 추천하였다. 또 Coggs 변호사는 이전에 Holland의 파산절차에서 그녀를 대리한 적이 있었음에도, 자신이 이전에 Holland를 대리하였던 사실과 Holland가 파산하였다는 사실에 대해 Cunningham에게 전혀 언급하지 아니하였다.

2. Cunningham의 Phillips Family Trust(이하 '신탁')는 1992년 4월 28일 설정되었고 Holland가 수탁자로 지정되었다. Coggs 변호사는 Holland를 통하여 1993년 6월 신탁으로부터 7,000달러를 이자율 7.5%에 무담보로 차용하였고 Cunningham에게는 이러한 사실을 알리지 않았으며, 이러한 거래에 대하여 별도의 자문을 받을 기회도 부여하지 아니하였다. Coggs 변호사는 500달러도 채 상환하지 못하였다.

3. Cunningham은 1994년 3월 13일 사망하였고 Coggs 변호사는 그 상속재산에 관한 업무를 처리하였으며 유언집행자 및 변호사로서의 사무 처리에 대한 보수를 수령하였다. 당시 지방법원은 Coggs 변호사의 위 보수금 수령을 승인하였는데, 이 과정에서 Coggs 변호사는 자신의 대여금 채무의 존재에 대해 전혀 밝히지 않았다.

4. 캔자스주 변호사 징계위원회는 Coggs 변호사가 변호사 직무책임규칙을 위반한 것으로 보고 위원 3명 중 2명은 1년 자격정지, 1명은 무기한 자격정지를 권고하였다.

쟁점

1. 자신의 또 다른 의뢰인으로서 파산 상태에 있던 Holland를 수탁자로 추천한 것이 이익충돌에 해당하는지 여부

2. 의뢰인의 신탁으로부터 의뢰인 몰래 돈을 차용한 행위가 이익충돌에 해당하는지 여부

법원의 판단

1. 캔자스주 변호사 징계위원회는 Coggs 변호사가 의뢰인인 Cunningham의 신탁의 수탁자로 또 다른 의뢰인인 Holland를 지정함으로써 캔자스주 변호사회 직무책임규칙 1.7(a)를 위반하였다고 결론을 내렸다. 위원회는 이로 인해 초래된 결과를 "그의 두 의뢰인이 직접적으로 반대되는 이해관계를 가지게 되었다"라고 표현하였다. 법원은 위와 같은 결론에 수긍하면서 Coggs 변호사가 파산절차의 의뢰인이었던 Holland를 Cunningham의 수탁자로 추천한 것은 위 규칙에서 금하는 이익충돌에 해당하고, 이러한 사실을 알았거나 알 수 있었다고 판시하였다.

2. 위원회는 Coggs 변호사가 Cunningham의 동의를 받지 아니한 채 무담보로 그의 신탁재산에서 대출을 받음으로써 위 직무책임규칙 1.7(b)를 위반하였다고 결론지었다. 위원회는 해당 채무를 회수하기 위해서 Coggs가 변호사로서 위 신탁을 대리하여 자신을 상대로 소를 제기할 가능성이 없다고 결론을 내렸다. 나아가 직무책임규칙 1.8(b)는, 변호사는 의뢰인을 대리하면서 알게 된 정보들을 의뢰인에게 불이익이 되도록 사용해서는 안 되며, 다만 의뢰인이 변호사로부터 설명을 듣고 난 후 이에 동의를 하는 경우에는 예외적으로 사용할 수 있다고 규정하고 있다. 위원회는 Coggs 변호사가 Cunningham의 신탁 재산에 관한 정보를 Cunningham의 동의 없이 이용하여 7,000달러를 대출받음으로써 위 규칙 1.8(b)를 위반하였다고 하였다.

3. 이에 대하여 법원은 ① Coggs 변호사가 자신의 의뢰인 Cunningham의 신탁으로부터 금전을 차용하고, ② Cunningham의 채무자로서 계약서 조항에 따라 대출금을 상환하지 못하였음에도 Cunningham의 상속재산의 변호사로서 상속 관련 업무를 수행한 것이 이익충돌에 해당하며, 이러한 사실을 알았거나 알 수 있었다고 판시하였다. 법원은 Coggs의 윤리규칙 위반이 심각하고 여러 건이어서 의뢰인으로 하여금 큰 손해를 입게 하였다는 이유로 Coggs에 대한 무기한 자격정지의 징계를 확정하였다.[16)]

---

16) 이익충돌 외에도 직무 태만과 부적절한 업무 처리 등의 문제가 있었다.

1.2 종전 의뢰인과의 이익충돌

1.2.1 종전 의뢰인의 범위

【판례 4-8】 Poly Software International, Inc. v. Su(United States District Court, D. Utah, Central Division; March 31, 1995; 880 F.Supp. 1487)
1회 면담만 한 경우에도 종전 의뢰인과의 변호사-의뢰인 관계가 성립하는지 여부

▌사실관계

1. Wang과 Su는 컴퓨터 소프트웨어 개발자로 Micromath, Inc.에서 근무하다가 사직하고 Polysoft Partnership이라는 회사를 세웠다. 그러자 Micromath, Inc.는, Polysoft Partnership사에 대하여 지적재산권과 관련한 소송을 제기하였다.

소송에서 Micromath사와 Polysoft Partnership사는 조정절차에 들어가기로 합의하였으며, 이에 따라 Broadbent 변호사(이 사건 소송의 원고 측 대리인)가 조정인으로 선정되었다. Broadbent 변호사는 조정인으로서 절차를 지휘하였고 Wang과 Su는 Broadbent 변호사와 함께 사건과 관련된 심도 있는 대화를 나누었으며 일부 회사 기밀까지 공유하였다. 결국 양측은 성공적으로 조정안에 합의하였다.

2. 이후 Wang과 Su 사이의 관계가 틀어지면서 둘은 동업관계를 해소하고, Wang이 기존 회사를 소유하는 대신 Su가 소프트웨어의 저작권을 가지기로 합의하였다. Wang은 기존 회사를 이 사건 원고인 Poly Software International, Inc.로 변경·설립하였으며, Su는 Datamost Corporation을 설립하였다.

이 사건 분쟁은 원고인 Wang의 Poly Software International, Inc.가 Su와 Datamost Corporation에 대하여 저작권 관련 소송을 제기하면서 발생한 것이다. 그런데 Wang은 소송을 제기하기 전에 우선 상당수의 변호사와 면담을 하였는데, 그중에는 현재 이 사건의 피고 측 대리인인 Lynn G. Foster 변호사(로펌 Foster & Foster 소속)가 포함되어 있었다. 다만 Foster 변호사와의 면담은 채 30분을 넘기지 않았으며 보수도 지급되지 아니하였다. 또한 Foster 변호사는 Wang에게 간단한 개요만을 설명하고 이에 대한 일반적인 면담만 받을 것인지 아니면 심도 있는 면담을 나눌 것인지 선택지를 주었고, 이에 Wang은 전자를 선택하여 일반적인 면담만 이루어졌다는 점이 증거에 의해 인정된다.

3. 이에 원고는 피고 측 Foster 변호사가 원고 측인 Wang과 제소 전에 이미 면담을 하여 관계를 맺었으므로, 유타주 변호사 직무행위규칙 1.9[17]에 따라 이 사건에서 대리

17) "종전에 아래와 같이 의뢰인을 대리한 바 있는 변호사는 아래의 행위를 하여서는 안 된다.

인 자격이 부인되어야 한다고 신청하였다.

한편 피고는 원고와 피고가 당사자가 된 종전의 분쟁에서 원고 측 대리인 Broadbent 변호사가 조정인으로 활동한 바 있음을 이유로 유타주 변호사 직무행위규칙 1.9 또는 1.12(a)[18]에 의하여 이 사건에서의 대리인 자격부인을 신청하였다.

쟁점

1. 첫 번째 면담만 이루어진 경우에도 변호사-의뢰인 관계가 성립하여 유타주 변호사 직무행위규칙 1.9에 의해 대리인 자격부인 신청이 받아들여져야 하는지 여부

2. 유사한 사건에서 '조정인'으로 활동한 변호사에 대하여 동 규칙 1.9와 1.12(a) 중 무엇이 적용되는지

법원의 판단

1. 원고의 신청에 대한 판단

규칙 1.9에 의거하여 자격부인 신청을 하기 위해서는 ① 문제 된 변호사와 신청인 사이에 '종전의 변호사-의뢰인 관계'가 성립하였을 것, ② 현재의 분쟁이 종전의 대리 사건과 "실질적으로 사실의 측면에서 관련될 것(substantially factually related)", ③ 문제 된 변호사의 현재 의뢰인의 이익이 신청인의 이익과 상반될 것이라는 요건이 모두 충족되어야 한다.

이 사건에서는 ②와 ③의 요건이 충족됨은 명백하므로 ①의 요건에 대하여 살펴본다. 우선 Wang과 Foster 변호사 사이에 '변호사-의뢰인 관계'가 성립되었는지를 살펴봄에 있어서는 기존 판례에서 채택한 바 있는 '묵시적 변호사-의뢰인 관계 이론'[19]이 적용될 수 없다. 왜냐하면 둘 사이에는 단 한 번의 면담밖에 없었고, 그 면담을 할 때에는 변호사-의뢰인 관계가 묵시적으로라도 성립되어 있는 것이 아니라 단순히 잠재적인 것에 불과했다는 점이 명백하기 때문이다[B. F. Goodrich Co. v. Formosa Plastics Corp., 638

(a) 어떤 다른 의뢰인을 대리함에 있어서 그 의뢰인의 이익이 종전 의뢰인의 이익에 실질적으로 거스르게 되는 사안으로서 그 사안이 종전의 사건과 동일하거나 사실의 측면에서 상당히 유사한 경우 종전 의뢰인의 동의(면담 이후여야 한다) 없이 그 다른 의뢰인을 대리하는 행위 또는

(b) 종전의 대리행위로 얻은 정보를 종전 의뢰인에게 불이익이 되는 방식으로 사용하는 행위. 다만 규칙 1.6이 그 의뢰인에 있어서 허용하는 경우 또는 위 정보가 일반적으로 알려진 경우는 제외한다."

18) "절차에서의 모든 당사자가 설명을 들은 후 동의하지 않는 한, 변호사는 자신이 판사나 다른 판관, 조정인, 또는 그런 사람의 법률사무관으로서 개인적·실질적으로 참여한 사안과 관련하여 누구도 대리할 수 없다."

19) 이 이론이 적용되기 위해서는 (1) 종전 의뢰인이 문제 된 변호사에게 기밀의 정보를 제공하였다는 점 및 (2) 그러한 행위를 함에 있어서 종전 의뢰인은 문제 된 변호사가 자신의 대리인이라는 정당한 믿음을 가지고 있었다는 점이 입증되어야 한다[Cole v. Ruidoso Mun. Sch., 43 F.3d 1373, 1383(10th Cir. 1994) 참조].

F.Supp. 1050, 1052(S.D.Texas 1986) 참조].

물론 단 한 번의 면담만 이루어지는 경우에도 실질적으로 심도 있는 면담이 이루어지는 경우가 있을 수 있고, 특히 일반인의 경우에는 이익충돌의 상황이 발생하리라고 예측하기 어렵기 때문에 무조건 변호사-의뢰인 관계의 성립을 인정하지 않는 것은 정의에 반하는 것이 될 수 있다. 그러나 단 한 번의 면담만으로 의뢰인 관계가 성립할 수 있다면 상대방의 변호사 선택권을 지나치게 침해하는 경우가 생길 수 있다. 특히 이 사건에서와 같이 그 수가 많지 않은 전문성 있는 변호사가 필요한 경우 의뢰인이 되도록 많은 수의 변호사와 일단 면담을 함으로써, 결국 상대방 당사자는 전문성이 없는 변호사를 대리인으로 선임할 수밖에 없게 될 수도 있는 것이다.

이 모든 점을 형량하면 이 사건에서 Wang과 Foster 변호사 사이의 면담에서 이루어진 대화의 내용은 변호사-의뢰인 관계를 성립시키기에 부족하다.

2. 피고의 신청에 대한 판단

규칙 1.9와 1.12(a)는 금지의 범위에 있어서 확연히 구별된다. 즉 규칙 1.12(a)에서는 "사안(matter)"이 동일할 것이 요구되는데, 여기에 규칙 1.11의 해석론을 차용한다면 이는 동일한 당사자 사이의 구체적으로 동일한 사실관계에 대한 분쟁만을 가리킨다.[20] 반면 규칙 1.9에서는 "실질적으로 사실의 측면에서 관련될 사안(substantially factually related matter)"이 요구되는데, 이는 그 문언 자체에서 이미 동일하지는 않더라도 유사한 것까지 포함하고 있다. 이 사건에서는 유사성은 인정되나 동일성은 부정되는 만큼, 결국 어느 규정이 적용되는지가 문제이다.

이 사건에서는 Broadbent 변호사가 조정인이었다는 점이 중요하다. 조정인은 당사자들이 법적 분쟁을 합의로 종결하는 것을 돕고 그 과정에서 신뢰관계를 형성하게 된다. 조정인은 단순히 공평하게 활동하여야만 하는 것이 아니라 분쟁에 적극적으로 개입하여 합의를 이끌어 내는 역할을 한다. 따라서 조정절차에서는 당사자가 자신의 정보를 적극적으로 공개하고 합의에 참여하도록 유도하는 것이 중요하다. 이러한 점을 고려하면 조정인에 대하여는 이해상반의 범위를 폭넓게 규제하는 규칙 1.9가 적용되는 것이 타당하다. 따라서 Broadbent 변호사는 원고와 피고가 파트너로 있던 Polysoft Partnership사와 Micromath사 간의 조정인으로서 활동하였기 때문에 그와 그의 로펌은 원고대리인으로서의 자격이 부인되어야 한다.

20) 규칙 1.11은 관료가 민간 영역에서 대리하고자 하는 경우에 적용되는데, 1.11과 1.12(a)는 동일한 정책적 견지에서 규정된 것이므로 "사안(matter)"이라는 용어는 동일하게 해석된다.

【판례 4-9】 Pro-Hand Servs. Trust v. Monthei(Supreme Court of Montana; June 18, 2002; 49 P.3d 56)
변호사의 비서와 통화한 당사자를 상대로 하는 소송 사건을 수임할 수 있는지 여부

▮사실관계

1998년 피고 Mary Gabriel-Duncan은 변호사를 선임하기 위해 David Penwell 변호사의 사무실에 전화를 걸었으나, Penwell 변호사의 비서 Marion Austin은 Penwell이 더 이상 사건을 수임하지 않으며 곧 변호사 업무를 그만둘 것이라 하였다. 1999년 원고 Pro-Hand Services사는 Gabriel-Duncan과 Monthei에 대하여 계약 위반을 이유로 소를 제기하였고, 2000년 2월 Penwell을 원고 측 변호사로 선임하였다.

같은 해 7월 Gabriel-Duncan은 자신이 예전에 Penwell 변호사의 비서 Austin과 전화통화를 할 때 기밀사항을 Penwell 변호사에게 공개하였고, 이에 따라 변호사-의뢰인 관계가 성립하였다는 이유로 Penwell 변호사의 원고대리인 자격이 부인되어야 한다고 주장하였다. 이를 담당한 지방법원은 위 피고와 Penwell 변호사 사이에 변호사-의뢰인의 관계가 성립하였다고 보기 어렵다는 이유로 자격부인 신청을 기각하였고, 이에 Gabriel-Duncan은 항고하였다.

▮쟁점

Penwell 변호사의 원고대리인 자격이 부인되어야 하는지 여부

▮법원의 판단

Gabriel-Duncan은 Penwell 변호사의 비서 Austin과의 통화에서 이름과 전화번호같이 지극히 기초적인 정보만 제공하였을 뿐 다른 어떤 것에 대해서도 언급하지 않았고 Penwell 변호사와 만나 상담을 한 사실도 없으므로 '기밀' 정보를 Penwell 변호사에게 제공하였다고 보기 어렵다고 한 1심법원의 판단은 적절하다. 또한 제반 상황에 비추어 보아 Gabriel-Duncan과 Penwell 변호사 사이에 변호사-의뢰인 관계가 성립하였다고 Gabriel-Duncan이 믿었다고 하기는 힘들며, Penwell 변호사가 재판에 참여한 지 5개월이나 지나 대리인 자격부인을 신청한 것도 수긍하기 어렵다. 따라서 Penwell 변호사의 대리인 자격부인 신청을 기각한 1심법원의 결정을 유지한다.

【판례 4-10】 Silver Chrysler Plymouth, Inc. v. Chrysler Motors Corp.(United States Court of Appeals, Second Circuit; May 23, 1975; 518 F.2d 751)
종전에 근무한 로펌의 의뢰인을 상대방으로 한 사건을 수임할 수 있다고 본 사례

사실관계

원고 Silver Chrysler사는 피고 Chrysler사를 상대로 판매대리계약 위반을 이유로 소를 제기하였고 재판을 앞두고 원고는 로펌 Hammond & Schreiber를, 피고는 오랫동안 변호사-의뢰인 관계를 맺어 온 로펌 Kelly Drye를 선임하였다.

Hammond & Schreiber의 Dale Schreiber 변호사는 로스쿨을 졸업한 후 1965년부터 1969년까지 Kelly Drye에 고용되어 일한 적이 있었다. Kelly Drye는 Schreiber 변호사가 Kelly Drye에 근무할 당시 피고와 관련된 정보를 취득하였으므로 그와 그의 로펌의 원고대리인 자격이 부인되어야 할 사유가 존재한다고 주장하였다. Schreiber 변호사의 재직 당시 Kelley Drye는 뉴욕에서 손꼽히는 대규모의 로펌이었고, 30명 이상의 파트너 변호사 및 50명 이상의 소속 변호사로 이루어져 있었다.

1심은 Schreiber 변호사가 Kelley Drye에 근무할 당시 담당했던 피고 관련 사건들은 본 소송과 관련이 없다고 판단하였고, 단순히 Kelley Drye에 근무하였다는 사실만으로 본 소송에서 피고에 불리하게 작용할 만한 정보를 얻었다고 볼 수 없다며 신청을 기각하였다. 이에 피고는 항소하였다.

쟁점

종전에 근무한 로펌의 의뢰인을 상대로 한 소송을 수임할 수 있는지 여부

법원의 판단

1. 신참 변호사들이 여러 로펌에서 근무하는 것은 흔한 일이며, 특정 로펌에 재직했던 사실만으로 그들이 각 로펌의 – 특히 직원이 80명 이상인 큰 규모의 로펌일 경우에는 더욱 그러하다 – 모든 의뢰인에 대한 정보를 취득하였다고 보는 것은 부당하다. Schreiber 변호사가 Kelley Drye에서 피고와 관련하여 행한 직무들은 "대리(representation)"라고 볼 수 없는 수준의 매우 기초적인 작업들이었다. 따라서 Schreiber 변호사가 본 소송에서 피고에게 불리하게 작용할 만한 정보를 취득하였다고 볼 수 없고, Schreiber 변호사와 그의 로펌이 원고를 대리하는 것이 온당하지 않은 외관을 형성한다고 할 수 없다. 1심의 판결을 유지한다.

2. (별개 의견) 1심판결에 동의한다. 그러나 솔직히 종전 의뢰인이 관여된 사건을 수임하는 변호사의 지혜에 관한 불안감을 표시하지 않을 수 없다. 이 사건에서 대리인의 자격을 부인할 정도에 이르지는 않았다고 하더라도, 나의 동의는 종전의 로펌과 의뢰인에 대한 의무를 조사해야 하고 법원에 윤리강령의 적용범위를 따져 보아야 하는 의무를 지우는 업무관행을 승인하는 것으로 이해되어서는 안 된다.

【판례 4-11】 Westinghouse Electric Corp. v. Kerr-McGee Corp.(United States Court of Appeals, Seventh Circuit; July 25, 1978; 580 F.2d 1311)
석유협회에 조언한 로펌이 협회 회원사를 상대로 하는 소송을 수임할 수 있는지 여부

사실관계

Westinghouse는 핵 원자로 생산 회사로 여러 업체와 우라늄 공급계약을 맺고 있었으나, 수급 부족으로 계약을 이행하지 못해 소를 제기당하였다. 이에 Westinghouse는 우라늄 광산 채굴업자들이 담합을 통해 수급과 가격을 통제하고 있다고 주장하며 1976년 10월 15일 Gulf Oil Corporation(이하 'Gulf사'), Kerr-McGee Corporation(이하 'Kerr-McGee사'), Getty Oil Company(이하 'Getty사')를 상대로 반독점소송을 제기하였다.

위 소송에서 Westinghouse는 로펌 Kirkland & Ellis(이하 'K & E')를 소송대리인으로 선임하였다. 그런데 같은 시점에 K & E는 위 세 피고가 소속되어 있는 미국석유협회로부터 우라늄 산업에서의 경쟁력에 관한 보고서를 작성하고 관련 입법절차에서 청문회 등의 준비를 해달라는 요청을 받고 그에 따른 업무를 처리하였다. K & E는 미국석유협회의 외부 고문 변호사로 활동하였고 Gulf사 · Kerr-McGee사 · Getty사를 비롯한 협회 회원사들을 상대로 우라늄사업에 관한 폭넓은 면담 및 설문조사를 실시하여 미국석유협회에 보고서를 제출하였으며, 이 보고서에는 우라늄의 수급과 가격에 관한 내용이 담겨 있었다.

위 소송에서 Gulf사 · Kerr-McGee사 · Getty사는 미국석유협회의 의뢰를 받아 고문으로 활동하였던 K & E가 Westinghouse를 대리하여 Gulf사 등을 상대로 우라늄 반독점소송을 제기하는 것은 변호사의 성실의무를 위반하는 것이라고 주장하며 K & E의 소송대리인 자격부인을 신청하였다.

쟁점

석유협회에 조언한 로펌이 협회 회원사를 상대로 하는 소송을 수임할 수 있는지 여부

▌법원의 판단

1. 이 사건의 원심법원인 연방 지방법원은 소송대리인 자격부인 신청을 기각하였다. 변호사-의뢰인 관계는 명시적으로 또는 묵시적으로 대리관계가 있음이 인정되어야 하는데, K & E는 미국석유협회와 고문계약을 체결하였을 뿐 위 세 회사는 서면 또는 구두로 K & E를 대리인으로 선임하려고 한 사실이 없기 때문이라는 것이다. 그리고 K & E는 단순한 자문 내지 조사를 담당하였을 뿐이기 때문에, 이 점에서도 대리인으로서의 의무를 부담하지 않는다고 하였다.

다만 미국변호사협회 변호사 직무행위준칙 강령 9[21)]가 문제 될 여지는 있는데, 이의 위반을 이유로 무조건 소송대리인의 자격이 부인되는 것은 아니고, 사회 모든 분야를 다루고 있는 대형 로펌에 중복되는 법적 이해관계를 대리하는 것을 무조건적으로 막을 것이 아니라 탄력적인 적용이 필요하다고 하였다. K & E는 시카고 사무실에 130명, 워싱턴 D.C. 사무실에 40명의 변호사를 둔 대형 로펌으로 Westinghouse를 대리하는 변호사들은 시카고에서, 미국석유협회를 대리한 변호사들은 워싱턴 D.C.에서 일하며 내부적으로 차단벽(chinese wall)을 설정하였기 때문에, 단순히 부적절한 외관을 창출한 데 대한 제재로 소송대리인 자격을 부인하는 것은 과하다고 판시하였다.

2. 연방 항소법원은 지방법원의 결정을 파기하고 소송대리인 자격부인 신청을 인용하였다. 변호사는 전문가로서 일반적인 대리인보다 더 많은 법적 의무를 지고, 자신의 직무를 수행함에 있어 항상 성실하고 공정할 의무가 있다. 그러므로 명시적인 변호사-의뢰인 관계가 없어도 변호사로서의 신인의무를 지는 경우들이 있다. 이를테면 사건을 수임하기 전에 변호사와 상담하는 경우, 형사 재판에서 공동피고인들과 그들의 변호인 간에 정보 교환이 이루어지면 어느 한 변호인은 다른 공동피고인에게 불이익이 되는 행동을 하지 않아야 하는 것, 보험회사를 대리하여 사건을 조사하면서 보험가입자와 협력하여 사건을 진행하였는데 제3자가 보험가입자를 상대로 소를 제기하였을 때 제3자를 대리하면 안 되는 것 등이 그 예이다. 의뢰인이 변호사에게 전문적인 법적 조언을 얻으려는 의도가 표현된 경우에도 변호사-의뢰인 관계에 특권이 적용될 수 있는 관계가 발생한다. 그런데 Gulf사 · Kerr-McGee사 · Getty사는 모두 K & E가 미국석유협회와 그 회원사 모두를 대리하는 것으로 여기고 면담과 설문에 응했으며 여러 정보를 제공하였다고 밝히고 있다.

나아가 변호사의 신인의무는 기밀 정보의 취급이 수반되는 경우에도 발생할 수 있고, 1972년 개정된 연방증거규칙(Federal Rules of Evidence)에서는 "의뢰인"을 "변호사로부

---

21) "변호사는 직업적으로 온당하지 않은 외관을 피해야 한다."

터 전문적인 법적 서비스를 제공받거나 전문적인 법적 서비스를 제공받을 의도로 변호사와 상담한 사람, 공무원, 회사, 협회 기타 조직 또는 단체(공적인 것이나 사적인 것을 불문)"라고 규정하고 있다. 지방법원은 K & E가 단순한 자문 내지 조사만을 담당하였다고 하지만 실제로 K & E는 독립적인 특별 법률고문으로서의 일을 하였으며, 이 과정에서 이루어진 입법 로비 관련 작업들은 워싱턴 D.C.에서 변호사들이 통상적으로 수행하는 업무 범위에 해당하므로 지방법원의 판시는 타당성이 떨어진다.

마지막으로 강령 9의 위반이 반드시 소송대리 자격박탈을 요하는 것이 아니라는 지적은 옳다. 그러나 소속 변호사들을 내부적으로 분리하려는 노력에도 불구하고 부적절한 직업적 행동이 있을 수 있다는 합리적인 가능성이 존재하기 때문에,[22] 차단벽의 설정으로 소속 변호사 중 일부가 알게 된 정보가 다른 변호사들에게도 전해졌을 것이라는 추정을 번복할 수 없다. 단순히 회사의 크기를 기준으로 대형 로펌에게 개인 변호사 내지 소형 로펌과 다른 기준을 적용한 지방법원의 결정에는 오류가 있다. 원심의 결정을 파기하고 피고의 원고 소송대리인 자격을 부인하는 신청을 인용한다.

【판례 4-12】 Colorpix Sys. of Am. v. Broan Mfg. Co.(United States District Court, D. Connecticut; February 7, 2001; 131 F.Supp.2d 331)
종전에 모회사를 대리한 로펌이 유사한 분쟁에서 자회사를 상대방으로 하는 소송을 수임할 수 있는지 여부

▌사실관계

1. 이 사건 병합소송은 원고 Colorpix사와 Travelers사(모두 보험회사)가 각각 Broan사를 상대로 Broan사가 제조한 환풍기의 결함이 화재의 원인이라며 손해배상을 청구한 제조물책임소송이고, 로펌 Robinson & Cole(이하 'R & C')은 Travelers사를 대리하고 있었다. 그러나 R & C는 1997년 Reliance Insurance Company가 Nortek사(Broan의 모회사) 및 Nordyne사(Nortek의 자회사)를 상대로 Nortek/Nordyne사가 제조한 제품의 결함으로 화재가 발생하였다며 소송(Reliance v. Scotsman)을 제기했을 때 Nortek/Nordyne사를 대리한 바 있었다.

2. 한편 Colorpix v. Broan 사건에서 Broan사의 주된 외부 변호사였던 Patrick Hodan 변호사는 1998년 11월 6일 R& C가 그 사건에서 Travelers사를 대리한다는 사실을 모른 채 Broan사의 지역 변호사로 R & C를 선임하고자 하였으나, R & C는 Broan사

22) 실제로 이 사안에서 K & E가 주장하는 차단벽의 존재에도 불구하고 위 회사의 대표 변호사 중 1명으로서 Westinghouse의 대리를 담당하였던 William Jentes가 미국석유협회와 법률서류 작업을 준비해 주기로 하였다는 점이 밝혀졌다.

와 대립된 당사자인 Travelers사의 변호사로서 그 사건에 이미 관여하고 있어 수임할 수 없다고 통지하였다.

3. Broan사는 R & C가 1997년 Broan사의 모회사와 그 계열사를 대리한 적이 있기 때문에 이익충돌이 발생하므로 이 사건 소송에서 Travelers사를 대리하는 데 결격 사유가 있다고 주장하였다.

쟁점

1. Broan사는 R &C 가 이전에 Broan사의 모회사 및 계열사를 대리한 사건과 관련하여 R&C의 간접(vicarious) 의뢰인의 지위에 있는지 여부

2. R & C가 Broan사의 모회사 및 계열사를 대리한 사건이 이 사건과 실질적으로 관련성이 있는지 여부

3. R & C가 Broan사의 모회사 및 계열사를 대리할 때 이 사건과 관련된 Broan사의 기밀 정보를 취득하였다고 볼 수 있는지 여부

법원의 판단

1. 당사자가 간접 의뢰인인지 여부를 판단하는 데는 보통의 경우와 달리 변호사-의뢰인 관계가 명시적으로 드러날 필요는 없는데, 이 사건에서 Nortek/Nordyne사가 R & C의 종전 의뢰인이었다는 데는 다툼이 없다. Broan사는 Nordyne사와 함께 Nortek사의 사업에 큰 비중을 차지하는 회사이며, Travelers사와 Broan사의 소송은 Nortek사에 결정적인 영향을 미칠 것이 분명하다. 또한 기업 내부적으로 Broan사와 Nortek사는 같은 법무팀 및 부사장, 이사, 상임이사 등을 공유한다는 점으로 미루어 보아 R & C와 Broan사 사이에도 변호사-의뢰인 관계가 성립하였다고 볼 수 있다.

2. Reliance v. Scotsman과 이 사건은 둘 다 제조물의 결함이 화재를 유발하였다는 이유로 제기되었으므로 소송의 핵심 내용이 일치한다. 또한 Nortek사와 Broan사는 같은 법무팀 아래 운영되어 왔으므로 제조물책임소송에서의 대처방법과 전략 등을 공유한 사실이 확인되었다. 따라서 R & C가 이전에 Nortek/Nordyne사를 대리한 것은 이 사건과 실질적으로 관련이 있다.

3. R & C는 Reliance v. Scotsman을 수임할 당시 Nortek사의 부사장이자 Broan사의 부사장인 Kevin Donnelly와 잦은 회의를 가졌고 전문가 증인과 직원 들도 이 사건과 상당히 중복되는 면이 있으므로 Broan사에게 불리하게 작용할 수 있는, Nortek/Nordyne사와 관련한 기밀 정보를 취득하였다고 볼 수 있다.

4. 피고의 신청을 받아들여 이 사건 소송에서 R &C 의 원고대리인 자격을 부인한다.

【판례 4-13】 Nev. Yellow Cab Corp. v. Eighth Judicial Dist. Court(Supreme Court of Nevada; March 8, 2007; 152 P.3d 737)
보험회사의 요청으로 피보험자를 대리하던 법률사무소의 변호사가 그후 보험회사를 상대로 한 피보험자의 청구를 대리할 수 있는지 여부[23)]

사실관계

1. 1998년부터 2001년까지 로펌 Vannah Costello Canepa Riedy & Rubino(이하 'VCCRR')는 Insurance Company of the West(이하 'ICW')의 법률사무를 담당하였다. 1999년 보험자 ICW는 피보험자 Yellow Cab을 상대로 제기된 소송 사건(이하 'Nash 사건')을 로펌 VCCRR에 위임하였으나, 2002년 Yellow Cab의 동의 없이 소송대리인을 VCCRR이 아닌 다른 로펌으로 변경하였다. 이후 ICW는 보험금액 한도인 50만 달러에 합의하자는 Nash 사건 원고의 제안을 거절하고 소송을 계속 진행할 것을 지시하였고, 결국 Yellow Cab은 ICW의 보험한도인 50만 달러를 훨씬 넘는 130만 달러를 지급하라는 판결을 받았다.

2. 2003년 VCCRR이 Vannah Costello Vannah & Ganz(이하 'VCVG')와 Canepa Riedy & Rubino로 분리되었고 Robert Vannah 변호사는 VCVG에 속하게 되었다. Vannah 변호사는 Yellow Cab을 대리하여 ICW를 상대로 Nash 사건의 결과와 관련하여 손해배상청구소송을 제기하였다. 이에 ICW 측은 Vannah 변호사에게 이익충돌이 있으므로 소송대리인의 지위에서 사임할 것을 요구하였으나, 위 변호사는 거절하였다. 이후 조정(mediation) 과정에서 ICW는 조정절차에 응한다고 하여 향후 조정 불성립 시 Vannah 변호사와 소속 로펌 VCVG의 대리인 자격부인을 주장할 권리를 포기하는 것이 아님을 분명히 하였다. 조정절차는 2년에 걸쳐 계속되다가 2005년 결국 실패로 돌아갔다. ICW는 Vannah 변호사와 VCVG의 수임결격사유를 주장하며 소송대리인의 지위에서 배제하여 달라고 신청하였다. 법원은 이익충돌의 가능성이 매우 크다고 보아 ICW의 청구를 받아들였고 Yellow Cab, Vannah 변호사, VCVG는 이를 취소할 것을 구하는 직무집행영장(writ of mandamus)을 신청하였다.

쟁점

1. ICW가 대리인 자격부인 신청까지 2년 경과한 것이 권리포기에 해당하는지 여부
2. 이익충돌 및 자격부인 사유가 있다고 판단한 1심 결정이 그릇된 것인지 여부

---

23) 보험회사가 피보험자를 대리할 변호사를 지정한 경우, 그 변호사는 보험회사에 대하여도 주의의무를 부담한다는 【판례 3-77】 참조.

▌법원의 판단

1. ICW는 VCVG의 잠재적인 이익충돌 가능성을 즉각 제기하여 해당 사건에서 즉시 사임할 것을 요구하였고 조정절차에 응하는 것이 곧 자격부인을 신청할 권리를 포기하는 것이 아니라는 뜻을 분명히 밝혔으므로, 2년이 지나 조정이 실패한 후 자격부인에 관한 법원의 판단을 요청한 것은 권리포기라 볼 수 없다.

2. 이익충돌의 존재에 대하여는 다음과 같이 판단한다.

1) ICW를 VCVG의 종전 의뢰인으로 볼 수 있는지 여부 : 보험자와 피보험자 사이에 이익충돌이 없을 때 피보험자를 대리하도록 선임된 자는 동시에 보험자도 대리한다고 봄이 마땅하므로, 비록 VCVG가 형식적으로는 Yellow Cab의 소송대리인이라고 하더라도 ICW와 VCVG 사이에 변호사-의뢰인 관계가 성립한다.

2) ICW를 대리했던 업무와 현재 Yellow Cab을 대리하는 업무가 실질적으로 연관성을 갖는지 여부 : 1999년부터 2002년까지 Nash 사건에 관여한 것은 VCVG의 전신이었던 VCCRR이었고 Nash 사건은 Yellow Cab이 ICW를 상대로 제기한 손해배상청구소송의 직접적인 원인이므로 두 사안 사이에는 실질적인 연관성이 존재한다.

3. 따라서 신청인들의 직무집행영장 신청을 기각한다.

1.2.2 종전 의뢰인과 이익충돌되는 사례

【판례 4-14】 In re Wilder(Supreme Court of Indiana; March 19, 2002; 764 N.E.2d 617)
변호사가 공동대리 시 지득한 정보를 그후 어느 한 사람만을 대리하는 상황에서 이용하여 징계 받은 사례

▌사실관계

1. Larry Wilder 변호사는 연인관계였던 Fox와 Lindsey를 대리하다가 둘 사이가 틀어지자 Fox와 Lindsey의 과거 동업관계 청산을 위한 분쟁에서 Fox만을 대리하기로 하였다. 이때 Wilder 변호사는 이전에 Lindsey와 변호사-의뢰인 관계에 있을 때 그녀의 사업수익이나 재산 등에 관해 취득한 정보를 이용하였다.

2. 한편 Wilder 변호사는 인디애나주 유티카시의 변호사로 활동할 당시 Clark County 집행위원들의 일정한 행동을 저지하기 위해 가처분신청서를 작성하였다. Wilder 변호사는 직접 Jerry Jacobi 판사를 찾아가 신청서를 제출하였고 판사의 서명을 받았다. 이는 허용되지 않는 일방적인 담당판사와의 면담이었다. Wilder 변호사는 판사를 찾아가기 바로 직전 비서를 통해 위 집행위원들의 사무실에 가처분신청 사실을 알렸고 서명받은 다

음 날 그 서류를 우편으로 송부하였다.

3. 징계위원회는 위 두 사안에 대해 Wilder 변호사를 인디애나주 직무행위규칙 위반으로 고소하였고, 심문담당관은 첫 번째 사안에서는 Wilder 변호사가 직무행위규칙 1.9[24]만을 위반하였으며 두 번째 사안에서는 징계사유를 찾을 수 없다고 판단하였다. 이에 징계위원회는 두 번째 사안에 관하여만 법원에 재심리를 요청하였다.

쟁점

1. 첫 번째 사안이 캔자스주 변호사 직무행위규칙에 위반되는지 여부

2. 두 번째 사안에서 Wilder 변호사가 상대방에게 알리지 않고 판사에게 가처분신청을 한 행위의 위법성

법원의 판단

1. Wilder 변호사가 Fox를 대리하게 된 시점에 Lindsey는 종전의 의뢰인이다. Wilder 변호사는 의뢰인 Fox의 이익과 종전 의뢰인인 Lindsey의 이익이 중대하게 대립되는 동일하거나 실질적으로 관련되는 사안에서 종전 의뢰인 Lindsey의 동의 없이 Fox를 대리함으로써 캔자스주 변호사 직무행위규칙 1.9를 위반하였다. 또한 Wilder 변호사는 규칙 1.6과 3.3에서 허용되는 상황이 아님에도 불구하고 종전 의뢰인인 Lindsey의 사무 처리에 관련된 정보를 Lindsey에게 불리하게 사용하여 규칙 1.9(b)를 위반하였다.

2. 인디애나주 소송규칙(Trial Rule) 65(B)에 따르면 ① 선서진술서 또는 확인된 신청서류상 상대방에게 알리기 전에 신청인이 즉각적이고 회복할 수 없는 손해를 입을 구체적 사실관계가 명백하고 ② 신청인이 상대방에게 통지하기 위한 노력을 하였음과 통지가 필요 없다는 주장을 뒷받침하는 이유를 신청인의 변호사가 법원에 서면으로 확인하였을 때만 상대방 또는 그의 변호사에게 알리지 않고 가처분을 발령할 수 있다. 이 사건에서 Wilder 변호사가 판사를 만나는 시간과 거의 같은 시간에 상대방 변호사 사무실로 비서를 보내 통지한 것은 의미 있는 통지라고 할 수 없다. 또한 상대방이 통지받기 전에 즉각적이고 회복 불가능한 손해를 입을 것이라는 점을 보여 주지 못하였고, 통지가 필요 없다는 점에 대하여 서면확인도 하지 않았다. 따라서 Wilder 변호사가 소송규칙 65(B)에 위반하여 일방적인 가처분을 받은 것은 캔자스주 변호사 직무행위규칙

---

24) "종전에 의뢰인의 사건을 대리하였던 변호사는 이후에 다음을 하여서는 아니 된다.
(a) 이전 의뢰인의 동의가 있는 경우를 제외하고, 동일하거나 실질적으로 관련된 사건에서 종전 의뢰인의 이익에 중대하게 상반되는 이익을 가지는 다른 사람을 대리하는 행위
(b) 의뢰인에 관하여 규칙 1.6과 3.3에서 허용하거나 요구하는 경우 또는 정보가 일반적으로 알려진 경우를 제외하고, 종전 의뢰인에게 불이익하게 대리와 관련된 정보를 사용하는 행위."

3.5[25] 위반이다. Wilder 변호사는 Jacobi 판사가 법관직무준칙(Code of Judicial Conduct)을 위반하는 행위를 도움으로써 캔자스주 변호사 직무행위규칙 8.4(f)[26]를 위반하였다.

3. Jacobi 판사에 대하여 판사윤리강령 1,[27] 2(A)[28] 및 3(B)(2)[29] 위반으로 3일 자격정지의 징계를 선고하고, 위 판사를 도와 직무상 비행을 한 Wilder 변호사에게도 3일의 자격정지를 선고한다.

【판례 4-15】 Maritrans GP Inc. v. Pepper, Hamilton & Scheetz(Supreme Court of Pennsylvania; January 29, 1992; 529 Pa. 241, 254, 602 A.2d 1277)
변호사가 오랜 기간 대리한 회사의 경쟁 회사를 대리하는 행위의 당부

사실관계

Maritrans GP Inc., Maritrans Partner와 Maritans Operating Partners L.P.(이하 'Maritrans사')는 종전에 자신을 대리하였던 필라델피아 소재 로펌 Pepper, Hamilton & Scheetz(이하 'PH&S')와 그 파트너 변호사 중 1명인 J. Anthony Messina 변호사가 자신의 경쟁자를 대리하고 있다며 손해배상과 예비적 금지 명령을 구하는 소송을 제기하였다. PH&S와 Messina 변호사는 10여 년간 Maritans사를 광범위하게 대리하면서 Maritans사의 전략, 자산, 구조, 기밀 정보들에 대해 상세히 알고 있는 상태였다. 이에 1심법원은 PH&S와 Messina 변호사가 Maritans사의 경쟁자들을 대리하는 것을 금지하는 예비적 금지 명령을 내렸고, 항소심법원은 이 명령이 정당하지 않다고 보아 파기하였다.

쟁점

1. 종전 의뢰인에 대한 사건과 상당히 관련 있는 사안에서 종전 의뢰인의 이익과 중대하게 상반된 이익을 가진 현 의뢰인을 대리함으로써 이익충돌을 일으킨 것에 대해 소송이 가능한지 여부

---

25) "변호사는 다음 행위를 하여서는 안 된다.
(a) 법으로 금지된 방법으로 법관, 배심원, 잠재적 배심원 기타 공무원에게 영향을 행사하고자 하는 행위
(b) 법 또는 법원의 명령으로 허용된 경우를 제외하고 위의 사람과 일방적으로 의사소통하는 행위."

26) "다음의 행위는 변호사의 직무상 비행이다.
(f) 법관 또는 법원공무원이 법관직무규칙 또는 다른 법을 위반하는 행동을 하는 것을 알면서 도와주는 행위."

27) "법관은 사법부의 독립성·청렴성 및 공평성을 고양하고 증진시켜야 하며, 아울러 온당치 않은 행위나 온당치 않은 행위로 보이는 것들을 피하여야 한다."

28) "법관은 법을 존중하고 준수하여야 하며 항상 사법부의 청렴성과 공평성에 대한 공중의 신뢰를 증진시키는 방법으로 행동해야 한다."

29) "법관은 법에 충실하여야 하고 법에 대한 전문적 능력을 유지하여야 한다. 법관은 파당적 이해관계, 공중의 아우성 또는 비판의 두려움에 흔들려서는 안 된다."

2. PH & S와 Messina 변호사가 Maritans사의 경쟁자들을 대리하는 것을 금지하는 예비적 금지 명령을 내린 것에 재량 남용이 있는지 여부

법원의 판단

1. 변호사가 종전 의뢰인에 대한 사건과 상당히 관련이 있는 사안에서 종전 의뢰인의 이익과 중대하게 상반된 이익을 가진 현 의뢰인을 대리하는 것은 허용될 수 없는 이익충돌로, 직무책임규칙 위반 여부와 독립하여 소송의 대상이 된다.

법령이나 보통법(common law)에 의해 부과된 의무를 위반하는 행위에 대해서는 소송이 가능하다. 보통법은 변호사에게 충실의무와 이익충돌을 피할 신인의무를 부과하고 있으며(미국변호사협회의 직무행위표준규칙이 공포되기 전에도 보통법상 100년 이상 이러한 의무가 인정되어 왔다), 따라서 이러한 신인의무 위반은 소송의 원인이 된다.[30] 변호사의 보통법상 의무 위반에 대해서는 수임료 반환이나 손해배상을 구하는 민사소송 등이 그 구제수단으로 인정되어 왔다.

법원은 의뢰인의 비밀을 지키고 이익충돌을 회피할 의무를 위반하는 것을 금지할 권한을 가지고 있으며(이는 1900년대 초기에도 인정되었다), 변호사의 위반행위가 실제 소송의 대상이 될 때까지 기다릴 필요는 없다.

2. 금지 명령은 강력한 구제수단으로 다른 적절한 법적 구제수단이 없을 경우에만 가능하다. 금지 명령은 손해배상으로는 배상될 수 없는 손해를 피하기 위한 긴급한 필요성이 있는 경우에만 발해져야 한다. 본인에 대한 신인의무를 위반한 자는 본인에 대해 책임이 있으며, 금지 명령은 그 위반에 대한 적절한 구제수단이다.

예비적 금지 명령은 강력한 구제수단으로 '필수조건(essential prerequisites)'[31]이 증명된 경우에만 발해져야 한다. 그 목적은 현상을 유지하거나 적어도 소송 전의 상황을 그대로 유지함으로써 회복할 수 없는 손해나 심각한 불의의 발생을 막기 위한 것이다.

신인의무를 부담하는 자나 로펌이 나중에 종전 의뢰인의 경쟁자들을 대리할 수 있는지 여부는 그러한 의무를 부담하는 자가 어느 정도 범위까지 종전 의뢰인의 사무에 관여하였는지 등 여러 요소를 고려하여 사건별로 각각 판단하여야 한다.

---

30) 변호사의 보통법상 의무는 도덕률과는 독립적인 것이며, 단순히 변호사의 행위가 도덕률을 위반할지도 모른다는 것만으로 손해배상소송이나 금지 명령을 구하는 소송이 가능하지는 않다. 직무책임준칙 위반이 (징계위원회에 위반사항을 고발하는 것에 한 발 더 나아가) 항상 소송을 유발하지는 않지만, 의뢰인의 비밀정보오용은 도덕률 위반인 동시에 소송이 가능하다.

31) (1) 신청자가 본안에서 이길 가능성이 높다는 증명을 했을 때.
(2) 예비적 금지 명령 없이는 신청자가 회복될 수 없는 손해를 입을 것이라는 점을 증명했을 때.
(3) 중지 명령이 소송에서 다른 이익이 있는 당사자들을 본질적으로 해하지 않을 때.
(4) 중지 명령이 공익을 해하지 않을 때.

PH & S와 Messina 변호사가 10년간 광범위하게 Maritans사를 위한 사무를 처리하면서 기밀정보를 포함한 내부사정과 정보를 잘 알고 있다는 점, 만일 Maritans사의 경쟁자들의 대리를 계속하도록 허용한다면 종전 의뢰인인 Maritans사의 경쟁적 지위가 회복할 수 없을 정도로 손상될 것이라는 점, 특히 잠재적 기밀관계 간파와 관련되어 발생하는 문제에 대한 증명의 어려움 때문에 손해배상 등의 사후 법적 구제수단이 힘들 것이라는 점을 고려할 때, 1심에서 PH & S와 Messina 변호사가 Maritans사의 경쟁자들을 대리하는 것을 금지하는 예비적 금지명령을 발한 데에는 재량 남용이 없다.

【판례 4-16】 Exterior Sys., Inc. v. Noble Composites, Inc.(United States District Court, N.D. Indiana, South Bend Division; December 4, 2001; 175 F.Supp.2d 1122)
종전에 대리한 사건과 실질적인 관련이 있는 사건에서 종전 의뢰인의 후신인 회사의 상대방을 대리한 변호사의 자격부인 여부

사실관계

Cynthia Gillard 변호사는 1972년부터 Edward Welter를 대리해 왔던 로펌 Warrick & Boyn(이하 'W & B') 소속이다. Welter는 1972년 Fabwel사를 설립하였다가 1987년 ABF사에 매각한 후 ABF사가 소유한 Fabwel사의 회장직을 맡았다. W & B는 Fabwel사의 법률 자문을 맡았고 Gillard 변호사는 Fabwel사와 Larry Farver 사이의 비경쟁/기밀유지(non-competition/non-disclosure)협약 및 Fabwel사와 Welter 사이의 경영진보상계약의 체결에 관여하였다.

1992년 Welter는 원고 Exterior Systems, Inc.(이하 'ESI')의 사장 Raymond Stout와 Farver를 포함한 투자자 20명과 함께 ABF사로부터 Fabwel사를 다시 사들였다. Gillard 변호사는 여전히 Fabwel사에 법률 자문을 제공하고 있었다.

1994년 Gillard 변호사는 기업공개에서 Fabwel사를 대리하였고 ITI사를 인수할 당시에도 비경쟁/기밀유지협약 체결에 관여하였다.

1997년 Welter는 Fibreboard Corporation에 Fabwel사를 매각한 후 두 차례에 걸쳐 Fabwel사와 비경쟁/기밀유지협약을 체결하였는데, 이때에도 Gillard 변호사는 Welter를 위하여 일하였다.

1997년 Owens Corning사는 Fireboard사와 Fabwel사를 사들였고, 1999년에는 Fireboard사의 계열사 ESI사와 Fabwel사를 합병하여 Fabwel사는 사라지고 ESI사만 남게 되었다. 한편 Owens Corning사는 1997년 이 사건 소송과는 무관한 세 사건을 W & B에 맡

긴 사실이 있다.

2000년 ESI사의 사장 Farver는 사직 후 Welter를 비롯한 투자자들과 Noble Composites, Inc.를 설립하였는데, Noble Composites사는 ESI사와 동종의 제품을 생산하는 회사였다. 이에 2001년 3월 ESI사는 피고 Welter 및 피고 Farver가 위 비경쟁/기밀유지계약 등을 위반하였다는 이유로 소송을 제기하였고, 피고의 소송대리인 Gillard 변호사의 대리인 자격부인을 신청하였다.

▌쟁점

Gillard 변호사가 이전에 Fabwel사를 대리한 것과 현재 Fabwel사의 후신(後身)인 ESI사를 상대로 하는 소송에서 Welter를 대리하는 것이 실질적으로 관련되어 있는지 여부

▌법원의 판단

1. Gillard 변호사가 현재 Welter를 대리하고 있는 사건은 위 변호사가 1990년 Fabwel사를 대리하여 경영진보상계약 등을 체결하였던 사실과 직접적인 관련이 있고, 이 사실만으로도 Gillard는 이 사건 소송에서 수임 결격사유를 지닌다고 볼 수 있다.

2. 따라서 Gillard 변호사는 피고 Welter와 Farver를 대리할 수 없다.

【판례 4-17】 I Successor Corp. v. Feld Group, Inc.(United States Bankruptcy Court, S.D. New York; March 10, 2005; 321 B.R. 640)
종전에 대리한 거래와 관련이 있는 소송 사건에서 파산한 종전 의뢰인의 상대방을 대리한 변호사의 대리인 자격을 부인한 사례

▌사실관계

채무자 Interliant사는 2002년 파산구제 신청을 하였고 2003년 법원의 허가 아래 모든 자산을 Intrepid Acquisition Corp.에 매각한 후 회사명을 I Successor Corporation으로 변경하였다. 2004년 법원은 채무자의 제3차 수정 청산계획을 승인하였고, 이를 바탕으로 원고 무담보채권자단은 2004년 채무자를 대신하여 10개의 회사와 15명의 개인을 상대로 본 소송을 제기하였다. 그 이유는 피고로 지정된 회사들이 부당하게 낮은 가격으로 Interliant사의 자산을 매수하는 등 Interliant사의 파산을 초래하는 행위를 하였다는 점과 피고로 지정된 개인들(주로 Interliant사의 이사 및 직원)이 Interliant사에 대해서 신인의무를 다하지 않았다는 점 등이었다. 로펌 Proskauer는 이 사건 소송에서 Telephonetics Inc.와 Stepen Maggs를 제외한 모든 피고를 대리하고 있었다.

로펌 Proskauer는 2000년 Interliant사가 Soft Link, Inc.를 인수할 때와 2002년 Navisite사가 Interliant사의 자산을 매수할 때 Interliant사를 대리한 사실이 있었다. 이에 원고는 2005년 Proskauer가 행한 위 업무들이 Interliant사의 이사와 직원들의 신인의무 위반을 주장하는 이 사건 청구의 일부와 실질적 관련이 있으므로 이익충돌의 발생으로 인해 피고대리인 자격이 부인되어야 한다고 주장하였다.

▌쟁점

1. 파산보호 신청 전 설립된 Interliant사와 로펌 Proskauer 간의 변호사-의뢰인 간 비밀유지특권과 신인의무가 I Successor에게 이전되는지 여부

2. 로펌 Proskauer의 종전 의뢰인의 대리 업무와 현재 의뢰인의 대리 업무가 실질적 관련이 있는지 여부

▌법원의 판단

1. 피고는 Interliant사가 자산 전부를 매각한 후 I Successor라는 이름으로 회사명을 변경하였으므로 변호사-의뢰인 간 비밀유지특권이 파산신청 후 회사인 I Successor에 이전되지 않는다고 주장한다. 그러나 자산의 매각만으로 변호사-의뢰인 관계가 소멸할 이유는 없으며, 따라서 I Successor는 Proskauer의 종전 의뢰인으로 인정된다.

2. Proskauer가 이전에 Interliant사를 대리했던 것과 이 사건 소송은 둘 다 채무자 Interliant사가 파산구제 신청을 하게 된 배경을 핵심적으로 다루기 때문에 그 내용에 있어서 실질적으로 관련성이 있음이 인정된다.

3. 따라서 이 사건 소송에서 로펌 Proskauer는 피고대리인 자격이 부인되어야 한다.

【판례 4-18】 Oxford Sys., Inc. v. Cellpro, Inc.(United States District Court, W.D. Washington, at Seattle; April 22, 1999; 45 F.Supp.2d 1055)
종전에 대리한 사건과 관련이 있는 사건에서 종전 의뢰인의 이익에 반하는 사건을 수임한 변호사의 대리인 자격을 부인한 사례

▌사실관계

1992년 Cellpro사가 Baxter사 및 Becton사를 상대로 워싱턴주에서 제기한 특허무효 소송에서 로펌 Lyon & Lyon(이하 'L & L')은 Cellpro사를, 로펌 Perkins Coie는 지역 변호사(local counsel)의 자격으로 Becton사를 대리하였다. 이 소송은 특허권자인 존스홉킨스대학(이하 'JHU')이 참여하여 Baxter사 · Becton사 · JHU가 Cellpro를 상대로 특허

권 침해에 관한 반소를 제기하면서 1994년 델라웨어주로 병합 · 이송되었고, Perkins Coie는 이송된 소송에 대해서는 Becton사의 소송대리인 지위에 있지 않았으나 관련된 서류 작성을 돕는다거나 해당 지역 내에 위치한 증인 등에 대한 소환 관련 업무 등을 여전히 수행하였다. 델라웨어주 특허침해소송에서 Cellpro사는 패소한 Baxter사 · Becton사 · JHU의 소송비용 870만 달러를 부담하게 되었다.

한편 특허침해소송이 진행 중이던 1998년 3월 원고 주주들은 Cellpro사와 L & L을 상대로 증권사기소송(securities fraud action)을 제기하였다. 그 이유는 L & L이 Cellpro사를 대리함에 있어서 Cellpro사가 JHU의 특허를 침해하고 있다는 점을 알 수 있었음에도 부정확한 정보에만 의존하여 소송을 계속 진행하였다는 것이다.

이 증권사기소송에서 로펌 Perkins가 피고 L & L을 대리하였다. Becton사는 이 소송의 당사자는 아니었지만 이익충돌을 이유로 Perkins의 대리인 자격부인을 주장하기 위해 소송에 참가하였다.

▌쟁점

1. 1998년 4월 Perkins가 L & L의 소송대리인으로 선임됐을 당시, Becton사와 Perkins는 변호사-의뢰인의 관계에 있었는지 여부

2. Becton사가 종전 의뢰인이라 할 때 Perkins의 대리인 자격을 부인해야 하는지 여부

▌법원의 판단

1. Perkins는 지난 13년 동안 Becton사에 대하여 다양한 법률서비스를 제공하면서 소송 사건에서도 관련 서류 및 답변서 준비 등을 도맡아 해왔으며, 1997년까지 이어진 소송에서도 Becton사를 대리한 바 있다. 한편 워싱턴주의 법에 의하면 변호사-의뢰인 관계는 외관만이 아니라 의뢰인 자신의 주관적 의사 역시 고려하여 판단되어야 한다. 그런데 Becton사는 Perkins에게 독점적으로 워싱턴주 법률과 관련된 사무 처리를 위임해 왔고, 비록 1997년 이후로 사건을 의뢰하지 않았으나 1998년 4월까지 변호사-의뢰인 관계가 계속적으로 존재한다고 믿었다. 따라서 양자 사이에는 1998년 4월에 이르기까지 변호사-의뢰인 관계가 존재한다고 볼 수 있다. 따라서 Perkins는 이익충돌이 있을 경우 수임을 금지하는 변호사 직무행위규칙 1.7[32]에 의해 L & L을 대리할 수 없다.

---

32) "(a) 다음의 경우를 제외하고는 어느 의뢰인을 대리하면 직접 다른 의뢰인의 이익에 거스르는 경우, 변호사는 그 의뢰인을 대리할 수 없다.

(1) 변호사가 그 대리가 다른 의뢰인과의 관계에 부정적인 영향을 주지 않을 것이라고 합리적으로 믿고, 그리고

(2) 협의 및 중요 사항을 모두 밝힌(그렇게 밝히는 데 대하여 다른 의뢰인으로부터 승낙을 받은 후에 밝혀

2. 설령 Becton사가 Perkins의 현재 의뢰인이 아닌 종전 의뢰인이었다 하더라도 Becton사의 사건과 L & L의 사건은 실질적으로 관련되어 있고 두 당사자의 이익이 상반됨이 분명하므로 변호사 직무행위규칙 1.9[33]에 따라 L & L을 대리할 수 없음은 마찬가지이다.

3. Becton사의 주장을 받아들여 Perkins의 피고 L & L 대리인 자격을 부인한다.

【판례 4-19】 Westinghouse Elec. Corp. v. Gulf Oil Corp.(United States Court of Appeals, Seventh Circuit; December 8, 1978; 588 F.2d 221)
종전에 대리한 사건과 실질적인 관련이 있는 사건인지 여부가 문제 된 사례

사실관계

Westinghouse사는 장기간의 우라늄 공급계약을 맺고 있었는데 우라늄 가격의 상승으로 인해 계약 이행을 하지 못하게 되었다. 1978년 Westinghouse사는 우라늄 가격 상승이 국제적인 카르텔로 인해 유발된 것이라고 주장하면서 Gulf Oil Corportion(이하 'Gulf사')과 United Nuclear Corporation(이하 'UNC')을 상대로 손해배상청구소송을 제기하였다.

Gulf사는 종래 그랜트만에 위치해 있는 우라늄 광산 개발에 Mt. Taylor Properties라는 법인을 통해 합작투자를 하였고 로펌 Bigbee, Stephenson, Carpenter & Crout(이하 'BSC & C')에게 1971년부터 1976년까지 광산의 개발에 관한 제반 법률사무 처리를 위임하였다. 그런데 이 사건 손해배상청구소송에서 UNC가 BSC & C를 대리인으로 선임하였다.

Gulf사는 BSC & C가 우라늄의 채굴량·보유량 등에 관한 기밀 정보를 취급하고 있

야 한다) 후 각 의뢰인이 서면으로 동의하는 경우
(4) 각 의뢰인이 설명 있는 동의를 하고 서면으로 확인할 것."

33) "(a) 종전 의뢰인이 문서로써 설명 있는 동의를 하지 않는 한, 어떤 사안에서 종전에 의뢰인을 대리한 변호사는 이후에 다른 사람의 이익이 종전 의뢰인의 이익을 실질적으로 거스르는 사안이나 상당히 관련 있는 사안에서 그 다른 사람을 대리할 수 없다.
(b) 변호사가 종전에 소속되어 있던 로펌이 이전에 의뢰인을 대리한 사안과 동일한 사안이나 상당히 관련된 사안에서 변호사는 어떤 사람을 대리할 수 없다. 이때 종전 의뢰인은 다음에 해당되어야 한다.
(1) 종전 의뢰인의 이익이 그(대리하려는) 사람의 이익에 실질적으로 대립될 것. 그리고
(2) 종전 의뢰인에 대해서 변호사가 규칙 1.6과 1.9(c)에 의해서 보호되는 정보를 가지고 있으며 그것이 그 사안에서 중요할 것.
다만 종전 의뢰인이 문서로써 설명 있는 동의를 한 때는 그러하지 아니하다.
(c) 변호사가 어떤 사안에서 이전에 의뢰인을 대리했거나 변호사가 속한 로펌이나 속했던 로펌이 어떤 사안에서 의뢰인을 대리한 경우, 변호사는 이후에 다음을 할 수 없다.
(1) 이 규칙이 의뢰인과 관련하여 허용하거나 요구하는 경우 또는 그 정보가 일반적으로 알려진 경우를 제외하고, 대리와 관련된 정보를 종전 의뢰인에 불리하게 이용하는 것 또는
(2) 그 의뢰인과 관련하여 이 규칙이 허용하거나 요구하는 경우를 제외하고, 대리와 관련된 정보를 누설하는 것."

고 공동피고 UNC가 Gulf사에게 책임을 돌리고 자신은 책임이 없다는 주장을 할 수 있기 때문에, Gulf사와 UNC의 이익이 충돌한다고 주장하면서 BSC & C의 UNC 소송대리인 자격부인을 신청하였다.

이에 대하여 UNC는 BSC & C가 종래 Gulf사를 대리하면서 취급하였던 정보는 담합과는 상관없는 것이기 때문에 BSC & C의 대리행위가 이익충돌에 해당할 수 없다고 주장하였다. 그리고 설령 이에 해당한다고 하더라도 UNC는 Gulf사가 BSC & C를 선임하기 전에도 BSC & C를 선임했던 적이 있는데, 1971년 Gulf사가 BSC & C를 선임하면서 종전에 UNC를 대리했기 때문에 발생할 수 있는 이익충돌에 대해서 동의하였으므로 신청이 부당하다고 주장하였다.

▌쟁점

1. 현재 진행 중인 소송(가격 담합에 따른 손해배상)에서 다루어지는 문제와 BSC & C가 Gulf사를 대리하면서 다룬 문제가 실질적으로 관련이 있는지 여부

2. Gulf사의 일반적인 동의가 Gulf사의 비밀이 관련되어 있는 현 소송에 있어서 이익충돌 문제에까지 미치는지 여부

▌법원의 판단

연방법원에서는 소송대리 자격박탈 심사에 있어 '실질적인 연관성(substantial relationship)'의 유무에 따른 판단이 적용되고 있는데, 실질적인 연관성이 있는지 여부는 결국 변호사에게 자격박탈이 문제 된 소송에서 다루어지고 있는 문제에 관한 기밀 정보가 그 전 사건에서 주어졌을 가능성이 있는지에 따라 판단하게 된다.

원심법원인 연방 지방법원은 실질적인 연관성 판단에 관하여 ①사실심 판사는 이전 사건에서의 대리 범위에 관해 사실관계를 조사하고, ②그에 따라 현재 상대방을 대리하는 변호사에게 기밀 정보가 제공되었다고 추측할 만한 합리적 이유가 있는지를 판단하고, ③그 정보가 현재 진행 중인 소송에서 다루어지는 문제와 연관성이 있는지를 판단하는 세 단계로 나누어 이루어져야 한다고 설시하였다. 그러면서 BSC & C는 Gulf사의 우라늄 채굴 허가 및 실물 거래를 대리하였고, 그 과정에서 우라늄 보유량과 품질에 관한 기밀 정보를 입수하였을 것으로 추측된다고 하였다(①, ②단계). 그러나 BSC & C가 종래 Gulf사를 대리하면서 취급하였던 정보는 Gulf사의 우라늄 미채굴 보유량 등 실물의 거래와 관련된 자료인 반면, 위 소송에서 원고가 주장하는 것은 가격 담합이기 때문에 이를 증명하기 위해서는 공모자들의 회합이나 연락 등의 존재가 중요한 것이므로, 각 대리관계에서 취급되었던 주요 문제들은 서로 실질적인 연관성이 없다고 하여

(③단계 부정) Gulf사의 신청을 기각하였다.

연방 항소법원은 지방법원의 결정을 파기하고 소송대리인 자격부인 신청을 받아들였다. 연방 항소법원도 지방법원이 제시한 '실질적인 연관성' 판단의 3단계를 그대로 인정하고 적용하였다. 그리고 지방법원이 ①, ②단계에 관하여 인정한 사실관계 역시 받아들인 다음, 지방법원이 ③단계에 있어 두 가지를 잘못 판단하였다고 지적하였다. 첫째, 가격 담합을 위해서는 생산량의 제한에 대한 합의가 반드시 필요하기 때문에 이 둘을 다른 문제로 보는 오류가 있었다. 둘째, 가격 담합은 대부분 직접증거가 아닌 정황증거를 통해서 입증되는데, Gulf사가 생산량을 통제하고 있었고 경쟁자들이 같은 방침을 취하고 있었다면 이는 충분히 가격 담합의 정황증거가 될 수 있다는 점에서 오류가 있다고 지적하고, 따라서 BSC & C가 취득한 정보들이 이 사건 소송과 실질적인 연관성이 있다고 결론을 내렸다.

나아가 연방 항소법원은 Gulf사의 동의가 있었다는 항변 역시 배척하였다. 미국변호사협회 직무행위준칙 강령 5는 변호사는 "의뢰인을 위해 독립된 직업적 판단을 하여야 한다"라고 규정하고 있다. 이에 따르면 변호사가 종전에 현재 의뢰인의 상대방을 대리한 적이 있다면 두 문제가 서로 관련이 없다고 하더라도 변호사의 수임 결격 사유에 해당할 여지가 있지만, 이러한 경우에는 대리에 대한 조건 없는 동의가 있으면 수임 결격이나 소송대리 자격부인이 되지 않을 수 있다.

그러나 기밀 정보의 남용 가능성에 근거한 소송대리인 자격부인의 경우, 쌍방 대리에 대해 일반적으로 동의하였다고 해서 그가 자신의 비밀이 자신의 이익에 반하여 사용되는 것에 대해서까지 동의하였다고 볼 수 없으므로, 단순히 상대방을 대리하여도 좋다고 동의하였다는 것은 소송대리 자격부인에 관한 심리에서 유효한 항변사유가 될 수 없다.

원심판결을 파기하고 Gulf사가 신청한 BSC & C의 UNC 소송대리인 자격을 부인하는 신청을 인용한다.

【판례 4-20】 Huston v. Imperial Credit Commercial Mortgage Inv. Corp.(United States District Court, C.D. California; December 21, 2001; 179 F.Supp.2d 1157)
변호사가 종전에 회사의 이사/부사장으로서 담당하던 업무와 관련된 사건에서 그 회사의 상대방을 대리할 수 있는지 여부

사실관계

Imperial Credit Industries, Inc.(이하 'ICII') 계열의 Imperial Credit Commercial

Mortgage Asset Management Corp.(이하 'ICCAMC')은 Imperial Credit Commercial Mortgage Investment Corp.(이하 'ICCMIC')의 재산을 관리할 의무를 부담하고 있다. 1997년 3,450만 주 상당의 기업공개(IPO) 당시 ICCMIC와 ICCAMC의 이사는 Wayne Snavely, Kevin Villani, Mark Karlan이었고 원고 Huston의 매부 Joseph Parise는 상무이사이자 부사장이었다.

2000년 3월 원고는 집단소송의 대표당사자로서 위 기업공개와 관련하여 1933년 증권법 위반을 이유로 ICCMIC에 대해 소를 제기하였고(이하 '이 사건 증권소송'), Joseph Parise 변호사와 로펌 Stanbury Fishelman Wisner & Adsit(이하 'SFW & A')가 소송대리인이 되었다. Parise 변호사는 1997년 ICCMIC/ICCAMC의 이사와 부사장직 재임 당시 기업공개 관련 발행 신청서류 작성과 전략 수립, 홍보 등 다양한 사무에 관여한 바 있다. 1998년 Parise 변호사는 ICCMIC/ICCAMC를 사직하면서 ICCMIC와 컨설팅계약을 체결하였는데, Parise 변호사가 재직 중 행한 업무 사항과 ICCMIC와 관련된 모든 정보를 기밀로 한다는 것이 그 내용이었다. 2000년 Parise 변호사는 SFW & A와 공동변호에 관한 양해각서 및 보수분배약정을 체결하고 이 사건 소송에서 위 로펌과 공동대리인이 되었다.

이에 피고는 Parise가 ICCMIC 근무 당시 위 기업공개와 깊이 관련되어 있었기에 이 사건에서 이익충돌이 있으므로 대리인 자격이 부인되어야 하며, 로펌 SFW & A 또한 원고를 대리할 수 없다고 하였다.

▌쟁점

1. Parise 변호사가 원고의 소송에 대해 공동대리인으로 참가하였다고 볼 수 있는지 여부
2. 기업공개 당시 Parise 변호사와 ICCMIC 간 변호사-의뢰인 관계가 성립되었지 여부
3. Parise 변호사가 기업공개 당시 기밀 정보를 취득하였는지 여부
4. Parise 변호사가 ICCMIC를 위하여 변호사로서의 업무를 수행한 것이 이 사건 증권소송과 실질적으로 관련되었는지 여부
5. Parise 변호사가 ICCMIC에 근무함으로써 ICCMIC에 대해 신인의무를 지는지 여부
6. SFW & A가 기업공개 회사에게 신인의무를 지는지 여부

▌법원의 판단

1. 비록 이 사건에서 Parise 변호사가 공식적으로 공동 소송대리인으로 기록상 기재되어 있지는 않지만 2000년 Fishelman과 체결한 양해각서에 의거하여 Parise 변호사는 사실상 이 사건의 공동대리인으로 참가하였다고 볼 수 있다. 양해각서에 의하면 Fishelman과 Parise 변호사가 하나의 소송에 대해 공동대리를 할 수도 있음을 암시하고 있으

며, Parise 변호사가 본 사안의 소장을 작성하였다고 원고가 진술한 사실이 인정된다.

2. Parise 변호사는 기업공개를 위한 서류작성에 직접 관여하는 등 기업공개와 관련된 많은 활동에 상당히 깊은 정도로 관여하였고 ICCMIC와 체결한 컨설팅계약서만 보아도 Parise 변호사가 이전에 ICCMIC의 법률사무를 담당했을 것이라 판단할 수 있다. 비록 투자설명서의 '법률사무(Legal Matters)' 항목에 Parise 변호사의 이름이 등재되어 있지 않지만 이 항목에는 기업공개 관련 업무에 참여한 변호사 전원이 기록되지 않는 것이 보통이므로, 이러한 판단을 뒤집을 만한 근거가 될 수 없다.

3. 피고는 Parise 변호사가 ICCMIC의 기업공개 준비 과정에서 Karlan 및 ICCMIC의 기밀 정보를 취득하였다고 주장하였는데, 컨설팅계약에서 업무 진행 시 알게 된 정보를 유출하지 않을 것에 Parise 변호사가 동의하였다는 점 등에서 미루어 보아 이는 타당한 것으로 판단된다.

4. 실질적인 관련성이 있다고 보기 위해서는 두 사건의 사실관계, 법률쟁점 등의 측면에서 상당한 유사성이 발견되어야 한다. 원고가 제기한 소송의 근거가 되는 증권법은 1997년 기업공개와 직접적인 연관성이 있기 때문에 Parise 변호사의 기업공개 관련 업무와 이 사건 소송은 실질적 관련성이 있다.

5. Parise 변호사는 ICII에 고용되어 ICCMIC를 위해 일한 것이지만 사실상 ICCMIC의 중요 업무를 담당하였으며 이를 통해 회사와 관련된 기밀 정보를 취득하였고, 1998년 이직하였지만 컨설팅계약을 통해 ICCMIC에 기밀유지의무를 진 사실이 인정되므로 ICCMIC에 신인의무를 진다고 판단된다.

6. Parise 변호사는 ICCMIC에 신인의무를 지고 ICCMIC의 정보를 기밀사항으로 유지해야 하는데 이에 위반하여 SFW & A와 사건을 상의하는 과정에서 기밀사항을 모두 공개하였고, 따라서 SFW & A 역시 Parise 변호사의 법률 자문을 맡은 대리인으로서의 지위에서 같은 의무를 진다.

7. Parise와 SFW & A는 이 사건에서 원고를 대리할 수 없다.

【판례 4-21】 In re Big Mac Marine, Inc.(United States Bankruptcy Appellate Panel of the Eighth Circuit; June 20, 2005; 326 B.R. 150)
채무자 회사의 실질적 소유주 겸 채권자의 파산절차에서 대리인이었던 변호사가 채무자 회사의 파산재단 변호사가 될 수 있는지 여부

사실관계

1. Big Mac Marine, Inc.(이하 'Big Mac사')는 1990년대 초반에 영업을 시작한 선박

및 해운장비 소매업체로 과거 Pinnacle Bank of Ogallala, Nebraska(이하 'Pinnacle 은행')로부터 금전을 차입한 바 있고, 이 채무에 대해서 Schimidt 부부가 보증하였다. 이후 Schimidt 부부는 Big Mac사의 단독 소유주가 되었고 보증계약은 계속되었다.

Big Mac사는 2003년 4월 14일 미국 파산법 11장에 의한 파산보호 신청을 하였는데, 제출된 명세표에 의하면 Schmidt 부부는 Big Mac사의 재고자산에 의해 담보된, 약 60만 달러의 채권을 보유한 Big Mac사의 최대 채권자로 다툼 없이 그 금액이 확정되었다. 이 채권은 Schmidt 부부가 자신들이 보증했던 Big Mac사의 채무를 2002년 7월 19일 Pinnacle 은행에 변제하면서 발생한 것이다. Schmidt 부부는 자신들이 담보채권자임을 입증할 문서가 존재하지 않음을 인정하면서도 자신들이 회사 자산 대부분에 대하여 담보권을 가진다는 주장을 굽히지 않았다. 유일하게 담보권을 가진 다른 채권자는 Pinnacle 은행으로 회사의 부동산과 픽업 트럭 및 대여용 선박 등으로 담보된 약 37만 달러의 채권을 보유하고 있었다. 파산보호 신청과 동시에 제출된 구조조정계획은 이들 두 채권자를 서로 다르게 취급하고 있었다.

한편, Schmidt 부부는 Big Mac사의 파산보호 신청보다 앞서 2002년 7월 31일 파산법 11장에 의한 공동파산 신청을 하였고, 이에 따라 개시된 파산절차에서 Pinnacle 은행은 약 160만 달러의 채권을 가진 주채권자이자 담보권을 가진다고 주장하였고, Schmidt 부부는 Pinnacle 은행의 담보권 주장에 대하여 항변하였다.

2. Big Mac사는 2003년 4월 14일 파산법 327조에 따른 파산재산의 변호사(counsel for the estate)로 William Needler 변호사를 선임하고자 하는 신청을 하였다. Big Mac사는 신청서에서 그들이 아는 한 Needler 변호사가 자사를 대리함으로써 발생하는 이익충돌은 없다고 하였다. 또한 Needler 변호사는 파산재단에 대하여 이해관계가 없고 파산재단과 대립되는 어떠한 이익도 대리하지 않는다는 선서 후 선언서를 제출하였다. 그러나 Big Mac사의 100% 주주이자 2001년 3월 31일과 2002년 7월 19일 Pinnacle 은행과의 거래로 Big Mac사의 채권자가 된 Schmidt 부부의 파산절차에서 Needler 변호사는 법원의 승인을 받아 이들 부부를 대리한 바 있었다. 이에 Pinnacle 은행과 연방관재인은 Needler 변호사의 주장을 반박하며 변호사 선임 신청에 반대하였고, 파산법원은 2003년 7월 10일 다음과 같은 이유로 Needler 변호사에 대한 선임 신청을 기각하였다.

1) Needler가 Schmidt 부부의 파산법 11장 절차에서 그들을 대리한 사실은 이 사건에서 채무자 Big Mac사의 대리인 자격을 부인할 사유가 된다.

2) Schmidt 부부는 Big Mac사의 단독 소유주이고 Pinnacle 은행은 두 사건 모두에서 채권자인 점을 고려하면, Needler가 충실의무의 충돌 없이 양자를 대리하는 것은 불

가능하다.

3) 게다가 Big Mac사는 다른 채권자들에 비하여 Schmidt 부부를 우대하는, 의심스러운 구조조정계획을 제출한 바 있다.

4) Pinnacle 은행을 상대로 한 Schmidt 부부의 절차가 종료되고 그들이 Big Mac사 사건에서 채권 있음을 철회할 때까지 Needler 변호사는 Big Mac사를 대리할 수 없다.

3. 이후 Needler 변호사가 아닌 다른 변호사가 Big Mac사의 대리인으로 선임되었고 Schmidt 부부는 자신들이 채권을 가지고 있음을 철회하였으며 이들을 채권자가 아닌 주주로 취급하는 계획안이 제출되었다. 그러나 이 계획은 기각되었고, Schmidt 부부의 파산절차와 동 절차에서의 Pinnacle 은행에 대한 항변은 계속 중에 있었다.

2004년 10월 29일 Needler 변호사는 위 2.의 명령에 대한 무효 신청을 제출하는 한편, 상기 자격부인 명령 이전까지 Big Mac사를 대리하면서 발생한 변호사 수임료 및 비용으로 2만 8,000달러를 청구하였다. Needler 변호사는 이러한 신청 및 비용청구의 근거로 기존의 (의무)충돌은 Schmidt 부부를 주주로 취급하는 계획이 제출되고 이들 부부가 그에 반대하지 않음으로써 해소되었다고 주장하였으나, 파산법원은 2004년 12월 17일 Needler 변호사의 신청을 기각함과 동시에 법원이 Needler 변호사로 하여금 채무자를 대리하도록 승인한 적이 없음을 들어 비용청구 또한 기각하였다. Needler 변호사는 파산법원의 위 기각결정에 대하여 항고하였다.

▌쟁점

채무자 회사의 실질적 소유주 겸 채권자의 파산절차에서 대리인이었던 변호사가 채무자 회사의 파산재단의 변호사가 될 수 있는지 여부

▌판시사항

1. 파산재단에 대하여 이해관계가 없고 파산재단과 대립되는 어떠한 이해관계도 대리도 하지 않음에 대한 입증책임은 Needler 변호사에게 있다.

2. 파산법원이 Needler 변호사의 자격부인 신청을 인용한 것은 재량권 남용이 아니다. Needler 변호사는 채무자 회사의 파산재단을 위한 변호사가 되고자 하는 시점에 이미 파산재단과 상반되는 이해를 대변하고 있었기 때문이다.[34] 파산법 327조 (c)항[35]

---

34) 파산법 327조 (a)항. "파산관재인은 파산재단에 대하여 대립된 이해관계를 가지거나 대리하지 않으며 이해관계가 없는 변호사, 회계사, 감정인, 경매집행자 기타 전문직 종사자를 법원의 승인을 받아 고용·선임하여 본장(章)에서의 수탁자의 의무를 수행함에 있어 수탁자를 대리하거나 조력하도록 할 수 있다."

35) "다른 채권자나 연방관재인의 이의가 없는 한, 채권자에 의하여 고용·선임되었거나 채권자를 대리한다는 것만으로 본조에 의하여 선임 결격사유가 되는 것은 아니다. 그러한 이의가 있는 경우, 법원은 실제적인 이

은 단순히 채권자를 대리한다는 것 자체로 결격 사유가 되지는 않음을 환기하고 있으나, 이 사건에서는 Needler 변호사가 그 시점에 채권자 Schmidt 부부를 대리하고 있음을 이유로 다른 채권자(Pinnacle 은행)와 연방관재인이 함께 선임에 반대하였고 명백하고도 실제적인 이익충돌이 존재하였다.

3. Needler 변호사는 실제적인 이익충돌이 해소됨을 이유로 법원이 위 사실관계 2. 4)에 제시된 원심의 명령을 재고하고 무효화하여야 한다고 주장하지만, 다음의 두 가지에서 이유 없다. 첫째, 파산법원이 명령한 시점에 Pinnacle 은행을 상대로 한 절차는 여전히 계속 중이었고 기각된 것도 아니었으므로 이익충돌은 해소되지 않았다. 둘째, 원심의 명령은 장차 이익충돌이 해소될 경우 그 효과가 소급하여 미친다는 의미가 아니라 장래에 Schmidt 부부가 채권자가 되지 않으면 그때부터 충돌이 종료되며, 이후로는 Needler 변호사가 Big Mac사를 대리함에 있어 반드시 결격이 발생하게 되는 것은 아니라는 정도의 의미를 갖는 것에 불과하다.

4. 파산법 330조는 "파산법 327조 또는 1103조에 의하여 선임된" 전문가에 한하여 법원이 보상을 제공할 수 있도록 규정하고 있다. 위 조항에 따라 Needler 변호사가 채무자를 대리하도록 선임한 적이 없으므로, 파산법 330조에 따라 변호사 보수나 비용을 지급받을 권한이 없다.

5. 따라서 채무자 회사인 Big Mac사의 파산재단 변호사 지위 및 비용청구에 관한 Needler 변호사의 모든 항소를 기각한다.

【판례 4-22】 In re Anonymous(Supreme Court of Indiana; September 8, 1995; 654 N.E.2d 1128)
변호사가 자신이 고문으로 있는 공공기관에 대하여 의뢰인이 채무를 부담하고 있다는 사실을 알고 사임한 후 그 공공기관을 대리하여 채무의 이행소송을 제기하여 징계 받은 사례

사실관계

1994년 피신청인(변호사)은 아이의 아버지를 상대로 하여 자녀의 미지급 양육비청구소송을 하려는 어머니를 대리하고자 그녀와 직접 접촉하였다. 그녀는 자신의 소득 정도, 아이의 아버지가 상당한 유산을 받을 것이라는 점, 아이 아버지의 임금과 일하는 회사 및 주소 등 관련 정보를 제공하였다. 피신청인은 사건을 조사하면서 아이의 부모

익충돌이 있으면 그 고용·선임 승인을 거부하여야 한다."

가 지역복지국에 대해 아이 출산 시 발생한 4,500달러의 의료비 채무를 연대하여 지급하라는 내용의 판결을 받은 사실이 있다는 점을 알게 되었다. 그런데 피신청인은 위 사건과 관련된 업무를 수행하는 과정 내내 지역복지국과의 계약에 따라 지역복지국에 법적 조력을 제공하는 변호사의 지위에 있었다.

피신청인은 그 채무를 변제하였는지 여부를 어머니에게 확인하였으나 채무는 변제되지 않은 상태였다. 그러자 피신청인은 이익충돌 때문에 그녀를 대리할 수 없음을 알리고, 그녀의 요청에 따라 다른 변호사에게 사건과 관련된 기록 일체를 전달하였다.

그후 피신청인은 지역복지국으로부터 아이의 아버지를 상대로 미지급 의료비 지급을 청구하는 소송을 제기해 달라는 요청을 받았고, 그에 따라 소를 제기하였다. 이 소송에서 아이의 어머니도 공동피고가 되었으나 피신청인은 소송대리인의 지위에서 사임하지 않았고 결국 승소 판결을 받았다.

쟁점

종전 의뢰인의 대리와 관련된 정보가 공공의 출처로부터도 얻을 수 있는 것으로서 기밀적 성격을 가지지 않은 경우, 변호사가 종전 의뢰인의 동의 없이 그의 대리와 관련된 정보를 그 의뢰인에게 불이익하게 이용하여, 종전 의뢰인에 대한 소송에서 상대방을 대리한 경우 적절한 제재 조치

법원의 판단

인디애나주 변호사 징계위원회는 피신청인을 변호사 직무행위규칙 1.6(a),[36] 1.8(b),[37] 1.16(a)(1)[38] 위반으로 제소하였다. 징계절차가 개시되었고 피신청인과 징계위원회는 비록 잘못된 행동이 있었지만 몇 가지 징계 형량의 감경 요소가 있다는 점에 합의하였다. 피신청인이 어머니로부터 얻은 정보는 이미 공공의 출처로부터도 얻을 수 있는 것으로 비밀로서의 성격이 결여된 것이었다. 피신청인은 그녀가 지역복지국에 채무를 부담하고 있다는 사실을 안 후 그녀를 대리할 수 없음을 밝혔으며, 그녀에게 다른 변호사를 찾으라고 조언해 주었다. 피신청인은 그녀에게 법률비용을 청구하지 않았다. 또한

36) "의뢰인이 설명을 들은 후에 동의를 하거나 수임사무 수행을 위하여 묵시적으로 허용되었거나, (b)항에 의하여 허용된 경우를 제외하고는, 변호사는 의뢰인 대리에 관한 정보를 누설하여서는 안 된다."

37) "이 규칙에서 허용하거나 요구되는 경우를 제외하고는, 변호사는 의뢰인이 설명을 들은 후에 동의를 하지 않는 한 의뢰인 대리에 관한 정보를 의뢰인에게 불이익하게 이용하여서는 안 된다."

38) "(c)항에서 규정된 경우를 제외하고는, 다음에 해당하는 경우 변호사는 의뢰인을 대리하여서는 안 되고, 이미 대리를 개시한 경우에는 수임을 철회하여야 한다.
(1) 의뢰인 대리가 직무행위규칙 또는 다른 법 위반이 되는 경우."

피신청인에게 이기적인 동기가 있었던 것은 아니라는 점이 감경요소가 되었다. 피신청인과 징계위원회는 이러한 점들을 종합하여 피신청인에 대한 징계 조치로 비공개 문책이 적정하다는 데 합의하였다.

인디애나주 대법원은 피신청인이 어머니의 동의 없이 그녀의 대리와 관련된 정보를 공개한 것은 위 규칙 1.6(a) 위반이고 그녀의 동의 없이 정보를 그녀에게 불이익한 방향으로 사용한 것은 위 규칙 1.8(b) 위반이며, 지역복지국을 위한 소송대리인 지위에서 사임하지 않은 것은 위 규칙 1.16(a)(1) 위반에 해당한다고 판단하였다. 피신청인이 어머니와의 상담 과정에서 얻은 정보를 사용한 것은 변호사로서의 의무에 위반하여 정보를 잘못 사용한 것에 해당하는 것으로서, 그러한 행위는 관련된 개인에게 손해를 끼칠 뿐만 아니라 직무 수행상의 염결성을 손상시키는 행위라고 보았다.

그러나 인디애나주 대법원은 피신청인에게 악의적인 동기는 없었다는 점은 인정하였고, 피신청인과 징계위원회의 합의를 받아들여 피신청인에 대한 비공개 문책의 징계를 확정하였다.

【판례 4-23】 Mickens v. Taylor(Supreme Court of the United States; November 5, 2001; 535 U.S. 162)
변호사가 과거에 상담한 의뢰인을 살해한 피고인의 변호를 맡은 경우 이익충돌로 인하여 변호인의 조력을 받을 권리가 침해되는지 여부

▌사실관계

Bryan Saunders 변호사는 1992년 3월 20일 폭행 및 무기소지 혐의로 기소된 17세의 피해자 Timothy Hall의 변호를 맡게 되었고 Hall과 15분에서 30분간 한 차례 면담하였다. 3월 30일 Hall의 시체가 발견되었고 소년법원은 Hall의 사망을 이유로 Hall에 대한 공소를 기각하였다. 1992년 4월 Hall에 대한 공소를 기각한 판사가 Saunders 변호사를 Hall을 살해한 혐의를 받고 있는 피고인 Walter Mickens의 변호인으로 지정하였다. 이때 Saunders 변호사는 자신이 Hall 변호에 관여하였다는 사실을 피고인이나 다른 공동변호인에게 알리지 않았다.

1993년 피고인은 사형선고를 받은 후 Saunders 변호사가 Hall의 변호에 관여했던 사실을 우연히 알게 되었고, 1998년 Saunders 변호사의 이익충돌로 인해 미국 수정헌법 6조에 규정된 변호인의 조력을 받을 권리를 침해당하였다는 이유로 인신보호영장(writ of habeas corpus)을 신청하였다.

1심은 증거심리절차를 진행한 후 피고인의 인신보호영장청구를 기각하였으나, 항소

심은 이를 파기하고 전원합의체를 구성하여 사건을 다시 심리하였다. 항소심의 7대 3 다수의견은 Hall을 담당했던 소년법원의 판사가 잠재적 이익충돌의 가능성을 조사할 직무를 태만한 것은 사실이나, 그것이 원판결을 자동적으로 파기하는 효과는 없고 인신보호영장과 관련된 피고인의 입증책임을 완화시키지도 않는다는 뜻으로 판결하였다. 결과적으로 피고인은 Saunders의 이익충돌이 실제로 자신의 변호에 어떻게 불리하게 작용하였는지에 관하여 입증한 바가 없기 때문에 1심 결정이 그대로 유지되었다.

쟁점

법원이 이익충돌의 가능성에 대해 알거나 알 수 있었음에도 불구하고 그에 대한 조사를 하지 않았을 때 미국 수정헌법 6조상의 권리 침해가 있을 수 있음을 전제로 하여, 이러한 권리 침해를 인정받기 위하여 피고인은 이익충돌이 실제로 자신의 변호에 어떤 불리한 작용을 가져왔는지를 구체적으로 입증하여야 하는지 여부

법원의 판단(다수의견)

수정헌법 6조에 명시된 권리의 침해를 주장하는 피고인은 변호인의 잘못이 없었다면 재판의 결과가 달라졌을 수도 있었음을 증명할 입증책임이 있다. 대법원은 Wood v. Georgia, 450 U.S. 261, 101 S.Ct. 1097, 67 L.Ed.2d. 220(1981) 판결에서 "이익의 충돌이 실제로 존재하였는지 여부를 확인하라"는 뜻으로 1심판결을 파기환송한 바 있다. "이익의 충돌이 실제로 존재"한다고 할 때 '이익의 충돌'이란, Sullivan 판결[39]과 동일선상에서 변호인이 피고인을 대리하는 데 실제로 영향을 줄 만한 이익의 충돌을 의미한다고 해석된다. 따라서 법정이 잠재적 이익충돌에 대해 조사하지 않았다는 사정만으로 원판결을 바로 파기하여야 한다거나, 피고인은 그저 이익충돌이 존재함을 증명하면 족하고 그것이 변호에 어떠한 영향을 주었는지까지는 입증하지 않아도 된다는 피고인의 주장은 이유 없다. 피고인에게는 여전히 이익충돌이 자신의 변호에 어떻게 불리하게 작용하였는지를 구체적으로 입증할 책임이 있고 이 사건에서는 사실상 그 책임을 다하지 못하였으므로 인신보호영장의 청구는 기각되어야 한다. 따라서 항소심 결정을 유지한다.

---

39) "피고인은 이익의 충돌이 자신의 변호가 적절하게 이루어질 수 없도록 실질적인 작용을 했음을 밝혀야 한다."(Cuyler v. Sullivan, 446 U.S. 335, 100 S.Ct. 1708, 64 L.Ed.2d 333)

1.2.3 이익충돌 문제를 제기할 수 있는 사람

【판례 4-24】 Colyer v. Smith(United States District Court, C.D. California; May 25, 1999; 50 F.Supp.2d 966)
피고대리인과 종전 의뢰인 사이에 이익충돌이 있음을 원고대리인이 주장할 수 있는지 여부

▌사실관계

이 사건의 공동원고는 카운티의 부(副)보안관(deputy sheriff)인 Colyer와 리버사이드 보안관협회(RSA)이다. 원고들은 군 보안관, 리버사이드카운티, 그리고 카운티의 치안 관련 부서의 고위 공무원들이 원고 Coyler의 헌법상 권리를 침해하였다고 주장하며 소를 제기하였다.

이 사건은 과거 리버사이드카운티의 부보안관이었던 Tracy Watson이 영장 없이 강제체포를 하였다는 혐의로 재판을 받은 것과 연관된 사건이다. Watson의 사건에서는 그가 직무 집행 중 일정한 강제력을 사용했는지에 관해 치안 관련 부서에 내사를 실시하였고, 그 결과 Watson을 해임하였다. Watson은 복직하기 위한 수단으로 행정중재심판을 청구하였다. Colyer는 청문절차에서 Watson이 한 정도의 강제력 사용은 해당 상황에 비추어 볼 때 합리적인 범위 내의 것이었다는 내용의 전문가 증언을 하였다. 그러나 치안 관련 부서 측에서 신청한 다른 전문가 증인은 이와 상반되는 증언을 하였고 결과적으로 Watson의 해임은 확정되었다.

이 사건 소송에서 Colyer는 자신의 증언에 대한 보복으로써 원래의 직위에서 전출당했고 민사소송에서 전문가 증인으로서 상담하고 증언할 수 있는 자격을 박탈당했다고 주장하였다.

한편 Watson으로부터 피해를 당한 시민들이 Watson을 상대로 별도의 소를 제기하였는데 이때 로펌 Bell, Orrock이 Watson을 대리하였다. 한편 Bell, Orrock은 이 사건 소송에서 피고 리버사이드카운티를 대리하고 있었다. 이에 이 사건 소송의 원고들은 Bell, Orrock의 피고대리인 자격부인을 신청하였다. 원고들의 신청이유에 따르면 Bell, Orrock이 이 사건 소송에서 리버사이드카운티를 변호하기 위해서는 Watson의 소송에서 Colyer가 행했던 증언이 신뢰성이 없었다는 점을 주장하여야 하는데, 그와 같은 행위는 다른 소송에서 위 로펌의 의뢰인이었던 Watson의 이익을 해하는 것으로서 이익충돌 상황에 처하게 되는 것이었다.

▌쟁점

소송에서 일방 당사자는 상대방 변호사가 제3자에 대한 의무를 위반하였다는 점을 들어 그 자격부인을 신청할 수 있는 적격을 가지는지 여부

▌법원의 판단

통설에 따르면 이익충돌을 이유로 변호사의 대리행위에 문제를 제기할 수 있는 자격은 오로지 그 변호사의 현재 또는 과거의 의뢰인에게만 있다. 그러나 원고들은 Bell, Orrock의 대리행위가 이익충돌을 초래하며, 그에 따라 변호사의 의무를 위반하게 된다는 점에 대해서만 주장하였을 뿐 자신들에게 그러한 주장을 할 수 있는 적격이 있다는 점은 입증하지 못하였다. 따라서 Bell, Orrock의 의뢰인이 아닌 이 사건 원고들로서는 상대방의 행위가 이익충돌에 해당한다는 것을 주장할 수 있는 자격이나 지위를 갖고 있지 않다. 따라서 이 주장은 받아들일 수 없다.

1.3 공동당사자 또는 경쟁관계에 있는 의뢰인 간의 이익충돌

【판례 4-25】 Cuyler v. Sullivan(Supreme Court of the United States; May 12, 1980; 446 U.S. 335, 100 S.Ct. 1708)
공동피고인 3명을 같은 변호사들이 대리한 행위의 당부 및 이로 인한 이익충돌에 관한 법원의 조사의무

▌사실관계

피고인 John Sullivan은 Gregory Carchidi 및 Anthony DiPasquale과 함께 1급 살인 혐의로 기소되었다. G. Fred Dibona 변호사와 A. Charles Peruto 변호사가 위의 피고인 3명을 모두 변호하였다. 소송 과정에서 Sullivan과 두 변호사는 공동변호(multiple representation)의 문제를 제기하지 아니하였다. 먼저 따로 재판을 받은 Sullivan의 경우, 그에 관한 증거는 전부 정황증거에 불과한 것이어서 변론 종결 당시 전략적으로 Sullivan에 대한 신문도 하지 않는 등 반박증거를 전혀 제출하지 아니하였다. 그러나 배심원단은 Sullivan의 유죄를 인정하고 종신형을 선고하였으며, 펜실베이니아주 대법원은 이를 확정하였다. 그후 다른 두 피고인은 모두 무죄판결을 받았다.

이에 Sullivan은 변호사들의 이익충돌로 인해 적절한 변호를 받지 못하였다는 이유로 펜실베이니아주법에 의해 인정되는 '부수적 구제조치(collateral relief)'를 신청하였다. 그러나 펜실베이니아주 대법원은 사실상 Sullivan은 Peruto 변호사가, 나머지 두 피고인은 Dibona 변호사가 변호했고 서로 거의 관여하지 않았으며 반박증거를 제출하지 아니

한 것은 합리적인 전략적 판단이었다는 등의 사정을 들며, Sullivan이 적절한 변호를 받지 못하였다는 주장을 받아들이지 않았다.

그러자 Sullivan은 미국 연방법원에 인신보호영장(habeas corpus)을 신청하였고, 지방법원에서는 펜실베이니아주 대법원과 같은 이유로 위 신청을 기각하였으나, 제3연방항소법원에서는 공동변호는 법률적인 문제로서 이에 관한 피고인의 신청은 피고인이 이익충돌의 존재나 그로 인하여 발생한 피해를 입증하였는지 여부와 관계없이 인용되어야 한다고 판시하면서 지방법원의 결정을 파기하였다.

쟁점

1. 주 사실심법원은 당사자의 주장 여부에 관계없이 공동변호의 적법성에 대해 조사할 의무가 있는지 여부

2. 현실적 이익충돌의 존재를 입증하지 못하더라도 단순한 이익충돌의 개연성이 존재한다는 이유로 피고인의 변호인의 조력을 받을 권리가 침해되었다고 할 수 있는지 여부

법원의 판단

1. 종전 Holloway v. Arkansas, 435 U.S. 475, 98 S.Ct. 1173, 55 L.Ed.2d 426(1978) 판결에서 사실심법원은 공동변호에 대한 문제가 제기된 경우 그 적법성에 대해 심사할 의무가 있다고 하였지만, 수정헌법 6조에 따라 법원이 스스로 이에 대해 조사를 하여야 할 의무가 있는지에 대해서는 선례가 존재하지 않았다. 피고인의 변호인은 이익이 상반되는 이해관계인을 변호하지 않아야 하고, 법원에 즉시 이익충돌의 가능성이 있음을 알려야 할 윤리적 의무가 있다. 그러므로 사실심법원은 피고인이나 변호인으로부터 별다른 이의 제기가 없을 경우, 당해 사건에서는 공동변호가 이익충돌을 내포하지 않고 있다거나 변호인과 피고인이 이익충돌의 위험성에 대해 인식하면서도 이를 용인하였다고 받아들이면 그것으로 충분하다. 따라서 법원이 이익충돌에 대해 알았거나 합리적으로 알 수 있었을 특별한 사정이 없는 한, 법원은 스스로 심사를 개시할 의무가 없다.

이 사건에서는 사실심법원이 이익충돌을 조사해야 할 의무가 있다고 할 만한 특별한 사정이 전혀 보이지 않는다. Sullivan과 다른 두 피고인의 분리 심리는 이익충돌의 가능성을 현저히 낮추었다고 할 것이고, 또한 이 사건에서 누구도 공동변호에 따른 문제를 제기하지 아니하였다. 그리고 Dibona 변호사의 모두(冒頭) 진술의 내용은 피고인 3명 모두가 살인과 전혀 관련이 없고, 나아가 공동피고인들의 재판에서 증언할 증인들을 소환한다고 하여도 전혀 문제가 되지 않음을 피력하는 내용이었다. 반박증거를 제출하지 아니한 것은 검사 측이 제출한 정황증거들의 취약함을 드러내기 위한 합리성 있는 전략

적 판단이었으므로, 이와 같은 사정을 종합할 때 사실심법원이 수정헌법 6조에 따라 공동변호의 적법성에 대해 조사할 의무가 없었다고 할 것이다.

2. 나아가 수정헌법 6조를 위반하였다고 하기 위해서는, 피고인은 이해관계의 충돌이 실제로 자신의 변호인의 변호행위에 영향을 미쳤다는 것을 증명해야 한다. 피고인은 반박증거를 제출하지 않은 것은 Peruto 변호사가 다른 공동피고인들의 재판에서 증언을 할 증인들이 미리 노출되는 것을 꺼렸기 때문이라고 주장하였으나, 이에 반대되는 Dibona 변호사의 증언과 Sullivan이 반대신문을 받는 상황을 꺼렸다는 증거 역시 있어 이익충돌이 변호행위에 영향을 미쳤다는 것을 단정 지을 수 없으므로, 연방 항소법원의 결정은 증거 판단에 있어 오류가 있다고 할 것이다. 이상과 같은 이유로 항소심의 결정을 파기환송한다.

▮ 소수의견

당사자들이 공동변호인을 선임할 수는 있지만, 그 선임은 여러 상황에 대한 충분한 이해를 바탕으로 한 합리적인 결정이어야 한다. 헌법에서 변호인이 이익충돌의 가능성을 간과하거나 무시한 경우에 피고인을 보호하도록 하고 있으므로, 사실심법원은 공동변호를 받아들인 피고인의 판단이 합리적인지 여부를 피고인이나 변호인의 주장 여부에 관계없이 적극적으로 판단하여야 한다.

【판례 4-26】 In re Hoffman(Supreme Court of Louisiana; September 9, 2004; 883 So.2d 425)
변호사가 이해관계가 일부 충돌하는 공동상속인 모두를 대리하기 위한 요건을 갖추지 않은 채 대리하여 자격정지 3개월의 징계를 받은 사례

▮ 사실관계

1997년 3월 6일자 Milton Lorning의 유언에 따르면 조카 Jack Walker와 Julian Walker는 각 1만 달러, Lillian Walker는 5천 달러를 받도록 되어 있었다. Lorning의 사망 후 유언을 못마땅하게 여긴 Jack은 유언의 합법성을 다투는 소송을 제기하였다. Lorning의 상속재산관리인 측은 Jack의 대리인 Donald Hoffman 변호사를 상대로 조카들 모두를 대리해야만 협상에 응한다는 입장을 표명하였고, Jack의 적극적 권유로 Julian과 Lillian이 소송에 참가하였다.

Jack의 딸이자 변호사이기도 한 Peggy Ann Walker Burns는 Hoffman 변호사가 Julian과 Lillian의 대리인임을 인정하고 Hoffman 변호사가 유언과 관련하여 어떠한 금

액에 합의하든 간에 이를 그대로 받아들인다는 내용의 진술서(affidavit)를 작성하였고, Jack은 이를 Julian과 Lillian에게 보내 서명을 받았다. 이 진술서와 관련하여 Hoffman 변호사는 Julian 이나 Lillian과 어떠한 정보도 교환하지 않았다.

1998년 6월 조정을 통해 총 22만 5,000달러에 합의가 이루어졌으나 이와 관련하여 Hoffman 변호사는 Julian/Lillian에게 아무런 정보도 제공하지 않았다. 이후 Hoffman 변호사는 Jack의 지시에 따라 Julian에게 2만 달러, Lillian에게 1만 5,000달러, 그리고 Jack에게 15만 9,500달러를 지급하였다. 이에 Julian과 Lillian은 합의금의 분배에 관해 어떠한 상의나 동의도 없었다며, 루이지애나주 변호사 징계담당관실에 Hoffman 변호사에 대한 징계를 청구하였다. 징계담당관실은 Hoffman 변호사가 루이지애나주 변호사 직무행위규칙을 위반한 사실을 확인하였고, 청문위원회는 공개 문책을 권고하였다. 그러나 징계위원회는 Julian과 Lilian은 제한된 범위 내에서만 Hoffman 변호사에게 사건을 위임하였고, 변호사가 그러한 위임의 범위 내에서 업무를 수행한 것으로서 위 규칙을 위반한 바 없다고 판단하였다. 이에 징계담당관이 루이지애나주 대법원에 대하여 제소하였다.

▌쟁점

1. Hoffman 변호사가 이 소송에서 Jack, Julian, Lillian을 대리한다는 사실에 관하여 정보를 제공한 후 수증자 3명으로부터 동의를 받았는지 여부

2. 피고가 전체 화해를 통한 유증액의 합의와 그 분배에 관하여 정보를 제공한 후 수증자 3명으로부터 동의를 받았는지 여부

▌법원의 판단

1. 루이지애나주 변호사 직무행위규칙 1.7(b)는 변호사가 잠재적인 이익충돌에도 불구하고 각 의뢰인에게 적격의 대리를 할 수 있다고 합리적으로 믿고, 각 의뢰인이 '공동대리의 의미와 그 이점 및 위험'에 대하여 충분히 설명을 들은 후 동의한 경우에 한하여 하나의 사안에서 복수의 의뢰인을 대리하는 것을 허용한다. 그런데 Hoffman 변호사는 Jack과 함께 의뢰인에 해당하는 Julian과 Lillian에게 공동대리를 할 경우 발생할 위험과 서로의 이해관계에 대한 정보를 제공하지 않았고 단지 Jack의 딸인 Peggy가 작성한 진술서에만 근거하여 업무를 수행하였으며, 수증자 3명 모두로부터 설명을 들은 후에 하는 동의를 받지 않았다. 따라서 Hoffman 변호사는 직무행위규칙 1.7 및 1.8(g)[40)]

40) 관련 부분: "2명 이상의 의뢰인을 대리하는 변호사는 각 의뢰인이 협의(관련된 모든 청구의 존재와 성격 및 화해에 대한 각자의 참여의 존재와 성격에 대한 설명을 포함한다) 후 동의를 하지 않는 한, 의뢰인들의 또

를 위반하였다.

2. Hoffman 변호사는 최소한 유증액의 분배 및 지급에 있어서 수증자 3명 모두로부터 설명 있는 동의를 받아야 했음에도 그러하지 못하였고 관련 정보를 교환해야 할 의무도 다하지 않았다.

3. Hoffman 변호사에게 3개월의 자격정지를 부과한다. 다만 확정 판결 이후 1년 동안 피고의 품행에 따라 집행이 유예될 수 있다.

【판례 4-27】 In re Lane's Case(Supreme Court of New Hampshire; December 28, 2005; 889 A.2d 3)
공동상속인들을 위하여 상속재산 관리 업무를 수행한 변호사가 그후 어느 상속인의 위법행위를 다른 상속인에게 알린 행위의 당부

사실관계

1992년 9월 25일 로펌 Lane & Bentley의 의뢰인 Robert Bennett가 오토바이 사고로 사망하였다. 그에게는 아내(Jane)와 딸 3명, 아들(Dick) 1명이 있었다. 로펌 Lane & Bentley는 Bennett의 상속재산을 대리하게 되었고 Dick은 상속재산관리인이 되었다. 1993년 11월 제출된 상속재산에 관한 회계보고서에는 상속재산의 가치가 5,497달러이지만 각종 비용을 차감하면 0달러라는 내용이 나와 있었다. 1994년 2월 Dick은 상속재산관리인을 면하였다.

1993년 6월 Robert Bennett의 아내 Jane은 유언과 신탁계약을 작성하여 본인과 Dick을 공동수탁자로 정하였다. 1995년 여름 Dick은 어머니 Jane이 정신적으로 문제가 생겨 재산을 스스로 관리할 수 없게 되었다는 의사의 진단서와 신탁재산이 30만 8,762달러라는 명세서를 내놓았다. Dick은 1996년 4월 30일자로 어머니의 신탁재산 내역을 그의 누이들에게 제공하였는데, 불과 반년 전만 하더라도 30만 9,000달러에 이르렀던 재산이 6만 5,917달러로 줄어 있었다.

딸들을 대리한 Silas Little 변호사는 Dick이 작성한 명세에 Jane의 신탁재산 중 Robert Bennett의 상속재산으로부터 12만 1,000달러가 들어왔다고 적혀 있는데, Robert Bennett의 상속재산이 각종 비용을 차감하면 0달러라는 회계보고서와 차이가 있지 않은가를 Dick의 변호사에게 문의하였다. Dick의 변호사는 잔존자산이 0달러라는 점은 맞다고 하면서 Robert Bennett의 사망으로 12만 1,000달러의 보험금을 Jane의 신

는 의뢰인들에 대한 청구들의 집단적 화해를 하는 데 참여하여서는 안 된다." 규칙 1.8(g)는 2004년 3월 1일 각 의뢰인이 서명한 서면 동의를 받도록 요건이 강화되었다.

탁이 수령하였음을 인정하는 내용의 편지를 Little 변호사에게 보냈다.

이 사실을 알게 된 로펌 Lane & Bentley의 Kendall Lane 변호사는 과거 기록을 조사하다가 두 개의 보험에서 대략 12만 6,000달러의 보험금이 지급되었고 보험증서가 아직도 12만 1,000달러의 가치를 가지고 있다고 적은 1993년 8월 20일자 회계서류(Dick이 상속재산관리인으로서 작성)를 발견하였고, Dick이나 그의 변호사에게 알리지 않은 채 그 회계서류 사본을 Little 변호사에게 보냈다. 또한 Lane 변호사는 Robert Bennett의 생명보험과 관련된 정보를 요청하는 편지를 보험회사에 보내면서, 자신이 여전히 이 사건 상속재산의 관리인이라고 하였다.

Lane 변호사는 보험회사로부터 Jane에게 보험금을 지급하였음을 나타내는 수표 사본을 입수하였고, 나아가 Jane이 보험금을 받아 예치한 은행으로부터 입금전표도 입수하여 Little 변호사에게 보냈다.

1996년 7월 Lane 변호사는 Robert Bennett의 첫째 딸과 결혼하였다. 1997년 Little 변호사는 Dick을 어머니의 신탁재산 수탁자에서 제외시켜 달라는 내용의 소송을 제기하였고 2001년 화해로 종결되었다. 2001년 9월 Dick의 변호사는 뉴햄프셔주 대법원 직무행위위원회(Supreme Court Committee on Professional Conduct)에 Lane 변호사가 윤리 위반을 저질렀을 가능성을 알렸고, 2003년 12월 15일 위원회는 Lane 변호사가 상속재산을 관리하는 업무를 수행하는 도중에 지득한 정보를 함부로 제3자에게 공개한 것이 뉴햄프셔주 변호사 직무행위규칙 1.9(c)(1)[41]과 8.4(c)[42]를 위반한다는 이유로 6개월의 자격정지를 명할 것을 신청하였다. 법원의 지시에 따라 심판관은 청문한 후 직무행위위원회가 Lane 변호사의 규칙 위반을 명백하고 설득력 있는 증거로 입증하지 못하였다고 보고하였다.

▌쟁점

1. 변호사가 과거 의뢰인의 상속재산 분배와 관련하여 상속인들을 위해 업무를 수행한 적이 있는 경우, 그 상속인들 중 1명이 다른 상속인들을 기만하고 재산을 빼돌리려고 하였다는 합리적 의심이 있을 때, 상속재산 관련 정보를 위 다른 상속인들에게 주는 것이 이익충돌 조항의 위반인지 여부

---

41) "종전 의뢰인에 대한 의무

(c) 변호사가 종전에 의뢰인으로부터 수임사무를 처리한 경우 또는 변호사가 현재 소속된 로펌 또는 과거에 속했던 로펌이 종전에 의뢰인으로부터 수임사무를 처리한 경우 다음 행위를 해서는 아니 된다.

(1) 수임에 관한 정보를 종전 의뢰인에게 불리하게 이용하는 행위. 다만 규칙 1.6 또는 3.3에서 허용되는 경우와 그 정보가 일반적으로 알려진 경우는 예외로 한다."

42) "부정직, 사기, 기망, 또는 부실표시를 수반하는 행동을 하는 것은 직무상 위반행위이다."

2. 이익충돌 조항에 대한 예외규정의 적용요건을 충족한다는 점에 대한 입증 책임의 귀속과 필요한 입증의 정도

▌법원의 판단

1. Lane 변호사는 두 개의 생명보험계약이 존재함을 보여 주는 서류를 발견하고 이를 피상속인의 살아남은 자녀들의 변호사에게 주었는데, 이는 이익충돌 조항 위반이 아니다. 이와 같은 정보는 위 변호사의 과거 의뢰인이었던 Bennett 가족의 이익을 위해 사용된 것이기 때문이다.

2. Lane 변호사가 여전히 이 사건 상속재산과 관련된 업무를 담당하고 있다는 잘못된 내용이 기재된 편지를 보험회사에 보내기는 했으나, 직무윤리위원회는 Lane 변호사가 필요한 정보를 얻기 위해 고의적으로 그와 같은 행위를 하였다는 사실을 입증하지 못하였다. 이 사건에서는 상속재산의 관리인인 Dick이 범죄를 저지를 가능성이 있음을 믿기에 충분한 상황이었고, 반대로 Lane 변호사는 Dick의 범죄를 막기 위해 다른 상속인들의 변호사인 Little에게 이전에 공개되지 않았던 생명보험 관련 정보를 제공해 줄 필요가 있다고 합리적으로 믿었음을 입증하였다.

3. 변호사는 자신의 행위가 이러한 이익충돌 조항 예외의 한 경우에 해당한다는 점을 스스로 입증할 책임이 있는데, 그 입증의 정도는 '증거의 우월성(preponderance of evidence)' 기준에 따른다. 이 사건에서는 이러한 기준에 따라 Lane 변호사의 입증책임이 충족되었고, 따라서 Lane 변호사는 직무행위규칙을 위반한 사실이 없었던 것으로 판단된다.

【판례 4-28】 In re Gabapentin Patent Litigation(United States District Court, D. New Jersey; December 27, 2005; 407 F.Supp.2d 607)
공동방어계약을 체결한 공동피고 중 1명을 대리하던 변호사가 원고를 대리하는 로펌으로 옮기고 그 1명의 피고로부터 동의서를 받은 경우 이익충돌의 문제가 해결되는지 여부

▌사실관계

2001년 원고 Pfizer사가 Ivax 외 4개 회사에 대해 각각 제기한 특허침해소송이 병합되면서(이하 'Gabapentin소송') 5개의 피고 회사들(이하 '5개 공동피고들')은 공동방어 및 비밀유지계약(Joint Defense and Confidentiality Agreement, 이하 '공동방어계약')을 체결하였다. Scott Lindvall 변호사와 Patricia Clarke 변호사는 로펌 Darby에 재직 당시

Ivax사를 대리하였고 공동방어계약에 따라 Gabapentin소송과 관련된 모든 업무와 회사 기밀 사항 등을 5개 공동피고들의 변호사들과 공유하였다.

2003년 로펌 Darby는 Ivax사에 대한 변호 업무를 중단하게 되었다. 그런데 원고 Pfizer를 과거 수차례 대리한 바 있던 로펌 Kaye Scholer는 Darby에 재직하던 Lindvall 변호사와 Clarke 변호사를 채용하고자 한바, 이들을 채용하기 위해서는 "Gabapentin 소송에서 Pfizer사를 대리함으로써 발생하는 이익의 충돌에 대해 문제 삼지 않겠다"라는 Ivax사의 동의를 받아야 했다. 이에 Ivax사는 Lindvall 변호사와 Clarke 변호사가 Gabapentin소송 및 관련 사건에 절대로 관여하지 않는다는 조건하에 이익충돌에 관한 이의권을 포기하였다. 이 권리포기가 다른 공동피고들에게 어떠한 영향을 줄 것인가는 고려되지 않았고 당시 로펌 Kaye Scholer가 Pfizer사를 대리할 수도 있음은 충분히 예상 가능한 일이었다.

2005년 Pfizer사는 Gabapentin소송에서 Kaye Scholer를 소송대리인으로 선임하였고 5개 공동피고들은 Kaye Scholer가 Lindvall 변호사와 Clarke 변호사를 채용하였다는 이유로 원고 소송대리인 자격부인을 신청하였다.

▌쟁점

1. Lindvall 변호사와 Clarke 변호사의 수임 결격사유가 로펌 Kaye Scholer에게 전가되는지 여부, 만일 그러하다면 Ivax사의 이의권 포기의 효력 여부

2. 공동방어계약을 체결한 Ivax사 등 5개 공동피고들이 변호사-의뢰인 관계 또는 신뢰관계에 근거하여 Kaye Scholer의 수임 결격사유가 될 만한 이익충돌이 있다고 주장할 수 있는지 여부

▌법원의 판단

1. 뉴저지주 변호사 직무행위규칙 1.10(c)[43]에 따라 Lindvall 변호사와 Clarke 변호사는 Gabapentin소송에서 피고 Ivax사를 대리함에 있어서 실질적인 업무를 담당했으므로 그들의 소송대리인 자격을 부인할 사유는 로펌 Kaye Scholer에게 전가된다. 이 전가를 부정하기 위해 Kaye Scholer는 합법적인 절차에 따라 Ivax사로부터 이의권 포

43) (c) "변호사가 로펌에 속한 경우 그 로펌의 어느 변호사도 규칙 1.9에 따라 자격이 부인될 사안에서 알면서 수임하여서는 아니 된다. 다만 다음의 경우에는 그러하지 아니하다.
(1) 그 사안이 개인적으로 자격이 부인된 변호사가 주된 책임을 진 절차에 관한 것이 아니고
(2) 개인적으로 자격이 부인된 변호사가 적시에 그 사안에 참여하는 것이 차단되고 그 사안으로부터 받는 보수를 배분받지 않아야 하며, 그리고
(3) 영향을 받는 종전의 의뢰인에게 이 규칙 조항 준수를 확실히 알 수 있도록 지체 없이 서면 통지를 보낼 것"

기의 의사표시를 받았으나 Ivax사 외에도 Gabapentin소송의 다른 피고들이 존재하므로 이러한 포기만으로 충분하다고 볼 수 없다.

2. 변호사-의뢰인 사이의 비밀유지특권에 따라 기밀로 유지되도록 정하고 있는 공동방어계약의 내용에 비추어 볼 때, Gabapentin소송에서 5개 공동피고들 사이에서 모든 정보가 교류되었고 Lindvall 변호사 및 Clarke 변호사와 5개 공동피고들 간에도 전체적으로 변호사-의뢰인 관계가 성립하였다고 보아야 한다.

3. 로펌 Kaye Scholer의 원고 Pfizer사 소송대리인 자격을 부인한다.

【판례 4-29】 Brennan's, Inc. v. Brennan's Restaurants, Inc.(United States Court of Appeals, Fifth Circuit; February 26, 1979; 590 F.2d 168)
가족기업의 성격을 가진 다수의 법인이 추후 두 그룹으로 갈라지는 경우, 모든 법인에 대하여 법적 조언을 제공하던 변호사가 그중 어느 일방을 위하여 다른 일방에 대한 소송을 대리할 수 있는지 여부

▌사실관계

Brennan 일가는 종래 뉴올리언스에서 수십 년 동안 요식업에 종사해 왔는데, 모든 사업체는 독립 법인이었고 각 법인은 Brennan 일가의 사람들이 소유하고 있었으며 법인의 이사들은 서로 중복 선임되어 있었다. 당시 Edward F. Wegmann 변호사는 Brennan 일가의 사업과 관련한 고문 변호사로서 1973년 11월까지 이들을 대리해 왔으며, 그 보수는 각 법인이 나누어 지급하였다.

그런데 1973년에 Brennan 일가에서 운영에 관한 분쟁이 발생하였고, 이 분쟁은 1974년 1월 사업체들을 Brennan's, Inc.와 Brennan's Restaurants, Inc. 둘로 분리하는 것으로 끝났다. Wegmann 변호사는 위 두 그룹 중 하나인 피고 Brennan's Restaurants, Inc.의 대리인으로 선임되었고, 원고 Brennan's, Inc.와의 관계를 단절하였다. 그런데 1974년 합의 당시 등록된 상표에 대한 논의가 없었기 때문에 양 당사자는 합의 후에도 각자 상표를 사용하였고, 결국 상표권침해소송에 이르게 되었다.

상표권 분쟁과 관련하여 Wegmann 변호사는 피고를 대리해 뉴욕의 Arnold Sprung 변호사에게 복대리권을 수여하였다. 이에 대해 원고는 Wegmann 변호사가 종전에 이 문제에 관해 원고를 대리한 바 있어 현재 소송대리가 원고의 이해를 침해하고 Sprung 변호사가 Wegmann 변호사의 이익충돌에 의해 영향을 받았다(imputation)는 이유를 들어 두 사람에 대한 대리인 자격부인 신청을 하였고, 지방법원은 이 신청을 인용하였다.

▌쟁점

한 그룹이 둘로 나뉜 경우, 종전 전체 그룹을 대리하던 변호사가 분리 후 어느 일방을 대리하여 상대방에 대한 소송을 수행하는 것이 이익충돌행위에 해당하는지 여부

▌법원의 판단

1. Wilson P. Abraham Construction Corp v. Armco Steel Corp, 559 F.2d 250, 251(5th Cir. 1977) 판결에서는 종전 의뢰인이 자신의 상대방을 대리하는 변호사의 소송대리 자격박탈을 주장하는 경우, 종전 의뢰인은 현재 진행 중인 소송에서 문제 되는 쟁점이 해당 변호사가 종전에 자신을 대리하던 사건의 쟁점과 실질적으로 연관되어 있다는 사실을 증명하면 된다고 하였다. 이 사건에서 피고들은 Wegmann이 종래 원고와 피고 모두를 대리했기 때문에 어떠한 비밀 보호 문제도 야기되지 않는다고 주장하지만, 그 주장의 가장 큰 결점은 변호사–의뢰인 간의 특권과 의뢰인의 비밀을 유지하여야 하는 윤리적 의무를 혼동하였다는 것이다. 윤리적 의무는 변호사–의뢰인 특권보다 넓은 개념으로, 변호인은 대리 과정에서 알게 된 정보나 사실의 비밀성과 관계없이 이를 의뢰인에게 불리하게 사용할 수 없다는 것이다. 이는 변호인과 의뢰인 사이의 신뢰를 지키기 위한 개념이다. 변호인이 종전에 양 당사자를 함께 대리하였다고 하더라도 위와 같은 신뢰의 필요성을 부인할 수 없다. 그러므로 이 사건에서도 Wilson P. Abraham Construction Corp v. Armco Steel Corp 판결에서와 같은 기준이 적용되어야 하며, 이에 따라 Wegmann 변호사의 소송대리인 자격부인 신청을 인용한 1심법원의 결정은 타당하다.

2. 그러나 Sprung 변호사의 소송대리인 자격 또한 부인되어야 하는지는 다른 문제이다. Sprung 변호사는 원고를 대리한 적이 없었고 복대리권 수여 당시에는 Wegmann 변호사가 오직 피고만을 대리하고 있었기 때문에, 단순히 Wegmann 변호사가 종전에 원고와 피고를 모두 대리한 적이 있었다는 사실만으로 Sprung의 소송대리 자격이 박탈되어야 한다고 볼 수 없다. 원고와 피고는 본래 하나의 회사였기 때문에 상표권 분쟁과 관련하여 원고와 피고 사이에 있어 비밀이라는 것이 존재할 수 없는 것이고, 따라서 Sprung 변호사는 Wegmann 변호사로부터 피고들이 알지 못하고 있거나 알아야 할 권리가 있는 어떠한 사실을 취득하였다고 볼 수 없다. 이 부분에 대한 지방법원의 결정을 파기환송한다.

【판례 4-30】 In re Shay(District of Columbia Court of Appeals; July 27, 2000; 756 A.2d 465)
변호사가 부부의 이해관계가 상반되는 사실관계를 알게 된 이후에도 이들을 계속 대리하면서 의뢰인에게 중요한 정보를 알리지 않아 자격정지 90일의 징계를 받은 사례[44)]

사실관계

J.C.는 E.Y.에게 자신의 처인 L.F-C와 이혼하였다고 거짓말하고 1986년 2월 19일 E.Y.와 중혼하였다. Michael Shay 변호사는 업무상 J.C.를 알게 된 후 E.Y.를 소개받았는데, 1986년 말 J.C.로부터 위와 같은 사정을 듣고 난 후 L.F-C와의 이혼과 재산분할에 있어 도움을 주기로 약속하였다(J.C.는 이와 별도로 다른 변호사를 선임하였다).

Shay 변호사는 직접 이혼소송에 참가하지는 아니하였고 수임료도 받지 않았지만, 항상 이혼소송 서면의 사본을 받아보았고 이혼소송 담당 변호사와 함께 논의하였으며, 1984년 작성된 재산분할합의 수정서를 검토해 주기도 하는 등 J.C.를 자신의 의뢰인으로 여겼다.

1987년 2월 J.C.와 E.Y. 사이에 딸이 태어나자 그들은 딸의 장래를 위해 자신들의 유언장을 작성하기로 했고, Shay 변호사가 유언장의 작성을 도와주기로 하였다. Shay 변호사는 유언장 작성에 앞서 J.C.와 E.Y.에게 이익충돌을 비롯한 발생 가능한 윤리적 문제에 대해서 설명하거나 다른 변호사를 만나서 상담을 받아 볼 것을 권유하지 않았다. 사실 Shay 변호사는 J.C.와 E.Y.가 법적으로 혼인 상태가 아니라는 사실이 J.C.로부터 들은 비밀이기에 이를 E.Y.에게 알릴 수 없었고, 따라서 두 사람의 유언장을 모두 작성하면 윤리적 문제가 있음을 알고 있었다. Shay 변호사는 J.C.와 E.Y.의 유언장을 작성한 후, 각 유언장을 소속 로펌에 보관하였다.

J.C.는 1990년과 1991년 E.Y. 모르게 여러 은행에서 돈을 빌리기 시작하였는데, 그 후 E.Y.는 은행이 J.C.를 상대로 소를 제기한 것을 보고 Shay 변호사에게 연락하여 법적 자문을 구했으며, Shay 변호사는 이 문제를 해결하기 위해 도움을 주었다. 그런데 이 과정에서 E.Y.는 J.C.와 은행 사이의 차용증서 사본을 받게 되었는데 자신의 서명이 위조되어 있음을 발견하고 이를 신고하려 하였으나, Shay 변호사는 E.Y.와 그의 아이가 전적으로 J.C.의 능력에 생활을 의존하고 있는데 위와 같은 사실을 신고하게 된다면 J.C.의 투자은행가로서의 신뢰는 심각하게 손상되어 오히려 더 안 좋을 수도 있으며,

---

44) 이 판결의 판시사항 중 변호사-의뢰인 관계의 성립에 관한 부분은 위 【판례 2-3】 참조.

사기대출이라는 것이 밝혀지면 은행은 즉시 이행요구를 하면서 집을 압류할 수도 있으므로 신고하지 말라고 조언하였다. Shay 변호사는 위와 같이 E.Y.에게 조언을 제공하면서도 J.C.를 데리고 있던 그의 아버지, 여동생과 계속 연락을 주고받으며 은행 빚에 관한 정보를 받았다.

그후 E.Y.와 J.C의 사이가 극히 악화되어 E.Y.가 다른 주로 떠나려 할 때인 1993년 5월 비로소 Shay 변호사는 E.Y.에게 J.C.의 상태에 대해 사실대로 말해 주었다. E.Y.는 Shay 변호사가 그러한 사실을 숨기고 자신과 J.C.의 유언장을 다르게 작성하였다는 사실을 알고, 워싱턴 D.C. 변호사회 윤리위원회에 Shay 변호사에 대한 징계를 청구하였다.

쟁점

이익충돌이 되는 J.C.와 E.Y.를 대리하여 유언장을 작성해 주는 행위 및 변호사가 E.Y.에게 J.C.의 혼인 상태를 사실대로 밝히지 아니하고 유언 및 J.C.의 은행 빚 처리에 관해 조언한 행위의 적법성

법원의 판단

1. J.C.가 사실은 E.Y.의 남편이 아니고, 현재 그가 이혼 및 재산분할 협의 중이라는 사실은 E.Y.가 유언장을 작성하는 데에 있어 중요한 요소이다. E.Y.의 유언장을 준비하면서 Shay 변호사는 재산 처분에 있어 중요한 모든 정보를 조언해 줄 의무가 있다. 그럼에도 불구하고 Shay 변호사는 J.C.에 대한 비밀유지의무로 인해 이를 이행하지 못하였고, 결국 Shay의 E.Y.와 J.C.에 대한 의무는 양립 불가능한 것으로서 이익충돌을 초래하였다. Shay 변호사는 E.Y.가 이러한 모든 사실을 알고 동의하기 전에는 E.Y.를 대리할 수 없었음에도 불구하고 E.Y.를 대리하였기 때문에 징계규칙 5-105(A)[45]를 위반하였다.

Shay 변호사는 모든 상황을 알고 있는 자신이 E.Y.와 그 아이를 보호하기 위해 그렇게 하였다고 주장하지만, 이익충돌 금지규정은 변호사가 선의로 그러한 상황을 초래하는 것을 허용하지 않는다.

2. Shay 변호사가 처한 이익충돌 상황은 유언장을 자신의 사무실에 보관함으로써 계속 유지되어, 1987년 7월 유언장이 집행된 후에도 계속되었다. Shay 변호사는 E.Y.에

---

45) "변호사는 5-105(c)에서 허용된 경우를 제외하고는 제안받은 사건을 수임함으로써 의뢰인을 위한 그의 독립적인 전문적 판단이 악영향을 받게 되거나 상이한 이해관계를 대변하는 데에 관여하게 될 가능성이 있는 경우 그 수임을 거절해야 한다."

게 모든 상황을 밝혀야 할 의무를 계속해서, 특히 J.C.가 자신의 상태에 관하여 밝힐 의사나 능력이 없다는 것을 안 시점부터는 더욱더 부담을 지고 있었다. 법원은 예전부터 In re Austern, 524 A.2d 680, 683(D.C. 1987) 판결 등에서 변호사가 의뢰인을 도와줌으로써 사기로 인하여 발생한 위법 상태를 계속하여 유지시키는 상황하에서는 변호사가 사임할 의무가 있다고 판시하였다. J.C.가 숨기고 있던 상황은 E.Y와 J.C.의 결혼 및 재산 상태에 직접적으로 영향을 주는 사항이기 때문에, Shay 변호사는 그러한 상태가 계속되는 이상 사임할 의무를 지고 있었다고 할 것이다. 따라서 Shay는 징계규칙 5-105(B)[46]를 위반하였음이 인정된다.

3. 그리고 Shay 변호사가 E.Y.에게 자신의 이익충돌에 대해 설명하지 아니하고 E.Y.가 재산을 처분하는 데에 있어 중요한 정보인 결혼 상태에 대해 밝히지 않은 것은 징계규칙 5-105(A)와 5-105(B)에서 규정하는 상황에 해당하는 경우 변호사가 관련된 여러 의뢰인들에게 모든 상황을 공개한 후 각자로부터 모두 동의를 얻은 경우에만 대리할 수 있도록 규정한 징계규칙 5-105(C)[47]의 위반에 해당한다.

4. 마찬가지로 Shay 변호사는 J.C.와 E.Y. 사이에 이익충돌이 존재함을 안 후, 미변제 차용금에 관한 문제가 불거졌을 때에도 이와 관련하여 매우 중요한 정보인 결혼에 관한 사실을 E.Y.에게 알려 주지 아니하였다. 나아가 J.C.가 E.Y.의 서명을 위조하여 대출을 받았다는 사실을 알았을 때에는 그들 사이의 결혼 상태와 상관없이 이익충돌 상황에 처하게 되었음에도, E.Y.에게 위조 사실을 신고하지 말라는 조언을 하여 E.Y.가 장래의 소송에서 취약한 지위에 서도록 하였다. 이로써 Shay 변호사는 변호사 직무행위규칙 1.7(b)[48]를 위반하였다.

5. Shay 변호사에 대하여 90일의 자격정지에 처한다.

---

46) "변호사는 5-105(c)에서 허용된 경우를 제외하고는 다른 의뢰인을 대리함으로써 의뢰인을 위한 그의 독립적인 전문적 판단이 악영향을 받게 되거나 다른 이익을 대변하게 될 가능성이 있는 경우, 다수 대리를 계속해서는 안 된다."

47) "5-105(A)와 (B)의 경우, 변호사는 그가 각 의뢰인의 이익을 충분히 대리할 수 있고, 각 의뢰인이 그러한 대리가 변호사가 각 의뢰인을 위하여 행하는 독립적인 전문적 판단에 미칠 수 있는 가능한 영향에 대하여 충분한 설명을 들은 후 그러한 대리에 대하여 동의한 경우에는 복수의 의뢰인을 대리할 수 있다."

48) "각 의뢰인이 모든 사실을 알면서 동의하지 않는 한, 변호사는 다른 의뢰인을 대리하는 데에 악영향을 줄 수 있는 대리를 하여서는 안 된다."

【판례 4-31】 Georgine v. Amchem Products, Inc.(United States District Court, E.D. Pennsylvania; August 16, 1994. As Modified September 2, 1994; 157 F.R.D. 246)
같은 피고에 대하여 유사한 집단소송을 제기하는 복수의 집단을 대리하는 것이 이익충돌에 해당하는지 여부

▮ 사실관계

지난 15년간 피고 석면 공급업자들에 대하여 18만 건이 넘는 석면피해배상청구소송이 제기되었다. 원고들은 중피종 같은 석면 관련 질병들을 앓고 있었고, 일부는 소송 중에 사망하였다.

석면 공급자들에 대한 불법행위에 의한 사망 및 손해배상청구소송은 1960년대에 시작되어 1970년대 말부터 1980년대 중반을 지나며 급격히 증가하였고, 많은 석면 공급자들이 이로 인하여 파산하였다. 1987년 미국 법무부는 관련 소송의 원고 측 변호사들, 피고 측 변호사들과 판사들을 모아 증가하는 석면 관련 소송에 대해 회의를 개최했는데, 소송비용이 급증하여 피해액도 증가되었으며 그 결과 파산하는 피고들이 늘어나고 있다는 점이 논의되었다. 그에 따라 일괄적인 화해의 가능성이 논의되었다.

1993년 20여 개의 피고회사들을 상대로 제기된 집단소송에서 화해안이 제시되었다. 제시된 화해안의 적용을 받는 당사자들 중 일부는 화해안 승낙을 거부하였다. 반대자들은 현재 및 미래의 청구인의 동시적 대리가 허용되지 않으므로 이익충돌이 될 수 있다고 주장하였다.

▮ 쟁점

집단소송에서 현재와 미래의 원고를 동시에 대리하게 될 경우 변호사 직무행위규칙 1.7(b)[49]상 허용되지 않는 이익충돌에 해당하는지 여부

▮ 법원의 판단

변호사가 현재와 미래의 청구인을 동시에 대리하더라도 그 대리는 허용되지 않는 이

---

49) "(a)항의 동시적인 이익충돌이 존재함에도 불구하고, 변호사는 다음의 경우 의뢰인을 대리할 수 있다.
(1) 변호사가 스스로 각 관련 의뢰인에게 적격의 근면한 대리를 할 수 있다고 합리적으로 믿을 것
(2) 대리가 법에 의해서 금지되지 않을 것
(3) 대리한다고 하더라도, 한 의뢰인이 그 변호사가 대리하는 다른 의뢰인에 대하여 동일한 소송 또는 법정 절차에서 청구를 주장하게 되지 않을 것, 그리고
(4) 각 의뢰인이 설명을 들은 후 동의하고 그것을 서면으로 확인할 것."

익충돌에 해당하지 않는다. 일부 전문가는 이 사건 소송과 같은 석면피해배상청구소송에서 미래의 원고들을 고려할 경우 현재의 금전적 보상 액수가 줄어들 가능성이 있다는 문제를 제기하였으나, 공통의 피고에 대하여 유사한 소송을 제기하는 두 집단을 대리하는 것은 변호사에게 이익충돌이 되지 않으며 규칙 1.7(b) 위반이 아니다.

물론 이러한 상황에서 변호사는 협상함에 있어 합리적인 판단과 공정성을 유지하여야 한다. 이 사건 집단소송의 원고 측 변호사들은 석면 관련 소송에 있어서 그들의 실력과 경험으로 정평이 나 있었고 피고 측과 성실하게, 그리고 적절한 거리를 유지한 상태로 협상에 임하였다. 이 사건 조정의 결과는 선례에서 크게 어긋나지 않으며 상대방 측과 통모한 결과라고 보기는 어렵다. 따라서 원고 측 변호사들의 대리인 자격을 부인하지 않는다.

【판례 4-32】 Fiandaca v. Cunningham(United States Court of Appeals, First Circuit; August 25, 1987; 827 F.2d 825)
두 개의 집단소송에서의 이익충돌

사실관계

뉴햄프셔주 교도소에 수감 중인 여성 수형자들이 남성 수형자들과 동등한 수준의 프로그램과 시설을 요구하며 집단소송을 제기하였다. 주 교정국은 주 정신병원(Laconia State School and Training Center, 이하 'LSS') 부지에 있는 시설을 이용하게 해주겠다는 화해안을 제의하였다. 이 집단소송에서 원고를 대리하던 변호사단체 New Hampshire Legal Assistance(이하 'NHLA')는 이전에 Garrity소송[Garrity v. Sununu. No.78-116-D (D.N.H. filed April 12, 1978), 522 F.Supp. 171]에서 LSS 수용자들[50]('Garrity 집단')을 대리하였던 적이 있었기 때문에 주 당국의 이 같은 제안이 Garrity 집단의 이익을 해친다는 이유로 거절하였다.

주는 NHLA가 이익충돌로 인해 더 이상 여성 수형자들을 대리하게 해서는 안 된다는 신청을 했으나 지방법원은 이 신청을 기각하였고, 뉴햄프셔주가 여성 수형자들을 차별취급하여 수정헌법 14조의 평등권을 침해했으므로 그 구제를 위해 일정기간 내에 영구시설을 설립하고 그동안 임시시설을 제공하되, LSS 부지에 이를 설립하는 것은 금하도록 하는 내용의 판결을 선고하였다. 이에 주가 항소하였다.[51] 소송 계속 중 Garrity 집

50) New Hampshire Association for Retarded Citizens와 LSS 수용자들이 LSS의 조건과 관습에 대해 다투었다.
51) 재판상 피고이자 항소인은 교도관인 Michael Cunningham 이하 관리관들이다.

단은 위와 같은 주의 제의가 LSS 수용자들을 추방하게 될 것이라며 소송참가 신청을 하였으나 이 역시 지방법원에서 받아들여지지 않았으며, Garrity 집단은 법원의 결정에 대하여 항소하였다.

▌쟁점

1. 이익충돌의 존재로 원고 측 변호사의 소송대리인 자격이 부인되어야 하는지 여부
2. LSS 부지에 시설설립을 금지한 구제수단이 타당한 것인지 여부
3. Garrity 집단의 소송참가를 받아들여야 하는지 여부

▌법원의 판단

1. 변호사의 행위와 관련해서는 지방법원이 광범위한 감독 권한과 책임을 지니므로, 이 법원에서는 지방법원이 판단에 관한 재량을 잘못 사용하였는지 여부만 심사한다.

LSS 부지에 있는 시설을 이용하게 해주겠다는 화해 제의로 인해 여성 수형자 측의 소송대리인 NHLA는 뉴햄프셔주 변호사 직무행위규칙 1.7(b)[52]에서 상정한 이익충돌의 상황에 빠진 것이므로 해당 사건에서 소송대리인으로서의 자격이 부인되어야 한다. NHLA는 여성 수형자들에게 주의 제의에 대하여 제대로 된 검토나 설명을 할 의무가 있었으나, 다른 사건의 의뢰인인 Garrity 집단의 이익을 해친다는 이유만으로 이를 거절하였다. 주가 일부러 이익충돌 상황을 야기하기 위해 이러한 제의를 한 것이라 볼 수 있는 증거가 없는 상황에서, 지방법원이 NHLA의 소송대리인 자격을 부인하지 않은 것은 재량권의 남용에 해당하여 이를 파기한다.

이 사건 소송이 3년 반 넘게 이어져 왔다는 점은 소송대리인 자격부인을 거부할 정당한 사유가 되지 못한다. 오히려 원고 측 변호사가 사건을 빨리 종결시킬 긴급성이 없다는 점을 인정하였다는 점에서 변호사의 이익충돌을 무시하고 소송을 진행할 진정한 필요성이 존재하지 않는다.

2. 이 사건에서는 평등권 침해 여부에 관하여 어차피 본안 재판이 불가피하였고(화해가 효력이 있기 위해서는 판사의 승인을 받아야 하는데, 1심의 Loughlin 판사는 LSS 수용자들의 이익을 해치는 화해안을 승인하지 않았을 것임을 밝혔다), 또한 주 스스로 여성 수형자들을 위한 시설이 남성 수형자들에 비해 불충분하였다는 점을 인정하였으므로, 1심법원

---

52) "어떤 의뢰인에 대한 대리가 다른 의뢰인에 대한 의무에 의해 중대하게 제한되는 경우, 변호사는 그 의뢰인을 대리할 수 없다. 다만 다음의 경우에는 그러하지 아니하다.
(1) 변호사가 그 대리가 불리하게 영향을 받지 않을 것이라고 합리적으로 믿고, 그리고
(2) 의뢰인이 협의 후 발생할 결과에 대한 지식을 가지고 동의한 경우."

이 NHLA의 소송대리인 자격을 부인하지 않은 것은 이 부분 판단에 영향을 미쳤다고 할 수 없다. 따라서 1심법원에서 이 부분 쟁점을 다시 심리할 필요는 없다.

그러나 LSS 부지에 시설의 설립을 금한 것은 NHLA의 다른 의뢰인인 Garrity 집단이 바라는 결과이므로, 적어도 외관상으로라도 NHLA의 이익충돌에 의하여 영향을 받은 것이다. 따라서 적절한 구제수단이 무엇인지에 관하여는 1심법원에서 다시 심판하여야 한다.

3. 연방 민사소송규칙 24(a)[53]와 Culbreadth 사건에서의 기준[54]에 따라 볼 때, 주의조정 제의가 LSS 수용자들의 퇴거로 이어져 다른 소송(Garrity 사건)에서의 법원 판결과 충돌될 우려가 있고 LSS 수용자들의 이익이 현 당사자들에 의해 적절하게 보호되지 않으며, 소송참가 신청이 시기를 놓친 것이 아니기 때문에 Garrity 집단은 소송에 참가할 권리가 있다. 따라서 이를 거부한 1심법원의 판단은 역시 재량을 잘못 행사한 것으로, 이 부분 판단을 취소하고 Garrity 집단의 이 사건 소송 참가를 허용한다.

【판례 4-33】 Petrovic v. Amoco Oil Co.(United States Court of Appeals, Eighth Circuit; December 30, 1999; 200 F.3d 1140)
집단소송에서 원고의 소송대리를 맡은 로펌의 대표가 원고 대표와 친인척관계에 있는 경우 이익충돌을 이유로 그 로펌의 원고 소송대리인 자격을 부인한 사례

사실관계

Christopher Petrovic을 비롯한 수천 명은 Amoco Oil Company(이하 'Amoco사')를 상대로 Amoco사의 정유 시설에서 원유가 유출되어 주변 토지가 오염되었음을 이유로 오염의 중단 및 그로 인한 손해의 배상을 구하는 집단소송을 제기하였다. 지방법원은

53) 연방 민사소송규칙 24(a)는 '소송참가권'을 규정하면서, 소송의 대상과 관련해 이익을 보유하고 있다고 주장하는 자가 적절한 시기에 소송참가를 신청하고 그 소송의 결말이 나는 것이 신청자의 이익을 보호하는 능력을 실질적으로 손상시키는 경우, 신청자의 이익이 현존당사자에 의해 적절히 보호되지 않는 한 법정은 반드시 이를 받아들여야 한다고 규정하고 있다.
규칙 24(b)는 소송참가를 허용할 수 있는 경우를 규정하여 신청자의 주장과 주 소송이 공통적인 법적 문제나 사실을 다루고 있는 경우, 그 소송참가가 원 당사자의 권리에 대한 판결을 정당하지 못하게 지연시키거나 불이익을 끼치지 않고 적절한 시기에 신청한 경우에 소송참가를 허용할 수 있다고 규정하고 있다.

54) Culbreadth v. Dukakis, 630 F.2d 14, 20-24(Ast Cir. 1980)에서는 네 요소를 제시한다.
(1) 소송참가 신청 전 신청자가 이익을 알고 있었거나 합리적으로 알 수 있었던 기간
(2) 즉시 소송참가 신청을 하지 않아 현 당사자가 겪게 될 불이익
(3) 소송참가를 허용하지 않음으로써 신청자가 겪어야 할 불이익
(4) 소송참가를 허용 또는 거부해야 할 특별한 상황

위 집단소송의 화해절차에서 원고들을 소유 토지의 위치 및 피해 정도에 따라 A, B, C구역으로 나누어 보상의 정도를 정하였다.

그런데 위 소송에서 원고의 소송대리를 맡은 로펌의 대표는 원고 대표들 중 2명과 친인척관계에 있었고, 지방법원은 허용할 수 없는 이익충돌이 존재한다는 이유로 위 로펌의 소송대리 자격을 부인하였다.

이에 원고들 중 일부는 위 소송대리 자격부인 결정이 법원의 재량을 남용한 것에 해당한다는 이유로 항고하였다.

쟁점

집단소송에서 소송대리인이 집단의 대표와 밀접한 관계가 있는 경우 허용할 수 없는 이익충돌이 존재한다고 볼 수 있는지 여부

법원의 판단

소송대리 자격부인 신청을 인용하거나 거부하는 것은 법원의 재량에 달려 있는 것으로서, 이의 위법 여부를 심사함에 있어서는 법원이 재량권을 남용하였는가를 살펴보아야 한다. 지방법원은 온당하지 않은 외관의 존재까지 금지하고 있는 변호사 직무책임준칙 강령 9에 기하여 자격부인 결정을 내렸다. 직무책임준칙을 대체하고자 1986년 제정된 변호사 직무행위규칙에는 위와 같은 내용이 없고, 다만 1.7에서 다른 의뢰인과 직접적으로 이해가 상충되거나 변호사 본인의 이해에 의해서 제한받는 사건의 수임을 금지하고 있다.

따라서 위 직무책임준칙의 내용이 항고심법원의 판단에 영향을 미치지는 않으나, 제5연방 항소법원은 변호사 직무행위규칙 1.7조를 적용하면서 집단소송의 대리인이 집단의 대표와 밀접한 관계가 있는 경우에는 "특히 식별 가능한 온당하지 않음이 발생할 합리적인 가능성이 있다"라고 판시한 바 있고, 이 법원도 이에 동의한다.

집단소송의 대리인이 집단의 대표와 가까운 친인척관계인 경우, 변호사 비용을 정할 때에 대표로서는 집단 전체의 이익과 충돌할 수 있는 이해관계를 가지고 있으므로 이익충돌의 상황에 처할 분명한 위험이 인정된다. 현재 적용되는 직무행위규칙에서는 이전의 직무책임준칙에서와 같이 온당하지 않은 외관의 금지를 규정하고 있지 않더라도 변호사가 의뢰인에게 분리될 수 없는 신인의무를 진다는 원칙에 따른 결론이다. 따라서 연방 항소법원은 지방법원의 결정을 유지하고 항고를 기각한다.

2. 다른 자격으로 취급한 사건

2.1 공무원 등의 자격으로 취급하거나 취급하기로 한 사건

【판례 4-34】 United States v. Phillip Morris Inc.(United States District Court, District of Columbia; April 6, 2004; 312 F.Supp.2d 27)
전직 공무원을 변호사로 채용한 로펌이 그 전직 공무원의 담당 업무에 관하여 사건을 수임하여 소송대리인 자격이 부인된 사례

▮ 사실관계

미국 연방정부는 약 2년간 BATCo에게 오스트레일리아 계열회사 BATAS사의 특정 서류를 제출하게 하려는 시도를 하고 있었다. 2003년 4월 14일 법원의 제출 명령(Order #343)에 대하여 BATCo는 문서를 제출하지 않아도 되는 특권이 있다며 이를 다투고 있는 중이었으며, BATAS사도 이에 참가하였다. 그런데 현 사건에서 BATAS사의 소송대리인인 로펌 Shearman & Sterling의 Neil Koslowe 파트너 변호사는 28년간 연방 정부 소속 변호사로 일하면서 FDA의 청소년 담배규칙 제정에 관여했으며 담배회사들이 FDA를 상대로 제기한 규칙 제정 관련 소송(FDA Rulemaking Litigations, 966 F.Supp. 1374/153 F.3d 155 등, 이하 'FDA소송')에서 정부 측을 위해 일하였다. 이에 대해 정부는 Koslowe 변호사와 그의 소속 로펌의 소송대리인 자격부인을 신청하였다.

▮ 쟁점

1. 현재 BATAS사 소송대리인인 Koslowe 변호사가 1995~1996년 정부 소속 변호사로서 담배 관련 쟁점에 관해 수행한 업무가 변호사 직무행위규칙 1.11에서 의미하는 "사안(matter)"에 해당하는지 여부

2. Koslowe 변호사가 정부 소속 변호사로서 재직 당시 담배회사들이 FDA에 대해 제기한 소송 관련 업무에 실질적·직접적으로 참여한 것이 현재 BATAS사의 사건과 실질적으로(substantial) 관련되어 있는지 여부

▮ 법원의 판단

1. 이 사건에서 적용 가능한 규정은 워싱턴 D.C. 변호사 직무행위규칙 1.11(a)[55](이

55) "변호사는 공무원으로서 개인적으로 또 실질적으로 참여하였던 사안과 동일하거나 실질적으로 관련 있는 사안와 관련하여 위임을 승낙하여서는 안 된다. 그러한 참여는 법관이나 심판관의 직위에서 사건의 본안과 관련된 소송수행을 포함한다."

른바 회전문규정)인데, 특히 전직 정부 변호사는 정부를 대리하면서 다양한 정보를 접했을 가능성이 높고 규정을 위반할 경우 예상되는 대중의 비난 정도도 심하므로, 이 규정과 관련해 더 주의를 기울여야 한다. 따라서 원고는 합리적인 일반인이라면 전 정부 변호사가 정부를 위하여 일하던 도중 그후의 사건에서 유용하게 쓸 수 있는 정보를 얻었을 것이라는 추론이 가능한 정도로 두 사건이 겹친다는 사실적 맥락만을 증명하면 족하고, 이 경우 상대방이 그러한 정부 변호사가 정부를 위하여 일하는 동안 그후의 사건에서 유용하게 쓸 수 있는 정보를 접하지 않았다는 점에 대하여 반증을 제시할 책임을 지게 된다. 이때 단순히 유용한 정보를 받은 사실이 없다고 주장하는 것만으로는 반증책임을 다한 것이 아니다.

2. 행정규정에 대한 법적인 다툼을 방어하는 업무는 규칙 1.11의 "사안"에 해당하고, 행정규칙 제정은 "사안"에 포함되지 않는다. 따라서 청소년 담배규칙 제정은 "사안"으로 간주되지 않고 FDA소송은 "사안"에 해당한다. 그런데 이 사건 청소년 담배규칙 제정은 그후의 소송들과 직접적으로 관련되어 있고 담배규칙과 관련된 Koslowe 변호사의 의견과 분석, 견해는 소송에서 FDA를 옹호하기 위한 근거로 사용되었다. 또한 기록상 Koslowe 변호사는 자신이 청소년 담배규칙 제정과 관련되어 제기된 FDA소송에 관해 382시간을 일하였다고 스스로 보고하였음을 알 수 있다(그는 사실 이 시간 동안 규칙 제정에 관여했을 뿐이고 실제로 소송에 관여한 바는 없다고 주장하나, 규칙공포 후에도 소송을 위해 83시간 동안 업무를 수행하였다는 기록을 고려할 때 이는 상식적으로 이해하기 어렵다). 결국 그는 FDA의 규칙 제정에 관여한 것을 넘어 그러한 규칙 제정을 변호하는 FDA소송팀의 일원이었다는 결론을 내릴 수 있으므로 Koslowe 변호사가 1995~1996년 담배 관련 쟁점에 관해 업무를 수행한 행위는 위 규칙 1.11이 의미하는 "사안"에 해당한다.

3. 사안에서 Koslowe 변호사가 정부를 대리하던 도중 BATAS사 사건에서 유용하게 쓸 수 있는 정보를 얻었을 것이라 추론할 수 있으며 이에 대한 반증책임은 Koslowe 변호사에게 있는데, 그 스스로도 FDA소송에서 수많은 기밀 정보와 정부문서를 접한 사실을 부정하지 않고 있다는 점 등을 고려할 때, FDA 규칙 제정 관련 소송에 Koslowe 변호사가 실질적 · 직접적으로 참여한 것은 이 사건과도 실질적인 관련성을 갖고 있다.

4. 위의 항목을 종합해 볼 때 Koslowe 변호사가 명백히 규정을 위반하였다는 점, 또 정부가 단순히 법원과 상대방의 주의를 다른 곳으로 돌리거나 소송을 지연시키기 위한 전략의 일환으로 이러한 신청을 한 것이 아니라는 점, 이 사건이 언론과 대중의 지대한 관심을 받고 있다는 점, 종전 의뢰인의 신뢰가 침해받는지가 쟁점이 되었을 때 실제로 부도덕한 행위가 있는지 여부를 불문하고 대리인의 자격을 상실시켜 부도덕한 행위의 외관을 제거[Brown v. District of Columbia Bd. of Zoning Adjustment, 486 A.2d 37(D.C.

1984) at 491]함으로써 대중의 의심을 없앨 수 있다는 점 등을 고려해 볼 때, 이 사건에서는 Koslowe 변호사의 소송대리인 자격을 부인하는 것이 적합한 해결책이다.

5. 따라서 Koslowe 변호사의 대리인 자격부인을 명하며, Koslowe 변호사가 위 규칙 1.11(c)·(d)에 따라 대리 업무를 시작하기 전에 정부와 모든 당사자에게 자신이 대리인의 자격을 상실했으며, 이 사건에 더 이상 참여하지 않도록 로펌 내 다른 구성원들로부터 적절히 차단되고 있음을 알리지 않았으므로(만일 그러한 경우라면 소속 로펌은 소송대리를 계속할 수 있을 것이다) Koslowe의 소속 로펌인 Shearman & Sterling에 대해서도 대리인 자격부인을 명한다.

【판례 4-35】 County of L.A. v. U.S. Dist. Court(United States Court of Appeals, Ninth Circuit; August 31, 2000; 223 F.3d 990)
법원 화해절차를 주관했던 판사가 은퇴 후 변호사로서 합류한 법률사무소가 정보차단장치를 둠으로써 다른 변호사들이 그가 판사 재직 시 정보를 지득한 당사자의 상대방을 대리하여도 무방하다고 한 사례

사실관계

Forsyth v. County of Los Angeles의 원고 James Forsyth의 소송대리인은 로펌 Yagman & Yagman & Reichmann(이하 'YY & R')의 Stephen Yagman 변호사이다. 이 로펌에는 전직 연방 치안판사 Joseph Reichmann 변호사가 은퇴 후 합류하여 근무하고 있다. 그는 치안판사 재직 당시, LA시 당국 및 LA시 보안관 Scott Hoglund를 피고로 하는 경찰에 대한 폭행 사건(이하 'Thomas 사건')의 화해절차를 주재하였다.

이 사건의 피고 Hoglund는 Reichmann 변호사가 Thomas 사건의 화해를 주재하면서 피고 측 변호사와 일방적(ex parte) 절차를 통해 피고 자신과 LA시 당국에 대한 중요한 정보를 취득하였다며 Reichmann 변호사의 로펌인 YY & R의 원고대리인 자격부인을 신청하였다. Reichmann 변호사는 피고의 주장을 부인하였고, YY & R은 Reichmann 변호사가 Forsyth 사건과는 관계가 없으며 그가 입사하기 1주일 전 Stephen Yagman 변호사가 미리 Forsyth 사건과 관련된 모든 자료를 자신의 집으로 옮겨 놓으면서 함께 로펌을 운영하던 로펌의 유일한 다른 변호사 Marion Yagman에게 Forsyth 사건과 관련하여 Reichmann 변호사에게 어떠한 언급도 하지 말 것을 당부하였음을 밝혔다. 더불어 자신은 Reichmann 변호사로부터 Thomas 사건의 피고와 관련된 정보를 들은 바 없다고 진술하였다.

법원이 자격부인 신청을 기각하자, 피고는 곧 이 결정을 취소하여 줄 것을 요구하는

직무집행영장(writ of mandamus)을 신청하였다.

▌쟁점

1. Reichmann 변호사가 Thomas 사건의 화해 과정에서 취득한 피고에 대한 정보와 이 사건(Forsyth 사건)의 관련성

2. Stephen/Marion Yagman 변호사가 Forsyth 사건의 기밀을 유지하기 위해 취한 차단 조치들이 적절하고 충분한 것이었는지 여부

▌법원의 판단

1. 화해를 주재하는 판사의 업무에 비추어 보아 Reichmann 변호사가 피고에 대한 기밀 정보를 얻었으리라 본다. 이것이 본 Forsyth 사건과 실질적으로 관련성이 있는지 여부는 쉽사리 판단할 수 없지만 우선 그렇다고 가정한다. 이에 따라 Reichmann 변호사가 Stephen / Marion Yagman 변호사와 그 정보를 공유하였다고 추정하고 이러한 추정을 깨뜨릴 수 없다면 피신청인은 대리인 자격이 부인되어야 할 사유를 지닌다고 할 수 있다.

2. 그런데 이 사건에서 Stephen Yagman 변호사는 이 사건 소송과 관련된 모든 자료를 Reichmann 변호사가 입사하기 전에 사무실이 아닌 다른 곳으로 이동시켰으며, 그후 로펌 내 누구도 이 사건에 대해 Reichmann 변호사와 상의할 수 없도록 지시하였다. 이는 피고들의 법익에 해를 주지 않으려는 시기적절한 행동이었다고 판단된다.

3. 예전에는 위 2.와 같이 비밀유지를 위한 충분한 조치를 준비한 경우라 하더라도 위 1.의 정보공유 추정을 깨뜨릴 수 없다는 견해가 지배적이었으나, 최근에는 변호사들의 잦은 이직 추세를 고려하여 정당한 사유가 있다면 추정을 깨뜨릴 수 있다는 입장이 유력해지고 있으며, 이 법원 역시 후자의 입장에 동의한다. 이 사건에서는 Reichmann 변호사가 피고와 관련된 기밀 정보를 Stephen/Marion Yagman 변호사와 공유하지 않았다고 보아야 할 것이므로 YY & R에게 Reichmann 변호사의 자격부인 사유가 자동적으로 전가된다고 볼 수 없다.

4. 직무집행영장 신청을 기각한다.

* 【판례 4-34】, 【판례 4-35】와 관련하여 로펌-의뢰인 간의 보수지급청구소송이 계속된 법원에 당해 로펌 소속이던 변호사가 이직하여 로클럭으로 근무하게 되면 그 법원에서 소송을 계속 진행하여도 무방한지 여부의 문제를 다룬 【판례 4-55】 McQueen, Rains & Tresch, LLP v. Citgo Petroleum Corp.(United States District Court; November 17,

2008; 2008 WL 4936311) 참조.

2.2 중재인으로 취급한 사건

【판례 4-36】 Durham County v. Richards & Associates, Inc.(United States Court of Appeals, Fourth Circuit; August 23, 1984; 742 F.2d 811)
어느 사건에서 중재인이던 변호사가 유사한 사건에서 법원에 대한 중재 명령 신청을 대리할 수 있는지 여부

▌사실관계

1975년 Richards & Associates(이하 'Richards사')는 Durham County(이하 'Durham')의 법원 청사 전기공사에 관한 계약을 체결하고 1979년 5월 29일 공사를 완료하였는데, 그로부터 4년이 지난 후 Durham의 사정에 따른 공사 지연 등을 원인으로 하여 20만 달러가 넘는 손해배상을 청구하였다. Durham은 이러한 책임의 존재를 부정하였고 Richards사는 계약에 따라 중재를 요구하였다. 연방 지방법원은 중재를 명령하였다. 한편, Durham은 Richards사를 대리하는 C. Allen Foster 변호사가 과거 Durham과 W. J. Megin, Inc.(Durham 법원 청사의 종합건설업자) 간의 분쟁을 중재한 사실이 있었다는 이유로 소송대리인 자격부인을 신청하였으나 연방 지방법원은 이를 받아들이지 않았고, Durham은 이에 항소하였다.

▌쟁점

1. 중재 명령이 항소 가능한지와 정당한지 여부

2. 과거 Durham과 W. J. Megin, Inc. 간의 분쟁을 중재한 적이 있는 변호사가 다시 Richards사를 대리하는 것이 변호사 직무행위규칙 1.12 위반이어서 현 소송에서 대리인의 자격을 상실시켜야 하는 것인지 여부

▌법원의 판단

1. 이 사건 중재 명령은 해당 사건에 관한 분쟁을 법원 단계에서 최종적으로 결말 짓는 성격이 있기 때문에 항소할 수 있다. 이와 관련하여 이 사건에서 Richards사가 중재계약상 정해진 2년의 중재신청 기한을 넘겨 중재를 신청하였기 때문에 중재신청이 부적법한지 여부는 이 법원이 아니라 중재인이 판단할 문제이다.

2. Durham 측은 과거 Megin 중재 사건이 이 사건에서 Richards사에 의해 제기된 것과 본질적으로 동일한 손해배상의 주장을 포함하고 있으므로, Foster 변호사가 Richards

사를 대리하는 것은 변호사 직무행위규칙 1.12[56]에 위반된다고 주장한다. 그러나 이 사건에서 문제 된 쟁점—중재절차에 응하라는 명령에 대해 항소할 수 있는지 여부—은 명백히 Megin 중재 건과 같은 '사안(matter)'이 아니다. 또한 Richards사의 소송대리인들은 구술변론에서 Foster 변호사가 앞으로 행해질 중재절차에서 Richards사를 대리하지 않을 것임을 확실히 하였다. 따라서 지방법원의 중재 명령은 정당하다.

3. 수임 이외의 변호사와 의뢰인의 관계에 따른 이익충돌

3.1 변호사와 의뢰인의 동업관계

【판례 4-37】 Committee on Professional Ethics and Conduct of Iowa State Bar Association v. Mershon (Supreme Court of Iowa; March 17, 1982; 316 N.W.2d 895)

변호사와 의뢰인 간의 동업관계를 맺기 위한 요건을 갖추지 않고 의뢰인과 동업관계를 맺은 변호사가 징계 받은 사례

▮사실관계

Robert D. Mershon 변호사는 로펌 Cedar Falls에 소속되어 농부인 Leonard O. Miller의 세금 및 재산 관련 업무를 수행하고 있었다. 1969년 Miller는 그가 보유한 100에이커의 농장용지를 주거지역으로 개발할 계획하에 Schenk Engineering Company의 건축가 R. O. Schenk를 고용하고 Mershon 변호사에게 소개하였다.

자금이 부족한 Miller에게 Schenk는 동업을 제의했고 Miller는 대지를, Schenk는 건축기술을, Mershon 변호사는 법률서비스를 제공하기로 하였다. 1970년 세 사람은 Union Township Development를 설립했고 Miller는 시가 1만 2,500달러에 해당하는 대지를 회사에 인도하고 400주를 받았다. Schenk 역시 1만 2,500달러의 약속어음을 발행하고 400주를 받았으며 Mershon 변호사는 6,250달러의 약속어음을 발행하고 200주를 받았다. 이는 대지의 가격과 Schenk가 제공하는 건축 기술, Mershon 변호사가 제공하는 법률서비스의 가격을 2대 2대 1로 평가한 결과이다.

한편 세 사람 모두 회사 채무에 대한 보증을 거부하였기 때문에 자금을 조달하지 못

56) "절차에서의 모든 당사자가 그 사실을 알고 동의하지 않는 한, 변호사는 자신이 판사 또는… 중재인으로서 개인적으로 또 실질적으로 참여하였던 사안과 관련하여 누구도 대리할 수 없다."

한 채 사업은 더 이상 진척되지 않았다. 1978년 Miller가 사망했고 Mershon 변호사는 구두합의에 따라 자신의 주식을 회사에 양도하였다. 또한 Mershon 변호사는 원래 Miller의 유언집행인으로 지정되었으나 Miller의 두 딸이 농장 건에 대하여 불만을 표시하자 곧 그만두게 되었다. Mershon 변호사는 회사운영을 위해 사비 900달러를 사용했고 6,000달러 상당의 법률서비스를 제공하였으나 아무런 보수지급을 청구하지 않았다.

이에 대하여 고충위원회(Grievance Commission)는 Mershon 변호사가 의뢰인과의 동업계약에서 윤리적 의무 위반이 있었다는 의견서를 제출하였다. 아이오와주 대법원은 해당 사안이 아이오와주 변호사 직무책임준칙(Iowa Code of Professional Responsibility For Lawyers)의 징계규칙(Disciplinary Rules) 5-104(A)[57] 위반임을 확인하고 해당 의견서를 검토하게 되었다.

쟁점

1. 징계규칙 5-104(A)의 "상이한 이해관계(differing interests)"의 의미
2. 징계규칙 5-104(A)의 "모든 정보의 공개(full disclosure)"의 의미

법원의 판단

1. 징계규칙 5-104(A)를 위반하기 위해서는 우선 해당 계약에서 변호사가 의뢰인과 상이한 이해관계를 가지고 있고, 의뢰인은 자신의 이익을 위해 변호사가 계속해서 전문직으로서의 판단을 내릴 것으로 기대하는 상황이어야 한다. 이때 "상이한 이해관계(differing interests)"라 함은, 대립적이거나 양립 불가능한 것뿐만 아니라 다양하거나 상이한 이해관계까지 포함하는 개념이다. Mershon 변호사는 Miller와 변호사-의뢰인 관계가 존재하는 상황에서 자신이 보유하는 주식의 수를 법률서비스에 대한 보수와 연동하는 내용의 계약을 체결하였고, 따라서 Miller와 Mershon 변호사는 해당 계약 당시 상이한 이해관계를 가지고 있었던 것으로 인정된다.

2. 또한 의뢰인이 모든 관련 정보를 얻지 못한 상태에서 변호사와 계약 체결에 동의

57) "변호사는 의뢰인과 이해관계가 일치하지 않는 상황에서 의뢰인이 자신의 보호를 위해 변호사가 전문직으로서의 판단을 내릴 것으로 기대할 때 그와 영업거래를 체결하여서는 안 된다. 다만 모든 정보를 밝힌 후 의뢰인이 동의했을 때에는 그러하지 아니하다."
이 조항은 1971년 10월 4일 아이오와주 변호사 직무책임준칙에 도입되었다. 한편 변호사와 의뢰인 간의 모든 업무상 계약을 부정적인 것으로 고려하는 원칙은 동 조항 및 위반 시 징계조항이 도입되기 전에 이미 판례[Healy v. Gray, 184 Iowa 111, 118, 168 N.W. 222, 225(1918)]를 통해 인정되고 있었다. 또한 이 조항은 구미국변호사협회의 직무윤리강령(Canons of Professional Ethics of the American Bar Association) 중 강령 6을 다시 규정한 것이다. 따라서 징계규칙 5-104(A)가 도입되기 이전이라 해도 해당 원칙은 모든 아이오와주 변호사에 대해 구속력이 있고 이 사건에도 적용된다고 보았다.

할 때 징계규칙 5-104(A)에 위반된다. Mershon 변호사는 동업 계약 전 Miller에게 독립적 조언을 얻을 것을 권고하지 않음으로써 의뢰인에게 관련된 모든 정보를 제공하지 않았음이 인정된다. 설령 Mershon 변호사가 거짓되게 행동하지 않았다거나 해당 거래를 통해 이윤을 얻지 않았다고 해도 위 징계규칙 조항 위반이 인정된다.

3. 따라서 고충처리위원회의 의견에 따라 Mershon 변호사에게는 문책 징계가 합당한 것으로 인정된다.

3.2 변호사와 의뢰인 간의 금전대차거래

【판례 4-38】 In the Disciplinary Proceedings Against Trewin(Supreme Court of Wisconsin; July 27, 2004; 275 Wis.2d 116, 684 N.W.2d 121)
의뢰인에게 자금을 대여하기 위한 조건 및 자금대여 후 대리를 계속하기 위한 조건을 갖추지 못하고 의뢰인에게 자금을 대여한 변호사가 자격정지 5개월의 징계를 받은 사례

▌사실관계

Michael Trewin 변호사는 파산절차에서 여러 의뢰인을 대리하여 왔다. Trewin은 1997년 농부인 D.S.를 파산절차에서 대리하게 되었는데, 이 과정에서 확정 판결을 받은 채권자 2명과 채무액을 1만 2,500달러로 조정하였다. 그런데 D.S.가 이를 갚지 못하자 파산법 12장 절차에서 7장 절차(무담보채무를 면하고 담보채무에 대하여도 재협상할 수 있음)로 전환되었는데, D.S.는 절차전환수수료 400달러를 지불할 자금이 없었고 다른 곳에서 빌리지도 못하였다. Trewin 변호사는 D.S.에게 절차전환수수료 400달러와 판결 받은 채무 변제용으로 1만 2,500달러를 무담보로 대여해 주기로 하였다. 그런데 이 과정에서 Trewin은 D.S.에게 변호사가 의뢰인에게 금전을 대여하는 경우에 발생할 수 있는 이익충돌의 가능성을 설명하지 않았고, 대여 이전에 D.S.로부터 이익충돌을 문제 삼지 않겠다는 내용의 서류(written conflict waiver)를 받지도 아니하였다. 그리고 자신이 D.S.의 채권자가 되면서도 계속해서 파산절차에서 D.S.를 대리하는 것에 대한 동의서도 받지 아니하였다.

그후에도 Trewin 변호사는 D.S.로부터 D.S. 소유 농장의 현금 수입을 늘리기 위해 젖소를 더 매입할 필요가 있으나 돈을 빌릴 곳이 없다는 얘기를 듣고 D.S.에게 소 구입 비용, 서류비용, 자신에게 지급할 수임료 등의 명목으로 13만 달러를 빌려 주었다. 이 때에도 Trewin 변호사는 D.S.로부터 동의서를 받지 아니하였다.

Trewin 변호사는 D.S.뿐만 아니라 M 씨 부부에게도 12만 7,000달러를 대여하는 등

파산절차에 있던 7명의 의뢰인에게 어떠한 내용의 동의서도 받지 아니하고 자신의 자금을 대여하였고, 위스콘신주 변호사 징계당국은 위 변호사에 대한 징계를 청구하였다.

▮쟁점

변호인이 의뢰인에게 자금을 대여하기 위한 조건 및 자금 대여에도 불구하고 대리를 계속하기 위한 조건

▮법원의 판단

Trewin 변호사는 이익충돌 상황에 대한 동의서를 받지 아니한 채 최소 7명의 의뢰인과 대여자-차용자 관계를 맺음으로써 위스콘신주 대법원 규칙(Supreme Court Rules of Professional Conduct For Attorneys, 이하 'SCR') 20 : 1.8(a)[58]를 위반하였다. 이에 대하여 Trewin 변호사는 SCR 20 : 1.8(a)의 (3)에 있는 "thereto"는 앞의 (1)항을 수식하는 것으로서, '거래와 그 조건(transaction and terms)'에 대해 서면 동의하는 것을 의미한다고 주장하였다.

그러나 Trewin 변호사의 주장과 같은 해석은 이미 (3)항을 (1)항에 규정되어 있는 내용에 대한 동어반복으로 만들어 버리는 것이다. 그리고 위 규정의 입법 의도는 의뢰인이 자신과 신뢰관계에 있는 변호사와 상업적 거래를 함으로써 자신이 처하게 될 위험과 이익충돌의 가능성에 대해 모두 알고 있다는 것을 확실히 하기 위한 것이다. 그렇다면 SCR 20 : 1.8(a)에 대한 유일한 해석은 의뢰인이 이익충돌의 가능성을 허용하면서 그러한 거래에 동의하고, 의뢰인이 거래에 관하여 다른 독립적 변호사의 조언을 구할 수 있는 합리적인 기회를 보장받았음을 서면으로 나타내야 한다는 것이다.[59]

나아가 Trewin 변호사는 이익충돌의 가능성에 대해 설명을 하지 아니하고 의뢰인과 대여자-차용자 관계를 맺음으로써 SCR 20 : 1.7(b)[60]를 위반하였다. Trewin 변호사는

---

58) "(a) 변호사는 다음의 조건을 충족하지 않는 한, 의뢰인과 상거래를 하거나 알면서 의뢰인의 이익에 반하여 의뢰인으로부터 소유권, 담보권, 또는 다른 금전적 이익을 취득해서는 아니 된다.
(1) 그 거래와 변호사가 이익을 얻는 조건이 의뢰인에게 공정하고 합리적이며 의뢰인이 이해할 수 있는 방법으로 의뢰인에게 완전히 공개되고 서면으로 제공되며
(2) 의뢰인에게 거래에 관해 다른 독립적인 변호사의 조언을 구할 수 있는 합리적인 기회가 주어지고, 그리고
(3) 의뢰인이 그에 대하여(thereto) 서면으로 동의하는 경우."

59) 이와 비슷한 사례로 In re Disciplinary Proceedings Against Steiner, 225 Wis.2d 422, 429, 591 N.W.2d 857(1999), In re Disciplinary Proceedings Against Tritschler, 169 Wis.2d 298, 305, 485 N.W.2d 261(1992) 사건에서도 SCR 20 : 1.8(a)(3)을 위반한다고 판단하였다.

60) "변호사는 다음과 같은 경우 외에는, 다른 의뢰인이나 제3자에 대한 책임 또는 변호사 자신의 이해관계에 의하여 의뢰인 대리가 실질적으로 제한된다면, 그 의뢰인을 대리하여서는 아니 된다.
(1) 변호사가 의뢰인 대리가 불리하게 영향을 받지 않으리라고 합리적으로 믿고, 그리고

의뢰인들에게 자금을 대여함으로써 변호사-의뢰인 관계와 상충되는 채권자-채무자 관계에 놓이게 되었다. 위 규정은 변호인과 의뢰인이 상업적 거래를 함으로써 야기되는 이익충돌의 발생 가능성에 있어 그러한 거래가 일정 수준 이상의 것이 될 것을 요건으로 하고 있지 않다.

그리고 위 규정은 (1)항과 (2)항을 중첩적으로 규정하고 있기 때문에, 만약 의뢰인이 동의하더라도 변호인이 상반되는 이해관계가 현실적으로 발생할 것이라고 생각한다면 대리를 계속해서는 안 된다. 변호사가 상반되는 이해관계가 발생하지 않을 것이라고 믿고, 아울러 의뢰인의 동의가 서면화되는 경우에만 위 규정에 따라 거래가 가능한 것이다. 그러나 Trewin은 금전거래에 있어서 이러한 의뢰인의 서면 동의를 얻지 못하였으므로 위 규정을 위반하였다. Trewin 변호사에게 변호사 자격정지 5개월의 징계를 선고한다.

【판례 4-39】 State ex rel. Oklahoma Bar Association v. Smolen(Supreme Court of Oklahoma; December 5, 2000; 17 P.3d 456)
의뢰인에게 생활비 명목으로 금전을 대여한 변호사가 징계 받은 사례

▌사실관계

Donald Smolen 변호사는 산업재해보상청구소송에서 의뢰인 Miles를 대리하는 동안, Miles에게 생활비 명목으로 1,200달러를 무이자로 빌려 주었다. Smolen 변호사가 대출해 주지 않았다면 Miles는 다른 주로 이사하여야 하는 상황이었고 병원 치료를 받을 수도, 소송을 계속 수행할 수도 없는 상태였다. Miles는 자신이 받는 한시적 장애 수당으로 매주 100달러씩 갚기로 하였고, Smolen 변호사는 이후 200달러만을 상환받았다.

오클라호마주 변호사 직무책임규칙 1.8(e)에 따르면, 변호사는 진행 중인 사건의 의뢰인에게 재정적 지원을 해서는 안 되고, 다만 소송 관련 비용을 변호사가 대납하되 소송 결과에 따라 그 상환 여부를 정하도록 하는 경우나 빈곤한 의뢰인 대신 소송 관련 비용을 대납하는 경우에만 예외적으로 허용된다.[61)]

---

(2) 의뢰인이 협의 후 서면으로 동의하는 경우, 한 가지 사안에 관하여 복수의 의뢰인을 대리하는 경우, 위 협의는 공동대리의 의미와 그 이익 및 위험에 대한 설명을 포함하여야 한다."

61) 판결문에 따르면 위 조항은 미국변호사협회의 직무행위표준규칙을 수용한 것으로, 종래에는 변호인이 의뢰인에게 생활비를 대여하는 것을 모호하게 금지하고 있었으나 1993년의 개정으로 소송 결과에 따른 소송 관련 비용의 대여를 허용하였다. 역시 판결문에 따르면 29개 주가 개정된 표준규칙을 채택하거나 의뢰인이 소송 관련 비용을 부담하고 생활비의 대여를 금지하였고, 14개 주는 1969년에 제정된 직무책임규칙을 채택하고 있었으며, 8개 주는 명시적으로 생활비의 대여를 인정하고 있었다.

오클라호마주 변호사회는 규칙 1.8(e)를 위반하였다는 이유로 Smolen 변호사에 대해 자격정지 60일의 징계를 결정하였다. 이에 대하여 Smolen 변호사는 자신이 위 규정의 문언상 의미를 위반한 것은 맞지만, 생활비를 대여한 것은 변호사-의뢰인 관계 성립 후이며 이는 의뢰인이 받는 장애 수당에서 상환하도록 되어 있었고 순수한 인도주의적 지원이었기 때문에 위 규칙의 의도에 어긋난 행동을 하지 않았다고 주장하였다. 나아가 규칙 1.8(e)는 인도적 지원이 필요한 의뢰인과 소송 관련 비용을 대출받은 의뢰인을 위헌적으로 차별하고 있다고 주장하며 소를 제기하였다.

쟁점

1. 변호인이 순수한 의도에서 의뢰인의 생활비를 지원해 주는 것이 변호사 직무책임규칙에 위반하는지 여부

2. 규칙 1.8(e)가 유사한 상황에 있는 의뢰인들을 평등하게 취급하지 않음으로써 위헌적인지 여부

법원의 판단

1. 변호사가 의뢰인에게 생활비를 대여하는 것을 금지하는 규정은 '승소이익분배약정(champerty and maintenance)'을 금지하는 보통법에 그 근거를 두고 있다. 규칙 1.8(e)가 금지하고자 하는 승소이익분배약정으로 인한 해악은 ① 의뢰인이 부적절한 요소에 근거하여 변호사를 선임하는 행위, ② 변호사의 독립적인 판단에 대해 의심을 초래하거나 변호사로서의 이익과 채권자로서의 이익이 상반됨에 따른 잠재적인 이익충돌이 그것이다.

그런데 위 대여 당시 Miles의 산업재해보상청구소송은 완결되지 않은 상황이었다. Miles는 정부 지원금만 일시적으로 받고 있었으나, 영구 장애에 대한 잠재적인 합의 가능성이 남아 있던 상태였다(변호사와 채권자의 이익충돌 가능성). 따라서 Smolen 변호사의 생활비 대여가 전적으로 인도주의적 동기에 기한 것이라고 볼 수 없다. 나아가 Smolen 변호사가 의뢰인에게 생활비를 지원하였다는 사실을 외부에 알리지 않았다고 하더라도 잠재적인 의뢰인들이 앞으로도 이를 알지 못할 것이라고 할 수 없고, 따라서 변호사로부터 생활비를 대여받을 것을 기대하고 Smolen 변호사를 선임할 수도 있다. 그러므로 Smolen 변호사의 대여 목적 자체는 인도주의적인 것이라고 하더라도, 이는 규칙 1.8(e)를 위반한 것이다.

2. 위헌 주장에 대하여 살펴본다. 구별이 고유한 특성에 기한 것이라거나 근본적 권리가 침해되었다는 주장을 하지 않은 이 건에서는 '합리성 기준(rational basis test)'을 적

용하여야 한다. 소송 관련 비용은 실제 소송과 직접적으로 관련되고 변호사의 전문분야 내에 있으며, 또한 의뢰인에게 어떠한 소송 관련 비용이 필요한지에 대하여 조언하는 것이 변호사의 의무이지만 생활비는 그렇지 않다. 나아가 소송 관련 비용을 변호사가 의뢰인에게 대출할 경우에는 일반적으로 서비스 제공자에게 직접 지급되는 데 반해, 생활비의 경우 본래 의도대로 쓰일 것이라는 데에 대한 확신이 없다. 이러한 잠재적으로 내재되어 있는 부작용으로 인해 소송 관련 비용과 기타 생활비 등의 대여를 다르게 취급하는 것은 합리적이라고 할 것이므로 위헌이 아니다.

3. 징계의 목적 가운데 하나가 유사한 행동의 방지이다. Smolen 변호사가 1987년과 1992년에도 법원에 의한 징계를 받은 적이 있고 1992년에는 이 사건과 동일한 내용의 비행 때문에 공개 견책을 받았으며, 그는 이 사건의 금전대여가 단발적인 사건이 아님을 인정하였으므로, 자격정지 60일은 적정한 징계이다.

3.3 변호사와 의뢰인 간의 성적 관계

【판례 4-40】 Matter of Berg(Supreme Court of Kansas; March 6, 1998; 955 P.2d 1240)
의뢰인의 약한 지위를 이용하여 성관계를 한 변호사가 자격박탈의 징계를 받은 사례

▌사실관계

캔자스주 변호사 징계담당관은 캔자스주 변호사 징계위원회에 Jerry Berg 변호사에 대하여 의뢰인과의 부적절한 관계를 이유로 6건의 징계신청서를 제출하였다. 위원회는 그중 4건의 신청에 관한 심리에서 Berg 변호사의 변호사 직무행위규칙 위반을 인정하였다. 4건 중 1건의 사실관계는 다음과 같다.

K.L.C.는 1988년 Berg 변호사를 이혼소송대리인으로 선임하였다. K.L.C.는 대학교를 마치지 않았고, 17년의 결혼생활을 하였으며 2명의 자녀가 있고, 남편으로부터 심리적 · 육체적으로 혹사당하고 있어 자살할 지경이었다. 법원 심리 시 남편의 위협으로 K.L.C.가 정서적 · 육체적으로 매우 피로하여 변호사가 그녀를 보호해 줄 것으로 믿고 있을 때, Berg 변호사는 그녀를 유혹하여 4회의 성관계를 했다. K.L.C.는 이용당하고 있다고 느끼고 이혼소송의 진행에 대하여 불만스럽게 생각하여 Berg 변호사와 관계를 끊고 다른 변호사를 선임하여 이혼소송을 종결하였다.

변호사 징계위원회는 만장일치로 Berg 변호사의 변호사 자격을 박탈하였다. 이에 Berg 변호사가 법원에 제소하였다.

▮ 쟁점

1. 변호사와 의뢰인 간의 성적 관계를 금지하는 명시적인 조항이 없음에도 변호사를 징계할 수 있는지 여부

2. 변호사의 헌법상 권리인 적법절차와 평등권이 침해되었는지 여부

3. 변호사 자격박탈 결정의 적절성

▮ 법원의 판단

1. 변호사와 의뢰인의 성관계에 대한 규정들이 추상적이고 모호하다거나 선례가 없다는 이유로 징계받을 수 없다는 Berg 변호사의 주장은 이유 없고, 특히 두 사건에 대하여 이미 징계를 받았음에도 유사한 비위행위를 계속했던 점에 비추어 보아도 그의 주장을 받아들일 수 없다.

2. Berg 변호사는 자신에 대한 징계신청서에 변호사 직무행위규칙 위반이라는 징계신청 사유가 기재되어 있지 않았고, 따라서 징계사유를 명확히 알지 못한 자신을 직무행위규칙 위반으로 징계하는 것은 적법절차 원칙을 침해하는 것이라 주장하였다. 그러나 징계신청서에는 "이외에 다른 윤리 강령이나 규칙에 의해"라는 문구가 기재되어 있었고 Berg 변호사는 충분히 문제 된 자신의 행위가 변호사 직무행위규칙 위반이 될 수 있음을 인지할 수 있었으므로 이 주장은 이유 없다.

또한 배우자 외에 다른 사람과 성관계를 가지는 사람이 많은데 유독 자신만 처벌받는 것은 평등하지 않다고 하는 Berg 변호사의 주장은 이 사건이 변호사-의뢰인이라는 특수한 관계를 전제로 하는 것임을 간과한 데에서 나온 것으로서 받아들일 수 없다.

3. Berg 변호사는 주로 심약하거나 정신적으로 매우 스트레스를 받은 다수의 의뢰인과 성관계를 했고 변호사 자격을 의뢰인의 이익에 반하는 방향으로 이용하였다. 이는 명백히 큰 잘못에 해당하고 여성 의뢰인들에게 위협이 될 뿐이다. 따라서 변호사 자격박탈 결정은 Berg 변호사의 행동에 비추어 보아 마땅하다.

【판례 4-41】 In re Schambach[Supreme Court of Louisiana; January 29, 1999; 726 So.2d 892, 1998-2432(La. 1/29/99)]
의뢰인과 성관계 및 금전거래를 한 변호사가 자격정지 3년의 징계를 받은 사례

▮ 사실관계

Diana Womble은 1985년 자신의 신탁에 관한 소송에서 Robert Bartley Schambach 변호사를 처음 만났다. Schambach 변호사가 소송사무를 성공적으로 처리한 이후, 두

사람은 개인적인 친분관계를 쌓았고 1990년경 혼외관계를 갖기 시작하였다.

1991년 Schambach 변호사는 Womble의 신탁계좌에서 두 차례에 걸쳐 각각 3만 달러와 1만 달러를 빌렸고 그녀에게 4만 4,000달러에 달하는 약속어음을 발행해 주었다. 1992년 Womble은 약속어음을 상환받으려 하였으나 Schambach 변호사의 재정적 문제로 인해 상환받지 못하였다. 1993년 그녀는 결국 Schambach 변호사와 그의 부인에게 소송을 제기하였고, 이에 피고 불출석 승소 판결을 받았다. 그후 Schambach 변호사 부부는 파산을 신청하였다.

1996년 Womble은 징계담당관에게 Schambach 변호사에 대한 징계를 청구하면서 자신이 일을 할 수 없어 생계를 유지할 수 없었음에도 불구하고 그는 빌린 돈을 갚기를 거부하였다고 진술하였다. 이로 인해 그녀는 건강보험을 이용하지 못하였고 전화와 수도가 몇 차례에 걸쳐 끊기기도 하였으며, 1994년 1월 다시 일을 시작했을 때에도 결국 파산을 신청할 수밖에 없었다고 진술하였다. 징계절차가 개시되자 Schambach 변호사는 징계심문 이틀 전 Womble에게 원금과 이자 4만 7,000달러를 변제하였다.

쟁점

Schambach 변호사가 의뢰인과 합의하에 성관계를 한 것이 변호사 직무행위규칙 1.7(b)[62]에 위반되고, 의뢰인으로부터 돈을 빌린 것이 의뢰인과의 사업상 거래에 해당하여 규칙 1.8[63]에 위반되며, 징계 조사에 협력하지 아니한 것이 규칙 8.4(g)에 위반되어 자격정지 3년에 해당하는지 여부

법원의 판단

비록 현재 변호사 직무행위규칙은 의뢰인과의 성적 관계에 대해 직접적으로 언급하고 있지는 않으나[64] Schambach 변호사의 이러한 행위가 다른 조항의 위반을 야기할 수 있다. 예를 들어 규칙 1.7(b)와 관련하여 의뢰인에 대한 성희롱이 의뢰인의 변호사에 대한 신뢰에 부정적인 영향을 끼침으로써 변호의 질을 떨어뜨릴 수 있고, 규칙 2.1[65]과 관련하여서도 성적 관계가 변호사의 객관성과 독립적이고 전문적인 판단을

62) "다른 의뢰인 또는 제3자에 대한 책임이나 변호사의 개인적 이익에 의해서 의뢰인의 대리가 중대하게 제한받을 수 있는 경우… 변호사는 그 의뢰인을 대리하여서는 안 된다."

63) "원칙적으로 의뢰인과 변호사 간의 모든 거래는 공정하고 합리적이어야 한다. 나아가 변호사는 그가 의뢰인을 대리하고 있음 또는 그 대리와 관련된 정보를 의뢰인에게 불리하게 이용하여서는 안 된다."

64) 미국변호사협회의 변호사 직무행위표준규칙은 2002년 개정 시 규칙 1.8(j)에 다음과 같은 조항을 추가하였다. "변호사-의뢰인 관계가 시작될 때 그들 간에 합의에 의한 성적 관계가 존재하고 있지 않는 한, 변호사는 의뢰인과 성적 관계를 해서는 안 된다."

65) "의뢰인을 대리할 때 변호사는 독립적인 전문가적 판단을 해야 하며 솔직한 조언을 해야 한다. 조언을 함에

그르칠 수 있다.

또한 Schambach 변호사는 자신과 Womble 사이의 사적 관계를 전문적 사무에 끼어들게 함으로써 직무행위표준규칙을 위반했고 결과적으로 의뢰인에게 심각한 손해를 끼쳤다. 이러한 사실을 고려할 때 이 법원은 3년의 변호사 자격정지가 Schambach 변호사에게 적합한 징계 조치라고 판단한다.

3.4 기타

【판례 4-42】 In re Harper(Supreme Court of South Carolina; October 14, 2002; 575, 571 S.E.2d 292)
변호사가 자신이 실질적인 이해관계를 가진 회사에 대한 투자를 의뢰인에게 권유하여 징계 받은 사례

▌사실관계

Mikell Harper 변호사는 개인적 친분관계에 있는 의뢰인으로부터 1993년 1월부터 1994년 9월까지 다양한 사안에 관하여 수임계약을 체결하였다. 의뢰인은 과거 이혼절차에서 얼마간의 돈을 받게 되었고 Harper 변호사의 권유에 따라 Harper 변호사가 상당한 이해관계를 보유한 Waterhouse II, L.P.에 투자하였다. 의뢰인은 Waterhouse사에 6만 9,500달러를 투자하고 4장의 약속어음을 받았으나 어느 것도 기한 내 지급되지 않았다.

Harper 변호사는 의뢰인에 대하여 약속어음의 발행인 등이 어음금을 기한 내 지급하지 못할 것이라는 사실을 알고 있었으나 이를 의뢰인에게 알리지 아니하였다. Harper 변호사는 의뢰인에게 어떠한 방법으로 어음부도에 관한 법적 주장을 할 수 있는지를 조언하지 않았고, Waterhouse사에 대한 지분 참여 결정을 취소하는 방안이 있음을 알리지 않았다. Harper 변호사는 또한 어음의 지급 보장을 위한 추가적 조치를 취할 수 있음을 조언하지 않았고, 더욱이 자신이 Waterhouse사의 이해관계자이므로 의뢰인이 Waterhouse사에 대한 투자행위에 관하여 제3의 변호인에게 별도의 법률적 조언을 구해야 할 수도 있다는 것을 알리지 않았다.

어음금이 지급되지 않자 의뢰인은 소송절차를 진행하였다. Harper 변호사는 자신의 보험회사를 통해 의뢰인의 손해를 신속히 배상하도록 하는 법원의 명령에 동의하였다. 결국 의뢰인은 Harper 변호사의 보험회사와의 합의를 통해 자신의 손해를 부분적으로

있어서 변호사는 법에 대해서뿐만 아니라 의뢰인의 상황에 관련된 도덕적·경제적·사회적·정치적 요소 같은 다른 고려사항에 대해서도 언급할 수 있다.”

배상받았다.

쟁점

변호사가 자신이 실질적인 이해관계를 가진 회사에 대한 투자를 의뢰인에게 권유한 행위가 직무행위규칙에 위반되는지 여부 및 징계수준

법원의 판단

Harper 변호사는 자신의 행동이 직무행위규칙 1.1(적격의 수임사무 처리를 할 의무), 1.2(수임사무의 목표에 관하여 의뢰인의 결정을 준수하고 그 목표를 추구하는 방법에 관하여 의뢰인과 협의할 의무), 1.3(의뢰인을 대리함에 있어서 합리적인 수준에서 근면하고 신속하게 행동할 의무), 1.4(의뢰인에게 사안의 상황에 대하여 합리적으로 정보를 제공하고 정보제공요청에 신속히 응할 의무), 1.7(변호사가 다른 의뢰인, 제3자에 대한 책임이나 변호사의 개인적 이익에 의해서 의뢰인의 대리가 중대하게 제한받을 상당한 위험이 있는 경우 그 의뢰인으로부터 수임하지 않을 의무), 1.8(거래조건이 서면으로 작성되고 의뢰인에게 공정하고 합리적이며, 의뢰인이 독립적인 변호사로부터 조언을 구할 기회가 부여되지 않는 한, 변호사가 의뢰인과 상거래를 하거나 의뢰인의 이익에 반하는 소유권·점유·담보·기타 금전적 이익을 알고서 취득하지 않을 의무), 2.1(의뢰인을 대리할 때 변호사는 독립적인 전문적 판단을 해야 하며 솔직한 조언을 해야 할 의무), 8.4(a), 8.4(e)에 위반됨을 인정하였다.

법원은 Harper 변호사의 행위를 자격정지에 처해야 할 행위로 인정하고 그와 징계담당관이 합의한 9개월의 자격정지 징계합의를 수용하였다.

【판례 4-43】 In re Allsep(Supreme Court of South Carolina; January 16, 2001; 541 S.E.2d 245)
의뢰인에게 다른 당사자의 변호사가 다른 사안에서 변호사 자신을 대리하고 있음을 알리지 않은 변호사가 징계 받은 사례

사실관계

L. Michael Allsep Jr. 변호사는 파산신청한 제3자 소유의 부동산에 대한 경매절차에 참여한 의뢰인을 대리하면서 채권신고, 자동정지(automatic stay) 신청 제출, 증언 청취 일정, 동의서 작성, 파산관재인으로부터의 지불수령 등에 관하여 의뢰인과 그 자녀들에게 다수의 부실표시(misrepresentation)를 하였다. 또한 Allsep 변호사가 파산계획에 대한 이의신청을 제출하지 않음으로써 그 계획이 승인되어 의뢰인의 경매할 권리가 심각

하게 훼손되었고 의뢰인이 위임을 종료한 후에도 다른 당사자의 변호사에게 동의서 사본을 전달함으로써 대리를 계속하였으며, 의뢰인을 대리하고 있는 동안에 진행 중이던 다른 법적 문제에 대하여 다른 당사자의 변호사가 Allsep 자신을 개인적으로 대리하고 있음을 의뢰인에게 알리지 않았다. 또한 변호사 징계담당관실의 조사 및 정보 요청에도 응하지 아니하였다.

▌쟁점

Allsep 변호사의 행위는 사우스캐롤라이나주 변호사 직무수행규칙(Rules of Professional Conduct) 1.1,[66] 1.2,[67] 1.3,[68] 1.4,[69] 1.7,[70] 1.16,[71] 3.2,[72] 4.1,[73] 8.1(b),[74] 8.4(a),[75] 8.4(d),[76] 8.4(e)[77] 및 변호사 징계규칙(Lawyer Disciplinary Enforcement Rules) 7(a)(1),[78] 7(a)(3),[79] 7(a)(5)[80]를 위반한 행위로서 어느 정도의 징계가 적정한지

▌법원의 판단

1. 법원은 Allsep 변호사와 징계당국의 합의에 의한 징계를 받아들여 그를 60일간 자격정지에 처하였다.

2. Allsep 변호사는 사우스캐롤라이나주 변호사 자격을 반납하기로 하는 사직서를 제출하였고, 이는 60일의 자격정지기간이 끝난 후에 수리될 예정이다.

---

66) "변호사는 의뢰인에게 적격의 수임사무 처리를 제공하여야 한다."
67) "변호사는 대리의 목표에 관하여 의뢰인의 결정을 따르고 목표를 추구하는 방법에 관하여 의뢰인과 협의하여야 한다."
68) "변호사는 의뢰인을 대리함에 있어서 합리적인 근면성을 가지고 행동하여야 한다."
69) "변호사는 의뢰인에게 사건의 상황에 대해 합리적으로 알리고, 의뢰인의 합리적인 정보 요청에 지체 없이 응하며, 의뢰인이 대리에 관하여 충분한 정보를 제공받아 결정할 수 있도록 합리적으로 필요한 범위에서 사안을 설명하여야 한다."
70) "변호사는 다른 의뢰인이나 제3자에 대한 책임 또는 변호사 자신의 이해관계로 인하여 대리가 중대하게 제한받을 경우 의뢰인을 대리하여서는 안 된다."
71) "변호사는 위임이 종료되면 의뢰인을 대리하여서는 안 되고, 대리를 개시한 경우에는 의뢰인의 대리를 사임하여야 한다."
72) "변호사는 의뢰인의 이익에 부합하도록 소송촉진을 위하여 합리적인 노력을 하여야 한다."
73) "변호사는 의뢰인을 대리함에 있어 알면서 제3자에게 중요한 사실에 대하여 허위진술을 하여서는 안 된다."
74) "변호사는 징계 사안과 관련하여 알면서 징계당국의 합법적인 정보 요구에 응답하지 않아서는 안 된다."
75) 변호사가 직무수행규칙을 위반한 비행.
76) 부실표시가 수반되는 행위를 하는 비행.
77) 사법의 집행에 유해한 행위에 관여하는 비행.
78) 직무행위규칙의 위반.
79) 답변 요청을 포함한 징계당국의 합법적인 요구에 알면서 응답하지 않는 행위.
80) 사법부를 모독하거나 법원 또는 법조직역에 불명예를 가져오는 행위, 또는 법조 업무에 부적격함을 보여주는 행위.

【판례 4-44】 Horaist v. Doctor's Hosp. of Opelousas(United States Court of Appeals, Fifth Circuit; July 11, 2001; 55 F.3d 261)
과거 연인관계에 있었을 때 발생한 사건과 관련하여 변호사가 연인이던 의뢰인을 적법하게 대리할 수 있는지 여부

▌사실관계

Deborah Horaist는 1995년 7월부터 1996년 12월까지 Doctor's Hospital of Opelousas의 비즈니스건강서비스 부장이었고 그동안 Andre Toce 변호사와 데이트하였다. Horaist는 의사 Deshotels와 Gibson으로부터 원하지 않는 성적 접근과 구두로 성희롱을 당하였다고 병원의 최고운영임원(COO)과 최고재무임원(CFO)에게 신고하였고 이에 대한 보복으로 해고당하였다고 주장하며, 병원과 자신의 상관들 및 병원관계자 중 일부에 대하여 계약 위반, 정신적 고통 야기 등을 이유로 소를 제기하였다.

Horaist는 Andre Toce 변호사를 소송대리인으로 선임하였다. Toce 변호사가 Horaist와 연애할 때 그녀는 Toce에게 성희롱에 대해 언급하지 아니하였고, Toce도 이러한 사실을 눈치 채지 못하였다. 이에 피고들은 Toce 변호사와 Horaist와의 밀접한 관계가 이익충돌을 야기하며 전문가로서의 판단력을 흐리게 할 수 있다는 이유로, Toce 변호사와 그가 소속되어 있는 로펌의 대리인 자격부인을 신청하였다. 나아가 피고들은 Horaist가 Toce 변호사에게 당시 성희롱에 대해 말하지 않았다는 것은 Horaist의 주장에 반대되는 증거이고, Toce 변호사는 정신적 고통에 기한 이 사건 위자료청구소송에서 당시 Horaist의 심리 상태를 증언해 줄 수 있기 때문에 피고들의 책임 여부와 손해의 범위 등에 대해 중요한 증인이라고 주장하였다. 그리고 그러한 이익충돌에 의하여 Toce 변호사 소속 로펌까지 '영향을 받을 수 있다'고 주장하였다.

▌쟁점

1. Toce 변호사가 이 사건 소송에서 중요한 증인이 될 수 있다면 그의 의뢰인과 이익이 충돌하는 상황이 존재하는지 여부

2. Toce 변호사의 대리인 자격을 부인할 사유가 존재한다면 그의 소속 로펌 역시 자격이 부인되어야 하는지 여부

▌법원의 판단

1. 변호사가 그 의뢰인의 이익에 반하여 증언을 해야만 한다면 의뢰인과의 이익충돌 상황이 발생하고, 의뢰인은 그러한 이익충돌을 용인할 수 없을 것이다. 반면 변호사가

소송 도중 자신이 의뢰인의 이익에 반하는 증인으로 소환될 가능성이 있다는 사실을 알게 되었다면, 그는 의뢰인의 이익을 침해할 것이 분명해질 때까지 자신의 대리행위를 계속할 수 있다.

이 사건 소송에서는 Horaist가 직접 Toce 변호사와의 관계 및 당시 Toce 변호사에게 성희롱에 대해 언급하지 않았다는 사실을 증언할 수 있고, 당시 Horaist의 감정 상태도 그녀의 동료나 심리치료사를 통해 들을 수 있기 때문에 Toce 변호사의 증언은 필요불가결한 것이 아니다. 따라서 피고들은 Toce 변호사의 증언이 Horaist의 이익을 침해할 수 있다는 점에 대한 입증책임을 다하지 못하였다. 나아가 변호사가 소송대리인이자 증인으로 참여하는 것이 자신의 의뢰인의 이익을 침해한다는 것에 대해 상대방 변호사가 문제를 제기할 이익이 없다.

Horaist와 Toce 변호사는 이 사건 소송 이전에 자신들의 연인관계를 청산하였다고 주장하였고, 양 당사자 모두 현재 위 두 사람이 연인이 아니라는 것을 인정한다. 게다가 Horaist는 이러한 모든 상황을 고려한 후 Toce 변호사를 대리인으로 선임한 것이므로, 변호사와 의뢰인 사이의 과거 성적 관계는 대리인 자격을 부인할 사유가 되지 못한다.

2. Toce 변호사는 이 사건 소송에서 중요한 증인이 아니고, 의뢰인과 과거 연인관계였다는 이유로 대리인 자격이 부인될 필요도 없으므로 Toce 변호사의 로펌 역시 Horaist를 대리할 수 있다.

【판례 4-45】 Williams v. State(Supreme Court of Delaware; January 16, 2002; 805 A.2d 880)
변호사가 두 개의 사건에서 상반되는 법적 견해를 제시해야 하는 경우 이익충돌에 해당하는지 여부

▮ 사실관계

1. Joseph Wliiams가 1급 살인죄로 고등법원에서 유죄평결 및 사형선고를 받고 델라웨어주 대법원에 상고하자 그의 변호인 Bernard J. O'Donnell 변호사는 법원에 사임과 동시에 다른 변호인을 지정해 줄 것을 신청하였다. O'Donnell 변호사에 따르면 배심원단이 10대 2로 사형을 권고한 것에 원심이 '큰 무게'를 두어야 할 의무가 있다고 판시한 데 대해서, 피고인은 원심의 판단이 잘못되었다고 주장할 수 있었다.

2. 문제는 이 사건이 항소에 이르기 전에 O'Donnell 변호사가 이미 변호하고 있던 다른 사건에서는 정반대의 법률적 주장을 하고 있었다는 점이다. Garden v. State, Nos. 125 & 162, 2001 사건에서 O'Donnell 변호사는 피고인 Garden에게 사형을 선고

하는 것을 2대 10으로 거부한 배심원단의 결정에 법원이 '큰 무게'를 두지 않은 것은 오류라고 주장하였다. 이런 까닭에 O'Donnell 변호사는 두 사건 모두를 수행함으로써 한 사건의 판결이 다른 사건에 불리한 선례가 되고 법원의 신뢰 및 충실성에 대한 의뢰인들의 인식에 문제가 생길 것을 염려하여 사임을 신청하였다.

쟁점

법적 견해에 관련된 의뢰인과 변호사 간 의견 대립이 이익충돌에 해당하여 변호사의 사임신청을 허용하여야 하는지 여부

법원의 판단

1. 이 사건에서와 같은 잠재적인 충돌을 '견해상의(positional)' 이익충돌이라고 하는데, 이는 관련되지 않은 사건들에서 복수의 의뢰인이 상반되는 이익을 가질 때 발생하며, 델라웨어주 변호사 직무행위규칙 1.7(b)[81]에서 간접적으로 다루고 있다. 규칙 1.7의 주해[82]에 따르면 1심법원에서의 견해 충돌과 항소법원에서의 견해 충돌 간 차이점에 대하여, 전자는 법원의 법적용이 당해 사건에 국한하여 중요성을 갖는다는 가정에 의한 것인 데 반하여 후자는 법의 일반적인 적용과 관련된다는 차이가 있다고 설명하지만, 미국변호사협회는 이러한 차이를 부인하여 1심법원들 간 계속 중인 사건들, 심지어 다른 관할 법원에 계속 중인 사건들에 있어서도 변호인은 복수의 의뢰인 간 견해상의 이익충돌이 발생하는지를 주의 깊게 검토하여야 할 의무가 있다고 한다.

2. 견해상의 이익충돌로 인한 변호인의 결격 발생 여부는 변호사가 동일한 법률적 문제에 대하여 어느 한쪽의 이익을 위태롭게 하지 않고 양측 모두를 위하여 효과적인 주장을 할 수 있는지에 의하여 결정된다. 변호사는 각자의 법적 위치에 있어 의뢰인의 이익을 위하여 가능한 모든 법적 해석을 주장할 의무와 변호사가 가진 법적인 견해에 충실하여야 한다고 주장할 다른 의뢰인의 권리 사이에서 균형을 잡도록 하여야 한다.

3. 이 사건에서 O'Donnell 변호사가 확인하고 제시한 견해상의 충돌은 변호인의 결격을 발생시키는 것에 해당한다. 동시에 이 법원에 계속 중인 2건의 1급 살인 항소심에서 상충하는 법적 위치에 있는 자들을 변호하는 것은 델라웨어주 변호사 직무행위규칙

---

81) "변호사는 다른 의뢰인…에 대한 책임으로 인하여 의뢰인을 대리하는 것에 중대한 제한을 받을 때에는 그 의뢰인을 대리하여서는 안 된다."

82) "변호사는 어느 의뢰인을 대리하는 것에도 불리한 영향을 미치지 않는 한, 서로 다른 사건에서 제기된 법적 쟁점에 대하여 상반된 입장에 있는 당사자들을 대리할 수 있다. 따라서 통상의 경우 서로 다른 1심법원에 계속 중인 사건들에서 그러한 입장을 변호하는 것은 부적절하지 아니하지만, 항소법원에 동시에 계속 중인 사건들에 있어 그와 같이 하는 것은 온당하지 않을 수 있다."

에 위반되며, 연방 헌법과 주 헌법상 O'Donnell 변호사의 의뢰인들은 공히 1급 살인 유죄판결에 대한 항소심에서 변호인의 효과적인 조력을 받을 권리가 있는 만큼 양자의 전혀 다른 법적 주장을 고려할 때, O'Donnel 변호사의 사임신청이 인용되지 않는 한 그가 각 의뢰인에게 갖는 독립적인 의무는 항소심 변호인으로서 일방 의뢰인 또는 의뢰인 모두에 대하여 행하는 법적 조력의 효과를 위태롭게 할 수 있기 때문이다.

4. O'Donnell 변호사의 사임신청을 인용하고 그를 대체할 변호인을 법원이 지정한다.

【판례 4-46】 B.A. v. L.A. (Family Court, Rockland County, New York; May 9, 2003; 761 N.Y.S.2d 805)
법정후견인을 선임한 법률구조단체 대표가 아동의 접견 및 양육권소송에서 상대방 당사자의 대리인인 경우 법정후견인의 해임사유에 해당한다고 본 사례

사실관계

부부간에 자녀의 접견권과 양육권 문제에 관하여 소송이 진행되던 중 남편이 법원에 자녀의 법정후견인의 해임을 요청하였다. 자녀의 법정후견인 Veronica Young 변호사는 Rockland County의 비영리 단체인 법률구조협회(Legal Aid Society) 소속으로, 동 단체 대표 Linda Christopher 변호사가 부인의 소송대리인이었기 때문이다. 남편은 이런 상황에서 단체 대표와 소속 직원 간 관계의 특수성으로 인해 법정후견인의 직무상 판단이 영향 받을 수 있으므로 후견인 지위에서 해임되어야 한다고 주장했다. 이미 이전에 남편은 부인의 소송대리인 Christopher 변호사의 자격부인을 신청한 바 있고, 이때도 법률구조협회라는 단체의 대표로서 소속 변호사들에 대한 감독권을 행사하고 근로조건을 결정하는 지위에 있기 때문에 법정후견인이 자녀를 위해 직무상 합리적으로 판단하는 데 지장을 준다는 이유를 들었다. 그러나 가정법원은 부인의 대리인 Christopher 변호사에게 이익충돌 상황이 존재하지 않는다고 판단하여 자격부인 신청을 기각하였다.

쟁점

자녀의 접견권 및 양육권 문제에 관한 소송에서 한 당사자의 소송대리인이 자녀들의 법정후견인으로 선임된 사람이 속한 단체의 대표인 경우 법정후견인의 해임사유에 해당하는지 여부

법원의 판단

1. 법정후견인의 자녀의 접견권 및 양육권 문제에 관하여 자녀들을 대리할 자격을 부

인한다. 법정후견인을 선임한 비영리 법률구조단체의 대표가 소송에서 어느 한 당사자의 대리인이기 때문에, 법정후견인이 자신의 재정상 · 사업상 또는 개인적 이해를 우선시할 수 있으므로 직무상 판단에 영향을 미칠 수 있기 때문이다. 또 자녀들은 미성년자이기 때문에 이익충돌의 소지가 되는 사실관계들을 공개한 이후 법정후견인의 대리권 행사에 관하여 적법하게 동의할 수 없다는 이유를 감안하여야 한다.

2. 이러한 소송에서 법정후견인의 역할은 단순히 중립적 · 객관적인 입장에서 아동의 최선의 이익을 추구하는 것에 한정되지 않고, 재판절차의 전 과정에 전면적으로 참여하여 의뢰인의 이익을 옹호하는 것을 포함한다. 즉 법정후견인은 자녀를 옹호하기 위하여 소송 과정에서 (부모 등의) 당사자와 대립하는 입장을 취해야 할 경우도 있는데, 이 사건에서와 같이 자녀의 법정후견인과 소송의 한쪽 당사자인 부인의 대리인이 같은 단체에 소속되어 이익이 충돌할 소지가 있는 경우에는 법정후견인이 자녀를 열성적으로 옹호하기에 곤란한 상황이 발생할 수도 있다.

3. 따라서 법정후견인을 해임하는 신청을 인용한다.

4. 로펌-법무법인과 공동사무소 등

【판례 4-47】 U.S. v. Bronston(United States Court of Appeals, Second Circuit; August 19, 1981; 658 F.2d 920)
소속 로펌의 다른 변호사가 수임한 사건 의뢰인의 경쟁자를 은밀하게 조력한 변호사의 행동이 우편사기에 해당한다고 본 사례

▌사실관계

1. 1977년 BusTop사는 뉴욕시로부터 지붕 달린 버스정류장 설치에 대한 20년의 독점사업권을 따내기 위해 경쟁력 강화 차원에서 Citicorp사와 Fifty-third Street Ventures사를 투자자로 끌어들였고, 이들은 로펌 Rosenman Colin의 Samuel Lindenbaum 변호사와 접촉하여 위 로펌을 변호사로 선임하였다. 당시 위 로펌의 파트너 변호사이자 뉴욕주 상원의원이던 피고인 Jack Bronston 변호사는 자신의 친구 Saul Steinberg도 지붕 달린 버스정류장 설치 독점사업권을 취득하기 위해 Rosenman Colin에 사건을 의뢰하려 한다는 사실을 알게 되었고, Lindenbaum 변호사에게 그 사정을 전달하였다. Lindenbaum 변호사가 Steinberg의 수임 요청을 거절하자, 피고인은 위 로펌의 소속 변호사를 시켜 Steinberg의 독점사업권 취득을 위해 명목상 회사인 C&S사를 설립하였고 위 로펌에 C&

S사를 대리할 것을 요청하였다. 그러나 위 로펌은 이미 BusTop사 투자자들을 대리하기로 했으므로 경쟁자인 C&S사를 대리하는 것이 불가능하다 답변했다.

2. 1977년 로펌 Stein Rosen & Ohrenstein이 C&S사를 대리하게 되었고 로펌 Rosenman Colin이 BusTop사 투자자들을 대리하는 업무를 계속하고 있었음에도 피고인은 비밀리에 C&S사와 관계를 유지하며 이사회에 참석하고 독점사업권 입찰에 대한 정보를 보고받았다. 또한 자신의 모든 업무에 대해 C&S사에 보수를 청구하여 받았다.

1977년 8월 25일 피고인과 Steinberg 및 그의 로펌 Stein Rosen은 회의에서 뉴욕시 예산위원회에 C&S사가 버스정류장 설치와 운영에 관한 계획을 시에 설명할 의향이 있음을 공개적으로 밝히는 편지를 보내기로 하고, Stein Rosen의 변호사들이 작성한 초안을 피고인이 검토하였으며 이에 대하여 변호사 보수를 청구하여 지급받았다.

1977년 10월 28일 피고인은 BusTop사가 아닌 C&S사에 독점사업권을 허락하는 것이 유익할 것이라는 편지를 그의 공식적인 상원 편지지에 직접 작성하여 뉴욕시 감사관에게 우편으로 발송하였다.

3. 미국 연방정부는 피고인을 신인의무 위반에 근거한 2건의 우편사기(mail fraud) 혐의로 기소하였고 1심에서 유죄판결을 받자 피고인은 항소하였다.

▌쟁점

로펌 소속 변호사가 로펌의 의뢰인과 입찰에서 경쟁하는 회사의 이익을 위해 돕고 발주처에 편지를 보낸 행위가 우편사기죄에 해당하는지 여부

▌법원의 판단

1. 단순한 신인의무 위반이 곧 우편사기가 되지는 않지만 신인의무에 따라 밝혀야 할 중요 정보를 감추는 것이 특정 당사자에 피해를 줄 경우 우편사기로 간주할 수도 있다.

이 사건에서 피고인은 로펌 Rosenman Colin 구성원으로서 로펌의 의뢰인인 BusTop사 투자자들에 대하여 신인의무를 부담한다. 피고인은 로펌의 의뢰인의 이익과 충돌되게 경쟁적으로 Steinberg와 C&S의 이익을 추구함으로써 신인의무를 위반하였다. 기망의 특정한 의사도 입증된다. 피고인은 그의 로펌이 BusTop사 투자자들을 대리함을 알면서 비밀리에 로펌의 의뢰인에게 알리지 않고, C&S가 독점사업권을 획득하기 위한 노력에서 지속적이고 중요한 역할을 수행하였다. 그의 로펌이 C&S를 위한 일에 관여하지 않도록 명시적으로 금지하였음에도 불구하고 그는 C&S의 입찰을 논의하는 회의에 자주 참석하였다. 또한 BusTop사의 입장에 대립되는 편지를 작성하거나 편지를 작성하는 데 참여함으로써 피고인은 BusTop사와 그 투자자들을 기망하는 계획에 관여하였다.

기망하는 계획을 입증하는 데에 필요한 중요 사실의 은폐도 입증된다. 또한 BusTop사와 그 투자자들을 기망하는 계획은 BusTop사 투자자들에게 실제로 경제적인 해를 가할 의도였고 그렇게 할 수 있는 것이었음이 기록상 명백하다. 피고인은 그의 행위가 유죄라면 충실하지 않거나 윤리적 의문이 있는 행위가 편지를 우송하는 것과 결합되면 모두 형사범죄가 되는 불합리가 있다고 주장하나, 이에 동의하지 않는다. 이 사건은 피해자로부터 그들이 5만 2,000달러를 지급한 로펌의 충실한 업무 수행을 빼앗아 간 것일 뿐 아니라 BusTop사가 그의 소액투자자들로부터 버스정류장 독점사업권을 빼앗은 것이다.

2. 1심판결을 유지한다.

【판례 4-48】 Picker Intern., Inc. v. Varian Associates, Inc. (United States District Court, N.D. Ohio, Eastern Division; October 13, 1987; 670 F.Supp. 1363)
이익이 상반되는 당사자를 각각 다른 소송에서 대리하는 로펌이 합병하는 경우의 이익충돌

▌사실관계

1987년 2월 1일 로펌 McDougall, Hersh & Scott(이하 'MH & S')과 로펌 Jones Day가 합병하였다. 합병 전 MH & S는 캘리포니아 남부지방법원에 계류 중인 Genus 사건을 포함한 다섯 개의 소송에서 Varian사를 대리하고 있었다. 20년간 Varian사는 MH & S에게 변호사 보수를 50만 달러 이상 지급하였다. 한편 원고 Picker사는 로펌 Jones Day가 1911년부터 대리하여 온 Jones Day의 주요 의뢰인이다.

두 로펌의 합병계획이 발표되자 Varian사는 오하이오주 북부지방법원에 계류 중인 특허침해소송의 상대방인 Picker사를 Jones Day가 대리하고 있으므로 합병으로 인한 이익충돌이 발생할 우려를 표명하였다(오하이오주에 계류 중인 이 사건에서는 MH & S가 Varian사를 대리하지 않았다). 1986년 12월 31일 MH & S는 정교한 차단장치(screening process)를 두어 Varian사 정보의 비밀을 유지할 수 있도록 하겠으니 합병 후 로펌이 오하이오주에서는 Picker사를 계속 대리하고, Genus 사건을 비롯한 다른 사건에서는 Varian사를 의뢰인으로 유지하는 데 동의해 달라고 요청하였다. Varian사는 이를 거절하고 오하이오주 지방법원에 Jones Day의 원고대리인 자격부인 신청을 하였다. 1987년 1월 27일 MH & S는 Varian사에게 변호사 직무수행규칙에 따라 1987년 1월 31일자로 Varian사를 대리하던 모든 사건에서 사임하여야만 한다고 통지하였다. 1987년 1월 30일 Varian사는 MH & S가 캘리포니아 법원의 허가를 받지 않는 한 Genus 사건에서 사임할 수

없음을 지적하고, Jones Day의 대리인 자격부인 신청에 대하여 오하이오주 지방법원에서 결정할 때까지 캘리포니아 법원에 사임 허가신청을 유예할 것을 요청하였다.

Varian사는 Genus 사건에서 자신을 대리할 변호사가 없어진다는 점에 대하여 우려를 표명하고, 1987년 2월 11일 Varian사는 합병 후 로펌의 일부 변호사들(종전 MH&S 소속)과 그들이 개인 자격으로 Varian사를 계속 대리하겠다는 약정서를 체결하였다.

쟁점

합병 후 로펌 Jones Day가 피고의 모든 사건으로부터 사임하고 원고를 대리하는 것이 변호사 직무책임준칙의 징계규칙(Disciplinary Rule) 5-105[83) 및 2-110(B)[84)에 위반되는지 여부

법원의 판단

1. 로펌은 수익성이 훨씬 더 높은 의뢰인을 행복하게 해주기 위해 의뢰인을 뜨거운 감자와 같이 떨어뜨릴 수는 없다. 이는 로펌이 모든 의뢰인에게 불가분적인 충실의무(duty of undivided loyalty)를 부담하기 때문이다. 합병 후 Varian사가 의뢰인이었던 적이 없다는 주장은 로펌의 솔직하지 못한 주장으로서 받아들이지 않는다. 합병 후 로펌은 이 소송에서 Picker사의 대리를 그만두어야 한다. 그렇게 해야만 로펌이 변호사에게

---

83) "다른 의뢰인의 이익으로 인하여 변호사의 독립적 전문직으로서의 판단이 영향을 받게 되는 경우의 수임거절 또는 사임

(A) 변호사는 그의 의뢰인을 위한 독립적 전문직으로서의 판단이 다른 의뢰인의 수임요청을 승낙함으로써 부정적으로 영향을 받거나 받을 가능성이 있는 경우 또는 그러한 수임요청 승낙으로 인하여 변호사가 서로 다른 이익을 대리하게 될 가능성이 있는 경우에는 5-105(C)에서 허용되는 경우가 아닌 한, 그 다른 의뢰인의 수임요청을 거절하여야 한다.

(B) 변호사는 그의 어느 한 의뢰인을 위한 독립적 전문직으로서의 판단이 다른 의뢰인을 대리함으로써 부정적으로 영향을 받거나 받을 가능성이 있는 경우 또는 복수의 수임으로 인하여 변호사가 서로 다른 이익을 대리하게 될 가능성이 있는 경우에는 5-105(C)에서 허용되는 경우가 아닌 한, 복수의 수임을 계속하여서는 안 된다.

(C) 5-105(A)와 (B)의 상황에서 변호사가 각 의뢰인의 이익을 충분히 대리할 수 있음이 명백하고, 각 의뢰인이 복수의 대리가 각 의뢰인을 위한 변호사의 독립적 전문직으로서의 판단에 미치는 가능한 효과에 대하여 완전한 설명을 들은 후 그러한 대리에 대하여 동의하였을 경우에만 복수의 의뢰인을 대리할 수 있다.

(D) 변호사가 징계규칙에 따라 수임을 거절하거나 사임하여야 하는 경우 자기 자신, 파트너 변호사, 소속 변호사, 또는 그나 그의 소속 로펌과 제휴한 어느 변호사도 수임을 승낙하거나 수임을 계속하여서는 안 된다."

84) "(B) 필수적 사임 : 다음의 경우 법정에서 의뢰인을 대리하는 변호사는 규칙상 요구되는 허가를 받아 사임하여야 하고, 다른 업무에서 의뢰인을 대리하는 변호사는 사임하여야 한다.

(1) (생략)

(2) 사건 수임을 계속하는 것이 징계규칙에 위반되는 것임이 명백하거나 이를 변호사가 알았을 경우

(3) (4) (생략)."

요구되는 윤리준칙에 따라 행동하게 된다.

2. MH & S가 징계규칙 2-110(B)에 따라 피고를 대리하는 모든 사건에서 사임하였다고 주장하지만, 이 조항은 MH & S가 아니라 합병 후 로펌 Jones Day가 따라야 할 조항이고, 이 조항에 의하면 합병 후 로펌은 피고를 대리하는 모든 사건으로부터 사임할 것이 아니라 이익충돌이 발생하는 사건으로부터 사임해야 한다.

3. 따라서 합병 후 로펌 Jones Day의 원고 소송대리인 자격을 부인하여 달라는 피고의 신청을 받아들인다.

【판례 4-49】 Picker Intern., Inc. v. Varian Associates, Inc.(United States Court of Appeals, Federal Circuit; March 7, 1989; 869 F.2d 578)
이익이 상반되는 당사자를 각각 다른 소송에서 대리하는 로펌이 합병하는 경우의 이익충돌

▌사실관계

원고 Picker사와 피고 Varian사 사이의 특허침해소송이 오하이오주 및 유타주에 계류 중이었다. 피고 Varian사는 오하이오주에서와 동일한 사유[85]를 들어 유타주 연방지방법원에 계류 중인 특허침해소송에서도 합병 후 로펌 Jones Day의 대리인 자격부인을 신청하였다. 오하이오주 및 유타주 연방 지방법원은 모두 피고의 신청을 인용하였고, 이에 원고가 항고하였다.

▌쟁점

변호사 직무책임준칙의 징계규칙 5-105, 2-110(B) 위반 여부 및 대리인 자격부인 여부

▌법원의 판단

1. MH & S가 Jones Day와 합병하면 합병 후 로펌이 Picker사를 계속 대리하기를 원하므로 합병 후 로펌은 MH & S의 현재 의뢰인인 Varian사에게 대립되는 입장을 취할 것이라는 점은 명백하다. 변호사는, 자신이 각 의뢰인의 이익을 충분히 대리할 수 있음이 명백하고, 복수의 대리가 각 의뢰인을 위한 변호사의 독립적 전문직으로서의 판단에 미치는 가능한 효과에 대하여 각 의뢰인에게 완전히 설명한 후 그러한 대리에 대하여 동의 받은 경우에만 복수의 의뢰인을 대리할 수 있다. Varian사의 동의를 얻지 못한

---

85) Picker Intern., Inc. v. Varian Associates, Inc.(United States District Court, N.D. Ohio, Eastern Division; October 13, 1987; 670 F.Supp. 1363) 위 【판례 4-48】 판결.

MH & S가 Varian사 대리를 사임함으로써 Picker사 대리를 계속하는 것을 정당화하려고 시도하였으나 그러한 일방적 사임으로는 합병으로 인한 이익충돌 문제를 해소하지 못한다. MH & S와 Jones Day는 징계규칙 5-105를 위반하였다.

2. MH & S가 합병 전에 Genus 사건에서 Varian사 대리를 사임한 것은 캘리포니아주 법원의 허가를 받지 않아 효력이 없고, 합병 후 로펌이 이익충돌되는 의뢰인을 동시에 대리하는 결과가 되었다.

3. 1987년 2월 11일 Varian사가 합병 후 로펌의 일부 변호사와 그들이 개인 자격으로 Genus 사건을 비롯한 몇 개의 소송을 대리하기로 하는 약정을 체결하였으나, 이 약정은 오하이오주 법원에서 Jones Day 자격부인에 대한 결정이 나오기 전이었고 Varian사로서는 로펌이 그 회사를 의뢰인으로 인정하지 않겠다고 하여 필요악으로 생각한 것으로 보이고, 이러한 강압적 상황(conditions of duress)하에서 작성한 약정서이므로 그 약정을 합병 후 로펌이 Picker사를 대리하는 데 대한 자발적 동의라고 할 수 없다. Jones Day가 모든 계류 중인 사건에서 더 선호하는 의뢰인을 계속 대리할 수 있도록 Varian사에게 이류 수준의 의뢰인 지위를 수락할 것을 강요하도록 허용되지 않는다.

4. 합병 후 로펌은 의뢰인 중 하나인 Varian사와의 관계를 종료하는 대신 이익충돌이 야기된 소송에서 사임해야 한다고 오하이오주 법원이 판시한 것은 재량권을 남용한 것이 아니다. 징계규칙 5-105에 따라 Jones Day가 소송에서 Picker사를 대리할 수 없다고 유타주 법원이 판시한 것은 재량권을 남용한 것이 아니다. 두 법원의 결정을 유지한다.

소수의견

자동적으로 자격이 부인된다고 볼 것이 아니라 사건을 지방법원으로 환송하여 자격부인에 대한 형량을 하여 판단하여야 한다.

【판례 4-50】 Harrison v. Fisons Corp. (United States District Court, M.D. Florida; April 14, 1993; 819 F.Supp. 1039)
로펌의 어느 한 사무소가 당해 소송과 관련 없는 다른 사무에서 대리해 온 의뢰인이 원고로 제기한 소송의 피고가 로펌의 다른 사무소에서 대리해 온 다른 의뢰인인 경우 로펌이 그 피고를 대리할 수 있는지 여부

사실관계

1. 여러 개의 사무소를 둔 대형 로펌 McDermott, Will & Emery(이하 'MW & E')는 재판부에 이 사건에 한하여(pro hac vice) 지역 변호사들과 함께 피고 Fisons Corporatio(이

하 'Fisons사')을 대리할 수 있도록 신청하였고, 원고들은 이에 이의를 제기하여 MW & E가 이 사건의 원고 명단에 포함된 First Union National Bank(이하 'FUNB')를 대리하고 있다는 이유로 MW & E와 그들의 변호인단 전원에 대한 자격부인을 신청하였다.

2. 당시 MW & E는 이 사건에서 쟁점이 된 특정 약물과 관련한 사건들에서 수년간 Fisons사를 대리해 오고 있었다. 한편, 양쪽의 신청이 제기된 시점에서 MW & E의 타 사무소에 속한 다른 변호사들은 다양한 사건에서 FUNB를 대리하였고, 이는 모두 Fisons사를 대리하는 것과는 무관한 사건들이었다. MW & E는 FUNB에 대한 대리 업무의 수행으로부터 사임하고자 하였고 FUNB에 관한 새로운 사건은 수임하지 않고 있었다.

3. FUNB가 이 사건의 원고에 포함된 것은 1990년 법원이 FUNB를 원고 중 미성년자인 James Bobby Harrison의 재산후견인으로 지정하였기 때문이다. 그런데 FUNB의 Harrison에 대한 신인의무, 그리고 피후견인의 재산관리에 대한 FUNB의 상업적 이해를 고려할 때, FUNB의 원고로서의 지위가 단순한 명목상 당사자에 그치지는 않았다.

쟁점

1. 쌍방 대리를 금지한 플로리다주 변호사 직무행위규칙 4-1.7(a)[86]의 적용 여부

2. MW & E의 주장

1) Harrison의 후견인은 FUNB가 아니라 그 계열인 Capital Management Group이므로, 규칙 4-1.13의 주석에 의하면 쌍방 대리로 인한 결격 사유에 해당하지 아니한다.

2) 소송 전이기는 하지만 이미 양 당사자 간에 상당한 정도의 접촉이 있었으므로 뒤늦은 결격의 판정은 피고 Fisons사에게 가혹한 처사가 된다.

3) MW & E의 변호사들은 FUNB의 기밀 정보에 접근할 권한이 없었기 때문에 본 소송에서의 소송대리 자격에 하자가 있는 것은 아니다.

4) MW & E는 FUNB와의 관계를 종료하고자 노력하였다.

법원의 판단

1. 위 규칙의 전문(前文)은 변호사의 윤리에 관한 규정을 소송절차상의 무기로 동원해서는 안 된다고 선언하고 있지만, 이익충돌의 문제가 제기되어 이를 판단하는 기준을

86) "(a) 대립되는 이익의 대리 :
다음의 경우를 제외하고는, 변호사는 어느 의뢰인을 대리하는 것이 다른 의뢰인의 이익과 직접적으로 대립되는 경우 그 의뢰인을 대리하여서는 안 된다.
(1) 그를 대리하여도 변호사의 다른 의뢰인에 대한 책임 및 관계에 부정적인 영향을 주지 않는다고 변호사가 합리적으로 믿고, 그리고
(2) 의뢰인이 협의 후 동의하였을 때."

세울 때 법원은 지속적으로 윤리규정에 근거하여 왔다. 종전 의뢰인의 이익과 상반되는 대리에 관한 윤리규정들과는 달리, '동시에' 의뢰인이 된 자들 간의 이익충돌에 관한 규칙 4-1.7(a)에는 의뢰인이 동의한 경우를 제외하는 예외는 존재하지 아니한다. 위 규칙의 주석은 "영향을 받는 의뢰인의 동의 없이 그의 이익과 직접 대립되는 대리를 하는 것은 의뢰인에 대한 충실의무상 금지되므로, 변호사는 다른 사건(그것이 전적으로 관련 없다고 하더라도)으로 대리 중인 사람을 상대로 하여 소송대리인(advocate)으로 행동해서는 아니 된다"라고 되어 있다.

2. 사실관계를 보면 MW & E가 이 소송의 개시 시점에 FUNB와 Fisons 양쪽의 변호사였음이 명백하고, 양측이 이를 알고 동의하지 않는 한 이들을 동시에 대리하는 것은 금지된다. FUNB는 동의를 거부하였으므로 MW & E와 그 소속 변호사들은 위 규칙 4-1.7과 4-1.10(a)[87]를 위반하였다고 판단된다.

3. MW & E의 주장 1)에 대하여 : 기록에 의하면 Capital Management Group은 독립된 법인이 아니라 FUNB의 경영 단위에 불과하므로 MW & E에는 관련된 규정이 문자 그대로 적용되며, 후견증서상으로도 FUNB가 Harrison의 후견인이므로 Captial Management Group이 아니라 FUNB가 MW & E의 의뢰인이라는 점에는 의심의 여지가 없다. FUNB가 Harrison의 후견인 지위를 포기하거나 후견 결격이 됨을 시사하는 어떤 점도 없으며, 후견관계는 MW & E가 Fisons를 대리하기 시작함과 동시에 독립적으로 개시되었다.

MW & E의 주장 2)에 대하여 : MW & E의 대리에 대한 결격판정은 Fisons에게 그들의 잘못과 무관하게 어려움을 주는 것이 되겠지만, 그렇다고 해서 쌍방 대리를 할 수 있도록 하는 것은 신인의무에 대한 FUNB의 적법한 기대를 침해하는 것이 되어 허용할 수 없다.

MW & E의 주장 3)에 대하여 : 그러한 권한이 없었던 것은 사실이지만 주장하는 바는 규칙 4-1.7의 적용과는 무관한 것이다. 각각의 대리 업무의 내용이 서로 상당한 관계가 없음은 FUNB가 과거의 대리인이었을 경우에는 의미를 가질 수 있을 것이지만(법원은 적어도 쌍방의 신청이 있었던 시점에서는 FUNB와 Fisons사에 대한 대리가 동시에 이루어지고 있었다고 판시하였다), 동시의 대리가 문제 되는 이 사건에서 MW & E가 주장하는 바는 의미를 가질 수 없다.

MW & E의 주장 4)에 대하여 : FUNB와의 관계를 종료하려는 노력을 하였다고 해도 결론에는 변함이 없다.

4. 변호사는 의뢰인을 계속 대리하는 것이 곤란해졌을 때 그 의뢰인을 포기함으로써

---

87) 규칙 4-1.7(a) 위반이 되면 그 로펌에 속한 모든 변호사들이 결격이 된다는 내용이다.

윤리적 책임을 회피해서는 안 되며, 변호사에게 더 매력적인 대리만을 골라 가며 할 수 있도록 허용한다면 이는 의뢰인에 대한 신인의무라는 개념을 근본부터 훼손하는 일이라 할 것이다. 변호사 업무에서 전문직업윤리는 희미해지고 비즈니스의 속성이 강화되고 있다고는 하나, 변호사와 의뢰인 간의 관계에는 일반 상거래에서의 판매자-소비자 관계와는 다른 점이 엄연히 존재한다. 변호사만이 사법부로의 통로가 될 수 있고 법률영업을 영위할 수 있으며 의뢰인의 특별한 신뢰를 받는 만큼, 변호사는 이익충돌에 있어 금전적 이익 이상의 그 무엇을 생각하여야 한다. 오늘날의 법률영업에 경영상의 압력이 있다고 하여 그것이 의뢰인이라면 누구나 로펌에 대해 가질 권리가 있는 불가분적이고 확실한 충실성에 대한 기대를 침식하도록 해서는 안 된다.

5. 원고들의 MW & E에 대한 피고대리인 자격부인 신청을 인용한다.

【판례 4-51】 Hempstead Video, Inc. v. Incorporated Village of Valley Stream (United States Court of Appeals, Second Circuit; May 31, 2005; 409 F.3d 127)
'of counsel'로 로펌에 소속된 변호사의 개인적인 의뢰인을 상대방으로 하는 소송을 로펌이 수임한 사례

▌사실관계

성인용 비디오를 취급하는 원고 Hempstead Video(이하 'HV사')는 피고 Valley Stream 시에 가게를 열었으나 피고가 영업 허가를 내주지 않자 헌법상 권리를 침해당했다며 소를 제기하였다. 이후 양 당사자는 가게 인테리어, 가게 이름, 상품 광고 방법, 영업 규제 등에 대해 조건을 정하여 합의하였다. 이후 HV사는 성인 비디오물을 재생하는 밀폐된 부스 여섯 개를 설치하였고 이에 피고는 이 행위가 합의 위반이라고 주장하였으나 협상이 실패하자 치안판사 주재하에 2003년 8월 증거심리를 위한 예비청문회가 열렸다.

피고를 대리하는 로펌 Jaspan에는 William Englander 변호사가 'of counsel'[88]로 재직 중이었는데, 그는 지난 20년간 개인 변호사로서 원고의 소유자 James Alessandria와 그의 사업 노조와 관련된 사무를 담당했다. 2003년 4월 Englander 변호사는 평등고용위원회(Equal Employment Opportunity Commission, 이하 'EEOC')와 Elena Winter가 HV사를 상대로 제기한 소송에서 HV사의 소송대리인들을 조력했으며 같은 해 7월 노령을 이유로 자신이 수임한 몇몇의 사건을 Jaspan에 맡기고 'of counsel'로 근무하는 데 동의

88) 로펌에 소속된 변호사 중 파트너 변호사나 소속 변호사(associate)가 아닌 특별한 지위의 변호사.

하였다. Englander 변호사는 Alessandria와 HV사 관련 사무는 Jaspan에 넘기지 않은 채 개인적으로 담당하고 있었는데, Jaspan은 이에 관해 아무 정보도 알지 못하였다.

2003년 6월 Jaspan에 합류한 Jon Santemma 변호사는 같은 해 7월 다른 마을에서 Alessandria를 상대로 제기된 소송에 대해 Alessandria와 전화로 10분간 상담한 적이 있었다. 그러나 Santemma 변호사는 Alessandria의 변호사로 선임된 바는 없고, 다른 사람에게 위와 같은 사실을 알리지 않았다.

원고는 이러한 사정을 근거로 피고의 소송대리인 로펌 Jaspan의 대리인 자격부인을 신청하였으나 치안판사는 이를 기각하였고, 본안에서 원고가 부스 여섯 개를 설치한 것이 합의 위반이라는 피고의 주장을 받아들였다. 이에 원고는 항소하였다.

▮ 쟁점

1. 'of counsel' 변호사인 Englander 변호사의 이익충돌이 소속 로펌에 전가되는지 여부

2. 정보공유 추정(presumption of shared confidences)이 깨지는지 여부

3. Santemma 변호사와 Alessandria의 전화통화를 변호사와 잠재적 의뢰인 간의 접촉으로 볼 수 있는지 여부

▮ 법원의 판단

1. Englander 변호사의 이익충돌을 Jaspan에게 전가하기에는 둘 사이의 관계가 너무 멀다. Englander 변호사는 'of counsel'로 근무하면서 자신이 수임한 사건 전부를 Jaspan에 이전한 것이 아니라 몇몇 의뢰인의 사건만 로펌에 넘기고, HV사와 Alessandria 건을 포함한 그 이외의 사건은 자신이 직접 독립적인 변호사로 업무를 처리하였으며 Jaspan은 Englander의 개인적인 의뢰인의 기밀 정보에 대해서는 전혀 아는 바가 없었다.

2. 설령 Englander 변호사의 이익충돌이 Jaspan에게 전가된다고 하더라도 Englander 변호사가 Jaspan에 이전하지 않은 자신의 의뢰인에 대한 정보에 Jaspan이 접근하는 것을 완벽히 차단하였다는 사실과 그의 'of counsel'이라는 지위는 추정된 정보 공유를 반박할 충분한 근거를 제공한다.

3. Alessandria가 Santemma 변호사와 상담한 사건에 HV사가 관련되어 있는지 불분명할 뿐만 아니라 특히 본 소송의 사건과는 아무런 관련이 없다. 따라서 이 전화통화를 이유로 Santemma 변호사가 잠재적 의뢰인과 접촉한 것으로 보아 이익충돌 상황이 존재한다고 인정할 수는 없다.

4. 원고의 항소는 이유 없다. 1심판결을 유지한다.

【판례 4-52】 Dieter v. Regents of Univ. of Cal.(United States District Court, E.D. California; April 21, 1997; 963 F.Supp. 908)
소속 로펌을 옮긴 변호사가 종전 로펌 재직 시 직접 관여하지 않은 사건이지만 재직 시 그 로펌이 수임하였던 사건과 관련된 다른 사건에서 그 로펌의 의뢰인에 대한 상대방을 대리할 수 있는지 여부

▌사실관계

원고 Douglas Dieter는 Amit Nagpal이 소유한(이후 USPCI사의 소유가 되었다) Solvent Service사에 고용되어 일하던 중 증기분사를 통해 토양의 오염물질을 제거하는 기술을 발명하였고 Nagpal과 Solvent사의 도움으로 '266 특허를 출원하였다. 원고는 특허의 일부분을 Solvent사에 양도하였고, UC Regents 또한 같은 기술에 대해 '576 특허를 출원하였다. 원고는 UC Regents의 '576 특허는 '266 특허를 도용한 것이라 제소하였고 Nagpal과 USPCI사에 대해서는 라이선스계약 위반을 이유로 소를 제기하였다. 두 소송은 모두 기각되었고 UC Regents는 오히려 Dieter, Nagpal, USPCI사를 상대로 '576 특허침해 등을 이유로 반소를 제기하였다. 이에 피고 Nagpal과 USPCI는 이러한 반소에 관하여 UC Regents의 소송대리인 자격이 부인되어야 한다고 주장하였다.

이 사건에서 UC Regents의 소송대리인은 로펌 Arnold, White & Durkee에 소속된 Gerald Dodson 변호사, David Blisker 변호사, Mark Dickson 변호사(이하 '3인의 변호사')이며 이 3인의 변호사는 1989년부터 1992년까지 로펌 Townsend & Townsend(이하 'T & T')에 근무한 바 있다. 이전에 T & T는 USPCI사와 수임계약을 체결하고 '266 특허출원 신청을 준비할 것을 지시받았을 때 Solvent사 및 USPCI사의 직원 명부, 사업 내용, 과학 연구 등의 정보를 제공받았던 적이 있다. 그러나 3인의 변호사는 '266 특허관련 업무를 하였던 T & T의 Palo Alto 사무실과는 별개의 사무실에서 근무하였으며 Solvent사 또는 USPCI사의 일과 무관하였다.

▌쟁점

3인의 변호사가 이 사건 소송에서 UC Regents를 대리하고 있는 것과 이들이 예전에 일한 적 있는 로펌 T & T가 '266 특허와 관련하여 USPCI사를 대리한 것의 관련성 여부

▌법원의 판단

1. 변호사 직무행위규칙 1.9(b)[89]에 따르면 변호사는 이전에 소속되어 있던 로펌이

---

89) "(b) 변호사가 종전에 소속되어 있던 로펌이 종전에 의뢰인을 대리한 사안과 동일한 사안이나 실질적으로

대리한 의뢰인에 관한 중대한 정보를 취득하였을 때 그 의뢰인을 상대로 하는 사건의 대리를 맡는 것이 금지된다. 그러나 T & T는 규모가 상당한 로펌이고 3인의 변호사는 '266 특허 출원에 대해 전혀 몰랐을 뿐 아니라 출원 업무를 담당했던 T & T의 Palo Alto 사무실이 아닌 San Francisco 사무소에서 일하였다. 따라서 3인의 변호사가 단순히 T & T에 근무하였다는 사실만으로 신청인에 대한 중대한 정보를 알고 있다고 판단할 수 없다.

2. 3인의 변호사는 T & T에 근무 당시 로펌이 Solvent사와 USPCI사를 위해 행하였던 업무와는 무관하므로 이 사건 소송에서 이들의 대리인 자격을 부인할 것은 아니다.

【판례 4-53】 Nemours Foundation v. Gilbane, Aetna, Federal Ins. Co. (United States District Court, D. Delaware; March 27, 1986; 632 F.Supp. 418)
일방 당사자를 대리하던 로펌에 근무하던 변호사가 상대방을 대리하는 로펌으로 옮겨 간 경우 정보의 차단이 이루어졌음을 이유로 로펌의 대리인 자격 부인 신청을 기각한 사례

▌사실관계

이 사건 소송은 어린이 병원 건설을 둘러싸고 Nemours Foundation(이하 'Nemours 재단')과 Pierce Associates, Inc.(이하 'Pierce사'), Gilbane Building Company(이하 'Gilbane사') 사이에 벌어진 복잡한 민사소송으로, Gilbane사는 이 건설프로젝트의 주계약자이고 Pierce사는 Gilbane사의 하도급업체이며, Nemours 재단은 이 프로젝트의 발주자였다. 이들 외에 Furlow Associates, Inc.(이하 'Furlow사')는 기계 엔지니어링 회사이다. 처음에 Nemours 재단이 소를 제기하면서 이 사건 소송이 시작되었으나 소송 계속 중 Gilbane사는 Pierce사를 상대로 반소를, Nemours 재단과 Furlow사를 상대로 새로운 소(third party claim)를 제기하였다. Pierce사 역시 Nemours 재단에 대해 반소를 제기하였고, Nemours 재단 또한 Pierce사를 상대로 본소 외에 반소에 대한 반소를 제기하였다.

Nemours 재단은 피고 Pierce사의 소송대리를 맡은 Biggs & Battaglia(이하 'B&B')의 소속 변호사인 Paul Bradly가 이 소송에서 Furlow사의 대리인이자 Nemours 재단의

관련된 사안에서 (1) 종전 의뢰인의 이익이 그 (대리하려는) 사람과 중대하게 대립되고, (2) 종전 의뢰인에 대해서 변호사가 규칙 1.6과 1.9(c)에 의해서 보호되는 정보를 가지고 있으며 그것이 그 사안에서 중요한 경우, 변호사는 다른 사람을 대리할 수 없다. 다만 종전 의뢰인이 문서로써 설명 있는 동의를 한 때는 그러하지 아니하다."

공동대리인인 Howard M. Berg & Associates(이하 'Berg')의 소속 변호사로 일했던 사실이 있으므로, 이익충돌을 이유로 들어 B&B의 대리인 자격부인을 신청하였다.

Bradly 변호사는 종래 Berg의 소속 변호사로서 다른 변호사를 도와 Furlow사 사건 관련 업무를 처리하였다. Bradly 변호사는 당사자 간 합의 도달을 위한 약식 재판을 준비하는 역할을 하기도 했고 당사자와 중재인에게 배부되었던 자료집을 작성하기도 했으며, Furlow사가 제기한 소송과 관련하여 제공한 Nemours 재단의 여러 서류도 검토하였다. 그러나 Bradly 변호사는 위 약식 재판이 끝난 후 Furlow사의 사건에서 물러났고, 그후 Pierce사를 대리하는 B&B로 이직하였다. B&B에서는 Bradly 변호사와 위 사건의 연관성에 대해 전혀 모르는 상태였으나 나중에 이를 알고 Bradly 변호사를 위 사건에서 완전히 제외하였으며, 이와 관련된 어떠한 자료에도 접근하지 못하게 하였다.

▌쟁점

1. Bradly 변호사는 종전에 Furlow사를 대리하였고 Nemours 재단과는 직접적인 변호사-의뢰인 관계를 맺은 사실이 없음에도 불구하고, 델라웨어주 변호사 직무행위규칙 1.9[90]에 반하여 이익충돌이 존재한다고 할 수 있는지 여부

2. Bradly 변호사에게 이익충돌이 존재한다고 하더라도, 로펌 B & B가 Bradly 변호사를 이 사건 소송에서 제외시킨 이상 Bradly 변호사만이 아닌 로펌 B & B 전체가 위 규칙 1.10[91] 위반으로 대리인 자격이 부인되어야 하는지 여부

▌법원의 판단

1. 규칙 1.9를 적용하기 위해서는 변호사-의뢰인 관계가 존재하였어야 한다. Bradly 변호사가 Nemours 재단을 직접 대리한 것은 아니지만 이익충돌이 존재하는지 판단하는

---

90) 이익충돌 : 종전 의뢰인

이전에 어느 사안에서 의뢰인을 대리하였던 변호사는 그후 다음 행위를 하여서는 안 된다.

(a) 종전 의뢰인의 협의 후 동의 없이, 동일하거나 실질적으로 관련된 사안에서 종전 의뢰인의 이익과 중대하게 대립되는 이익을 가진 사람을 대리하는 행위

(b) 규칙 1.6에서 허용하는 경우 또는 그 정보가 일반적으로 알려진 경우를 제외하고, 종전 의뢰인 대리에 관련된 정보를 종전 의뢰인에게 불리하게 사용하는 행위

91) 자격부인의 전가 : 일반 규칙

(a) 로펌 소속 변호사 중 한 사람이 대리를 하는 것이 규칙 1.7, 1.8(c), 1.9에 의해 금지되는 경우에 로펌 소속 변호사 중 누구도 이를 알면서 의뢰인을 대리하여서는 아니 된다.

(b) 변호사가 어떤 로펌에 소속되었을 때 그 로펌은, 해당 변호사 또는 그가 종전에 속했던 로펌이 의뢰인을 대리하고, 해당 변호사가 그 의뢰인에 관하여 규칙 1.6과 1.9(b)에서 보호되며, 그 사안에 대해 중요한 정보를 지득한 경우, 그 대리한 사안과 동일하거나 실질적으로 관련 있는 사안에서 그 의뢰인의 이익과 중대하게 대립되는 이익을 가진 사람을 그 사실을 알면서 대리해서는 아니 된다.

목적에 비추어 Nemours 재단을 '종전 의뢰인'이라고 해야 하는 것은 자명하다. Bradly 변호사는 Furlow사를 대리하던 당시 Nemours 재단의 기밀문서를 검토하였다. 직접적인 변호사－의뢰인 관계가 없었다고 할지라도, Nemours 재단은 자신에 관한 정보를 Berg가 Nemours 재단의 이익을 위해 소송상 사용하리라는 믿음에 근거하여 제공하였다고 할 수 있기 때문에, 신인의무 또는 묵시적 직무수행관계가 존재한다고 할 수 있다.

나아가 Pierce사가 제기한 소송이 Bradly 변호사가 Furlow사를 대리했던 문제와 실질적으로 관련되고 Pierce사의 이익과 Nemours 재단의 이익이 상반되며, '종전 의뢰인'으로 취급받게 되는 Nemours 재단이 이에 동의한 바도 없으므로 이익충돌을 이유로 Bradly 변호사의 대리인 자격이 부인되어야 마땅하다.

2. 규칙 1.10(b)에서는 변호사 개인이 규칙 1.9에 해당하여 대리인 자격이 부인되는 경우 그 자격부인이 로펌 전체에 적용된다는 내용을 담고 있다. 그런데 여기에는 명백한 예외가 있다. 규칙 1.11은 이전에 정부에 소속되어 있던 변호사에 대하여 해당 변호사가 해당 문제에 접근하는 것이 차단되는 경우, 그 변호사의 소속 로펌은 계속해서 대리할 수 있다고 규정하고 있다.

이 법원이 소속된 연방 항소법원 관할의 다른 지방법원은 INA Underwriters Insurance Co. v. Rubin, 635 F.Supp. 1(E.D.Pa. 1983) 등 판결을 통해서 이른바 차단벽(chinese wall) 개념을 받아들였고, 다른 항소법원이나 학계에서 역시 이를 받아들인 바 있다.

Bradly 변호사는 종전 의뢰인의 비밀을 지켜야 할 의무가 있으나, 이 법원은 Bradly 변호사가 그러한 의무를 저버렸다고 할 어떠한 사항도 발견하지 못하였다. Bradly 변호사는 그 문제에 관한 대화에 참여하거나 관련 서류를 보거나 기타 정보에 접근하는 등 일체의 행동을 한 바 없다. Bradly 변호사의 이러한 행동은 그가 규칙 1.6에 따른 비밀유지의무를 준수하고 있음을 의미한다. 로펌을 옮겼을 때 어떠한 관련 서류도 유출한 사실이 없을 뿐 아니라, 그가 Berg에 있을 때 다루었던 정보는 주로 비밀이 아닌 정보였으며 그의 기억 역시 시간의 경과에 따라 희미해지고 있다.

나아가 Bradly 변호사가 스스로 비밀을 유지한 것을 넘어서 B & B는 효과적인 차단장치를 마련하였고 그 이전이나 이후 B & B의 다른 변호사들에게 어떠한 정보도 공개되지 않았으며, 나아가 Pierce사 관련 파일이 다른 파일들과 별도의 장소에 분리되어 있었기 때문에 Bradly 변호사는 그 파일이 어디에 있는지조차 알지 못하였다.

나아가 Bradly 변호사는 Berg에서 근무할 당시 이 사건과 관련하여 주도적 역할을 하는 변호사(lead counsel)가 아니었으며 단지 신참 소속 변호사로서 참여한 것에 불과하였다. 그나마 Bradly는 겨우 4개월이라는 짧은 기간 동안만 그 사건에 참여했고 8개월 만에 Berg를 떠나게 되었다. 따라서 이 사건에서 로펌 B & B 전체의 소송대리인 자격을 부인할 필요는 없다.

【판례 4-54】 Brown v. Daniel(United States District Court, D. South Carolina, Columbia Division; July 20, 1998; 180 F.R.D. 298)
원고대리인이 소속된 로펌의 대표 변호사가 당해 소송에서 증인이 되었다면 그 대리인과 로펌 전체의 자격을 부인할 수 있는지 여부

▮사실관계

이 사건 민사소송 제기 전인 1990년 원고의 피상속인인 Luther L. Taylor, Jr.는 그가 기소된 사건에서 로펌 Collins & Lacy의 대표 변호사인 Joel W. Collins, Jr.를 변호인으로 선임하였다. 1990년 9월 Collins 변호사는 형사 사건의 공판 전 신청절차에서 공소권남용이 있었다고 주장하였다. 이 형사소송에 관한 언론 보도가 이루어지면서 Collins 변호사가 자주 언급되었다.

이후 Taylor가 1997년 3월 사망하자, 원고는 이 사건 민사소송을 제기하면서 Taylor를 장기간 변호한 점을 고려하여 로펌 Collins & Lacy를 선임하였고 소속 Arthur K. Aiken 변호사가 소송대리인이 되었다. 원고는 Collins & Lacy의 자격부인 문제가 제기될 수 있음을 잘 알고 있었으며, 그럼에도 불구하고 여전히 Collins & Lacy를 대리인으로 선임한다는 내용의 진술서(affidavit)를 법원에 제출하였다. 한편 원고는 이 사건 민사소송에서 Collins와 위 로펌의 법률보조원으로 근무했던 그의 부인 Rhonda P. Collins를 증인으로 신청한 상태였다.

피고 측은 Aiken 변호사가 위 Taylor 형사소송의 양형절차에 참여하였던 만큼 증인으로 출석하여야 될 가능성이 높음을 이유로 Aiken 변호사에 대하여 자격부인 신청을 하였다. 또 피고 측은 Collins 변호사가 증인으로 출석하게 된 만큼 사우스캐롤라이나 주 변호사 직무행위규칙 3.7[92]에 근거하여 Collins 변호사의 자격부인을 신청하였다.

또한 피고 측은 로펌 Collins & Lacy에 대하여도 ① 변호사와 증인 사이에 역할의 혼동이 있을 수 있으며, ② Aiken 변호사가 그의 동료인 Collins 변호사의 증언의 신빙성

92) "(a) 변호사는 그가 필요한 증인으로 될 가능성이 있는 사실심에서 소송대리인으로 활동하여서는 아니 된다. 다만 다음의 경우에는 그러하지 아니하다.
(1) 증언이 다툼 없는 쟁점에 관한 경우,
(2) 증언이 그 사건에서 제공되는 법률서비스의 성격과 가치에 관한 경우, 또는
(3) 변호사의 자격부인이 의뢰인에게 상당한 장애로 작용하는 경우
(b) 규칙 1.7 또는 규칙 1.9에서 금지되지 않는 한, 변호사는 소속 로펌의 다른 변호사가 증인으로 소환될 가능성이 있는 사실심에서 소송대리인으로 활동할 수 있다."

을 다투어야 할 수 있고 ③ Collins 변호사와 피고 측 사이에는 이미 심각한 적대관계가 형성되어 있으며, ④ Collins 변호사의 증언은 원고의 공격방법에 있어 필수적이라는 등의 이유로 자격부인을 신청하였다.

한편 피고 측은 Collins 변호사가 이미 사건과 관련하여 언론에 언급되어 왔고 현재도 계속해서 언론에 개입하려 하는 만큼, 소송절차 전 홍보(pretrial publicity) 문제를 제기하였다.

▮ 쟁점

원고 측 대리인 소속 로펌의 대표 변호사가 증인이 되었다는 사정하에서 사우스캐롤라이나주 변호사 직무행위규칙 3.7에 의하여 그 소송대리인인 변호사와 로펌 전체의 대리인 자격을 부인할 수 있는지 여부

▮ 법원의 판단

1. 피고 측은 Aiken 변호사가 어떻게 양형절차에 참여하였는지 또는 그가 증인으로써 어떤 중요한 증언을 하게 될지에 대하여 구체적인 내용을 제시하지 않고 있으므로, 이 신청은 더 이상 고려할 가치가 없어 기각한다.

2. 원고 측에서는 Collins 변호사를 이 사건 소송에서 대리인으로 선임하지 않고 증인으로만 신청할 것임을 인정하였다. 따라서 그에 대한 자격부인 신청은 이유 없다.

3. 단순히 개인에 대한 자격부인 신청도 소송 전체에 큰 영향을 준다는 점을 고려할 때, 법원이 징계강령을 지나치게 기계적으로 적용하면 당사자가 대리인을 자유롭게 선택할 권리를 침해할 수 있으며, 법원은 자격부인 신청이 전략적인 이유에서 남용될 수 있음도 고려해야 한다. 나아가 로펌 전체를 자격부인하는 데에는 변호사 개인을 자격부인하는 것보다 더 강한 근거가 필요하다는 것이 판례의 입장이다. 특히 직무행위표준규칙 3.7에 대한 판례의 해석은 당사자의 대리인 선택권을 더 널리 인정하는 입장이다.

이러한 입장에 따라 자격부인 결정이 소송 전체에 미치는 중대한 효과를 고려할 때, ① Collins 변호사가 대리인이 아니라 단지 증인으로서만 출석하게 되었으므로 대리인-증인 사이의 역할 혼란의 문제나 당사자 간 적대성의 문제가 현저히 완화되었다는 점, ② 피고 측에서는 반대신문 과정을 통하여 Collins 변호사의 증언의 신빙성 문제를 배심원들에게 제기할 수 있다는 점, ③ 이 사건의 사실관계를 고려할 때 양 당사자의 대리인 모두가 증인으로 신청될 가능성이 높고, 그렇게 되면 배심원이 단지 Collins가 변호사라는 이유만으로 그의 증언의 신빙성을 높게 판단하는 문제는 해결될 수 있다는 점, ④ 원고가 제출한 진술서에 의하면 그가 자격부인의 문제를 잘 이해하면서도 여전히

Collins & Lacy를 대리인으로 선택하고 있는 점 등으로 미루어 이 사건에서는 로펌 전체에 대한 자격부인까지는 인정할 수 없다.

나아가 설사 자격부인 사유가 인정되더라도 이 사건에서는 규칙 3.7의 예외가 인정된다고 판단한다. 규칙 3.7을 적용함에 있어 만약 문제 된 대리인(및 소속 로펌)의 자격을 부인하는 것이 그 당사자에게 상당한 장애로 작용하게 되는 경우, 법원은 자격부인 신청을 기각할 수 있다. 다만 그러한 예외는 좁게 해석되는바, 판례에 따르면 통상적인 대리인 교체의 과정에서 발생하게 마련인 어느 정도의 추가비용이나 절차지연의 사유만으로는 예외사유로 인정되지 않는다. 판례에 따르면, 증거개시절차를 통하여 상당한 관련 정보를 알고 있었는데 자격부인으로 인하여 이를 잃게 되는 경우와 같은 정도의 장애가 있는 경우에만 예외사유가 인정될 수 있을 것이다.

이 사건에서는 이러한 상당한 장애가 존재할 수 있음이 인정된다. 대상 사건은 장기간 진행되어 왔고 매우 많은 사실관계를 포함하고 있어 복잡한 성질의 것으로 판단된다. 또한 Collins & Lacy는 8년여에 걸쳐 Taylor와 Brown의 변호 및 대리를 하여 왔고, 이에 따라 친밀한 관계를 형성하고 있다. 나아가 Collins & Lacy는 이 사건 및 관련된 형사소송에 관하여 커다란 경험과 정보를 가지고 있다. 따라서 이 사건에서 위 로펌의 대리인 자격부인 신청은 기각되어야 한다.

4. 규칙 3.6[93]에 관하여는 예외가 인정될 수 있지만 원고 측에서는 이를 주장하지 않고 있으므로 3.6의 문언 그대로 판단하기로 한다. 따라서 만약 앞으로 원고 측 대리인이나 소속 로펌, 또는 원고 측 신청 증인이 추가적인 대외적 진술을 하게 되는 경우에는 자격부인과 관련하여 새로운 심리가 이루어질 수 있음을 밝히는 바이다.

【판례 4-55】 McQueen, Rains & Tresch, LLP v. Citgo Petroleum Corp. (United States District Court; November 17, 2008; 2008 WL 4936311)
로펌-의뢰인 간의 보수금 지급청구소송이 계속된 법원에 당해 로펌 소속이던 변호사가 이직하여 로클럭으로 근무하게 된 경우 그 법원에서 소송을 계속 진행하여도 무방한지 여부

▌사실관계

2007년 6월 로펌 McQueen, Rains & Tresch(이하 'MRT')가 Citgo사를 상대로 오클라

93) "사안의 조사나 소송에 참여하고 있거나 참여한 변호사는, 법정외에서의 진술이 그 사안의 재판절차를 중대하게 해할 상당한 개연성이 있음을 그 변호사가 알거나 합리적으로 알아야 할 경우에는, 합리적인 사람이라면 공적 매체를 통해서 유포될 것으로 예상하는 법정외에서의 진술을 하여서는 안 된다."

호마주 북부지방법원에 보수금 지급청구소송을 제기하였다. 그런데 이 법원에는 MRT의 파트너 변호사였던 McQueen 변호사가 Frizzel 판사의 로클럭으로 2008년 9월 23일부터 근무하기 시작하였다. McQueen 변호사에 따르면 자신이 먼저 나서서 로클럭 일자리를 찾은 것이 아니고 그 자리를 제안받았다고 한다. Citgo사는 McQueen 변호사가 이 사건을 직접 배당받은 것은 아니지만 간접적으로 영향을 줄 수 있는 지위에 있고, 소송에 직접적인 영향은 없다고 하더라도 객관적으로 볼 때 불공정한 재판의 우려가 있다고 주장하였다.

피고는 이 소송을 오클라호마주 동부 또는 서부지방법원, 텍사스주 남부지방법원 가운데 한 곳으로 이송해 줄 것을 신청하였고, 예비적으로는 배심 재판을 진행해 줄 것을 신청하였다.

▮쟁점

보수금 지급청구소송을 제기한 로펌의 파트너 변호사가 소송이 제기된 지방법원에서 로클럭으로 근무하고 있는 것이 이송의 사유가 될 수 있는지 여부

▮법원의 판단

1. McQueen이 로클럭으로 근무하고 있다는 사유만으로 이송을 명할 수는 없다.

2. 피고는 오클라호마주 북부지방법원에서의 재판이 당사자 또는 증인에게 불편을 준다는 점을 증명하지 못하였기 때문에 피고의 이송 신청을 기각한다. 28 USC s 1404(a)[94)]에 따르면 당사자와 증인의 편의를 위한 관할 이전만 인정될 것이며, 그러한 점이 입증되지 않을 경우 원고의 관할선택권이 보장되어야 한다.

3. 소를 제기한 지 1년 이상 경과하였더라도 그 필요성이 인정된다면 배심원 재판으로 절차를 진행할 수는 있다. 하지만 McQueen이 로클럭으로 근무하고 있다는 사정만으로 배심원 재판 신청을 받아들일 수는 없다. 피고 Citgo사는 공개된 정보를 통해 로클럭의 업무와 재판부의 협력관계를 제시하였다. 하지만 이것이 바로 McQueen의 경우에 이익충돌 상황이 존재한다는 것을 의미하지는 않는다. McQueen은 Frizzel 판사 밑에서 로클럭으로 일하고 있을 뿐 당해 사안에는 전혀 관여하고 있지 않다. McQueen은 사안에 영향을 주려는 일체의 시도를 하지 않을 윤리적 의무를 부담할 뿐이지, 현 상황에서는 이 사건 소송을 배심 재판으로 전환할 이유가 인정되지 않는다.

94) "법원은 당사자와 증인의 편의를 위해 처음에 소가 제기될 수 있었던 법원으로 이송할 수 있다."

제5장

광고와 의뢰인 유치활동

1. 변호사 광고 규제

1.1 광고 규제의 위헌 여부

【판례 5-1】 Bates v. State Bar of Arizona(Supreme Court of the United States; June 27, 1977; 433 U.S. 350)
변호사 광고 규제가 표현의 자유를 침해하여 위헌인지 여부

▌사실관계

원고 John Bates 변호사와 Van O'Steen 변호사는 1972년 애리조나주 변호사 자격을 취득한 후 마리코파카운티 법률구조협회에서 일하다가 1974년 3월 'legal clinic'이라는 이름으로 법률사무소를 개설하였다. 이 법률사무소는 어느 정도의 소득이 있어서 법률구조를 받을 자격이 없는 사람들을 위하여 저렴한 보수로 법률서비스를 제공하는 것을 목적으로 하였다. 사무직원을 활용하고, 표준화된 서류양식으로 처리비용을 절감할 수 있는 단순하고 일상적(routine)인 법률사무(예 : 다툼 없는 이혼, 다툼 없는 입양, 단순한 개

인파산, 개명)만 취급하였다. 변호사 보수를 낮게 정하였기 때문에 Bates와 O'Steen은 많은 양의 법률사무를 필요로 하였다.

Bates와 O'Steen은 2년간 이렇게 법률사무를 처리한 후 광고의 필요성을 느끼고 1976년 2월 22일 피닉스 지역에서 발간되는 일간신문 『Arizona Republic』에 아래와 같이 "DO YOU NEED A LAWYER? LEGAL SERVICES AT VERY REASONABLE FEES"라고 하여 그들의 법률서비스에 대한 보수 기준을 광고하였다.

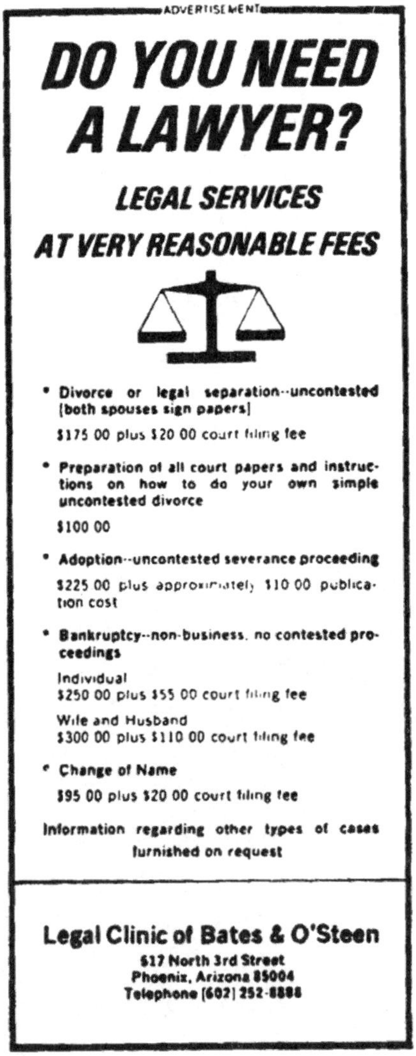

애리조나주 대법원이 정한 징계규칙 2-101(B)[1]는 변호사가 신문 · 잡지 · 방송 · 전화번호부 · 기타 방법으로 광고하는 것을 금지하였고, Bates와 O'Steen은 그들의 광고가 이 규칙 위반임을 인정하였다. 애리조나 변호사회 이사회는 1주일 자격정지 징계 처분을 권고하였다.

원고는 애리조나 대법원의 징계규칙이 경쟁제한적 효과가 있으므로 셔먼법(Sherman Act) 위반이고, 또한 수정헌법 1조 위반이라고 주장하며 애리조나 대법원에 심사를 청구하였으나, 애리조나 대법원은 이를 기각하였다.

▌쟁점

1. 변호사의 광고를 금지하는 주(州)의 규제가 경쟁을 제한하기 때문에 셔먼법에 위반되는지 여부

2. 문제 된 광고에 징계에 관한 규칙을 적용하는 것이 수정헌법 1조 위반인지 여부

▌법원의 판단

1. Parker v. Brown, 317 U.S. 341, 63 S.Ct. 307, 87 L.Ed. 315(1943) 등 종전의 판례에 의하면 셔먼법은 주의 일정한 국가행위(state action)에 대하여는 적용되지 않는다고 판시하였고, 건포도 관련 Parker 사건에서는 주가 주권자로서 셔먼법이 금지하고자 의도하지 않은 정부행위(act of government)로서 제한을 가하는 것으로 판시하였다. 애리조나 대법원이 원고의 셔먼법 위반 주장에 대하여 Parker v. Brown 판결에 따른 예외에 해당한다고 하여 배척한 것은 타당하다.

2. 상업적 의사표현(commercial speech) 역시 정보를 제공하여 의사결정을 내리는 데 도움을 준다는 점에서 개인과 사회의 이익에 도움이 되고 있으며, 일정한 경우에는 수정헌법 1조의 보호를 받는다. 변호사와 같은 전문직 광고의 경우도 마찬가지이다.

이 사건의 쟁점은 법률서비스의 질에 관하여 직접 대면하여 행하는 권유 / 광고 활동에 관한 문제가 아니고, 변호사가 일정한 일상적 서비스에 대한 가격을 광고하는 것이 헌법상 허용되는 것인가의 문제이다. 이러한 광고를 할 헌법상 권리에 대하여 반대하는 입장은 전문가 집단으로서의 성격에 미치는 부정적인 영향, 직무 성격상 변호사의 광고는 소비자에게 정확한 정보를 제공하는 것보다는 늘 소비자의 오해를 불러일으키는 성

1) "변호사는 자기 자신, 파트너 변호사, 소속 변호사(associate), 또는 그나 그의 소속 로펌과 제휴한 변호사가 변호사임을 신문이나 잡지 광고, 라디오나 텔레비전 발표, 시내의 전시물, 전화번호부 기타 다른 상업적 광고 수단을 통해 선전할 수 없고 다른 사람에게 그 변호사를 위하여 그러한 권한을 주거나 그렇게 하도록 허락하여서는 아니 된다."

격을 띨 수밖에 없다는 점, 소송 사건의 증가로 인한 해악, (광고비용도 결국 의뢰인이 부담하게 되어 비용 상승으로 이어진다는 점에서) 경제적으로 부정적인 효과의 발생, 서비스의 질 하락, (전면적 사전금지를 취하지 않고 사후규제만 한다면 비전문가인 의뢰인으로서는 자신이 합당한 비용으로 서비스를 받았는지 판단하기 어렵다는 점에서) 집행의 어려움 등의 우려를 제기한다. 그러나 다음과 같은 점에서 이러한 우려는 타당하지 않다.

1) 변호사들 역시 업무 수행을 통하여 생계를 유지하고 있으며 이러한 사실을 대중도 잘 알고 있다. 변호사가 상거래 위에 있다는 것은 시대착오적이고, 변호사가 보수를 광고하는 것은 전문가 정신을 훼손하지 않는다.

2) 법률서비스 광고가 본질적으로 오해를 불러일으키는 것은 아니다. 일상적 서비스에 대해서는 고정보수를 의미 있게 정할 수 있다. 광고가 변호사를 선정하기 위한 전적인 기초가 되는 것은 아니지만, 의뢰인의 의사결정에 필요한 관련 정보의 일부라도 제공하는 것을 불충분한 정보라고 하여 금지하면 결국 소비자에 대한 정보제공이 제한된다.

3) 광고는 자유시장경제에서 공급자가 잠재적 구매자에게 공급할 수 있음과 교환조건을 알려 주는 전통적인 장치로 사법제도의 운영에 혜택을 줄 것이다.

4) 광고는 소비자가 부담하는 법률서비스비용을 증가시키기보다는 감소시킬 것이고 새로운 변호사의 시장진입을 돕는다.

5) 업무의 질을 저하시키고자 하는 변호사는 광고 허용 여부와 관계없이 그렇게 할 것이고, 광고 규제는 낮은 수준의 업무 처리를 억제하는 데 효과적이지 않다.

6) 광고반대론자가 법률전문직의 덕성을 극찬하면서 다른 한편으로는 변호사가 광고로 의뢰인을 오도할 것이라고 주장하는 것은 어울리지 않는다.

7) 허위, 기망, 오해를 불러일으키는 광고는 규제하여야 한다. 광고의 시기, 장소, 방법에 대하여 합리적인 제한을 할 수 있다.

3. 문제 광고에 대하여 피고는 세 가지 점에서 오해를 유발하는 광고라고 주장한다. 즉 원고들이 "legal clinic"이라는 정의되지 않은 용어를 사용하였고 "매우 합리적인(very reasonable)" 가격으로 서비스를 제공한다고 하였으며, 이름의 변경은 변호사의 도움 없이도 할 수 있다는 점을 소비자에게 알리지 않았다는 점을 문제 삼고 있다. 그러나 "legal clinic"이라는 용어는 일반 대중이라면 쉽게 규격화된 다양한 서비스를 제공하는 사무소라는 의미로 해석할 수 있을 것이고 변호사협회도 법률 클리닉(legal clinic) 개념을 육성할 방안을 모색하고 있으며, 의료 영역에서는 '클리닉'이라는 개념이 널리 인식 · 이해되고 있다. 또한 실제 관행의 측면에서 볼 때 이들이 제시하고 있는 가격은 충분히 합리적이고 원래 대부분의 법적 서비스는 시민 스스로도 할 수 있는 것이기 때

문에, 이 광고는 진실한 광고이며 금지되어서는 안 된다. 따라서 이 광고에 징계에 관한 규칙을 적용하는 것은 수정헌법 1조 위반이다.

4. 변호사의 광고가 전면적으로 규제되어서는 안 되고 이 사건의 광고는 보호되어야 한다고 판시하지만, 그렇다고 하여 변호사의 광고를 전혀 규제할 수 없다는 것은 아니다. 광고 규제가 명백하게 허용되는 예로서 허위, 기망적, 오해를 불러일으키는 광고는 물론 규제 대상이다. 광고의 시간, 장소, 방법을 합리적으로 규제할 수 있다.

소수의견

소수의견은 다음과 같은 논거를 제시하였다.

1. 법률서비스는 대부분 표준화할 수 없고 잠재적 의뢰인은 그에게 필요한 법률서비스의 내용을 대부분 미리 알 수 없기 때문에, 광고는 변호사 선정의 기초가 되는 정확한 모습을 제공하지 못한다. 법률서비스의 맥락에서 불충분한 정보는 정보가 없는 것보다 못하다.

2. 대중이 변호사와 그의 업무 및 보수에 대한 정보를 필요로 하는 것은 맞다. 그러나 동시에 비양심적이고 무능한 변호사들이 정보가 없는 사람을 먹이로 삼는 것으로부터 대중을 보호할 필요가 있다. 변호사회가 대중에게 일정하게 정의된 법률서비스에 대한 보수의 범위를 제공하여 잠재적 의뢰인이 법률조력을 받을 때 소요되는 비용에 대하여 어느 정도 생각할 수 있도록 하는 프로그램을 시행하도록 허용함으로써 이 두 가지 목표를 달성할 수 있을 것이다.

3. 다수의견은 보수광고에 대하여 규제를 하지 않으면서 광고가 진실되도록 하는 어려움을 과소평가하였고 이에 관한 변호사회 및 민·관 기관의 능력을 과대평가하였다.

4. 수정헌법 1조 언론의 자유 조항은 그동안 연방 대법원이 오랫동안 공적인 중요성이나 지적 관심이 있는 표현을 위한 성역으로 간주하여 왔는데, 상품이나 서비스의 광고를 보호하는 데 작동되도록 하는 것은 이 조항의 위신을 떨어뜨리는 것이다. 광고가 아무리 진실되고 합리적이라고 하더라도 수정헌법 1조를 채택함으로써 보호하고자 한 유형의 표현은 아니다.

1.2 광고 내용에 대한 규제

【판례 5-2】 In re Disciplinary Action against Kaszynski(Supreme Court of Minnesota; January 11, 2001; 620 N.W.2d 708)
허위광고를 비롯한 여러 비행을 행한 변호사가 자격박탈의 징계를 받은 사례

▌사실관계

1996년 6월 Olivetti는 미네소타주 변호사 William P. Kaszynski에게 이민 관련 사건들을 맡을 것을 제안하였다. Kaszynski 변호사는 그전까지 이민 관련 사건을 맡은 적이 없었고 이민법에 무지하였으나, Olivetti가 자신이 이민법에 대해서 알고 있으니 자기를 보조원으로 고용하면 된다고 하여 결국 이민 관련 사건들을 수임하게 되었다.

그러나 Kaszynski 변호사는 이민법 및 절차에 관한 기초 지식조차 없었으므로, 여러 의뢰인을 추방당할 위험에 빠지게 하였다. 또한 준비부족 및 서류미비로 인하여 이민국 절차를 진행할 때 사건을 제대로 해결하지 못하였고, 이민국 심리절차에서도 제대로 된 답변을 전혀 하지 못하였다.

1997년 이민법의 요건 및 절차가 개정되었으나 Kaszynski 변호사는 이 사실을 알지 못하였고, 의뢰인들에게도 이 사실을 알려 주지 아니하였다. 그리하여 결과적으로 몇 명의 의뢰인에게 치명적인 결과를 초래하기도 하였다.

이러한 사건들을 처리하면서 Kaszynski 변호사와 그 직원들은 의뢰인들에게 불가능한 결과를 약속하거나 일부 절차에 내재된 위험성을 제대로 설명하지 않았다. 또한 많은 의뢰인은 전혀 처리되지 않았거나 제대로 처리되지 않은 업무에도 보수를 지급하였다. 환불요청을 받은 때에는 환불하지 아니하거나 적게 환불하였다. 또한 Kaszynski 변호사는 의뢰인들의 전화 문의에 제대로 답변하지 않았다.

Kaszynski 변호사는 그의 사무실에 스페인어를 할 줄 아는 사람은 Olivetti 1명밖에 없음에도 불구하고 "우리는 스페인어를 할 줄 안다"라고 광고하였고, 이민 관련 사건 경험이 전혀 없음에도 불구하고 16년의 경험이 있다고 허위광고를 하였다. Kaszynski 변호사는 Olivetti에 대한 감시 감독을 게을리 하여 Olivetti가 변호사를 사칭하고 다니는 것을 방치하였다. 심지어 Olivetti는 의뢰인들의 돈을 훔치기도 하였다.

그 밖에 Kaszynski 변호사는 세금을 미납하였고, 의뢰인들의 재산을 제대로 관리하지 않아 위험에 처하게 하였다. 그리고 Kaszynski는 징계절차에 회부된 후에도 징계절차에 제대로 협력하지 아니하였다.

이러한 사실들을 근거로 하여, 징계절차에서 심판관은 Kaszynski 변호사가 미네소타주 변호사 직무행위규칙 1.1, 1.3, 1.4, 1.5, 3.1을 위반하였다는 이유로 변호사 자격박

탈의 징계 처분을 권고하였다.

쟁점

Kaszynski 변호사에 대한 변호사 자격박탈의 징계가 적절한지 여부

법원의 판단

심판관의 의견이 존중되어야 하지만, 변호사의 징계수위를 정하는 것은 법원의 권한이다. 변호사를 징계하는 목적은 변호사를 벌하는 것이 아니라 법원과 공중 그리고 법조계를 방어하기 위함이다. 적절한 징계수위를 정함에 있어서는 비행의 속성과 규정 위반의 정도 그리고 공중에 해악을 끼친 정도를 고려하여야 한다.

Kaszynski 변호사의 광범위한 비위행위, 부정직성, 이기적인 의도, 잘못을 인정하려 하지 않는 태도와 의뢰인들의 약자로서의 처지 등을 고려하면 Kaszynski 변호사에 대한 변호사 자격박탈은 유일하면서도 가장 적절한 징계 조치라고 판단된다.

【판례 5-3】 Farrin v. Thigpen(United States District Court, M.D. North Carolina; July 19, 2001; 173 F.Supp.2d 427)
변호사의 명성만으로 화해를 유도할 수 있는 듯한 내용의 광고가 오해를 불러일으킨다고 본 사례

사실관계

원고(광고를 의뢰한 변호사와 광고제작회사)는 단지 상대방 변호사의 명성만으로 두려움을 느껴 사건을 화해로 종결하는 것에 동의하는 가상의 보험회사 전략회의를 보여 주는 텔레비전 광고를 하였다. 이 30초짜리 광고는 보험회사의 회의실에서 젊은 남자가 "이번 교통사고 사건의 피해액이 매우 큰데, 이를 화해로 종결하거나 아니면 소송으로 더 다투는 두 방법이 있다"라고 나이 든 남자에게 보고하자, 나이 든 남자가 상대편 변호사가 누구냐고 물은 후 광고를 요청한 해당 변호사의 이름을 듣는 순간 (커다란 징소리를 동반한) 매우 당황하고 놀란 표정을 짓고는 이 사건은 그만 화해로 종결하자고 말하는 내용이었다. 노스캐롤라이나주 변호사회 회장 Cressie Thigpen과 윤리위원회가 이와 같은 광고를 금지하는 의견(2000 Formal Ethics Opinion 6)을 도입 · 발표하자, 원고는 이들을 피고로 하여 위 의견이 수정헌법 1조의 상업적 언론의 자유를 침해하는 것이라고 주장하였다.

▌쟁점

이 사건 텔레비전 광고가 오해를 불러일으키는 것이며 정당하지 못한 기대를 불러일으키는 것으로서 변호사 직무행위규칙 7.1[2]을 위반한 것인지 여부와 이러한 광고를 금지하는 2000 Formal Ethics Opinion 6이 수정헌법 1조를 위반한 것인지 여부

▌법원의 판단

1. 허위이거나 기만적이지 않으며 위법하지 않은 상업적 언론은 중요한 정부의 이익을 위해서만, 그리고 그 이익을 향상시키기 위한 수단을 통해서만 제한될 수 있다. 외관상으로도 오해를 불러일으키는 광고는 수정헌법 1조의 상업적 언론의 자유에 의해 보호되지 않는다. 그러나 진실하지만 잠재적으로 오해를 불러일으킬 수 있는 정보를 절대적으로 금지할 수는 없다.

2. 소비자의 불만 · 피해와 같은 증거는 그 광고가 진실하지만 잠재적으로 오해를 불러일으킬 수 있어 수정헌법 1조의 보호를 받는 경우에만 요구되며, 본질적으로 오해를 불러일으키는 광고의 경우에는 그러한 증거가 요구되지 아니한다.

연방통상위원회법(Federal Trade Commission Act)에 따르면 그 상황에서 합리적으로 행동하고 있는 소비자들을 중요한 측면에 대해 오도하고 있다면 그 광고는 '기망적인(deceptive)' 것이다. 연방통상위원회(이하 'FTC')는 그 광고가 허위인지 판단하기 위한 기준으로 광고의 전반적인 최종 인상과 ①광고가 어떤 주장을 전달하고 있는지, ②그러한 주장이 허위이거나 오해를 불러일으키는 것인지, ③그러한 주장이 잠재적 의뢰인에게 있어 중요한 것인지를 들고 있다. FTC는 단지 스스로의 관점에서 광고를 보는 것만으로도 광고가 어떤 주장을 전달하고 있는지를 판단할 수 있으며, 필요한 경우에만 외적 증거가 요구된다.

해당 광고는 그 구성과 표현으로 볼 때 자명한 메시지(광고된 변호사의 명성만으로도 보험회사와 화해를 이루어 낼 수 있다)를 전달하고 있으므로, 어떠한 메시지가 전달되고 있는지를 판단하기 위해 소비자에 대한 조사를 할 필요는 없다. 또한 오해를 불러일으킬 소지가 있는지를 판단하기 위해 대중에 대해 설문조사를 할 필요도 없다.

---

2) "변호사는 변호사나 변호사 서비스에 대해 허위이거나 오해를 불러일으키는 정보제공을 해서는 아니 된다. 다음과 같은 경우 정보제공은 허위이거나 오해를 불러일으키는 것이다.
(a) 사실이나 법에 대한 중요한 부실표시를 포함하거나 진술을 전체적으로 보아 중요하게 오도하지 않도록 하기 위해서 필요한 사실을 누락하는 것
(b) 변호사가 성취할 수 있는 결과에 대해 정당하지 못한 기대를 형성하게 할 가능성이 있는 경우, 또는 다른 법이나 직무행위규칙을 위반하는 수단을 사용하여 결과를 성취할 수 있다고 진술하거나 이를 암시하는 것
(c) 그 차이를 사실적으로 증명할 수 없음에도 자신과 다른 변호사의 서비스를 비교하는 것."

3. 가상의 보험회사의 전략회의를 보여 주는 텔레비전 광고는 FTC의 기준에 의하여 판단할 때 (비록 법원이 이를 채택할 의무는 없지만) 본질적으로 오해를 불러일으키는 것이며, 수정헌법 1조에 의해 보호되지 않는다. 변호사회는 이에 대한 외적 증거를 제출해야 할 필요가 없다. 이 광고는 구체적인 사실관계, 다른 여러 요소와 상관없이 마치 광고된 변호사의 명성만으로도 화해를 이루어 낼 수 있다는 정당하지 못한 기대를 불러일으키고 있고, 실제로 열에 아홉은 그런 화해가 이루어지는 것이 보통인데도 마치 통상 이런 화해가 이루어지지 않으므로 반드시 광고된 변호사를 선임하여야만 합의가 가능한 것처럼 보험 산업의 실상을 중대하게 왜곡하고 있으며, 필요한 사실들을 생략하고 있기 때문이다. 비록 "이 광고는 가상의 것이며 특정 결과를 가져올 수 있다는 것을 보장하지 않는다"라는 경고문을 포함하였지만, 순간적으로 스쳐 지나갔을 뿐이며 그 활자 크기와 선명도를 고려할 때 오해를 불러일으킬 소지를 없앴다고 할 수는 없다.

【판례 5-4】 In re Anonymous(Supreme Court of Indiana; October 8, 2002; 775 N.E.2d 1094)
파산자의 권리를 부정확하게 알려 오해를 불러일으키는 광고로 인정된 사례

▌사실관계

징계 대상자는 1998년 11월 인디애나폴리스 신문에 "파산, 그러나 집과 차는 지킬 수 있습니다"라는 문구가 포함된 광고를 실었다. 그러나 연방파산법 7장과 13장에 따르면, 채무자와 채권자가 다른 합의를 하지 않는 한 채무자는 파산절차 도중 채무를 시인한 다음 연체금과 빚을 계속 상환하여 나가야만 집과 차를 잃지 않을 수 있으며, 그렇지 않은 경우에는 저당물의 반환권을 상실하여 집과 차를 포함한 담보자산을 잃게 되는 것이다.

▌쟁점

1. "파산, 그러나 집과 차는 지킬 수 있습니다"라는 광고가 중요한 사실들을 누락하여 인디애나주 변호사 직무행위규칙 7.1(b)와 7.1(c)에 위반되는지 여부
2. 이러한 광고를 한 변호사에 대한 적절한 징계 조치

▌법원의 판단

1. 규칙 7.1(b)는 허위, 사기적, 오해를 불러일으키는, 기망적, 스스로를 찬양하는, 또

는 불공평한 진술이나 주장을 포함하는 모든 형식의 변호사 홍보활동을 금하고 있다. 또 규칙 7.1(c)(2)는 "허위, 사기적, 오해를 불러일으키는, 기망적, 스스로를 찬양하는, 또는 불공평한 진술이나 주장"이란, 무엇보다도 모든 상황적 측면에서 그 진술이 오해의 소지가 없도록 하기 위해 필요한 중요 사실들을 누락시키는 것이라 규정하고 있다. '기망적'인 진술이란, 사려 깊은 일반인이 오해하거나 기만당할 만한 것 또는 진술이나 그 함의가 기망적인 것이 되지 않도록 하는 데 필요한 합리적인 경고나 주의를 누락하는 것을 포함한다.

이 사건 광고는 채무자가 단지 그의 집과 차를 잃지 않을 '가능성'만을 보유하고 있을 뿐이고 항상 그렇지는 않다는 사실을 생략하고 있다. 연방파산법 7장의 채무승인규정을 모르는, 사려 깊은(prudent) 일반인이라면 이 광고를 보고 그 어떤 경우에 있어서라도 파산절차 도중, 그리고 완료 후에 집과 차를 지킬 수 있을 것이라 믿게 될 것이다. 규칙 7.1(b) 위반을 판단함에 있어서는 실제로 어떤 의뢰인이나 잠재적 의뢰인이 기망당한 증거를 요하지 아니하며, 홍보활동이 대중을 기망할 위험이 있으면 그것으로 족하다. 따라서 이 광고는 규칙 7.1(b) · (c)를 위반한 것이다.

2. 징계 대상자가 신문에 광고를 싣기 전 다른 사람들에게 이를 검토해 보도록 한 점, 징계 위원회의 우려 통지를 받고 즉시 광고를 변경한 점 등 감경요소가 존재하므로 비공개 문책 징계 조치는 적절한 것으로 판단된다.

【판례 5-5】 In re Anonymous(Supreme Court of Indiana; March 4, 2003; 783 N.E.2d 1130)
전문변호사 공인을 받지 않고 특정 법분야 전문가라고 한 광고가 오해를 불러일으키는 광고에 해당한다고 본 사례

▌사실관계

함께 일하던 징계 대상 변호사들은 인디애나주 북서부에서 발간된 개인 소유의 소규모 인명부(directory service) 2001-2002판에 "노인법전문가(Elder Law Specialists)"라는 문구가 포함된 광고를 냈다. 인디애나주 대법원의 변호사 징계위원회는 인디애나주 변호사 직무행위규칙을 위반한 혐의로 두 변호사에 대한 징계를 신청하였다.

징계절차가 개시되었고 위 변호사들과 징계위원회는 인디애나주 변호사 등록 및 징계 규칙(Ind. Admission and Discipline Rule) 23(11)에 따라 비공개 문책의 징계 조치에 합의하였다.

쟁점

1. 공인된 전문가도 아니면서 "노인법전문가(Elder Law Specialists)"라는 광고를 한 행위가 인디애나주 변호사 직무행위규칙 7.1(b)를 위반한 것인지 여부

2. 위 행위에 대한 적절한 징계수위

법원의 판단

1. 변호사가 대중에게 자신을 '전문가(Specialist)'라 칭하기 위해서는 등록 및 징계규칙 30[3]에 따라 공인(certify)절차를 거쳐야 하는데, 징계 대상 변호사들은 그러한 공인을 받지 못했다. 징계 대상자들은 자신들을 "노인법전문가(Elder Law Specialists)"라고 광고했으므로 허위, 사기적, 오해를 불러일으키는, 기망적, 스스로를 찬양하는, 또는 불공평한 진술이나 주장을 포함하는 공공 홍보의 형식을 이용하거나 그 이용에 참여함으로써 인디애나주 변호사 직무행위규칙 7.1(b)[4]를 위반하였다. 변호사가 어느 분야의 업무를 수행한다거나 하지 않는다는 사실을 홍보하는 것이 금지되지는 않는다. 그러나 7.4(b)[5]에 규정된 경우 이외에는 변호사는 특정 분야에 전문성이 있음을 명시하거나 암시하여서는 안 된다[7.4(a)].[6]

이러한 전문변호사 공인제도의 목적은 ① 적정한 법률서비스의 제공에 대한 일반 공중의 접근을 향상시키고, 효율적이고 경제적인 법률서비스 제공을 촉진하며 ② 일정한 분야에 전문성이 있다고 주장하는 변호사들이 그 분야에 적합한 일률적 기준을 충족시키도록 하며, ③ 제한된 법분야에서 변호사의 교육 · 훈련 · 공인을 원활하게 하고 ④ 공

3) "5조 : 공인을 위한 자격 기준
(a) 변호사가 인디애나주에서 특정 법 영역에서 공인받기 위해서는 공인부여기간 동안 정식으로 이 주의 변호사 자격을 보유하고 휴지 상태가 아니며 변호사 회비를 완납하고 있는 상태여야 한다.
(b) 변호사는 지속적 법연수위원회(Commission for Continuing Legal Education)가 승인한 '독립공인기구'에 의해 공인되어야 하며, 인디애나주 변호사회 공인심사계획(Indiana Bar Certification Review Plan) · 독립공인기구 · 법연수위원회의 규칙과 정책을 전적으로 준수하여야 한다."
"6조 : 특권과 한계
(a) 이 규칙에 의해 공인된 변호사는 자신이 독립공인기구에 의해 특정 영역의 전문가로 공인되었음을 홍보할 수 있다. 변호사는 명시적 · 묵시적으로 인디애나주 대법원이나 법연수위원회에 의하여, 또는 독립공인기구가 아닌 다른 주체에 의하여 개별적으로 공인되었다고 내세울 수 없다."

4) "변호사는 자신, 파트너 변호사나 소속 변호사, 그 밖에 그 또는 그의 로펌과 제휴한 어떤 변호사를 위해서도 허위, 사기적, 오해를 불러일으키는, 기망적, 스스로를 찬양하는, 또는 불공평한 진술이나 주장을 포함하는 그 어떤 종류의 홍보활동도 해서는 아니 되며, 이에 관련되어서도 아니 된다."

5) "변호사는 등록 및 징계규칙 30에 따라 공인되고 홍보가 허가된 경우에는 특정 분야의 전문가임을 홍보할 수 있다."

6) "변호사는 특정 법 영역을 취급하거나 하지 않는다고 홍보할 수는 있으나, 7.4(b)에 규정된 경우를 제외하고는 특별한 전문지식이 있음을 진술하거나 암시할 수 없다."

인 기구에 변호사가 접근하는 것을 원활하게 하며, ⑤ 상담과 소개를 촉진하고 ⑥ 제한된 법 분야에서 변호사의 공인을 정의하고 시행함에 있어서 변호사의 자율규제와 조직적 다양성을 권장하는 데 있다.

2. 해당 광고를 극히 제한된 독자만 보았다는 점, 이 광고와 관련하여 징계 대상자들이 어떠한 법적 업무도 수임하지 못하였다는 점, 의도적인 위반이 아니라는 점, 광고에 문제점이 있다는 사실을 알게 된 즉시 사용을 중지하였다는 점을 고려하고, 이와 비슷한 위반행위에 대해 비공개 문책의 징계가 이루어졌던 선례를 감안할 때, 이들에 대한 비공개 문책의 징계는 적절한 것으로 판단된다.

【판례 5-6】 In re Shapiro(Supreme Court, Appellate Division, Fourth Department, New York; November 8, 1996; 656 N.Y.S.2d 80)
소속 로펌과는 독립된 legal clinic을 운영하고 있는 듯한 광고가 오해를 불러일으키는 광고에 해당한다고 본 사례

▌사실관계

뉴욕주 변호사 고충처리위원회는 로체스터에 사무소를 둔 변호사에 대해 텔레비전 광고, 전화번호부 목록 기재와 관련해 두 가지 혐의로 징계를 신청하였다. 이에 징계 대상자는 변호사 직무책임준칙의 징계규칙을 위반한 적은 없다고 주장한다.

▌쟁점

1. 불쾌한 느낌을 주고 법조계의 품위를 떨어뜨리는 텔레비전 광고가 오해의 소지가 있는 것으로서 징계규칙[N.Y.Ct. Rules §1200.6(a)] 2-10(A)를 위반한 것인지 여부

2. "Accident Legal Clinic of Shapiro and Shapiro"라는 전화번호부 목록에의 기재가 오해의 소지가 있는 것으로서 징계규칙 2-10(A)를 위반한 것인지 여부

▌법원의 판단

1. 비록 텔레비전 광고가 불쾌한 느낌을 주며 법조계의 품위를 떨어뜨리고는 있지만, 이는 헌법이 보호하는 범위 내의 과장된 표현에 해당된다. 따라서 이 광고는 본질적으로 허위이거나 오해를 불러일으키는 것이 아니므로, 오해를 불러일으키는 진술을 포함하는 광고 배포를 금지하는 징계규칙 2-10(A)를 위반하였다 할 수 없다. 이에 대한 징계신청을 기각한다.

2. 여러 전화번호부에 "Accident Legal Clinic of Shapiro and Shapiro"라고 목록을

기재한 것은 징계 대상자가 그 소속 로펌인 Shapiro and Shapiro와는 독립된 legal clinic을 운영하고 있다는 뜻을 내포하고 있으며, 일반적인 법률사무소에 불과함에도 '사고'와 관련된 법률 문제만을 전문적으로 다룬다는 인상을 주고 있으므로 오해를 유발할 소지가 있다. 따라서 징계 대상자는 오해를 불러일으키는 진술을 포함하는 광고를 함으로써 징계규칙 2-10(A)를 위반하였으므로 견책의 징계를 명한다.

【판례 5-7】 In re Cole(Supreme Court of Indiana; November 6, 2000; 738 N.E. 2d 1035)
검사보가 자신을 검사라고 광고한 것이 오해를 불러일으키는 광고에 해당된다고 본 사례

▌사실관계

1. Scott Cole 변호사는 Johnson County의 검사보(deputy prosecutor)로 1996년 1월 1일부터 1997년 7월 15일까지 재직하였는데, 임용계약상 검사보로서의 의무와 이익충돌이 발생하지 않는 한 개인적으로 변호사로 일하는 것도 가능하였다. 1996년 8월부터 12월까지 Scott Cole 변호사는 형제인 Darren Cole과 "Cole Law Offices"라는 명칭 아래 함께 변호사로 일하면서, 1996년도 Ameritech 직업별 전화번호부에 "Cole Law Offices"라는 명칭으로 광고를 몇 개 냈다. 그중 한 광고는 둘의 사진을 포함하고 있었는데, Darren의 사진 아래에는 "이혼, 가족법, 형사 사건 변호, 음주운전, 청소년법, 파산", Scott의 사진에는 "Johnson County 검사, 세법, 보험법, 미수금 회수 대행, 유언과 공증"이라고 쓰여 있었다. 다른 광고 역시 Scott을 "Johnson County 검사"라고 표시하였다.

2. Darren은 1996년 6월 14일 청소년 비행 사건의 변호인으로 법정에 출석했으며 이후 같은 해 8월 12일과 26일에도 출석하였다. 그는 8월 13일 Tippecanoe County의 검사보가 되었고 1997년 2월 공식선서취임을 하였으며 1998년 3월 31일까지 직위를 유지하였다. 그는 1996년 8월 12일 변호사의 자격으로 다른 카운티에서 자신의 의뢰인을 위하여 생활고로 인한 한정운전면허증 발급 신청을 대리하였고, 8월 26일 법정에 의뢰인의 대리인으로서 출석하였다. 또 청소년 비행 사건에서 변호인으로 선임된 적도 있었다.

Darren은 공식선서취임일 이전에도 이미 실질적으로 검사보로서 일하고 있었으며, 후에 징계위원회의 통지를 받고도 이를 알리지 않았다.

3. Darren은 1996년 2월 21일 더 이상 인디애나주에서 변호사 업무를 수행하거나 사법과 관련된 공직을 맡지 않을 것이라면서 연간 변호사등록비와 법률교육비 등의 면제

를 청하는 선서진술서를 인디애나주 대법원에 제출하였고, 1996년 12월 23일 다시 등록비를 납부하면서 휴업 상태에서 벗어났다.

4. 징계위원회는 위 두 변호사의 행위에 대해 별도로 징계신청을 하였으나 후에 병합되었다.

▮ 쟁점

1. Cole Law Offices라는 광고에 Scott을 "Johnson County 검사"라 표시한 행위가 변호사 광고에 대한 인디애나주 변호사 직무행위규칙 7.1(b), 7.1(c), 8.4(c), 8.4(d)를 위반한 것인지 여부

2. Darren이 Tippecanoe County의 검사보로 있으면서 청소년 비행 사건과 한정운전면허 발급 신청을 대리한 것이 이익충돌에 대한 위 규칙 1.7, 1.10(a), 1.8(k)를 위반한 것인지 여부

3. Darren이 위의 행위에 대한 위원회의 불만을 접수하고도 조사에 불성실하게 답한 행위가 직무행위규칙 8.1.(b)를 위반한 것인지 여부

4. Darren이 변호사 휴업 상태에서 사건을 수임해 의뢰인을 대리하고, 형제인 Scott과 합동해 변호사 업무를 계속했으며, 검사보로 임명된 행위가 규칙 5.5.(a) 위반에 해당하는지 여부

5. 각 변호사의 위반행위에 대한 징계수위

▮ 법원의 판단

1. Scott은 단지 검사보에 지나지 않음에도 불구하고 선출직인 Johnson County '검사'라 광고하였으므로 사실에 대한 부실표시를 포함하는, 거짓되고 오해를 불러일으킬 수 있으며 기망적인 진술을 한 것이다. 따라서 그는 인디애나주 변호사 직무행위규칙 7.1(b),[7] 7.1(c)[8]를 위반하였다. 또한 이는 변호사는 거짓, 기만, 또는 오해와 관련된

---

7) "변호사는 자신, 파트너 변호사나 소속 변호사, 그 밖에 그 또는 그의 로펌과 제휴한 어떤 변호사를 위해서도 허위, 사기적, 오해를 불러일으키는, 기망적, 스스로를 찬양하는, 또는 불공평한 진술이나 주장을 포함하는 그 어떤 종류의 홍보활동도 해서는 안 되며, 이에 관련되어서도 안 된다."

8) "허위, 사기적, 오해를 불러일으키는, 기망적, 스스로를 찬양하는, 또는 불공평한 진술이나 주장은 다음과 같은 진술이나 주장을 포함한다.

(1) 사실에 대한 중요한 부실표시를 포함하는 것
(2) 모든 상황적 측면에서 오해의 소지 없는 진술을 만들기 위해 필요한 중요 사실을 누락한 진술
(3) 정당하지 못한 기대를 불러일으킬 것을 의도하거나 또는 그럴 가능성이 있는 것
(4) 규칙 7.4에서 허용된 것 이외의 방식으로 변호사가 공인 또는 인가된 전문가라 진술하거나 그렇게 암시하는 것
(5) 어떤 변호사가 법원, 재판소, 공적 주체나 공무원에게 온당하지 않은 영향을 끼칠 수 있는 지위에 있다는

행위를 해서는 안 된다고 규정한 위 규칙 8.4(c)를 위반한 것이기도 하다.

Darren과 Scott은 광고에서 Scott이 Johnshon County의 검사 신분이기 때문에 Cole 변호사 사무소가 형사 사건을 변호한다면 좀 더 유리한 처분을 받게 될 듯한 시사를 하였으므로, 정의의 실현에 편견을 갖게 하는 행위를 금지하고 있는 위 규칙 8.4(d)를 위반한 것이다.

2. 검사보는 소속 카운티에 충실해야 할 의무가 있으며, 법의 집행에 대한 대중의 신뢰에 부응해야 한다. 청소년 비행 사건에서 인디애나주는 Darren이 대리한 사건의 반대 당사자인 동시에 검사보인 Darren의 의뢰인이기도 하므로, 청소년 비행 사건에서 Darren이 피고인의 변호사로 활동한 것은 이익충돌을 규정하고 있는 규칙 1.7[9]을 위반한 것이다.

징계위원회는 Darren이 검사보로 일하면서 의뢰인들을 대리한 행위가 검사로서의 법령상 의무 및 시간제 검사나 검사보가 사적으로 의뢰인을 대리하는 것을 금지하고 있는 규칙 1.8(k) 위반이라 판단하였다. 그러나 Tippecanoe County 검사보는 범죄와 관련 없는 다른 카운티에서의 한정운전면허증 발급 사건에 관하여 아무런 법령상 의무를 부담하지 않고 있으므로,[10] 규칙 1.7 위반 여부는 별론으로 하고 1.8(k) 위반은 아니다.

3. 1996년 11월 25일 위원회가 Darren에게 위 1 · 2항의 내용을 통지했음에도 불구하고, 그는 자신이 관련된 사건은 청소년 비행 사건과 한정운전면허 사건밖에 없으며 두 사건 모두 광고가 나오기 전, 그리고 자신이 Tippecanoe County 검사보로 공식선서취임하기 전에 잘 해결되었다고만 대답하였다. 그는 위원회에 자신이 공식선서취임일(1997년 2월) 전에도 이미 실질적으로 Tippecanoe County의 검사보로 일하고 있었다는 사실을 알리지 않았기 때문에 위 규칙 8.1.(b)[11]를 위반한 것이다.

4. Darren은 휴업기간 중 사건을 수임해 의뢰인을 대리하고 형제인 Scott과 합동으로 변호사 업무를 계속했으며, 심지어 검사보로 임용되기도 하는 등 규칙 5.5(a)를 위반하였다.

인상을 전달하고자 의도하거나 또는 그럴 가능성이 있는 것

(6) 일반인이 오해를 하거나 기망당할 만한 표현이나 함의를 포함하는 것 또는 묘사나 함의가 기망이 되지 않기 위해 필요한 합리적인 경고나 주의를 누락하는 것."

9) "(a) 한 의뢰인의 대리가 다른 의뢰인의 이익에 직접 대립되는 경우, 다음의 경우에 해당하지 않는 한 변호사는 그 의뢰인을 대리할 수 없다.

(1) 그 대리가 다른 의뢰인의 이익에 대립되지 않을 것이라는 변호사의 합리적인 믿음이 있고

(2) 모든 의뢰인이 협의 후 동의한 때."

10) Indiana Code Section 9-24-15-4에 의하면 신청자가 거주하는 지역의 지방검사, 즉 Hendricks군 지방검사가 법원에 출석하여 의견을 개진하도록 되어 있다.

11) "변호사는 징계와 관련하여 발생한 그가 알고 있는 오해를 교정하기 위하여 필요한 사실을 공개해야 한다."

5. 위반행위에 대한 징계수위를 결정할 때는 그 위반행위의 성질, 감경·가중요소, 위반행위 주변 사실, 위반자의 심리 상태, 위반된 의무, 의뢰인들이 실제로 또는 잠재적으로 피해를 입었는지 여부, 대중에 대한 위험성 등을 고려한다.

Scott의 경우 거짓광고 게재에 대해 공개 문책이 타당하다. 비록 이러한 광고 위반의 경우에는 대부분 비공개 견책이 부과되고 있으나, 이 사건에서는 Scott의 비행에 부수하는 사정들을 고려했을 때 그보다 더 강한 수준의 징계가 적절하다.

Darren의 허위광고, 이익충돌, 휴지 중 변호사 활동, 위원회에 대한 불성실한 답변에 대해서는 30일의 자격정지가 타당하다. 그가 상당수의 위반행위를 하였고 위원회에 대해 불성실한 답변을 하였으며, 변호사 자격의 유지와 관련된 위반행위를 하였다는 점에서 더 강한 수준의 징계가 필요하기 때문이다.

【판례 5-8】 In re Schneider(Supreme Court of Indiana; April 12, 1999; 710 N.E. 2d 178)
혼자 변호사 업무를 수행하면서 여러 변호사가 함께 일하는 것처럼 광고한 것이 오해를 불러일으키는 광고에 해당한다고 본 사례

▮ 사실관계

1. 변호사이자 공인회계사인 징계 대상자 James Schneider는 "James J. Schneider, Attorney at Law"라는 이름으로 변호사 업무를, "Schneider & co., Inc."라는 이름으로 공인회계사 업무를 각각 수행하였다. 그는 사무소의 유일한 경영자이자 직원으로서 홀로 업무를 수행하고 있음에도 불구하고 편지용지(letterhead)에 "Professional Services Group"이라 기술하면서 실제 자신의 직원도 아닌 변호사 2명과 공인회계사 3명의 이름을 함께 기재하였다. 또 "저희는 부를 창출하고 보존하는 것을 도와드립니다(WE HELP YOU CREATE AND PRESERVE WEALTH)"라는 문구도 사용하였다. 징계위원회는 징계 대상자와 함께 일하지도 않는 변호사와 공인회계사의 이름을 편지용지에 기재한 행위가 기망적이고 오해를 불러일으키는 것이기 때문에 인디애나주 변호사 직무행위 규칙 7.2(a)[12]를 위반했으며, "Professional Services Group"이라는 기술은 위 규칙 7.2(b)[13]를 위반하였다고 판단하였다.

12) "변호사나 로펌은 규칙 7.1을 위반하거나 7.1의 의미상 허위, 사기적, 오해를 불러일으키는, 기망적, 스스로를 찬양하는, 또는 불공평한 진술이나 주장을 포함하는 명함·정식 알림장·사무소 간판·편지용지·전화번호 목록·법조인명부·법조안내책자 목록이나 이와 비슷한 간판, 장치를 사용해서는 안 된다."

13) "변호사는 그 직무상 식별, 책임, 또는 변호사 업무를 수행하는 지위에 대해서 오해를 불러일으키거나 규칙 7.1의 의미상 허위, 사기적, 오해를 불러일으키는, 기망적, 스스로를 찬양하는, 또는 불공평한 명칭, 법에 반

2. 1995년 1월 Schneider 변호사는 채권을 회수하기 위해 찾아온 의뢰인에게 아직 채무자와 접촉조차 시작하지 않은 단계에서 미수금 회수를 위해 어떤 식의 절차를 밟을 것인지에 대한 개요를 서술하며 583달러를 청구하였다. 또한 이를 지불하기를 거절하며 수임을 종료시키겠다고 통지한 의뢰인에게 다시 지불거절에 대한 답변서와 보수청구서 작성행위에 대한 추가보수 360달러를 청구하였다.

3. 세금 문제와 관련해 찾아온 의뢰인이 자신의 의문에 대해서 서면답변을 촉구하자, Schneider 변호사는 1994년 7월 29일 세금 문제를 해결하기 위한 파산법상의 쟁점을 검토한 서면을 의뢰인에게 보내고 그 다음 날 의뢰인의 세금 문제 해결을 위한 다양한 법적 대안을 제시하는 의견서의 준비비용 명목으로 2,580달러를 청구하였다. 이에 의뢰인은 이익을 얻지 못하였다는 이유로 보수를 지불할 것을 거절하였고, 징계 대상자는 다시 의뢰인의 보수지불거절에 대한 답변서와 보수청구서 작성행위에 대한 추가보수 432달러를 청구하였다.

4. 위 행위에 대해 인디애나주 대법원 징계위원회는 오해를 불러일으키는 편지용지의 사용, 의뢰인 지시 불준수, 불합리한 보수청구 시도 세 가지 혐의에 관하여 징계절차를 개시하였고 조사관은 조사 후 징계 대상자가 비행을 하였다는 보고서를 제출하였다. 징계 대상자는 조사관의 보고서에 대한 재심을 신청하였다.

▌쟁점

1. 편지용지의 사용이 인디애나주 변호사 직무행위규칙 7.2를 위반한 것인지 여부
2. 의뢰인에 대한 불합리한 보수 책정이 위 규칙 1.5(a)를 위반한 것인지 여부
3. 위반행위에 대한 적절한 징계수준

▌법원의 판단

1. 징계 대상자는 사실상 홀로 업무를 수행하고 있음에도 불구하고, 자신과 업무상 전혀 제휴되어 있지 않은 변호사와 공인회계사들을 편지 말머리에 기재함으로써 마치 함께 일하고 있는 듯한 인상을 남겨 직무의 독자성, 책임, 또는 법률상 지위에 대해 오해를 불러일으키고 있다.

또한 "Professional Services Group" 역시 징계 대상자 홀로 업무를 하고 있음에도 불구하고 마치 어떤 집단이 있고 자신이 그 실체의 일부로서 업무를 하고 있는 듯한 인상, 즉 편지용지에 기술되어 있는 다른 변호사와 공인회계사들을 구성원으로 하는 실

하는 명칭을 사용해서는 안 된다. 그러한 경우는 본질적으로 오해를 불러일으키는 것이며, 개업한 변호사는 상호를 사용하여서는 안 된다."

체가 있다는 식의 오해를 불러일으키고 있다. 또한 징계 대상자가 "저희는 부를 창출하고 보존하는 것을 도와드립니다(WE HELP YOU CREATE AND PRESERVE WEALTH)"라는 문장을 사용한 행위 역시 "저희(we)"라는 주어가 복수의 사람을 암시하고 있을 뿐 아니라, 모든 상황에 있어 부를 창출 · 보존하는 데 종합적인 능력이 있다는 식의 정당하지 못한 기대를 갖게 하기 때문에 이는 오해를 불러일으키는 것으로 위 규칙 7.2(a)를 위반한 것이다.

징계 대상자는 위원회가 혐의를 정확히 특정하지 않았기 때문에 징계절차상 하자가 있었고, 따라서 자신에 대한 징계 처분이 정당치 않다고 주장한다. 비록 징계를 신청하는 서면에 특정 문장이 기재되지는 않았으나, "편지용지가 오해를 불러일으키는 것이며 징계 대상자의 서비스에 대해 정당하지 못한 기대를 불러일으킬 우려가 있다"라는 언급이 있고 양 당사자 모두 의견진술의 기회에 편지용지를 증거로 제시하였던 점을 고려할 때, 징계 대상자는 무엇이 문제가 되었는지 알 수 있었으며 충분한 답변의 기회를 제공받은 것이다.

2. 인디애나주 변호사 직무행위규칙 1.5(a)는 변호사의 보수는 합리적이어야 한다고 규정하고 있다. 합리성을 평가하기 위해 고려해야 할 요소는 다음과 같다.

1) 필요한 시간의 양과 노력, 관련 문제의 생소함과 난이도, 그 직무를 적절히 수행하는 데 필요한 기술

2) 그 일을 맡을 때 변호사가 다른 일을 못하게 될 가능성

3) 비슷한 직무에 대해 그 지역에서 통상 요구하는 보수

4) 관계된 사건의 크기와 얻어 낸 결과

5) 의뢰인이나 상황이 부과하는 시간 제약

6) 의뢰인과 맺은 직업적 관계의 성격과 기간

7) 서비스를 제공하는 변호사(들)의 경험, 명성, 능력

8) 보수가 고정급인지 성공조건부인지 여부

변호사가 의뢰인에게 보수를 청구하기 위해서 반드시 의뢰인이 원하는 결과를 획득하였어야 할 필요는 없지만, 특히 채권을 회수하는 것과 같이 비교적 간단한 사건에서는 적어도 의뢰인의 문제를 해결하기 위한 현실적 · 실질적인 단계를 논리적으로 밟아나갔어야 한다. 그런데 사건에서 징계 대상자는 미수금을 회수하기 위하여 성의 있는 현실적 시도조차 하지 않았으므로 미수금 회수를 위하여 어떤 식의 절차를 밟을 것인지에 대한 개요를 서술하며 583달러를, 의뢰인에 대한 보수청구서 작성에 360달러를 청구한 행위는 불합리한 보수를 지급받으려 한 것이고, 따라서 위 규칙 1.5(a)를 위반하였다.

3. 2항에서와 같이 대리 종료 후 의뢰인의 지급거절에 대한 보수청구를 하는 것에 대해 또다시 요금을 부과하는 행위는 불합리한 비용을 징수하려는 것이며, 비록 이미 완료하였으나 의뢰인에게는 제공되지 아니한 법적 업무에 대해 요금을 부과하는 것 역시 마찬가지이다. 따라서 보수청구서 작성에 400달러가 넘는 요금을, 비록 이미 완료하였으나 의뢰인에게는 제공되지 아니한 법적 업무에 대해 2,580달러를 청구한 행위는 규칙 1.5(a)를 위반한 것이다.

4. 징계 대상자는 비공개 견책이 타당하다고 주장한다. 그러나 비록 그가 징계절차가 시작되기 전에 편지용지의 사용을 중지한 감경요소가 있다 하더라도, 그는 대중에게 오해를 불러일으키는 메시지를 전달하였고 그러한 광고는 소비자가 충분한 정보제공의 바탕 위에서 변호사를 선택하는 것을 방해하고 있다. 무엇보다도 보수청구와 관련하여 심각한 위반행위를 한 점을 고려하여[14] 30일 변호사 자격정지의 징계가 적절한 것으로 판단된다.

【판례 5-9】 Colorado v. Carpenter(Supreme Court of Colorado, En Banc.; April 24, 1995; 893 P.2d 777)
허위 또는 오해를 불러일으키는 광고에 해당한다고 본 사례

사실관계

징계 대상자 Rober H. Carpenter 변호사는 1990년 11월부터 Metro Denver US WEST 직업별 전화번호부에 "유능한 변호사 소개 회사(An Able Attorney Referral, Inc.)"라는 명칭의 광고를 계속 게재하였고, 1993년과 1994년 US WEST 직업별 전화번호부에도 이를 게재하였다. 징계 대상자는 징계위원회의 첫 조사신청이 있은 후 소개 업무를 중단하였다.

징계 대상자는 징계위원회에서 관련 규정의 위반 여부에 관해 조건부 자백을 하였고, 위반 사실에 관하여 합의에 이르렀지만 적절한 징계수위에 관하여 의견 대립이 있었다. 콜로라도주 대법원 고충처리위원회는 징계절차상 이루어진 합의를 인정하고 공개 견책의 징계를 권고하였다.

쟁점

직업별 전화번호부에 오해를 불러일으키는 광고를 실은 행위에 대한 적절한 징계의 수위

---

14) Matter of Gerard, 634 N.E.2d 51(In. 1994). 과도한 보수청구는 대중의 법적 서비스에 대한 접근성, 정의 실현, 변호사의 전문가로서의 지위에 영향을 미치는 심각한 사회적 문제이다. 과도한 보수청구는 대중이 권리보호를 위해 법적 제도를 이용하는 것 자체를 방해하기 때문이다.

▌법원의 판단

1. 양 당사자는 다음과 같이 문제 된 광고가 허위이고 오해를 불러일으키며 기망적이고 불공평한 진술을 포함하고 있다는 데에 합의하였다.

1) 적어도 13개 이상의 전문분야의 상당수 변호사를 구할 수 있다고 암시하고 있는 데 비해 지정된 시간에는 단 5명, 그외 대부분 시간에는 그보다 적은 수, 그것도 광고에서 소개하고 있는 분야보다 훨씬 적은 분야의 변호사들만 이용 가능하다.

2) 광고에 명시된 분야 목록에도 불구하고 자산 · 유언 · 공증 · 부동산 · 보증 · 세금 · 재판과 항소 · 산재보험 · 사업 · 계약 등 특정 분야에는 이 서비스를 통해 구할 수 있는 변호사가 존재하지 않는다.

3) "유능한 변호사 소개 회사"라는 명칭에도 불구하고 이에 해당하는 회사나 기타 조직화된 실체는 존재하지 않는다.

4) 징계 대상자는 다른 변호사들에게 소개 업무에 대한 비용으로 월 50~70달러를 부과하였다.

5) 징계 대상자는 징계규칙 2-103(D)를 위반하여 변호사회가 운영 · 후원 · 승인하지 않은 영리 목적의 변호사 소개서비스를 운영하였다.

또한 징계 대상자는 자신의 행위가 징계규칙 1-102(A)(4)(변호사는 부정직, 사기, 기망, 부실표시를 수반하는 행위 금지)와 징계규칙 2-101(A)(변호사는 허위, 사기적, 오해를 불러일으키는, 기망적, 또는 불공평한 진술이나 주장을 포함하는 어떠한 형태의 광고도 금지)를 위반하였다고 시인하였다.

변호사 직무행위규칙이 발효한 1993년 1월 1일 이후, 징계 대상자는 규칙 7.1(변호사는 변호사 자신이나 서비스에 대해 허위이거나 오해를 불러일으키는 광고 금지)과 규칙 8.4(c)(변호사는 부정직하거나 사기, 기만적이며 왜곡하는 행위 금지)를 위반한 것이다.

2. 미국변호사협회의 변호사 징계 기준[American Bar Association's Standards for Imposing Lawyer Sanctions(1991 & Supp. 1992)]은 변호사가 고의로 부정직, 사기, 기망, 또는 부실표시를 행한 경우 감경 · 가중요소가 없다면 일반적으로 공개 견책이 적당하고 변호사로서의 적격성을 부정적으로 되돌아보아야 한다.

3. 징계 대상자가 부정직하고 사실을 왜곡하는 행위를 하였으며 과거에도 징계를 받은 사실이 있고 변호사 직무에 대해 상당한 경험을 가지고 있다는 가중요소를 고려할 때[규칙 9.22(a), 9.22(i)], 비록 징계 대상자가 절차에 협력하였다는 감경요소가 있으나 공개 견책의 징계가 타당하다. 따라서 이 법원은 고충처리위원회의 권고를 받아들여 징계 대상 변호사에 대한 공개 견책의 징계를 결정한다.

【판례 5-10】 In re Foos (Supreme Court of Indiana; June 28, 2002; 770 N.E.2d 335)
어느 보험회사의 업무만을 처리하는 변호사가 보험회사와 독립된 실체를 가진 것 같은 명칭을 사용하여 징계 받은 사례

사실관계

Robert R. Foos, Jr. 변호사는 사실상 Warrior 보험회사의 업무만을 전속적으로 처리하면서 "Conover & Foos"라는 로펌 명칭을 사용해 왔는데, 후에 Cincinnati Insurance Co. v. Wills, 717 N.E.2d 151(Ind. 1999) 판결[15]에 따라 이를 "Conover & Foos, Litigation Section of the Warrior Insurance Group, Inc."로 바꾸었다. 그는 편지용지 윗부분(letterhead) 아래에 작은 활자로 Conover & Foos의 변호사들이 Warrior 보험회사에 전속되어 있다는 내용의 경고문을 실었고, 2001년 5월 1일 다시 정식 명칭을 "Warrior Litigation Counsel"로 바꾸었다.

인디애나주 변호사 징계위원회는 "Conover & Foos, Litigation Section of the Warrior Insurance Group, Inc."는 해당 로펌이 Warrior 보험회사와는 독립된 지위에서 직무를 수행하는 것처럼 오도하여 인디애나주 변호사 직무행위규칙 7.2(a)[16]와 7.2(b)[17]를 위반하였다는 이유로 징계를 청구하였다.

쟁점

1. 보험회사와 구분이 불가능한 실체라는 것을 명백히 알리지 못한 로펌 명칭의 사용이 오해를 불러일으키는 것인지 여부

2. 징계 대상자에 대한 적절한 징계수위

법원의 판단

1. 징계절차에서 양측이 모두 인정한 사실관계에 따르면, 징계 대상 변호사 및 그

---

15) 이 판결에서 법원은 전적으로 어떤 회사 업무만을 처리하는 로펌이 그 회사의 직원인 변호사들을 지칭하기 위해 독립된 로펌과 같은 명칭을 사용하는 것은 그들이 외부 변호사라는 오해를 불러일으키는 것이므로 변호사 직무행위규칙 7.2에 의해 금지된다고 판시하였다. "직원인 변호사들이 고용주로부터 독립되고 분리된 존재인 듯한 표현은 상황에 따라 적어도 허위이자 오해를 불러일으키는 것이고 사기적이며 기망적이다."

16) "변호사나 로펌은 규칙 7.1을 위반하거나 7.1의 의미상 허위, 사기적, 오해를 불러일으키는, 기망적, 스스로를 찬양하는, 또는 불공평한 진술이나 주장을 포함하는 명함, 정식 알림장, 사무소 간판, 편지용지, 전화번호 목록, 법조인명부, 법조안내책자 목록이나 이와 비슷한 직업적 통지나 장치를 사용해서는 안 된다."

17) "변호사는 그 직무상 식별, 책임, 또는 변호사 업무를 수행하는 지위에 대해서 오해를 불러일으키거나 규칙 7.1의 의미상 허위, 사기적, 오해를 불러일으키는, 기망적, 스스로를 찬양하는, 또는 불공평한 명칭, 법에 반하는 명칭을 사용해서는 안 된다. 그러한 경우는 본질적으로 오해를 불러일으키는 것이며, 개업한 변호사는 상호를 사용하여서는 안 된다."

로펌 소속 변호사들은 Warrior 보험회사에게 고용된 지위에 있었음에도 불구하고, "Conover & Foos, Litigation Section of the Warrior Insurance Group, Inc."라는 이름을 대외적으로 사용하였다. 비록 편지용지에 긴 경고문구를 삽입하여 "Conover & Foos"의 변호사들이 Warrior 보험회사와 전속적 고용계약을 체결하였다는 점을 명시하였다고 하더라도 경고문구가 매우 작은 활자로 되어 있다는 점, 회사명이나 발신인 주소·날짜가 기재된 부분과는 동떨어진 위치에 기재되어 있다는 점 등을 고려할 때, 위 경고문구만으로는 징계 대상자의 로펌이 Warrior 보험회사와는 독립된 실체라고 오해를 불러일으킬 소지를 없애기에는 부족하다. 따라서 "Conover & Foos, Litigation Section of the Warrior Insurance Group, Inc."라는 명칭을 사용한 것은 직무행위규칙 7.2(a)와 7.2(b)에 위반된다.

2. 사기적이거나 오해를 불러일으키는 광고를 한 변호사를 징계한 다른 선례들(Matter of Foster, 630 N.E.2d 562/Matter of Wamsley, 725 N.E.2d 75/Matter of Huelskamp, 740 N.E.2d 846)을 고려해 보았을 때, 공개 견책의 징계가 적절한 것으로 판단된다.

【판례 5-11】 In re Conduct of Magar(Supreme Court of Oregon; April 17, 1984; 296 Or. 799)
오해를 불러일으킬 수 있는 광고가 아니라고 한 사례[18)]

▮ 사실관계

오리건주 변호사회는 Magar 변호사에 대하여 아홉 가지의 혐의를 제기하였는데, 이 중 혐의 8은 Magar 변호사가 신문광고에서 그의 이름을 생략하고 비용(costs and expenses)을 변호사 보수(fee)와 같은 활자체와 크기로 인쇄하지 않은 점에 대한 것이다.

▮ 쟁점

변호사의 법률서비스에 대한 허위 또는 오해를 불러일으키는 의사교환을 금지하는 징계규칙의 위반을 증명함에 앞서, 오리건주 변호사회가 변호사의 이름을 특정 광고에 포함시키는 것이 그 광고를 전체적·실질적으로 오해를 불러일으키는 광고가 안 되도록 하는 데 필요하다는 것을 증명할 필요가 있는지 여부

---

18) 징계에 관한 다른 쟁점에 관하여는 아래 【판례 8-32】 참조.

▮법원의 판단

비용과 변호사 보수의 활자체와 크기 차이는 발행자의 실수에 의한 것이었다. 그렇다면 징계심의위원회가 판단한 바와 같이 징계규칙 2-101(A)(1)[19]을 위반하였는지를 살펴본다. 본 사안의 광고가 사실이나 법에 대한 허위진술을 포함하지 않았다는 것은 명백하다. 또한 이 규칙에서는 이름이 포함되어야 한다는 것을 요구하지도 않는다. 1980년 주 변호사회가 모든 회원에게 우편으로 보낸 주 변호사회 법조윤리위원회의 의견 #431은 광고가이드라인에 관한 것인데, 그 4페이지에는 "변호사는 그 또는 그 로펌과 소속 변호사의 이름을 광고할 수 있다. 광고하는 변호사 또는 로펌의 이름을 적지 않은 광고는 오해를 유발하고 징계규칙 2-101(A)(1)을 위반하는 것으로 고려될 것이다"라고 하였다. 우리는 위원회가 이러한 "오해를 유발하는 것으로 고려될 것이다"라는 표현을 사용한 것은 per se 규정, 즉 이름의 생략을 언제나 규정 위반이 되는 규정으로 의도한 것이거나 규정 위반으로 추정하고 사실관계의 규명을 판사에게 맡기려는 의도이거나 규정 위반으로 추정하고 변호사에게 입증책임을 전환하려는 의도라고 보지 않는다. 오히려 주 변호사회가 그 광고가 전체적·실질적으로 오해를 불러일으키지 않도록 하는데 그 변호사의 이름을 특정 광고에 포함시킬 필요가 있음을 증명해야 한다고 해석한다. 결론적으로 Magar 변호사는 혐의 8에 관하여 혐의가 없다.

2. 특정 사건 유치활동의 규제

【판례 5-12】 Ohralik v. Ohio State Bar Ass'n.(Supreme Court of the United States; May 30, 1978; 436 US 447)

교통사고를 당한 피해자에 대한 변호사 선임 유인행위에 대하여 제재한 사례

▮사실관계

Ohralik 변호사는 25년 이상의 경력을 가진 변호사이다. 1974년 2월 13일 Ohralik은 우체국에 갔다가 그가 좀 알던 Carol McClintock(18세)이 1974년 2월 2일 부상당하였음을 알게 되었다. Ohralik은 Carol의 부모에게 전화하여 Carol이 입원하였다는 것을

---

19) "변호사는 변호사나 그의 서비스에 관하여 허위 또는 오해를 불러일으키는 의사소통/홍보를 하여서는 아니된다. 의사소통/홍보가 다음과 같은 경우 허위 또는 오해를 불러일으키는 것이다.
(1) 사실이나 법에 대한 중요한 허위표시를 포함하거나 그 진술이 전체적으로 보아 중대하게 오해를 불러일으키지 않게 하기 위하여 필요한 사실을 누락하는 경우."

알고 병원을 찾아가겠다고 제안하였다. Carol의 어머니가 일단 집으로 먼저 방문할 것을 요청하여 Ohralik이 집으로 방문하여 부모로부터 Carol이 그 집의 차를 운전하다가 보험 미가입 오토바이와 충돌하였음과 동승자 Wanda Lou Holbert(18세)가 부상하여 입원하였음을 알게 되었다. Ohralik은 Carol의 부모에게 변호사 선임을 권유하였으나 Carol의 어머니는 딸이 결정할 문제라고 답하였다.

Ohralik은 병원에 방문하여 Carol에게 사건 위임을 권유하고 계약서 서명을 요청하였으나, Carol은 부모와 상의하겠다고 하면서 서명을 거부하였다. Ohralik은 병원에서 Wanda도 만나려고 하였으나 퇴원하여 만나지 못하였다. Ohralik은 Carol의 부모를 다시 찾아가면서 교통사고 현장에 들러 사진을 촬영하였고, 녹음기를 코트 속에 숨기고 부모를 방문하여 자동차보험증권을 검토하고 보험미가입 차량과의 사고에 따른 법적 문제에 대하여 조언해 주었다. Ohralik은 보험증권상 Carol과 Wanda가 각각 1만 2,500달러씩 보상을 받을 수 있음을 발견하였다. 한편 Carol의 어머니는 Wanda가 소송하지 않겠다고 한다고 이야기하였다. 이틀 후(2월 15일) Ohralik은 Carol을 방문하여 Carol이 받는 금액의 1/3을 성공보수로 하는 위임계약서에 서명을 받았다.

Ohralik은 Carol의 부모로부터 Wanda에게 사고에 대하여 물어볼 것이 있다고 하면서 Wanda의 주소를 확인한 후 Wanda의 집에 Wanda의 요청 없이 방문하였고, 녹음기를 감추고 Wanda와의 대화를 녹음하였다. Ohralik은 Wanda에게 Carol이 사건을 위임했음과 자동차보험증권상 Wanda도 1만 2,500달러를 지급받을 수 있음을 알려 주었다. Wanda는 어떻게 돌아가는지 잘 모르겠다고 하면서, 1/3 성공보수 조건 사건위임에 대하여 "OK"라고 답하였다. 다음 날 Wanda의 어머니가 Wanda의 구두 위임동의를 무효화하고자 하였다. Wanda의 어머니는 소송을 제기할 의사도 Ohralik에게 사건을 위임할 의사도 없다며, 소송을 제기하게 되면 자신의 변호사와 상의하겠다고 하였다. 이에 대해 Ohralik은 구속력 있는 계약이 체결되었다고 주장하였다.

한 달 후 Wanda는 Ohralik에게 사건을 위임하지 않았음을 서면으로 알리면서 Ohralik은 Wanda의 대리인이 아님을 보험회사에게 통지할 것을 요청하였다(이러한 통지가 없으면 보험회사는 Wanda에게 보험금 지급을 하지 않겠다고 하였다). Carol도 Ohralik에 대한 위임을 해지하고 다른 변호사에게 위임하여 보험회사와 화해하였다.

Ohralik은 Carol에게 계약 위반을 이유로 소송을 제기하여 보험회사로부터 받은 금액 1만 2,500달러의 1/3을 지급받았다(Carol이 보험금 수령을 위하여 선임한 다른 변호사의 비용은 900달러였다). Wanda에게도 소송을 제기하였으나 Ohralik에 대한 징계 결정이 내린 후 기각되었다.

Carol과 Wanda의 신고로 오하이오주 대법원의 징계위원회는 Ohralik이 징계규칙

2-103(A),[20] 2-104(A)[21]를 위반한 것으로 보고 공개 문책을 권고하였으나, 오하이오주 대법원은 무기한 자격정지를 명하였다. 이에 징계 대상자는 연방 대법원에 상소하였다.

▮ 쟁점

금전적 동기를 가지고 피해자와 직접 대면하여 선임을 유인한 Ohralik 변호사의 행위에 징계규칙[DR 2-103(A), 2-104(A)]을 적용하는 것이 수정헌법 1조와 14조를 위반한 것인지 여부

▮ 법원의 판단

1. 주(州)의 권한을 위임받은 변호사회는 주가 방지할 권한이 있는 위험이 초래될 만한 상황하에서 금전적 목적을 가지고 직접 대면에 의한 위임권유활동(in person solicitation)을 한 변호사를 징계할 수 있고 이는 합헌이다. 주는 소비자를 보호하고 상업적 거래를 규제한다는 일반적인 이익 외에, 자격증을 필요로 하는 전문직의 행위 기준을 유지할 특별한 책임이 있다. 또한 부적절한 방법으로 변호사의 선임을 권유하는 행위로부터 대중을 보호하며 피해가 발생할 것으로 우려되는 상황하에서 변호사의 선임을 권유하는 행위를 미리 금지함으로써 주 전체의 이익을 유지토록 해야 한다.

2. 변호사가 잠재적 의뢰인과 직접 대면하여 위임을 권유하는 행위는 예부터 변호사와 의뢰인 간의 이상적인 관계에 어긋나며, 잠재적 의뢰인에게 중대한 해를 끼치는 행위로 인식되어 왔다. 변호사가 금전적 동기를 가지고 위임을 권유하는 행위는 수정헌법 1조와 크게 관련되어 있지는 않다. 비록 어느 정도의 헌법적 보호는 받지만 징계 대상자의 행위는 규제의 대상이 된다. 징계 대상자는 헌법적 관점에서는 자신의 사건을 Bates 사건과 구별할 수 없다고 주장한다. 변호사가 서비스를 제공할 자세가 되어 있다는 점과 서비스 조건에 대한 정보를 제공한다는 점에서는 직접 대면에 의한 위임권유활동도 광고와 대체로 같은 기능을 한다. 그러나 단지 정보를 제공하고 정보수령자가 자유롭게 행동 여부를 결정하는 광고와는 달리, 직접 대면하여 위임을 권유하는 행위는 압력을 가하고 비교나 재고의 기회를 주지 않고 자주 즉각적인 답변을 요구한다. 아마도 일방적인 설명과 충분한 정보 없이 신속하게 행하는 의사결정이 직접 대면에 의한

---

20) "개인적 개업 변호사인 변호사는 변호사의 선임과 관련해 자신에게 조언을 구한 비변호사에게 자기 자신이나 파트너 변호사, 소속 변호사를 추천해서는 아니 된다."

21) "요청받지 않고 비전문가에게 변호사를 수임해야 한다거나 법적 대응을 해야 한다고 조언을 한 변호사는 그 조언의 결과로 선임을 수락할 수 없다. 다만 다음의 경우는 그러하지 아니하다.
(a) 친한 친구, 친척, 종전 의뢰인(그 조언이 종전의 위임과 밀접한 관계가 있는 경우), 또는 변호사가 합리적으로 의뢰인이라고 믿는 사람으로부터의 위임."

위임권유활동의 목적과 효과일 것이다. 변호사회, 감독기관, 또는 권유의 대상인 사람과 가까운 사람이 개입하거나 다른 정보를 제공할 기회가 없다.

3. 변호사의 행위 중 언론으로서의 요소가 있다고 해서 주가 대중에게 위험이 될 만한 홍보활동을 규제할 권한을 상실하는 것은 아니다. 부분적으로 언어(말, 글 모두 포함)를 통해 시작되거나 진행 · 수행된 행위를 불법으로 취급한다고 해서 언론의 자유를 박탈한 것도 아니다. 비전문가에게 요청받지 않은 조언을 하는 것을 규율하는 징계규칙은 단지 변호사가 금전적 동기를 가지고 수임을 위해 정보를 미끼로 사용하는 것을 금지하는 것일 뿐이고, 변호사가 법적 권리와 구제수단에 대한 정보를 주거나 변호사를 수임하는 것이 좋겠다고 권고하는 행위 자체를 금지하는 것은 아니다.

4. 위임권유활동의 해악은 여러 해에 걸쳐 광범위하게 지적되고 있다. 소송을 부추김, 사기적 청구, 법률전문직의 품위상실, 과도한 권유/과다청구/불충분하거나 잘못된 정보제공 등으로 인하여 의뢰인이 입을 손해 등이 그것이다. 미국변호사협회는 위임권유활동 규제 조항은 과도한 권유 및 일반인에 대한 부당한 영향력 행사 가능성의 감소, 개인의 사생활 보호, 변호사 자신의 금전적 이해관계로 인하여 의뢰인을 위한 판단이 흐려지지 않도록 하기 위함이라는 세 가지 근거를 가지고 있다고 한다. 대중을 위임권유의 이러한 면으로부터 보호하는 것은 정당하고 중요한 주의 이해관계이다.

5. 이 사건에서 징계 대상자가 교통사고를 당한, 고등학교 교육밖에 받지 않은 어린 두 여성에게, 또 약과 고통에 시달리고 있어 판단력이 심히 의심되는 이들을 찾아가서 금전적 이익을 위해 자신을 선임하라고 권유한 점, 성공보수약정을 통해 마치 무료로 수임하는 것 같은 느낌을 받게 하여 그의 제의를 거절하기 어렵게 한 점, 녹음기를 숨기고 대화를 허락 없이 녹음하여 사생활을 침해한 점, 변호사 선임계약 체결 바로 다음 날 Wanda의 어머니가 이를 취소하려 할 때 이를 거절한 점 등을 미루어 볼 때, 징계 대상자는 적어도 주가 징계규칙을 통해 방지하고자 하는 잠재적인 위험이 있는 상황에서 위임을 권유한 것이므로 징계 대상자에게 징계규칙을 적용한 것은 위헌이 아니다.

【판례 5-13】 In re Primus(Supreme Court of the United States; May 30, 1978; 436 U.S. 412)
정치적 표현의 한 형태로 비영리 단체에게 소송위임을 권유하는 행위가 헌법상 권리로 보호되어야 하며 징계 대상이 아니라고 한 사례

▌사실관계

미국시민자유연합(American Civil Liberties Union, 이하 'ACLU') 사우스캐롤라이나주

지부와 협력관계에 있던 Edna Primus 변호사는 미국 저소득층 의료보장제도(Medicaid program)하에서 의료보조금을 계속 지급받기 위한 조건으로 불임을 강요당했거나 불임을 위협당하고 있는 여성들에게 그들의 법적 권리에 대해 조언하였으며, 그들 중 한 여성에게는 ACLU를 통해 무료로 법적 도움을 받을 수 있다는 내용의 편지를 보냈다. 주 대법원 징계위원회는 Primus 변호사가 징계규칙 2-103(D)(5)(a) · (c),[22] 그리고 2-104(A)(5)[23]를 위반하였다면서 비공개 견책의 징계 처분을 하였고, 사우스캐롤라이나주 대법원은 이에 대한 위 변호사의 이의를 기각하면서, 오히려 위 변호사의 행위에 대해서는 공개 견책의 징계가 적절하다고 판단하였다. Primus 변호사는 이에 대해 연방 대법원에 상고하였다.

▮ 쟁점

사우스캐롤라이나주에서 Primus 변호사가 ACLU를 위해 선임을 유인하는 편지를 보낸 행위에 대해 징계규칙 2-103(D)(5)(a) · (c)와 2-104(A)(5)를 적용한 것이 수정헌법 1조와 14조 위반에 해당하는지 여부

▮ 법원의 판단

"정치적 표현의 한 형태"로서, 그리고 하나의 "정치적 결사"로서 소송을 하는 비영리 단체가 잠재적인 소송당사자에게 위임을 권유하는 것은 수정헌법 1조의 보호를 받는 표현과 결사의 행위로, 정부는 "한정적으로 특정해서만" 이를 규제할 수 있다[NAACP v. Button, 371 U.S. 415, 83 S.Ct. 328, 9 L.Ed.2d. 405(U.S.Va. 1963)]. 위 Button 판결에 따르면 의미 있는 결과를 위하여 사법제도를 이용하는 집단적 행위는 수정헌법 1조가 보호하는 근본적인 권리로, 대중을 보호하고 정의를 실현하기 위한 광범위한 규제가 결사의 자유의 가치를 심각하게 손상시키는 것이어서는 안 된다.

---

22) "변호사는 자신이나 파트너 변호사 또는 소속 변호사의 서비스 이용을 촉진하기 위해서 알면서 법적 서비스를 추천, 공급, 또는 이에 대해 비용을 지불하는 개인이나 단체를 도와서는 안 된다. 그러나 다음에 열거하는 기관의 법적 서비스 활동에는 품위 있는 방법으로 협력할 수 있다. 다만 다른 사람 또는 단체의 간섭·통제를 받지 않고, 의뢰인을 위해 독립적·전문가적 판단을 내릴 수 있는 경우에 한한다."
(5) 그 구성원이나 수익자를 위해 법적 서비스를 추천, 제공, 또는 비용을 지불하는 비영리 단체. 다만 법적 서비스 제공 시의 지배적인 헌법해석이 그러한 법적 서비스 활동이 필요하다고 보는 범위 내에서, 또한 그러한 헌법해석에 의해 금지되지 않는 한 다음과 같은 조건들이 충족된 경우에만 가능하다.
(a) 그 단체의 주된 목적이 법적 서비스의 제공을 포함하지 않을 것
(c) 그 단체가 변호사의 법적 서비스 제공으로부터 금전적 이익을 얻지 않을 것."

23) "(A) 변호사가 부탁을 받지 않고 비전문가에게 변호사를 선임하거나 법적 소송을 해야 한다는 자발적인 조언을 한 경우, 다음의 경우를 제외하고는 그 조언의 결과로 선임을 수락해서는 안 된다.
(5) 집단소송의 성질을 가지는 소송에서 의뢰인의 권리의 주장이나 방어의 성공이 다른 사람들의 참가에 달려 있을 때, 변호사는 공동 소송 참여자를 모으기 위한 목적으로 접촉한 사람들로부터 수임을 추구해서는 안 되지만 수임을 승낙할 수 있다."

Primus 변호사는 효과적인 정치적 표현과 결사의 수단이자 대중과 유용한 정보를 소통하기 위한 수단으로서 소송을 수행하는 비영리 단체를 위해 선임을 유인하는 편지를 보냈다. 따라서 그러한 행위는 결사의 자유의 일반적인 보호영역에 속한다. 한편, ACLU나 그 사우스캐롤라이나주 지부가 배타적으로 법적 서비스를 제공하기 위한 단체라든지 보수를 지급받음으로써 경제적 이익을 취할 것을 목적으로 한 변호사 집단이라든지 또는 선임 유인에 대한 정당한 주의 규칙을 피하기 위한 단순한 허상에 불과하다는 증거는 없다. 정치적 표현과 결사의 자유에 대한 제한은 구체적 · 특정적으로 행해져야 할 것이나, 이 사건 규제는 그러한 구체성을 결한 채 일반적으로 넓은 범위에서 이루어지는 것이기 때문에, 변호사 직무수행을 유의미하게 하는 '협력적 활동'을 약하게 하고 소수자의 가치를 옹호하고자 하는 사건에서 자의적인 법집행을 허용할 심각한 잠재성이 있다.

Ohralik 판결에 따르면 금전적 동기를 가지고 잠재적 의뢰인을 직접 대면하여 선임을 유인한 상황에서는 잠재적 위험의 증명만으로 관련 변호사를 징계할 수 있다. 그러나 Primus 변호사와 같은 경우에는 사우스캐롤라이나주의 광범위한 규제가 제한하고자 하는 잘못된 행위 유형 중 하나를 실제로 행하였다는 사실이 입증되지 않는 이상 징계대상이 되어서는 안 된다.

사우스캐롤라이나주는 Primus 변호사의 행위에 부당한 압박, 도를 넘음, 오도, 사생활 침해, 이익충돌, 비전문가에 대한 간섭 등 징계를 정당화하는 사유가 있었다고 주장하나 기록에 따르면 그렇지 아니하다. 그리고 설령 무익한 소송을 남발적으로 제기하지 못하도록 하고, 법률전문직의 상업화를 최소화한다는 주의 이익이 있다고 하더라도 Primus 변호사에 대한 징계는 정당화될 수 없다.

따라서 이 사건 규제는 Primus 변호사의 수정헌법 1조와 14조상 권리를 침해하는 것으로 사우스캐롤라이나주 대법원 판결을 파기한다.

【판례 5-14】 In re Teichner(Supreme Court of Illinois; January 19, 1979; 75 Ill.2d 88, 387 N.E.2d 265)
열차탈선 사건과 폭발 사건의 피해자들에게 성공보수 조건으로 변호사 선임을 권유한 변호사가 자격정지 2년의 징계를 받은 사례

▌사실관계

1. Laurel 열차탈선 사건

미시시피주 Laurel에서 Southern Railway System의 열차가 탈선 · 폭발하는 사고가

일어났는데, 그 피해자들 중에 상당수는 Laurel 흑인사회의 일원들이었다. 그 지역 목사인 Rev. Allen Johnson은 가난한 피해자들과 그들 가족의 구제를 위한 협회를 설립하였으며, Southern Railway System 측은 발빠르게 직원을 보내 한시바삐 화해합의(settlement agreements)를 성립시키려고 하였다. Teichner 변호사는 위 협회의 직원과 함께 그 사고로 부모님이 병원에 입원한 Sears Ward[24)]와 또 다른 피해자인 Dorothy Bunch Brown에게 찾아가 성공보수를 조건으로 소송대리를 해주겠다고 변호사 선임을 권유하고 수백 달러의 돈을 빌려 주겠다고 제안하였으며, Brown에게는 실제로 500달러를 빌려 주기도 하였다.

2. Decatur 폭발 사건

일리노이주 Decatur에서 폭발사고가 일어났는데, Teichner 변호사는 Decatur 공항에서 일하는 자동차 렌탈회사 직원인 Connie Snoke에게 돈을 지불하고 폭발사고로 인해 다친 피해자들의 이름과 주소에 관한 정보를 제공받았다.

Teichner 변호사는 요청을 받지도 않았으면서 폭발로 집이 손상되어 가족이 뿔뿔이 흩어져 매우 혼란스럽고 곤란한 지경에 빠져 있는 Ruth Gardner에게 먼저 전화해 만날 약속을 잡은 다음, 그녀가 제대로 된 판단을 할 수 없는 상황이라는 점을 무시하고 위임을 권유하였다.

Decatur 사건의 피해자로 심각한 화상을 입은 Darryl Hardy가 사경을 헤매고 있을 때, 그의 어머니인 Barbara Hardy는 다른 사람의 추천을 받고 Teichner 변호사에게 전화해서 와달라고 부탁했으며, Darryl의 약혼녀인 Leesa Hulvey와도 이야기를 나눌 것을 부탁하였다. 위 두 사람은 Teichner 변호사와 상담하고 그를 선임하였다. 또 Teichner 변호사는 Darryl Hardy의 전 부인 Brenda Hardy와 미성년자인 아들을 방문해 자신을 선임해 달라고 권유하여 이 역시 선임되었다.

또한 Teichner 변호사는 애인이었던 Mary Bolero의 아버지인 John Bolero로부터 Decatur의 주민이자 사고로 다친 Robert Lichtenberger를 소개받고 만나서 위임을 권유하였지만 이미 그는 다른 변호사를 선임한 상태였다. 그러자 Teichner 변호사는 다른 피해자들의 이름을 알려 주면서 만남을 주선하여 달라며 500달러를 지불하였고, Lichtenberger는 Barbara Hardy, Shirley Tucker 등에게 위 변호사를 추천해 주었다. Shirley Tucker가 Lichtenberger의 추천에 따라 Teichner 변호사를 선임하고 난 후 다른 친구들에게 그를 추천해도 되겠느냐고 하자, Teichner 변호사는 이에 동의하면서 다

---

24) 징계 대상자는 그 정황상 Ward 노부부의 변호사로 선임되기 위해 아들인 Sears Ward와 접촉한 것이며, 아들이 다쳐서 병원에 입원한 노부부의 결정에 중대한 영향을 미칠 것이라는 점 등의 맥락을 고려했을 때 사실상 직접 Ward 노부부와 접촉한 것과 다를 바 없다.

른 피해자들에게 전화해 달라며 Tucker에게 100달러를 지불하였다.

3. 일리노이주 변호사 등록 및 징계위원회 담당관은 위 두 사건과 관련한 Teichner 변호사의 위임 권유행위에 대해 징계신청을 하였다. 이에 청문위원회는 자격정지 5년의 징계를, 심의위원회는 자격정지 3년의 징계를 권고하였다. 징계 대상자는 심의위원회의 보고서에 불복하여 이의를 제기하였다.

쟁점

1. Laurel 사건과 관련하여 변호사가 Sears Ward와 Dorothy Bunch Brown에게 선임을 유인한 행위에 대해 징계하는 것이 정당한지 여부

2. Decatur 사건과 관련하여 징계 대상자를 징계하는 것이 정당한지 여부

법원의 판단

1. Laurel 열차탈선 사건

먼저 Teichner 변호사가 Sears Ward에게 한 행위에 관하여 살펴본다. 각 주가 변호사와 잠재적 의뢰인 간의 의사소통을 금지하거나 출판 · 광고 등에 제한을 가하는 권한을 가진다고 해도 이러한 권한은 표현의 자유 및 결사의 자유 등을 보장하는 미국 수정헌법 1조와 14조에 의해서 제한될 수밖에 없다. 따라서 이 사건에서 변호사의 행위도 헌법상 보호되는 범위에 포함된다. 다만 변호사가 순전히 상업적인 목적에서 행위를 하였다면, 변호사의 표현의 자유에는 보다 엄격한 제한이 가해질 수 있다는 점은 인정되어야 할 것이다.

이 사건은 변호사의 동기와 그 기능적 측면에서 변호사가 순전히 상업적인 이익을 추구하였던 Ohralik 사건과 변호사가 순수한 이데올로기적 동기에서 직무를 수행하였던 Primus 사건의 중간에 위치한다고 볼 수 있다. Teichner 변호사는 비록 경제적 이익을 얻으려는 동기에서 이러한 행위를 하였으나, 그 행위는 수정헌법 1조와 14조에 의하여 보호되는 범위에 포함된다.

특히 성공보수약정은 가난한 자들에게 법적 조력을 받을 유일한 기회를 보장해 주는 수단이라는 점을 고려할 때, 이 사건에서와 같은 위임권유행위도 가난 때문에 성급하고 불공평한 화해가 이루어지는 것을 방지하는 순기능을 수행하고 있다는 점을 인정하여야 할 것이다. 비록 징계 대상자의 주된 동기가 금전적 이익을 얻는 데 있다 하더라도 그의 행위가 지역사회의 이익을 향상시키고 있다는 사실은 부인할 수 없으며, 그 자신의 이익과는 별개인 지역사회 주민들의 이익을 향상하고 진실로 구제하기 위한 노력의 일환으로 볼 수 있다. 따라서 Sears Ward에게 한 행위에 대하여 징계하는 것은 부적절하다.

Teichner 변호사가 Dorothy Bunch Brown에 대해서 위임을 권유한 것도 경제적인 동기에 의해서 비롯된 행위라는 점은 인정할 수 있으나, 이런 종류의 의사소통을 금지하는 것은 Brown과 같은 어려운 처지에 있는 사람들이 법적 도움을 받지 못하는 결과를 초래할 수 있다는 점을 마찬가지로 고려하여야 할 것이다.

따라서 위 변호사가 Laurel 사건에서 위임권유행위를 한 데 대해 징계를 하여서는 안 될 것이다.

2. Decatur 폭발 사건

Teichner 변호사가 잠재적인 의뢰인을 소개시켜 달라는 목적으로 Connie Snoke에게 돈을 지불한 것은 징계사유에 해당한다. 그가 애인의 아버지로부터 소개받은 사람에게 다른 의뢰인들을 소개시켜 달라고 하면서 돈을 지급한 행위 역시 징계사유에 해당한다.

또 Teichner 변호사가 Gardner 부부에게 위임을 권유한 행위 등은 일반인에게 법적 구제수단과 법률서비스에 대한 정보를 보급한 것이라고 판단되지는 않는다. 오히려 그는 의뢰인의 신체적 · 정신적 상태를 고려하지 않고 먼저 의뢰인을 접촉하여 자신을 선임하도록 요청하기만 하였으며, 특히 의뢰인의 사정에 반하여 지나치게 고액의 성공보수약정을 체결하였다. 이는 징계를 가중할 사유에 해당한다.

그리고 Teichner 변호사는 이익충돌 상황이 비교적 명확하게 존재하였음에도 불구하고 Darryl의 전 부인, 미성년자 아들, 어머니, 현 약혼녀 모두를 대리하면서도 이익충돌의 가능성을 알리지 않았다. 또한 그는 부탁받지 않은 상태에서 Darryl의 전 부인, 미성년자 아들을 찾아가 접촉한 바 있다.

비록 이 사건에서 위 변호사의 위임권유행위가 사기나 도덕적 타락과 바로 직결되는 것은 아니나, 의뢰인의 상황을 고려하지 않고 위임을 적극적으로 권유하였거나 이익충돌 상황을 무시하고 수임한 행위 등은 전문자격을 가진 변호사에게 요구되는 최소한의 기준조차 어긴 것이고 변호사에 대한 대중의 신뢰를 손상시킨 것이기 때문에 자격정지 2년의 징계가 타당하다.

【판례 5-15】 Matter of Anonymous(Supreme Court of Indiana; June 29, 1994; 637 N.E.2d 131)
특정 사건에 관하여 변호사 선임을 권유하는 편지를 발송하면서 광고물이라는 표시를 하지 않아 징계 받은 사례

▌사실관계

징계 대상 변호사는 며칠 전 음주운전으로 체포되었던 개인에게 자신을 선임해 달라

고 광고하는 편지를 발송하였는데, 편지 첫머리나 겉봉에 "광고물(advertising material)"이라는 표시를 하지 않았고 발송 전 징계위원회에 편지의 사본을 제출하지도 아니하였다. 대신 편지의 머리에 있는 발신인 주소와 날짜 부근에 "법률광고(legal advertisement)"라는 어구를 넣었다.

인디애나주 변호사 징계위원회는 징계 대상 변호사가 인디애나주 변호사 직무행위규칙 7.3(c)[25)]를 위반하였다는 이유로 징계절차를 개시하였고, 징계 대상 변호사와 징계위원회는 비공개 문책의 징계 처분에 합의하기로 하고 법원의 승인을 구하였다.

▌쟁점

1. 편지 첫머리나 겉봉에 "광고물(advertising material)"이라는 표시를 하지 않고 위원회에 편지 복사본을 제출하지 않은 행위가 위 직무행위규칙 7.3(c)에 위반되는지 여부

2. 이러한 위반행위에 대한 적절한 징계수위

▌법원의 판단

1. 징계 대상 변호사는 잠재적 의뢰인에게 선임을 유인하는 편지를 보내면서 "광고물(advertising material)"이라는 표시를 하지 않았고, 위 규칙 7.3(c)에서 규정한 대로 인디애나주 대법원 징계위원회에 동 편지의 사본을 제출하지 않았으므로 위 규칙 7.3(c)를 위반한 사실이 인정된다.

2. 징계 대상 변호사가 자신의 행위가 위 규칙을 위반하지 않는 것으로 진실로 믿고 행동하였다는 점은 인정된다. 그러나 변호사는 직무행위규칙을 잘 인지하고 이를 준수하기 위하여 주의를 다할 의무를 부담하므로, 단순한 과실과 태만에 의한 위반행위라 하더라도 변호사가 책임을 면하기는 어렵다.

한편 위 변호사는 정확한 법령해석과 그에 따른 절차가 확정될 때까지 편지발송을 중단하였으며, 잘못을 깨닫고 위원회에 편지 사본을 제출하고 우편물을 수정하였던 사실이 인정되므로 징계수위를 감경할 사유가 존재하고, 유사한 선례[Matter of Anonymous, 630 N.E.2d 212(Ind. 1994)]와 비교하여 보더라도 위 변호사와 징계위원회가 합의한 대로 비공개 문책의 징계가 적절하다고 판단된다.

---

25) "특정한 사안에서 법률서비스가 필요한 잠재적 의뢰인에게 선임을 권유하는 변호사의 모든 서면 또는 녹음된 홍보는 변호사가 의뢰인과 가족관계나 종전 직업적 관계가 있는 경우를 제외하고는, 봉투가 있으면 봉투의 외면에 그리고 녹음상 제공정보의 시작과 끝에 '광고물'이라는 단어를 포함해야 한다. 또한 잠재적 의뢰인에게 보낼 때, 또는 그전에 그러한 홍보물의 사본을 인디애나주 대법원 징계위원회에 제출하여야 한다."

【판례 5-16】 Florida Bar v. Went For It, Inc.(Supreme Court of the United States; June 21, 1995; 515 U.S. 618)
사고 발생 후 30일간 피해자와 가족에게 변호사 선임을 권유하는 행위를 금지한 변호사회 규칙이 헌법에 위반되지 않는다고 한 사례

사실관계

1989년 플로리다주 변호사회는 변호사 광고에 관한 연구를 수행하고 여론을 수렴하여 변호사 광고에 관한 협회 규칙 개정을 제안하였고, 1990년 플로리다주 대법원은 위 제안을 일부 수용하였다. 개정된 규칙 4-7.4(b)(1)은 사고 발생 후 30일 동안 변호사가 희생자와 가족에게 직접 편지를 보내 변호사 선임을 권유하는 것을 금지하였고, 규칙 4-7.8(a)는 이를 위반해 변호사를 소개하는 것을 금지하는 내용이었다.

1992년 G. Stewart McHenry 변호사와 그가 소유한 변호사 소개 회사인 Went For It, Inc.는 개정된 위 규칙이 미국 수정헌법 1조와 14조에 위반된다고 주장하면서 위 규칙의 적용금지를 구하는 가처분을 플로리다주 중부 연방 지방법원에 신청하였고, 이후 McHenry 변호사가 다른 사유로 변호사 자격박탈의 징계 처분을 받게 되자 신청인이 John T. Blakely 변호사로 교체되었다. 1 · 2심법원은 모두 이 규칙이 수정헌법 1조를 위반하였다고 판단하여 위 신청을 받아들였으며, 이에 플로리다주 변호사회가 연방 대법원에 재항고하였다.

쟁점

플로리다주 변호사회 규칙(Florida Bar Rules) 4-7.4(b)(1), 4-7.8(a)가 수정헌법 1조 · 14조를 위반한 것인지 여부

법원의 판단

1. 상업적 언론 역시 수정헌법 1조의 보호를 받지만 절대적으로 보호를 받는 것은 아니고, 비상업적 언론에 비해 보호의 정도가 약하다. 따라서 비상업적 언론에는 적용 불가능한 규제도 상업적 언론에는 가능하다.

2. 상업적 언론 규제에 대해 대법원은 Central Hudson 판결(Central Hudson Gas & Elec. Corp. v. Public Serv. Comm'n of N.Y., 447 U.S. 557, 100 S.Ct. 2343, 65 L.Ed.2d 341)에서 확립된 기준에 따라 위헌 여부를 심사한다. 이에 의하면 정부는 위법한 행위나 오해를 불러일으키는 상업적 언론에 대해서는 자유롭게 규제할 수 있다. 또한 그렇지 아니한 상업적 언론을 규제하기 위해서 ① 정부는 그 규제가 어떤 상당한 이익

(substantial interest)을 위한 것임을 주장해야 하고 ② 정부는 그 규제가 직접적으로, 그리고 중대하게 그 이익을 향상시킨다는 사실을 증명해야 하며, ③ 이 경우에도 주의 깊고 너무 광범위하지 않은 규제가 이루어져야 한다. Central Hudson 기준에 따라 위헌성을 판단할 때 법원은 정부가 주장하는 이익을 다른 것으로 대체할 수 없고, 한편 '상당'하다고 판단되는 하나의 이익만으로도 ①을 만족시키기에는 충분하다. ②를 증명하기 위해서는 단순한 추론이나 짐작만으로는 불충분하며, 그 위험이 현존하고 정부의 규제로 상당한 정도까지 그 위험을 완화할 수 있다는 점을 증명해야 한다. ③과 관련해서 상업적 언론 규제를 위한 입법자의 수단은 완벽할 수 없겠지만 적어도 합리적으로 그 목적에 적합해야 한다. 즉 단 하나의 최선의 정답이 있는 것은 아니나, 목적 달성을 위해 적절한 범위에서 너무 광범위하지 않은 규제가 이루어져야 한다.

3. 이 사건에서 쟁점이 된 변호사의 광고는 상업적 언론에 속하므로 Central Hudson 기준에 따라 판단해야 한다. 이에 따르면 ① 잠재적 의뢰인의 사생활을 보호하기 위한 규제는 주 전체의 상당한 이익을 위한 것이라고 인정될 수 있고, ② 변호사회는 대중이 이러한 직접적인 선임 유인을 사생활에 대한 침해로 받아들이고 변호사업에 대해 부정적인 인상을 갖게 된다는 통계적 · 예시적 증거를 제출하여 위험의 현존을 증명하였으며 신청인들은 이를 논박하지 못하였고, ③ 문제가 된 금지규정은 의뢰인들에게 고통을 주는 유인책을 배제하기 위함이라는 규제의 목적 달성을 위한 합리적인 수단이라고 판단된다. 또한 그 금지기간이 30일밖에 되지 않고, 직접편지를 통하지 않고도 변호사에 대한 정보를 제공할 수 있는 다른 대안들이 존재한다.

4. 따라서 이 규칙은 수정헌법 1조와 14조를 위반하지 않는다.

【판례 5-17】 Shapero v. Kentucky Bar Ass'n(Supreme Court of the United States; June 13, 1998; 486 US 466)
진실되고 기망적이지 않은 변호사 광고편지 발송을 전면적으로 금지하는 규제가 연방 헌법에 위반된다고 본 사례

사실관계

Richard D. Shapero 변호사는 켄터키주 변호사광고위원회(Advertising Commission)에 대하여 곧 저당물의 반환권을 상실할 위험에 처해 있는 잠재적인 의뢰인에게 "당신은 집을 잃을 위기에 처해 있습니다. … 연방법에 따라 채권자가 중지하도록 할 수 있습니다. … 저희 사무실에 전화해서 무료로 정보를 얻으세요. 저희가 당신을 위해 어떤 일을 할 수 있는지 알게 되면 놀라실 것입니다(You may be about to lose your home …

federal law may allow you to ORDER your creditor to STOP ··· you may call my office for FREE information. It may surprise you what I may be able to do for you)"라는 내용의 편지 발송 승인을 신청하였다. 광고위원회는 이 편지가 허위이거나 오해를 불러일으키는 것은 아니라고 판단하였지만, 당시 존재하던 켄터키주 대법원규칙 3.135(5)(b)(i)[26]에 위반된다는 이유로 승인을 거부하였다.

이에 Shapero 변호사는 캔자스주 변호사회 윤리위원회(Ethics Committee)에 위 규칙의 위헌 여부에 대한 의견을 조회하였고, 윤리위원회는 이 조항이 미국변호사협회 직무행위표준규칙(1984) 7.3과 일관성이 있다고 판단하였다. Shapero 변호사는 켄터키주 대법원에 재심을 청구하였고, 주 대법원은 Zauderer 판결(Zauderer v. Office of Disciplinary Counsel of Supreme Court of Ohio, 471 U.S. 626, 105 S.Ct. 2265, 85 L.Ed.2d 652)에 따라 위 규칙 3.135(5)(b)를 삭제하고 이를 비슷한 내용을 가진 미국변호사협회 직무행위표준규칙 7.3으로 대체하여야 한다고 보았다. 신청인은 이에 연방 대법원에 상고하였다.

▌쟁점

변호사가 금전적 동기를 가지고 특정 법적 문제에 직면한 잠재적인 의뢰인에게 직접 진실하고 기망적이지 않은 편지를 보내 선임을 권유하는 행위를 전면 금지하는 조항이 수정헌법 1조를 위반한 것인지 여부

▌법원의 판단(다수의견)

1. 주(州)가 변호사가 특정 법적 문제에 직면한 잠재적 의뢰인에게 진실하고 기망적이지 않은 편지를 보내 선임을 권유하는 행위를 전면적으로 금지하는 것은 수정헌법 1조와 14조 위반이다. 왜냐하면 그러한 광고는 허위이거나 오해를 불러일으키는 것이 아니며 따라서 헌법적으로 보호되는 상업적 언론의 범위에 속하기 때문에, 어떤 상당한(substantial) 이익을 위한다는 목적하에 변호사들에게 주의 기관에 선임을 유인하는 편지를 먼저 제출하도록 하는 등의 방법과 같이 그 이익을 직접적으로 도모할 수 있는 보다 덜 제한적이고 정치한 수단을 통해서만 규제가 가능하기 때문이다.

2. 이 사건에서는 비록 그 편지가 밑줄 · 대문자를 사용하고 의뢰인 만족도에 대한 주관적인 예측을 포함하고 있지만, 허위이거나 오해를 불러일으키는 것이 아닌 이상 수정헌법 1조의 보호를 받을 가치가 없을 정도로 도를 넘은 것은 아니다. 또한 이와 같이

26) "수취인이 (가족 아닌) 어떤 집단의 일원으로서 그 집단 구성원 모두에게 서면광고를 동시 또는 비슷한 시기에 보내며, 또 그 서면광고가 일반 대중과는 별도로 광고 수취인(들)과 관련된 특별한 사건에 의해 촉발된 것이 아닌 경우에만 개인 수취인에게 서면광고를 보낼 수 있다."

편지 형태로 선임을 권유하는 것은 변호사가 의뢰인과 직접 대면하여 권유하는 경우와 다르게 수령자가 바로 승낙 여부를 대답할 필요가 없어 부당한 억압에 노출되지 않으므로, 변호사가 의뢰인과 직접 대면하여 선임을 유인하는 것을 주가 범주를 정하여 금지시킬 수 있는 권한을 가진다는 Ohralik 판결은 이 사건 규칙에서와 같은 전면적인 금지규제를 허용하는 근거가 될 수 없다. 따라서 켄터키주 대법원의 판결을 취소하고 이 법원의 헌법해석에 따라 다시 판결하도록 하기 위하여 사건을 환송한다.

【판례 5-18】 The Florida Bar v. Herrick(Supreme Court of Florida; October 11, 1990; 571 So.2d 1303)
공인절차 없이 전문분야를 표시한 광고를 광고라는 표시 없이 보낸 변호사가 징계 받은 사례

▌사실관계

플로리다주 Peter S. Herrick 변호사는 먼저 요청받은 적이 없으면서 세관에 의해 압류되어 있는 선박에 이해관계가 있는 한 부부에게 1985년 8월 15일까지 보증금(bond)을 납부하지 않으면 그 선박이 몰수될 것인데, 자신의 로펌은 선박 압수와 관련된 관세법을 전문분야로 하고 있으니 관심 있으면 전화해 달라는 내용의 편지를 보냈다.

플로리다주 변호사회는 Herrick 변호사에 대한 징계절차를 개시하였고 심판관(referee)은 Herrick 변호사가, 첫째 "광고"라는 표시 없이 잠재적 의뢰인에게 요청받지도 않은 편지를 발송하였으므로 변호사 직무책임준칙의 징계규칙 2-104(b)(1)(a)를 위반했고, 둘째 스스로를 관세법의 전문가이며 이에 특별한 능력과 경험이 있다고 표현하여 징계규칙 2-105을 위반하였으며, 셋째 적법한 절차에 따라서 공인되거나 자격을 인증받지 아니한 영역을 전문적으로 수임한다는 표현을 했으므로 징계규칙 2-105를 위반하였다고 판단하여 위 변호사에 대한 공개 견책의 징계를 권고하는 보고서를 채택하였다. 이에 Herrick 변호사는 플로리다주 대법원에 재심을 청구하였다.

▌쟁점

1. Herrick 변호사가 "광고"라는 표시 없이 요청받지도 않은 편지를 잠재적 의뢰인에게 발송한 행위가 징계규칙 2-104(b)(1)(a)[27]를 위반한 것인지 여부 및 이러한 내용의

---

27) "(1) 잠재적 의뢰인에 대한 사건수임을 목적으로 하는 서면 홍보물은 다음을 충족해야 한다.
(a) 봉투와 서면 홍보물의 모든 면 위쪽에 분명히 '광고'라는 표시를 해야 하며, 글자 크기는 그 서면 홍보물의 가장 큰 활자와 같거나 그보다 커야 한다."

규제가 수정헌법 1조에 반하는지 여부

2. Herrick 변호사가 스스로를 관세법의 전문가이며 이에 특별한 능력과 경험이 있다고 표현함으로써 징계규칙 2-105[28]를 위반한 것인지 여부 및 이러한 내용의 규제가 수정헌법 1조에 반하는지 여부

3. 플로리다주 변호사회에서 정한 절차에 따라 공인되거나 인증받지 않은 분야를 전문적으로 수임한다고 표현한 것이 징계규칙 2-105를 위반한 것인지 여부

법원의 판단

1. 변호사의 광고 역시 수정헌법 1조에 의해 보호되는 상업적 언론의 영역에 속하지만 허위, 기만적, 오해를 불러일으키는 광고는 당연히 규제되어야 하며, 주는 그러한 오해를 불러일으키는 광고를 방지하기 위해 필요한 주의문이나 경고문을 넣을 것을 요구할 권한이 있다. 또한 주는 그런 오해를 불러일으킬 소지가 없는 경우에도 광고를 규제할 권한을 가지는데, 이런 경우에는 그로 인해 보호하고자 하는 상당한 이익(substantial interest)을 주장해야 하며 그에 비례해서만 언론에 간섭할 수 있고, 인식된 해악을 막기 위해 합리적으로 필요한 범위를 넘지 못한다.

위 징계규칙 2-104(b)(1)(a)는 수정헌법 1조에 반하지 않는다. 개인에 대한 편지광고는 실제보다 변호사가 그 사건을 잘 알고 있으며 의뢰인에게 닥친 법적 문제가 실제보다 심각하다는 수령자의 오해를 불러일으킬 위험이 높다. 또한 잘못 전달된 경우 수령자에게 법적 문제가 없는데도 있다고 생각하게 하거나 잘못된 법적 충고로까지 이어질 수 있다. 대법원도 절대적인 금지는 정당하지 않지만 보다 제한적이고 정확한 수단을 사용하여 위험과 오해를 최소화할 수 있으며, 그러한 규제 중 하나로 편지에 '광고'임을 표시하는 명칭을 붙이도록 할 수 있다고 판시하고 있다.

---

28) "변호사는 다음의 경우를 제외하고는 자신을 공개적으로 전문가로 칭하거나 자신의 업무분야를 한정할 수 없다.
(1) 플로리다주 공인제도를 따르는… 변호사는 대중과 다른 변호사에게 자신이 특정 영역에서 전문가로 공인되었음을 알릴 수 있다.
(2) 플로리다주 지정제도를 따르는… 변호사는 대중과 다른 변호사에게 자신의 지정된 업무분야를 알릴 수 있다.
(3) 변호사는 자신이 소개를 받아들일 특정 법 영역에 따라 변호사 소개소가 자신의 이름을 게시할 것을 허락할 수 있다.
(4) 특정 법이나 법적 서비스분야에서 다른 변호사에게 자문하거나 다른 변호사와 제휴할 수 있는 변호사는 그러함을 알리는 품위 있는 안내문을 다른 변호사들에게 나누어 주거나 지역 법률신문에 실을 수 있다. 다만 그 안내문은 징계규칙 2-105(1)이나 (2)에서 허용된 경우를 제외하고는 특별한 능력이나 경험이 있다는 표현을 포함할 수 없다. 안내문은 다른 변호사들에게 연 1회만 보낼 수 있고 지역 법률신문에는 정기적으로 실을 수 있다."

이에 대해 Herrick 변호사는 대중에게 중요한 정보를 제공하고 비전문가를 돕는 것이 변호사의 법적 의무이며(직무책임준칙 윤리적 고려사항 2-3), 광고라는 표시를 한다면 의뢰인이 이를 제대로 보지 않고 버릴 것이기 때문에 시간적 제한이 있는 의뢰인의 권리를 제대로 보호할 수 없을 것이라고 항변한다. 물론 이러한 주장에는 일말의 타당성이 있지만 위에서 살펴본 위험이 훨씬 더 중대하고 심각하므로 징계규칙 2-104(b)(1)(a)상의 규제는 헌법적으로 정당하다.

2. Herrick 변호사가 자신의 전문분야라고 주장한 관세법 등은 플로리다주 공인제도나 플로리다주 지정제도상에는 존재하지 않는 영역으로, Herrick은 그 영역을 취급한다고 광고할 수는 있으나 자신이 그 영역에 전문성이 있다(specialize)고 광고할 수는 없다. 이는 전문가라고 광고하는 것이 마치 Herrick 변호사가 위 공인제도 등에 의해 전문가로서 공식적으로 인정된 듯한 오해를 불러일으키기 때문이다.

징계규칙 2-105는 변호사가 위 공인제도 등이나 다른 제한된 상황에 의해 허용된 경우를 제외하고 "전문가(specialist)"라고 표시하거나 암시하는 것을 금지하고 있는데 이는 허위, 기망적, 오해를 불러일으키는 광고를 규제하려는 것이다. 결국 오해를 불러일으키는 광고는 당연히 규제되어야 한다는 전제 아래 대중의 오해를 방지해야 할 이익과 필요성이 크고 그 규제가 세밀하다는 점에서 이 규정은 수정헌법 1조를 위반한 것이 아니다.

Herrick 변호사는 'specialize'와 'specialist'라는 단어의 뜻이 다르기 때문에 징계규칙 2-105를 위반하지 않았다고 주장하나, '전문가'라는 단어가 그 변호사가 특별한 능력과 전문적 지식을 가지고 있다는 의미를 전달한다는 점에서 이는 타당하지 않다. 따라서 Herrick 변호사는 징계규칙 2-105를 위반한 것이다.

3. 세 번째 혐의는 두 번째 혐의에 포섭된다. Herrick 변호사는 위 공인제도 등에서 인정하고 있는 영역이든 아니든 간에 어떤 특정 법 영역의 전문가로 자처할 권리가 없다.

4. 따라서 징계위원회의 보고서 내용과 같이 Herrick 변호사에 대해서는 공개 견책이 타당한 징계 조치라고 판단한다.

【판례 5-19】 In re Flack(Supreme Court of Kansas; October 26, 2001; 33 P.3d 1281)
변호사가 자신이 고용한 사람을 통해 의뢰인과 접촉하여 사건을 수임한 것이 직무행위규칙 위반에 해당한다고 판단한 사례

▮ 사실관계

Stephen Paul Flack은 캔자스주의 변호사인데, ALMS Ltd.라는 회사를 통하여 여러

명의 보조원을 고용하여 일하고 있었다. Flack 변호사는 이 고용인들을 통하여 주로 나이 든 미망인들에게 편지를 보내 그들의 유언장 및 재산관리에 관한 일을 수임하였다.

예를 들어 Flack 변호사는 Coleene Partain이라는 68세의 미망인에게 편지를 보냈고, 그녀가 답신을 하자 보조원인 John Thomsen이 찾아가 상담을 하고 계약을 체결하였으며 수임료로 1,995달러를 받았다. Flack 변호사는 모든 진행 과정을 알고 있었으나 그가 의뢰인 Partain을 만난 적은 한 번도 없었다. 그후 몇 명의 다른 의뢰인과의 업무도 같은 방식으로 진행되었다.

한편 Mary Lou Turpin이라는 과부와의 일은 다음과 같이 진행되었다. Flack 변호사의 보조원이 Turpin의 집에 방문하여 그녀와 그녀의 딸에게 비디오를 틀어 주면서 유언 및 재산관리에 대해 설명하였고, Turpin은 보조원의 제안을 받아들여 1,995달러를 그 자리에서 지급하였다.

그후 Turpin의 건강이 악화되어 입원을 하였음에도 불구하고 보조원들만이 병원에 찾아가 업무를 처리하였으며, Flack 변호사는 Turpin의 건강악화 소식을 알고도 아무런 조치를 취하지 아니하였다.

Turpin의 딸과 그 가족은 Larry Mears라는 변호사를 선임하였고 Mears는 Flack 변호사에게 1,995달러를 돌려줄 것을 요구하였으나, Flack 변호사는 아무런 조치를 취하지 아니하였다.

법원의 판단

1. 캔자스주 변호사 직무행위규칙 1.4(b)[29]를 해석하면 변호사는 의뢰인과 직접 접촉하여야 하고, 단지 변호사의 전화번호를 알려 주거나 그의 고용인과 접견하게 하는 것은 허용되지 않는다. Flack 변호사는 의뢰인들과 직접 접견하지 않았으므로 규칙 1.4(b)를 위반하였다.

2. 규칙 1.5(a)에 의하면 수임료는 적정해야 하는데, 피신청인의 수임료는 적정하지 아니하였다.

3. Flack 변호사는 Turpin의 건강이 악화되었다는 사실을 알고도 적절한 조치를 취하지 아니하였으므로 규칙 1.14(a)[30]를 위반하였다.

4. Flack 변호사는 Turpin에게 1,995달러를 돌려주어야 한다는 사실을 알면서도 이

29) "변호사는 그의 대리와 관련하여 의뢰인으로 하여금 충분한 정보에 근거한 결정을 내릴 수 있도록 하기 위해 합리적으로 필요한 범위까지 그 사항을 설명해야 한다."

30) "사건과 관련하여 신중한 결정을 내릴 수 있는 의뢰인의 능력이 정상이 아닐 때, 변호사는 합리적으로 가능한 한 의뢰인과 통상적인 변호사-의뢰인의 관계를 유지하여야 한다."

를 즉시 Turpin에게 통보하지 아니하였으므로 규칙 1.15(b)[31]를 위반하였다.

5. Flack 변호사는 Turpin에게 제때 1,995달러를 돌려주지 못했으므로 규칙 1.16(d)[32]를 위반하였다.

6. Flack 변호사는 그의 보조원들을 제대로 감시 · 감독하지 못하였고, 보조원들의 행동이 그의 변호사로서의 의무와 합치하도록 보장하지 못하였으므로 규칙 5.3(b)와 (c)[33]를 위반하였다.

7. 규칙 5.4(a)는 변호사가 수임료를 변호사 아닌 자와 배분하지 못하도록 하고 있는데, Flack 변호사는 1,995달러 중에서 250달러만 받았으므로 이를 위반하였다.

8. 규칙 5.5(b)는 변호사는 변호사 아닌 자의 정당하지 못한 법률 관련 행위를 지원하지 못한다고 규정하고 있는데, Flack 변호사는 변호사 아닌 보조원들의 행위를 지원하였으므로 이는 규칙 5.5(b) 위반이다.

9. Flack 변호사가 노인들을 주요 의뢰인으로 삼아 수임을 권유한 것은 규칙 7.3(b)[34] 위반을 구성한다.

10. Flack 변호사가 ALMS Ltd.의 사기행위와 관련된 것은 규칙 8.4(c)[35] 위반을 구성하고, 보조원들에게 그의 이름을 사용하여 ALMS의 사기행위에 신뢰를 부여하게 한 것은 8.4(g)[36] 위반에 해당한다.

---

31) "의뢰인 또는 제3자가 이익을 가지고 있는 재산을 수령함에 있어서는, 변호사는 신속히 의뢰인 또는 제3자에게 그 사실을 알려야 한다."

32) "대리관계를 종료함에 있어서, 변호사는 합리적으로 실행 가능한 범위 내에서 의뢰인의 이익을 보호할 수 있는 조치를 취해야 한다."

33) "변호사 아닌 자를 고용하거나 그와 함께 일을 하는 경우,
(b) 변호사는 변호사 아닌 자에 대하여 그의 행동이 변호사로서의 의무와 합치하도록 직접적인 감시·감독 관계를 유지해야 하고, 또한
(c) 변호사는 다음과 같은 경우에 변호사 아닌 자의 직무행위규칙 위반행위에 대해 책임을 져야 한다.
(1) 변호사가 이를 명령하거나 그 특정 행위를 알면서 추인한 경우
(2) 변호사가 로펌에서 변호사 아닌 자와 동료인 경우, 그에 대해 직접적인 감시·감독 권위를 갖고 있는 경우, 그리고 그 결과가 방지되거나 약화될 수 있음을 알았으나 합리적인 조치를 취하지 못한 경우."

34) "변호사는 장래의 의뢰인이 변호사에게 수임 권유를 받고 싶지 않다는 의사를 표현한 경우 또는 수임 권유가 강압·강박, 또는 괴롭힘에 의한 것일 경우, 설령 규정에 의해 그것이 금지되어 있지 않는 경우라고 하더라도 장래의 의뢰인들에게 문서화되어 있는 또는 기록된 의사소통방법이나 직접 또는 전화통화를 통하여 수임을 권유해서는 안 된다."

35) "변호사가 부정직, 사기, 기망, 또는 부실표시에 관련된 행위에 개입하는 것은 직무상 비행이다."

36) "변호사가 변호사로서의 업무집행 적합성에 반대되는 어떠한 행위에 개입하는 것은 변호사로서의 직무상 비행이다."

3. 법률사무의 유상 소개·알선·유인의 금지

【판례 5-20】 In re Maniscalco(Supreme Court of Georgia; May 28, 2002; 564 S.E.2d 186)
사건 브로커에게 보수를 지급한 변호사 행위에 대한 적절한 징계수위

▮ 사실관계

Maniscalco 변호사는 1997~1998년 소개업자들과 약정을 체결하고 알선료를 지급하는 대가로 의뢰인을 소개받아 업무를 수행하였다. 조지아주 변호사회는 Maniscalco 변호사가 조지아주 변호사규칙을 위반하였다는 징계 혐의를 두었고, Maniscalco 변호사는 공식적인 징계절차가 개시되기 전에 자발적으로 징계신청을 하였다.

Maniscalco 변호사는 일부 업자들과 의뢰인 소개에 관한 약정을 한 것은 인정하였으나 애초부터 자신이 약정을 체결한 상대방 업자가 소위 '브로커(runners : 대가를 받고 의뢰인을 모집하여 변호사를 의뢰인에게 추천해 주는 개인)'들을 고용하였다는 사실은 전혀 몰랐다고 주장하였다. 그의 주장에 따르면, 그는 처음에는 상대방 업자 역시 변호사여서 소개된 의뢰인에 대한 보수분배약정이 변호사회 규칙에 위반되지 않는다고 생각하였고, 그 업자가 변호사가 아니라는 사실을 알게 되었을 때에는 변호사 보수의 일정비율을 지급하는 것을 거절하고 대신 마케팅비용만 지불하기로 합의하였다는 것이다.

그는 징계신청서에서 자신이 조지아주 변호사회 규칙 4-102(d)의 기준 13[37)]을 위반하였으며, 자신에게 12개월의 자격정지를 부과할 것을 요청하였다. 조지아주 변호사회는 위 변호사에 대한 12개월의 자격정지가 적절하다는 데 동의하였다.

▮ 쟁점

의뢰인을 모집하여 자신을 의뢰인에게 추천해 달라고 브로커에게 대가를 지불한 변호사에 대하여 적절한 징계수위

▮ 법원의 판단

Maniscalco 변호사는 이 사건 조사가 시작되기 전에 해당 '브로커'들과 관계를 끊었

---

37) "변호사는 기준 5에 의해 허용된 홍보활동비용과 법에 의해 권한이 부여되어 이 주에서 사업을 할 수 있도록 승인된 조직에 의해 운영되는 변호사 소개소가 부과한 통상적이고 합리적인 보수 외에는, 자신이 의뢰인에게 추천되거나 선임되도록 하기 위해 또는 자신이 의뢰인에게 선임될 수 있도록 추천해 준 데에 대해 개인이나 조직에게 그 어떤 대가도 지급해서는 안 된다."

으며, 금지된 행위를 중단하였고 징계절차에 전적으로 협력하였으며 과거 다른 징계전적이 없다. 또한 어떠한 일반인도 Maniscalco의 행위에 의해 피해를 입지 않았으며, 유사한 사안을 다룬 선례에서 단기간의 자격정지나 더 경미한 징계가 부과되었다는 점(In the Matter of Falanga, 272 Ga. 615, 533 S.E.2d 71/In the Matter of Kennedy, 268 Ga. 751, 493 S.E.2d 705)을 고려할 때, 12개월의 자격정지는 적절한 징계라고 판단된다.

【판례 5-21】 In re O'Keefe(Supreme Court of Louisiana; July 2, 2004; 877 So.2d 79) 사건 브로커에게 보수를 지급하는 등 다수의 윤리 위반행위를 저지른 변호사를 영구제명한 사례

▮ 사실관계

1. 루이지애나주 Michael H. O'Keefe 변호사는 파산된 보험회사를 관리하던 중 회사자금 수백만 달러를 빼돌렸으며 이에 대해 공동모의, 우편사기, 전자통신수단에 의한 사기, 돈세탁의 혐의로 유죄판결을 받았다.

2. 또한 O'Keefe 변호사는 루이지애나주 최대의 변호사 브로커 조직의 핵심으로서 상해를 입은 의뢰인들을 자신에게 데려오도록 브로커들을 고용해 임금을 지불하고 조직의 초기 자금을 지원하였으며, 사무실을 제공하여 다른 변호사까지 끌어들여 이 일에 가담하게 하였다.

징계담당관은 O'Keefe 변호사가 루이지애나주 변호사 직무행위규칙 5.5(b)(변호사 아닌 자가 권한 없이 법적인 업무를 수행하는 것을 돕는 것), 7.2(a)(변호사 스스로 또는 변호사를 위해서나 변호사의 요청에 의해 일하는 자들을 통한 적절치 않은 선임 유인), 7.2(d)(자신을 추천해 준 자에 대한 대가지불 금지), 8.4(a), 8.4(b), 8.4(c)를 위반하였다는 이유로 제소하였으며 청문위원회와 징계위원회 모두 O'Keefe 변호사에 대해 무기한 변호사 자격박탈의 징계를 권고하였다.

3. O'Keefe 변호사는 이미 1983년에 아파트 매매와 관련한 우편사기 등으로 인해 징계를 받자 스스로 신청하여 자격이 박탈(disbarred)되었다가 1989년 재입회(readmission)신청을 하여 다시 변호사가 된 바 있으며, 지금은 일시적인 자격정지(interim suspension) 상태에 있다.

▮ 쟁점

O'Keefe 변호사에 대한 적절한 징계수위

▌법원의 판단

1. 정당한 징계절차가 이루어지기 위해서는 해당 변호사에게 위반행위의 성질에 대해서 타당하고 적절한 통지를 해야 한다. 징계 대상자는 위반행위에 대한 통지를 받지 못한 절차상 하자가 있다고 주장하는데, 징계담당관은 5.5(b), 7.2(a), 7.2(d), 8.4(a), 8.4(b) 등을 위반하였다고 공식적으로 혐의를 부과하고 있으므로 이로 인해 징계 대상자는 위반행위의 성질에 대한 타당하고 적절한 통지를 받은 것이다.

대법원은 변호사 징계 사건에 대한 고유의 재판권에 따라 변호사의 위반행위가 명백하고 설득력 있는 증거에 의해 증명되었는지 사실을 심사하고 기록을 독립적으로 검토한다. 변호사 징계절차에서 대법원은 청문위원회와 징계위원회의 사실확인과 권고에 구속되지 아니하나, 위원회의 사실확인에 대해서는 '명백한 오류'의 기준(manifest error standard)을 적용할 수 있다.

증인신문과 각종 증거를 종합하여 징계 대상자가 브로커를 이용해 부당하게 의뢰인을 끌어 모았고 브로커 조직의 핵심적인 역할을 하여 규칙 5.5(b), 7.2(a), 7.2(d), 8.4(a), 8.4(b)를 위반하였다는 결론을 내린 청문회의 사실확인과 판단에는 하자가 없다. 따라서 징계 대상자는 위반행위를 저지른 것이다.

범죄로 유죄판결을 받은 변호사에 대해 징계 처분을 할 때에는 위반행위의 심각성과 가중·감경요소를 고려해야 한다. 또한 변호사를 징계하는 것은 해당 변호사를 처벌하려는 것이 그 주된 목적이 아니라, 대중에 대한 보호수단으로서 적절한 전문적 행위 기준을 유지하고 다른 변호사들이 이를 위반하는 것을 방지하기 위한 것이다.

브로커를 이용해 의뢰인을 끌어 모은 변호사에 대해서는 무기한 자격박탈이 적절한 징계일 수 있다는 대법원규칙 XIX 부록 E 지침 6과 유사한 사안에 관한 선례, 징계 대상자가 역사상 가장 큰 브로커 조직의 핵심인물이었다는 점, 비록 그가 애초에 그 조직을 만든 것은 아니지만 그의 자금 제공과 협력이 없었다면 조직이 유지될 수 없었을 것이라는 점, 고참 변호사로서 젊은 변호사들을 올바른 길로 이끌기는커녕 부정한 계획의 수단으로 이용하였다는 점, 수많은 의뢰인에게 피해를 입혔으며 루이지애나주 전체 법조계에 큰 피해를 입혔다는 점, 특히 이미 한 번 자격이 박탈되었다가 재입회절차를 거친 즉시 이러한 위반행위를 하였다는 점 등을 고려할 때, 징계 대상자는 변호사가 되기에는 근본적으로 도덕적 적합성을 결하였으므로 영구제명(permanent disbar)되어야 한다. 이 주에서는 영구히 법률사무취급을 금지(permanently prohibited from being readmitted to the practice of law)한다.

제6장

변호사 보수

1. 보수청구권

1.1 보수청구권의 발생

【판례 6-1】 Rosenberg v. Levin(Supreme Court of Florida; January 7, 1982; 409 So.2d 1016)
해임된 변호사에 대한 보수 책정 기준 및 위임계약에서 정한 최고액의 범위 내에서만 보수를 지급받을 수 있는지 여부

▮ 사실관계

의뢰인 Levin은 Rosenberg 변호사를 선임하면서 고정보수 1만 달러에 추가하여 소송에서 60만 달러를 초과하여 배상받게 된다면 배상액 전액의 50%를 지급하도록 하는 내용의 성공보수약정을 체결하였다. 위 약정에 따르면 의뢰인이 소송에서 60만 달러 이하의 액수를 배상받는 경우에는 고정보수 1만 달러만을 지급하도록 되어 있었다.

Levin은 별다른 이유 없이 Rosenberg 변호사를 해임하였고, 배상액 50만 달러에 합

의하면서 소송을 종결해 버렸다. Rosenberg 변호사는 '제공된 서비스에 대한 합리적인 대가(quantum meruit)'의 원칙에 따른 보수 지급을 청구하는 소를 제기하였다. 1심 법원은 Rosenberg 변호사가 제기한 원칙이 보상의 적절한 기준이라고 결론을 내리고 Rosenberg에게 5만 5,000달러를 지급받을 권리가 있다고 인정하였다. 항소심법원은 상기 원칙에는 동의하면서도 상한의 제한을 설정해야 한다고 보아 Levin이 지급하여야 할 보수의 액수를 1만 달러로 낮추었다. 이에 Rosenberg 변호사는 플로리다주 대법원에 상고하였다.

▌쟁점

1. 이유 없이 해임된 변호사가 '제공된 서비스에 대한 합리적인 대가'의 기준에 따라 보수를 지급받을 수 있는지 여부

2. 그러한 경우 의뢰인과의 보수약정에서 정한 상한의 적용을 받는지 여부

▌법원의 판단

1. 변호사가 별다른 이유 없이 해임되었을 경우, 그는 '제공한 서비스에 대한 합리적인 대가'의 기준에 따라 평가된 보수를 지급받을 수 있으나, 그 액수는 변호사와 의뢰인 간에 체결한 보수약정에 따른 상한을 초과할 수는 없다. 만일 변호사가 지급받을 보수가 의뢰인과 보수약정에서 정한 상한을 초과할 수 있다면, 의뢰인은 자유롭게 변호사를 해임할 수 있는 권리를 행사함으로 인해 불이익한 대우를 받게 되고, 변호사는 예기치 않았던 이익을 얻게 되는 부당한 결과를 야기하게 될 것이다. 의뢰인에게는 자신의 변호사에 대한 신뢰를 상실한 경우 언제든지 그를 해임할 수 있는 권리가 보장되어야 하고, 변호사 입장에서는 자신이 그동안 들인 노력에 대한 정당한 대가를 받을 수 있어야 하므로, 이러한 상반되는 이해관계를 조정하여야 할 것이다.

2. 성공보수약정이 체결된 이 사건의 경우, 변호사가 '제공한 서비스에 대한 합리적인 대가'의 원칙에 근거하여 의뢰인을 상대로 성공보수금의 지급을 청구하기 위해서는 위 약정에서 예정한 '성공'의 조건이 성취되어야 한다. 만일 위 '성공'의 조건이 성취되지 못한다면 의뢰인이 소송에서 손해를 전보받지 못하게 됨을 의미하고, 따라서 변호사도 위 약정상의 성공보수를 받을 수 없다.

3. 따라서 법원은 변호사가 사용한 시간, 소송물의 가액, 사건의 난이도, 성공보수약정상 '성공' 조건의 성취 여부와 같은 소송의 결과, 성공보수약정의 내용 등 변호사-의뢰인 관계를 둘러싼 상황을 종합적으로 고려하여 사안과 같이 이유 없이 해임된 변호사가 지급받아야 할 보수의 액수를 결정하여야 한다. 항소심판결을 유지한다.

【판례 6-2】 Fracasse v. Brent(Supreme Court of California; March 10, 1972; 6 Cal.3d 784, 494 P.2d 9, 100 Cal.Rptr. 385)
의뢰인이 변호사를 해임할 권한과 성공보수약정에 따른 성공보수청구권의 발생 여부

사실관계

1969년 3월 12일 원고 George Fracasse 변호사와 그의 의뢰인이었던 피고 Ray Raka Brent는 피고의 상해 관련 소송에서 예정된 재판일보다 30일 앞서 화해가 이루어질 경우에는 합의금액의 33.3%, 그후에 화해가 이루어지거나 판결이 선고될 경우에는 합의금액 또는 승소금액의 40%를 변호사 보수로 지급한다는 내용의 성공보수약정을 서면으로 체결하였다.

이후 소송이 진행되었고, 피고는 어떠한 손해배상도 받지 못하고 있던 상태에서 원고에게 해임을 통지한 후 다른 변호사를 선임하였다. 이에 원고는 1970년 1월 16일 '선언적 구제수단'을 신청하였다. 원고의 주장에 따르면 피고는 자신을 근거 없이 해임하였으므로 원고는 여전히 보수계약의 효력에 따라 이후 지급될 손해배상금의 3분의 1을 받을 자격이 있고, 피고는 위 약정에 따른 보수 지급을 거절함으로써 계약을 위반하였다는 것이다. 피고는 이의를 제기하였고, 원심은 이를 받아들여 원고의 신청을 기각하였다. 이에 원고가 캘리포니아주 대법원에 상소하였다.

쟁점

1. 의뢰인의 위임계약 중도해지가 계약 위반인지 여부
2. 의뢰인의 위임계약 중도해지 시 변호사 보수를 지급해야 하는지 여부
3. 의뢰인의 위임계약 중도해지 시 사건의 결과에 따라 결정되는 변호사 성공보수의 지급 기준

법원의 판단

1. 사실심법원은 이 사건에 Brown v. Connolly, 2 Cal.App.3d 867, 83 Cal.Rptr. 158(Cal.App. 1969) 판결에서 설시된 법리를 적용하여 원고에게 보수를 지급할 필요가 없다는 피고의 항변을 인정하였다.

Brown v. Connolly 판결의 사안은 다음과 같다. Brown 변호사는 의뢰인 Connolly와 손해배상액의 25%에 해당하는 성공보수계약을 체결하였다. 그러나 의뢰인이 소송 중 Brown 변호사를 해임하였고, 변호사는 의뢰인의 계약 위반을 이유로 위 소송 손해

배상청구액의 25%에 해당하는 금액을 청구하는 소송을 제기하였다. 법원은 아직 소송을 통해 손해배상을 받지 못하였다는 의뢰인의 항변을 인정하였고, 위 변호사는 의뢰인의 해임조치의 당부를 소로서 다툴 수 없다고 보아 적어도 소송이 종료될 때까지 의뢰인은 Brown 변호사가 요청한 보수금을 지급할 필요가 없다고 판단하였다.

Brown v. Connolly와는 달리 이 사건 원고 변호사는 의뢰인인 피고가 앞으로 받게 될 손해배상액에 대한 그의 권리를 선언할 것을 청구하였다. 피고는 자신이 재판이나 화해를 통해 손해배상을 받게 되지 않는 한 원고의 소송은 시기상조라고 주장하였다. 또한 해임된 변호사가 종전 의뢰인으로 하여금 소송 대신 불공평한 화해를 하도록 하는 것은 변호사에게 이익이 되는 것도 아닐뿐더러 극도로 부당한 것이라고 주장하였다. 이렇게 Brown v. Connolly 사안과 구별되는 사실관계를 염두에 두고 원고의 주장에 대해 판단하도록 한다.

2. 의뢰인이 변호사를 이유 불문하고 해임할 수 있는 권한은 캘리포니아주 민사소송법(Code of Civil Procedure) 284조에 의해 절대적으로 인정된다. 이는 계약 당사자의 특별한 관계에 의해 법이 인정하는 계약의 기본적 조건으로, 의뢰인이 자신의 의사에 따라 결정할 수 있는 것이므로 계약 위반에 해당하지 않는다.

3. 의뢰인은 변호사 위임계약의 중도해지 시 이유를 불문하고 해당 계약이 끝나는 시점까지 제공된 서비스의 합리적인 가치를 보상하여야 한다. 그럼으로써 변호사 위임계약을 종료시킬 수 있는 의뢰인의 권리를 부적절하게 제한하지 않는 한편, 변호사에게는 공정한 보수를 지급받을 권리를 보장할 수 있게 된다. 또한 종전 변호사에게 합리적 보수를 지급함으로써 무분별한 변호사 해임을 방지할 수 있다.

4. 그러나 이 사건과 같은 성공보수약정의 경우에는 성공보수 지급을 위한 조건이 실제로 성취되지 않는 이상 의뢰인이 변호사에게 위 약정상의 보수금을 지급할 의무가 발생하지 않는다. 처음에 의뢰인과 성공보수계약을 체결할 당시 변호사는 계약상 조건 성취 여부에 따라 보수 지급을 받지 못할 위험을 감수하겠다는 의사를 가지고 있었다고 볼 수 있으며, 변호사가 해임된 이상 소송의 성공 여부를 어떻게든 통제할 수 없게 된 사안에서 성공보수를 요구하는 것은 의뢰인에게 예기치 않은 부담만을 주기 때문이다.

5. 따라서 사건의 사실관계에 비추어 볼 때, 법원이 선언적 구제수단을 행사해야 하는 요건을 충족하지 못하였다. 따라서 원심을 확정한다.

【판례 6-3】 Matter of Cooperman(Court of Appeals of New York; March 17, 1994; 83 N.Y.2d 465)
의뢰인이 변호사를 해임할 권리와 해임된 변호사의 보수지급청구권의 범위, 보수금 환불금지약정의 효력

사실관계

뉴욕주의 Edward Cooperman 변호사는 형사 사건을 수임하면서 "의뢰인은 최소한의 비용을 선납하고, 실제로 어떠한 법률서비스가 제공되는지와 관계없이 선납한 보수금은 환불이 불가능하다"라는 내용의 약정을 체결하였다. 이러한 보수약정에 대해 의뢰인들로부터 민원이 제기되었고, 지역고충처리위원회(Grievance Committee)는 Cooperman 변호사에게 그러한 약정을 체결하지 말도록 경고하였다. 그는 경고를 받고도 형사 사건을 수임하면서 또다시 최소보수금 선납 및 선납 보수금 환불금지약정을 체결하였다.

고충처리위원회는 Cooperman 변호사가 다시 형사 의뢰인과 유사한 보수약정을 체결하자, 변호사 직무책임준칙의 징계규칙 2-110(a)(3) · (b)(4) 등을 위반하였다는 혐의로 징계를 신청하였다. 특별심판관은 Cooperman 변호사가 체결한 3건의 보수약정이 위 징계규칙을 위반한 것임을 인정하였고, 뉴욕 지방법원 항소부는 위 변호사에 대한 혐의 가운데 환불금지약정을 체결한 행위는 그 자체로 비윤리적이고 비양심적인 것으로서 공서양속에 어긋난다고 판단하여 Cooperman 변호사에게 자격정지 2년의 징계를 선고하였다. 이에 위 변호사는 상고하였다.

쟁점

1. 의뢰인이 변호사를 해임할 권리와 해임된 변호사의 보수지급청구권의 범위
2. 선납 보수금 환불금지약정과 최소보수금 약정의 유효성

법원의 판단

1. 의뢰인은 공서양속에 따라 이유를 불문하고 변호사-의뢰인 관계를 종결시킬 권한을 보유하고 있다. 그렇다고 해서 변호사가 부당하게 해임을 당하였을 경우 의뢰인으로부터 지급받은 보수를 전부 반환할 의무가 있는 것은 아니다. 즉 만약 변호사가 의뢰인에게 해임되기 전까지 보수지급약정의 대상이 된 서비스를 완성하지는 못하고, 그중 일부만 제공하였다면 그 해임된 변호사는 의뢰인으로부터 그때까지 제공한 서비스에 대한 공정하고 합리적인 가치에 따라 책정된 보수를 지급받을 권리가 있다.

그럼에도 불구하고 이 사건과 같은 특별한 환불금지약정은 의뢰인-변호사 관계의 독

특한 신임관계를 종결할 절대적인 의뢰인의 권리를 훼손하므로 공서양속에 어긋나며 변호사 직무책임준칙을 위반한 것이다.

2. 이 사건과 같은 특별한 환불금지약정은 그 약정 금액이 과도한 경우에만 금지되는 것은 아니다. 의뢰인은 변호사 선임계약을 해지할 권리와는 별도로 부당한 보수를 청구당하지 않을 권리를 보유하고 있기 때문이다. 물론 그렇다고 해서 변호사의 서비스 제공 여부나 그 내용을 불문하고 무조건적으로 환불을 금지하는 약정이 아닌 한 최소보수금약정은 유효한 것으로 해석될 수 있고, 변호사가 그와 같은 최소보수금약정을 체결하였다고 해서 징계 대상이 되는 것은 아니다.

3. 따라서 상고를 기각하고 원심을 확정한다.

【판례 6-4】 Holmes v. Y.J.A. Realty Corp.(Supreme Court, Appellate Division, First Department, New York; March 26, 1987; 128 A.D.2d 482, 513 N.Y.S. 2d 415)
의뢰인이 약정된 보수 지급을 거절할 경우 변호사가 사임할 권리

▌사실관계

Holmes는 Y. J. A. Realty사 소유 아파트 건물의 계단 결함으로 인해 미끄러져 넘어지면서 입은 상해에 관하여 손해배상청구소송을 제기하였다. 책임보험에 가입하지 않은 피고 Y. J. A. Realty사는 Goldman 변호사를 소송대리인으로 선임하는 계약을 체결하였다.

Y. J. A. Realty사의 유일한 주주이자 임원인 Abrahams는 수임료를 시간당 125달러, 법원 출석 시마다 1일 400달러로 하기로 Goldman 변호사와 합의하여 보수약정을 체결하였다. Goldman 변호사는 Y. J. A. Realty사로부터 2,275.30달러를 지급받지 못하여 지난 5개월 동안 지급을 청구하였지만 Y. J. A. Realty사는 지급을 거부하고 오히려 변호사의 충실의무 위반이나 이익충돌행위 같은 문제점을 지적하며 비난을 가하였다. Goldman 변호사는 이러한 이유를 들어 피고의 소송대리인 지위에서 사임하겠다는 신청을 하였다. 1심법원에서 이와 같은 신청을 기각하였고, 이에 Goldman 변호사는 항소하였다.

▌쟁점

의뢰인이 합리적인 보수약정을 이행하지 않을 경우 소송에서의 대리가 시작된 이후임에도 변호사가 소송대리인의 지위에서 사임할 수 있는지 여부

▌법원의 판단

소송대리가 시작된 이후 변호사가 사임할 수 있는 권리가 절대적으로 보장되지는 않는다. 하지만 의뢰인이 합리적인 보수약정의 이행을 거부할 경우 변호사가 스스로의 자금으로 소송을 수행하거나 시혜적 서비스를 제공할 의무가 발생하는 것은 아니다. 변호사 직무행위준칙의 징계규칙 2-110(c)(1)[1]에 따르면, 변호사는 예외적으로 의뢰인이 "변호사가 소송 수행을 효과적으로 수행하는 것을 불합리하게 곤란하게 만드는 경우" 또는 의뢰인이 "변호사에 대한 비용과 보수를 지급하는 내용의 합의를 고의적으로 무시하는 경우" 사임할 수 있다.

이 사건에서 Goldman 변호사의 의뢰인은 5개월 동안이나 보수를 고의적으로 지급하지 않았으며 변호사에게 언어적인 모욕까지 가하였다. 또한 Goldman 변호사가 사임하더라도 의뢰인 Y. J. A. Realty사는 새로운 소송대리인을 구하기에 충분한 시간이 있다. 따라서 원심을 파기하고, Goldman 변호사의 사임신청을 인용한다.

【판례 6-5】 Evans v. Jeff D.(Supreme Court of the United States; April 21, 1986; 475 U.S. 717)
민권소송에서 변호사 보수청구를 포기하는 내용을 포함한 합의를 1심법원이 승인한 조치의 당부

▌사실관계

1980년 8월 4일 아이다호주의 정신장애 아동들은 아이다호 주지사 및 관계 공무원들을 피고로 하여 아이다호주 연방 지방법원에 집단소송을 제기하였다. 이 소송의 원고는 위 공무원들이 자신들에게 질적으로 미비한 교육 및 의료서비스를 제공하여 미국 연방헌법과 아이다호주 헌법, 관련 연방 법규 및 아이다호주법에 위반되는 행위를 하였다고 주장하였고, 금지명령구제 및 변호사 비용 지급 신청을 하였다.

소가 제기된 당일 법원은 이 소송의 원고들이 소송비용을 면제받는 극빈자(forma pauperis)에 해당함을 인정하고, Charles Johnson 변호사를 이들의 소송대리인으로 지정하였다. Charles Johnson 변호사는 소송비용 면제 자격을 갖춘 저소득층을 위해 무

---

1) "허용되는 사임 :
2-110(B)(강제적 사임)이 적용되지 않는 경우, 변호사는 다음의 사유로 인한 것이 아니면 소송 계속 중에 사임 허가를 신청하거나 다른 사무에서 사임하지 못한다.
(1) 의뢰인이
(d) 변호사가 수임사무를 효과적으로 수행하는 것을 불합리하게 곤란하게 만드는 경우
(f) 비용과 보수에 관한 계약 또는 변호사에 대한 의무를 고의적으로 무시하는 경우."

료 법률서비스를 제공하는 비영리법인인 아이다호주 법률구조협회(Idaho Legal Aid Society, Inc.)에 소속되어 있었다. 위 협회는 원고들에게 소송비용이나 Johnson 변호사의 법률서비스에 대한 비용을 청구하지 않기로 했으며, 사안의 특성을 고려하여 집단소송 과정에서 일어날 수 있는 합의나 협상 등 특정 상황을 위해 제공된 법률서비스에 관한 비용도 청구하지 않기로 하였다.

변론이 개시되기 전 양측은 화해를 위한 협상을 진행하였다. 양측은 교육서비스와 관련된 쟁점에 관하여 순탄하게 합의할 수 있었고, 1981년 10월 14일 해당 부분 청구를 철회하기로 하는 약정을 체결하였다. 그러나 양측은 의료서비스 문제에 관하여 합의에 이르지 못하여 결국 협상은 결렬되었다. 1983년 3월 재판 1주일 전 피고들은 원고들의 금지 명령 신청의 내용을 대부분 수용하겠다는 새로운 화해안을 제시하였다. 그런데 이 화해안에는 "법원으로부터 승인받는 것을 조건으로 하여 변호사 비용 및 소송비용 일체는 각자 부담하기로 한다"라는 내용의 소송비용 포기 조항(fee waiver)이 포함되어 있었다.

아이다호주 법률구조협회는 소송비용 포기 조항이 포함된 위 화해안을 거부하도록 Johnson 변호사에게 지시하였다. 위 협회는 의뢰인에게 소송비용을 청구할 수 없고, 이 소송에서 원고들의 청구가 받아들여진다면 소송비용은 피고 측에서 부담하게 될 것으로 판단하였기 때문이다. 그러나 Johnson 변호사는 판결을 받는 것보다는 화해하는 것이 의뢰인들에게 유리할 것으로 판단하였기 때문에, 의뢰인들에 대한 윤리적 의무를 다하는 차원에서 위 화해안을 수용하였다.

Johnson 변호사는, 지방법원에 위 비용 포기 조항을 제외하고 화해계약을 승인하고, 원고들로 하여금 법원에 대하여 소송비용명세서를 제출할 수 있도록 허락해 달라고 신청하였다. 지방법원은 위 화해계약을 승인한 반면, 비용명세서 제출 신청은 받아들이지 않았다. 지방법원은 Johnson 변호사가 본안에 관한 의뢰인의 청구를 관철시키기 위하여 비용에 관하여 한 발 물러나는 전략을 택하였으며, 이러한 행동은 윤리적으로 문제되지 않는다고 판단하였다. 법원은 비용 포기 조항이 있었기 때문에 피고들이 본안에서 양보를 하고 화해계약이 체결된 것이므로 비용 포기 조항과 화해계약은 하나의 전체로서 다루어져야 한다고 보았다.

그러나 연방 항소법원은 이 사건 화해계약은 승인될 수 있지만 비용 포기 조항은 무효로 해야 한다고 판단하고, 1심법원으로 하여금 적절한 소송비용을 결정하도록 사건을 환송하였다. 이에 아이다호주는 연방 대법원에 항소하였다.

▌쟁점

1. 변호사 비용 포기를 대가로 재판 전 화해한 것이 민권변호사 보수지급법(The Civil

Rights Attorney's Fees Awards Act)[2] 위반인지 여부

2. 지방법원이 변호사 보수 포기 합의를 승인할 권한을 가지고 있는지 여부

▌법원의 판단(다수의견)

1. 위 법률의 문언이나 입법 연혁을 보면 입법자는 민권운동과 관련한 변호사 비용을 법원이 재량에 따라 결정하고 부과할 권한을 부여하였고, 승소한 당사자가 변호사 보수 지급청구를 포기하는 것을 법원이 전적으로 금지하도록 의도하였다고 볼 수 없다. 입법자는 인권 신장을 위한 한 방편으로 위 법률을 제정한 것이지, 변호사 비용을 포기 불가능하거나 협상 불가능한 대상으로 설정하였다고는 볼 수 없다. 또한 변호사 비용을 포기하기로 하는 양 당사자 간의 합의를 일반적으로 금지하는 것 자체가 시민의 권리에 대해 제한을 가하는 것일 수도 있음을 고려해야 한다.

2. 이 사건 1심법원이 변호사 비용 포기 합의를 승인한 것을 재량권 남용이라고 볼 수는 없다. 따라서 항소심법원의 결정은 파기되어야 한다.

2. 변호사 보수의 적정성에 대한 규제

2.1 보수약정에 대한 규제의 필요성과 한계

【판례 6-6】 Goldfarb v. Virginia State Bar (Supreme Court of the United States; June 16, 1975; 421 U.S. 773, 95 S.Ct. 2004, 44 L.Ed.2d 572)
주거용 부동산계약과 관련한 법률서비스에 최저보수 기준을 적용하는 것이 독점금지법 위반이라고 한 사례

▌사실관계

1971년 청구인 부부는 버지니아주 Fairfax County의 주택을 구매하는 계약을 체결하였다. 금융기관은 권원보험(title insurance)을 요구했는데, 이를 위해서는 버지니아주 변호사의 권리 조사절차를 거쳐야만 했다. 이에 청구인들은 변호사 37명에게 문의하였으나, 검증 대상 자산가치의 1%를 수임료로 제공해야 한다는 최저보수표(minimum fee schedule) 이하의 비용으로는 변호사를 선임할 수 없었다.

피신청인 Fairfax County 변호사회는 해당 최저보수표의 기준을 설정·공표한 바 있

---

2) 1976년 민권변호사 보수지급법(42 USC 1988)은 법원이 재량으로 합리적인 변호사 보수를 승소한 당사자(prevailing party)의 비용의 일부로 인정할 수 있도록 규정하고 있다.

지만, 자발적 단체이므로 이를 강제할 권한은 없었다. 또 다른 피신청인 버지니아주 변호사회는 보수표에 관한 보고서나 해설서를 출간하여 이를 준수하도록 지도하고, 그 적용을 실질적으로 강제하였다.

청구인은 결국 최초로 연락한 변호사를 선임하여 권리 조사절차를 실행하는 한편, 버지니아주 변호사회 및 Fairfax County 변호사회를 상대로 집단소송을 제기하였다. 주거용 부동산계약과 관련한 법률서비스에 최저보수표를 적용하는 것은 가격고정을 금지하는 셔먼법 1조 위반에 해당한다고 주장하며 손해배상을 청구하고 금지 명령을 신청하였다.

이에 버지니아주 동부 연방 지방법원은 사적 단체인 Fairfax County 변호사회가 최저보수표를 발표한 행위는 셔먼법 위반임을 확인했으나, 버지니아주 변호사회가 이를 실질적으로 강제한 것은 정부의 행위(state action)로 취급될 수 있으므로 셔먼법의 적용대상에서 제외된다고 판시하였다.

항소심법원은 변호사의 권리 조사절차는 일반적으로 지역에 국한된 서비스로서 피신청인 Fairfax 변호사회의 행위가 주간(州間) 거래에 영향을 미친다고 볼 수 없으므로 셔먼법이 적용될 수 없다고 판단하여 원심을 파기환송하였다.

쟁점

1. 변호사 수임료 명세가 가격고정에 해당하는지 여부
2. 주거용 부동산계약과 관련 권리 조사절차가 주간 거래에 해당하는지 여부
3. 학식을 갖춘 전문직으로서 변호사의 직무수행은 독점금지규제의 예외가 되는지 여부

법원의 판단

1. Fairfax county 변호사회는 보수표가 권고사항일 뿐이고 이를 강제하는 체계가 없다는 점에서 가격고정에 해당하지 않는다고 주장한다. 그러나 해당 보수표가 고정불변의 최저보수 기준으로 작용한다는 점에서 보수표와 이를 실질적으로 강제하는 체계는 전형적인 가격고정에 해당한다.

2. Fairfax county 변호사회와 항소심법원은 사안과 같이 주민이 동일 지역 내 주택을 구매하는 경우 주간 거래는 부차적인 사항에 해당한다고 보았다. 그러나 주택마련자금의 상당부분이 다른 주에서 유입되며 권리 조사절차는 그러한 주간 거래의 핵심적 부분이라는 점에서 셔먼법의 목적인 주간 통상에 충분한 영향을 미친다고 본다.

3. Fairfax county 변호사회는 학식을 갖춘 전문직의 직무수행은 '거래나 통상(trade

or commerce)'에 해당하지 않으므로 독점금지규제의 예외가 된다고 주장한다. 변호사는 경쟁제한적 업무 수행에 대한 면책권이 있다고 주장하나, 입법자가 그러한 예외를 인정하였다는 근거가 없다. 권리 조사절차는 변호사가 제공하는 서비스이고 그러한 서비스의 대가로 금전이 수수되므로 이는 '통상'에 해당된다. 따라서 버지니아주 변호사회와 위 Fairfax county 변호사회의 활동 모두 셔먼법상 각 주가 주권을 가지고 활동하는 '주 정부 행위(state action)'의 예외에 해당할 수 없다.

4. 따라서 주거용 부동산계약과 관련한 법률서비스에 최저보수표를 적용하는 것은 셔먼법 위반에 해당한다.

2.2 보수의 적정성 판단

2.2.1 민사 사건－고정금액 보수

【판례 6-7】 Robert L. Wheeler, Inc. v. Scott(Supreme Court of Oklahoma; July 11, 1989; 777 P.2d 394, 1989 OK 106)
보수의 적정성을 판단하는 기준

▌사실관계

1984년 10월 26일 Scott은 사업대출금을 갚지 못하게 되자 Wheeler 변호사를 선임하였다. 그후 10개월 동안 Wheeler 변호사는 Scott을 대리하여 담보권자인 Oklahoma 은행에 대한 소송을 진행하였다. 위 변호사는 처음 5개월간 제공한 법률서비스에 대한 보수로 Scott에게 5만 4,275.37달러를 청구하였고, 이후 5개월간 제공한 법률서비스에 대해 8만 5,841.50달러를 청구하였으나 지급받지 못하였다.

1985년 4월 23일 은행이 약식재판을 청구하여 판결절차가 개시되기 이틀 전 Wheeler 변호사는 의뢰인에게 수임료를 지급하지 않으면 사임하겠다고 통지하였다. 그럼에도 불구하고 Scott은 보수를 지급하지 않았는데, 이에 Wheeler 변호사는 사임하지는 않고 대신 1년차 변호사를 보내 약식재판에서 Scott을 조력하도록 하였다. 은행의 청구가 인용되었고 위 변호사는 1985년 6월 21일 사임하였다. 그후 Scott은 새로운 변호사를 선임하였고 사건은 합의로 종결되었다. 1985년 6월 28일 Wheeler 변호사는 보수 지급을 청구하는 소를 제기하였다.

▌쟁점

변호사 보수의 적정성에 대한 판단 기준

▌법원의 판단

합리적인 변호사 보수를 결정하기 위해서는 여러 고려요소를 형량해야 한다. 원심은 사무 처리에 소요된 시간에 너무 비중을 두고 다른 적용 가능한 기준들을 적절히 고려하는 데에 실패하였다. 일반적으로 통용되는 공식에 따라 숫자만을 입력하면 된다면 변호사 보수 산정이 간단한 일일 수 있으나 그렇게 해서는 안 된다.

어떠한 합리적 기준에 따라 판단하더라도, 이 사건에서 Wheeler 변호사가 보수지급 청구의 근거로 제시한 사무 처리 소요시간의 상당부분은 불필요했던 것으로 인정된다. 과도하게 책정된 소요시간, 쟁점들의 유사성, 사안의 난이도와 변호사의 능력, 약식 재판의 특성, 관행적인 수임료, 시간 상한제의 부재, 대부분의 업무를 담당한 1년차 변호사의 무경험 등을 고려할 때, 원심법원이 인정한 수임료는 과다하다.

그러나 적절한 보수 금액을 결정하는 것은 대법원의 기능이 아니다. 사실심법원은 위에 제시된 다양한 요소를 고려하여 합리적인 변호사 수임료를 결정하여야 한다.

【판례 6-8】 Bushman v. State Bar(Supreme Court of California; May 24, 1974; 11 Cal.3d 558, 522 P.2d 312, 113 Cal.Rptr. 904)
변호사가 제공한 법률서비스에 비추어 보수 책정이 과도하여 자격정지 1년의 징계를 받은 사례

▌사실관계

Neal W. Cox는 아내 Barbara Cox를 상대로 이혼 및 양육권소송을 제기하였다. 1969년 11월 7일 Ted Bushman 변호사는 Barbara와 그녀의 부모인 Stoud 부부 등과 변호사 선임계약을 체결하였다.

Bushman 변호사와 피고 의뢰인들은 시간당 보수를 60달러 이상으로 하기로 동의했고, Bushman 변호사의 요청에 따라 그에게 선납금 300달러를 포함하여 액면 5,000달러의 약속어음을 발행하였다. Bushman 변호사는 상대방 측 소송대리인으로 인하여 자신의 업무량이 증가할 경우 최소 5,000달러의 수임료를 추가로 지급받는다는 사무실 내부규정에 따라 그렇게 한 것이라고 의뢰인들에게 설명하였다.

이 사건 소송이 진행되었고 Barbara에게 양육권이 인정되었으며, 법원은 원고 Neal이 Bushman 변호사에게 변호사 비용을 지급하도록 명하였다. Bushman 변호사는 법원에 대하여 피고들이 발행한 위 약속어음에 대해 언급한 적이 없는 상태였다. Bushman은 100시간 이상을 해당 업무에 소요하였지만, 6,000달러를 지급받는 대신 피고들에게 2,800달러만 청구한 상황이었고 피고들이 발행한 약속어음 5,000달러의 정당한 소지인

으로 남게 되었다.

캘리포니아주 변호사 징계위원회는 위와 같은 수임료가 지나치게 과도하고 부당하다는 등의 이유로 Bushman 변호사에게 자격정지 1년의 징계를 명할 것을 권고하였다.

▌쟁점

Bushman 변호사가 요구한 수임료가 터무니없이 과도한 것인지 여부

▌법원의 판단

1. 사실관계에 비추어 보았을 때 Bushman 변호사가 의뢰인에게 5,000달러의 약속어음 발행을 요구하는 한편 2,800달러를 지급하도록 재차 요구한 것은 과도한 수임료를 청구한 것에 해당한다. 실제로 Bushman 변호사는 이 사건을 위하여 서류정리, 의뢰인 및 의사와의 면담, 증거입증절차 2회 출석 등 상대적으로 부담이 적은 사무를 처리한 것으로 인정된다.

2. Bushman 변호사에게는 자격정지 1년의 징계 처분이 적절하다.

【판례 6-9】 Hensley v. Eckerhart(Supreme Court of the United States; May 16, 1983; 461 U.S. 424)
민권소송에서의 보수 결정 기준

▌사실관계

Hensley 등 피신청인 4명의 변호사들은 미주리주 Fulton 주립병원의 법의학 병동에 강제로 수용된 환자들을 대리하여 소를 제기하였다. 그들은 위 병원의 처우와 수용환경이 수용된 환자들의 헌법상 권리를 침해한다고 주장하였다. 미주리주 연방 지방법원은 문제가 제기된 총 여섯 개의 영역 가운데 신체적 구속, 통신 제한 등 다섯 개의 영역에서는 헌법상 권리 침해가 있었다고 인정하였지만, 병동 직원의 수가 부족하다는 영역에 관해서는 수용자들을 위한 필요 최소한의 조치가 취해진 것으로 보아 헌법상 권리 침해 주장을 기각하였다.

1심판결 이후 Hensley 등 변호사들은 1976년 제정된 민권변호사 보수지급법(42 USC 1988)을 근거로 변호사 보수를 청구하였다. 지방법원은 Hensley 등 변호사들이 위 법조항에서 규정하고 있는 승소한 당사자에 해당하여 보수를 지급받을 권리가 있다고 판단하였다. 또한 위 법원은 원고들의 일부 청구가 기각되었다고 해도 이들이 기각된 청구를 하는 데 소요한 시간에 해당하는 보수만큼 감액되어야 할 필요는 없다고 판시하였다.

이에 병원 측은 항고하였고 연방 항소법원에서 항고가 기각되자 연방 대법원에 재항고하였다.

쟁점

민권변호사 보수지급법에 따른 적절한 변호사 보수의 결정

법원의 판단

민권변호사 보수지급법의 목표는 인권 문제에 관하여 고충이 있는 사람들에게 사법절차에 효과적으로 접근할 수 있도록 돕고, 승소한 원고에게 변호사 비용 지급 부담을 주지 않도록 하는 것이다. 위 법에 따라 합리적인 보수를 결정하는 가장 유용한 기준은 변호사가 소송을 준비하기 위해 합리적으로 소요한 시간과 합리적인 시간당 보수를 곱하는 것이다. 보수 지급을 청구하는 변호사는 업무시간과 시간당 보수에 대한 증거를 제출해야 하고 업무시간이 제대로 입증되기 어려울 경우, 사실심법원은 사건의 사실관계에 따라 적절히 판단할 재량이 있다.

이 사건 1심법원은 승소의 범위와 무관하게 변호사가 투여한 시간만을 기준으로 변호사 보수를 결정한 잘못이 있다. 왜냐하면 원고의 승소 범위는 위 법 1988조하에서 변호사 보수를 적정하게 판정하기 위한 중요한 요소이기 때문이다. 민권소송에서 원고가 달성하고자 하는 목표를 모두 이루었다면, 그의 변호사는 완전한 보수를 지급받을 권리가 있을 것이다. 이때 일부 청구가 기각되었다고 하더라도 인용된 청구와 기각된 청구 사이에 상호 관련이 인정될 수 있다면, 변호사가 기각된 청구와 관련된 쟁점을 준비하기 위하여 소요한 시간만큼의 보수가 삭감되어야 하는 것은 아니다.

그러나 원고가 승소한 청구와 무관한 청구에서 패소한 경우, 패소한 청구에 사용된 시간은 합리적인 보수액을 고려하는 데에서 배제되어야 한다. 사안과 같이 원고가 다른 사실관계와 법 이론에 기초한 명백하게 서로 다른 복수의 청구를 하는 민권소송에서는 한 청구에 대한 변호사의 업무는 다른 청구에 대한 업무와 관련이 없고, 따라서 패소한 청구에 대한 업무는 승소한 청구와 관련된 쟁점을 준비하기 위하여 변호사가 소요한 시간과 합산할 수 없다.

만약 민권소송에서 원고가 부분적이거나 제한적인 승소를 한 경우, 소송 전체에서 합리적으로 사용된 시간과 시간당 보수를 곱한 금액은 위 법 1988조의 기준에 비추어 볼 때 과도한 금액이 될 것이다. 소송상 원고의 주장들이 서로 관련 있는 경우 법원에서 중요한 청구를 인용하여 원고가 소송을 제기한 목표가 달성되었다면, 단순히 법원이 모든 청구를 받아들이지 않았다는 이유로 변호사의 보수를 삭감하여서는 아니 된다. 그러

나 원고가 상호 관련 없는 복수의 주장을 하고 그중 일부 청구만 인용된 경우, 법원은 인용된 청구와 관련 있는 합리적인 금액의 보수만을 지급하도록 결정하여야 한다. 따라서 원심판결을 파기하고 원고의 승소의 범위와 변호사들에 대한 보수 지급 범위의 관계를 다시 판단하도록 사건을 환송한다.

【판례 6-10】 City of Riverside v. Rivera [Supreme Court of the United States; June 27, 1986; 477 U.S. 561, 106 S.Ct. 2686, 41 Fair Empl.Prac.Cas.(BNA) 65, 40 Empl.Prac.Dec.P 36, 285, 91 L.Ed.2d 466, 54 USLW 4845] 민권소송에서 민사상 손해배상액을 초과하여 변호사 비용 보상액을 인정할 수 있는지 여부

▌사실관계

1975년 멕시코계 미국인 남성 8명이 파티에 참가했는데 경찰이 영장 없이 물리력과 최루탄을 사용하여 파티를 해산시켰다. 그러자 8명의 남성은 연방민권법에 따라 리버사이드시와 경찰들이 미국 수정헌법 1조 · 4조 · 14조를 위반하였다고 주장하며 연방 지방법원에 손해배상청구소송을 제기하였다.

1심에서 배심원단은 이들의 청구를 인용하고 3만 3,350달러의 징벌적 손해배상을 결정하였다. 이들은 민권변호사 보수지급법에 따라 이들의 소송대리인이었던 두 변호사가 사무 처리에 사용한 1,946.75시간에 대해 시간당 보수 125달러를 곱한 금액과 로클럭이 사용한 84.5시간에 시간당 보수 25달러를 곱한 금액을 더한 변호사 비용 24만 5,456.25달러를 소송비용으로 청구하였다.

1심법원은 변호사의 사무 처리 소요시간과 시간당 보수금의 액수가 합리적이라고 판단하여 보수지급청구를 인용했고, 항소심도 이를 그대로 유지하였다. 연방 대법원은 1차 상고심에서 항소심판결을 파기하고 사건을 1심법원으로 환송하였다. 환송 후 연방 지방법원은 환송 전 1심과 같은 판단을 하였다. 환송 후 2심에서도 원심을 유지하였고, 리버사이드시 등은 연방 대법원에 재상고하였다.

▌쟁점

민권변호사 보수지급법에 따른 변호사 보수지급액이 배심원이 인정한 민사상의 손해배상금액을 초과할 경우 과도한 것인지 여부

▌법원의 판단(다수의견)

민권변호사 보수지급법에 따른 변호사 보수지급액이 배심원이 인정한 민사상의 손해배상금액을 초과한다고 하여 과도한 것은 아니다. 민권변호사 보수지급법에 따라 변호사가 지급받는 보수금액은 원고가 배상받을 수 있는 민사상의 손해배상금 액수에 비례해야 한다는 제한이 없다고 판단한다.

이 사건과 같은 경우 원고들은 중요한 헌법상의 권리에 대한 정당성을 입증하려는 것이어서 금전적으로만 평가할 수 없다. 민사상 손해배상금액에 비례하여 변호사 보수를 결정하는 것은 민권변호사 보수지급법이 적용되는 사건에서 변호인의 조력을 받을 권리를 보장하려는 입법목적을 심각하게 훼손할 수 있다고 판단된다.

2.2.2 민사 사건—성공보수

【판례 6-11】 Brobeck, Phleger & Harrison v. Telex Corp.(United States Court of Appeals; July 5, 1979; 602 F.2d 866, 1979-2 Trade Cases P 62, 750)
소송 진행 중 의뢰인이 상대방과 상호 청구를 하지 않기로 하는 화해를 한 경우 성공보수지급의무와 성공보수금액의 적정성

▌사실관계

Telex Corporation과 Telex Computer Products, Inc.(두 회사를 이하 'Telex사'라 한다)는 일찍이 IBM사를 상대로 독점금지소송을 제기하였다. 1973년 11월 9일 오클라호마주 북부 연방 지방법원은 IBM사의 셔먼법 위반 사실을 인정하고, Telex사에게 2억 5,950만 달러를 배상할 것을 명하는 한편, IBM사가 Telex사에 대해 영업기밀과 저작권 침해를 근거로 제기한 2,190만 달러의 반소청구도 인용하였다. 그러나 항소심법원은 Telex사의 승소 판결 전부를 파기했고, IBM사의 Telex사에 대한 1,850만 달러의 반소청구를 인용하였다.

1심판결이 파기되자 Telex사는 연방 대법원에 상고하였다. Telex사는 상고심절차의 대리인으로 샌프란시스코 소재 로펌 Brobeck, Phleger & Harrison(이하 'BP & H') 및 소속 변호사 Moses Lasky와 변호사 선임계약 및 성공보수약정을 체결하였다. 성공보수약정의 내용은 상고허가결정신청(certiorari)이 연방 대법원에 접수된 이후 사건이 화해로 종결되거나 반소청구금액 이상으로 Telex사의 청구가 인용되어 Telex사가 이 소송을 통해 회수(recovery)할 수 있다면 BP & H가 추가적으로 성공보수를 지급받되, 그 금액은 소송에서 획득한 회수금액 최초 1억 달러의 5%로 하되 하한은 100만 달러, 상한은 500만 달러로 하기로 약정하였다.

BP & H는 Telex사를 대리하여 상고심소송을 준비하고 있었는데, 대법원이 Telex사의 상고허가결정신청에 대하여 판단하기에 앞서 Telex사와 IBM사 양 당사자가 상호 청구권을 행사하지 않기로 화해(wash settlement)하였다.

이에 BP & H는 성공보수약정에 따라 Telex사에 1백만 달러 보수지급을 청구하였다. Telex사가 거절하자 BP&H는 Telex사에게 이 사건 보수금지급청구소송을 제기했고, 연방 지방법원은 BP & H의 청구를 인용하여 Telex사에게 100만 달러 및 그에 대한 이자를 지급할 것을 명하였다. Telex사는 BP & H가 보수를 지급받기 위한 조건을 성취하지 못하였으며 자신은 BP & H를 해임하였으므로 위 로펌에 대해 보수를 지급할 의무가 없다고 주장하며 항소하였다.

▮ 쟁점

1. Telex사의 주장과 같이, BP & H를 해임하였으므로 BP & H는 이미 제공한 서비스 부분에 대해서만 보상받을 수 있는지 여부

2. 해당 성공보수약정에 의한 보수가 과도하여 부도덕한 것인지 여부

▮ 법원의 판단

1. Telex사의 주장과 달리 BP & H와의 변호사 선임계약이 해지된 것으로 볼 수 없다. Telex사도 정식으로 BP & H와의 선임계약을 해지한 것은 아니라고 인정하였고, BP & H 역시 Telex사가 자신을 해임하려는 의도를 예상할 수 없었다. BP & H에 소속된 Lasky 변호사는 계속 상고허가결정신청절차를 준비하였고, Telex사의 상대방인 IBM사의 제안에 따른 화해의 적절성에 대해서까지 법적 조언을 제공하였다.

2. 이 사건 보수약정에 의하면 BP & H는 "IBM사와의 화해나 재판에 의해 회수하였을 때" 보수를 지급받을 수 있다. Telex사는 해당 조항이 불명확하기 때문에 사실에 의해 판단해야 하며, 화해로 Telex사가 받은 금액이 없으므로 회수가 없고 따라서 성공보수를 지급할 조건이 갖추어지지 않았다고 주장한다. Telex사가 IBM사와 화해 시 1,850만 달러의 반소청구를 면제받는 대신 같은 금액의 독점금지법 위반 청구금액을 수령하였다면 성공보수지급 조건이 갖추어졌을 것이며, 성공보수약정의 각 조항 간 관계를 보면 BP & H에게 성공보수를 지급할 의무가 있는 것으로 판단된다.

3. Telex사는 BP & H가 청구한 100만 달러의 보수금이 과도하다고 주장하나 당해 보수가 반드시 비상식적으로 과도하다고 할 수 없다. IBM사와의 소송 당시 Telex사는 파산위기에 있었는데, 그 사건의 1심법원은 IBM사에 대하여 Telex사에게 독점금지 판결 역사상 가장 큰 금액의 손해배상금을 지급하여야 한다고 판단한 바 있다. 항소심법원이

그러한 판결을 일부 파기한 상황에서 Telex사는 경험이 풍부하고 유능한 로펌 BP & H를 소송대리인으로 선임했을 것이다. 물론 위 로펌과 Telex사 간 성공보수약정상의 최저보수금이 다소 높은 수준이었다는 점은 인정되지만, Telex사는 파산의 위험을 회피하기 위해 상고심의 판단을 받을 필요가 있었으며, 이를 위해서 BP & H로부터 상당 수준의 법률서비스를 제공받았기 때문에 위 로펌에게 원심의 판단에 따른 금액을 지급하여야 할 의무가 있다. 따라서 Telex사의 항소를 기각한다.

【판례 6-12】 Pennsylvania v. Delaware Valley Citizens' Council for Clean Air [Supreme Court of California; June 26, 1987; 483 U.S. 711, 107 S.Ct. 3078, 45 Fair Empl.Prac.Cas. (BNA) 1750, 26 ERC 1091, 97 L.Ed.2d 585, 55 USLW 5113, 17 Envtl.L.Rep. 20, 929]
공익소송의 승소 시 법률에 의하여 변호사 보수를 비용으로 청구할 수 있는 경우, 변호사가 패소의 위험을 부담하였다고 하여 보수산정 기준을 높이는 것이 허용되지 않는다고 한 사례

▌사실관계

신청인 '청정대기를 위한 델라웨어 계곡 시민들의 모임(Delaware Valley Citizens' Council For Clean Air)' 및 미국 연방정부는 펜실베이니아주를 상대로 청정대기법(Clean Air Act)을 준수할 의무의 이행을 구하는 소송을 제기하였다. 1978년에 펜실베이니아주 동부 연방 지방법원은 펜실베이니아주로 하여금 1980년 8월까지 특정 지역들에서 자동차 매연 배출 시스템을 유지 · 감독하고 적정 배출을 위한 프로그램을 마련하도록 의무를 부과하는 내용의 당사자들 간 합의서를 승인하였다. 신청인은 위 법에 따라 변호사 수임료와 소송비용지급을 신청하였고, 연방 지방법원과 항소심법원은 이 신청을 인용하였다. 그뿐만 아니라 이들 법원에서는 위 단체 변호사들의 소송수행 국면을 9단계로 나누어, 그중 신청인들이 패소의 위험을 부담하였던 세 단계에 대해서는 업무소요시간과 합리적인 시간당 보수를 곱하여 산정된 기준금액의 두 배에 해당하는 보수를 지급받을 수 있도록 조정한 액수를 지급받을 수 있다고 판단하였다. 이에 펜실베이니아주가 연방 대법원에 상고하였다.

▌쟁점

주 정부를 상대로 한 청정대기법상의 소송에서 승소한 원고 측이 피고에게 소송비용으로 청구할 수 있는 변호사 보수의 산정 기준

▌법원의 판단(다수의견)

특정 소송이 변호사에게 있어 위험이 높은 것은 제기된 쟁점들이 낯설고 어려우며 소송이 장기화될 수 있기 때문이다. 그런 소송에서 변호사가 승소할 경우 그 성공은 변호사의 법적 지식과 경험, 그리고 그가 소송 수행을 위하여 투입한 노력과 시간에 기인한 것이다. 합리적인 시간과 시간당 비용을 법원이 산정함에 있어 이러한 요인들은 고려될 수 있을 뿐이지, 패소의 위험이 높다는 이유로 금액을 증가시키는 방향으로 조정하는 것은 우연한 사정에 의해 어려운 사건을 맡았다는 이유만으로 변호사에게 예기치 않은 이익을 가져다주는 것으로서 부당하다. 따라서 원심을 파기한다.

【판례 6-13】 People ex rel. Clancy v. Superior Court(Supreme Court of California; Sept. 16, 1985; 39 Cal.3d 740, 705 P.2d 347, 218 Cal.Rptr. 24, 54 USLW 2177)
시(市)를 대리하는 변호사는 중립적이어야 한다는 이유로 시와 성공보수약정을 체결한 변호사의 시 소송대리인 자격을 부인한 사례

▌사실관계

Helen Ebel은 1981년에 코로나(Corona)시로부터 사업자등록증을 취득하여 서점 영업을 시작하였다. Ebel은 서점에서 노골적인 음란서적을 판매하고 음란영화 상영장소를 제공하였다. 시는 Ebel이 사업을 시작한 지 얼마 후 성인서점을 규율하는 두 개의 규칙을 제정하였다. 위 규칙 중 하나는 음란물에 대해 정의를 내린 것이고, 또 하나는 음란물의 판매를 특정 지역으로 제한하는 내용을 담고 있었다. 시 공무원은 이 규칙에 근거하여 Ebel에게 학교에 인접한 서점을 이전해야 할 수도 있다고 통지하였고, Ebel은 이 규칙의 위헌성을 다투는 소송을 연방법원에 제기하였다.

연방법원에서 위 규칙이 위헌이라고 판단하자 이에 좌절한 코로나시는 James J. Clancy 변호사를 선임하고 그로 하여금 음란서적을 판매하는 서점을 상대로 금지청구를 하도록 위임하였다. 시와 Clancy 변호사는 시간당 60달러의 보수를 지급하기로 하되, 코로나시가 패소하는 경우 또는 시가 승소하였으나 변호사 비용을 상대방에게 부담시키지 못한 경우, 시간당 보수를 30달러로 감액하기로 하는 성공보수약정을 체결하였다.

Clancy 변호사는 코로나시를 대리하여 소를 제기하였는데, Ebel은 이 사건 소송과 같은 경우 시를 대리하는 변호사는 마치 형사소송절차에서의 검사와 마찬가지로 중립적이어야 한다면서, 성공보수약정을 체결한 Clancy 변호사에 대한 소송대리인 자격 부인을 신청하였다.

▌쟁점

변호사가 시와 성공보수약정을 체결한 경우 시의 소송대리인 자격이 부인되어야 하는지 여부

▌법원의 판단

소송절차에서 정부를 대리하는 변호사는 일반적인 소송대리인이라고 보기는 어렵고, 통치권을 행사하는 자로서 공정함을 견지하여야 할 것이다. 정부를 대리하는 변호사의 중립성은 당해 사건에서 중요성을 가질 뿐 아니라, 사법절차 전반의 올바른 작동을 위해서도 필수적이다. 법치주의를 확립하기 위해서는 사법제도가 공정하게 작동한다는 일반 대중의 믿음이 필요하기 때문이다.

미국변호사협회의 직무책임준칙에 따르면 "공무원인 변호사는 전업이든 부업이든, 그의 개인적이거나 직업적 이익이 그의 공적 의무와 충돌되거나 충돌이 예상되는 활동에 관여할 수 없다." 이 사건 성공보수약정을 살펴보면 Clancy 변호사는 소송의 성패에 따라 시간당 수임료가 달라지기 때문에 개인적인 이해관계가 있는 것으로 인정된다. 따라서 성공보수약정을 체결한 Clancy 변호사의 소송대리인 자격은 부인되어야 마땅하다.

【판례 6-14】 Venegas v. Mitchell(Supreme Court of the United States; April 18, 1990; 495 U.S. 82, 110 S.Ct. 1679)
민권소송에서 성공보수약정이 변호사 직무행위규칙을 위배하여 무효인지 여부

▌사실관계

Venegas는 캘리포니아주 Long Beach의 경찰관들이 자신을 불법적으로 체포하였고, 고의로 위증을 공모함으로써 공정한 재판 진행을 방해하였다고 주장하며 민권 침해에 대한 손해배상청구소송을 캘리포니아주 중부 연방 지방법원에 제기하였다. 1심법원에서는 제척기간 위반을 이유로 Venegas의 소를 각하하였으나, 항소심법원에서는 파기환송하였다.

이후 Venegas는 Mitchell 변호사를 선임하였고 자신이 지급받게 될 총 손해배상금의 40%를 지급하기로 하는 성공보수약정을 체결하였다. Mitchell 변호사와 Venegas는 당해 심급에서만 Mitchell을 선임하되, 무효심리(mistrial)나 항소가 있으면 Mitchell 변호사의 선임기간 및 조건에 대해 상호 합의할 수 있지만, 반드시 그래야 하는 것은 아닌 것으로 정하였다. 이후 Venegas는 Mitchell 외 다른 변호사를 공동대리인으로 추가 선임하는 데 동의하였고, 당시 Venegas는 Mitchell 변호사와 그 공동대리인이 성공보수

금을 나누어 가질 것이라고 이해하였다.

Venegas는 208만 달러의 손해배상금을 지급받을 권리가 있다는 판결이 이루어졌다. 지방법원은 42 USC 1988에 의거하여 승소한 당사자인 Venegas의 신청에 따라 변호사 비용으로 11만 7,000달러를 지급할 것을 명하였고, 그중 7만 5,000달러는 Mitchell이 제공한 법적 서비스에 대한 대가로 책정된 것이었다. 이후 Venegas는 Mitchell 변호사와의 협상이 결렬되자 그를 해임하고, 다른 변호사를 항소심 소송대리인으로 선임하였다.

Mitchell 변호사는 위 성공보수약정에 따라 자신은 총 40만 6,000달러의 성공보수를 지급받을 권리가 있다고 주장하면서 제3자 소송참가를 신청하였다. 지방법원은 Mitchell 변호사가 주장하는 Venegas 민사소송의 소송물과 성공보수약정에 기한 보수채권의 관련성을 찾아낼 수 없기 때문에 Mitchell 변호사에게 연방민사소송법 24(a)(2) 또는 규칙 24(b)(2)에 따른 참가 자격을 인정할 수 없다고 판시하였다.

항소심에서는 Mitchell 변호사의 참가 신청을 인용하여야 한다고 보았으며, 42 USC 1988에 따라 민권소송에서 승소한 원고 Venegas가 법원의 결정에 의거하여 지급받게 될 금액보다 이 사건 소송에서 Mitchell 변호사가 Venegas와의 약정에 근거하여 지급을 청구하는 성공보수금의 액수가 크다고 해서 Mitchell 변호사가 합리적인 범위 내에서 성공보수금지급을 청구할 수 없는 것은 아니라고 판시하였다. 항소심법원은 Venegas와 Mitchell 변호사 간의 약정에 따른 성공보수금의 액수는 합리적인 범위 내에 있으므로, Mitchell 변호사가 그 지급을 청구한다고 해서 예견치 않았던 이득을 얻게 되는 것은 아니라고 판단하였다.

이에 Venegas는 이 사건의 성공보수약정이 42 USC 1988에서 규정하는 "합리적 보수"의 범위를 초과하는 것이라고 주장하면서 상고하였다.

▮쟁점

민권소송에서 합리적인 범위 내에서 변호사 보수를 승소 당사자의 비용으로 인정하도록 규정한 42 USC 1988에 비추어 볼 때 사안에서와 같은 성공보수약정이 허용되는지 여부

▮법원의 판단

42 USC 1988은 민권소송에서 승소 당사자에게 합리적인 범위 내에서 변호사 보수를 비용으로 인정할 수 있다고 규정하고 있지만, 원고들이 승소 여부에 따라 변호사에게 성공보수를 지불할 것인지 여부를 약정하는 데 대하여는 아무런 규제를 하고 있지 않다. 위 법은 문언상 민권소송에서 손해배상금으로 받는 금액의 일정 부분을 변호사에게

지급하는 것을 금지하고 있지 않은 것으로 해석된다.

위 법 규정을 해석함에 있어서 일반적으로 성공보수 방식보다 소요시간당 보수산정 방식(lodestar model of hours)이 '합리적인 범위'의 변호사 보수를 산정하기 위한 기준으로 채택되고 있다는 것은 사실이다. 그러나 미국 연방 대법원이 위 법규정을 "민권소송에서 원고가 지급받을 손해배상금의 일부를 변호사에게 성공보수로 지급하는 것을 금지한다"라고 해석한 선례는 존재하지 않는다. 이는 원고와 변호사 간에 체결한 성공보수 약정에 따른 성공보수금의 액수가 법원이 피고에게 승소한 원고의 변호사 보수를 비용으로 인정하여 지급을 명한 금액을 초과하는 경우에 있어서도 마찬가지이다. 위 법규정은 패소한 피고가 승소한 원고에게 지불해야 하는 변호사 보수에 관하여 규정하고 있을 뿐, 승소한 당사자가 그의 변호사에게 이 법에 따라 승소 당사자가 지급받는 금액 이상의 보수금을 지불하도록 하는 성공보수약정을 무효화하지 않는다. 상고를 기각한다.

【판례 6-15】 Naiman v. New York University Hospital Center(United States District Court, S.D. New York; January 7, 2005; 351 F.Supp.2d 257)
소송 계속 중 성공보수의 증액을 위한 새로운 약정을 체결할 때 변호사가 취하여야 할 조치

▮사실관계

원고 Alec Naiman은 뉴욕대학교 병원(이하 '병원')을 상대로 병원이 청각장애인인 원고를 치료하는 과정에서 실력 있는 수화통역자를 제공하지 아니하였다는 이유로 손해배상을 청구하면서 1994년 1월 10일 Alan J. Rich 변호사에게 사건을 의뢰하였다. 그 당시 수임계약서에는 Rich 변호사가 배상액의 33.33%를 수임료로 받기로 되어 있었고, 통상적인 범위를 넘어서는 서비스를 제공하는 경우에는 법원에 추가적인 비용 상환을 청구할 수 있다고 규정되어 있었다.

Rich 변호사는 소송이 계속 중이던 2002년 1월 29일 Naiman에게 그가 합의금으로 받게 될 52만 7,000달러에서 그동안의 비용을 공제한 후 절반을 성공보수로 지급하기로 합의한다는 내용의 추가적인 보수약정의 내용을 담은 이메일을 보냈다. 그러나 Naiman은 이에 대해 답장하지 아니하였다.

2002년 7월 23일 Naiman과 병원 사이에서 모든 손해배상금, 제반비용 및 변호사 보수 등을 합쳐 52만 7,000달러를 지급받기로 하고, 이와 별도로 2002년 3월 8일 이후부터 발생한 변호사 비용은 병원에서 지급하기로 하는 내용의 재판상 화해(consent decree and release)가 성립되었다. 이에 Rich 변호사는 상대방 측으로부터 위 52만 7,000달러

를 수령한 후 제반비용을 공제한 나머지 금액의 1/2인 26만 665달러만을 Naiman에게 주었다. 이에 대하여 Naiman은, 자신은 Rich 변호사가 추가적으로 제시한 변경된 보수약정에 동의한 사실이 없기 때문에, Rich 변호사가 당초 합의에 따른 성공보수금, 즉 상대방으로부터 지급받은 총 배상액의 1/3을 초과하는 금액을 돌려주어야 할 의무가 있다고 주장하며 법원에 위 금원을 지급하라는 내용의 명령을 내려달라는 신청을 하였다.

쟁점

소송 계속 중 변호사에 의해 일방적으로 증액·변경된 보수약정의 유효성에 관한 판단

법원의 판단

1. 당초 Naiman과 Rich 변호사가 선임계약을 체결할 당시 Rich 변호사는 배상액의 33.33%만을 성공보수금으로 지급받기로 되어 있었으며, Rich 변호사가 소송 수행 과정에서 Naiman에게 통상적인 범위를 넘어서는 서비스를 제공하였다고 하더라도 Naiman을 대리하는 동안 추가 보상을 받기 위해 법원에 어떠한 신청도 하지 아니하였다. 나아가 Rich 변호사는 증액·변경된 성공보수계약이 성립되었는지에 대해서도 증명하지 못하였다.

2. 설령 Rich 변호사의 주장에 따른 증액·변경된 성공보수약정이 성립되었다고 하더라도 이는 성공보수에 관한 규범을 적용받는다. 뉴욕주 변호사 직무책임준칙은 변호사의 성공보수에 관하여 "즉시 의뢰인에게 변호사가 지급받게 될 (총 승소금액 대비) 성공보수금의 비율 등 보수에 관한 구체적인 내용을 담은 서면을 제공해야 한다"라고 규정하고 있다. 그런데 Rich 변호사는 자신이 주장하는 증액·변경된 약정의 내용을 Naiman과 병원 사이에 재판상 합의가 이루어진 지 7개월이 넘게 지나도록 서면화하여 제공하지 아니하였으므로, Rich는 위 준칙상의 요건을 충족하지 못하였고, 따라서 추가 보수계약은 효력이 없다.

나아가 법원은 일반적으로 사건이 진행되고 있는 도중 성공보수를 증액하는 합의에 대해 부정적 입장을 취하고 있다. 사건 진행 도중 성공보수를 증액하는 것은 변호사와 의뢰인 사이에 이익충돌을 야기하는 상업적 거래에 해당할 수 있기 때문이다. 이러한 상황에서 뉴욕주 변호사 직무책임준칙은 변호사가 의뢰인에게 성공보수 증액에 관하여 별도의 대리인으로부터 조력 받을 것을 조언하고, 이와 같은 상황에 대해 모두 설명한 후 의뢰인으로부터 서면 동의서를 받는 등 명확한 사전적 절차를 거칠 것을 요구하고 있다. Rich 변호사는 이러한 절차를 전혀 준수한 바가 없으므로, 위 조항에 따라 추가 보수계약은 무효가 된다. 따라서 Naiman의 신청을 인용한다.

2.2.3 가사 사건–성공보수

【판례 6-16】 Hay v. Erwin(Supreme Court of Oregon; Decided October 19, 1966; 244 Or. 488)
이혼소송에서의 성공보수약정과 보수 지급의 적정성 판단

▌사실관계

Erwin 변호사는 이혼소송절차에서 Van Vleet 부인을 대리하였다. 이혼소송이 개시된 이후 Erwin 변호사는 의뢰인과 성공보수약정을 체결하였고, Vleet 부부간에 재산분할에 관한 합의에 도달한 이후 또 다른 성공보수약정을 체결한 바 있다. Vleet 부인의 남편은 재산분할 합의 및 이혼 판결에 따라 법원에 금전을 공탁하였다. Erwin 변호사는 이 금원에 대하여 변호사 보수 선취특권을 주장하였고, Vleet 부인은 재산분할 합의 및 이혼 판결에 따라 자신이 그 금원에 대한 적법한 권리자라고 주장하였다.

오리건주 법원 직원인 원고는 위 금원을 지급하여야 할지를 법원이 지시해 주어야 한다면서 확인소송을 제기하였다. 오리건주 지방법원은 Erwin 변호사와 Vleet 부인 간에 체결된 2건의 보수약정은 결국 단일한 성공보수약정의 일부라고 판단하였고, 이혼소송에서의 성공보수약정은 공서(public policy)에 반하여 무효라고 판단하였다. 그러나 법원은, Erwin 변호사에게는 그가 제공한 서비스에 대한 정당한 가치에 해당하는 보수인 3만 달러를 지급받을 권리가 있다고 인정하였다. 항소심법원에서는 1심판결을 유지하였고, 이에 Vleet 부인은 오리건주 대법원에 상고하였다.

▌쟁점

1. 이혼소송에서 성공보수계약의 효력

2. 변호사는 성공보수계약의 효력과 무관하게 자신이 제공한 서비스에 대한 정당한 보수를 지급받을 자격이 있는지 여부

▌법원의 판단

1. 이혼소송에서 의뢰인과 변호사 간에 체결한 성공보수약정은 무효이다. 성공보수약정은 소송절차에 변호사의 직접적인 개인적 이익을 개입시켜 전문직 직무수행의 객관성을 떨어뜨리는 경향이 있기 때문에 바람직한 보수지급의 방법이라고 볼 수는 없다. 다만 의뢰인이 성공보수약정을 체결하지 않고서는 자신이 필요로 하는 상황에 맞는 유능한 변호사를 확보할 수 없을 때에는 허용될 수 있다. 그러나 이혼소송의 경우에는 유능한 변호사를 확보하기 위하여 성공보수계약을 체결할 필요성이 있다고 인정될 수 없다.

이 사건 이혼소송에서 부부간에 재산분할에 관한 합의에 도달한 이후 의뢰인과 변호사 간에 체결한 보수약정은 단순히 이혼소송 개시 후 체결한 첫 번째 성공보수약정에 부수하는 것으로서 무효이다. 따라서 의뢰인과 Erwin 변호사가 체결한 2건의 성공보수약정을 단일한 약정으로 파악한 원심의 판단은 정당한 것으로 인정된다.

2. 이혼소송에서 성공보수약정이 위법 · 무효라고 하더라도 Erwin 변호사는 그가 제공한 서비스에 대한 정당한 대가를 받을 수 있는 권리를 보유한다. 원심법원은 Erwin 변호사의 소송대리행위에 비추어 보건대, 그는 서비스의 대가를 지급받을 권리가 있다고 인정하였다. Erwin 변호사의 경우에는 성공보수약정 체결 여부에 의하여 소송 수행 태도에 영향을 받았다고 보기는 어렵고, 자신의 의뢰인을 충실히 대리한 것으로 판단된다.

3. 원심판결을 유지한다.

【판례 6-17】 Krieger v. Bulpitt(Supreme Court of California; January 6, 1953; 40 Cal.2d 97)
의뢰인의 배우자가 제기한 이혼소송에서 재산분할에 따른 의뢰인과 변호사 간 성공보수약정의 효력을 인정한 사례

▌사실관계

1949년 3월 8일 이전에 피고의 전 부인 Helen Bulpitt은 피고를 대상으로 이혼소송을 제기하였다. 피고는 원고 변호사들을 이혼소송의 대리인으로 선임하였고, 유리한 재산분할 결과를 이끌어 내고 싶다고 하였다. 피고는 원고들과 성공보수계약을 체결하여, 소송 결과에 따라 피고가 확보하게 된 재산평가액의 10%를 원고들에게 주기로 하되 보수금의 하한은 5,000달러, 상한은 7,500달러로 정하였다. 원고들은 피고의 위임에 따라 피고의 전 부인 측과 협상을 진행하여 재산분할 합의에 이르게 되었다. 피고는 처음에는 구두로 그 합의에 찬성한다고 하였지만, 이후에 합의 이행을 거부하였다.

이후 피고는 원고들에 대한 변호사 보수 지급을 거부하였고, 원고들은 피고에게 성공보수약정에 따른 보수금과 선택적으로 자신들이 제공한 서비스에 합당한 액수의 보수를 지급할 것을 청구하는 소송을 제기하였다. 피고는 이에 대하여 원고들이 변호사로서 주의의무를 위반하였다고 주장하면서 반소를 제기하였다. 1심법원은 원고들의 지급청구권을 인정하되, 피고는 위 약정에서 정한 하한인 5,000달러 및 원고들이 선납한 소송비용 50달러만을 지급할 의무가 있다고 판시하였다.

1961년 4월 16일 원고들은 피고의 항공기에 대한 강제집행절차를 개시하였고, 그 직후 Alexander Ruiz가 독립당사자(third party claimant)로서 1951년 3월 30일 피고로부

터 그 항공기를 매수하여 자신이 그 항공기의 소유자임을 주장하며 소송에 참가하였다. 그러는 동안 항공기에 대한 경매절차가 진행되었고, 매각대금은 공탁되었다. 사실심법원은 독립당사자가 아닌 피고의 항공기 소유권을 인정하였고, 결국 원고들에게 공탁금 중 독립당사자의 선취특권을 제외한 부분인 3,701.66달러가 지급되었고 독립당사자는 항소하였다. 항소심법원에서도 이러한 결론은 유지되었다.

▌쟁점

이혼소송을 제기당한 의뢰인과 변호사 간 성공보수약정의 효력과 집행 가능성에 관한 판단

▌법원의 판단

이혼소송을 행하는 데 대한 변호사-의뢰인 간의 성공보수약정은 이혼을 조장하고 사회 전체의 이익에 반하기 때문에 무효이다[Green v. Green, 66 Cal.App.2d 50, 57(151 P.2d 679) 등]. 이 선례에서 성공보수약정은 변호사와 이혼을 원하는 당사자 사이에서 체결되었고, 이러한 상황은 변호사의 이익을 위하여 법률과 공서양속이 장려하는 배우자 간의 재결합을 막는 것이었다.

그러나 이 사건의 성공보수약정은 혼인의 해소를 목적으로 체결된 것은 아니었다. 오히려 원고는 이미 의뢰인의 배우자에 의하여 개시된 이혼소송에서 이를 방어하는 역할을 담당하였고, 배우자의 재산분할청구와 관련하여 의뢰인의 이익을 보호하는 법적 조력을 제공하였다.

이혼소송이 개시된 이후 체결된 변호사와 의뢰인 간 성공보수약정의 효력을 판단함에 있어서는 당해 사건의 사실관계와 공서양속을 적절히 고려하여 판단하여야 한다. 이러한 기준에 따르면, 1심법원에서 원고와 피고 사이에 체결된 성공보수약정이 유효하고 강제집행이 가능하다는 판단은 유지되어야 한다. 이미 의뢰인의 배우자에 의하여 개시된 이혼소송으로 인해 양 배우자의 가정적 지위가 불안해지고, 그들의 관계는 불만족스러워졌다. 따라서 남편인 피고는 이 소송에서 자신을 방어하고 재산분할의 이익을 보호하기 위하여 원고를 소송대리인으로 선임하였다. 원고들과 피고 간의 성공보수약정은 공서양속에 반하지 않고 이혼을 조장하지도 않는다. 이러한 약정은 선례에서 이혼을 조장한다는 이유로 무효화되어야 하는 성공보수약정과 다른 성격이다. 따라서 그러한 계약을 무효로 하는 법리를 적용할 근거는 없다.

2.2.4 형사 사건

【판례 6-18】 Matter of Fordham(Supreme Judicial Court of Massachusetts; Argued April 2, 1996. Decided August 9, 1996; 668 N.E.2d 816, 423 Mass. 481)

형사 사건 경험이 없는 변호사가 음주운전 사건을 변호하여 무죄판결을 받은 후 청구한 보수가 평균 보수의 3배 이상이어서 과다하다고 본 사례

▌사실관계

청문위원회가 확인한 사실을 요약하면 다음과 같다. 1989년 3월 4일 매사추세츠주 Acton 경찰은 당시 21세였던 Timothy를 체포하여 음주운전 혐의로 기소하였다. 체포 당시 경찰은 절반쯤 남아 있던 보드카병을 차에서 발견하였고, 실외에서 혈중알코올농도를 측정한 결과 Timothy가 음주운전을 하였다고 판명하였다. Timothy는 Acton 경찰서로 연행되었고 경찰서에서 두 차례 측정한 결과도 각각 0.10과 0.12의 혈중알코올농도를 기록하였다.

기소인부절차 이후 Timothy와 그의 아버지 Clark은 변호사 3명과 상담하였고, 그들은 Timothy 변호에 3,000달러 내지 1만 달러의 보수를 요구하였다. 이후 Timothy 및 Clark은 Fordham 변호사와 면담하였는데, Fordham 변호사는 자신이 음주운전이나 기타 형사 사건, 관할 지방법원에서 피고인을 변호한 경험이 없다고 밝혔다. 그럼에도 불구하고 그는 자신이 열심히 일하는 변호사이며 능숙하게 Timothy를 변호할 수 있다고 설명하였다. Fordham 변호사는 Timothy와 Clark에게 자신은 시간당 보수에 근거하여 업무를 수행하고 매달 보수를 청구한다고 말하였다. 면담 이후 Clark은 Fordham 변호사를 Timothy의 변호인으로 선임하였다.

Fordham 변호사는 공판 전에 4건의 신청을 하였고, 법원은 그중 음주측정 결과를 거부하기 위한 증거배제 신청 등 2건을 인용하였다. 결국 Timothy에 대한 무죄판결이 선고되었고, Fordham 변호사는 5만 달러의 보수를 청구하였다.

매사추세츠주 변호사회의 징계담당관은 Fordham 변호사의 보수청구는 과도한 것으로서 주 대법원 징계규칙 2-106 위반으로 징계를 청구하였다. Fordham 변호사는 변호사감독위원회에 징계청구 기각을 신청하였고, 감독위원회 위원장은 징계청구를 기각하도록 권고하였다. 변호사회의 징계담당관은 위원장의 결정에 대하여 변호사감독위원회 전원위원회에 이의를 제기하였고, 변호사감독위원회는 이 사건을 청문위원회에 회부하였다.

청문위원회는 5일간의 청문을 거친 후 Fordham 변호사가 청구한 보수는 과도한 것

이 아니라고 결론을 내렸고, 따라서 징계를 하지 않도록 권고하였다. 변호사회 징계담당관은 청문위원회의 결정에 대하여 이의를 제기하였고, 변호사감독위원회는 6대 5로 청문위원회의 결정을 수용하였다. 이후 변호사회 징계담당관은 서포크카운티 법원에 변호사감독위원회의 결정에 대하여 제소하였다. Fordham 변호사는 징계담당관의 제소를 기각할 것을 신청하였으나, 카운티 법원의 단독판사는 이 신청을 기각하고 법원의 정식 재판에 회부하였다.

쟁점

1. Fordham 변호사가 음주운전 사건의 평균적인 변호사 보수의 3배가 넘는 5만 달러의 보수를 청구한 것이 과도하여 징계사유가 되는지 여부

2. 경험이 없는 변호사가 사무 처리에 많은 시간을 소요하였다고 해서 의뢰인에게 그 비용의 지급을 청구할 수 있는지 여부

법원의 판단

매사추세츠주 대법원규칙 3.07에 규정된 변호사 징계규칙 2-106(B)에 따르면, “일반적인 신중함과 당해 법분야에서의 경험을 갖춘 변호사가 사실관계를 검토한 후 합리적인 보수보다 상당히 과도한 보수라는 확실하고 굳은 확신을 가지게 된다면, 그러한 보수는 명백히 과도한 것으로 인정된다.” 징계규칙은 나아가 합리적인 보수 여부를 정할 때 고려하여야 할 다음의 여덟 가지 요소를 열거하고 있다. ① 필요한 시간과 노력, 관련 문제의 생소함과 난이도, 그 법률사무를 적정하게 수행하는 데 필요한 기량, ② 특정한 건을 수임함으로써 변호사가 다른 사무를 못하게 될 가능성, ③ 유사한 법률사무에 대하여 그 지역에서 관행적으로 청구되는 보수, ④ 계쟁 금액과 얻은 결과, ⑤ 의뢰인이나 상황이 부과하는 시간적 제약, ⑥ 의뢰인과 맺은 전문직업적 관계의 성격과 기간, ⑦ 서비스를 제공하는 변호사의 경험 · 명성 · 능력, ⑧ 보수가 정액제인지 조건부인지 여부.

전문가들의 증언에 따르면 Fordham 변호사와 그의 동료들이 Timothy 사건에 소요한 시간은 신중하고 경험 있는 변호사가 사용했을 시간을 몇 배나 초과한 것이다. Fordham 변호사가 음주측정 결과에 대한 증거배제 신청을 하기 위하여 창의적인 법리를 제시하고자 추가적인 노력을 기울였다는 사실은 인정되지만, 그렇다고 하더라도 이와 같은 사건에서 5만 달러의 보수를 청구하는 것은 유사한 음주운전 사건에 관한 변호사의 평균적인 보수가 그 1/3도 되지 않는다는 점을 고려할 때 지나치다.

Fordham 변호사가 형사 사건 및 음주운전 관련 사건에서 경험이 없다고 해서, 이와

같이 현저히 높은 보수를 청구한 것이 정당화되지는 않는다. 경험이 없는 변호사가 동일한 서비스를 제공하는 경험 있는 변호사보다 3~4배를 초과하는 보수를 청구할 수는 없다. 경험 있는 변호사에게는 일상적인 사무 처리에 불과한 일에 대해서 경험 없는 변호사가 과도한 시간을 사용하였다고 그 비용을 의뢰인에게 모조리 청구한다면, 이는 의뢰인에게 변호사 교육비용을 청구하는 것과 마찬가지일 것이다. Fordham 변호사에게 공개 견책의 징계를 선고한다.

2.3 기타 보수 관련 규제

2.3.1 보수분배약정

【판례 6-19】 McIntosh v. Mills(Court of Appeal, First District, Division 2, California; August 3, 2004; 121 Cal.App.4th 333, 17 Cal.Rptr.3d 66)
변호사 아닌 자가 변호사의 업무를 도운 후 변호사 보수의 일정 부분을 나누어 받는 방식으로 대가를 받기로 한 계약의 효력을 부인한 사례

▮ 사실관계

1980년대 후반 McIntosh는 Security Pacific 은행의 북캘리포니아 투자그룹에서 일하고 있었는데, 그 은행이 Bank of America에 합병되면서 1992년 해고되었다. 1994년 McIntosh는 David Anton 변호사를 대리인으로 선임하고 포괄적인 대리권을 수여하여, Mills 변호사의 은행 관련 소송 업무를 McIntosh가 지원하기로 하는 내용의 계약을 체결하도록 하였다.

한편 Mills 변호사는 McIntosh에게 시간당 보수를 주는 대신 자기가 받는 변호사 보수의 일정 부분을 나누어 주는 것으로 Anton 변호사와 합의하였다. Mills 변호사와 Anton 변호사는 이 합의를 비밀로 유지하기로 하였다. 이후 Anton 변호사는 McIntosh에게 계약이 잘 체결되었으니 일을 열심히 하면 된다는 취지로만 말해 주었고, 계약의 구체적인 내용은 전달해 주지 않았다. McIntosh는 이를 특별히 알려고 하지 않았고 자신이 정당한 보수를 지급받을 수 있도록 계약을 체결해 주도록 요구한 적은 있다.

1999년 5월 25일 Anton 변호사와 Mills 변호사가 보수에 대해 논의하던 중 McIntosh가 계약의 내용을 알게 되었다. 그러나 McIntosh는 별다른 이의 없이 계약이 계속 유지되고 있는지만을 지속적으로 확인하였다.

한편 그동안 Mills 변호사가 은행들을 상대로 한 소송에서 McIntosh는 다음과 같은 증언을 하였다.

문 : Mills의 로펌에 보상을 요구한 적이 있습니까?

답 : 없습니다.

문 : 이 소송과 관련하여 어떠한 대가를 약속받은 적이 있습니까?

답 : 없습니다.

1999년 5월 Mills 변호사가 담당하고 있던 사건을 마무리하였다는 이야기를 듣고 McIntosh는 Mills 변호사에게 보수의 지급을 요구하였으나, Mills 변호사는 지급을 거절하였다. 그러자 McIntosh는 보수의 지급을 청구하는 소를 제기하였다.

쟁점

캘리포니아주 변호사 직무행위규칙 1-320(A)[3]가 변호사 아닌 자에게도 적용되어 Mills 변호사와 McIntosh 간의 계약이 무효인지 여부

법원의 판단

1. McIntosh는, 자신은 변호사 아닌 자로서 변호사 직무행위규칙의 적용을 받지 아니하며, 불법의 법리(doctrine of illegality) 또한 자신에게 적용되지 않는다고 주장한다. 불법의 법리는 "하나 또는 여러 개의 목적에 대한 하나의 의사표시, 또는 하나의 목적에 대한 여러 개의 의사표시 중 어떤 부분이라도 법에 위반되면, 그 계약 전부는 무효"라는 것이다. 이 법리는 계약의 '목적'이 불법인지를 문제 삼는 것이지, 그 '당사자'를 문제 삼는 것은 아니므로 이 주장은 인정될 수 없다.

2. McIntosh는 자신의 불법성 및 비난의 정도가 Mills 변호사의 그것보다 가벼우므로 청구가 인정되어야 한다고 주장한다. 불법의 법리는 계약 당사자 중 일방에 불법성이 존재하지 않거나 다른 일방의 불법성보다 경미한 경우에 불합리한 결과를 방지하기 위해서 그 적용이 배제된다. 그러나 변호사를 선임한 경우, 그 변호사의 지(知) · 부지(不知)는 본인의 지 · 부지로 인정된다. 사안에서 Mills 변호사와 McIntosh 간 보수지급계약은 McIntosh의 대리인인 Anton 변호사가 Mills 변호사와 협상하여 체결된 것이므로 Anton 변호사의 불법성은 McIntosh의 불법성으로 인정될 수 있다. 나아가 McIntosh는 법정에서 자신은 보수를 바라지 않았다고 거짓 증언을 한 적이 있으므로 그 불법성이 결코 Mills의 불법성보다 작지 않다. 따라서 불법의 법리는 McIntosh에게도 적용된다.

3. 위 계약은 무효이므로 McIntosh의 청구는 인용될 수 없다.

---

3) "변호사 또는 로펌은 변호사 아닌 자와 직접 또는 간접적으로 보수를 나누어서는 안 된다. 다만 다음의 경우는 그러하지 아니하다. (이하 생략)"

【판례 6-20】 Peterson v. Anderson(Court of Appeals of Arizona, Division 1, Department C.; August 11, 1987; 745 P.2d 166)
변호사 아닌 자가 변호사와 변호사 보수의 일부를 나누어 갖기로 한 합의의 효력

▌사실관계

원고 Richard F. Peterson은 일리노이주 변호사지만 애리조나주에 거주하고 있었고, 피고 Jack M. Anderson은 애리조나주의 변호사이다. 1981년 11월 Patricia Paoloni가 애리조나주에서 교통사고를 당했고, 손해배상청구 가능성을 문의하기 위해 Peterson에게 연락을 하였다. Peterson은 자신은 애리조나주 변호사가 아니라고 하면서 Paoloni를 Anderson 변호사에게 연결해 주었다.

1981년 12월 Peterson과 Anderson 변호사는 Anderson 변호사가 의뢰인으로부터 지급받는 보수의 1/3을 Peterson이 갖기로 합의하였다. 이때 Peterson은 이 특정 사건만이라도 애리조나주에서 변호사 업무를 할 수 있도록 허가받아야 하는 것이 아닌가 했으나 Anderson 변호사는 그럴 필요가 없다고 말하였다. 그리고 Anderson 변호사는 Paoloni와 Paoloni가 받게 될 손해배상금의 1/3을 보수로 받기로 하는 약정을 체결하였다.

Peterson은 Anderson 변호사의 업무 수행에 적극적으로 협조하였고, 이 사건 교통사고의 가해자가 50만 달러의 보험에 가입하였다는 사실을 알아냈다. 가해자가 30만 달러의 보험에 가입하였다는 사실도 또 다른 변호사에 의하여 밝혀졌다. 그리하여 Paoloni의 사건에서는 결국 여러 명의 피해자 사이에서 보험금을 어떻게 분배할 것인지가 문제 되었다.

먼저 보험금 50만 달러를 분배한 결과, Paoloni의 몫으로 16만 3,549.35달러가 지급되었다. 이에 Anderson 변호사는 Paoloni에게 10만 6,261.35달러를 주고 변호사 보수로 5만 4,516.45달러를 챙긴 후 그 1/3인 1만 8,162.15달러를 Peterson에게 주었다. 그 후 보험금 30만 달러에 관해서도 Paoloni가 10만 달러를 받게 되었는데, Anderson 변호사는 수임료로 3만 3,333달러를 챙긴 후 이 중 1/3을 Peterson에게 넘겨주지 않았다.

이에 Peterson은 Anderson 변호사에 대하여 자기 몫인 3만 3,333달러의 1/3을 지급하라고 소를 제기하였다. 1심법원은 보수분배약정이 공서양속에 반하여 무효라고 판시하였다.

한편 애리조나주 변호사회는 Anderson 변호사가 애리조나주에서 법률사무를 할 자격이 없는 Peterson과 보수분배약정을 한 행위에 대하여 Anderson 변호사에게 비공개 문책의 제재를 가하였다.

▌쟁점

1. Peterson이 변호사와의 보수 분배가 금지되는 '변호사 아닌 자'에 해당하는지 여부

2. Peterson이 '변호사 아닌 자'라면, Anderson 변호사와 Peterson 간 합의가 변호사가 보수를 변호사 아닌 자와 분배하는 행위를 금지한 징계규칙 3-102에 위반하여 무효인지 여부

▌법원의 판단

1. Peterson은, 자신은 애리조나주 변호사회의 구성원이 아닐 뿐 다른 주의 변호사 자격이 있으므로 변호사 아닌 자는 아니라고 주장한다. 그러나 변호사 아닌 자의 행위를 규제하는 목적은 그 주에서 변호사 자격을 얻지 못한 자의 변호사로서의 행위를 금지하는 데에 있다. 즉 애리조나주에서 변호사로서 일을 하려는 자는 모두 주 변호사회의 허가를 얻어야 하는 것이다. 따라서 Peterson은 변호사 아닌 자에 해당한다.

2. Anderson 변호사와 Peterson 간 합의는 공서양속에 반하는 것이므로 무효이다. 따라서 Peterson의 청구는 인용될 수 없다. 원심판결을 유지한다.

【판례 6-21】 In re Holmes(United States District Court, N.D. Mississippi; February 2, 2004; 304 B.R. 292)
변호사가 자신이 고용한 직원들에게 성과급을 지급하는 것이 변호사 아닌 자와 변호사 보수를 나누어 갖는 것으로써 변호사 윤리규범에 위반되는지 여부

▌사실관계

1. Crowe 변호사는 36건의 파산 사건을 담당하였는데 그중 35건에서 의뢰인에게 유언장 및 위임장을 작성할 것을 권유하여 파산 사건 보수 1,500달러와는 별도로 각 건마다 250달러를 더 받았고, 그러한 사실을 의뢰인에게 알리지 아니하였다. 연방관재인은 Crowe 변호사가 파산 사건과 유언장 및 위임장 작성 업무를 서로 분리하지 아니하여, 의뢰인들이 250달러를 추가로 지불할 수밖에 없도록 하였다고 주장하였다. 반면 Crowe 변호사는 유언장 및 위임장 작성 건은 파산 사건과 관련된 상담이 끝난 후 의뢰인들에게 별도로 권유한 것이었으며 파산 사건과 관련이 없다고 주장한다.

2. Crowe 변호사는 변호사가 아닌 자신의 직원들이 다음과 같은 일을 성공할 때마다 추가 보수를 5달러씩 지급하기로 약속하였다.

1) 의뢰인이 적어도 300달러를 지불하고 위임계약을 체결한 경우

2) 의뢰인이 파산설문지를 작성하여 제출한 경우

3) 의뢰인이 유언장 및 위임장 작성 사무 위임계약에 서명한 경우

3. 연방관재인은 Crowe 변호사가 연방파산법과 미시시피주 직무행위규칙을 위반한 점에 대한 약식판결을 구하였다.

쟁점

1. Crowe 변호사가 그의 파산 사건 수임과 연계시켜 유언장 및 위임장 작성 사무를 수임하고 그 대가로 250달러씩을 지급받았으며 이를 의뢰인에게 알리지 않았는지 여부

2. Crowe 변호사가 그의 직원들에게 업무 수행 결과에 따라 추가 보수를 5달러씩 지급함으로써 변호사 아닌 자와 보수를 분배하였는지 여부

법원의 판단

1. Crowe 변호사가 250달러를 지급받은 사실을 알리지 아니한 것은 인정된다. 그러나 Crowe 변호사는 자신의 의뢰인들이 자발적으로 유언장 및 위임장 작성 업무를 위임한 것이라고 주장하고 있다. 여러 증거를 종합하여 보건대, Crowe 변호사 사무실에서 일어난 사건에 대한 연방관재인의 해석과 Crowe 변호사의 설명은 일치되지 않는다. 이러한 견해 차이에 대해서는 공개된 법정에서 증인들의 증언 및 반대신문을 거쳐 별도의 결정을 내려야 하고, 약식판결을 할 사항이 아니다.

2. Crowe 변호사가 직원들에게 지급한 건당 5달러의 추가 보수는 직원들을 격려하고 그들의 의욕을 고취시키고자 지급된 금전이므로 이는 일반적인 봉급이라고 볼 수는 없고, 오히려 Crowe 변호사가 자신의 보수를 그들에게 나누어 준 것이라고 보아야 한다. 따라서 Crowe 변호사의 행위는 파산법(Bankruptcy Code) 504(a)[4] 및 미시시피주 변호사 직무행위규칙 5.4(a)(3)[5]을 위반한 것이다. 또한 Crowe 변호사는 공개의무를 규정한 연방파산절차규칙(Federal Rules of Bankruptcy Procedure) 2016(b)도 위반하였다.

---

4) "(a)·(b)항에 규정된 경우를 제외하고는, 503(b)(2) 또는 503(b)(4)에 의하여 보상 또는 비용상환(compensation or reimbursement)을 받는 사람은 다음과 같은 것을 나누어 가지거나 나누어 가지는 것에 동의할 수 없다.
(1) 그러한 보상 또는 비용상환을 다른 사람과 나누어 가지는 것
(2) 위 조항에 따라 다른 사람이 받은 보상 또는 비용상환을 나누어 가지는 것
(b)(1) 전문직 협회(association), 회사(corporation), 또는 조합(partnership)의 구성원, 파트너 또는 정규 소속원은 그가 503(b)(2) 또는 503(b)(4)에 근거하여 받은 보상 또는 비용상환을 그 협회, 회사, 또는 조합의 구성원, 파트너 또는 정규 소속원과 나누어 가질 수 있고, 그들이 받은 보상 또는 비용상환도 나누어 받을 수 있다.
(2) 303조에 따른 신청을 제출한 채권자의 변호사는 그가 503(b)(4)에 근거하여 받은 보상 또는 비용상환을 채권자의 변호사가 제공한 서비스 또는 발생시킨 비용에 기여한 다른 변호사와 나누어 가질 수 있다."

5) "(a) 변호사 또는 로펌은 다음의 경우를 제외하고는 비변호사와 보수를 나누어 가질 수 없다.
(3) 변호사 또는 로펌은 보상 또는 퇴직계획(compensation or retirement plan)이 전부 또는 일부 이윤분배 약정에 기초하고 있더라도 변호사가 아닌 직원을 그 계획에 포함시킬 수 있다."

따라서 Crowe 변호사에게 30일 이내에 그가 36건의 파산 사건과 관련하여 자신의 직원들에게 지급한 추가 보수 내역을 포함하는 회계장부를 파산관재인에게 제출할 것을 명령한다. 그후 법원이 적절한 조치를 명할 것이다.

【판례 6-22】 In re Whatley(Supreme Court of Georgia; November 7, 2005; 621 S.E.2d 732, 279 Ga. 867)
변호사가 변호사 시험에 합격하지 않은 로스쿨 졸업생과 동업하고 의뢰인의 사무를 불성실하게 처리하여 자격박탈의 제재를 받은 사례

▌사실관계

의뢰인은 2000년 9월 연방파산법 13장의 파산절차에 관하여 Whatley 변호사의 로펌을 선임하였다. 2000년 11월 Whatley 변호사가 의뢰인을 대리하여 파산신청을 하였다. 의뢰인은 자신의 융자금 미납금 3,000달러 변제 등의 명목으로 Whatley 변호사에게 4,350달러를 지급하였으나, Whatley 변호사는 채무 변제를 위하여 송금하지 않았다.

2004년 1월 파산법원은 의뢰인에게 채무이행계획 제출을 촉구하는 결정을 내렸으나, Whatley 변호사는 이 결정을 의뢰인에게 통고하지 않았다. 이에 따라 의뢰인은 채무이행계획 제출 명령을 불이행하였고, 주택저당회사는 파산으로 인한 지급유예(bankruptcy stay)의 효과를 무효로 하는 명령을 얻었다고 직접 의뢰인에게 통지하였다. 의뢰인은 Whatley 변호사 때문에 채무이행계획 제출 명령을 전달받지 못하였다는 사실을 알게 되자, 민원을 제기하고 다른 변호사를 선임하여 다시 지급유예를 하도록 하는 긴급 명령을 신청하였다.

파산법원은 심리를 열어 Whatley 변호사로 하여금 의뢰인이 지급한 금액 중 소명되지 않은 1,600달러를 반환하고 의뢰인의 변호사 보수를 지불할 것을 명하였다.

이 과정에서 Whatley 변호사가 2005년 '조지아주 변호사회의 조사통지'를 송달받았음에도 불구하고 30일 이내에 답변해야 하는 의무를 위반한 사실이 밝혀졌다. 이 조사통지는 Whatley 변호사가 1977년 조지아주의 변호사 시험을 통과한 뒤, 변호사 시험을 통과하지 않은 로스쿨 졸업생과 공동으로 'John C. Whatley & Associate P. C.'라는 로펌을 설립하였다는 사실관계를 확인하기 위한 것이었다.

Whatley 변호사의 주장에 따르면 이 로스쿨 졸업생은 비변호사로서 법률서비스를 제공하는 업무는 하지 않고 의뢰인의 전화를 받거나 자료를 정리하고 경리사무 및 로펌 경영 업무에만 관여하였고, 법정에 나가거나 제소를 하는 일은 Whatley 변호사가 전담하였다고 한다. 초기에는 이 비변호사인 동업자가 Whatley 변호사에게 파산 사건당

100달러의 고정수수료를 지급하였으나, 나중에는 한 달 기준으로 1,500달러를 지급하였다. Whatley 변호사의 주장에 따르면 2004년경 이 동업자는 Whatley 변호사에게 사건 수임 부족으로 경영난을 겪고 있다고 말해 오다가, 그해 5월 '로펌을 폐쇄하겠다'는 음성 메시지만 남겨 둔 채 로펌의 은행계좌를 자기 명의로 변경하였고, 이 과정에서 이 사건 의뢰인이 채무변제조로 지급한 금전까지 횡령하였다고 한다. Whatley 변호사는 자신 역시 이 동업자에 대해 소를 제기한 상태이며, 이 사건 의뢰인이 제기한 민원은 자신이 아니라 그 동업자를 상대로 제기되어야 한다고 항변하였다.

쟁점

1. 변호사와 비변호사의 동업을 금지하고 변호사가 비변호사의 법률사무 수행을 조력하지 못하도록 금지하며, 변호사로 하여금 의뢰인의 재산을 안전하게 보호하도록 하는 조지아주 변호사회 직무행위규칙의 규정을 Whatley 변호사가 위반하였는지 여부
2. Whatley 변호사가 징계절차에 성실히 응하지 않음으로써 위 규칙을 위반하였는지 여부
3. Whatley 변호사에게 자격박탈의 징계가 적절한지 여부

법원의 판단

조사위원회는 Whatley 변호사가 변호사 직무행위규칙을 위반하여 비변호사와 동업하고 의뢰인의 재산을 보호하지 못하였으며, 징계절차상 준수해야 할 의무를 이행하지 않음으로써 변호사 직무행위규칙을 위반하였다고 인정하였다. 그리고 Whatley 변호사가 이전에 징계절차에 회부된 적이 없다고 하더라도 자격박탈이 적절한 징계 조치가 될 것이라고 판단하였다. 조지아주 대법원은 조사위원회의 사실인정에 동의하고 변호사 자격박탈이 Whatley 변호사의 위반행위에 대한 적절한 징계라고 결정하였다.

【판례 6-23】 Raney v. Federal Bureau of Prisons (United States Court of Appeals, Federal Circuit; August 11, 2000; 222 F.3d 927, 142 Lab.Cas.P 59,115)
노동조합 소속 변호사 활동에 대한 보수를 노동조합의 별도 기금에 귀속시키는 경우, 변호사가 변호사 아닌 자와 보수를 분배하는 행위에 해당하지 않는다고 한 사례

사실관계

1996년 11월 1일 미국 연방 교정국(United States Bureau of Prison)의 지역 관리자

Larry Raney는 해고 통지를 받았다. 미국 연방정부 직원들을 위한 비영리 노동조합인 The American Federation of Government Employees(이하 'AFGE')는 해고 통지에 이의를 제기하고 Raney를 위해 중재를 신청하였다. AFGE 소속 변호사들은 Raney의 복직과 그동안의 임금 및 초과 근무수당, 변호사 보수 지급을 청구하였다.

AFGE 소속 변호사들은 AFGE에 고용된 임금근로자들이었다. 위 변호사들이 지급받는 보수는 조합의 다른 자금과 구분되는 법률사무 처리기금(Legal Representation Fund, 이하 'LRF')이라는 별도의 기금으로 관리되어 왔으며, 이 기금은 오로지 조합원이나 다른 연방 직원이 권리를 행사하기 위해 소송을 제기할 경우 사용되어야 한다고 정해져 있었다. 이 기금은 조합 소속 변호사들이 지급받는 변호사 보수와 기부금 등으로 구성되며 조합의 다른 기금으로부터는 지원을 받지 않았다.

중재인 Charles B. Blackmar는 1997년 7월 25일과 9월 24일에 Larry Raney에 대한 복직을 명하고, 해고 통지 시부터의 임금을 지급받을 수 있도록 하는 중재판정을 내렸지만, 시가 상당의 변호사 보수를 지급해 달라는 Raney의 요청은 받아들이지 않았다.

Raney는 위 중재판정에 대하여 미국 연방 항소법원에 항소하였고, 정부는 Raney를 위하여 변호사 보수를 지급할 경우 LRF와 같은 조합기금으로 산입되어 변호사가 아닌 자와 보수를 분배하거나 변호사 자격이 없는 자가 법률사무를 처리하는 것과 같은 부정적 결과가 야기된다고 주장하였다.

▌쟁점

해고 무효를 다투는 절차에서 노동조합 소속 변호사를 대리인으로 선임한 당사자에 대하여 변호사 보수를 지급하여야 하는지 여부

▌법원의 판단

노동조합 기금과는 별도로 관리되는 LRF에 대한 변호사 보수지급은 타당하다. 과거의 판례는 기금이 완전히 폐쇄적인 경우에만 그 기금에 대한 변호사 보수를 지급할 수 있다고 보았으나, 다른 조합 기금으로부터 분리되어 변호사들만이 위 기금을 배타적으로 관리하고, 근로자들을 위한 소송에서만 사용한다면 동 기금에 대해 보수를 지급하는 것은 허용된다.

* 변호사가 사건 브로커에게 보수를 지급한 행위에 대하여 징계한 사건으로는 【판례 5-20】 In re Maniscalco(Supreme Court of Georgia; May 28, 2002; 564 S.E.2d 186)과 【판례 5-21】 In re Michael H. O'Keefe (Supreme Court of Louisiana; July 2, 2004;

877 So.2d 79) 참조.

2.3.2 보수 관련 기타 유의 사항

【판례 6-24】 Petit-Clair v. Nelson(Superior Court of New Jersey, Appellate Division; October 29, 2001; 782 A.2d 960)
회사를 의뢰인으로 한 소송에서 변호사 보수지급의 담보로 회사 소유주 개인의 주택에 담보를 설정할 때, 변호사가 담보설정자에게 독립적인 법적 조언을 받으라고 알릴 의무를 불이행하여 담보가 무효로 인정된 사례

▮ 사실관계

이 사건 피고 Christian E. Nelson과 Phyllis E. Nelson은 1988년 3월 10일 자신들의 회사 Poseidon Associates와 Paulson Engineering이 원고로 되어 있는 다른 소송 사건(이하 '회사소송')에서 Edward F. Petit-Clair 변호사를 소송대리인으로 선임하였다. 피고들은 회사소송 계속 중 Petet-Clair 변호사에 대한 보수지급을 담보하기 위하여 피고 소유의 개인 주택에 저당권을 설정해 주기로 하였으며, 회사소송이 종료되자 1989년 9월 27일 4만 1,299달러의 채권을 담보하기 위한 저당권을 Petet-Clair 변호사에게 설정해 주었다. 이후 피고들이 변호사 보수 지급 채무를 불이행하자 Petet-Clair 변호사는 1997년 8월 15일 경매신청을 하였다. 1심법원은 저당권 설정이 '상거래(business transaction)'이므로 Petit-Clair 변호사는 변호사 직무행위규칙 1.8(a)[6]에 따라 피고들에게 독립된 변호사를 찾아보는 것이 바람직하다는 조언을 할 적극적 의무가 있음[7]에도 그렇게 하지 않았으므로 무효라고 판결하였고, 이에 원고가 항소하였다.

▮ 쟁점

의뢰인으로부터 변호사 보수지급 채권을 담보하기 위하여 저당권을 설정받는 과정에

---

6) "변호사는 다음의 조건을 충족하지 않는 한, 의뢰인과 상거래를 하거나 알면서 의뢰인에게 대립되는 소유권·점유·담보, 또는 다른 금전적 이익을 취득해서는 안 된다.
(1) 그 거래와 변호사가 이익을 얻는 조건이 의뢰인에게 공정하고 합리적이며, 의뢰인이 합리적으로 이해할 수 있는 방법으로 의뢰인에게 완전히 공개되고 서면으로 제공되고
(2) 그 거래에 관하여 의뢰인이 선택하는 독립적인 변호사의 조언을 구하는 것이 바람직하다고 의뢰인에게 알려 주고, 의뢰인에게 그러한 조언을 구할 수 있는 합리적인 기회가 주어지고
(3) 의뢰인이 그에 대하여 서면으로 동의할 것."

7) 변호사가 의뢰인의 주택구입비용으로 4만 달러를 빌려 준 뒤, 독립적인 변호사로부터 자문을 받으라는 조언을 하지 않고 의뢰인의 주택에 저당권을 설정받은 경우 규칙 1.8(a)을 위반한 것으로 보았다. In Re Humen, 123 N.J. 289, 297-99, 586 A.2d 237(1991) 참조.

서 변호사가 취해야 할 조치

▌법원의 판단

1. 선례에 따르면 ① 변호사가 의뢰인과 계약을 체결할 자유에는 윤리적 고려와 법원의 감독에 따른 제한이 가해지고[8] ② 변호사와 의뢰인 간의 모든 거래는 면밀한 조사(close scrutiny)를 받아야 하며, ③ 변호사와 의뢰인 간의 거래에서 공평성(fairness and equity)의 입증책임은 변호사에게 있다.[9] 또 ④ 변호사는 의뢰인과의 관계에 있어 최고 수준의 충실의무 및 신의성실원칙에 따른 의무를 부담하며, 공서양속에 따라 변호사에게 이와 같은 의무를 부담시키는 것은 철저하게 강제되어야 한다.[10] ⑤ 변호사와 의뢰인 간에 계약상 의무를 이행하지 않을 경우 원래는 강제집행이 가능한 계약도 변호사 윤리규범에 위배되는 것일 때에는 무효이다.[11] ⑥ 변호사와 의뢰인 간의 거래에서 변호사에게는 a) 의뢰인에 대한 전적인 충실함(undivided loyalty)을 추구할 수 있는 변호사의 능력이 거래에 의하여 영향을 받을 수 있음을 의뢰인이 이해하고 있는지를 확인하고 b) 독립적인 법적 조언이 요구되는 이유를 주의 깊게, 명백히, 그리고 수긍할 수 있도록 의뢰인에게 설명할 의무가 있다.[12]

2. 회사를 대리하는 변호사에 대한 보수지급을 담보하기 위하여 회사의 대표와 총무담당 임원이 자신들의 개인 주택에 저당권을 설정하기로 하는 계약을 체결함에 있어 변호사가 의뢰인에 대하여 독립적인 변호사를 선임하는 것이 바람직하다는 조언을 제공할 의무를 준수하지 않았다면 그들에게 불합리하고 불공정한 것으로서 무효이다.

그리고 의뢰인이 회사 대표와 총무 담당 임원이 아니라 회사였어도 변호사가 이와 같은 내용의 의무를 부담하는 것은 마찬가지이다. 회사 대표, 총무 담당 임원은 의뢰인 회사와 관련이 있고 그들은 위 변호사의 조언에 의지하여 계약을 체결하였기 때문이다. 원고 Petit-Clair 변호사는 이와 관련하여 자신은 회사를 대리한 것이지 피고들 개인을 대리한 것은 아니므로 변호사 직무행위규칙 1.8(a)이 적용될 수 없다고 주장하나, 이러한 주장은 받아들이지 않는다. 규칙 1.8(a)가 적용되기 위해서는 당사자들이 변호사와 의뢰인으로서 일반적으로 관련되어 있는 것으로 족하기 때문이다. 변호사-의뢰인 간의 거래에 관한 공개 및 동의 규정을 적용함에 있어 '중요한 것은 관계의 실질'이다. 분명히 회사소송 시 직접 원고 Petit-Clair 변호사와 협의하고 그의 법률사무 처리에 의존

---

8) Cohen v. Radio-Elec. Officers Union, 146 N.J. 140, 155, 679 A.2d 1188(1996).
9) In re Gallop, 85 N.J. 317, 322, 426 A.2d 509(1981); In re Nichols, 95 N.J. 126, 131, 469 A.2d 494 (1984).
10) In re Nichols, 95 N.J. 131, 469 A.2d 494(1984).
11) Cohen v. Radio-Elec. Officers Union, 146 N.J. 140, 155, 679 A.2d 1188(1996).
12) P&M Enter. v. Murray, 293 N.J.Super. 310, 314, 680 A.2d 790(App.Div. 1996).

한 것은 회사가 아니라 피고들이었다. 원고가 회사에게 행한 모든 비밀스런 의사소통은 실제 피고들 개인과 이루어졌다. 마지막으로 원고가 변호사 보수지급을 담보하기 위하여 개인 주택에 담보를 설정하도록 설득한 대상은 회사가 아니라 피고들이었다.

따라서 원고 Petit-Clair 변호사의 항소를 기각한다.

제7장

변호사의 공익활동

【판례 7-1】 Legal Services Corp. v. Velazquez(Supreme Court of the United States; February 28, 2001; 531 U.S. 533, 121 S.Ct. 1043)
법률구조회사의 지원을 받는 단체의 변호사가 복지제도 법률규정의 유무효를 다투는 사건을 수임하지 못하도록 하는 제한규정이 헌법상 표현의 자유를 침해한다고 본 사례

▌사실관계

청구인은 법률구조회사(Legal Services Corporation, 이하 'LSC')의 재정지원을 받는 단체에 고용된 변호사와 그 의뢰인 등으로 LSC의 재정지원 제한규정이 수정헌법 1조 표현의 자유를 침해하여 위헌이라고 주장하였다.

LSC는 법률구조회사법(Legal Services Corporation Act of 1974)에 의해 설립된 비영리회사로 "경제적 능력이 없는 사람이 형사 사건 외의 사건에 대한 법적 조력을 받을 수 있도록 재정적 지원을 제공할" 목적으로 설립되었으며, 의회가 배정한 재원을 지역의 지원 대상인 단체에게 분배한다.

LSC의 재정지원에 적용되는 '통합 취소 및 전용법(Omnibus Consolidated Rescissions and Appropriations Act of 1996)'의 §504(a)(16)(이하 '이 사건 조항') 소송, 로비 기타 방법으로 연방법 또는 주법상의 복지제도 개정을 촉구하는 행위를 대리하거나 그 행위에 참가하는 단체에 대해서는 재정지원을 하지 못하도록 규정하고 있다. 이 조항에 대한 LSC의 해석에 따르면, LSC의 지원을 받는 단체의 변호사는 현행 복지제도의 법률 적용의 위법을 다투는 의뢰인을 대리할 수 있으나 복지제도의 법률 개정을 요구하거나 그 무효를 주장하는 의뢰인을 대리하는 것은 금지된다. LSC의 지원을 받는 단체의 변호사가 이미 사건을 수임한 후 비로소 복지제도 법률규정의 유무효가 문제 된 경우 LSC는 변호사로 하여금 사임하도록 권고하였다.

LSC의 지원을 받는 단체의 변호사들이 이 사건 조항의 무효선언을 구하는 소를 제기하였다. 지방법원은 기각하였으나, 항소심은 이 사건 조항이 수정헌법 1조를 위반하여 무효라고 판시하였다.

쟁점

LSC의 지원을 받는 단체의 변호사가 복지제도 법률규정의 유무효를 다투는 사건을 수임하지 못하도록 하는 제한 조항이 수정헌법 1조 표현의 자유를 침해하는지 여부

법원의 판단(다수의견)

1. LSC 제도의 목적은 민간의 의사표현(private speech)를 용이하게 하기 위한 것으로 정부의 의사전달을 강화하기 위한 것이 아니다. LSC의 재정지원을 받는 단체의 변호사가 복지혜택을 청구하는 빈궁한 의뢰인을 대변할 때 정부의 의사는 정부를 대변하는 변호사에 의하여 표현될 수 있다.

2. LSC에게 보조금을 제공함으로써 정부는 주 사법부 및 연방 사법부와 독립적으로 책임과 의무를 성실히 수행하는 변호사를 이용하여 복지혜택을 청구하는 소송을 원활히 하는 것을 추구한다. 그러나 LSC 지원을 받는 변호사가 법정에 제출할 수 있는 법적 주장과 의뢰인에게 제공할 수 있는 법적 조언의 범위를 제한하는 것은 이러한 변호사의 전통적 역할을 변경하여 법 시스템을 왜곡하는 결과를 가져온다. 정부가 변호사의 변호와 사법부의 기능에 대한 심각하고 근본적인 제한을 하도록 보조금 제도를 만들어서는 안 된다. 충분히 정보를 갖춘 독립적인 사법부는 역시 충분히 정보를 갖춘 독립적인 변호사를 전제로 한다. 이 사건 조항은 변호사가 법률의 심각한 유무효 문제를 법원에 제기하지 못하게 만든다. 또한 이 사건 조항은 정부가 마련한 법률을 사법심사로부터 격리시키도록 헌법적 문제가 제기되는 사건을 걸러 냄으로써 사법부의 기능에 심각한 침해의 위협을 한다.

이 사건 조항으로 인해, 첫째 LSC 지원을 받는 변호사가 사건을 완전히 분석하여 의뢰인에게 모든 조언을 하고 법원에서 적정하게 변론하였는지에 대하여 의문이 제기될 것이고, 둘째 변호사가 법률의 유무효와 합헌성에 대한 언급 없이 펼친 변론의 적합성과 공정성에 대해 법원과 국민은 의문을 가지게 될 것이다.

3. 이 사건 조항은 성질상 법원의 영역이 되는 주장과 이론을 의회가 소송에서 배제하고자 한 것이므로 LSC의 지원을 받는 변호사가 사임할 수 있다는 점은 이 사건 조항에 의한 제한에 영향을 주지 않는다. 오히려 변호사가 사임하는 경우, 빈궁한 의뢰인은 다른 변호사를 찾기가 어려울 것이라는 점에서 문제의 소지가 더 크다.

4. 복지제도 법률조항의 사법심사를 제한하는 심판 대상 규정은 수정헌법 1조의 표현의 자유를 침해한다. 원심의 결정을 유지한다.

【판례 7-2】 Schwarz v. Kogan(United States Court of Appeals; January 12, 1998; 132 F.3d 1387)
변호사에 대하여 공익활동 결과를 보고할 의무를 부과하는 주 변호사회 규칙의 위헌 여부 및 대체적 금전기부의무의 재산권 박탈 여부

▮ 사실관계

1994년 5월 Thomas Rowe Schwarz 변호사는 플로리다주 대법원을 상대로 플로리다주 대법원규칙인 변호사 직무행위규칙 가운데 변호사들에게 빈곤계층에 대한 법률서비스 제공에 관하여 보고의무를 부과한 4-6.1(d)[1](이하 '이 사건 조항')의 적용 금지를 구하는 소를 제기하였다. 적법요건을 갖추지 못하였다는 이유로 소가 각하되자, Schwarz 변호사는 1994년 6월 플로리다주 남부 연방 지방법원에 플로리다주 대법원장을 상대로 이 사건 조항이 미국 수정헌법 14조를 위반하였다고 주장하면서 소를 제기하였다. 지방법원은 플로리다 변호사재단의 소송 참가를 허용하였고, Schwarz 변호사는 이 사건 조항상의 보고의무를 불이행한 변호사를 플로리다 대법원이 징계하지 못하도록 하는 예비적 금지 명령을 신청하였다.

치안판사는 플로리다주 대법원의 기각신청을 인용할 것을 권고하였다. Schwarz 변호사는 이의를 제기했지만 지방법원은 위 권고를 채택하였고, 이에 위 변호사는 항소하였다.

---

1) "보고의무 :
변호사회 회원은 매년 자신이 빈곤층에게 무상(pro bono)법률서비스를 제공하여야 하는 직무상 의무를 다하였는지 여부를 보고하여야 한다. 각 회원은 회원의 연간 회비 계산서의 일부인 단순화된 보고양식을 통해 이 정보를 보고하여야 한다. 양식은 회원이 무상법률서비스를 제공할 의무를 다하였음을 보고하기 위해 선택하여 작성하는 것이 허용된 다음의 항목을 포함한다."

Schwarz 변호사는 항소심에서 이 사건 조항상의 보고의무가 4-6.1(a)[2]의 열망적인 목표를 변호사회원의 강제적 의무로 왜곡하여 적법절차에 위반되고 4-6.1(a)에서 판사 등에게 동조의 의무를 면제하는 것은 평등보호의 헌법적 원리에 위반되며, 이 사건 조항이 기부를 강요함으로써 그의 사유재산권을 위헌적으로 침해한다고 주장하였다. 덧붙여 플로리다주 변호사회 회원인 연방 판사들은 이 소송의 심리에서 제척되어야 한다고 주장하였다.

쟁점

1. 이 사건 조항상의 변호사의 보고의무가 헌법상 적법절차 및 평등원칙에 위반되는지 여부 및 변호사의 기부에 관한 규정이 변호사의 재산권 침해에 해당하는지 여부

2. 사건 심리에서 연방 판사들이 제척되어야 하는지 여부

법원의 판단

1. Schwarz 변호사는 이 사건 조항이 수정헌법 14조에서 보장된 적법절차원칙에 따른 권리를 침해한다고 주장한다. 기본권과 직접 관련되지 않은 적법절차에 대한 제한의 위헌 여부는 '합리성 심사' 기준에 따라 판단하여야 한다. 즉 유효한 정당화 사유가 있고 법의 목적과 수단 사이에 합리적 연관이 있다면, 적법절차원칙은 침해되지 않은 것으로 판단한다. 이 사건 조항상 보고의무는 변호사 업무 수행에 있어서 중요한 요소이고 변호사의 윤리적 의무로서 필수적인 것이다. 법률서비스를 제공하는 대신 일정액을 기부하는 방식을 선택할 수 있게 한 것도 합리적 근거가 있으므로 이 조항은 위헌이 아니다.

또 규칙 4-6.1(a)는 판사들에게 이 사건 조항상 보고의무의 적용을 배제함으로써 평등보호원칙에 위배된다는 주장에 관하여 보건대, 적법절차와 마찬가지로 평등원칙 위반 여부에 관해서도 합리성 심사 기준을 적용하면, 동조에 열거된 자들이 변호사 업무를 수행하지 아니할 합리적 근거가 인정되므로 평등보호원칙을 위반한 것은 아니다.

변호사가 빈곤계층에게 법률서비스를 제공하는 것을 대신하여 기부를 할 수 있도록 함으로써, 사유재산권을 침해하였다는 주장 역시 이유 없다. 왜냐하면 해당 조항이 플로리다주 변호사회 회원들의 재산을 '강취'하는 것은 아니기 때문이다.

---

2) "플로리다 변호사회에서 활동하는 각 회원은 직업적 책임의 일환으로 ① 빈곤층에게 무상(pro bono) 법률서비스를 제공하여야 하거나 또는 ② 가능한 한도까지 빈곤층의 법적 필요에 직접 관련된 다른 무상서비스 활동에 참여해야 한다. 이 직업적 책임은 사법부 구성원과 직원, 또는 헌법·법률·규칙·규제상 금지에 의해 법률서비스의 제공이 금지된 정부 변호사에게는 적용되지 아니한다."

2. 플로리다주 변호사회 회원이면서도 규칙 4-6.1(a)에 의하여 무료변론(pro bono) 활동이 '유예된' 모든 연방 판사가 이 사건 심리에서 제척되어야 한다는 주장에 관하여 보건대, 해당 판사들이 사건에 대해 직접적·금전적 이해관계가 있다고 인정되지 아니하므로 제척의 요건을 갖추지 아니하여 이 주장 역시 이유 없다.

3. 지방법원이 Schwarz 변호사의 청구를 기각한 것은 정당하다. 규정 4-6.1은 적법절차 및 평등원칙에 위배되지 아니하며, 지방법원의 판결을 유지한다.

제8장

변호사 조직과 변호사 징계

1. 변호사회의 권한

【판례 8-1】 Matter of Unnamed Attorney(Supreme Court of New Hampshire; July 27, 1994; 645 A.2d 69)
변호사와 그의 배우자가 주식을 100% 소유하고 이사로 재직 중인 회사에 대해 직무행위위원회가 감사를 할 수 있는지 여부

▮ 사실관계

익명의 피신청인은 1975년도에 뉴햄프셔주 변호사로 등록한 자로서 1984년 대규모 부동산 권리이전 전문회사(○○ Title Services, Inc., 이하 '이 사건 회사')를 설립하였다. 이 사건 회사 보통주 중 73%를 소유한 피신청인은 총무 담당 임원(secretary)을 맡고 있었으며, 위 주식 27%를 소유한 피신청인의 부인은 사장 겸 재무담당자로 되어 있었다.

이 사건 회사는 은행에게 ① 등기부상 권리 조사, ② 여러 은행 서류(저당권증서 등) 작성, ③ 은행을 위하여(경우에 따라서는 저당권설정자를 위하여) 권원보험(title insurance)

획득, ④ 권리이전과 대금지급 감독 등의 서비스를 제공하였다. 자주 있지는 않으나 차입자가 권리이전 및 대금지급과 관련한 법률서비스를 피신청인에게 요청하는 경우도 있고, 이러한 법률서비스에 대해서는 '법률서비스'로 구분되어 기재되었다.

뉴햄프셔주 직무행위위원회(Committee on Professional Conduct, 이하 '위원회')는 피신청인과 이 사건 회사를 상대로 대법원규칙에 따른 회계보고서를 제출하도록 법원에 신청하였다. 또한 위원회는 변호사를 상대로 무작위 감사를 할 수 있는 종래의 권한에 따라 이 사건 회사의 신탁계정(trust account)을 조사하려고 하였다.

쟁점

뉴햄프셔주 변호사 직무행위규칙과 주 대법원규칙에 따라 이 사건 회사와 피신청인이 위원회의 감사 대상이 되는지 여부

법원의 판단

권리이전 회사의 경우 권리보험회사(title insurance company)가 감사 업무를 담당한다. 위원회 감사가 권리보험회사의 감사보다 우선하기 위해서는 ① 위원회가 뉴햄프셔주 변호사에 대한 감사를 행한다는 점, ② 그 감사를 통해 변호사가 관례적으로 서비스를 제공하는 회사가 보유하고 있는 재무 관련 정보를 파악할 수 있다는 점, ③ 뉴햄프셔주 변호사와 문제의 회사 사이에 상당한 연계성(substantial nexus)이 있으므로 위원회가 회사의 기록을 감사하도록 허용하는 것이 합리적이라는 점을 밝혀야 한다.

이 사건에 관하여 본다면 ① 피신청인이 뉴햄프셔 변호사로 이 사건 회사를 소유하고 있으며, ② 변호사가 이 사건 회사에서 관례적으로 서비스를 제공하고 있었다는 사실이 인정된다. 또한 ③ 피신청인과 그의 부인이 이 사건 회사의 전체 주식을 보유하고 주주총회를 지배할 수 있는 능력이 있고 피신청인과 그의 부인만이 이 사건 회사의 이사인 점, 피신청인과 이 사건 회사가 사무소를 같이 사용하고 있다는 점, 이 사건 회사의 직원들이 피신청인의 직원으로도 일하고 있다는 점, 피신청인이 때때로 이 사건 회사의 업무를 담당한다는 점 등을 볼 때 피신청인과 이 사건 회사 사이에 상당한 연계성이 있음이 인정된다.

따라서 이 사건 회사의 재무 기록은 주 대법원규칙 50과 50-A에 따라 위원회의 감사 대상임을 밝힌다.

2. 변호사 조직과 조직 내의 변호사

2.1 로펌

【판례 8-2】 In re Disciplinary Proceedings Against Mandelman(Supreme Court of Wisconsin; May 17, 2006; 714 N.W.2d 512)
동업한 변호사가 변호사 직무수행규칙을 위반하였을 때 로펌의 다른 변호사에 대하여 책임을 물어 징계한 사례

▮ 사실관계

위스콘신주의 변호사인 Mandelman은 Reitz 변호사와 함께 Reitz & Mandelman, LLC.를 설립하였다. 그들은 역할을 나누어 Reitz 변호사는 소송 사건을 준비하는 일을 주로 하였고 Mandelman 변호사는 협상, 증언 및 재판을 해결하는 일을 맡았다.

Mandelman 변호사가 Reitz 변호사와 동업하기 전에 맡은 사건들과 동업 후에 맡은 사건들 대부분의 재판준비는 Reitz 변호사가 맡았다.

그런데 이들 사건에서 Reitz 변호사가 여러 번 실수를 저질렀다. 예를 들어 의뢰인 T.O.가 후진하는 트럭을 피하려다가 부상당한 사건에서 T.O.는 처음에 다른 변호사를 선임하였다가 소송이 시작된 직후 Mandelman 변호사를 선임하여 대리인을 변경하였는데, Reitz 변호사가 대리인 변경사실을 법원에 알리지 아니하여 법원의 통지를 제대로 받지 못하게 되었고 이로 인하여 답변을 제대로 하지 못하여 결국 소송에서 패소하였다.

또한 의뢰인 C.K.가 오토바이를 타고 가다가 트럭에 치여 중상을 입고 트럭의 보험회사를 상대로 손해배상을 청구한 사건에서는, C.K.가 Reitz 변호사에게 합의를 하지 말고 소송을 하라고 계속 요청하였으나 Reitz 변호사는 이를 질질 끌다가 결국 사고발생 5년 후에야 소송을 시작하게 되었다.

의뢰인 L.K.가 교통사고를 당하여 보험회사에 보험금 지급을 청구한 사건에서는, L.K.가 합의가 아닌 소송을 요구하였으나 Reitz 변호사는 이를 듣지 아니하고 계속 합의를 시도하다가 결국 실패하였다. 그러나 그후에도 소장과 소환장을 제대로 작성하지 아니하였고, Reitz 변호사와 Mandelman 변호사 그 누구도 소를 제기하지 않자 결국 L.K.는 다른 변호사를 선임하여 소송을 시작하였다.

이에 변호사규제위원회(Office of Lawyer Regulation)는 Mandelman 변호사를 징계할 것을 청구하였고, 심판관은 9개월간의 자격정지를 권고하였다. 이에 대해 Mandelman 변호사는 이의를 제기하였다.

▌쟁점

위스콘신주 대법원 규칙(SCR) 20 : 5.1(c)(2)[1)]에 의하여 Mandelman 변호사도 Reitz 변호사가 위반한 변호사로서의 성실 및 신속의무에 관한 SCR 20 : 1.3에 대한 책임을 지는지 여부

▌법원의 판단[2)]

변호사 직무행위규칙의 전문에 의하면 '알면서', '알려진', 또는 '알고 있는'이라는 말은 문제 되는 사실을 실제로 알고 있음을 뜻한다. 어떤 이의 지(知), 부지(不知)는 주변 정황으로부터 도출될 수 있다.

T.O.와 L.K.의 사건에 대해서 Mandelman 변호사는 Reitz 변호사가 전적인 책임을 지고 있는 일에 대해 자기에게 책임을 지우는 것이라고 주장한다. 그러나 Mandelman 변호사는 사건들이 성실하게 처리되지 않고 있었던 사실 및 적절한 조치가 취해지지 않은 사실을 실제로 알고 있었으므로, Mandelman 변호사는 그에 대해 책임을 져야 한다. 그러나 C.K. 사건에 대해서는 Reitz가 전적으로 모든 조치를 취하였고, 사건 기록에 의하면 Mandelman 변호사는 Reitz 변호사가 의뢰인을 적절히 대리하고 있지 못하다는 사실을 알고 있었다고 보기 어려우므로, 이에 대해서는 Mandelman 변호사가 책임을 지지 아니한다. Mandelman 변호사를 9개월 변호사 자격정지에 처한다.

【판례 8-3】 In re Anonymous(Supreme Court of Indiana; May 5, 2003; 787 N.E.2d 883)
자격정지 상태의 변호사를 로펌이 고용한 행위에 대하여 징계한 사례

▌사실관계

피신청인 변호사는 변호사 자격정지 징계 처분을 받아 직무를 수행할 수 없는 다른 변호사(B)를 자신의 로펌에 고용하였다. 피신청인은 B 변호사를 처음에는 회계직원으로, 나중에는 법률보조원(paralegal)으로 활동하게 하였다. 인디애나주 변호사 징계위원회는

---

1) "파트너 변호사 또는 감독 변호사의 책임
(c) 변호사는 다음과 같은 경우 다른 변호사의 직무행위규칙 위반에 대해 책임이 있다.
(2) 변호사가 다른 변호사가 법률사무를 수행하는 로펌의 파트너 변호사이거나 다른 변호사를 직접 감독하는 권한이 있으면서, 그 행위를 알았고 그 결과를 방지하거나 완화할 수 있었으나 이를 위한 합리적인 조치를 취하지 않은 경우."

2) 이 사건에서는 Mandelman 변호사가 수임료로 받은 수표를 신탁계좌가 아닌 자신의 계좌에 입금한 점, 의뢰인에 대해 서면으로 된 수임계약서를 제공하지 아니한 점, 의뢰인이 해임한 후에도 일을 계속한 점 등이 추가로 문제 되었다.

피신청인이 주 변호사 직무행위규칙을 위반하였다는 이유로 징계절차를 개시하였다. 피신청인과 인디애나주 대법원 변호사 징계위원회는 피신청인에게 비공개 문책의 징계 처분을 하는 것에 합의하고 '상황보고 및 징계에 관한 조건부 약정'의 승인을 법원에 신청하였다.

▮ 쟁점

자격정지 상태의 변호사를 자신의 로펌에 고용한 행위가 허용될 수 있는지 여부

▮ 법원의 판단

인디애나주 변호사가 자격정지(suspended) 또는 자격박탈(disbarred) 징계 처분을 받은 다른 변호사를 고용하는 것은 허용될 수 없다는 점을 명확히 하기 위하여, 피신청인의 이름을 밝히지 않고 익명 처리를 하여 이 견해를 밝힌다.

자격정지 또는 자격박탈 처분을 받은 변호사는 법률서비스를 제공하는 로펌에 체류하거나 출근해서는 안 된다.[3] 해당 변호사가 아직도 법률사무를 처리할 권한이 있다고 일반인이 오신하지 않도록 하기 위함이다[자격박탈된 후 법률사무소에서 여러 업무를 수행한 행위에 대하여 법정모욕으로 판시한 In re DeLoney, 689 N.E.2d 431(Ind. 1997) 판결 참조].

이 사건에 대해서는 법률보조원에 대한 변호사의 감독의무를 규정하고 있는 인디애나주 변호사 등록 및 징계규칙 23, 26(b)를 유추적용할 수 있다. 변호사는 자격정지 처분을 받은 변호사를 고용할 수 없고, 그리고 만약 자격정지 또는 박탈 처분을 받은 변호사가 단순히 행정적이고 보조적인 행위를 넘어서 법률사무를 취급하였다고 인정된다면, 변호사 직무행위규칙 위반에 대해서도 책임을 져야 할 것이다.

그러므로 이 사건 피신청인에 대해서는 비공개 문책의 징계 처분이 적절한 것으로 판단된다.

【판례 8-4】 Boyd v. Wexler(United States Court of Appeals, Seventh Circuit; December 28, 2001; 275 F.3d 642)
로펌 명칭이 기재된 채무변제독촉장을 해당 로펌의 변호사가 검토하지 않고 발송하여 공정채권추심법을 위반한 것으로 본 사례

▮ 사실관계

원고들은 피고 Norman Wexler 변호사로부터 Wexler & Wexler 로펌의 로고가 새

---

3) 인디애나주 등록 및 징계규칙 23조 26(b)항, Ind. Admission and Discipline Rule 23, Section 26(b)(1998년 2월 1일부터 발효).

겨진 편지용지에 작성된 독촉장을 받았으나, Wexler 변호사가 이 독촉장을 발송하기 전 그 안에 담긴 내용을 모두 검토한 것이 아니었기 때문에 공정채권추심행위법(Fair Debt Collection Practices Act) 15 USC 1692를 위반하였다고 주장하였다. 위 법은 "추심자는 추심행위와 관련하여 어떠한 허위, 기망적, 또는 오해를 불러일으킬 표시 또는 수단을 사용해서는 안 된다"라고 규정하고 있고, '변호사라고 믿게 하거나 변호사로부터의 연락이라고 허위로 표시하거나 암시하는 것'도 이에 포함된다. 원고들은 로펌의 편지용지는 변호사가 채권자의 채권을 검토하였음을 허위로 암시하기 때문에 변호사가 검토하지 않고 이러한 독촉장을 보낸 것은 위 법 위반이라고 주장하였다.

피고 Wexler 변호사는 진술서에서 "변호사는 최초의 추심문서(initial collection letter)인 경우 그것이 발송되기 전 그 안의 자료와 주장을 검토한다"라고 밝혔으며, 이 사건에서도 원고들에게 발송한 독촉장을 스스로 그의 업무로서 검토 및 처리하였다고 주장하였다.

일리노이주 지방법원에서는 피고 변호사의 주장을 인용한 약식판결을 하였으나, 이에 원고들이 항소하였다.

▌쟁점

변호사가 실제로 검토한 바 없음에도 그 변호사가 소속된 로펌의 명칭이 기재된 독촉장을 채무자들에게 송부하였다면 이러한 행위가 공정채권추심행위법에 위반되는지 여부

▌법원의 판단

피고 변호사가 검토해야 하는 서류의 규모와 양에 비추어 보았을 때, 이 로펌 명칭이 적힌 문서들을 발송하기 전에 일일이 해당 변호사가 검토했으리라고 보기 어렵다. 사전 증거개시절차에서 밝혀진 바로는, 최근 8개월 반의 기간 동안 피고 변호사의 로펌은 43만 9,606건의 우편을 발송했고 이는 평균 한 달에 5만 1,718건이다. 어떤 주에는 1주일에 2만 3,342건의 우편을 발송하였다. 이 로펌은 45명의 직원을 두고 있으나 변호사 3명으로 구성된 로펌이며, 변호사 2명은 로펌의 운영에 관여하고 있고 변호사 3명 모두 통상의 송무 업무를 하고 있으므로 추심 업무를 검토할 시간이 거의 없다. 변호사 3명이 1일 4시간을 추심 업무에 사용하고 추심 관련 서류 1건을 검토하는 데 15분이 소요된다면, 변호사 3명은 하루에 50건이 안 되는 독촉장을 처리할 수 있을 뿐이다. 여러 정황상 피고 변호사가 독촉장을 개별적으로 검토하였으리라고 보기 어렵다. 피고 변호사는 추심문서를 제대로 검토하지 않은 채 의뢰인들의 독촉 주장을 담은 문서에 의례적으

로 로펌 이름으로 서명을 한 것으로 보이며, 이는 공정채권추심행위법을 위반한 행위가 된다. 원심판결을 파기한다.

【판례 8-5】 Capozzi v. Latsha & Capozzi, P.C.(Superior Court of Pennsylvania; April 9, 2002; 797 A.2d 314)
로펌을 떠나 경쟁적 관계에 있게 된 파트너 변호사와 그 로펌이 그가 보유한 지분의 가치를 초기 자본 기여금에 따라 평가하기로 구두로 합의한 것은 구속력이 없다고 한 사례

▌사실관계

1994년 Capozzi 변호사와 Latsha 변호사는 로펌 Shumaker & Williams에서 근무하다 같은 해 5월 23일 Latsha & Capozzi라는 로펌을 설립하였고, 이 과정에서 Shumaker & Williams의 의뢰인들을 끌어 왔다. 로펌 Latsha & Capozzi가 막대한 수입을 올리자 Douglas Yohe 변호사와 Glenn Davis 변호사도 위 로펌의 지분을 보유하게 되었다. 이 로펌의 소유구조는 Latsha와 Capozzi가 각각 37.5%, Yohe가 15% 그리고 Davis가 10%의 지분을 소유하는 체계가 되었다. 1996년 말 이 로펌은 15명의 변호사로 구성되어 연간 2억 6,000만 달러의 수입을 올리게 되었다.

1997년 1월경 Capozzi 변호사의 알코올남용행위가 로펌의 명성에 해가 된다는 우려를 갖게 된 다른 변호사들이 그를 알코올중독 재활시설에 입원시키고 연봉을 삭감하는 조치를 취했는데, Capozzi 변호사는 치료에 불성실하게 응하였고 로펌의 운영위원회는 결국 1997년 6월 2일 Capozzi 변호사에게 무급 자격정지 처분을 내렸다. 이에 그는 Capozzi Associates라는 독자적인 로펌을 설립하였다.

Capozzi 변호사는 의료분야에서 전문성을 갖추고 있었다. 로펌 Latsha & Capozzi에서는 시간당 보수가 정해져 있었던 Capozzi 변호사는 소요시간비례청구(hourly billing) 방식에서 업무결과가치비례청구(value billing) 방식으로 전환하기를 원했으며, 운영위원회에서 이 제안에 반대했음에도 불구하고 독자적으로 자신의 의뢰인 66명에게 실제 일한 시간보다 더 많은 시간이 소요되었다고 하면서 정해진 보수를 초과하는 금액을 지급받았다. 이에 로펌 Latsha & Capozzi 법인은 Capozzi가 퇴사한 이후 이 초과지급 금액을 의뢰인들에게 돌려주었으며, 왜 이런 초과 금액이 청구되었는지에 대해서는 밝히지 아니하였다.

그런데 Capozzi와 Latsha 변호사는 함께 로펌을 설립했을 당시 구두로 "누구든지 이 로펌을 떠나서 경쟁하는 위치에 가게 된다면, 해당 변호사의 지분은 그가 회사에 납입

한 자본금 액수로 그 가치를 평가하도록 한다"라는 합의를 하였고, Yohe와 Davis가 지분권자가 되었을 때에도 구두로 같은 내용의 합의를 하였다. 이 합의는 서면으로 작성되지는 않았다.

Capozzi 변호사는 이 구두 합의는 변호사로서의 권리를 제약하기 위한 것이었으며, 펜실베이니아주 변호사 직무행위규칙 5.6[4]에 의거하여 공익성에 위배되는 합의이므로 구속력이 없는 것이라고 주장하였다.

법원은 위 규칙만으로는 합의의 구속력을 깨뜨리기에 불충분하다고 하였으나, 이 합의에서 지분권자들의 실권조항(forfeiture clause)은 지나치게 광범위하여 권리제한약정(restrictive covenant)의 기준을 충족하지 못하고 있음을 들어 Capozzi 변호사의 주장을 인용하는 결정을 내리면서 Capozzi 변호사가 손해배상청구소송을 제기할 이익이 있다고 하였다. 이에 로펌과 다른 변호사들이 항소하였다.

▌법원의 판단

이 사건 합의는 로펌을 운영함에 있어서 합리적으로 필요한 제한이라고 할 수 없으며, 시간과 장소를 특정하지 않았으므로 구속력이 없다. Capozzi 변호사가 이 사건 합의를 창안하는 데 기여한 바 있다고 해도, 그러한 사실이 그가 해당 조항이 구속력이 없다고 주장하는 데 문제 되지 않는다. 따라서 원심판결을 인정하고, 항소를 기각한다.

【판례 8-6】 Gray v. Noteboom(Court of Appeals of Texas, Fort Worth; February 24, 2005; 159 S.W.3d 750)
변호사 2명으로 이루어진 로펌에서 한 변호사가 퇴직하면서 로펌의 자산분배 문제가 발생하였을 때 이를 해결하기 위한 중재에 관한 사례

▌사실관계

변호사 2명으로 이루어진 로펌에서 그중 한 변호사가 탈퇴하면서 로펌의 자산분배에 대한 분쟁이 발생하였다. 분쟁은 주로 탈퇴하는 변호사가 수임한 손해배상 사건에서 받거나 받게 되는 보수에 관한 것이었다. 이 사건 항소인 Gray 변호사는 탈퇴하는 변호사이고, 피항소인은 로펌에 남아 있는 변호사이다.

두 변호사가 파트너십계약에서 정한 바에 따라 이 사안은 중재절차로 회부되었고 중

---

4) "변호사는 다음을 제안하거나 실행하는 데 참여해서는 안 된다.
(a) 퇴직 시의 보상에 관한 합의를 제외하고, 관계의 종료 이후 변호사의 법률사무를 처리할 권리를 제약하는 동업(조합)·주주·운영·고용, 또는 다른 형태의 계약."

재판정이 내려졌으며, 그 판정을 인정하는 판결이 선고되었다. 항소인은 항소하면서 네 가지 주장을 하였고 그중 하나로 파트너십계약 중 일부 내용이 "관계 종료 이후 변호사가 법률사무를 처리할 권리를 제약하는 동업 또는 고용 합의"를 금지하는 텍사스주 변호사 직무행위규칙 5.06(a)를 위반하였음에도 불구하고 그 효력을 인정하였다고 주장하였다.

쟁점

변호사 2명으로 이루어진 로펌에서 한 변호사가 퇴직할 경우 자산분배에 관한 파트너십계약에 대한 변호사 직무행위규칙 적용 여부

법원의 판단

항소인은 이 사건 동업계약이 텍사스주 변호사 직무행위규칙과 텍사스주 직무윤리위원회의 의견 459(Opinion 459 of the Texas Professional Ethics Committe)[5]에 위반되었으므로 위법한 합의라고 주장한다. 파트너십계약이 윤리위원회의 의견에 어긋난다는 점은 명백하다. 항소인이 받을 보수의 일부는 피항소인에게 지급하게 되어 있다. 소송을 준비하는 데 소요되는 비용에는 소송담당 변호사들의 노력만이 아니라 로펌의 직원이나 외부 변호사의 노력도 있고 전문가 증인의 시간과 비용도 있다. 윤리위원회의 의견은 이러한 점을 고려하지 못하였고, 탈퇴하는 변호사에게 공정하게 하기 위한 노력을 하면서 로펌이나 잔존 변호사의 권리를 신경 쓰지 않았다.

윤리위원회의 위 의견 위반은 이 사건의 상황에서는 공서양속 위반이 아니고, 이를 절차적 무기로 사용할 수 없다.[6] 항소인의 이 주장을 기각한다.

【판례 8-7】 Bortek v. Rikor, Danzig, Schere, Hyland & Perretti LLP(Supreme Court of New Jersey; April 5, 2004; 844 A.2d 521)
로펌에서 파트너가 사전 통지 없이 퇴직 후 다른 로펌에서 일하게 되었음을 이유로 일부의 퇴직 보상을 하지 않도록 하는 파트너십계약의 효력

사실관계

원고 Robert Borteck 변호사는 뉴저지주 변호사로 1989년 4월부터 2000년 9월까지

---

5) "회사를 떠날 때 전 로펌에서 데려간 의뢰인으로부터 받은 보수의 일정 비율을 종전 로펌에 지급하여야 한다"라는 취지의 고용계약이나 파트너십계약은 적정하지 않다는 의견이다.

6) 텍사스주 변호사 직무행위규칙의 징계규칙 전문 15조를 보면 징계규칙을 다른 소송절차에서 절차적 무기로 사용하는 것을 만류하고 있다.

피고 로펌 Rikor, Danzig, Schere, Hyland & Perretti의 파트너 변호사였다. 파트너십 계약상 탈퇴 또는 퇴직에 관한 조항에 따르면, 퇴직자는 90일 전에 로펌에 퇴직 의사를 통지해야 할 의무(14항)[7]가 있고, 퇴직수당에 관한 권리[17(A)항], 퇴직금 지급규정 기준[17(B)항][8] 등이 규정되어 있다.

원고는 2000년 9월 53세가 되자 피고 로펌에서 퇴직하고, 뉴저지주의 다른 로펌으로 이직하였다. 원고는 파트너십계약상 퇴직규정에 따라 이미 지급받은 로펌의 순자산에 대한 그의 지분에 해당하는 금액에 추가하여 약 27만 달러를 지급받을 권리가 있다고 주장하며 소송을 제기하였다. 원고는 퇴직 시 통지를 하지 않았고 이를 즉시 탈퇴(prompt departure)라고 불렀다.

그러나 피고 로펌은 원고가 퇴직 후에도 법률사무를 계속하며 종전 의뢰인을 유인하기 시작했고, 퇴직 시 사전 통지를 하지 않았기 때문에 이 사건 합의가 규정하는 '퇴직' 요건에 해당하지 않아 퇴직금을 지급할 수 없다고 하며, 원고의 로펌(피고)에 대한 신인의무 위반과 불법행위를 이유로 반소로 손해배상을 청구하였다. 원고는 약식재판을 청구하였고 1심법원은 이를 인용하였다. 항소심은 원고가 주장하는 대로 원고에게 퇴직에 따른 지급이 이루어지지 않는다면 이 사건 로펌의 계약은 변호사 직무책임규칙 5.6에서 금지하는 경쟁제한적 효과를 가지게 될 것이라고 판시하여 1심판결을 유지하였다.

▌쟁점

1. 이 사건 파트너십계약상의 퇴직금 지급규정이 변호사 직무책임규칙 5.6[9]에 위반되는지 여부

2. 위 계약상 퇴직통지의무를 이행하지 않았다고 하여 '퇴직'을 인정할 수 없는지 여부

▌법원의 판단(다수의견)

1. 법원은 직무행위규칙의 위헌성에 대해서도 심사할 권한이 있다. 직무책임규칙 5.6의 문언에서는 '퇴직'의 의미에 대한 구체적인 정의 없이, 퇴직합의를 '관계 종료 후 변호사

---

7) 파트너가 로펌을 퇴직하거나 탈퇴하려고 하는 경우 3개월 전에 퇴직 또는 탈퇴의 의사를 다른 파트너들에게 통지하여야 한다. 다만 경영위원회는 상황상 필요한 경우 그의 판단하에 더 앞선 날에 퇴직 또는 탈퇴의 효력이 발생하도록 할 수 있다.

8) 이 계약 17항의 목적상 '퇴직'이라는 용어는 로펌의 지분파트너가 장애에 의한 것이든 아니든 법률사무 처리 업무를 영구적으로 그만두는 것을 의미한다. 다만 다음의 조건을 갖추어야 한다. (이하 생략)

9) "변호사는 다음과 같이 제안하거나 실행하는 데 참여해서는 안 된다.
(a) 퇴직 시의 보상에 관한 합의를 제외하고, 관계의 종료 이후 변호사의 법률사무를 처리할 권리를 제약하는 동업(조합)·주주·운영·고용, 또는 다른 형태의 계약."

가 법률사무를 처리할 권리를 제약하는 합의'에 대한 예외사유로 규정하고 있을 뿐이다. 즉 파트너십관계 종료 이후 변호사가 법률사무를 처리할 권리를 제약하는 합의를 통상 금지하고 있으나, 퇴직 시에는 그러한 합의가 예외적으로 인정된다는 것이다. 이는 위 규칙의 안전항(safe harbor) 조항이라고 하겠다.

이 사건 파트너십계약은 퇴직 보상을 선별적으로 유보하고 있고 로펌을 떠나 로펌과 경쟁할 것을 선택한 변호사에게 불이익을 주는 것이므로 직접적인 제약을 가하는 것은 아니지만, 이 계약은 직무책임규칙 5.6의 문언과 정신을 모두 위반하였다. 이 계약의 문제 중 하나의 예를 들면 계약의 금전적 억제력(financial disincentives)은 파트너가 떠남으로 인하여 입게 되는 로펌의 금전적 손해와 직접 관련이 없다. 이 조항은 종전 로펌의 이익을 보호하기 위한 징벌로 작용한다.

이 사건 계약은 외관상 직무책임규칙상 안전항 조항에 부합하는 것으로 보이기는 한다. 직무행위규칙이 상세히 정하고 있지 않으므로 규칙의 문언에 들어 있지 않은 요건이나 기준을 피고 로펌에게 적용하는 것이 불공정할 것이다. 규칙상 용어의 정의가 구체화될 필요성이 있으므로, 직무책임규칙위원회로 하여금 직무책임규칙을 검토하여 '퇴직'의 정의에 대해 분명한 지침을 제공할 수 있도록 개정할 것을 지시한다.

2. 원고가 퇴직통지의무를 이행하지 않은 점은 분명하지만, 실제로 퇴직 통지 조항이 이 사건에서 장애가 되지는 않았다. 통지 조항은 원고가 피고의 순자산에 대한 자신의 지분을 받는 것을 방해하지 않았다. 이러한 상황이므로 통지의 여부는 문제가 되지 않는다. 주어진 사실관계에 비추어 볼 때, 14항에 관한 주장이 유효한 퇴직약정의 집행을 방해하여서는 안 된다고 믿는다.

3. 위 쟁점에 관해 사실심에서 충분한 심리가 이루어져야 한다고 판단되므로, 원심판결을 파기환송한다.

2.2 사내 변호사

【판례 8-8】 Balla v. Gambro, Inc.(Supreme Court of Illinois; December 19, 1991; 584 N.E.2d 104)

기업의 위법행위를 지적한 후 해고당한 사내 변호사가 해당 기업을 상대로 보복적 해고에 대한 구제를 구하는 소송을 제기할 수 있는지 여부

▌사실관계

Gambro사는 Gambro Germany가 제조한 신장 투석기를 공급하는 회사이다. 신장 투석기의 제조와 판매는 미국식품의약국(Food and Drug Administration, 이하 'FDA')이

규제한다. Roger Balla 변호사는 과거 Gambro사의 사내 변호사였는데, 주로 법적 문제와 관련된 조언과 대리, 직원 정책 수립과 집행, 그리고 기업활동이 합법적으로 이루어지도록 조정 및 감독하는 일에 관여하여 왔다.

1985년 7월 Balla 변호사는 Gambro Germany가 보내려는 물품이 FDA 기준에 맞지 않는 제품임을 알게 되었고 Gambro사 사장에게 선적을 거부하라고 조언하였다. 사장은 처음에는 선적을 거부하겠다는 의사를 표시하였으나, 1주일 뒤 결국 선적을 수락하였다. 그러자 Balla 변호사는 사장에게 "그 제품의 판매를 막기 위해 무슨 일이든 하겠다"라고 말한 뒤 1985년 9월 4일 해고되었다. 해고 다음 날 Balla 변호사는 그 제품이 선적된 사실을 FDA에 알렸고, FDA는 제품을 압류한 뒤 불량품이라고 판정하였다.

Balla는 Gambro사, 그 계열 회사 및 모회사, Gambro사의 사장을 상대로 보복적 해고를 이유로 한 소를 제기하였고, 일리노이주의 공서양속에 위반하여 해고를 당하였다면서 손해배상을 청구하였다. 그러자 Gambro사는 Balla는 변호사이기 때문에 보복적 해고로 소를 제기할 수 없다고 반박하였다. Balla는 자신이 변호사이기는 하지만, 회사에서 관리부장 · 인사부장 · 감사부 매니저 등으로도 일해 왔고, 자신은 순수하게 법적 역할상의 이유로 해고된 것은 아니므로 제소 자격이 있다고 주장하였다. 1심법원은 Gambro사와 Balla 변호사는 의뢰인-변호사 관계이고 의뢰인은 변호사를 해임할 수 있는 절대적인 권리를 가지고 있다고 판시하여 Balla 변호사의 청구를 기각하였다. 항소심은 변호사라고 하여 보복적 해고 소송 제기가 금지되는 것은 아니라고 보고, 1심판결을 파기하였다.

▌쟁점

사내 변호사에게 보복적 해고에 대한 구제를 허용할 수 있는지 여부

▌법원의 판단(다수의견)

1. 사용자는 직원을 자신의 의사에 따라서 해고할 수 있고, 반드시 이유를 요하지는 않는다. 따라서 보복적 해고는, 첫째 직원이 자신의 행위에 대한 보복으로서 해고를 당하였고, 둘째 해고가 명백히 공서양속에 위배된다는 두 가지 요건을 충족시킬 경우에만 불법행위로 인정될 수 있다.

이 사건에서 Gambro사는 Balla 변호사의 행동에 대해 보복을 가하기 위하여 그를 해고하였음이 인정된다. 또한 Balla가 보기에 Gambro가 판매하려던 제품은 사망 또는 중상해를 초래할 수 있는 불량품이었고, 생명 또는 신체를 보호하는 것은 가장 중요한 공서양속이기 때문에 이 해고는 명백히 공서양속에 위반된다.

그러나 이 사건에서 Balla는 단순한 '직원'이 아니라 법무책임자인 변호사였다는 점을 인정하지 않을 수 없다. 변호사는 변호사-의뢰인 관계의 존재 때문에 회사를 상대로 보복적 해고에 관한 소를 제기할 수 없다. Balla 변호사는 변호사가 보복적 해고에 관한 소를 제기할 수 없다는 판결이 나온다면, 수많은 사내 변호사들은 변호사 자격을 상실하고 형사처벌을 받거나 직장을 잃는 선택지 중 하나만을 택할 수밖에 없게 된다고 주장하였다. 그러나 법원은 이러한 주장에 동의하지 않는다. 변호사라면 직업윤리에 따라 시민들의 생명과 신체를 보호하기 위해 FDA에 보고를 해야 할 의무가 있고, 이는 선택의 문제가 아니기 때문이다.

법조윤리에 따라 행동한 변호사에게 경제적 손실을 감수하라고 하는 것은 부당해 보일 수 있다. 그러나 변호사가 의무에 따라 행동하였다는 것이 경제적 손실을 반드시 보상받아야 하는 이유가 될 수는 없다. 보복적 해고 주장을 허용한다는 것은 변호사가 져야 할 부담을 사업자에게 지도록 하는 것이어서 허용될 수 없다.

또한 보복적 해고로 인한 불법행위의 범위를 사내 변호사에게까지 넓힌다면, 사내 변호사와 사용자 간의 변호사-의뢰인 관계에 부정적인 영향을 줄 수 있다. 일반적으로 의뢰인은 언제든 변호사를 해고할 수 있고, 이는 사내 변호사도 마찬가지이다. 그런데 변호사는 의뢰인의 가장 내밀한 비밀과 정보를 공유하는 사람이다. 만약 변호사의 보복적 해고 주장을 허용한다면, 의뢰인들은 변호사에게 솔직하게 말하기를 꺼리게 되고 위축 효과가 발생할 것이다.

Balla는 자신이 변호사로서가 아닌 일반 직원으로서 일하였다고 주장했으나, 사실을 종합해 보건대 Balla 변호사는 Gambro사의 법무책임자로서 일했던 것으로 보인다. 그가 해고를 당한 것도 법무책임자로서 얻은 정보 때문이었던 것으로 판단된다.

이와 같은 이유로 사내 변호사 Balla는 Gambro사를 상대로 보복적 해고를 이유로 한 소송을 제기할 수 없다. 항소심판결을 파기하고 1심판결을 유지한다.

【판례 8-9】 General Dynamics Corp. v. Superior Court(Supreme Court of California; July 18, 1994; 876 P.2d 487)
기업으로부터 보복적 해고를 당한 사내 변호사의 제소 가능성

▌사실관계

Andrew Rose 변호사는 General Dynamics Corporation에서 계약 관리자로 일하기 시작하여, 14년 간 근무하는 동안 좋은 평가를 받으며 일하여 왔다. Rose가 근무하고 있는 부서의 부사장과 법무책임자(general counsel)로 승진할 것을 기대할 수 있는 지위

까지 오르게 되었을 때, 회사는 돌연 그를 해고하였다. 회사는 Rose가 회사의 이익을 충분히 대변할 수 있는 능력이 있는지 의심이 들었기 때문에 해고한 것이라고 설명하였다. 그러나 Rose는 회사가 자신을 해고한 진짜 이유는 그가 직원 60명 이상이 해고된 직원들의 약물 복용 사건을 조사하려고 했기 때문이라고 생각하였다. 위 사건에서 회사가 보안 관련 부서에 대한 의문스러운 도청에 관해 조사를 하지 못하게 하자 Rose는 이에 항의한 바 있었다. 또한 Rose는 회사의 연봉 정책이 공정근로기준법(Fair Labor Standards Act)에 위반된다고 주장한 사실도 있었다.

Rose는 회사를 상대로 계약 위반과 불법행위를 이유로 소송을 제기하였고, 1심법원은 Rose의 청구를 인용하였다. 회사의 직무집행영장청구가 항소심에서 기각되어 대법원에 상고하였다.

▌쟁점

기업을 대리하는 역할과 직원으로서의 지위 간의 충돌을 감안할 때, 기업 변호사라는 지위가 부당한 해고로 인하여 입은 손해에 대한 배상청구권에 어떤 영향을 미치는지 여부

▌법원의 판단

1. 회사는 Rose 변호사가 부당 해고를 다툴 수 있는 권리가 없다고 주장한다. 왜냐하면 의뢰인은 언제나 변호사를 자유롭게 해임할 수 있는 권리가 있기 때문이라는 것이다. 그러나 법원은 의뢰인이 변호사를 해임할 권리가 있음에는 동의하지만, 의뢰인에게는 일정한 경우 여전히 해임된 변호사에게 보수를 지급할 의무가 있다는 점에서 위 주장은 타당하지 않다고 판단한다.

2. 한편 Rose는 회사가 상당한 이유 없이는 자신을 해임하지 않을 것이라는 합리적 기대를 갖게 되었으며, 어떤 정책도 사내 변호사가 사용자에 대해 묵시적 계약관계(implied-in-fact contract)에 관한 주장을 하는 것을 막지는 않는다고 주장한다. 또한 Rose는 기업이 자신을 헌법 또는 주법에 위반하여 해고하였다고 주장한다.

이 법원은 묵시적 계약관계 주장과 보복적 해고 주장을 구분하여, 묵시적 계약관계에 관한 주장은 고용관계에서의 행위와 기대로부터 나오는 것인 반면 보복적 해고 주장은 공서양속과 법 위반의 문제라고 판단하며, 사내 변호사가 보복적 해고 주장을 할 수 있도록 법이 허용해야 한다고 본다. 변호사의 직무수행이 공익에 영향을 끼치고, 사내 변호사는 변호사가 아닌 동료들보다 기업의 목표와 직업 규범 사이의 충돌을 경험할 가능성이 더 많다. 사용자의 요구와 직업윤리준칙 사이에서 선택하여야만 하는 사내 변호사는 비전문직 동료들보다 사법적 보호를 받을 수 있는 더 강력한 권한을 가져야 한다. 따라

서 위법적인 사용자의 요구와 충돌하는 의무적인 윤리규범이 있고 변호사가 직업적 의무를 고수하겠다고 주장하는 경우, 퇴직한 사내 변호사는 보복적인 해고에 대해 구제받을 수 있어야 한다. 그와 같은 구제를 허용하는 것은 윤리규범을 지키려는 공서양속을 발전시키는 데 기여할 것이고, 변호사가 사용자의 부적절한 사업 행태에 대하여 해고당할까 봐 침묵하기보다는 그에 맞설 수 있게 될 것이다.

3. 직무책임규칙에 반영된 '강행적(mandatory)' 윤리규범이 회사의 위법한 요구와 충돌하고 변호사가 그의 직업적 의무를 고수하다 해고된 경우, 사내 변호사는 보복적 해고를 주장할 수 있다. 사내 변호사가 범죄행위를 하도록 요구받거나 자격박탈 등의 징계를 받을 수 있는 행위에 관여하도록 요구받고 이를 거절하여 해고된 경우, 변호사는 강행적인 윤리적 의무를 준수하다 해고된 것으로 사용자에 대한 보복적 해고 소송 요건을 갖추게 된다.

그 이외의 경우, 즉 법률이나 윤리규범상 요구되는 것이 아닌 단순히 윤리적으로 허용되는 행위를 한 경우는 아래의 두 기준을 적용하여야 한다.

1) 사용자의 행위가 판례법상 정립된 기준에 따라 비변호사 직원들이 보복적 해고 주장을 할 수 있는 행위인가.

2) 윤리규칙이나 법률이 명시적으로 변호사의 비밀유지의무에 대한 예외규정을 인정하는가와 변호사가 신인의무가 없는 업무를 행하다가 해고된 것인가.

4. 항소심의 결정을 유지하되 위에서 제시한 기준에 따라 더 심리하기 위하여 환송한다.

3. 변호사 징계

3.1 징계사유

3.1.1 소송 관련

【판례 8-10】 The Florida Bar v. Forrester(Supreme Court of Florida; September 8, 2005; 916 So.2d 647)

변호사가 당사자에 대해 알고 있는 것과 다르게 명예훼손적이고 모욕적인 진술을 한 것이 사법의 운영에 해를 끼치는 행위이고 자격정지기간 중 업무를 계속하여 법정모욕을 행한 것으로 보아 자격박탈의 징계를 한 사례

▮ 사실관계

Geneva Carol Forrester 변호사는 2000년 2월 4일 어떤 사람에 대해 "미성년자 추행

범이고 그의 딸을 스토킹하였다"라며 "최근에 플로리다에서 가중스토킹으로 유죄판결을 받았다"라고 진술하였다. 또한 "소아성애병자이며 중죄 유죄판결을 받았다"라고도 하였다. 플로리다주 변호사회는 Forrester 변호사가 자신의 중죄 관련 발언이 허위였음을 알고 있었으며, 스토커 또는 미성년자 추행범, 유죄판결을 받은 중죄인이라는 명예훼손적이고 모욕적인 발언도 알면서, 또는 냉담한 무관심으로 한 것으로서 주 변호사 직무행위규칙 4-3.3(a),[10] 4-8.4(c),[11] 4-8.4(d)[12]를 위반하였다고 주장하였다.

청문 후에 심판관이 작성한 보고서에 따르면, Forrester 변호사는 1998년 12월 당사자에 대한 중죄기소가 경죄로 감경되었으며 재판이 보류되었다는 사실을 들었기 때문에 그러한 사정을 잘 알고 있었다. 더욱이 다음 날 법원서기에게 유죄평결 및 양형에 대한 기록을 요구한 점에 비추어 당시에 이 점을 인지하고 있었음이 확실하다. 심판관은 Forrester 변호사가 위 규칙 4-8.4(d)만을 위반하였다며 공개 견책을 권고했고, 병합심리된 다른 직무상 비행[13]에 대하여 1년의 자격정지를 권고하였다.

▌쟁점

알고 있는 것과 다르게 명예훼손적이고 모욕적인 진술을 한 것이 사법의 운영에 해를 끼치는 것이라서 직무상 비행에 해당하는지 여부

▌법원의 판단

1. 변호사가 법원에 제출된 신청에서 허위인 것을 알면서도 명예훼손적이고 모욕적인 진술을 한 것은 직무행위규칙 위반이다.

2. 명예훼손적 진술을 한 건과 종전에 징계 받은 점에 기초하여 보면 91일의 자격정지가 적정하다고 보겠으나, 병합된 다른 징계 사건에서 자격정지기간 중 고의로 업무를 계속하여 법정모욕을 하였으므로 더 엄중한 징계가 필요하고, 따라서 자격박탈이 적정하다.

---

10) "변호사는 알면서 법원에 대해 사실과 법에 대한 허위의 진술을 해서는 안 된다."

11) "변호사는 부정직, 사기, 기망, 또는 부실표시를 하는 행동을 해서는 안 된다."

12) "변호사는 법률실무와 관련하여 알면서 또는 냉담한 무관심으로 소송당사자, 배심원, 증인, 법원관계자 또는 다른 변호사에 대해 어떠한 근거에서든 명예훼손, 모욕 또는 차별 등 사법의 운영에 해를 끼치는 행위를 해서는 안 된다."

13) 본 판결문의 대부분은 병합된 다른 징계 사건에 대한 것이나, 직무행위규칙 자체보다는 자격정지기간에 신참 변호사를 고용해서 업무를 계속한 점이 자격정지 명령 위반으로 법정모욕에 해당되는지 여부가 주요 쟁점이었으므로 생략한다.

▮ 소수의견

자격박탈보다는 자격정지가 적정하고 그 기간은 심판관이 권고한 1년보다 더 장기여야 한다.

【판례 8-11】 Matter of Palmisano(United States Court of Appeals; November 15, 1995; 70 F.3d 483)
판사들을 수차례 근거 없이 비방한 변호사가 자격박탈의 징계를 받은 사례

▮ 사실관계

일리노이주의 Michael Palmisano 변호사는 1990년부터 1991년에 걸쳐 그가 맡은 사건의 거의 모든 판사가 부패하였다고 발언했는데, 이러한 행위로 인하여 그는 일리노이주 변호사 직무행위규칙(1990년 8월 1일부터 발효) 및 직무책임준칙(1990년 7월 31까지 유효)의 다수 규정을 위반한 것으로 인정되었고, 그에 대한 징계절차가 개시되었다.

일리노이주 변호사회 징계위원회는 청문절차를 개최하였고, Palmisano 변호사는 자신이 문제 되는 발언을 한 사실을 인정하였지만 그에 대한 정당한 사유가 있다고 주장하였다. 위원회는, Palmisano 변호사가 자신에게 불리한 판결에 보복하기 위하여 판사들에 대한 발언을 했으며, 이는 그 발언의 허위를 알거나 그 진실 여부에 대한 고려 없이 무분별하게 행해진 것이라고 판단하여 자격박탈의 징계를 권고하였다. 일리노이주 대법원은 징계위원회의 권고를 받아들여 Palmisano 변호사에 대한 자격박탈의 징계가 타당하다고 인정하였다.

이에 Palmisano 변호사는 주 정부 또는 연방 정부가 그의 행위를 징계할 수 없으며, 연방 대법원만이 그의 자격박탈을 심사할 수 있다고 주장하면서 항소하였다.

▮ 쟁점

근거 없이 담당 사건들의 판사를 수차례 비방한 변호사에 대한 자격박탈의 징계가 적정한지 여부

▮ 법원의 판단

1. 변호사의 자격을 박탈하는 문제는 법원 내 행정부서인 집행위원회(Executive Committee)에 배정되어 있기 때문에 이 문제가 사법보다는 행정적 문제라는 인상을 준다. 따라서 변호사 자격박탈 사안의 성질을 규명해야 하는데, 연방 대법원이 변호사 징계 문제에 대해 판결을 내린 선례가 다수이며, 이 법원은 변호사를 징계하거나 그 자격을 박

탈하는 판결에 대한 상고에 관하여 일반적으로 심리하여 왔다. 따라서 변호사 자격박탈을 사법적 판단의 문제가 아니라고 볼 근거는 없다.

2. 일리노이주에서 Palmisano에게 증거심리절차를 보장해 주었고 여기에서 도출된 증거 기록이 충분하므로, 연방절차에서는 증거심리가 요구되지 않는다. 또한 징계절차에서 합리적 의심 요건은 적용되지 아니한다. 변호사 직무행위규칙 3.5(i), 3.6, 8.4(a)(5)에서는 사법제도를 불명예스럽게 하는 허위주장 및 일방적인 접촉을 금지하는데, Palmisano 변호사는 진실에 대한 고려 없이 무분별하게 허위진술을 하였으므로 헌법적 보호를 받을 수 없다. 따라서 Palmisano의 변호사 자격을 박탈하는 명령은 법원의 재량일탈이 아니므로 이를 확정한다.

【판례 8-12】 In re Petition for Disciplinary Action Against Nathan(Supreme Court of Minnesota; November 26, 2003; 671 N.W.2d 578)
여러 사유로 변호사가 무기한 자격정지의 징계를 받은 사례

사실관계

Dale Nathan 변호사는 1999년 말 내지 2000년 초부터 자녀 양육권 사건에서 감시 없는 면접권을 구하는 아버지를 상대로 이러한 면접권을 금지해 달라는 어머니를 대리하면서 상대방을 괴롭히기만을 위한 무익한 소송행위를 남발하는 행태를 보였다.

Nathan 변호사는 소송후견인을 괴롭힐 목적으로 몇 통의 편지를 보내 '전혀 쓸모없는' 사람이라 칭하며 다른 소송관계자들에게 소송후견인이 '진실하거나 공정하지' 않다고 알리겠다고 협박했으며, 판사에게 소송후견인이 편파적이라고 불평하는 편지를 썼다. 이에 소송후견인이 변호사를 선임하였는데, Nathan 변호사는 그 변호사에게 소송후견인이 자신과 판사에게 쓴 편지를 자신의 홈페이지에 '법원에서 임명한 준전문가의 비도덕적 행위의 예'로 게시하겠다고 협박하는 편지를 보냈다.

Nathan 변호사는 법원이 선임한 면접권에 관한 조사관에 대해서도 유사한 행태를 보였다. 판사가 양 당사자가 조사관 선임비용을 분담하고 필요한 기록과 당사자에게 접근할 수 있도록 협력하라고 명령하였으나, Nathan 변호사는 그 명령이 '시기상조이고 부당'하다며 거부하였다. 또 위 변호사는 조사관이 아이에게 아버지를 'dad'라고 부르라고 시킨 것에 화를 내면서 면접을 중단시키겠다고 협박하였으며, 3일 후 또 편지를 보내 어머니, 다른 가족 구성원과 직접 접촉을 못하게 할 것이라면서 조사관의 직업적 명성에 대한 험담을 하며 그 내용을 홈페이지에 게시할 것이라고 협박하였다.

Nathan 변호사는 의뢰인이 법원 명령을 어기는 것을 방조하였다. 판사가 면접권 관

련 조사관의 권고를 받아들여 아버지에게 감시 없는 면접권을 인정하는 명령을 하였으나, 어머니는 예정된 감시 있는 면접에 아이를 데려오지 않았다. 아버지의 변호사가 이에 대한 심리를 요청하였으나 어머니는 출석하지 않았다. 선서진술서에 따르면 어머니는 Nathan 변호사의 조언에 따라 출석하지 않은 것이라고 하였다. 아버지는 1년 넘게 아이를 만날 수 없었다.

판사가 의뢰인의 소재를 공개하라고 여러 번 요구하였으나 Nathan 변호사는 계속 거부하였다. 판사는 Nathan 변호사가 법정모욕을 한 것으로 판단하였음에도 소재 공개를 여전히 거부하였고 54일간 구류되었다.

또 위 변호사는 법원의 면접 명령에 이의를 신청하면서 판사를 비방하는 진술을 하였다. 그는 판사가 '법률 대신 개인적 견해를 사용한' 그리고 '인종적 편견에 호소해 판사직에 선출된' '나쁜 판사'라고 기술하였다.

미네소타주 변호사 직무책임 담당관은 Nathan 변호사에 대한 징계를 청구하였다. Litynski 대법관은 심판관으로서 심리 후, Nathan 변호사가 ① 상대방을 괴롭히기만을 위한 무익한 소송으로 규칙 3.1, 3.4(c), 4.4,[14] 8.4(d)를 위반하였고 ② 법원 명령들을 위반하고, 위반할 것을 협박하고, 의뢰인들이 위반하는 것을 방조하여 규칙 3.4(c) 및 8.4(d)를 위반하였으며, ③ 규칙 8.2(a)와 8.4(d)를 위반하여 판사에 대해 근거 없는 험담을 진술하였고, ④ 규칙 4.1 및 8.4(c)에 반하여 허위진술을 하였으며, ⑤ 규칙 3.4(c) 및 8.4(d)를 위반하였으나 이에 대한 벌금을 내거나 준비하지 않았다는 점을 인정하였다. 심판관은 Nathan 변호사에 대해서 6개월간 직무복귀 신청을 금하는 무기한 변호사 자격정지의 징계 처분을 권고하였다.

▌쟁점

판사들에 대한 진술이 규칙 8.2(a)와[15] 8.4(d)에 위반되는지 여부 등

▌법원의 판단

1. 판사에 대한 진술이 직무행위규칙 위반이 되기 위해서 사법행정에 명백하고 현존

---

14) "(a) 의뢰인을 대리할 때, 제3자를 괴롭히거나 지체시키거나 부담을 지우는 이외 다른 실체적인 목적이 없는 수단을 사용하거나 그러한 사람의 법적 권리를 침해하는 증거획득 방법을 이용해서는 안 된다.
(b) 변호사의 의뢰인의 대리에 관련되는 문서를 받고 그 문서가 부주의하게 보낸 것임을 알거나 합리적으로 마땅히 알아야 할 때 변호사는 즉시 발신자에게 통보해야 한다."

15) "변호사는 판사, 재판 업무의 공직자, 공공법무 공직자 또는 사법이나 법률사무직의 선출이나 지명을 위한 후보자의 자격이나 자질과 관련하여 허위라고 알고 있는 진술을 하거나 부주의한 간과로 그 진위여부를 모르는 진술을 해서는 안 된다."

한 위험이 될 필요는 없다. Nathan 변호사의 판사에 대한 진술들은 의견 표명으로 보호되지 않는다. 사실의 적시가 의견이라고 주장한다고 해서 헌법적 보호를 받게 되는 것은 아니다. 진술이 허위이거나 진위 여부에 대해 과실이 있는지를 결정하는 기준은 합리적인 변호사가 그의 모든 직업적 역량을 고려하여 유사한 상황에서 행동하리라는 점에 기초한 객관적인 것이어야 한다. 따라서 Nathan 변호사가 그의 진술 중 일부가 진실이라고 느꼈다는 점은 문제 되지 않는다.

2. 징계심리절차에서 사실확정과 결론이 명백히 잘못된 것이 아니라면 법원은 이를 존중하고 파기하지 않는다. 판사와 당사자들에 대한 협박, 법원 명령의 위반에 대해 6개월간 직무복귀 신청을 금하는 무기한 자격정지는 적절한 징계이다.

【판례 8-13】 In re Conduct of Davenport(Supreme Court of Oregon; June 27, 2002; 49 P.3d 91)

범죄행위(법정에서의 허위진술)를 저지른 변호사가 자격정지 2년의 징계를 받은 사례

▌사실관계

직무책임보상기금(Professional Liability Fund, 이하 'PLF')은 Davenport 변호사와 그의 로펌을 선임하여 직무과오소송에서 PLF 및 그 보험계약자들을 대리하도록 하였다. 여기서 Davenport 변호사는 확정채권 매입전략(Judgment Acquisiton Strategy)이라는 것을 사용하였는데, 이것은 직무과오 사건의 청구권자에 대한 확정채권(judgment)을 PLF가 매입하여 채권자가 되고, 그 채권에 기하여 직무과오에 따른 청구권에 대하여 강제집행하면 경매(sheriff's sale)가 개최되고, 여기에서 PLF가 직무과오에 따른 청구권을 매입하면 결국 PLF가 직무과오소송의 양 당사자를 모두 지배하게 되어 사건을 해결할 수 있도록 하는 전략이다.

PLF는 위 전략을 비밀리에 활용하고자 하였고, 그리하여 Davenport 변호사는 Westview라는 서류상의 회사를 설립하였는데 그 설립자·이사·임원 및 유일한 주주를 Davenport 변호사로 하였다. Davenport 변호사는 처음에 위 전략을 사용하여 성공적으로 사건을 해결한 후 회사를 소멸시켰으나, 나중에 이를 다시 부활시켰다.

Pearce 부부와 Woodfield 부부가 그들의 파산 사건 담당 변호사 및 로펌이 위법행위를 하였다고 배상청구를 하였다. 이에 대하여 PLF는 Davenport 변호사에게 위 전략을 사용하도록 지시하였다. 그리하여 Davenport 변호사는 Westview의 이름으로 원고에 대한 채권을 매입할 것을 PLF 측에 권고하였고 PLF는 이를 매입하였다.

한편, 위 파산절차에서 파산재단이 성립되었고 파산채권을 신고할 것을 공고하였다. 그러자 Davenport 변호사는 Westview의 파산채무자에 대한 9만 9,500달러가 넘는 채권을 신고하였다. 이에 대하여 파산관재인 측 변호사였던 Greene은 이상한 점을 느끼고 Westview를 조사하였고 위법행위의 가능성을 발견하였다.

Greene 변호사는 연방파산절차규칙(Federal Rule of Bankruptcy Procedure of 2004)에 의한 심리를 신청하였고, Davenport 변호사도 이에 동의하였다. Davenport 변호사는 Westview의 변호사 자격으로 참가하여 선서하고 진술을 시작하였다. Greene 변호사가 Westview와 PLF의 관계를 아는 듯한 암시를 하면서 이것저것 물어보자, Davenport 변호사는 당황하여 기억이 안 난다고 하거나 모른다고 하면서 변호사-의뢰인 특권을 주장하였다. 그러자 파산관재인 측 변호사는 답변 강제 명령을 신청하였고, Davenport 변호사 측은 그가 대답을 할 테니 위 신청을 취하하라고 요청하였으며, 파산관재인 측 변호사는 이에 동의하였다.

다시 심리가 열렸고 여전히 일부 쟁점에 대해서 Davenport 변호사는 부지(不知)를 주장하였으나, 여기서 PLF와 Westview의 관계 및 위 매입전략에 관한 내용이 결국은 밝혀졌다. Greene 변호사는 오리건주 변호사회에 Davenport 변호사에 대한 징계를 청구하였다.

▮ 쟁점

Davenport 변호사가 거짓 진술을 한 행위가 변호사 직무행위준칙(Code of Professional Responsibility)의 징계규칙(DR) 1-102(A)(3),[16] 7-102(A)(5),[17] 1-102(A)(4),[18] 1-102(A)(2)[19]에 위반되는지 여부

▮ 법원의 판단

1. Davenport 변호사는 Westview, 위 매입전략에 이용된 확정채권과 관련된 허위진술을 하였으므로 DR 1-102(A)(3)을 위반하였다.

2. DR 1-102(A)(3)과 다르게 7-102(A)(5)는 변호사가 의뢰인을 대리함에 있어서 허위진술을 하는 행위를 규율한다. 1-102(A)(3) 위반의 바탕이 되는 사실관계로부터 7-102 (A)(5) 위반도 인정할 수 있다.

3. 변호사회는 피고인이 ① 허위진술을 함으로써 ② 변호사-의뢰인 특권이 적용되지

---

16) "변호사는 부정직, 사기, 기망 또는 부실표시와 관련된 행위를 하여서는 안 된다."
17) "변호사는 의뢰인을 대리함에 있어서 고의적으로 법 또는 사실에 관한 허위진술을 해서는 안 된다."
18) "변호사는 사법의 운영에 해를 끼치는 행위를 하여서는 안 된다."
19) "변호사는 다른 사람의 행동을 통하여 징계규칙을 회피하여서는 안 된다."

않는 때 특권을 주장함으로써 DR 1-102(A)(4)를 위반하였다고 주장한다. 변호사는 선서를 한 후에는 진실을 말할 의무가 있으므로, Davenport 변호사가 선서 후에 허위진술을 한 것은 동 규정 위반을 구성한다. 이미 동 규정 위반이 인정되었으므로 변호사-의뢰인 특권에 관한 주장은 특별히 판단하지 않는다.

4. 오리건주의 법규를 살필 필요도 없이 미국 연방 대법원은 심리에서의 위증은 범죄라고 판시하였으므로, Davenport 변호사가 연방파산법에 따른 절차에서 허위진술을 한 것은 범죄행위에 해당한다. 그리고 Davenport 변호사는 고의적으로 법정에서 허위진술을 함으로써 법에 대한 경멸을 표현하였으므로 피고인의 법률사무취급 업무 적격성에 의문을 갖게 한다. 따라서 피고인의 파산절차에서의 허위진술은 DR 1-102(A)(2) 위반을 구성한다.

5. 피고인에게 자격정지 2년의 징계를 명한다.

【판례 8-14】 Cincinnati Bar Association v. Statzer(Supreme Court of Ohio; December 31, 2003; 800 N.E.2d 1117)
증인에게 속임수를 사용하여 진실한 증언을 이끌어 내려 한 변호사가 자격정지 6개월의 징계를 받은 사례

사실관계

2002년 6월 17일 청구인 신시내티 변호사회는 Joni E. Statzer 변호사가 직무책임준칙(Code of Professional Responsibility)을 위반하였다며 두 가지[20] 혐의에 관한 징계를 청구하였다. Statzer 변호사는 징계위원회의 청문절차에 대비하기 위하여 11월 20일 청구인 측 변호사의 사무실에서 비서의 증언을 구하였다. Statzer 변호사와 청구인의 변호사가 입회한 가운데 진행된 증언절차에서 Statzer 변호사는 녹음테이프 아홉 개를 증언하러 온 비서의 앞에 놓았다. 그리고 자신이 비서와의 대화를 녹음했으며 비서를 개인적으로 곤란하게 만들 수 있음을 암시하였다. 그리고 정직하게 대답하지 않으면 위증이 될 수 있음을 경고하였다. 그러나 그는 비서를 속이기 위하여 테이프를 제시한 것이었고, 테이프는 비어 있거나 비서와 상관없는 내용이 녹음되어 있는 것이었다. 이후 테이프는 증거로 제출되지 않았다. 이에 청구인은 증언절차에서 Statzer 변호사의 행위는 직무책임준칙을 위반한 것이라면서 징계사유를 추가하였다.

---

20) 첫 번째는 소송 관련 서류를 이미 준비했다고 허위 증언하도록 비서를 유인한 혐의이고, 두 번째는 동료 변호사가 비서에게 허위 증언을 유인하였음을 알고도 보고하지 않은 혐의였다. 그러나 위원회는 이러한 혐의에 대해 증거불충분으로 기각하였고 주 대법원도 이를 존중하였으므로 이하에서는 생략한다.

쟁점

1. 변호사회 회원인 변호사의 사무실에서 선서증언을 녹취하는 것이 공정의무인 징계규칙 7-106(C)(1)[21]이 적용되는 재판절차인지 여부

2. 속임수를 통해 진실한 증언을 이끌어 낸 것이 징계규칙 1-102(A)(4)[22]가 적용되는 속임수에 해당되는 직무비행인지 여부

법원의 판단

1. '재판(tribunal)'은 직무책임규칙상 '모든 법원과 기타 재결기구'라고 정의되지만 Statzer 변호사의 주장처럼 좁게 해석되지는 않는다. 증언녹취절차(deposition)는 관례상 직접적인 사법감독 없이 진행되지만 언제나 사법적 간섭과 감독하에 있다. 증거로 사용될 모든 선서증언은 법정에 제출되어야 하므로 재판정에서와 마찬가지로 징계규칙 7-106과 같은 절차를 준수하여야 한다.

2. 증거개시절차 특히 선서증언(deposition)을 통해 정보를 얻을 때는 그 효용을 위해 절차가 너무 엄격해서는 안 되지만, 변호사가 증인을 위협하는 속임수를 도모하는 것은 금지되어야 한다. Statzer 변호사는 자신의 속임수가 단지 전략이었으며 결국 진실한 증언을 얻었다는 점에서 성공적이라고 주장하나, 속임수가 없었다고 해서 진실한 증언을 얻지 못했을 것이라고 확언할 수는 없다. 거짓 위협이 증인으로 하여금 오히려 허위 증언을 해야 안전하게 될 것이라고 믿고 거짓말을 유도할 수도 있다.

3. Statzer 변호사에 대하여 제기된 징계사유 가운데 증언절차에 있어서 속임수를 쓴 부분에 대해서는 직무책임준칙 위반사실이 인정되므로 6개월의 자격정지에 처하되, 향후 비행에 관련되지 않음을 조건으로 집행을 유예한다.

【판례 8-15】 Welsh v. Mounger, In re Dana E. Kelly(Supreme Court of Mississippi; March 17, 2005; 912 So.2d 823)
재심신청에서 대법관에 대한 기부금에 관하여 계속 허위진술한 변호사가 징계 받은 사례

사실관계

Dana E. Kelly 변호사는 Edwin Welsh를 대리하여 William Mounger II 등을 상대

21) "변호사는 전문직 자격으로 재판(tribunal)에 출석하였을 때, 그가 사건에 관련 있다고 믿을 합리적인 근거가 없는 사항이나 허용된 증거에 의해서 지지되지 못하는 사항을 진술하거나 암시하여서는 안 된다."

22) "변호사는 부정직, 사기, 기망, 또는 부실표시가 수반되는 행위를 하여서는 안 된다."

로 Hinds County 법원에 소를 제기하였다. 판사는 원고 패소 판결을 내렸고 Welsh는 미시시피주 대법원에 상고하였다. 상고심에서도 원고 패소 판결을 내리자, 그제야 Kelly 변호사는 Smith 대법원장과 Dickinson 대법관에 대해 기피신청을 하였다. 기피신청에서 Kelly는 "피고 Mounger는 Dickinson 대법관의 선거운동의 최다액 개인 기부자"라고 주장하였다.

두 대법관 모두 기피신청을 기각하였고 특히 Dickinson 대법관은 본안 소송이 진행될 당시 자신은 Mounger의 기부 사실을 알지 못하였고, Kelly 변호사는 본안에 관한 판결이 선고된 지 5개월이 지나서야 기피신청을 하였으며, 공인회계사에 따르면 피고 Mounger가 최다액 기부자라는 주장은 허위라고 설시하였다.

Welsh는 기피신청 기각 결정에 대한 재심을 신청하면서 기부에 관한 진술을 계속했고, 사법부 선거에서 매직행위가 일어나고 있다는 신문 사설이나 법원의 부패 사실을 언급한 대법원장의 연설문을 인용하였다. 대법원은 재심신청을 기각하면서 Kelly 변호사에 대한 제재절차를 개시하도록 명령하고, "Dickinson 대법관의 선거운동에서 피고 Mounger가 최고액을 기부하였다"라는 주장을 뒷받침할 증거를 제출하도록 명령하였다. Kelly 변호사는 해당 증거를 제출하지 못하였고, 자신의 언급은 문맥에 비추어 이해되어야 한다고 주장하였다.

쟁점

Kelly 변호사가 재심신청에서 기부금 관련 진술을 한 것이 허위이고 제재사유인지 여부와 적절한 징계수위

법원의 판단

1. 기피신청 기각 결정에서 대법원이 Mounger가 최다액 기부자가 아니라는 사실을 알려 주었음에도 불구하고 Kelly 변호사는 재심을 청구하면서 같은 진술을 반복하였다. 변호사는 사법제도의 구성원으로서 미시시피주 변호사 직무행위규칙 3.3[23]에 따라 정직의무가 있는데, 법원에 허위 사실을 진술함으로써 위 규칙을 위반하였다. 또 위 규칙 8.2[24]는 변호사가 판사 등의 "자격이나 자질과 관련하여 변호사가 허위라고 알고 있는

23) "법원에 대한 정직의무
(a) 변호사는 알면서 다음 행위를 하여서는 안 된다.
(1) 중요한 사실 또는 법에 대하여 허위진술을 하는 행위. (이하 생략)"

24) "(a) 변호사는 판사, 재판 업무의 공직자, 공공 법무담당자 또는 사법이나 법률사무직의 선출이나 지명을 위한 후보자의 자격이나 자질과 관련하여 변호사가 허위라고 알고 있는 진술을 하거나 부주의한 간과로 그 진위 여부를 모르는 진술을 해서는 안 된다."

진술을 하거나 부주의한 간과(with reckless regard)로 그 진위 여부를 모르는 진술을 하는 (것)"을 명백히 금하고 있다. 또한 Kelly 변호사가 알면서도 반복적으로 허위진술을 한 것은 의뢰인의 이익을 위한다는 최고 목적에 부합하지 않는다.

2. Kelly 변호사는 법정출두 명령을 받기 전까지 자신의 허위진술과 관련한 사실에 대하여 조사를 하지 않았다. 오히려 법원이 문맥을 잘못 이해하였다고 비난하고 기피신청에 대한 판단을 소홀히 하였다고 잘못된 주장을 하였다. Kelly 변호사의 본 법정에서의 극히 무례한 행위에 대한 이번 제재 판결이 다른 미시시피주 변호사들에게 경고가 될 것이다. 이 법원은 Kelly 변호사에 대해 자격정지나 자격박탈과 같은 중한 징계를 결정하지는 아니하겠으나, 다른 주 법원에서는 Kelly 변호사와 같이 행동한 경우 심지어 자격박탈의 징계 처분도 이루어지고 있다.[25)]

3. Kelly 변호사의 행위는 용인될 수 없는 것으로 판단되므로 제재가 가해져야 한다. 변호사는 고도의 윤리 기준을 준수해야 하므로 법정에서는 일반적인 경우와 같은 수준의 표현의 자유가 인정되지 않는다. 따라서 아무리 열심히 변론하더라도 사법부를 노골적으로 경멸하는 것은 용납되지 않는다. 우리 사법제도는 법관과 법원에 대한 변호사들의 존경이 부족하면 적절히 기능할 수 없다. 법원에 반복적으로 허위진술을 하고 실기한 기피신청에 대해서 1,000달러의 벌금과 공개 문책의 징계가 적절하다.

【판례 8-16】 In re Gilman (Supreme Court of Kansas; February 3, 2006; 126 P.3d 1115)
술을 마신 후 법원에 출정하는 변호사의 행위가 사법행정에 대한 편파적인 행동을 금지하는 직무행위규칙을 위반하였다고 본 사례

▌사실관계

David R. Gilman 변호사는 2003년 12월 9일 10시에 예정된 의뢰인 Laurie Brandel의 사건을 위해 그녀와 함께 르넥사(Lenexa)시 법원에 출석하였다. 사건이 호명되어 그들이 판사석에 다가가 재판연기를 신청했을 때 Baird 판사는 Gilman 변호사에게 술 냄새를 맡았고, 그의 발음도 분명치 않다는 사실을 알아차렸다. 판사는 Gilman 변호사의 상태를 알기 위해 의뢰인의 연기신청을 받아들이고 휴정을 선언하였다. 법원은 Gilman 변호사에게 사전호흡 측정을 받을 것을 요구했고 Gilman 변호사는 동의하였다. 검사

25) 예를 들어 United States District Court for Eastern District of Washington v. Sandlin, 12 F.3d 861(9th Cir. 1993) 판결에서는 1심 법관에 대해서 부주의한 간과로 허위사실을 진술한 변호사가 6개월간의 자격정지 처분을 받았다. In re Evans, 801 F.2d 703(4th Cir. 1986) 판결에서는 조사 없이 반복적으로 법관에 대해 고소한 변호사가 자격박탈 징계를 받았다.

결과에 놀란 판사는 돌아가는 길에 운전을 하지 말 것과 예정된 Montgomery County 법원에서의 변론일정도 변경할 것을 요구하였다. 이러한 훈계에도 불구하고 Gilman 변호사는 스스로 현장음주검사를 실시한 후 자동차를 운전하여 Montgomery로 갔다.

약 석 달 후인 2004년 2월 12일 Gilman 변호사는 르넥사시 법원에 출석했는데, Ann Henderson 검사가 술 냄새를 맡았다. Gilman 변호사의 동의에 따른 사전호흡 측정 결과 Gilman 변호사의 몸에서 알코올이 발견되었다.

2003년 12월 12일에 Baird 판사가 캔자스주 변호사 징계당국과 함께 Gilman 변호사에 대한 징계를 청구하였다. 징계청구에 따르면 Gilman 변호사가 캔자스주 변호사 직무행위규칙 8.4(d)(비행),[26] 3.4(c)(상대방과 상대방 변호사에 대한 공정),[27] 3.5(d)(재판정에서의 공평성과 예의),[28] 8.4(g)(비행)[29]를 위반하였다는 것이었다. 청문위원회는 규칙 8.4(d)의 위반만을 인정하고 나머지에 대해서는 명백하고 확신을 심어 주는 증거가 제출되지 않았다고 결론을 내렸다. 청문위원회는 「Kansas Reports」에 공표되는 공개 견책의 징계를 권고하였다.

쟁점

1. 술을 마신 후 법원에 출정하는 변호사의 행위가 사법제도에 해악을 끼치는 행위를 금지하는 직무행위규칙을 위반하는 것인지 여부

2. 운전을 하지 말라는 법원의 명령을 어긴 것이 직무행위규칙 위반인지 여부

3. Gilman 변호사가 '기타 행동'에 개입하여 직무행위규칙을 위반하였는지 여부

법원의 판단

1. 비록 음주 후 법정에 출석하는 것을 특별히 금지하는 직무행위규칙은 없지만, 규칙은 음주로 인해 발생할 많은 결과를 금지하고 있다. 음주로 인한 손상을 조사하고 의뢰인의 권리를 보호하기 위해 법원은 연기신청을 인용하고 휴정하였다. Gilman 변호사의 행위는 사법행정을 방해했으므로 위 규칙 8.4(d)를 위반하였다.

2. 판사에게 운전금지 명령의 권한이 없으므로 운전을 하지 말라는 명령은 유효한 법정 명령이 아니다.

3. '기타 행위'에 관한 직무행위규칙은 포괄 조항이므로 다른 직무행위규칙이 적용되

26) "변호사가 사법의 운영에 해를 끼치는 행위를 하는 것은 변호사의 직무상 비행이다."
27) "변호사는… 유효한 의무가 존재하지 않는다는 주장에 기초하여 공개적으로 의무의 이행을 거절하는 경우를 제외하고, 재판정의 규칙에 따른 의무의 이행을 알면서 회피하여서는 안 된다."
28) "변호사는… 재판의 품위를 떨어뜨리는 품위 없거나 무례한 행동을 하여서는 안 된다."
29) "변호사는… 변호사의 법률실무 적격성을 부정적으로 되돌아보게 하는 기타 행동을 하여서는 안 된다."

는 경우에는 이를 적용하지 않는다.

4. Gilman 변호사가 자신의 비행의 심각성을 인정하지 않고 음주 비행을 축소 · 합리화 · 변명하려 한 것은 우려된다. 위원회의 권고에 따라 Gilman 변호사에 대하여 공개견책의 징계를 명한다.

▌소수의견

자격정지가 적정하다.

3.1.2 수임사무 관련 기타 의무 위반

【판례 8-17】 In re Gibson(Supreme Court of Louisiana; September 26, 2003; 856 So.2d 1173)
자격박탈의 징계를 받았던 변호사가 수많은 불성실한 변호사 업무 수행으로 인하여 영구제명 처분을 받은 사례

▌사실관계

징계담당관은 징계 대상자인 Floyd M. Gibson 변호사에 대하여 19가지 혐의—의뢰인의 법적 문제를 무시하고 의뢰인과 제대로 된 의사소통을 하지 않았으며, 이미 지급받은 보수 중 중도해임 등으로 마땅히 돌려주어야 할 부분을 정산하여 의뢰인에게 반환하지 않았고, 변호사 자격을 박탈당한 뒤에도 권한 없이 사건을 수임하는 등(또한 각 사건에서 징계담당관의 조사에 협조하지 않았고 소환에도 응하지 않는 등 불성실한 태도를 보였다) 루이지애나주 변호사 직무행위규칙(Louisiana Rules of Professional Conduct) 중 다수[규칙 1.4, 1.5, 1.6(a), 7.2, 8.1(c), 8.4(a), 8.4(c), 8.4(g) 등]를 위반하였다는 혐의—를 들어 징계를 신청하였다.

징계 대상자는 이미 2000년에 루이지애나주 대법원에 의해 변호사 자격을 박탈당한 상태이나, 이에 한 발 더 나아가 영구제명(permanent disbar)할 것인지가 쟁점이 되었다.

징계 대상자는 자신에 대한 혐의를 전반적으로 부인하였다. 청문위원회(Hearing Committee)는 19가지 혐의 중 증거가 없는 Rogers 사건(Count 17)을 제외하고 징계담당관의 주장이 타당하다고 판단하였으며 가중요소를 고려해 영구제명을 권고하였다. 징계위원회(Disciplinary Board) 역시 영구제명을 권고하였다.

▌쟁점

위와 같은 다수의 위반행위를 한 변호사의 영구제명이 타당한 징계인지 여부

▌법원의 판단

1. 변호사의 징계 사건은 이 법원 고유의 재판권의 범위에 속하는 것으로, 이 법원은 명백하고 설득력 있는 근거를 통해 위반행위 존부를 결정하기 위해서 사실을 발견하고 모든 기록을 독립적으로 재심리하는 바이다. 이 법원은 청문위원회나 징계위원회의 권고에 구속되지 아니하나, 심리 결과 징계 대상자는 징계담당관의 주장처럼 심각한 위반행위를 하였다고 판단한다.

2. 루이지애나주 대법원은 징계를 결정함에 있어서 징계절차는 변호사에 대하여 높은 행위 기준을 유지하고 대중을 보호하며 직무수행의 염결성을 보존하고 미래의 위반행위를 방지하기 위한 것이라는 점을 염두에 두어야 한다. 또한 징계수위는 감경 · 가중요소들을 고려하여 개별 사실관계와 위반 정도에 의해 결정되어야 한다. 징계 대상자가 전에도 징계를 받은 적이 있고 정직하지 못하며 이기적인 동기를 가졌다는 점, 악의적으로 징계절차를 방해하였다는 점, 다수의 위반행위를 하였다는 점, 잘못된 행위를 하였다고 인정하지 않은 점, 취약한 피해자를 대상으로 하였다는 점, 변호사 업무에 대해 상당한 경험이 있다는 점, 위반행위의 태양 등 가중요소를 고려할 때 영구제명이 타당하다.

3. 루이지애나주 대법원규칙 XIX 부록 E는 영구제명에 대한 지침을 수록하고 있다. 이는 법정을 구속하지는 아니하지만 유용한 판단요소를 제공하고 있다. 이 사건에 해당하는 것은 지침 8(변호사회로부터의 탈퇴, 자격정지, 제명 통고 후에도 권한 없이 사건을 수임한 경우)과 지침 9(심각한 변호사윤리 위반이나 심각한 범죄로 자격정지나 제명당한 후 다시 위반행위를 하거나 유죄판결을 받는 것은 심각한 변호사윤리 위반이나 심각한 범죄의 예라고 할 수 있다. 심각한 범죄는 규칙 XIX 19에 정의되어 있다. 심각한 변호사윤리 위반이란, 1년 이상의 자격정지를 가져온 위반행위를 말한다)이다.

4. Floyd M. Gibson에게 영구제명을 명하며, 대법원규칙 XIX 24(A)에 따라 그는 영원히 이 주에서 다시 변호사가 될 수 없음을 명령한다. 또한 의뢰인들에게 마땅히 돌려주어야 할 보수금을 반환하도록 명한다.

【판례 8-18】 Lawyer Disciplinary Bd. v. Ball(Supreme Court of Appeals of West Virginia; June 15, 2006; 219 W.Va. 296, 633 S.E.2d 241)
과도한 보수를 청구하고 이익충돌되는 사건을 수임한 변호사가 자격박탈의 징계를 받은 사례

▌사실관계

1. 1997년 9월 17일 John Patrick Ball 변호사는 당시 94세인 Earle L. Elmore의 유

언장을 작성하였다. 그 유언장에는 Ball 변호사를 유언집행자로 지정하고 그에게 재산 총액의 7.5%를 보수로 수령할 권한을 주는 내용이 포함되어 있었다. 당시 일반적으로 받아들여지는 유산관리 보수는 최대 총 유산의 5%였다. 2003년 5월 4일 Elmore는 138만 8,579달러로 평가되는 상속재산을 남기고 사망하였다.

Elmore는 재산의 대부분을 웨스트버지니아 주립대학의 재단에 유증하였다. 유언장은 Ball 변호사에게 유언집행자로서 재단에 기증된 자금에 대한 감독을 맡기면서 연간 보수를 청구할 수 있도록 하였고, 보수가 Elmore의 출연금 총액의 1%가 될 수 있다고 제안하고 있었다.

웨스트버지니아주 변호사 징계담당관은 Ball 변호사가 유언집행 및 기금감독의 대가로 과도한 보수를 지급받은 것이 웨스트버지니아주 변호사 직무행위규칙 1.5(a)[30]와 1.7(b)에 위반된다는 이유로 Ball 변호사에 대한 징계절차를 개시하였고, 설령 과도한 보수를 지급받은 사실이 인정되지 않더라도 규칙 8.4(a)[31]를 위반한 것이기 때문에 징계사유가 존재한다고 주장하였다. 청문위원회와 징계담당관은 그 밖에도 Ball 변호사가 Vivian D. Michael, Gladys G. Davis 등 다른 의뢰인들이 웨스트버지니아 주립대학의 재단에 출연한 기금을 감독하는 대가로 과도한 보수를 지급받은 등 총 다섯 개의 직무행위규칙을 위반하였으므로 최소 5년간의 자격정지를 할 것을 권고하였다.

쟁점

1. 의뢰인의 유언장을 작성한 변호사가 유언장에서 자신을 유언집행자로 지정하여 과도한 보수를 받도록 하였으나 아직 수령하지 않은 경우 웨스트버지니아주 변호사 직무행위규칙 1.5(a) 위반에 해당되는지 여부

2. 변호사의 직무행위규칙 위반행위에 대한 적절한 조치

---

30) "변호사의 보수는 적정해야 한다. 보수의 적정성을 결정하는 데 고려할 요소는 다음을 포함한다.
(1) 필요한 시간과 노력, 관련 문제의 생소함과 난이도, 그 법률사무를 적정하게 수행하는 데 필요한 기량
(2) 특정한 건을 수임함으로써 변호사가 다른 사무를 못하게 될 가능성
(3) 유사한 법률사무에 대하여 그 지역에서 관행적으로 청구되는 보수
(4) 계쟁 금액과 얻은 결과
(5) 의뢰인이나 상황이 부과하는 시간적 제약
(6) 의뢰인과 맺은 전문직업적 관계의 성격과 기간
(7) 서비스를 제공하는 변호사의 경험, 명성, 능력
(8) 보수가 정액제인지 조건부인지 여부."

31) "다음 행위는 변호사의 직무상 비행이다.
(a) 직무행위규칙을 위반하거나 위반하려고 시도하는 것, 알면서 다른 사람이 그렇게 하도록 조력하거나 유인하는 것 또는 다른 사람의 행동을 통해서 그렇게 하는 것."

▌법원의 판단

1. 징계절차개시 당시에 아직 유언집행자로서 보수를 수령하지 않았더라도, 변호사 자신이 유산의 7.5%에 해당하는 과도한 보수를 지급받도록 규정한 유언장을 작성한 행위는 직무행위규칙을 위반하려고 시도한 것에 해당하므로 규칙 8.4(a) 위반이다. 마찬가지로 징계절차개시 당시 아직 기금 감독 보수를 받지 않았더라도 자신이 보수를 정하고 기금의 1%라는 과도한 보수를 규정한 유언장을 작성한 행위는 규칙 8.4(a) 위반이다. 변호사가 직무행위규칙상의 금지 또는 의무를 몰랐다는 것은 변호사 징계절차에서 항변사유가 되지 않는다.

30년 이상 변호사 실무를 해왔다는 점은 징계를 가중할 요소이다. 직무행위규칙에서 금지한 사항은 의뢰인이 이를 포기하고 허용할 수 없다. 구제수단으로 전액의 원상회복이 필요하고, 이 사건에서는 5년의 자격정지보다 자격박탈이 적정하다.

2. Ball 변호사에게 다음과 같은 제재를 가한다.

1) 웨스트버지니아주에서 변호사를 할 자격을 박탈한다.

2) 그가 Michael, Davis, Elmore 등의 상속재산관리인으로서 수령한 금원, 그가 위 의뢰인들이 재산에 기증한 자금에 대한 감독 대가로 수령한 금원, 위 의뢰인들이 설립한 신탁의 수탁자로서 수령한 금원, 그의 부인과 아들이 위 의뢰인들의 상속재산으로부터, 또는 의뢰인 연금의 수익자로서 받은 금원 및 재산을 전부 반환한다.

3) 그가 작성한 Davis의 유언보충서에 Ball 변호사의 부인, 파트너 변호사 및 이름을 정하지 않은 변호사를 Davis의 상속재산에 대한 잠재적인 관리인 및 Davis가 재단에 유증한 재산의 감독자로 지정한 조항은 무효로 한다.

4) 위 의뢰인들의 상속재산이 재단에 증여한 자금의 감독을 중단한다.

【판례 8-19】 People v. Hohertz(Office of the Presiding Disciplinary Judge of Supreme Court of Colorado; October 13, 2004; 102 P.3d 1019)
징계 시 고려할 사항—과거 수차례 징계 받은 후 다시 비밀유지 위반 등 다수의 비행을 저지른 변호사가 자격박탈의 징계를 받은 사례

▌사실관계

콜로라도주 Robert Hohertz 변호사는 비밀유지의무를 위반하고 사건 종료 후에도 수임료 및 기타 의뢰인의 재산을 돌려주지 않았으며, 문제 해결을 위해 적절한 조치를 취하지 않았으면서도 조치를 취했다고 의뢰인을 기망하는 등 의뢰인에 대한 의무를 불이행하여 그의 의뢰인들에게 손해를 입혔다. 이에 피해를 입은 다수의 의뢰인이 그에 대

해 징계를 청구하였다. Hohertz 변호사는 20년 경력의 변호사로 사건 당시 우울증을 앓고 있는 상태였다. Hohertz 변호사는 청구인들의 주장에 답변하지 않았고 심리불출석하였다.

쟁점

1. 변호사가 의뢰인으로부터 위임받은 일을 게을리 하여 의뢰인에게 손해를 입히는 것과 관련하여 변호사 자격을 박탈할 수 있는 경우 : 변호사의 계약 불이행, 적절하게 일하지 않고 받은 보수의 반환 불이행, 계산서 제공 불이행, 의뢰인의 비밀유지의무 위반, 기타 부정직·사기 또는 기망에 근거한 행동

2. 변호사의 의무 위반에 대한 제재 조치 결정에서 고려사항

법원의 판단

1. 청문위원회는 Hohertz 변호사가 합리적인 근면성 없이 의뢰인으로부터 위임받은 사건처리를 게을리 하여 콜로라도주 변호사 직무행위규칙 1.3[32]을 위반하였고, 의뢰인의 동의 없이 의뢰인의 친구에게 피고 자신이 그 의뢰인을 대리하고 있다는 정보를 누설하였으므로 위 규칙 1.6(a)[33]를 위반하였으며, 규칙 1.15(b)[34]와 1.16(d)[35]를 위반하였다고 판단하였다. 또 청문위원회는 Hohertz 변호사가 부정확한 아동보조 명령을 바로잡았고 법원으로부터 답변을 기다리고 있다고 의뢰인에게 거짓을 말하였으므로 규칙 8.4(c)[36]를 위반한 것으로 보았다.

2. 1992년 미국변호사협회 변호사 징계 기준(ABA Standards for Imposing Lawyer Sanctions) 3.0에 따르면 변호사에 대해 징계 조치를 할 경우 다음 요소를 고려하도록 하고 있다. ① 위반한 의무, ② 변호사의 정신 상태, ③ 변호사의 비행으로 인하여 발생

---

32) "변호사는 의뢰인을 대리함에 있어서 합리적 정도로 근면하고 신속하게 행동하여야 한다."

33) "변호사는 의뢰인이 충분한 정보를 받은 후 동의하거나 의뢰인 대리를 수행하기 위하여 정보공개가 묵시적으로 수권되거나 (b)에 따라 정보공개가 허용된 경우를 제외하고는 의뢰인 대리에 관한 비밀정보를 누설하여서는 안 된다."

34) "변호사는 의뢰인 또는 제3자가 권리를 가지고 있는 자금 기타 재산을 받으면, 의뢰인 또는 제3자가 수령할 권리가 있는 자금 기타 재산을 즉시 또는 법이나 의뢰인 또는 제3자와의 계약상 허용되는 기한 내에 의뢰인 또는 그 제3자에게 인도하여야 하고, 의뢰인 또는 제3자의 요청이 있으면 즉시 그 재산에 관한 완전한 계산서를 제공하여야 한다."

35) "변호사는 수임 종료 시, 상당한 기간을 둔 의뢰인에 대한 통지, 다른 변호사를 선임할 수 있는 시간의 부여, 의뢰인이 권리를 가진 서류와 재산의 인도, 보수·비용 선급금 중 발생하지 않은 부분의 반환 등 합리적으로 가능한 범위 내에서 의뢰인의 이익을 보호하기 위한 조치를 취하여야 한다. 변호사는 다른 법에서 허용하는 범위 내에서 의뢰인에 관련된 서류를 보유할 수 있다."

36) "부정직, 사기, 기망, 또는 부실표시를 하는 행동을 하는 것은 변호사의 직무상 비행에 해당한다."

한 실제 또는 잠재적 손해, ④가중 및 감경 사유의 존재 여부.

이 사건에서 Hohertz 변호사는 의뢰인의 재산과 비밀을 지킬 의무 및 근면·적정하게 일할 의무를 위반하였다. 그는 과거 우울증 진단을 받은 적이 있으며 의뢰인을 위한 직무수행 시에도 우울증이 있었던 것으로 짐작되지만, 우울증이 변호사의 정신에 어떤 영향을 주었는지, 즉 우울증이 이와 같은 의무 위반의 직접적 원인인지에 대하여 입증된 바는 없다. 한편 Hohertz 변호사의 비행으로 인하여 의뢰인들은 사업적·개인적으로 재산적·감정적 피해를 입었음이 인정된다.

Hohertz 변호사는 이전에 경고 4회 및 자격정지 4회(3개월 2회, 1년 1일 1회, 3년 1회)의 징계를 받은 바가 있고 반복적으로 의무 위반을 하였으며, 약 20년의 법조 경력을 지니고 있다. 또한 이 사건에서는 5명의 피해자가 민원을 제기하였고 피해자들이 취약한 상황에 처해 있었음이 인정되며, 피해회복을 하지 않고 있는 점 등의 징계 가중사유가 존재한다. 한편 Hohertz 변호사는 정신적으로 우울증을 앓았던 전력이 있으므로 이를 감경사유로 감안할 수는 있다.

3. 따라서 Hohertz의 변호사 자격을 박탈하고 변호사 명부에서 그 이름을 삭제한다.

【판례 8-20】 Cuyahoga County Bar Association V. Wise(Supreme Court of Ohio; February 22, 2006; 842 N.E.2d 35)
변호사가 검사나 시(市) 안전국장이 친구인 것처럼 언급한 것이 해당 공무원에 대한 부당한 영향력 행사의 언급에 해당되어 자격정지 1년의 징계를 받은 사례

▌사실관계

David M. Wise 변호사는 양육권 사건에서 생모 측의 소송대리인이었다. 생부의 누나, 즉 아이의 고모가 아이 출생 시부터 아이의 친조부모의 도움하에 양육해 왔고, 고모는 가정법원에 아이에 대한 영구적인 양육권을 구하는 소를 제기하였다. 2003년 1월 29일의 심리에서 법원은 생부의 기각신청을 받아들였는데,[37] Wise 변호사는 양육권이 즉각적으로 자신의 의뢰인인 생모에게 넘어간다고 오인하였다. 이에 생모는 아이를 데리러 탁아소에 갔으나 당일 아이가 아파 다른 친척집에 있었기 때문에 찾을 수 없었는데, 고모가 유괴한 것으로 생각하여 이를 Wise 변호사에게 알리며 고모를 고소할 가능

---

37) 판사는 아이의 복리와 안전을 우려하여 카운티 아동가족국에 부모가 양육하는 것이 위험한지 여부를 조사시킬 것이라고 했고, 다음 날인 1월 30일 담당자는 아이를 보호기관에 인계하고 형식적으로 고모의 보호하에 두었다.

성에 관하여 이야기를 나누었다.

1월 30일 Wise 변호사는 고모가 출근을 하였다면 도망갔을 리가 없다고 추측했기 때문에, 고모의 직장인 경찰서에 전화를 하였다. Wise 변호사는 아이의 고모가 출근하지 않았다는 답변을 듣고 그녀의 직속상관인 경사를 바꾸어 달라고 하여, 그에게 자신이 카운티 검사인 Bill Mason을 안다며 개인적으로 찾아가 아이의 고모를 유괴로 고소할 수 있다고 하였다. 또한 고모의 변호사인 Douglas Blackburn에게 전화를 걸었을 때, 현재로서는 양육권이 고모에게 있다는 설명을 들었음에도 '친한 친구 Bill Mason 검사'에 관하여 언급하고 고모의 '비행'을 다른 '친구'인 시 안전국장에게 통보하겠다고 하였다.

12월 22일에 쿠야호가카운티 변호사회는 Wise 변호사가 다수의 오하이오주 변호사 직무책임준칙의 징계규칙을 위반하였다는 혐의를 제기하였다. 오하이오주 변호사 민원 및 징계위원회는 Wise 변호사의 위반 사실에 대한 조사위원회의 권고를 받아들여 징계를 하기로 결정하였다.

쟁점

1. 변호사가 친분이 없으면서 검사나 시 안전국장이 친구인 것처럼 언급한 것이 해당 공무원에 대한 부당한 영향력 행사의 언급에 해당되어 오하이오주 변호사 징계규칙 9-101(C)[38] 위반인 직무비행인지 여부

2. 변호사가 상대방 당사자의 직장 상사에게 소송 제기 가능성에 관한 언급을 한 것이 괴롭히거나 악의적으로 해를 입힌 것에 해당되어 징계규칙 7-104(A)(1)[39] 위반인지 여부

3. 상대방에 대한 형사고소 가능성을 언급한 것이 민사소송에 유리할 목적에 해당되어 징계규칙 7-105(A)[40] 위반인지 여부

법원의 판단

1. 징계규칙은 변호사가 공무원에게 부당한 영향력을 행사할 수 있음을 암시하는 것도 금지하고 있으므로, 변호사가 실제로 해당 검사나 안전국장과 친분이 없다고 하더라도 직무상 비행에 해당한다.

---

38) "변호사는 재판부, 입법기구, 또는 공무원에게 부당하게 또는 관련 없는 근거로 영향력을 행사할 수 있다고 말하거나 암시해서는 안 된다."

39) "변호사는 의뢰인을 대리함에 있어 다음 행위를 하여서는 안 된다.
(1) 그 행위가 단지 괴롭히거나 악의적으로 해를 입힐 것임을 변호사가 알거나 또는 그러함이 명백한 경우, 제소, 주장, 항변, 심리연기 기타 의뢰인을 위하여 하는 행위"

40) "변호사는 단지 민사 사건에서 유리하게 하기 위해 형사고발을 하거나 고발에 참여하거나 고발하겠다고 위협해서는 안 된다."

2. 상대방 당사자가 직장에 없음을 알고 상사에게 전화를 바꾼 후, 그 상사에게 상대방에 대한 소송 가능성에 대해 언급하고 상대방이 유괴혐의에 연루되었을지도 모른다고 말해 상황을 악화시킨 것은 괴롭히거나 악의적으로 해를 입힌 것이므로 징계규칙 위반이다.

3. 징계규칙은 민사에 관한 쟁점에서 유리한 지위를 차지하기 위한 목적으로 형사고소를 하겠다고 위협하는 것을 금지하고 있다. 이 사건에서는 문제 된 양육권 분쟁이 아직 완전히 해결된 것이 아니므로 상대방에게 형사고소의 가능성에 관하여 언급한 것은 위 징계규칙 위반에 해당한다.

4. Wise 변호사의 징계규칙 위반에 대해 자격정지 1년의 징계를 명하되 후반 6개월에 관해서는 향후 직무비행이 없을 것을 조건으로 그 집행을 유예한다.

【판례 8-21】 Andrews v. Kentucky Bar Ass'n.(Supreme Court of Kentucky; August 25, 2005; 169 S.W.3d 862)
변호사회에 가입하지 않은 비회원을 사건에 관여시키고 의뢰인의 재산보호의무 및 법원에 대한 진실의무 등을 위반한 변호사가 자격정지 62일의 징계를 받은 사례

사실관계

1. David M. Andrew 변호사는 그의 변호사 사무실에 근무하는 Angela Allen을 감독할 지위에 있었는데, Allen은 변호사 회비 미납으로 켄터키주에서 변호사 자격이 정지된 상태였다. Andrews 변호사는 1997년 4월 29일 Allen과 고용계약을 체결할 때에 이러한 사실을 확인하지 않았다. 1997년 11월 19일 조사위원회는 Andrews 변호사에게 Allen의 자격이 정지되었음을 고지하였다. 그러나 Andrews 변호사는 조사위원회 및 변호사회 징계담당관과의 의사소통에도 불구하고 최소한 1997년 12월 5일까지 Allen이 변호사로서 직무수행을 계속하도록 허락하였다. 1997년 12월 3일 Andrews 변호사는 변호사회 징계담당관에게 Allen의 자격이 회복되었으며 이는 1996년 5월 2일자로 소급하여 효력이 있다는 내용의 우편을 보냈다. 1997년 12월 5일 우편이 도달하자 징계담당관은 즉시 전화로 Andrews 변호사에게 연락하여 Allen의 변호사 자격이 회복되지 않았으며, 그녀는 여전히 켄터키주에서 변호사로서 활동할 자격이 없음을 통지하였다. 이 대화를 1997년 12월 8일자 편지로 확인하였다. 그럼에도 Andrews 변호사는 Allen의 변호사 직무수행을 저지하기 위한 조치를 취하지 않았다. 1998년 1월 Andrews 변호사는 켄터키주 변호사회에 Allen의 회원자격 회복을 위하여 610달러의 수표를 발행하였

다. 이 수표는 Allen의 자금과 의뢰인의 자금이 혼장되어 있는 Andrews 사무실의 에스크로 계좌로부터 발행되었다. Andrews 변호사는 조사위원회에서 주장한 대로 규칙 3.130-5.1,[41] 3.130-5.5(b),[42] 3.470[43] 및 3.130-1.15(a)[44]를 위반하였음을 인정하였다.

2. Andrews 변호사는 고의로 Lewis v. Wiseman Homes, civil action no.94-CI-1995, Fayette Circuit Ct 사건에서 증거개시절차상 상대방 변호사의 요청(discovery request) 및 질의에 응하여 정보를 공개하지 않았다. 그는 조사위원회가 주장한 대로 규칙 3.130-3.3,[45] 3.130-3.4[46] 및 3.130-8.3(c)[47]를 위반하였음을 인정하였다.

---

41) "(a) 변호사 사무실의 파트너 변호사 및 단독 또는 다른 변호사와 함께 변호사 사무실에서 이와 유사한 감독 권한을 가지는 변호사는 변호사 사무실의 모든 변호사가 이 법에 부합함을 합리적으로 보장하기 위한 조치가 유효함을 확실하게 하도록 상당한 노력을 하여야 한다.
(b) 다른 변호사에 대하여 직접 감독권한을 가지는 변호사는 그 감독 받는 변호사가 이 법에 부합함을 보장하도록 상당한 노력을 하여야 한다.
(c) 변호사는 다른 변호사의 이 법 위반에 대하여 다음의 경우 책임을 진다.
(1) 변호사가 명령하였거나 특정한 행위에 대하여 알면서도 관련된 행위를 승인한 경우, 또는
(2) 파트너 변호사이거나 변호사 사무실에서 이와 유사한 감독권한을 가지는 변호사인 경우에 다른 변호사가 업무를 수행하거나 그 다른 변호사에 대하여 직접 감독권한을 가지는 경우, 그 행위로 인한 결과를 방지할 수 있거나 줄일 수 있음을 알면서도 합리적인 개선조치를 취하는 데 실패한 경우."

42) "이 관할에서 업무를 수행하도록 허용되지 아니한 변호사는 다음을 하여서는 아니 된다.
(1) 이 법 또는 다른 법에서 허용하지 아니하는 한, 사무실 또는 변호사 업무 수행을 위한 다른 실체를 설립 또는 유지하거나
(2) 그 변호사가 이 관할에서 변호사 업무를 수행할 수 있는 것으로 대중에게 알리거나 달리 그렇게 표시하는 것."

43) "고의로 어떠한 개인 또는 단체의 권한 없는 변호사 업무의 수행을 어떠한 방법, 형태, 수단으로든 돕거나 원조하거나 교사하는 변호사는 직무상 규칙에 위반되는 행위의 죄책을 진다."

44) "변호사는 대리와 연관하여 변호사의 소유로 된 의뢰인 또는 제3자의 재산을 변호사 개인의 재산과 분리하여야 한다. 자금은 변호사의 사무실이 위치한 주에서 관리하는 별도의 계좌 또는 의뢰인이나 제3자의 동의 또는 재산에 대한 각자의 주장이 있는 경우 양쪽 모두의 동의하에 다른 곳에 보관되어야 한다. 전단에 언급된 별도의 계좌는 그 계좌에 초과인출이 발생한 경우에 켄터키주 변호사회에 고지하기로 동의한 은행에 보관되어야 한다. 다른 재산도 적절하게 보호되고 식별되어야 한다. 그러한 계좌 및 재산에 관한 완전한 기록은 변호사가 보유하여야 하고 대리가 종료된 후 5년간 보관하여야 한다."

45) "(a) 변호사는 고의로 다음을 하여서는 아니 된다.
(1) 법정에서 사실 또는 법에 관하여 허위진술을 하거나 이전에 변호사가 법정에 행한 사실이나 법에 관한 허위진술을 정정하지 않는 경우
(2) 의뢰인의 입장에 직접적으로 반대되고 상대방 변호사가 제출하지 아니하였으나 변호사가 알고 있는, 해당 관할에서 출간된 법적 전거를 법정에 공개하지 아니한 경우
(3) 변호사가 거짓임을 알고 있는 증거를 제시하는 경우. 만일 변호사, 의뢰인, 변호사가 신청한 증인이 물적 증거를 제시하였는데 변호사가 그 허위를 알 경우, 그 변호사는 합리적인 시정조치를 취해야 하고 여기에는 필요하다면 법원에의 공개도 포함된다. 변호사는 피고의 형사와 관련된 증언을 제외하고 그가 허위라고 합리적으로 믿는 증거의 제출을 거부할 수 있다.
(b) 판결절차에서 의뢰인을 대리하고 어떠한 자가 그 절차에 관하여 형사 또는 사기행위에 관여하였거나 관여하고자 함을 알고 있는 변호사는 합리적인 시정조치를 취해야 하는데, 여기에는 필요하다면 법원에의 공개도 포함된다.
(c) (a)와 (b)에 기술된 의무는 절차의 종결까지 지속되며, 달리 법 1.6에서 보호하지 않는 이상 이행이 정

3. Andrews 변호사는 켄터키주 변호사회에 1998년 4월 15일자로 우편을 보냈는데, 편지 내용에는 계류 중인 징계 사건에 관한 허위 주장들이 포함되어 있었고 그 주장들을 뒷받침하는 허위 증거들이 동봉되어 있었다. Andrews 변호사는 조사위원회가 주장한 대로, 자신이 앞의 규칙 3.130-3.3(a), 3.130-8.1(a)[48] 및 3.130-8.3(c)를 위반하였음을 인정하였다.

4. 한편 Andrews 변호사는 1991년 United Companies Financial Corporation의 부동산계약에 법률고문으로 참여하였다. 관련된 재산은 대출금의 담보목적으로 Janice Crouch의 어머니로부터 Crouch에게 이전되는 것이었다. 이 재산은 대출이 상환되면 재양도될 것이었으므로, Andrews 변호사는 양도증서를 분실하였음에도 불구하고 새로운 양도증서를 준비하거나 재산의 권리를 확인하는 조치를 취함으로써 문제를 해결하려는 시도를 하지 않았다. Andrews는 조사위원회가 주장한 대로, 규칙 3.130-1.15(a),

---

보의 공개를 요구할 경우에도 적용된다.
(d) 일방적(ex parte) 절차에서 변호사는 법원에 불리한지 여부를 불문하고 자신이 알고 있으며 법원이 결정을 내리는 데 도움이 되는 모든 물적 사실을 알려야 한다."

46) "변호사는 다음을 하여서는 아니 된다.
(a) 다른 당사자가 증거에 접근하는 것을 위법하게 방해하거나 증거가치의 가능성이 있는 문서 또는 물건을 위법하게 변경, 파괴, 또는 은닉하는 경우. 변호사는 다른 자에게 이러한 행위를 하도록 조언하거나 도와서는 아니 된다.
(b) 고의로 증거를 위조하거나 증인에게 위증을 하도록 조언, 또는 원조하거나 법으로 금지된 예비진술을 권유하는 경우
(c) 유효한 의무가 부존재한다는 주장에 바탕한 거부의 경우를 제외하고, 고의로 재판규칙하의 의무를 위반하는 경우
(d) 사전심리절차에서 사소한 증거제출 요청을 하거나 상대 당사자의 적법한 증거제출 요청에 부응하기 위한 합리적 성실의무를 고의로 저버리는 경우
(e) 공판에서 변호사가 적절하다고 합리적으로 믿지 않거나 용인될 수 있는 증거로 뒷받침되지 않는 사실을 언급하거나 증인으로서 증언하는 경우를 제외하고 쟁점 사실에 관한 개인적 의견을 주장하거나 근거의 정당성, 증인의 신뢰도, 민사소송 당사자의 유죄, 피고의 유무죄에 관하여 개인적 의견을 주장하는 경우
(f) 오로지 민사 또는 형사 문제에 관하여 유리하기 위해 형사 또는 징계혐의를 제시하거나 제시하는 데 참여하거나 제시할 것으로 위협을 하는 경우
(g) 의뢰인 이외의 자로 하여금 다른 당사자에게 자발적으로 정보를 제공하지 아니하도록 권하는 경우, 다만 다음의 경우에는 그러하지 아니하다.
(1) 그가 의뢰인의 친척이거나 그 문제에 관하여 지도, 감독, 또는 정기적으로 상담을 하거나 그 문제에 관하여 의뢰인에게 의무를 지울 수 있는 권한을 가진 경우
(2) 그러한 정보를 제공하지 아니하는 것이 그의 이익을 침해하지 아니하는 것으로 변호사가 정당하게 믿은 경우."

47) "변호사는 규칙 1.6, 또는 다른 법에 의해 보호되는 정보를 신고하도록 요구되지 아니한다. 나아가 변호사나 판사는 켄터키 변호사 지원프로그램 또는 윤리핫라인에 참여하는 과정에서 제공받은 정보를 신고하거나 공개할 의무가 없다."

48) "변호사회에의 입회신청인, 또는 변호사는 변호사회 입회신청 또는 징계사안에 관련하여… 중요한 사실에 관하여 알면서 허위의 진술을 하여서는 안 된다."

3.130-4.4[49] 및 3.130-1.3을 위반하였음을 인정하였다.

▌쟁점

위 변호사의 직무행위규칙 위반행위에 대한 적절한 징계 조치

▌법원의 판단

1. 의뢰인 재산보호, 비변호사의 법률사무 처리 지원 금지, 법원에 대한 정직의무, 상대방 당사자나 대리인에 대한 공정의무, 사기 · 기망 · 허위표시 등에 관여함을 금지한 감독 변호사의 책임에 관한 규칙을 위반하였다.

2. 변호사 자격정지 62일 및 그중 후반 31일에 대한 윤리교육 이수 조건부 집행유예 2년을 명한다.

* 기타 수임의무를 성실하게 이행하지 않은 데 대하여 징계한 사례로는 제3장 변호사의 기본 의무, 1.2.2 불성실한 수임사무 처리 사례에 있는 판례들 참조.

3.1.3 변호사회 규칙 위반

【판례 8-22】 In re Demos(District of Columbia Court of Appeals; May 26, 2005; 875 A.2d 636)
변호사회 입회 시 허위의 정보를 기재하여 승인을 받은 변호사가 자격박탈의 징계를 받은 사례

▌사실관계

Paul T. Demos 변호사는 1983년 워싱턴 D.C. 변호사 시험에 합격하여 1993년 8월 2일 워싱턴 D.C. 변호사회의 입회승인을 받았다. 1993년 9월 Demos 변호사는 텍사스주 북부 연방 지방법원에 대하여 변호사회 입회신청을 하면서 그가 애리조나주 피닉스에 거주하며 애리조나주 템피시에 위치한 로펌에서 법률사무를 하고 있다고 밝혔다. 그의 입회신청은 1993년 10월 4일 승인되었다.

1993년 10월 25일 Demos 변호사는 애리조나주 연방 지방법원에서 법률사무를 할 수 있도록 승인신청을 하였다. 위 법원의 사무처리규칙 1.5(Local Rule of Practice 1.5)

49) "(a) 의뢰인을 대리할 때에 변호사는 실질적으로 제3자를 난처하게 하거나 지체시키거나 부담 지울 목적밖에 없는 수단을 사용하거나 그러한 자의 법적 권리를 침해하는 방법으로 증거를 수집하여서는 아니 된다.
(b) 의뢰인의 변호와 관련한 서류를 받은 변호사가 그 서류가 비의도적으로 송부되었음을 안 경우에 변호사는 (1) 서류를 읽지 않고 (2) 즉시 발송자에게 알리며 (3) 그 처분에 관하여 발송자의 지시에 따라야 한다."

에 따르면 변호사가, ① 어떤 한 곳의 연방법원에서 승인을 받거나 ② 애리조나주에서 입회승인을 받았을 경우에만 애리조나주 연방법원에서의 법률사무가 허용되고, 다만 애리조나주에 거주하거나 애리조나주에 주요 사무소가 있는 변호사는 애리조나주의 입회승인을 받아야만 한다. 텍사스주 북부 연방 지방법원에 제출된 서류에 따르면, Demos 변호사는 애리조나주에 거주하고 있으므로 애리조나주 변호사회로부터 입회승인을 먼저 받아야만 했다. 그러나 Demos 변호사는 이 과정을 생략하기 위해 자신이 뉴멕시코주의 앨버커키에 거주하고 있고, 자신의 로펌 주소는 워싱턴 D.C.라고 기재하여 애리조나주 연방법원에 신청서를 제출함으로써 법률사무 수행이 가능하다는 승인을 받았다.

그러나 Demos 변호사가 텍사스주 연방 북부지방법원에 제출한 신청서상의 거주지와 로펌 주소가 애리조나주 연방 지방법원에 제출한 것과 다르다는 사실이 발견되어, 애리조나주 연방 지방법원은 Demos 변호사에게 신청서 기재 내용의 진실성을 증명하라는 명령을 발령하였다. 위 법원은 Demos 변호사가 텍사스주 북부 연방 지방법원에 제출한 대로 Demos 변호사의 실제 거주지와 로펌 주소는 애리조나주일 가능성이 높아 보인다고 인정하며, Demos 변호사가 고의적으로 승인신청서의 정보를 왜곡하였으므로 1994년 12월 28일 애리조나주 연방 지방법원 변호사 명부에서 Demos 변호사를 제명하였다. 또한 1995년 10월 텍사스주 북부 연방 지방법원도 Demos 변호사의 입회승인을 취소하였다.

2000년 10월 3일 워싱턴 D.C. 변호사회 징계담당관은 Demos 변호사의 행위에 대하여 애리조나와 텍사스의 연방 지방법원에서 취한 조치를 워싱턴 D.C. 항소법원에 보고하였으며, 10월 10일 워싱턴 D.C. 항소법원은 워싱턴 D.C. 변호사회 규칙(Bar Rule) XI, §11(d)에 따라 Demos 변호사에게 자격정지 징계 처분을 내리고, 이 처분에 불복하는 경우 10일 이내로 직무책임위원회에 그 이유를 입증하라고 명하고 직무책임위원회에게는 위원회의 권고사항을 제출하도록 명하였다. 직무책임위원회는 Demos 변호사에 대하여 변호사 자격박탈이라는 가중된 제재가 부과되어야 한다고 권고하였다. 2002년 1월 19일 Demos 변호사는 이러한 권고에 이의신청을 제출하였다. 이에 변호사회 징계담당관은 그가 기한 내에 이의신청을 하지 않았고, 이전에는 위원회의 조사 과정에 협조하지 않았으므로 이 사건 이의신청이 각하되어야 한다고 주장하였다.

쟁점

1. Demos 변호사가 직무책임위원회의 권고에 대하여 적시에 이의를 제기하지 못하거나 위원회의 절차에 참여하지 않았음을 이유로 그의 징계이의신청을 각하할 수 있는지 여부

2. 다른 주에서 받은 징계와는 '상당히 다른 징계'를 받을 것을 정당화할 사유가 존재하는지 여부

▮법원의 판단

1. Demos 변호사가 직무책임위원회의 권고에 대하여 적시에 이의를 제기하지 못하거나 그 위원회의 절차에 참여하지 않았다고 하더라도, 애초에 법원이 명한 징계보다 더 중한 징계를 권고한 위원회의 권고를 다툴 권리를 포기한 것으로 볼 수 없다.

2. 워싱턴 D.C. 변호사회 규칙 XI, §11(c)에 따라 상호 징계, 즉 다른 주에서 받은 징계 처분과 같은 내용의 징계를 하는 것과는 별개로, 워싱턴 D.C. 변호사에 대하여 더 가중되거나 감경된 제재를 부과하는 것을 배제할 수는 없다. 규칙 §11(c)(4)[50]의 "상당히 다른 징계"를 정당화하는 예외 요건을 충족시킨다면, 이 법원에서 다른 주보다 더 가중된 징계 조치를 내리는 것도 가능해진다.

위 규칙의 문언상 "상당히 다른 징계"는 ① 관할 법원에서 다른 주에서 부과했던 징계 조치와 동일한 범주의 제재를 부과하지 않을 것인지, ② 만약 다른 주의 징계와 다른 징계를 부과하고자 한다면 그 차이가 상당한지 여부에 따라 결정된다.

애리조나주 연방 지방법원에서 Demos 변호사를 변호사 명부에서 제명한 것은 '무기한 자격정지 처분'과 기능적으로 동일하다. 그러나 워싱턴 D.C. 변호사회 규칙에서 자격정지는 적정한 일정 기간으로만 할 수 있고 기한을 정하지 않은 자격정지 처분은 인정하지 않고 있다. 이 사건과 유사한 판례[In re Robertson, 618 A.2d 720, 724(D.C. 1993)]에서는 변호사 자격박탈이 유일하게 가능한 제재라는 점을 들어 자격정지 처분이 아닌 변호사 자격박탈 처분을 내린 바 있다.

또한 Demos 변호사는 그의 비행이 워싱턴 D.C.에서 일어났다면 판례상 30일 내지 1년의 변호사 자격정지 처분을 받았을 것이라고 주장하며 변호사 자격박탈이 부당하다고 항변하나, 그가 근거로 든 판례상 나타난 변호사의 비행은 변호사 직무행위규칙 8.4 위반행위이고, Demos 변호사의 비행은 규칙 8.1[51] 위반에 해당하는 것으로서 차이가

50) "다른 징계 법원이 변호사에게 자격박탈, 자격정지, 또는 보호관찰의 징계를 한 경우에는 언제나 상호 징계가 부과될 수 있다. (중략) 상호 징계는 변호사가 아래 사항을 분명하고 설득력 있는 증거로 밝히지 않는 이상 부과되어야 한다.
(4) 해당 비행에 대해 워싱턴 D.C.에서는 상당히 다른 징계를 하여야 한다는 점."

51) "변호사회에 대한 입회승인신청자, 또는 입회신청과 관련하거나 징계 문제에 관련한 변호사는 다음을 행하여서는 안 된다.
A. 알면서 중요한 사실에 대한 허위의 진술을 하는 행위
B. 오해가 발생하였음을 그가 알면서도 이를 교정하기에 필요한 사실을 알리지 않는 행위 또는 입회승인 당국이나 징계당국에 의한 합법적인 정보요구에 대해 의도적으로 응답하지 않는 행위. 다만 이 규칙은 규칙 1.6이 보호하는 정보의 공개를 요구하지는 않는다."

있으며, 그중에서도 변호사회 입회승인 신청 과정에서 허위진술을 한 것이므로 이 사안에 대해서는 다른 기준이 적용되어야 한다.

애리조나주 연방 지방법원이 Demos 변호사에 대해 부과한 변호사 명부에서 제명을 명하는 징계는 워싱턴 D.C. 관할 법원이 부과할 수 있는 징계 범주와 다르다는 점이 인정되므로, 워싱턴 D.C. 변호사회 규칙 XI, §11(c)(4)의 "상당히 다른 징계"라는 요건이 충족된다.

3. 따라서 이 법원은 Demos 변호사가 애리조나주 연방법원에 대하여 직무비행을 범한 행위에 대해 '동일하지 않은 상호 징계'를 부과하여 워싱턴 D.C.에서 Demos 변호사의 변호사 자격을 박탈해야 한다는 직무책임위원회의 권고를 채택하기로 한다.

【판례 8-23】 In re Mikus(Supreme Court of New Mexico; March 28, 2006; 131 P.3d 653)
변호사회 입회승인 전에 저지른 범죄 사실을 변호사회 입회 시 알리지 않은 변호사가 자격정지의 징계를 받은 사례

▮사실관계

Ronald D. Mikus 변호사는 뉴멕시코주 변호사 자격을 취득하기 전, 당시 여자 친구와 멕시코 여행을 갔다 돌아오는 길에 국경 근처에서 다툼을 벌였다. Mikus 변호사는 여자 친구가 멕시코에서 스테로이드를 구입한 사실을 국경 수비대에 신고할까 봐 불안해했고, 다툼이 거세지면서 여자 친구가 둑에서 떨어져 중상을 입게 되었다. 뉴멕시코주 경찰은 Mikus 변호사에게 이 사고에 대해 논의할 것을 요청하였으나 Mikus 변호사는 약속을 취소하고 만나지 않았다.

그후 Mikus 변호사는 뉴멕시코주 변호사 시험을 치렀고, 며칠 뒤 Mikus 변호사는 친족에 대한 가중폭행과 불법감금이라는 중죄로 기소되었다. 기소된 지 두 달이 채 되지 않아 Mikus 변호사는 뉴멕시코주 변호사회로부터 입회승인을 받았다. 그후 배심원단은 기소된 두 혐의에 관하여 유죄평결을 하였으며, 재판부는 3년의 선고유예와 보호관찰을 선고하였다.

그런데 Mikus 변호사는 변호사회 입회신청서를 제출할 당시, "당신은 소년범죄를 포함한 어떠한 위법행위와 관련되어 조사를 받거나 체포되거나 기소된 적이 있습니까?"라는 질문에 "아니오"라고 답을 기재하였고, "본인은 입회승인 전에, 변호사회 입회승인 지원 및 본인의 자격과 관련될 수 있는 어떠한 추가정보에 대해 변호사회 조사위원회에게 보고해야 할 지속적인 의무가 있음을 충분히 숙지하고 있습니다. 또한 이 지원 과정

에서 제기되는 품성과 적합성 문제가 해결되기 전까지는 뉴멕시코 변호사회 입회승인이 되지 않을 것임을 알고 있습니다"라는 서약문에도 서명하였다.

이에 뉴멕시코주 변호사 징계위원회는 ① 변호사회 입회승인신청서를 보완하지 않은 점에 대하여 뉴멕시코주 직무행위규칙 16-801(B),[52] 16-804(C),[53] 16-804(H)[54] 위반임을 주장했으며, ② Mikus 변호사의 범죄행위에 대해서는 규칙 16-804(B)[55]와 16-804(H) 위반의 혐의를 적용하여 Mikus 변호사에 대해 자격정지의 징계를 명하였다.

Mikus 변호사 역시 자신에게 입회승인신청서 보충의무가 있고, 그 의무를 불이행하였다는 사실은 인정하고 있다. 그러나 그는 ① 시간 관계를 보았을 때 고의적으로 신청서 추완을 해태한 것이 아니며, ② 자신이 법률사무를 계속하는 것이 대중에게 해가 되는 일이 아니라는 이유를 들어 자격정지 처분은 위반사실에 비해 과도한 제재라고 주장하면서, 뉴멕시코주 대법원에 징계의 당부를 다투었다.

▌쟁점

1. 입회승인 전의 직무규칙 위반행위가 징계사유가 될 수 있는지 여부

2. 입회승인신청 시 징계 문제 관련한 사실을 공개하지 않음으로 인하여 직무행위규칙을 위반하였을 때 적절한 징계 조치의 수위

▌법원의 판단

변호사회 입회신청에 있어서 자신의 입회승인 자격 및 징계 문제와 관련된 사실을 공개하는 것은 중요한 의무이다. 변호사회 조사위원회 역시 변호사 시험에 합격한 신청자라도 그가 범죄를 저지른 사실을 알았더라면 그의 입회승인을 추천하지 않았을 것이라고 진술하였다. 또한 설사 시기상 그가 입회승인신청서를 추완하지 않은 것이 변호사회 입회승인에 영향을 끼치지 않는다고 하더라도, 결국 부실표시를 한 사실은 인정되므로 징계사유에 해당한다.

진실성과 정직성은 변호사의 주요한 덕목이며 특히 변호사회 입회승인신청 시에는

---

52) "변호사회에 대한 입회승인신청자, 또는 변호사회의 입회신청과 관련하거나 징계 문제에 관련한 변호사는 다음을 행하여서는 안 된다.
A. 알면서 중요한 사실에 대한 허위의 진술을 하는 행위
B. 오해가 발생하였음을 그가 알면서도 이를 교정하기에 필요한 사실을 알리지 않는 행위 또는 입회승인 당국이나 징계당국에 의한 합법적인 정보요구에 대해 의도적으로 응답하지 않는 행위. 다만 이 규칙은 규칙 16-606이 보호하는 정보의 공개를 요구하지는 않는다."

53) "부정직, 사기, 기망, 또는 부실표시를 수반하는 행동을 하는 것은 변호사의 직무상 비행이다."

54) "변호사의 법률실무 적격성을 부정적으로 되돌아보게 하는 행동을 하는 것은 변호사의 직무상 비행이다."

55) "변호사의 정직, 신뢰도, 또는 다른 점에서 변호사로서의 적격성을 부정적으로 되돌아보게 하는 범죄적 행동을 하는 것은 변호사의 직무상 비행이다."

더욱 중요하게 요구된다. 범죄행위로 인해 기소된 사실 자체도 변호사로서의 품성과 적합성에 문제가 되지만, 이 정보를 입회승인신청서에 기재하지 않았다는 것은 더욱 문제가 되는 사안이다. 또한 다른 주에서도 입회승인 전에 일어난 직무상 비행을 입회 후 변호사에 대한 징계사유로 인정하고 있다.

Mikus 변호사는 자신의 행위가 고의가 아니었다고 주장하면서 사안의 심각성을 축소하고 있으나, 징계위원회의 조사 결과에 따르면 그가 자신의 기소 기록이 변호사회 입회승인 과정에 문제가 될까 봐 걱정하였다고 진술하였으므로, 그가 해당 사안의 중요성을 잘 모르고 있었다는 주장은 받아들이기 어렵다.

또한 Mikus 변호사는 단지 범죄혐의로 인하여 법원으로부터 유죄선고와 보호관찰선고를 받은 사실만으로 징계 처분을 받는 것이 아니라, 그 범죄사실을 기재하지 않고 은폐하려 한 부정직한 행위까지 더해져서 징계 조치를 받는 것이다. 또한 직무행위규칙과 관련된 판례에 따르면 징계의 목적은 변호사에 대한 제재가 아니라 일반 대중을 보호하는 데 있으므로, Mikus 변호사가 규칙 위반의 상태에서 법률사무를 계속하는 것은 대중에게 해가 될 수 있다.

결론적으로 이 법원은 변호사회 입회승인 전에 징계 조치 사유에 해당하는 행위에 관여했는지를 결정할 권한이 있으며, 징계위원회의 권고를 채택하여 다음과 같이 명한다.

1. Mikus 변호사는 2007년 1월 23일까지 법률사무취급 자격을 정지한다.
2. 자격정지기간 동안 Mikus 변호사는 지방법원 명령에 기재된 보호관찰의 조건을 준수하여야 한다.
3. 보호관찰기간 종료 후 2년간 Mikus 변호사는 그가 주 3회 2단계 회의에 참석할 의무를 지게 하는 내용으로 징계담당관이 승인하는 관찰계약을 체결하여야 한다.
4. Mikus 변호사는 2년의 관찰기간 동안 무작위 알코올 검사를 받아야 한다.
5. Mikus 변호사는 다시 법률사무를 수행하기 전에 변호사 시험의 법조윤리 시험에 합격하여야 한다.

【판례 8-24】 In re Starnes (District of Columbia Court of Appeals; July 31, 2003; 829 A.2d 488)
캘리포니아주 변호사가 워싱턴 D.C. 변호사회 입회신청 시 허위사실을 기재하여 자격정지 6개월의 징계를 받은 사례

▌사실관계

1992년 10월 캘리포니아주 변호사 자격을 취득한 DeAngelo Starnes는 1994년 1월

그가 캘리포니아주 변호사회의 우량회원임을 기초로 워싱턴 D.C. 변호사회 입회요건 면제를 신청하였다. 워싱턴 D.C. 입회승인위원회가 Starnes에게 추가정보를 요구하는 통지를 보냈으나 통지가 늦게 송달되어 Starnes의 답변이 늦어졌고, 우량회원증명서의 유효기간 만료로 면제신청은 거부되었다.

1994년 7월 Starnes는 워싱턴 D.C. 변호사 시험에 응시했으나 불합격했고, 1995년 2월 재응시하여 1995년 4월 합격통지를 받았다. 이후 1995년 6월 19일 품성과 적격성 평가단계에서 Starnes는 그가 변호사회 입회승인신청서에 "캘리포니아주 변호사 자격을 취득하기 전인 1992년 7월부터 워싱턴 D.C.에 위치한 로펌의 소속 변호사(associate)로 근무해 왔다"라고 기재한 데 대한 추가정보를 요구받았다. 1995년 8월 Starnes는 "당시 모든 업무는 워싱턴 D.C. 변호사의 감독하에 이루어졌으며, 독자적으로 어떠한 문서를 작성하거나 법정에 출두했던 적이 없다"라고 서면으로 답하였다.

한편 Starnes와 관련한 직업윤리상 민원이 변호사회 징계담당관에게 접수되었고, 징계담당관은 조사 후 Starnes가 자격 없이 워싱턴 D.C.에서 법률사무를 취급하였다고 판단하여 무허가 법률사무취급위원회에 회부하였다. 1995년 9월 그가 워싱턴 D.C.에서 변호사 자격을 취득하지 않은 상태임에도 사건을 수임하고 소송대리를 하였음이 밝혀졌다. 의뢰인인 Mitchell에게 보낸 1995년 9월 14일자 편지 상단에는 워싱턴 D.C. 주소와 함께 '변호사'라고 자신을 소개하고 있었으며 워싱턴 D.C. 변호사 자격 미취득 상태임을 표시하지 않았다. 무허가 법률사무취급위원회는 Starnes가 '무허가 법률사무 취급'을 하였다고 보았으나, 편지용지를 수정하였다는 그의 진술을 듣고 개별 비공식 면담을 한 후 입회승인위원회가 그의 변호사회 입회를 승인하였다. 그후에도 Starnes는 Tel-Art사, Surrat, Greer 등 세 의뢰인을 대리함에 있어서 주의의무를 위반하여 직무행위규칙 위반행위를 하였다.

이에 Starnes는 다른 직무행위규칙 위반은 인정하면서도 입회승인신청서에 허위진술을 하여 직무행위규칙 8.1(a)[56]를 위반하였다는 사실은 부인하였다. 그는 1995년 8월 자신이 입회승인위원회의 추가정보 요구에 따른 답신을 보낼 때, 같은 해 2월경 입회승인신청서에 적었던 것과 같은 주장을 부주의하게 반복한 것에 지나지 않는다고 항변하였다.

▌쟁점

이 사건에서 Starnes가 입회승인을 받기 위해 허위진술을 한 것이 직무행위규칙 위반

56) "변호사회에 대한 입회승인신청자 또는 변호사회의 입회신청과 관련하거나 징계 문제에 관련한 변호사는 알면서 중요한 사실에 대한 허위의 진술을 하여서는 안 된다."

인지 여부 및 적절한 징계 조치의 수위

▌법원의 판단

명확하고 확실한 증거에 의하여 Starnes의 허위진술이 고의로 이루어진 것임을 알 수 있으므로 Starnes의 항변은 받아들일 수 없다. 자신이 입회승인위원회로부터 지적까지 받은 사실을 잊어버리거나 간과한다는 것은 불가능하고 입회승인위원회에 답신을 보낸 바로 그날, 그는 워싱턴 D.C. 법원에서의 민사소송 당사자를 대리하기 위한 위임계약서를 체결하였다.

Starnes는 워싱턴 D.C. 변호사회 입회승인신청 시 그가 워싱턴 D.C. 변호사회의 감독하에서 법률사무를 수행해 왔다고 허위진술을 함으로써 직무행위규칙 8.1(a)를 위반하였고, 워싱턴 D.C. 변호사회 입회 이후에도 의뢰인에 대한 주의의무를 위반하는 등 다수의 징계규칙을 위반하였다. 위반은 Starnes가 윤리적이고 책임 있게 법률사무를 취급할 수 있는 능력 또는 의지가 체계적으로 부족함을 암시한다.

징계 조치에 대해서는 이와 유사한 사건을 다룬 판례[57)]에서 9개월의 자격정지 처분을 내린 적이 있으나, 이 사건에서는 Starnes가 반성하는 태도를 보이고 있었고 청문위원회의 보고에 상당한 지연이 있었기 때문에 6개월의 자격정지 처분으로도 대중을 보호하는 목적이 충분히 달성될 수 있다. 따라서 Starnes에게 6개월의 자격정지 처분을 내리고, 법률사무취급을 다시 시작하기 전에 자신이 법률사무 적격성을 갖추었음을 입증해야 한다.

【판례 8-25】 Attorney Grievance Comm'n. of Maryland v. Oswinkle(Court of Appeals of Maryland; May 11, 2001; 364 Md. 182, 772 A.2d 267)
직무행위규칙상 '변호사에 대한 진정과 관련하여 변호사회의 조사에 협조해야 할 의무'는 그 징계 문제가 본인이 아닌 다른 변호사에 대한 경우에도 적용된다고 본 사례

▌사실관계

1988년 George Milton Oswinkle 변호사는 의뢰인 Denise Kasper의 개인파산절차에서 그를 대리하고 있었다. 의뢰인은 파산절차와 동시에 이혼소송도 진행 중에 있었는데, Oswinkle 변호사는 가사 사건은 수임하고 있지 않았다. 이러한 상황에서 의뢰인의 전 남편의 변호사가 이혼 관련 문제로 의뢰인을 찾아왔는데, 의뢰인은 대리인인 Oswinkle 변호

57) In re Kennedy, 605 A.2d 600(D.C. 1992); In re Rosen, 570 A.2d 728(D.C. 1989).

사 대신 의뢰인인 자신을 먼저 찾아왔다는 것에 매우 불쾌감을 느꼈다. 그러자 Oswinkle 변호사는 의뢰인에게 만약 그녀가 원한다면 변호사고충처리위원회(The Attorney Grievance Commission)에 진정서를 낼 수 있다고 조언해 주었고, 의뢰인은 전 남편의 변호사를 상대로 진정을 하여 조사가 개시되었다.

1988년 여름부터 1999년 초까지 메릴랜드주 변호사회 징계담당관보와 조사관은 위 진정 사건을 조사하기 위해 Oswinkle 변호사에게 여러 차례 요청했으나 Oswinkle 변호사는 이에 응답하지 않았다.

1999년 3월 16일 변호사회 징계담당관은 Oswinkle 변호사가 징계당국의 합법적인 정보요구에 응답하지 않음으로써 메릴랜드주 변호사 직무행위규칙 8.1(b)[58]와 8.4(d)를 위반하였다는 내용의 편지를 Oswinkle 변호사에게 발송하였다. 그러나 Oswinkle 변호사는 이 편지에도 응답하지 않았고, 징계담당관은 1999년 4월 6일 10일 내에 답신이 도달하지 않으면 이 사건을 조사위원회(Inquiry Panel)에 회부하겠다는 내용의 편지를 보냈다. Oswinkle 변호사는 징계담당관에게 4월 23일과 4월 26일 두 차례 전화를 걸었으나 연락이 닿지 않았고, 4월 28일 징계담당관이 Oswinkle 변호사에게 다시 전화를 하여 통화를 할 수 있었다. Oswinkle 변호사는 당시 자신이 업무로 정신이 없었으며 1999년 5월 3일 주중에 답신할 예정이었다고 말하였다.

결국 조사위원회는 위 변호사에게 메릴랜드주 변호사 직무행위규칙 8.1(b)에 따른 징계를 신청할 것을 권고하였다.

▌쟁점

1. 변호사 직무행위규칙상 '변호사 징계 문제와 관련한 합법적인 정보요구에 대해 반응해야 할 의무'는 그 징계 문제가 본인이 아닌 다른 변호사에 대한 징계와 관련된 경우에도 적용되는지 여부

2. 그러한 의무가 인정된다면 위 의무를 위반한 변호사에 대한 적절한 징계 조치의 수위

▌법원의 판단

1. 변호사가 변호사고충처리위원회의 조사절차에 협조해야 할 의무는 그 진정이 자신이 아닌 다른 변호사에 대해 제기된 것일 때에도 확장되어 적용된다.

---

58) 변호사회에 대한 입회승인신청자 또는 변호사회의 입회신청과 관련하거나 징계 문제에 관련한 변호사는 입회승인 당국이나 징계당국에 의한 합법적인 정보요구에 대해 의도적으로 반응하지 않아서는 안 된다. 다만 이 규칙이 규칙 1.6에서 보호되는 정보의 공개를 요구하지 않은 경우는 제외한다.

Oswinkle 변호사는 자신이 위 위원회의 조사에 관여하거나 조사를 방해할 의도가 전혀 없었다고 주장한다. 그러나 의뢰인에게 전 남편의 변호사를 위 위원회에 진정할 수 있다고 알려 준 것은 바로 Oswinkle 변호사였으므로, 그는 자신의 제안에서 촉발된 조사절차의 진행에 협조하지 않고 오히려 방해한 것이다. 계속되는 무응답과 협조 거부는 변호사 직무책임규칙의 취지와 정신을 경시하는 것으로 풀이된다.

또한 Oswinkle 변호사가 각하신청을 통해 밝힌 이의사유는 인정할 수 없다. 메릴랜드주 변호사 직무행위규칙 8.1(b)가 규율하는 사항은, 첫째 사안에서 오해가 발생했음을 본인이 알면서도 이를 교정하기 위해 필요한 사실을 공개하지 않는 것, 둘째 입회승인 당국이나 징계당국에 의한 합법적인 정보요구에 대해 알면서 응답하지 않는 것 두 가지이다. Oswinkle 변호사의 행위는 이 조항의 둘째 부분에 근거하여 문제 되는 것이다. 또한 문언상 '의도적으로 응답하지 않는 것'으로 되어 있으므로 Oswinkle 변호사가 자신이 응답하지 않는다는 사실을 알고 있음을 밝히는 것으로 충분하고, 그것을 넘어서는 주관적인 의도까지 입증할 필요가 없다. 또한 이 조항은 의도적으로 응답하지 않은 경우와 지체로 인해 응답하지 않은 경우를 구별하지 않고 있다.

2. 변호사 징계의 목적은 대중을 보호하고 직무행위규칙 위반을 방지하며 법 전문직의 염결성 유지를 위한 것이지, 변호사를 벌하기 위함이 아니다. 징계담당관은 Oswinkle 변호사가 자신에게 제기된 진정뿐만 아니라 그 이전에 다른 변호사에게 제기된 진정과 관련된 정보요구에 응답하지 않았다는 이유로 자격정지 60일 이상의 징계 처분을 권고한 바 있다.

그러나 Oswinkle 변호사는 고의가 아니라 단순히 지체로 인해 응답을 하지 못했고 그의 행위가 다른 변호사나 의뢰인에게 해가 되지 않았으며, 직무비행으로 징계를 받은 전적이 없다는 점을 감안할 때 문책(reprimand)이 합당하다.

【판례 8-26】 In re Riehlmann(Supreme Court of Louisiana; January 19, 2005; 891 So.2d 1239)
변호사가 범죄 증거를 은폐한 검사의 비행을 알고도 신속히 보고하지 않아 징계를 받은 사례

▌사실관계

전직 검사였던 Michael G. Riehlmann 변호사는 형사 사건을 전문으로 수임하고 있었다. 1994년 4월 Riehlmann 변호사는 로스쿨 동창생이자 검사 시절 동료였던 Gerry Deegan 변호사를 만났다. Deegan 변호사는 자신이 대장암으로 죽어 간다고 말하면서

과거에 기소했던 형사 사건에서 무죄를 증명하는 혈액증거를 은폐한 적이 있다고 털어놓았다. Deegan 변호사의 말을 들은 Riehlmann 변호사는 상황을 어떻게든 고쳐야 한다고 강조했지만, Deegan 변호사는 아무런 조치를 취하지 않고 1994년 7월 사망하였다.

그 5년 뒤, Deegan 변호사가 1985년 무장강도 사건으로 기소했던 John Thompson의 사형집행이 1999년 5월 20일로 예정되었다. 1999년 4월 Thompson의 변호사들은 희생자와의 격투에서 범죄자의 피로 얼룩진 바지와 운동화에 대한 실험 결과가 담겨 있는 과학수사연구소 보고서를 발견하였다. 보고서에는 Thompson이 유죄판결을 받은 사건에서 강도의 혈액형이 B형이라고 기재되어 있었고, Thompson의 혈액형은 O형이었다. 이 보고서나 혈흔이 증거로 채택되었다면 공판절차에서 Thompson이 강도 범행을 저지르지 않았다는 사실이 입증되었을 텐데, 당시 증거개시절차에서 위 보고서나 혈흔은 피고인의 변호인에게 공개되지 않았다.

Riehlmann 변호사는 Thompson의 변호인이 위 보고서를 발견하였다는 사실을 전해 듣고, 이것이 1994년 Deegan 변호사가 죽기 전에 언급하였던 사건임을 알아차렸다. 1999년 4월 27일 Riehlmann 변호사는 "고(故) Deegan 변호사는 무장강도 심리에서 Thompson의 무죄를 증명할 혈액증거를 고의로 은폐하였다고 나에게 말했다"라는 내용으로 Thompson을 위한 선서진술서를 작성하였다. Riehlmann 변호사는 1999년 5월 Deegan 변호사의 비행을 루이지애나주 변호사 징계담당관실에 보고했고, 6월 Thompson의 무장강도에 대한 재심절차에서 증언을 하였다.

2001년 징계담당관은 Riehlmann 변호사가 Deegan 변호사의 과거 비행에 대한 정보를 듣고, 그것이 변호사-의뢰인 특권의 보호 대상이 되는 정보가 아님에도 불구하고 보고하지 않은 행위가 루이지애나주 변호사 직무행위규칙 8.3(a)(직무비행의 보고)[59]와 8.4(d)(사법행정에 해가 되는 행동)[60]를 위반한 것이라 보고 Riehlmann 변호사에 대한 징계절차를 개시하였다. 청문위원회는 Riehlmann 변호사가 위 규칙 8.3(a)를 위반한 것은 아니지만, 규칙 8.4(d)는 위반하였다면서 공개 견책의 징계를 권고하였다. Riehlmann 변호사와 징계기관 모두 이와 같은 징계 권고에 대하여 이의를 신청하였다. 징계위원회는 청문위원회의 사실인정은 받아들였으나, Riehlmann 변호사가 규칙 8.3(a)도 위반하였다고 인정하여 변호사 자격정지 6개월의 징계를 권고하였다. Riehlmann 변호사와 징계기관 모두 루이지애나주 대법원에 상고하였다.

59) "다른 변호사가 변호사의 정직, 신뢰, 또는 다른 면에서 변호사로서의 적격성에 의문을 제기하는 직무행위 규칙 위반을 범하였음을 아는 변호사는 그 위반을 조사하거나 그 위반에 대하여 조치를 취할 권한이 있는 법원, 기타 다른 당국에게 알려야 한다."

60) "다음 행위는 변호사의 직무상 비행이다.
(d) 사법의 운영에 대해 해를 끼치는 행위를 하는 것."

▌쟁점

1. Riehlmann 변호사가 Deegan 변호사와의 대화를 통해 Deegan 변호사의 직무상 비행에 대해서 알게 되었다고 볼 수 있는지 여부[61)]

2. Riehlmann 변호사가 Deegan 변호사의 직무상 비행에 대한 정보를 보고한 것으로 인정될 수 있는지 여부

▌법원의 판단

1. 합리적인 변호사가 '문제 된 행위가 발생하지 말았어야 한다는 확실한 견해'를 갖게 되는 증거가 있는 경우에 보고의무가 생긴다는 선례[62)]에 따르면, 루이지애나주 변호사 직무행위규칙 8.3(a) 위반에 해당하기 위해서는 변호사가 윤리적 비행에 해당한다는 점에 대한 절대적 확신을 가져야 할 필요까지는 없고, 다만 단순한 의심을 넘어서는 것으로 족하다. 특히 루이지애나주 변호사 직무행위규칙은 "… 심각한 의문을 제기하는 직무행위규칙의 위반 …"이 있는 경우에만 보고를 요구하는 미국변호사협회의 직무행위표준규칙 8.3(a)[63)]보다 더 넓은 보고의무를 부과하고 있다는 점에 비추어 볼 때, 변호사는 주관적 신념이 아닌 객관적 기준에 따라 판단하여 모든 직무행위규칙 위반사실을 보고해야 한다. Riehlmann 변호사가 선서하의 진술을 통해 자신의 개인적 사정이 아니었다면 즉시 보고했을 것이라고 인정했으므로, Deegan 변호사가 Riehlmann 변호사에게 실제로 어떻게 표현하였는지와 무관하게 확실한 견해를 갖기에 충분한 정보가 있었다.

2. 보고 대상인 위반행위가 발생하였다고 생각되면 보고는 즉각적으로 이루어져야 한다. 위반자의 장래 비행으로부터 일반 공중과 법조직역의 직무수행을 보호하려는 위 규칙의 목적을 고려할 때, 적시의 보고가 요구된다. Riehlmann 변호사는 Deegan 변호사의 직무행위규칙 위반사실을 더 일찍 보고했어야 하며, 5년이나 기다릴 만한 이유는 없었다.

3. 위 규칙에서 '법원, 기타 다른 당국'에 대해 보고해야 한다고 규정한 것은 변호사 징계당국에 대해 보고해야 한다는 것을 의미한다. 원칙적으로 주 대법원만이 변호사에

---

61) 청문위원회는 "유죄 여부에 중요하고 피고인에게 유리한 증거를 개시해야 한다"라는 Brady법칙[Brady v. Maryland, 373 U.S. 83(U.S.Md. 1963)]에 비추어 볼 때, Deegan이 애매한 표현을 사용했으므로 Riehlmann 변호사가 위반을 알았다고 볼 수는 없다고 하였다. 반면 징계위원회는 Riehlmann 변호사가 놀랐던 점과 '조치'를 취해야 한다고 말했던 점 및 Deegan이 대장암에 걸렸음을 알리는 대화에서 언급했던 점을 근거로, Riehlmann 변호사는 Deegan이 Brady 증거를 은폐한 것을 이해했음에 틀림없다고 결정하였다.

62) Attorney U v. Mississippi Bar, 678 So.2d 963(Miss. 1996).

63) "다른 변호사가 변호사의 정직, 신뢰, 또는 다른 면에서 변호사로서의 적격성에 심각한 의문을 제기하는 직무행위규칙 위반을 범하였음을 아는 변호사는 적절한 해당 기관에 알려야 한다."

대한 징계권한을 가지고 있고, 주 대법원은 징계담당관에게 변호사 비행을 조사하고 징계청구할 권한을 위임했으므로, Riehlmann 변호사가 Thompson의 변호인이나 지방검찰청, 형사 지방법원에 알렸다고 하더라도 위 규칙상 보고의무가 면제되지 않는다.

4. 징계당국은 명백하고 설득력 있는 증거를 제시하여 Riehlmann 변호사가 규칙 8.3(a)를 위반했음을 증명하였다. 신청인의 보고의무 위반은 '심각한 위반'이지만 과실에 의한 것이므로 공개 견책의 징계가 적절한 것으로 판단된다.

【판례 8-27】 In re Young(Supreme Court of South Carolina; October 24, 2005; 366 S.C. 180)
약물중독 상태에서 화해계약안을 작성·송부한 변호사에 대한 징계

▌사실관계

C. Craig Young 변호사는 2003년 7월 29일 의뢰인의 요청에 따라 상대방에게 화해를 제안하는 편지를 보냈다. 화해안에는 민사 사건에서의 이익을 얻기 위한 형사고발의 위협이 포함되어 있었고, 상대방이 화해안에 합의할 경우 형사고발을 하지 않겠다는 내용이 담겨 있었다. 또 Young 변호사는 화해계약에 따른 배상금 일부를 지칭하는 표현으로 '증여(gift)'라는 단어를 잘못 사용하기도 하였다. 상대방은 위 화해안에 대하여 답변하지 아니하였고 소송은 계속 진행되었다.

Young 변호사는 자신이 1994년부터 불안장애로 인해 필요할 때 의사의 약 처방을 받아 왔고, 불안이 증가함에 따라 투약도 증가하여 약물중독 상태에 빠지게 되었으며, 화해 제안 당시에는 약물중독으로 고통 받고 있었다고 진술하였다. 그는 또한 불안과 약물중독 때문에 화해안 작성시점에는 화해안의 일정 부분이 가져올 결과를 충분히 알지 못하였고, 이제는 그 의미를 알게 되었다고 진술하였다.

Young 변호사는 그의 비행이 사우스캐롤라이나주 변호사 직무행위규칙 1.2(변호사가 직무행위규칙을 위반하는 행위에 참여하는 방법으로 의뢰인을 조력하지 말아야 할 의무), 4.5(변호사는 오로지 민사 사건을 유리하게 하기 위한 목적만으로 형사고발할 것을 위협하지 말아야 할 의무), 8.4(a)(변호사의 직무행위규칙 위반은 직무상 비행), 8.4(e)(사법의 운영에 해를 끼치는 변호사의 행위는 직무상 비행)를 위반하였음을 인정하였다. 징계담당관과 Young 변호사는 경고 또는 공개 문책의 징계를 받기로 합의하였다.

▌쟁점

약물중독 상태에서 화해계약안을 작성·송부한 변호사에 대한 징계

▌법원의 판단

Young 변호사와 징계기관이 합의한 대로 그의 행위에 대해서 공개 문책의 징계를 선고한다.

3.1.4 직무 외의 사유

【판례 8-28】 In re Disciplinary Action Against Pugh(Supreme Court of Minnesota; March 2, 2006; 710 N.W.2d 285)
변호사가 자신이 설립한 회사의 자금을 유용하여 자격박탈의 징계를 받은 사례

▌사실관계

William C. Pugh 변호사는 1988년 10월 28일 미네소타주에서 변호사 업무를 수행할 수 있는 자격을 허가받았다. 1997년 7월 25일 미네소타주 변호사 직무책임담당관은 Pugh 변호사가 자기 소유의 Sierra Title Company라는 부동산 권리이전 회사의 자금을 100만 달러 이상 유용하였다는 혐의에 기초하여 변호사 자격박탈 징계를 신청하였다. Pugh 변호사는 이 사건 자금유용과 관련하여 사기 및 자금세탁 등 34건의 중죄 혐의로 연방법원에 기소되었다. 직무책임담당관과 Pugh 변호사는 합의를 하였는데 이에 따르면 Pugh 변호사는 변호사 업무 수행을 중단하기로 하였고, 직무책임담당관은 Pugh 변호사에 대한 형사 재판의 항소심절차가 종료될 때까지 답변서 제출기한을 연장해 주기로 하였다.

2003년 형사 재판에서 Pugh 변호사의 항소는 기각되었고, 법원은 심판관을 선임하여 심리에 들어갔다. 직무책임담당관은 위 변호사가 미네소타주 변호사 직무행위규칙 8.4(b)와 (c)[64]를 위반한 데 대해서 변호사 자격박탈의 징계 처분을 신청하였다. 심판관은 이를 받아들여 변호사 자격박탈의 징계 처분을 권고하였다.

▌쟁점

1. 형사 재판에서 유죄를 선고받는 등 직무비행을 저지른 변호사에 대한 적절한 징계 수위

2. Pugh 변호사가 주장하는 징계감경사유가 인정되는지 여부

---

64) "비행 : 다음과 같은 것이 변호사의 직무비행이다.
(b) 변호사의 정직, 신뢰도, 또는 다른 점에서 변호사로서의 적격성을 부정적으로 되돌아보게 하는 범죄적 행동을 하는 것
(c) 부정직, 사기, 기망, 또는 부실표시를 하는 행동을 하는 것."

▮ 법원의 판단

직무상 비행에 대한 징계 제재의 목적은 공중을 보호하고 사법체계를 수호하며, 징계를 받은 변호사 및 다른 변호사들이 장래에 비행을 저지르는 것을 예방하기 위함이다. 적절한 제재를 결정하는 요소로서 ① 비행의 성격, ② 직무행위규칙 위반의 누적 정도, ③ 공중에 대한 해악, ④ 법조직역에 대한 해악 등을 고려하고, 가중요건 및 감경요건이 존재하는지 검토하여 사안별로 징계수위를 결정한다.

일반적으로 중죄(felony) 유죄판결은 '중요한 감경요소가 존재하지 않는 이상' 변호사 자격박탈 처분을 정당화한다. 미국변호사협회가 제시한 변호사 징계 기준도 "변호사가 부실표시, 사기, 강요, 유용, 절도의 요소가 있는 심각한 범죄행위를 행한 경우 변호사 자격박탈이 적절하다"라고 밝히고 있다.

그런데 Pugh 변호사는 자신의 징계수위가 완화되어야 한다고 주장하면서 ① 그의 범죄행위들은 부동산 매매와 관련된 업계에서는 용인되는 행동들이며, 그는 범죄의 의도가 없었고 자신이 유죄판결을 받게 된 것도 상대방 증인의 거짓말 때문이며, ② 자신의 범죄행위가 변호사로서 법률사무를 행하던 중 발생한 것이 아니라는 점을 감경요건으로 주장하고 있다.

그러나 "미국 관할권 내에서 변호사가 유죄판결을 받았다는 사실 자체가 바로 그가 그 유죄에 해당하는 행위를 하였다는 결정적인 증거가 되는 것"이라고 변호사 직무책임에 관한 미네소타주 대법원 규칙(Rules on Lawyers Professional Responsibility) 19(a)가 밝히고 있으므로 이미 판결을 받은 상황에서 자신의 비행을 부인할 수는 없는 것이다. Pugh의 비행은 중한 죄일 뿐만 아니라 3년 이상 지속된 행위였고, 그의 회사를 이용하여 다수의 고객으로부터 100만 달러 이상을 유용한 점을 볼 때 징계를 감경할 요소가 없다고 보인다. 따라서 Pugh의 변호사 자격박탈을 명한다.

【판례 8-29】 Attorney Grievance Commission of Maryland v. Protokowicz(Court of Appeals of Maryland; February 5, 1993; 619 A.2d 100)
이혼소송이 진행 중인 종전 의뢰인의 배우자의 집에 무단침입한 변호사가 무기한 자격정지의 징계를 받은 사례

▮ 사실관계

1990년 11월 Nancy Sanders는 Lisa Mervis 변호사를 선임하여 이혼 문제에 관해 상의하였고, 1991년 4월 8일 남편을 떠났다. 남편은 부인의 의도를 파악하자마자 4월 9일 자신의 친구인 Stanley Protokowicz 변호사를 대리인으로 선임하였다. Protokowicz 변

호사는 친구인 남편 Sanders에게 다른 변호사를 선임하는 것이 좋겠다고 하였으나, 남편 Sanders의 지속적인 요청에 의해 결국 사건을 수임하였다. 이혼절차가 두 변호사 간의 협상으로 몇 주 동안 평온히 진행되던 중, 남편이 부인의 간통사실을 알게 되었다.

이 사실로 인해 이혼소송이 제기되어 면접권·양육권을 둘러싼 분쟁이 심화되었고, Protokowicz 변호사는 친구인 의뢰인을 대리하는 과정에서 저속한 표현을 사용하여 상대방 당사자를 심하게 비난하곤 하였다. Protokowicz 변호사가 지나치게 감정적으로 대응하여 당사자 사이에서 이혼절차가 해결의 실마리를 찾을 수 없게 되자, Sanders 부인과 그녀의 소송대리인은 이러한 이유를 들어 법원에 Protokowicz 변호사와 소속 로펌의 소송대리인 자격부인 신청을 하였다.

법원에서 위 신청을 인용하는 결정이 내려졌고, Protocowicz 변호사는 이혼소송에서 사임하였다. 1991년 10월 13일 Protokowicz 변호사는 남편 Sanders와 상당히 많은 술을 마시고 다음 날 새벽 Sanders 부인이 거주하고 있는 자택에 무단으로 침입하여 온 집 안을 뒤지고 자택 내의 사유재산물을 절취하였고 애완고양이를 전자레인지에 넣어 살해하였다. Sanders 부인은 나중에 이러한 사실을 발견하고 메릴랜드주 변호사 고충처리원회에 진정을 하였다.

Protokowicz 변호사는 형사 사건에서 주택침입과 동물학대에 대해 유죄를 인정하였고 징역 1년 90일에 처하되, 음주 상담과 지역봉사활동을 할 것을 조건으로 18개월간 집행유예에 처해졌다.

▌쟁점

이혼소송이 진행 중인 종전 의뢰인의 배우자의 집에 무단침입한 변호사에 대한 적절한 징계수준 및 규칙 1.16(a)(2),[65] 1.2(d),[66] 3.4(a),[67] 8.4 위반 여부

---

65) "(c)에 규정된 것을 제외하고 변호사는 다음의 경우 의뢰인을 대리해서는 안 되며, 대리가 개시된 경우에는 사임하여야 한다.
(1) (생략)
(2) 변호사의 육체적 또는 정신적 조건이 의뢰인을 대리할 변호사의 능력을 중대하게 손상하는 경우."

66) "변호사는 자신이 범죄나 사기라고 알고 있는 행위를 하도록 의뢰인에게 자문하거나 그러한 행위에 조력해서는 안 된다. 그러나 변호사는 어떠한 행위가 제안되어도 의뢰인과 그 법적 결과에 대해 논의할 수 있고, 의뢰인이 효력, 범위, 법의 의미와 적용을 정하는 데 선의의 노력을 할 수 있도록 의뢰인에게 자문 또는 조력을 할 수 있다."

67) "변호사는 다음을 행하면 안 된다.
(a) 다른 당사자가 증거에 접근하는 것을 불법적으로 방해하거나 또는 잠재적으로 증거의 가치가 있는 문서, 또는 다른 자료를 불법적으로 변형, 파괴, 은폐하는 행위. 변호사는 다른 사람이 그러한 행동을 하도록 자문하거나 조력해서는 안 된다."

▌법원의 판단

Protokowicz 변호사는 진행 중인 이혼소송에 증거가치가 있는 물건들을 빼낼 의도로 자신의 친구인 종전 의뢰인의 부인의 자택에 침입하여 자택 내의 사유재산물을 절취하고 그녀의 고양이를 전자레인지에 넣어 살해하였으므로, 메릴랜드주 변호사 직무행위규칙 1.16(a)(2), 1.2(d), 3.4(a), 8.4를 위반한 것이 인정된다. 법원은 변호사를 징계하는 목적이 일반 대중을 보호하고 추가적인 위반행위를 예방하는 데 있다는 점을 고려하여, 위 변호사에 대해서는 무기한 자격정지 징계 처분이 적절하다고 판단한다. 다만 Protokowicz 변호사가 이 사건 당시 만취하였고 절친한 친구의 이혼 사건에 대해 감정적으로 동요된 바 있었으며 기타 개인적인 사정 등을 감안할 때, 위 변호사에 대하여 무기한 자격정지 징계를 선고하되, 판결일자 이후 1년 내에는 직무복귀 신청을 금한다.

【판례 8-30】 In re Complaint as to Conduct of Summer(Supreme Court of Oregon, En Banc.; February 3, 2005; 105 P.3d 848)
사기적인 교통사고 손해배상청구를 한 변호사가 자격정지 180일의 징계를 받은 사례

▌사실관계

1996년 4월 4일과 15일 Michael White는 11일 간격으로 두 번의 교통사고를 당하였다. 첫 번째 사고 후 White는 응급처치를 받았고, State Farm Mutual Auto Insurance(이하 'State Farm 보험')가 상대방 운전자 측의 보험회사였다. 두 번째 사고에서 가해자는 Boise Cascade 소속의 트럭이었는데, 두 번째 사고 후 White는 그 사고에서 자신은 상해를 입지 않았다고 Boise Cascade 측에 이야기한 바 있다. White는 두 번째 사고 발생 후, 첫 번째 사고로 인한 상해에 대하여 계속 치료를 받았다.

Summer는 1996년 4월부터 오리건주와 아이다호주 변호사회의 회원이 된 변호사로서 White의 교통사고 사건을 수임하였다. 1996년 5월 Summer 변호사는 먼저 State Farm 보험에 대리인 수임을 알리는 편지를 보냈다. State Farm 보험은 위 편지를 받은 후 두 번째 사고에 관하여 알게 되어 Boise Cascade와 그 사고에 대하여 협의하였고, Summer 변호사는 1996년 9월 20일 State Farm 보험에게 White의 각종 치료 기록을 첨부하여 보험금의 지급을 요구하는 편지를 보냈다. State Farm 보험은 Summer 변호사에게 두 번째 사고에 대하여 문의하였고, 1996년 10월 8일 Summer 변호사는 White가 두 번째 사고에서 다친 것이 아니므로 자신은 두 번째 사고에 대하여 모른다고 회신하였다.

1996년 10월 30일 State Farm 보험은 White에게 지급할 보험금을 1만 500달러로 산

정하였다. 1996년 11월 6일 Summer 변호사는 Boise Cascade 측에 White가 첫 번째 사고도 있었지만, 두 번째 사고 때문에 상해를 입었다고 하면서 9,081달러를 지급할 것을 요구하였고, 이때 State Farm 보험에 보낸 것과 동일한 치료 기록도 첨부하였다. Boise Cascade 측은 처음에 White로부터 두 번째 사고에서 상해를 입지 않았다고 들은 바 있고, 제출받은 치료 기록들이 첫 번째 사고와 관련된 것임을 알게 되었기 때문에 Summer 변호사의 요구를 거절하였다. Boise Cascade는 State Farm 보험과 아이다호주의 보험사기조사부에 이 내용을 알렸다.

2001년 아이다호주에서 Summer 변호사에 대한 형사절차가 개시되었고, 사기에 의한 중절도죄 미수로 유죄가 확정되었다.

한편 오리건주에서 변호사 징계절차는 형사 사건이 종료될 때까지 연기하여, 오리건주 변호사회는 2003년 4월 11일 수정된 소장을 제출하였다. 1심법원은 Summer 변호사에 대하여 30일의 자격정지에 처하였고, 이에 대하여 오리건주 변호사회는 최소한 180일의 자격정지가 적정하다고 상소하였다.

쟁점

Summer 변호사의 행위가 오리건주 변호사 징계규칙에 위반되는지 여부

법원의 판단

1. Summer 변호사가 White의 치료 기록 중 일부를 감추고, 첫 번째 사고와 관련된 치료 기록을 재차 첨부한 점에 비추어 불법적으로 Boise Cascade의 재산을 취득하려 한 점이 인정되고, 이는 아이다호주 법상의 중절도죄에 해당하는 행위이다. 그리고 절도죄는 일반적으로 변호사의 업무집행 적합성과 관련된다. 따라서 징계규칙 1-102(A)(2)[68]를 위반한 것으로 인정된다.

2. Summer 변호사는 Boise Cascade 측에 대하여 고의로 허위표시를 한 점이 인정된다. 한편 판례는 '중요성'이 있는 문제의 경우에만 허위표시가 성립할 수 있는데, 이 중요성 기준은 단지 "듣는 자의 의사결정에 중요한 영향을 끼칠 수" 있으면 충족되는 것으로서, Boise Cascade 측이 결과적으로 White의 지급요청을 거절하였다고 해서 그 중요성이 없어지는 것은 아니다. 따라서 위 변호사는 허위표시를 한 것이고, 그러한 행위는 징계규칙 1-102(A)(3)[69] 및 7-102(A)(5)[70]를 위반한 것이다.

---

68) "변호사의 정직, 신뢰도, 또는 다른 점에서 변호사로서의 적격성을 부정적으로 되돌아보게 하는 범죄적 행동을 하는 것은 직무상 비행이다."

69) "변호사가 부정직, 사기, 기망, 또는 부실표시를 하는 행위를 하는 것은 직무상 비행이다."

3. 여러 가중 · 감경요소들을 고려하여 180일의 자격정지에 처한다.

【판례 8-31】 In re Islas(Supreme Court of Kansas; June 3, 2005; 279 Kan. 930) 당국에 허위보고를 함으로써 부정직한 행동을 한 변호사가 무기한 자격정지의 징계를 받은 사례

사실관계

1. Steven L. Islas 변호사는 자신이 세 개의 중죄로 기소되어 있고 여러 개의 경죄(운전면허신청서 허위기재, 운전면허 허위신청, 면허정지기간 중 운전)로 기소되었다는 사실을 2002년 6월 20일 캔자스주 변호사 징계당국에 보고하였다. 2003년 3월 배심원들은 기소된 내용에 대하여 Islas 변호사에게 유죄평결을 하였고, Islas 변호사는 항소하였다. 검사와 피고인의 합의가 제출되어 2004년 4월 6일 항소가 기각되었다. 2004년 4월 9일 법원은 형 집행을 명하였다.

2003년 6월 18일 캔자스주 대법원은 Islas 변호사에 대하여 유죄판결이 내려졌으므로 징계절차 종료 시까지 그의 변호사 업무를 잠정적으로 정지하도록 결정하였다. Isalas 변호사는 위 결정을 번복할 것을 신청하였고, 법원은 이 신청을 받아들이지 않았다.

2. 한편 2002년 Islas 변호사는 Jamie Young의 이혼 후 자녀 양육권 및 부양료 지급에 관한 사건을 수임하였다. Young은 당시 자녀부양료로 매달 237달러를 지급할 의무를 지고 있었다. 양육권자 변경의 소를 제기하였던 Young은 2002년 12월 일시해고되었음을 이유로 부양료 감액을 청구해 달라고 Islas 변호사에게 요청하였다. 12월 18일 부양료 감액신청을 하였으나 Islas 변호사는 심리 전에 양육권자 변경신청을 취하하고 부양에 대해서 상대방 측 변호사와 화해를 하였다.

법원은 Islas 변호사에게 화해 후 화해 내용을 반영한 법원의 결정문을 작성하라고 명하였으나 이를 이행하지 않자, 상대방 측 변호사에게 작성하도록 하였다. Islas 변호사는 상대방 측 변호사가 작성한 결정문에 서명하였다. 결국 Young이 지급하여야 할 부양료가 273달러에서 724달러로 증액되었다. Islas 변호사는 화해 전에도 의뢰인과 협의하지 않았고, 상대방 변호사가 작성한 결정문에 서명할 때도 의뢰인과 상의하지 않았다. 캔자스주 변호사 징계담당관은 Islas 변호사의 이러한 행위는 캔자스주 변호사 직무행위규칙 1.4 위반이라는 혐의를 제기하였다.

70) "변호사는 의뢰인을 대리함에 있어서 고의적으로 법 또는 사실에 관한 허위진술을 해서는 안 된다."

▌쟁점

1. Islas 변호사가 허위기재와 운전면허 허위신청으로 유죄평결을 받았다면 캔자스주 변호사 직무행위규칙 8.4(b)[71]를 위반한 것인지 여부

2. Islas 변호사가 당국에 허위보고를 한 것이 위 규칙 8.4(c)를[72] 위반한 것인지 여부

3. Islas 변호사가 소송의 진행 상황, 특히 상대방과 재판상 화해를 하였다는 사실을 의뢰인에게 알리지 않은 행위가 위 규칙 1.4(a)[73]를 위반한 것인지 여부

▌법원의 판단

1. Islas 변호사는 의뢰인에게 소송 진행 경과 등 위임사무 처리 현황에 대해 지속적으로 알리지 않았으므로 규칙 1.4(a)를 위반하였다.

2. 변호사의 범죄에 관한 유죄증명 또는 명백하고 설득력 있는 증거에 기초한 민사판결은 징계절차에서 그 변호사가 그러한 범죄 또는 민사적 위법행위를 행하였다는 점에 대한 결정적 증거가 된다. Islas 변호사는 유죄판결의 내용을 이루는 행위들인 허위기재와 허위신청을 함으로써 규칙 8.4(b)를 위반하였다.

3. Islas 변호사는 당국에 허위보고를 함으로써 부정직한 행동을 하였으므로 규칙 8.4(c)를 위반하였다.

4. Islas 변호사의 직무행위규칙 위반 정도는 심각한 것으로 인정되는바, 무기한 자격정지가 적당한 징계 조치라고 판단된다.

3.2 징계절차

【판례 8-32】 In re Conduct of Magar(Supreme Court of Oregon; April 17, 1984; 296 Or. 799)

변호사에게 요구되는 설명 · 조언의무의 범위와 정도 — 적절한 준비 없이 파산 업무를 처리하여 징계 받은 사례[74]

▌사실관계

오리건주 변호사회는 Magar 변호사에 대하여 아홉 가지 혐의를 제기하였다. 혐의 1~

---

71) "변호사의 정직, 신뢰도, 또는 다른 점에서 변호사로서의 적격성을 부정적으로 되돌아보게 하는 범죄적 행동을 하는 것은 직무상 비행이다."

72) "부정직, 사기, 기망, 또는 부실표시를 하는 행동을 하는 것은 변호사의 직무상 비행이다."

73) "변호사는 의뢰인에게 사건의 상황에 대해 합리적으로 정보를 제공해야 하며, 합리적인 정보 요청에 신속히 응해야 한다."

74) 이 판결의 판시사항 중 광고에 관한 판시사항은 위 【판례 5-11】 참조.

3은 Lea Lakeside에 대한 파산절차에서의 대리로부터 비롯되었고, 혐의 4~6은 Robert J. Snyder에 대한 파산절차에서의 대리로부터 비롯되었다. 혐의 7은 Magar 변호사가 파산자를 대리함에 있어 파산신청서와 첨부문서가 작성되기 전에 사인하도록 한 점, 그리고 그의 의뢰인들에게 신청서와 첨부문서가 잘 작성되었는지 확인할 기회를 주지 않은 점에 대한 혐의이다. 혐의 8은 Magar 변호사가 신문광고에서 그의 이름을 생략하였고 비용(costs and expenses)을 변호사 보수(fee)와 같은 활자체와 크기로 인쇄하지 않은 점에 대한 것이다.

1. Lakeside 사건

Lakeside는 대학 졸업 후 취직을 하였는데, Portland Community College(이하 'PCC')와 Portland State University로부터 연방보증 학자금대출을 비롯한 빚을 지고 있었다. 그녀는 Magar 변호사의 사무소에 방문하였고, 처음에는 Magar 변호사가 고용한 법률보조원과 면담하였다. 그 법률보조원은 채권자의 목록을 조사하고 학자금대출은 아마도 면책(discharge)이 불가능할 것이라고 조언하였다. 그녀는 최우선의 관심이 학자금대출 채무로부터 면책되는 것이라고 법률보조원에게 알려 주면서, 면책될 수 없다면 파산신청을 하고 싶지 않다고 하였다. Magar 변호사는 그후 그녀와 사안에 대하여 논의하였는데 의뢰인이 준 정보로는 언제 그 학자금대출의 변제기가 도래하는지 충분히 확신할 수 없었다. 그때 Magar 변호사는 의뢰인으로부터 보수와 비용으로 200달러를 수령하였다.

며칠 후 Magar 변호사의 직원이 Lakeside에게 전화하여 서식에 서명을 해야 한다고 하였다. Lakeside는 Magar 변호사를 만나지는 못했고, 위 직원이 서명할 곳을 가르쳐 주었다. 그녀는 해당 서식을 읽지 않은 상태에서 서명을 하였다. 추후에 그 사건을 담당하게 된 다른 변호사는 Lakeside에게 학자금대출채무로부터 면책되기가 불가능하다고 조언해 주었다. Lakeside는 이런 이야기를 듣고 Magar 변호사에게도 조언을 구하였는데, Magar 변호사 역시 면책이 불가능하다고 조언하였다. 얼마 후 Magar 변호사는 Lakeside에게 PCC의 사람들이 채무가 면책 불가능하다는 사실을 눈치 채지 못할 가능성이 있고, 그러한 실수를 내버려 두라는 내용의 편지를 보냈다.

2. Robert J. Snyder 사건

Snyder는 파산신청을 고려 중이었는데, Magar 변호사와 사무실에서 멀리 떨어진 장소에서 만나 상담을 하였다. 의뢰인은 Magar 변호사 사무소의 지시에 따라 채무목록을 가져왔고, 그때 논의된 문제 중 의뢰인은 Dalles에 위치한 부동산을 회복할 수 있는 권리(remainder interest)에 대하여 말하였다. Magar 변호사는 그때 의뢰인에게 다소 일반적인 의견으로 그 자산의 미래 가치는 불확실하다고 조언하였다. Magar 변호사는 이 자산에 대하여 기록하지 않았다.

Magar 변호사는 의뢰인에게 '빈 양식(blank form)'을 집으로 가져가 채우도록 하였고, 준비가 되면 보수와 함께 그에게 가져오도록 지시하였다. 의뢰인은 Magar 변호사와 다음 회의를 시작하기 전에, 그의 회복할 수 있는 권리의 다른 공동권리자 및 Dalles의 부동산 종신임차인(life tenant)과 함께 그 부동산을 매도하였고, 의뢰인은 자신의 몫으로 약 1만 5,000달러를 수령하였다. 의뢰인은 이 금전의 일부를 Dalles의 토지와 이동식 주택의 구매에 사용하였다. 다음 회의에 의뢰인은 이 구매와 관련된 서류와 위의 파산절차양식을 가지고 갔다. Magar 변호사는 위 부동산의 회복할 수 있는 권리의 존재를 잊어버리고 그와 관련된 내용은 전혀 담겨 있지 않은 서류를 작성하여 의뢰인의 파산을 신청하였다.

몇 달 후 채권자들과의 회의가 Dalles에서 열렸고, 이때 파산관재인은 부동산에 대한 회복할 수 있는 권리의 존재에 대하여 비로소 알게 되었다. 그는 면책을 취소하고 고소하겠다고 위협하였고, Magar 변호사는 사임하였다. Snyder는 다른 변호사를 선임하여 2,500달러에 화해를 이끌어 냈지만, 그 과정에서 다른 변호사에게 수백 달러의 보수를 지불하였다.

▌쟁점

1. 법원은 변호사회에 의하여 제기된 징계절차의 적절성을 판단함에 있어 징계심의위원회(Disciplinary Review Board)와는 독립적으로 검토하는지 여부

2. 징계절차에 회부된 경우 무죄추정의 원칙이 적용되는지 여부

3. 오리건주 변호사회는 명백하고 납득할 만한 증거에 의하여 Magar 변호사의 혐의를 증명해야 하는지 여부

4. Magar 변호사는 그가 위반한 징계규칙 및 위반사유에 대해서 통지받을 권리가 있는지 여부

5. 변호사가 직무책임준칙의 징계규칙을 위반하였다면 원칙적으로 직무수행의 적합성에 반하는 행위를 하였음이 인정되는지 여부

6. Magar 변호사에게 공개 문책의 징계가 적절한지 여부

▌법원의 판단

1. 대법원은 징계심의위원회와는 독립적으로 사안을 재검토한다. 또 징계절차에 회부된 변호사에 대해서도 무죄추정의 원칙이 적용되고, 오리건주 변호사회는 명백하고 납득할 만한 증거에 의하여 Magar 변호사의 혐의를 증명하여야 한다.[75]

---

75) 참고로 앞 【판례 3-29】 Iowa Supreme Court Board of Professional Ethics and Conduct v. Ronwin (Supreme Court of Iowa; December 18, 1996; 557 N.W.2d 515) 판결은 변호사의 징계에 관한 소송에서

2. Magar 변호사는 Lakeside의 첫 번째 방문 시 학자금대출의 변제기가 언제 도래하는지 확인하기 위해 필요한 정보를 충분히 물을 수 있었다. 그녀가 만약 그때에 그러한 정보를 가지고 있지 않았다면 그는 면책 가능성을 판단하기 위하여 그녀가 정보를 제공하도록 했어야만 했다. 그는 그녀의 파산절차의 최우선의 목적이 면책임을 알고 있었다. 그가 만약 채무의 변제기가 도래하였다는 정보를 얻었다면 Lakeside에게 그 채무가 '곤궁(hardship)'이라는 예외를 제외하고 파산법 7장의 절차에 의하여서는 면책이 불가능하다는 사실을 말했어야 했다. 그는 적절한 준비를 하지 않고 법률사무를 처리하였으므로 징계규칙 6-101(A)(2)[76]를 위반하였다.

3. Magar 변호사가 Lakeside에게 사전에 검토할 기회를 주지 않고 신청서 서식에 서명하게 한 점은 징계사유로 인정되지 않는다. 왜냐하면 Magar 변호사로서는 문제 된 징계규칙 조항 및 위반사유가 된 행위가 무엇인지 알 권리가 있는데, 징계심의위원회는 오리건주 변호사회가 이러한 행위에 대해서는 문제를 제기한 적이 없었음에도 불구하고 이 혐의를 인정하였기 때문이다.

또 Magar 변호사가 Lakeside에게 PCC 측이 면책 불가능성을 알지 못하도록 내버려두라는 내용의 편지를 썼다고 해도, Magar 변호사가 Lakeside로 하여금 채권자를 기망하도록 조언하거나 장려할 정도에 이르지는 않았기 때문에 이 점 역시 징계사유로 인정되지 않는다.

4. Magar 변호사에 대한 혐의 4와 5 모두 입증되지 않았다. Magar 변호사가 Snyder와의 면담을 통해 Snyder가 Dalles의 부동산에 대하여 회복할 수 있는 권리를 갖고 있었다는 점을 알게 되었지만 그것에 대하여 기록하지 않았고, 그러한 사실을 기억하지 못하고 있었다. 우리는 Magar 변호사가 파산절차에서 의뢰인 자산의 존재를 숨긴 것은 아니며, 위임된 법률사무를 처리함에 있어서 주의의무를 위반하였다고 인정하기 어렵다.

5. Magar 변호사가 Snyder로 하여금 그의 파산신청서와 첨부문서를 공백인 채로 서명하게 하거나 신청서와 첨부문서의 정확성을 재검토할 기회를 부정하지 않았다.

6. Magar 변호사에 대해 제기된 여덟 가지 혐의 가운데 오직 하나, 즉 처음에 Lakeside의 연방보증 학자금대출에 관하여 파산에서의 면책 가능성을 판단함에 있어서 준비 없이 법률사무를 처리한 행위만이 징계규칙을 위반한 것으로 인정된다. 변호사가 직무책임준칙의 징계규칙을 위반하였다면 원칙적으로 직무수행의 적합성에 반하는 행위를 하

'증명의 설득력 있는 정도의 우세(convincing preponderance of evidence)' 기준이 적용된다는 것이 확립된 선례이고, 이는 민사소송에서의 일반원칙인 '증명의 우세(preponderance of evidence)' 기준과 '명백하고 설득력 있는 증명(clear and convincing)' 기준 사이의 것이라고 판시하였다.

76) "변호사는 주어진 환경에서 적절한 준비 없이 법적 문제를 처리하여서는 아니 된다."

였음이 인정되기 때문에, Magar 변호사는 징계규칙 1-102(A)(1)을 위반하였다. Magar 변호사에 대하여 공개 문책의 징계는 적합한 것으로 판단된다.

【판례 8-33】 In re Cater(District of Columbia Court of Appeals; November 23, 2005; 887 A.2d 1)
징계절차에 협조하지 않은 것이 징계사유가 된 사례[77)]

▮ 사실관계

1. 법원은 Rozan E. Cater 변호사를 행위무능력자 2명의 후견인으로 임명하였다. 1995년 9월부터 1996년 6월까지 9개월 동안 Cater 변호사의 비서였던 Lena Summers는 Cater 변호사의 서명을 위조하여 Cater 변호사가 관리하고 있던 행위무능력자 2명의 계좌로부터 4만 2,000달러를 횡령하였다. Summers가 횡령을 하고 있던 동안 은행은 Cater 변호사에게 계좌 상태에 관한 보고서를 보냈고, Cater 변호사가 그 보고서를 제대로 읽어 보았다면 Summers가 지속적으로 횡령하고 있었다는 사실을 알 수 있었을 것이다. 그러나 Cater 변호사는 오히려 이 보고서를 검토하는 일을 Summers에게 맡겨 버렸다. 결국 Summers는 잠적하였고 Cater 변호사가 후견하고 있던 행위무능력자들은 손해를 입게 되었다.

2. 변호사회 징계담당관은 Cater 변호사를 징계절차에 회부하고, Cater 변호사에게 변호사 명부에 있는 주소로 징계 관련 서류를 보냈는데, Cater 변호사는 팩스를 통하여 새로운 주소를 알려 주면서 30일의 여유를 달라고 하였다. 그러나 정해진 기간이 되어도 변호사회 자문위원회는 답신을 받지 못하였고, 다시 편지를 보냈으나 이번에도 역시 답신이 없었으며 그렇다고 편지가 반송되지도 아니하였다. 그후 징계절차가 진행되는 동안에도 Cater 변호사는 거의 답신을 하지 아니하였다.

▮ 쟁점

Cater 변호사가 징계절차에 협조하지 아니한 것이 동 규칙 8.1(b)[78)]와 8.4(d)[79)] 위반

---

77) 비서에 대한 감독 소홀에 관련된 주의의무 소홀에 대하여는 위 【판례 3-14】 참조.

78) "변호사회에 대한 입회승인신청자 또는 변호사회의 입회신청과 관련하거나 징계 문제에 관련한 변호사는 다음을 행하여서는 안 된다.
(b) 오해가 발생하였음을 그가 알면서도 이를 교정하기에 필요한 사실을 알리지 않는 행위 또는 입회승인 당국이나 징계당국에 의한 합법적인 정보요구에 대해 의도적으로 응답하지 않는 행위. 다만 이 규칙은 규칙 1.6이 보호하는 정보의 공개를 요구하지는 않는다."

79) "변호사의 다음 행위는 직무상 비행이다.
(d) 사법의 운영을 심각하게 방해하는 행위를 하는 것."

인지 여부

▌법원의 판단

1. Cater 변호사가 직무행위위원회(Board on Professional Responsibility)의 서신에 여러 번에 걸쳐 제대로 답신하지 아니하여 징계절차에 협조하지 않은 것은 변호사 윤리규범 8.1(b)와 8.4(d) 위반에 해당한다.

2. 직무행위위원회는 90일의 자격정지를 권고하였는데, 이는 지나치게 가볍다. Cater 변호사에게 자격정지 180일의 징계를 명한다. Cater 변호사의 직무복귀는 ① 변호사회 징계담당관의 정보공개요구에 응해야 하고 ② 변호사 직무를 수행하기에 필요한 적격상태를 회복하였음을 보여 주어야 하며, ③ 피후견인들의 재산에 대한 충분한 보상이 이루어졌다는 점을 증명할 것을 조건으로 한다.

【판례 8-34】 State v. Ankerman(Appellate Court of Connecticut; February 17, 2004; 840 A.2d 1182)
변호사가 고충처리위원회에 쓴 편지가 자발적인 것이 아니고 직무행위규칙 8.3(a)에 따른 강제적인 것이어서, 미국 연방 수정헌법 5조에 의해 금지되는 것인지 여부

▌사실관계

피고인 William L. Ankerman 변호사는 로펌 Ankerman and Smith의 파트너 변호사였다. Leslie Forbes는 자신의 미성년자인 딸 Elizabeth Forbes가 1992년 교통사고로 상해를 입자 위 로펌을 소송대리인으로 선임하였다.

위 소송에서 원고는 가해자 측과 10만 달러의 손해배상금을 지급받기로 하는 내용으로 화해하였고, 법원은 그 부모를 후견인으로 지정하였다. 그후 변호사 보수 및 비용을 공제하고 남은 잔액인 6만 6,110달러가 'Ankerman & Smith, Trustees for Elizabeth Forbes'라는 이름의 은행계좌에 입금되었다. 추가비용 정산 후 후견인들은 화해 내용에 따른 순지급금이 5만 9,039.45달러임을 밝히는 내역서를 검인법원에 제출하였다.

1994년 위 로펌의 David C. Smith 변호사는 신탁계좌에서 지급하도록 발행된 1만 6,259.42달러 수표를 후견인들에게 보내면서 Yale 대학병원과 의료보험조합에 지불할 4만 4,417.32달러를 포함하여 4만 9,894.32달러를 보관하고 있다고 했으나, 실제로 위 병원 등에 지급하지 않아 위 병원은 부모를 상대로 소송을 제기하였다.

1994년 피해자는 만 18세가 되었고, 1996년 Smith 변호사는 로펌을 떠나면서 신탁계

좌를 자신이 관리할 것이라고 부모에게 알렸다. 1996년 피고인은 자신에게 지급되도록 신탁계좌에서 수표 4만 3,137.50달러를 발행하였다. 그러나 그 금액은 피해자나 부모에게 지급되지 않았다.

후견의 종료를 검토하기 위한 1998년 1월 7일 신문에서 피고인은 자신이 모든 기금을 가지고 있고, 2주 이내에 정산을 준비하겠다고 하였다. 정산내역은 제출되지 않았고 며칠 뒤 신문이 잡혔으나 피고인은 출석하지 않았다. 5월 20일 청문에서 피고인은 계좌의 모든 돈이 사라진 은행 입출금내역서를 제출하였다. 피고인은 자신이 가져간 돈을 갚기 위해 저당권을 설정하겠다고 하면서 대출을 받는 데에는 시간이 걸린다고 하였다.

1998년 7월 6일 피고인이 코네티컷주 고충처리위원회에 편지를 보내 자신이 변호사 비용을 초과 인출하였다고 하면서 과오를 인정하였다. 또 12월 6일에는 Forbes 측 변호사에게 원금과 이자를 합하여 총 5만 5,000달러를 갚을 계획을 제시하였다. 1999년 4월 8일에는 고충위원회에서 자신이 변호사로서의 의무를 위반한 점에 대해 깊이 사과한다고 증언하였다.

1심법원에서 피고인은 위 편지 속의 진술에 대해 미국 수정헌법 5조와[80] 코네티컷주 헌법 8조 1항[81]에 따라 증거배제를 신청했으나, 1심은 이 신청을 각하하고 횡령에 의한 1급 절도 혐의에 대해 유죄라고 판결하였다. 이에 대해 피고인은 항소하였다.

쟁점

피고인이 고충처리위원회에 쓴 편지가 자발적인 것이 아니고 직무행위규칙 8.3(a)에[82] 따른 강제적인 것이어서, 미국 수정헌법 5조에 위반되는지 여부

법원의 판단

직무행위규칙은 다른 변호사에 대한 보고의무를 규정하는 것이지, 자기 자신의 부정직을 보고하도록 요구하지 않는다. 피고인은 판사나 고충위원회의 명령에 따라 편지를 쓴 것이 아니고, 당시 위원회에 의해 조사를 받고 있거나 구금되어 있던 상태도 아니었다. 피고인이 자신의 비행을 위원회에 보고할 의무가 없었으므로, 편지 속의 진술은 자발적인 것이지 국가에 의해 강제된 것은 아니다. 따라서 피고인의 위 진술은 수정헌법 5조에 위반되는 것이 아니다.

---

80) "…누구도 형사 사건에 있어서 자신에게 불리한 증언을 강제 받지 아니 한다. …"라고 하여 자기부죄특권을 규정하고 있다.

81) 연방 헌법보다 더 큰 권리가 주장되지 않았으므로 연방 헌법을 근거로 검토하였다.

82) "다른 변호사가 변호사의 정직성과 신뢰성 또는 다른 면에서 변호사로서의 적합성에 대하여 심각한 의문을 제기하는 직무행위규칙의 위반을 범하였다는 것을 아는 변호사는 해당 직무(규제)당국에 알려야 한다."

3.3 징계의 종류와 수준

앞에 수록한 판례들을 징계의 종류와 수준별로 분류하면 다음과 같다.

3.3.1 자격박탈

1) 영구제명

【판례 5-21】 In re O'Keefe(Supreme Court of Louisiana; July 2, 2004; 877 So.2d 79) 사건 브로커에게 보수를 지급하는 등 다수의 윤리 위반 행위를 저지른 변호사를 영구제명한 사례

【판례 8-17】 In re Gibson(Supreme Court of Louisiana; September 26, 2003; 856 So.2d 1173) 자격박탈의 징계를 받았던 변호사가 수많은 불성실한 변호사 업무 수행으로 인하여 영구제명 처분을 받은 사례

2) 자격박탈

【판례 1-3】 People v. Corbin(Office of the Presiding Disciplinary Judge of the Supreme Court of Colorado; November 20, 2003; 82 P.3d 373) 변호사 자격이 정지되어 있는 상태에서 사건을 수임하였다는 이유로 변호사 자격을 박탈한 사례

【판례 3-5】 State v. Mayes (Supreme Court of Kansas; January 25, 1975; 216 Kan. 38) 특허 관련 법률사무 처리 시 주의의무를 위반하는 등의 사유로 변호사 자격박탈의 징계를 받은 사례

【판례 3-10】 In re Zeitler(Supreme Court of New Jersey; February 10, 2005; 182 N.J. 389, 866 A.2d 171) 여러 의뢰인에 대한 주의의무 및 정보제공의무 등을 위반한 변호사가 자격박탈의 징계를 받은 사례

【판례 3-11】 Matter of O'Conner(Supreme Court of Indiana; May 3, 1990; 553 N.E.2d 481) 변호사가 의뢰인에 대한 의무 위반을 비롯한 여러 비행을 저질러 자격박탈의 징계를 받은 사례

【판례 3-16】 In re Wenger(Supreme Court of Kansas; June 3, 2005; 279 Kan. 895, 112 P.3d 199) 다수의 의뢰인에 대한 신속처리의무를 위반한 변호사가 자격박탈의 징계를 받은 사례

【판례 3-22】 In re Geoghan(Supreme Court, Appellate Division, Second Department, New York; March 22, 1999; 686 N.Y.S.2d 839) 민사소송을 수임한 변호사가 손해배상 합의 시 관련 형사 사건에서 의뢰인의 위증을 약속하는 행위를 하여

자격박탈의 징계를 받은 사례

【판례 3-29】 Iowa Supreme Court Board of Professional Ethics and Conduct v. Ronwin (Supreme Court of Iowa; December 18, 1996; 557 N.W.2d 515) 무익한 소를 제기하고 판사들을 근거 없이 비방한 변호사가 자격박탈의 징계를 받은 사례

【판례 3-34】 Richardson v. State Bar of Cal. (Supreme Court of California; March 3, 1942; 19 Cal.2d 707, 122 P.2d 889) 변호사가 피후견인의 재산 관리 및 상속과 관련한 여러 주의의무를 위반하여 자격박탈의 징계를 받은 사례

【판례 3-51】 Jackson v. State Bar (Supreme Court of California; October 4, 1979; 25 Cal.3d 398) 의뢰인의 신탁계좌에서 횡령하는 등 비행을 저지른 변호사가 자격박탈의 징계를 받은 사례

【판례 3-52】 In re Farley's Case (Supreme Court of New Hampshire; March 8, 2002; 794 A.2d 116) 의뢰인의 자산을 개인 용도로 사용한 변호사가 자격박탈의 징계를 받은 사례

【판례 4-40】 Matter of Berg (Supreme Court of Kansas; March 6, 1998; 955 P.2d 1240) 의뢰인의 약한 지위를 이용하여 성관계를 한 변호사가 자격박탈의 징계를 받은 사례

【판례 5-2】 In re Disciplinary Action against Kaszynski (Supreme Court of Minnesota; January 11, 2001; 620 N.W.2d 708) 허위광고를 비롯한 여러 비행을 행한 변호사가 자격박탈의 징계를 받은 사례

【판례 5-16】 Florida Bar v. Went For It, Inc. (Supreme Court of the United States; June 21, 1995; 515 U.S. 618) 사고 발생 후 30일간 피해자와 가족에게 변호사 선임을 권유하는 행위를 금지한 변호사회 규칙이 헌법에 위반되지 않는다고 한 사례

【판례 6-22】 In re Whatley (Supreme Court of Georgia; November 7, 2005; 621 S.E.2d 732, 279 Ga. 867) 변호사가 변호사 시험에 합격하지 않은 로스쿨 졸업생과 동업하고 의뢰인의 사무를 불성실하게 처리하여 자격박탈의 제재를 받은 사례

【판례 8-11】 Matter of Palmisano (United States Court of Appeals; November 15, 1995; 70 F.3d 483) 판사들을 수차례 근거 없이 비방한 변호사가 자격박탈의 징계를 받은 사례

【판례 8-18】 Lawyer Disciplinary Bd. v. Ball (Supreme Court of Appeals of West Virginia; June 15, 2006; 219 W.Va. 296, 633 S.E.2d 241) 과도한 보수를 청구하고 이익충돌되는 사건을 수임한 변호사가 자격박탈의 징계를 받은 사례

【판례 8-19】 People v. Hohertz (Office of the Presiding Disciplinary Judge of Supreme Court of Colorado; October 13, 2004; 102 P.3d 1019) 징계 시 고려할 사항 —

과거 수차례 징계 받은 후 다시 비밀유지 위반 등 다수의 비행을 저지른 변호사가 자격박탈의 징계를 받은 사례

【판례 8-22】 In re Demos (District of Columbia Court of Appeals; May 26, 2005; 875 A.2d 636) 변호사회 입회 시 허위의 정보를 기재하여 승인을 받은 변호사가 자격박탈의 징계를 받은 사례

【판례 8-28】 In re Disciplinary Action Against Pugh (Supreme Court of Minnesota; March 2, 2006; 710 N.W.2d 285) 변호사가 자신이 설립한 회사의 자금을 유용하여 자격박탈의 징계를 받은 사례

3.3.2 자격정지

1) 무기한 자격정지

【판례 4-6】 State v. Callahan (Supreme Court of Kansas; October 22, 1982; 232 Kan. 136, 652 P.2d 708) 상대방과 긴밀한 관계가 있음을 알리지 않고 의뢰인의 동의를 받아 그를 대리하면서 기망과 부정직의 수준에 이를 정도로 수임사무를 처리한 변호사가 무기한 자격정지의 징계를 받은 사례

【판례 4-7】 In re Coggs (Supreme Court of Kansas; December 8, 2000; 270 Kan. 381, 14 P.3d 112) 변호사가 피상속인의 유언에 따라 신탁을 설정하면서 자신의 다른 의뢰인을 수탁자로 정하고 신탁재산으로부터 스스로 돈을 차용하여 무기한 자격정지의 징계를 받은 사례

【판례 5-12】 Ohralik v. Ohio State Bar Ass'n. (Supreme Court of the United States; May 30, 1978; 436 US 447) 교통사고를 당한 피해자에 대한 변호사 선임 유인행위에 대하여 제재한 사례

【판례 8-12】 In re Petition for Disciplinary Action Against Nathan (Supreme Court of Minnesota; November 26, 2003; 671 N.W.2d 578) 여러 사유로 변호사가 무기한 자격정지의 징계를 받은 사례

【판례 8-29】 Attorney Grievance Commission of Maryland v. Protokowicz (Court of Appeals of Maryland; February 5, 1993; 619 A.2d 100) 이혼소송이 진행 중인 종전 의뢰인의 배우자의 집에 무단침입한 변호사가 무기한 자격정지의 징계를 받은 사례

【판례 8-31】 In re Islas (Supreme Court of Kansas; June 3, 2005; 279 Kan. 930) 당국에 허위보고를 함으로써 부정직한 행동을 한 변호사가 무기한 자격정지의 징계를 받은 사례

2) 3년 이상의 자격정지

【판례 3-12】 In re Steele(District of Columbia Court of Appeals; February 17, 2005; 868 A.2d 146) 고의로 수임사무 처리를 방치하고 주의의무를 위반한 변호사가 자격정지 3년의 징계를 받은 사례

【판례 3-30】 In re Zohdy(Supreme Court of Louisiana; January 19, 2005; 892 So.2d 1277) 손해배상소송에서 무익한 주장을 계속하고 허위 사실을 주장한 변호사가 자격정지 3년의 징계를 받은 사례

【판례 4-41】 In re Schambach[Supreme Court of Louisiana; January 29, 1999; 726 So.2d 892, 1998-2432(La. 1/29/99)] 의뢰인과 성관계 및 금전거래를 한 변호사가 자격정지 3년의 징계를 받은 사례

3) 1년 이상 3년 미만의 자격정지

【판례 3-13】 In re Cantrell(Supreme Court of South Carolina; August 29, 2005; 619 S.E.2d 434) 변호사가 의뢰인에게 정보를 알려 주지 않거나 그릇된 정보를 알려 주는 등 여러 주의의무를 위반하여 자격정지 2년의 징계를 받은 사례

【판례 3-23】 Matter of Neitlich(Supreme Judicial Court of Massachusetts; August 14, 1992; 597 N.E.2d 425) 민사소송에서 허위진술 등 기망행위를 한 변호사가 자격정지 1년의 징계를 받은 사례

【판례 3-24】 In re Porter(Supreme Court of Louisiana; March 10, 2006; 930 So.2d 875) 의뢰인에 대한 정보제공의무 및 주의의무를 위반하고 허위로 공증한 변호사가 자격정지 1년의 징계를 받은 사례

【판례 3-31】 Castillo v. St. Paul Fire & Marine Insurance Company(United States District Court; November 2, 1992; 828 F.Supp. 594) 법원의 명령에 불응하고 절차를 지연시킨 변호사가 자격정지 1년의 징계를 받은 사례

【판례 3-36】 In re Winthrop(Supreme Court of Illinois; May 23, 2006; 848 N.E.2d 961) 유언 관련 소송에서 허위진술 등을 한 변호사가 자격정지 2년의 징계를 받은 사례

【판례 3-57】 Akron Bar Association v. Holder(Supreme Court of Ohio; June 16, 2004; 810 N.E.2d 426) 변호사가 지역사회 학교프로젝트를 위하여 의뢰인의 정보를 누설한 것이 공익을 위한 정보공개로 인정되지 않아 자격정지 2년의 징계를 받은 사례

【판례 5-14】 In re Teichner(Supreme Court of Illinois; January 19, 1979; 75 Ill.2d

88, 387 N.E.2d 265) 열차탈선 사건과 폭발 사건의 피해자들에게 성공보수 조건으로 변호사 선임을 권유한 변호사가 자격정지 2년의 징계를 받은 사례

【판례 5-20】 In re Maniscalco(Supreme Court of Georgia; May 28, 2002; 564 S.E.2d 186) 사건 브로커에게 보수를 지급한 변호사 행위에 대한 적절한 징계수위

【판례 6-8】 Bushman v. State Bar(Supreme Court of California; May 24, 1974; 11 Cal.3d 558, 522 P.2d 312, 113 Cal.Rptr. 904) 변호사가 제공한 법률서비스에 비추어 보수 책정이 과도하여 자격정지 1년의 징계를 받은 사례

【판례 8-13】 In re Conduct of Davenport(Supreme Court of Oregon; June 27, 2002; 49 P.3d 91) 범죄행위(법정에서의 허위진술)를 저지른 변호사가 자격정지 2년의 징계를 받은 사례

【판례 8-20】 Cuyahoga County Bar Association V. Wise(Supreme Court of Ohio; February 22, 2006; 842 N.E.2d 35) 변호사가 검사나 시(市) 안전국장이 친구인 것처럼 언급한 것이 해당 공무원에 대한 부당한 영향력 행사의 언급에 해당되어 자격정지 1년의 징계를 받은 사례

4) 90일 이상 1년 미만의 자격정지

【판례 3-14】 In re Cater(District of Columbia Court of Appeals; November 23, 2005; 887 A.2d 1) 변호사가 자신의 비서에 대한 감독을 소홀히 하여 의뢰인에게 손해를 끼쳐 자격정지 180일의 징계를 받은 사례

【판례 3-56】 State ex rel. Okla. Bar Ass'n. v. McGee(Supreme Court of Oklahoma; April 23, 2002; 48 P.3d 787) 다른 사건의 상대방인 의뢰인의 사건을 해당 사건 관련 정보를 공개하지 않는다는 조건하에 수임하였으나, 비서의 실수로 정보가 노출된 데 대하여 변호사가 징계 받은 사례

【판례 4-26】 In re Hoffman(Supreme Court of Louisiana; September 9, 2004; 883 So.2d 425) 변호사가 이해관계가 일부 충돌하는 공동상속인 모두를 대리하기 위한 요건을 갖추지 않은 채 대리하여 자격정지 3개월의 징계를 받은 사례

【판례 4-30】 In re Shay(District of Columbia Court of Appeals; July 27, 2000; 756 A.2d 465) 변호사가 부부의 이해관계가 상반되는 사실관계를 알게 된 이후에도 이들을 계속 대리하면서 의뢰인에게 중요한 정보를 알리지 않아 자격정지 90일의 징계를 받은 사례

【판례 4-38】 In the Disciplinary Proceedings Against Trewin(Supreme Court of Wisconsin; July 27, 2004; 275 Wis.2d 116, 684 N.W.2d 121) 의뢰인에게 자금을 대

여하기 위한 조건 및 자금대여 후 대리를 계속하기 위한 조건을 갖추지 못하고 의뢰인에게 자금을 대여한 변호사가 자격정지 5개월의 징계를 받은 사례

【판례 4-42】 In re Harper(Supreme Court of South Carolina; October 14, 2002; 575, 571 S.E.2d 292) 변호사가 자신이 실질적인 이해관계를 가진 회사에 대한 투자를 의뢰인에게 권유하여 징계 받은 사례

【판례 8-14】 Cincinnati Bar Association v. Statzer(Supreme Court of Ohio; December 31, 2003; 800 N.E.2d 1117) 증인에게 속임수를 사용하여 진실한 증언을 이끌어 내려 한 변호사가 자격정지 6개월의 징계를 받은 사례

【판례 8-23】 In re Mikus(Supreme Court of New Mexico; March 28, 2006; 131 P.3d 653) 변호사회 입회승인 전에 저지른 범죄 사실을 변호사회 입회 시 알리지 않은 변호사가 자격정지의 징계를 받은 사례

【판례 8-24】 In re Starnes(District of Columbia Court of Appeals; July 31, 2003; 829 A.2d 488) 캘리포니아주 변호사가 워싱턴 D.C. 변호사회 입회신청 시 허위사실을 기재하여 자격정지 6개월의 징계를 받은 사례

【판례 8-30】 In re Complaint as to Conduct of Summer(Supreme Court of Oregon, En Banc.; February 3, 2005; 105 P.3d 848) 사기적인 교통사고 손해배상청구를 한 변호사가 자격정지 180일의 징계를 받은 사례

5) 90일 미만의 자격정지

【판례 3-1】 In re Application for Disciplinary Action Against Giese(Supreme Court of North Dakota; January 31, 2006; 709 N.W.2d 717) 자격정지 처분을 받은 변호사가 의뢰인에게 그와 같은 사실을 알리지 않아 징계 받은 사례

【판례 3-15】 Lewis v. State Bar(Supreme Court of California; January 12, 1981; 28 Cal.3d 683) 변호사가 무지와 태만으로 불성실하게 유산을 관리하여 자격정지 30일의 징계를 받은 사례

【판례 3-17】 Attorney Grievance Commission of Maryland v. Fezell(Court of Appeals of Maryland; October 13, 2000; 361 Md. 234, 760 A.2d 1108) 다툼 없는 이혼소송의 판결을 받아 내는 데 4년이 걸린 변호사가 신속처리의무를 위반하였다고 본 사례

【판례 3-25】 In re Zeiger(District of Columbia Court of Appeals; April 24, 1997; 692 A.2d 1351) 증거를 위조 · 훼손하고 허위진술을 한 변호사가 자격정지 60일의 징계를 받은 사례

【판례 4-14】 In re Wilder(Supreme Court of Indiana; March 19, 2002; 764 N.E.2d 617) 변호사가 공동대리 시 지득한 정보를 그후 어느 한 사람만을 대리하는 상황에서 이용하여 징계 받은 사례

【판례 4-39】 State ex rel. Oklahoma Bar Association v. Smolen(Supreme Court of Oklahoma; December 5, 2000; 17 P.3d 456) 의뢰인에게 생활비 명목으로 금전을 대여한 변호사가 징계 받은 사례

【판례 4-43】 In re Allsep(Supreme Court of South Carolina; January 16, 2001; 541 S.E.2d 245) 의뢰인에게 다른 당사자의 변호사가 다른 사안에서 변호사 자신을 대리하고 있음을 알리지 않은 변호사가 징계 받은 사례

【판례 5-7】 In re Cole(Supreme Court of Indiana; November 6, 2000; 738 N.E.2d 1035) 검사보가 자신을 검사라고 광고한 것이 오해를 불러일으키는 광고에 해당된다고 본 사례

【판례 5-8】 In re Schneider(Supreme Court of Indiana; April 12, 1999; 710 N.E.2d 178) 혼자 변호사 업무를 수행하면서 여러 변호사가 함께 일하는 것처럼 광고한 것이 오해를 불러일으키는 광고에 해당한다고 본 사례

【판례 8-21】 Andrews v. Kentucky Bar Ass'n.(Supreme Court of Kentucky; August 25, 2005; 169 S.W.3d 862) 변호사회에 가입하지 않은 비회원을 사건에 관여시키고 의뢰인의 재산보호의무 및 법원에 대한 진실의무 등을 위반한 변호사가 자격정지 62일의 징계를 받은 사례

3.3.3 공개 문책/견책

【판례 3-27】 In re Smith(Supreme Court of South Carolina; February 7, 2000; 527 S.E.2d 758) 평결 후 배심원과 접촉한 변호사에 대한 징계 사례

【판례 3-38】 The Florida Bar v. Martocci(Supreme Court of Florida; April 26, 2001; 791 So.2d 1074) 이혼 및 양육권소송절차 진행 중 상대방 당사자 및 대리인을 비방·모욕한 변호사에 대한 징계 사례

【판례 3-48】 In re Litz(Supreme Court of Indiana; December 30, 1999; 721 N.E.2d 258) 의뢰인의 무죄를 주장하기 위하여 신문에 재판의 경과를 기고한 형사 사건의 변호인에 대한 징계 사례

【판례 3-62】 In re Goebel(Supreme Court of Indiana; December 30, 1998; 703 N.E.2d 1045) 범죄를 저지르고자 하는 의뢰인에게 협박당하여 부정확한 정보를 제공한

변호사 행동의 당부

【판례 3-85】 In re Gatti(Supreme Court of Oregon, En Banc.; August 17, 2000; 330 Or. 517, 8 P.3d 966) 변호사가 신원을 위장하고 자료를 수집한 것이 부실표시에 해당되어 징계 받은 사례

【판례 4-5】 In re Key(Supreme Court of South Carolina; June 2, 2003; 582 S.E.2d 400) 쌍방 대리에 관하여 설명한 후 동의를 받지 않고 매도인과 매수인 양측을 대리한 변호사가 징계 받은 사례

【판례 4-37】 Committee on Professional Ethics and Conduct of Iowa State Bar Association v. Mershon(Supreme Court of Iowa; March 17, 1982; 316 N.W.2d 895) 변호사와 의뢰인 간의 동업관계를 맺기 위한 요건을 갖추지 않고 의뢰인과 동업관계를 맺은 변호사가 징계 받은 사례

【판례 5-6】 In re Shapiro(Supreme Court, Appellate Division, Fourth Department, New York; November 8, 1996; 656 N.Y.S.2d 80) 소속 로펌과는 독립된 legal clinic을 운영하고 있는 듯한 광고가 오해를 불러일으키는 광고에 해당한다고 본 사례

【판례 5-9】 Colorado v. Carpenter(Supreme Court of Colorado, En Banc.; April 24, 1995; 893 P.2d 777) 허위 또는 오해를 불러일으키는 광고에 해당한다고 본 사례

【판례 5-10】 In re Foos(Supreme Court of Indiana; June 28, 2002; 770 N.E.2d 335) 어느 보험회사의 업무만을 처리하는 변호사가 보험회사와 독립된 실체를 가진 것 같은 명칭을 사용하여 징계 받은 사례

【판례 5-18】 The Florida Bar v. Herrick(Supreme Court of Florida; October 11, 1990; 571 So.2d 1303) 공인절차 없이 전문분야를 표시한 광고를 광고라는 표시 없이 보낸 변호사가 징계 받은 사례

【판례 6-18】 Matter of Fordham(Supreme Judicial Court of Massachusetts; Argued April 2, 1996. Decided August 9, 1996; 668 N.E.2d 816, 423 Mass. 481) 형사 사건 경험이 없는 변호사가 음주운전 사건을 변호하여 무죄판결을 받은 후 청구한 보수가 평균 보수의 3배 이상이어서 과다하다고 본 사례

【판례 8-15】 Welsh v. Mounger, In re Dana E. Kelly(Supreme Court of Mississippi; March 17, 2005; 912 So.2d 823) 재심신청에서 대법관에 대한 기부금에 관하여 계속 허위진술한 변호사가 징계 받은 사례

【판례 8-16】 In re Gilman(Supreme Court of Kansas; February 3, 2006; 126 P.3d 1115) 술을 마신 후 법원에 출정하는 변호사의 행위가 사법행정에 대한 편파적인 행동을 금지하는 직무행위규칙을 위반하였다고 본 사례

【판례 8-25】 Attorney Grievance Comm'n. of Maryland v. Oswinkle(Court of Appeals of Maryland; May 11, 2001; 364 Md. 182, 772 A.2d 267) 직무행위규칙상 '변호사에 대한 진정과 관련하여 변호사회의 조사에 협조해야 할 의무'는 그 징계 문제가 본인이 아닌 다른 변호사에 대한 경우에도 적용된다고 본 사례

【판례 8-26】 In re Riehlmann(Supreme Court of Louisiana; January 19, 2005; 891 So.2d 1239) 변호사가 범죄 증거를 은폐한 검사의 비행을 알고도 신속히 보고하지 않아 징계를 받은 사례

【판례 8-27】 In re Young(Supreme Court of South Carolina; October 24, 2005; 366 S.C. 180) 약물중독 상태에서 화해계약안을 작성 · 송부한 변호사에 대한 징계

【판례 8-32】 In re Conduct of Magar(Supreme Court of Oregon; April 17, 1984; 296 Or. 799) 변호사에게 요구되는 설명 · 조언의무의 범위와 정도 — 적절한 준비 없이 파산 업무를 처리하여 징계 받은 사례

3.3.4 비공개 문책/견책

【판례 3-37】 In re Anonymous(Supreme Court of Indiana; June 9, 2000; 729 N.E.2d 566) 양육권소송에서 긴급한 사정이 있다고 하여 상대방에게 알리지 않고 법원과 일방적으로 대화한 변호사에 대한 징계 사례

【판례 3-87】 In re Anonymous(Supreme Court of Indiana; December 23, 2004; 819 N.E.2d 376) 고용주의 변호사가 의뢰인인 고용주로 하여금 다른 변호사를 선임한 직원으로부터 진술서를 받도록 한 행위가 다른 변호사를 선임한 사람과의 의사소통 금지에 위반된다고 본 사례

【판례 4-22】 In re Anonymous(Supreme Court of Indiana; September 8, 1995; 654 N.E.2d 1128) 변호사가 자신이 고문으로 있는 공공기관에 대하여 의뢰인이 채무를 부담하고 있다는 사실을 알고 사임한 후 공공기관을 대리하여 채무의 이행소송을 제기하여 징계 받은 사례

【판례 5-4】 In re Anonymous(Supreme Court of Indiana; October 8, 2002; 775 N.E.2d 1094) 파산자의 권리를 부정확하게 알려 오해를 불러일으키는 광고로 인정된 사례

【판례 5-5】 In re Anonymous(Supreme Court of Indiana; March 4, 2003; 783 N.E.2d 1130) 전문변호사 공인을 받지 않고 특정 법분야 전문가라고 한 광고가 오해를 불러일으키는 광고에 해당한다고 본 사례

【판례 5-15】 Matter of Anonymous(Supreme Court of Indiana; June 29, 1994;

637 N.E.2d 131) 특정 사건에 관하여 변호사 선임을 권유하는 편지를 발송하면서 광고물이라는 표시를 하지 않아 징계 받은 사례

【판례 8-3】 In re Anonymous(Supreme Court of Indiana; May 5, 2003; 787 N.E.2d 883) 자격정지 상태의 변호사를 로펌이 고용한 행위에 대하여 징계한 사례

| 판례 찾아보기 |

| 사항 찾아보기 |

[ㅈ]

[ㅋ]

판례로 본 **미국의 변호사윤리**

초판발행 2012년 9월 21일

옮긴이 박 준 · 이상원 · 이효원 · 박준석 · 윤지현
발행인 고화숙
발행처 도서출판 소화
등 록 제13-412호
주 소 서울시 영등포구 영등포동 94-97
전 화 02) 2677-5890
팩 스 02) 2636-6393
홈페이지 www.sowha.com

ISBN 978-89-8410-445-7 94360
ISBN 978-89-8410-446-4 (세트)

값 40,000원